**DIREITO
PROFISSIONAL
DO ADVOGADO**

DIREITO PROFISSIONAL DO ADVOGADO

NOÇÕES ELEMENTARES
Inclui "A Previdência dos Advogados"

2015 • 8ª Edição Revista e atualizada, conforme:
- Novo Estatuto da Ordem dos Advogados e novo regime das Sociedades de Advogados – Lei das sociedades de profissionais
- Lei das Associações Públicas Profissionais
- Novo Código de Processo Civil
- Lei da Organização do Sistema Judiciário
- Regime Aplicável à Organização e Funcionamento do Sistema Judiciário
- Novo Regulamento da Caixa de Previdência dos Advogados e Solicitadores

Orlando Guedes da Costa

DIREITO PROFISSIONAL DO ADOGADO

AUTOR
Orlando Guedes da Costa
1ª Edição: Outubro, 2003

EDITOR
EDIÇÕES ALMEDINA, S.A.
Rua Fernandes Tomás, nºs 76-80
3000-167 Coimbra
Tel.: 239 851 904 · Fax: 239 851 901
www.almedina.net · editora@almedina.net

DESIGN DE CAPA
FBA.

PRÉ-IMPRESSÃO
EDIÇÕES ALMEDINA, SA

IMPRESSÃO E ACABAMENTO
PAPELMUNDE

Outubro, 2015
DEPÓSITO LEGAL
399790/15

Apesar do cuidado e rigor colocados na elaboração da presente obra, devem os diplomas legais dela constantes ser sempre objeto de confirmação com as publicações oficiais.
Toda a reprodução desta obra, por fotocópia ou outro qualquer processo, sem prévia autorização escrita do Editor, é ilícita e passível de procedimento judicial contra o infrator.

 GRUPOALMEDINA

BIBLIOTECA NACIONAL DE PORTUGAL – CATALOGAÇÃO NA PUBLICAÇÃO
COSTA, Orlando Guedes da
Direito profissional do advogado : noções
elementares. – 8ª ed rev. e atualizada. – (Manuais
universitários)
ISBN 978-972-40-6266-2
CDU   347

Introdução
O Estatuto Profissional e o Deontológico, o Valor da Confiança e o Direito Profissional como Ramo de Direito Autónomo

1. A autoridade profissional, a deontologia e o valor da confiança
Nem todas as atividades humanas constituem profissões e nem a todas as profissões se aplicará o seguinte conceito, que engloba muitas delas, designadamente a profissão de Advogado: profissão é uma atividade exercida com base em conhecimentos teóricos, adquiridos através de um método científico e geradora da confiança proporcionada por quem tem autoridade para a exercer, com acesso e exercício regulamentados em função do seu interesse público ou utilidade social e com subordinação a um código deontológico, imposto por uma associação que promove a cultura própria da atividade considerada[1].

O valor da confiança na profissão resulta, antes de mais, da autoridade profissional ou do facto de a preparação fornecer ao profissional um tipo de conhecimento inacessível ao não profissional e, depois, do acesso condicionado e do exercício regulamentado em função do seu interesse público ou da sua função social.

---

[1] ERNEST GREENWOOD, Attributes of a Profession, e DANIEL BELL, O Advento da Sociedade Post-industrial, ed. esp. 1976, págs. 426-427, citados por ALBERTO LUÍS, A Profissão de Advogado e a Deontologia, lições policopiadas do Centro de Estágio do Conselho Distrital do Porto da Ordem dos Advogados, págs. 9 e 10.

DIREITO PROFISSIONAL DO ADVOGADO

Na verdade, do conceito de profissão atrás formulado decorre que as atividades profissionais são reguladas por um conjunto de normas que constituem a deontologia profissional e que asseguram o seu correto exercício.

Deontologia é, etimologicamente, o conhecimento dos deveres e deontologia profissional é o conjunto de normas jurídicas, cuja maioria tem conteúdo ético e que regulam o exercício de uma profissão, algumas específicas e outras comuns a duas ou mais profissões.

E é da deontologia que também resulta o valor da confiança, que, assim, não provém apenas da autoridade profissional, mas outrossim do acesso condicionado à profissão e da regulamentação do seu exercício em função do interesse público ou função social desta.

O Código de Deontologia dos Advogados da União Europeia dispõe que, numa sociedade baseada no respeito pela Justiça, o Advogado desempenha um papel proeminente, não se limitando a sua missão à precisa execução de um mandato, no âmbito da lei, mas devendo o Advogado servir o propósito de uma boa administração da justiça ao mesmo tempo que serve os interesses daqueles que lhe confiam a defesa e afirmação dos direitos e liberdades, não devendo apenas defender a causa do cliente mas também ser o conselheiro deste, e sendo o respeito pela função do Advogado uma condição essencial para a garantia do estado de direito democrático; por isso, a sua função impõe-lhe uma multiplicidade de obrigações legais e morais, muitas vezes conflituantes, perante o cliente, os tribunais e outras autoridades junto das quais o Advogado assiste ou representa o cliente, a advocacia em geral ou qualquer colega em particular, e o público, para o qual a existência duma profissão livre e independente, autorregulada por normas vinculativas que ela própria criou, é um elemento essencial para a defesa dos direitos humanos, face ao poder do Estado e outros instalados na sociedade[2].

E, depois de estabelecer que a multiplicidade dos deveres a que o Advogado está sujeito lhe impõe uma independência absoluta, isenta de qual-

---

[2] 1.1 do Código de Deontologia do CCBE – Conselho das Ordens de Advogados da União Europeia, antes Conselho Consultivo dos *Barreaux* da Europa – na formulação do Porto – *vide* Boletim da Ordem dos Advogados nº 42, Maio-Agosto de 2006, pág. s 70 e seg. s – de 19/5/2006, que se seguiu á versão de Dublin de 2002, e esta à de Lyon de 1998, que, por sua vez, se seguiu à primeira versão, a de Estrasburgo, de 1988, formulação que foi aprovada pela Deliberação nº 2511/2007 do Conselho Geral da Ordem dos Advogados Portugueses em sessão de 13 de julho de 2007 e publicada no Diário da República, II série, de 27 de dezembro de 2007, pág. 37708 e seg.s, em tradução que nem sempre seguimos por preferirmos outras mais rigorosas.

quer pressão, especialmente a que possa resultar dos seus próprios interesses ou de influências exteriores, acrescenta que esta independência é tão necessária à confiança na Justiça como a imparcialidade do Juiz, pelo que o Advogado deve evitar pôr em causa a sua independência e nunca negligenciar a ética profissional com a preocupação de agradar ao seu cliente, ao Juiz ou a terceiros, sendo esta independência necessária em toda e qualquer atividade do Advogado, independentemente da existência ou não de um litígio concreto, e não tendo qualquer valor o conselho dado ao cliente pelo Advogado, se foi prestado apenas por complacência ou por interesse pessoal ou sob o efeito de uma pressão exterior[3].

Também dispõe que as relações de confiança só podem existir se forem inquestionáveis a honestidade, a probidade, a retidão e a sinceridade do Advogado, para quem estas virtudes tradicionais são obrigações profissionais[4].

E é de acentuar ainda que, depois de estabelecer que é requisito essencial do livre exercício da advocacia a possibilidade de o cliente revelar ao Advogado informações que não confiaria a mais ninguém e que o Advogado é destinatário de outras comunicações confidenciais, proclama que, sem a garantia da confidencialidade, não pode haver confiança, acrescentando, mais à frente, que a obrigação do Advogado relativa ao segredo profissional serve tanto os interesses da administração da Justiça como os do seu cliente e que, consequentemente, esta obrigação deve beneficiar de uma proteção do Estado[5].

---

[3] 2.1 do Código de Deontologia do CCBE. Também em 2.7 do mesmo Código se prescreve que os interesses do cliente devem estar acima dos interesses do próprio Advogado e no artigo 89º do Estatuto da Ordem dos Advogados aprovado pela Lei nº 145/2015, de 9 de setembro, onde se consagra o princípio da *independência*, em vez de *independência absoluta*, se determina que o Advogado deve agir livre de qualquer pressão, especialmente a que resulte dos seus próprios interesses, ou de influências exteriores, para além de interesses profissionais, abstendo-se de negligenciar a deontologia profissional no intuito de agradar ao seu cliente, aos colegas, ao tribunal ou a terceiros.

[4] 2.2 do Código de Deontologia do CCBE. É idêntica a prescrição do artigo 88º – nº 2 do Estatuto citado na nota anterior.

[5] 2.3 do Código de Deontologia do CCBE. Também a Carta dos Princípios Fundamentais do Advogado Europeu adotada por unanimidade em sessão plenária do CCBE de 24 e 25/11/2006, na cidade do Porto, publicada no Boletim da Ordem dos Advogados nº 45, pág. 35, inclui o respeito pelo segredo profissional e pela confidencialidade dos assuntos que lhe são confiados e a dignidade, a honra e a probidade, entre os dez princípios fundamentais do Advogado Europeu.

Em Portugal, a profissão de Advogado tem, hoje, depois da IV Revisão Constitucional de 1997, garantias constitucionais previstas no artigo 208º da Constituição da República Portuguesa: "a lei assegura aos Advogados as imunidades necessárias ao exercício do mandato e regula o patrocínio forense como elemento essencial à administração da justiça". E a Lei de Organização do Sistema Judiciário – LOSJ – dispõe que "o patrocínio forense por Advogado constitui um elemento essencial na administração da justiça" e que "para a defesa dos direitos, interesses ou garantias individuais que lhes sejam confiados, os Advogados podem requerer a intervenção dos órgãos jurisdicionais competentes, cabendo-lhes, sem prejuízo do disposto nas leis do processo, praticar os atos próprios previstos na lei, nomeadamente exercer o mandato forense e a consulta jurídica"[6] e que "no exercício da sua atividade, os Advogados devem agir com total independência e autonomia técnica e de forma isenta e responsável, encontrando-se apenas vinculados a critérios de legalidade e às normas deontológicas da profissão"[7], estabelecendo o artigo 13º – nº 2 da mesma Lei que " para garantir o exercício livre e independente do mandato que lhes seja confiado, a lei assegura aos Advogados as imunidades necessárias a um desempenho eficaz, designadamente, o direito à proteção do segredo profissional"[8], o direito ao livre exercício do patrocínio e ao não sancionamento pela prática de atos conformes ao estatuto da profissão[9], o direito à especial proteção das comunicações com o cliente e à preservação do sigilo da documentação relativa ao exercício da defesa[10] e o direito a regimes específicos de imposição de selos, arrolamentos e buscas em escritóruios de Advogados, bem como de apreensão de documentos[11].

E o Estatuto da Ordem dos Advogados[12] enumera, entre as atribuições da Ordem dos Advogados, a de zelar pela função social, dignidade e prestígio da profissão de Advogado, promovendo a formação inicial e permanente dos Advogados e o respeito pelos valores e princípios deontológicos, a de representar a profissão de Advogado e defender os interesses, direitos, prerrogativas e imunidades dos seus membros, denunciando perante as instâncias nacionais e internacionais os atos que atentem contra aqueles, a

---

[6] Artigo 12º – nºs 1 e 2 da Lei nº 62/2013, de 26 de agosto (LOSJ).
[7] Nº 3 do artigo citado na nota anterior.
[8] Artigo 13º – nº 2 – a).
[9] Artigo 13º – nº 2 – b).
[10] Artigo 13º – nº 2 – c).
[11] Artigo 13º – nº 2 – d)
[12] Doravante citado pela sigla EOA. Foi aprovado pela Lei nº 145/2015, de 9 de setembro.

INTRODUÇÃO. O ESTATUTO PROFISSIONAL E O DEONTOLÓGICO ...

de reforçar a solidariedade entre os Advogados e a de exercer, em exclusivo, jurisdição disciplinar sobre os Advogados e Advogados estagiários[13] e dispõe que só os licenciados em Direito com inscrição em vigor na Ordem dos Advogados podem praticar atos próprios da profissão nos termos da Lei nº 49/2004, de 24 de agosto[14].

Perante o conjunto das normas atrás citadas bem se justifica a afirmação de que, sem a estrita observância das regras deontológicas da profissão, não pode haver confiança.

A deontologia profissional do Advogado é, assim, da maior importância no quadro mais amplo do seu estatuto profissional, também aflorado nas disposições que atrás citámos.

2. Estatuto deontológico e estatuto profissional do Advogado – o Direito Profissional como ramo de direito autónomo

O EOA reúne no Título III, intitulado *deontologia profissional*, desde o artigo 88º até ao artigo 113º, inclusive, o estatuto deontológico do Advogado, nele se referindo, sucessivamente, à independência do Advogado, aos seus deveres para com a comunidade, para com a Ordem dos Advogados, ao dever de segredo profissional, à discussão pública de questões pendentes, à publicidade, ao dever geral de urbanidade, aos deveres para com os clientes, às relações com o tribunal e aos deveres entre Advogados.

Não está, obviamente, compendiado naquele capítulo todo o direito deontológico do Advogado, que se reparte pelo EOA e por outros diplomas legais.

E no Título II, desde o artigo 66º até ao artigo 87º, trata das garantias no exercício da advocacia e de alguns dos pressupostos daquele exercício, designadamente das incompatibilidades e impedimentos, matérias que extravasam do estatuto deontológico *stricto sensu* do Advogado e que se integram no seu estatuto profissional em sentido amplo, o qual se contém também noutros diplomas legais, além do EOA.

No Anteprojeto do primeiro EOA[15] sugeria-se que o diploma se denominasse "Estatuto dos Advogados Portugueses", à semelhança do que então

---

[13] Artigo 3º – nº 1 – d), e), f) e g) do EOA.

[14] Artigo 66º – nº 1 do EOA.

[15] Distribuído pela Ordem dos Advogados como suplemento do nº 10 do Boletim da Ordem dos Advogados, que citaremos, de futuro, pela sigla BOA, janeiro de 1983. O primeiro EOA foi aprovado pelo Decreto-lei nº 84/84, de 16 de março, no uso de autorização legislativa, por se tratar de *reserva de lei*, nos termos da Constituição.

DIREITO PROFISSIONAL DO ADVOGADO

acontecia com o Estatuto dos Solicitadores[16], depois também chamado "Estatuto da Ordem dos Solicitadores e dos Agentes de Execução[17], mas não estava certamente nos desígnios de ninguém que nele se contivesse o estatuto profissional do Advogado ou todo o Direito Profissional do Advogado.

O Direito Profissional do Advogado pode definir-se como o conjunto de normas jurídicas que regulam o acesso e o exercício da profissão de Advogado.

Trata-se de um conjunto de normas autónomas que proíbem ou impõem condutas quanto ao acesso e ao exercício de uma profissão com interesse público, tendo em vista a proteção de valores jurídicos que são impostos às pessoas que acedem à profissão e a exercem e que estão adstritas a especiais deveres perante outras pessoas no quadro dessa profissão[18].

Uma profissão de interesse público, como a advocacia, pode, antes de mais, ser considerada no quadro geral de valores que ao Estado cumpre defender e, neste caso, a lesão ou perigo de lesão desses valores por um profissional constituirá um ilícito criminal, como acontece com o crime de prevaricação de Advogado ou de Solicitador[19]; mas a advocacia pode tam-

---

[16] Aprovado pelo Decreto-lei nº 483/76, de 19 de junho.

[17] Decreto-lei nº 88/2003, de 26 de abril, no uso de autorizações legislativas da Lei nº 2/2002, de 2 de janeiro, e da Lei nº 23/2002, de 21 de agosto (leis de autorização legislativa ao Governo), alterado pelas Leis nºs 49/2004, de 24 de agosto, 14/2006, de 26 de abril, e pelo Decreto-lei nº 226/2008, de 20 de novembro, no uso de autorização legislativa da Lei nº 18/2008, de 21 de abril e atual Estatuto da Ordem dos Solicitadores e dos Agentes de Execução aprovado pela Lei nº 154/2015, de 14 de Setembro.

[18] Quanto a tratar-se de um ramo de direito autónomo, cfr. ANTONIO FERNANDEZ SERRANO, La Abogacia en España y en el Mundo, Madrid, 1955, I vol., págs. 207 e segs. Entre nós, ao contrário do que acontece noutros ordenamentos, o problema do Direito Profissional como ramo de direito autónomo não suscita especiais dificuldades, uma vez que o EOA foi aprovado por Lei e constitui, de resto, matéria de *reserva de Lei*. O dever de o Advogado recusar o patrocínio a questões injustas – artigo 90º – b) do EOA – ou o de recusar mandato em questões em que tenha intervindo em qualquer outra qualidade ou seja conexa com outra em que represente ou tenha representado a parte contrária ou o de recusar o patrocínio contra quem noutra questão é seu cliente – artigo 99º – nºs 1 e 2 – ilustram bem a autonomia do direito profissional embora na sua vertente de direito civil e, desde logo, em sede de formação do negócio jurídico assim como o dever de protesto, que vale como arguição de nulidade, nos termos do artigo 80º do EOA, é exemplo da eficácia processual do direito profissional – Cfr. LUÍS VASCONCELOS ABREU, O Estatuto da Ordem dos Advogados e a Relação entre Mandante e Mandatário Judicial, na Revista da Ordem dos Advogados, que, de futuro, citaremos pela sigla ROA, sem indicação de tomo, mas com indicação do ano pelo número ordinal (começou no ano de 1941), 62º, pág. 289 e seguinte.

[19] Artigo 370º do Código Penal, disposição que inclui a qualidade de Advogado ou Solicitador entre os elementos típicos do crime de prevaricação.

bém ser considerada em si mesma, tendo em atenção o especial interesse público que está na sua base, como uma profissão que exige uma certa disciplina para o seu perfeito desenvolvimento e a violação dessa disciplina constituirá então ilícito disciplinar, nele se abrangendo não só a violação dos deveres profissionais dos Advogados (o seu "estatuto positivo" na terminologia de Duguit, quanto aos funcionários públicos) mas também as condutas da vida privada que constituam comportamento público (o seu "estatuto negativo "), sempre que estas últimas sejam de natureza a repercutir-se na profissão[20].

Têm natureza jurídica todas as normas que integram o Direito Profissional do Advogado, quer as que regulam o acesso e o exercício da profissão quer as normas que integram o estatuto deontológico *stricto sensu* do Advogado.

A diferença específica das normas jurídicas em face das outras normas de conduta é a suscetibilidade de serem impostas coactivamente pela autoridade do Estado, cuja constituição é contemporânea da criação das normas jurídicas.

O Código de Deontologia da União Europeia dispõe que "as regras deontológicas são destinadas a garantir, pela sua aceitação livremente consentida, a boa execução pelo Advogado da sua missão reconhecida como indispensável ao bom funcionamento de toda a sociedade humana" e que "o não cumprimento destas regras pelo Advogado conduzirá, em último caso, a uma sanção disciplinar"[21].

---

[20] Este aspeto encontra expressão no artigo 83º – nº 1 do EOA: "o Advogado deve ter um comportamento público e profissional adequado à dignidade e à responsabilidade da função que exerce...". A posição da Ordem dos Advogados, quanto a esta matéria, foi definida, há muito, pelo acórdão do Conselho Superior de 15/11/62, na ROA, ano 23º, pág. 182: "Os atos da vida privada do Advogado só podem provocar a reação do poder disciplinar da Ordem quando forem escandalosos, impliquem a desconsideração pública, enodoem o caráter de quem os pratique e sejam suscetíveis de lesar o bom nome da Ordem".
Também o artigo 82º do Estatuto dos Magistrados Judiciais, aprovado pela Lei nº 21/85, de 30 de julho, e alterado pelo Decreto-lei nº 342/88, de 28 de setembro, e pelas Leis nºs 2/90, de 20 de janeiro, 10/94, de 5 de maio, 44/96, de 3 de setembro, 81/98, de 3 de dezembro, 143/99, de 31 de agosto, 3-B/2000, de 4 de abril, 42/2005, de 29 de agosto, 26/2008, de 26 de junho e 52/2008, de 28 de agosto, e o artigo 163º do Estatuto do Ministério Público, aprovado pela Lei nº 47/86, de 15 de outubro, e alterado pelas Leis nºs 2/90, de 20 de janeiro, 23/92, de 20 de agosto, 33-A/96, de 26 de agosto, e 60 /98, de 27 de agosto, que o republicou, 42/2005, de 29 de agosto, 67/2007, de 31 de dezembro, e 52/2008, de 28 de agosto, conferem relevância à conduta da vida privada quando seja de natureza a repercutir-se na profissão.
[21] 1.2.1 do Código de Deontologia do CCBE.

DIREITO PROFISSIONAL DO ADVOGADO

Igualmente dispõe o artigo 115º do EOA que "comete infração discipli-nar o Advogado ou Advogado estagiário que, por ação ou omissão, violar culposamente algum dos deveres consagrados no presente estatuto, nos respetivos regulamentos e nas demais disposições legais aplicáveis", tra-tando os artigos 130º e seguintes das penas disciplinares e da sua aplicação.

Mas a juridicidade das normas de Direito Profissional do Advogado decorre do artigo 6º – nº 3 do EOA, ao dispor que, "dos atos praticados pelos órgãos da Ordem dos Advogados cabe, ainda, recurso contencioso para os tribunais administrativos, nos termos gerais de direito".

É, pois, o Estado, através dos tribunais, que impõe coactivamente as nor-mas deontológicas e as demais normas do estatuto profissional do Advogado.

E não deixam de ter natureza jurídica as regras decorrentes de usos, cos-tumes e tradições referidos no artigo 88º – nº 1 ou dos usos profissionais, a que se deve atender na fixação de honorários, nos termos do artigo 105º – nº 3, todos do EOA, ou dos usos, que determinam a medida da retribuição, na falta de ajuste prévio ou de tarifas profissionais, conforme impõe o artigo 1158º – nº 2 do Código Civil, natureza jurídica que é indubitável, em face do disposto no artigo 3º – nº 1 do Código Civil: "os usos que não forem con-trários aos princípios da boa-fé são juridicamente atendíveis quando a lei o determine".

3. Os deveres deontológicos gerais

Há deveres deontológicos gerais que são específicos de determinada pro-fissão, podendo exemplificar- se, quanto à profissão de Advogado, com o dever de lealdade processual, que é exclusivo da profissão forense[22], e outros que são comuns a várias profissões, designadamente às profissões chamadas liberais, tradicionalmente definidas pelo caráter intelectual, pela regulamentação do acesso e do exercício da profissão em função do seu interesse público prosseguido por associações públicas, pela independên-cia e a pela pessoalidade, no sentido de que tem natureza pessoal a relação estabelecida entre o profissional e utente dos seus serviços, porque às ativi-dades em causa, em que o utente confia ao profissional interesses de natu-reza mais pessoal do que patrimonial, é imprescindível um relacionamento de confiança, assente na livre escolha do profissional pelo utente dos seus serviços[23].

---

[22] Neste sentido, pode ver-se CARLO LEGA, Deontologia de la Profission de Abogado, Madrid, 1976, pág. 68.
[23] *Vide* PAULO LEAL, Sociedades de Profissionais Liberais, na Revista de Direito e de Estudos Sociais, Ano XXXII (V da 2ª Série), nºs 1-2-3-4, Jan. – Dez. 1990, pág. s 71 – 73.

INTRODUÇÃO. O ESTATUTO PROFISSIONAL E O DEONTOLÓGICO ...

São deveres deontológicos gerais comuns às chamadas profissões liberais, designadamente à profissão de Advogado, o dever de uma elevada consciência moral, o dever de probidade e o dever geral de urbanidade.

Da consciência profissional, que obriga a atuar segundo as regras técnicas ou *leges artis,* pode distinguir-se a consciência moral, que impõe a ponderação das consequências da aplicação daquelas regras em cada caso concreto. Carlo Lega[24] refere-se ao dever de consciência moral, dizendo: "traduz-se em um imperativo categórico que se condensa na frase "atua segundo a ciência e a consciência".

O dever de uma elevada consciência moral está assim definido, kantianamente, em termos puramente formais, pelo seu "imperativo categórico" (incondicional): "atua de tal modo que possas querer a regra de que a tua ação se torne numa lei universal"; a lei moral, por isso, seria autónoma, não influenciada pelo mundo dos *fenómenos,* mas sim um *nómeno,* uma realidade em si mesma, sendo moral uma ação se unicamente for inspirada pela intenção moral e não se for motivada por algum objetivo exterior específico, como no caso da obediência à lei, que se desenvolve num quadro de motivos exteriores, pois a autoridade legal não confia tanto na boa vontade dos homens como no poder legal de coação e castigo, exercido pela autoridade do Estado.

Ao dever de consciência moral se referiu também Angel Ossorio y Gallardo:" no Advogado, a retidão de consciência é mil vezes mais importante do que o tesouro dos conhecimentos. Primeiro, ser bom; depois, ser firme; por último, ser prudente; a ilustração vem em quarto lugar; a perícia, no fim de tudo"[25].

Também Pio XII, em discurso proferido a um grupo de Advogados de Paris, em 23 de abril de 1957, subentendia o dever de consciência moral ao dizer: "o talento não é qualidade suficiente para profissão tão íntima do exercício da justiça. A independência e o desinteresse constituem virtudes essenciais e particularmente meritórias de um Advogado"[26].

Embora o caráter desinteressado das profissões liberais, sobretudo a dos Médicos e dos Advogados, apenas signifique que eles deverão colocar os interesses eminentemente pessoais que lhes são confiados acima do direito a uma justa remuneração[27], a independência e o desinteresse a que o Papa

---

[24] Ob. citada, pág. 67.
[25] A Alma da Toga, trad. de A. S. Madeira Pinto, 1956, 6.
[26] Documentos Jurídicos, pág. 593.
[27] Autor e ob. citados na nota 22, pág. 72, nota 2, e pág. 85, nota 23.

se referia como virtudes essenciais e que, sendo virtudes tradicionais, são hoje deveres profissionais, como a probidade, a honestidade, a integridade e a sinceridade, a que se referem o artigo 88º – nºs 1 e 2 do EOA e o ponto 2.2 do Código de Deontologia da União Europeia, pressupõem uma elevada consciência moral.

Finalmente, o dever geral de urbanidade não pode ser apenas um dever de cortesia de um Advogado e tem de ser um dever deontológico geral, comum a todas as profissões de interesse público e não só no exercício da profissão mas também fora dela, na medida em que a omissão desse dever, mesmo na vida privada do profissional, não pode deixar de repercutir-se na profissão, quando for escandalosa, desprimorosa aos olhos do público, desonrosa para o seu autor e lesiva da profissão.

O artigo 95º do EOA deve, por isso, ser objeto de interpretação extensiva ou de integração analógica, em face do disposto no seu artigo 88º – nº 1.

Capítulo I
A Advocacia – da Antiguidade Oriental à Atualidade

4. Antiguidade Oriental

Das origens da advocacia, muitos séculos antes de ser profissão, só se encontram remotos vestígios nas civilizações mesopotâmicas, com início na suméria, quando se dá forma escrita a normas consuetudinárias, no III milénio A. C., sendo do último século daquele milénio (2100-2000 A. C.) o código que havia de servir de modelo ao Código de Hammurabi (1792-1750 A. C.).

Foi o tecnicismo processual que originou o aparecimento de peritos que aconselhariam as partes e que teriam preparação específica em matéria jurídica, pois já os primeiros Códigos eram utilizados como material escolar[28].

Na civilização egípcia, a atividade habitual de conselheiro em questões jurídicas estava ligada a fórmulas processuais escritas que excluíam a oratória como meio de convencimento, conforme veio a acontecer com a jurisprudência pontifical romana[29].

E também na civilização hebraica, há várias referências a atividades de defesa, embora não a defensores perante o Sinédrio.

O antigo direito hebreu reparte-se pelo Pentateuco, os cinco primeiros livros do Velho Testamento, sobretudo pelo Exodo, cujas regras correspon-

---

[28] MODESTO BARCIA LAGO, El Ilustre Colegio Provincial de Abogados de Pontevedra en el Marco del Desarrollo Histórico de la Abogacia Española 1999, pág. 27.
[29] Ob. citada na nota anterior, pág. 28.

DIREITO PROFISSIONAL DO ADVOGADO

dem a uma civilização nómada, e pelo Deuteronómio e pelo Levítico, sendo a Justiça administrada por Juízes, da tribo de Levi, que se encontravam em cada uma das portas de Jerusalém, mas vindo a organização judiciária a assentar num Grande Sinédrio, em Jerusalém, que funcionava, ordinariamente, com vinte e três Juízes e, em pleno, com setenta e um, presidido pelo Sumo-Sacerdote, e em Sinédrios provinciais sujeitos a recurso hierárquico oficioso e prévio, nas questões mais graves ou duvidosas[30].

5. Antiguidade Clássica – As Civilizações Grega e Romana

Na civilização grega, é a eloquência a base das defesas forenses na *ágora* helénica, onde brilharam os maiores oradores gregos, como Péricles, Lysias, Ésquines, Ipérides, Isócrates e Demóstenes, devendo também aludir-se aos *síndicos*, peritos na exposição oral, aos *sofistas* e aos *logógrafos*, escritores de discursos forenses com as alegações das partes, e não devendo esquecer--se que as leis de Drácon (624 A.C.) e Sólon (596 A.C.) influenciaram o aparecimento de defensores, os *corógrafos*, que eram remunerados pelos seus serviços. A defesa forense tornou necessárias regras deontológicas que impunham que o orador fosse um homem livre e digno, salvaguardavam o segredo profissional, proibiam expressões descorteses e limitavam o tempo de intervenção de cada orador a um máximo de três horas controlado por clépsidras, o que tudo aponta, de forma incipiente, para a disciplina da futura profissão de Advogado[31].

Na civilização romana, surge a advocacia como profissão organizada, tendo evoluído em função dos vários sistemas processuais, do seu caráter gratuito ou oneroso, da obrigatoriedade ou não do trajo profissional e do movimento associativo que veio a impor-se.

Três sistemas processuais se sucederam no tempo, embora não se tivessem revogado e tivessem passado a coexistir: o processo das *legis actiones*, o processo *formularium* e o processo *extra ordinem*[32].

O primeiro e mais antigo sistema começou por estar ligado ao mais categorizado dos colégios sacerdotais romanos, o colégio dos pontífices, a que presidia o *pontifex maximus,* e à classe dos patrícios, que o mantiveram secreto até que, no ano 450 A.C., foi publicada *a lei das XII tábuas* e, no ano

---

[30] Valério Bexiga, O Advogado e a História, Faro 2000, pág. s 9 e 10.

[31] Autor e ob. citados na antepenúltima nota, pág. 29, e Fernando Sousa Magalhães, A Advocacia – Uma Síntese da Sua Evolução Histórica, lições policopiadas do Centro de Estágio do Conselho Distrital do Porto da Ordem dos Advogados, pág. s 5 a 15.

[32] Valério Bexiga, ob. citada, pág. 13.

I. A ADVOCACIA – DA ANTIGUIDADE ORIENTAL À ATUALIDADE

304 A.C., Cneu Flávio publicou as fórmulas processuais e negociais – *jus flavianum* – o que, mais tarde, foi continuado pela publicação do *jus Aelianum* – e, pouco depois, afixou no *forum* o calendário religioso, para tornar do conhecimento público o critério de classificação dos dias em fastos e nefastos, pois só nos primeiros era lícito litigar em juízo, deixando a jurisprudência de ser pontifical e reservada aos patrícios para se tornar laica e plebeia, pouco depois, a partir da *lex Ogulnia*, que permitiu aos plebeus aceder ao pontificado, depois de a pretura, o consulado e a censura, os mais altos cargos do *cursus honorum*, terem sido abertos aos plebeus, que, antes, apenas ascendiam a tribunos da plebe, questura e edilidade curul.

Se o Direito Romano foi criado pelas *responsae prudentium* através da concessão aos mais qualificados *jurisprudentes* do *jus respondere ex autoritate principis*, a origem do *advocatus* tem de ir buscar-se aos *laudatores*, ao *patronus*, aos *oratores* que assumiam o patrocínio dos cidadãos e que se transformaram no *advocatus*, denominação preferida à de *causidicus*, quando se tornou necessário o conhecimento da ciência jurídica e o *advocatus* assumiu a condição de *juris peritus*, diferenciando-se a sua atividade do trabalho do *pragmaticus*, do *leguleius* e do *formularius*. Assim, inicialmente, a atividade do *advocatus* está ligada à defesa em juízo, *à disputatio fori*, não sendo o jurisconsulto *advocatus*, mas, apesar de este não poder dar *responsa* como o jurisconsulto, a quem ele solicitava parecer que anexava à questão pendente, o *advocatus* veio a incorporar também na sua inicial atividade a de jurisconsulto, reunindo-se na atividade de *advocatus* o *agere*, ou seja, assistir pessoalmente em juízo os clientes, o *cavere*, isto é, aconselhar as cautelas a observar nos negócios jurídicos, atividade em que os juristas vão sendo, pouco a pouco, substituídos por notários profissionais, que recebem a designação de *tabelliones*, e o *respondere*, a saber, emitir pareceres sobre casos concretos e sobre a interpretação das leis[33].

O sistema do processo *formularium*, do período em que se inicia a expansão mediterrânea de Roma com a província da Sicília, em 241 A.C., e período universalista do direito romano (*jus gentium*), baseava-se numa fórmula dirigida ao *recuperator* (juiz da matéria de facto) e na qual o pretor definia o objeto do litígio e a decisão de direito aplicável à decisão de facto que ele viesse a emitir em face da prova produzida, tendo o pretor vindo a anunciar, em edito, os casos que seriam ou não judiciariamente tutelados, no que evitava proceder arbitrariamente e antes se submetia às *responsae* dos juriscon-

---

[33] Modesto Barcia Lago, ob. citada, pág. s 31-32.

sultos, os quais, assim, influenciaram os *editos* dos pretores que tanto revolucionaram o direito romano no último século da República.

Como este sistema determinava tantas formas de processo quantas as relações jurídicas controvertidas e cindia o processo em duas fases, alcançando-se apenas uma decisão formal, veio a ser definitivamente abolido, no ano de 294, pela Constituição de Diocleciano, que o substituiu pelo terceiro sistema, o da *extra ordinem*, não obstante este sistema ter sido introduzido e ter coexistido com os outros sistemas desde há mais de três séculos.

O patrocínio patricial era uma *"ars liberalis"* que o *patronus* exercia gratuitamente como um *onus* da classe dos patrícios e a eloquência do *orator* proporcionava consideração social ou *honor*, mas estabelecia-se uma relação de clientela com o patrocinado que era definida pelos *jura patronatus* e que determinava uma retribuição não exigível que se denominava *honorarium* por contraposição a *salarium*, que era próprio das *artes illiberales*; a *lex Cincia* do ano 204 A.C. proibiu, porém, expressamente o costume de se receber remuneração pelos serviços prestados.

Um *senatus consultus* do tempo de Augusto impôs a pena de restituição em quádruplo do montante de honorários recebidos pelo Advogado do seu cliente, o que, pelas consequências sociais, deixou de vigorar, por decisão do imperador Cláudio, no ano 47, que autorizou os Advogados a receber honorários até 10000 sestércios por processo.

Com o *edictum* de Caracala, no ano 212 D.C., acederam à cidadania romana todos os súbditos do império e desenvolveu-se a atividade dos juristas, que começou a exercer-se com a contrapartida de remuneração ou *merces* e com o *edictum de pretiis rerum* de Diocleciano, do ano 301 D.C., foram fixados em 250 e 1000 dinários, respetivamente, a instauração da ação e a tramitação do processo até à sentença, distinguindo-se entre a *postulatio* e a *cognitio*.

Ulpiano dá notícia da proibição do pacto de *quota litis* e de *quota palmarium* (de *palma*, que se dava, como prémio, ao soldado vitorioso) constituindo a última um misto de um ajuste prévio e certo de honorários com uma compensação estabelecida em função do resultado, que acresce ao montante certo ajustado.

Tendo decaído o uso da toga, que era branca, sem mangas e apertada na cintura (toga viril) e constituía o trajo habitual do *advocatus*, Augusto, que inicia o Principado e um grande intervencionismo sobre os juristas, limitando a atribuição do *jus publice respondendi*, em reforço da sua própria autoridade, tornou obrigatório o uso da toga perante os tribunais, pelo que o termo *togatus* passou a identificar os Advogados.

I. A ADVOCACIA – DA ANTIGUIDADE ORIENTAL À ATUALIDADE

Inicialmente, as mulheres podiam advogar e tal como Cícero, Crasso, Múcio Scévola, Gaio, Paulo, Celso, Papiniano, Modestino também se notabilizaram Amasia e Hortênsia.

Com a tomada de consciência da sua identidade como classe profissional, os Advogados agrupam-se em associações até ao século III D.C., segundo noticia Plutarco, e no tempo do imperador Justino, no Baixo--Império, quando se desenvolvem as corporações profissionais, foi criado o primeiro *Collegium togatorum,* no qual devia inscrever-se obrigatoriamente quem exercesse o patrocínio judicial, exigindo-se a idade mínima de 17 anos e aprovação em exame profissional, depois de cinco anos de estudos de direito.

O *Collegium* era presidido por um dos seus membros mais respeitados, o *Primus fori,* e usufruía de grandes privilégios, mesmo económicos como Advogado do *fiscus,* com retribuição anual de 600 áureos e honras de *spectabilis* e *clarissimus,* dignidade atribuída aos senadores e cônsules no Baixo--Império[34].

Das compilações de leis que se realizaram no século VI resultaram o Digesto, no Ocidente, e as *Pandectas* de Justiniano, no Oriente, tendo sido composto também um tratado, as *Institutiones* de Justiniano, base dos estudos jurídicos na Idade Média[35].

6. Idade Média

6.1 Do séc. V a fins do séc. XII – declínio da advocacia a partir do séc. IX, salvo a dos advocati eclesiae

Com a queda do Império Romano do Ocidente e com a sua separação do Império Romano do Oriente formalmente assinaladas pela deposição do Imperador Rómulo Augustulo por Odoacro, em 486, só os Visigodos que se sucederam, na Península Ibérica, aos Vândalos, Suevos e Alanos, deixaram alguns códigos jurídicos, que perfilharam, contudo, o direito romano, direta ou indiretamente, podendo afirmar-se que, na falta de significativas inovações de direito adjetivo, o Advogado, na Alta Idade Média, continuou a desempenhar a sua profissão nos mesmos termos em que a exercia na queda do Império Romano, até que, a partir do século IX, declina a advocacia, que praticamente deixou de existir como profissão liberal organizada, em contraste com a situação verificada no Império Romano do Oriente,

[34] MODESTO BARCIA LAGO, ob. citada na nota 27, pág. s 41 a 43.
[35] VALÉRIO BEXIGA, ob. citada, pág.15.

19

DIREITO PROFISSIONAL DO ADVOGADO

onde, apesar de transformada pela cultura helenística, ainda resistiria por mais sete séculos aos ataques do Islão, embora Justiniano marque o fim do contributo romano-bizantino, no domínio do direito e da ciência jurídica.

Apenas no âmbito do Direito Canónico, os juristas e *advocati eclesiae* tinham prestígio, mas estava proibido, desde o concílio de Terragona, em 516, proibição repetida, depois, no Decreto de Graciano, em meados do século XII, e interpretada como abrangendo o clero secular na Decretal de Inocêncio III, de 12 de março de 1206, dirigida ao Arcebispo de Santiago, que "algum monge se encarregasse ou executasse negócios forenses, a não ser que fosse útil ao mosteiro, e, em todo o caso, por ordem do abade", o que bem se compreende desde o *edictum* de Milão do Imperador Constantino, em 313, a reconhecer a supremacia da Igreja Católica, até ao chamado "constantinismo" eclesial, de tal modo que a Igreja, já com a constituição da *episcopalis audientia*, acolhida no Código Teodosiano e reforçada por Justiniano, adquire competência jurisdicional para ser instaurado qualquer litígio perante o bispo[36], transitando para a praxe jurídica do Império a *aequitas* cristã, a par de outros conceitos morais elaborados pelo cristianismo[37].

Assim começou a afirmar-se o direito canónico, não só a partir da Patrística, obra teológica dos Padres da Igreja, especialmente de Santo Agostinho, bispo de Hipona, mas também das deliberações dos concílios, uns ecuménicos e outros regionais, e ainda, depois de reconhecida a primazia do Bispo de Roma, no século V, das encíclicas e decretais dos papas, tendo vindo o Direito Canónico a ser compilado por um monge, Graciano, no século XII, no *Decretum Gratiani*, completado por Gregório IX e por vários papas que ordenaram a sistematização das suas decretais, o que tudo formou o *Corpus Juris Canonici*.

6.2 De fins do séc. XII às Ordenações
Nos fins do séc. XII, com o início do desenvolvimento industrial e comercial nas terras até então agrícolas de Castela e Aragão, passaram a pulular causídicos não profissionais, clérigos ou laicos, que atuavam com meios processuais primitivos como os ordálios ou juízos de Deus e o livre arbítrio de juízes não juristas[38].

---

[36] Modesto Barcia Lago, ob. cit., pág. s 48 e 49.

[37] Idem, ob. e local citados.

[38] Idem, pág. 50. António Sérgio, Obras Completas, Ensaios, III, pág. 179, escreveu: "A Europa reduziu-se, nos séculos VII a IX, a um puro regime de economia agrícola e de consumo doméstico ou local. Ao fim de dois séculos, porém, da própria prosperidade da

I. A ADVOCACIA – DA ANTIGUIDADE ORIENTAL À ATUALIDADE

Um dos ordálios, a prova da água a ferver, estava até consagrado no Código Visigótico. O combate judicial foi outro juízo de Deus que mereceu aprovação quer em disposições conciliares, que eram fontes de direito canónico, quer em tratados de paz. E outros tipos de ordálios, apesar de não merecerem aprovação legal, constituíam normal meio de prova, como o ferro em brasa ou a prova da mão levantada. Mas a Igreja proibiu, em geral os ordálios no Decreto de Graciano, no Concílio de Latrão e nas Decretais de Gregório IX.

O direito consuetudinário, que fora consentido pelos romanos e que sobreviveu aos invasores godos e árabes, assumiu muitas vezes forma escrita nas cartas de foral outorgadas pelo poder central aos concelhos, tendo cada comunidade local o seu direito próprio, quer ela constituísse um concelho quer uma terra pertencente a um senhor, mesmo eclesiástico, ou ao próprio rei. E, em tal direito, constituído por forais e costumes escritos, começam a aparecer, no século XI, as primeiras referências regulamentadoras de profissionais práticos que, sob a denominação de "vozeiros", assumiam a "voz" ou defesa dos litigantes, referências que se multiplicaram quando meios de prova mais racionais, como a prova testemunhal, foram destronando os métodos primitivos. Aqueles profissionais práticos, evoluindo como instituição específica para a representação processual das partes, estão na origem do Advogado, embora então não fossem juristas nem profissionais, o que só mais tarde aconteceu quando a sua atividade se enriqueceu com o rigor científico do estudo do recém-descoberto direito romano-justinianeu e canónico que começou a estudar-se nas Universidades.

Mas qualquer homem podia ser Advogado, com exceção expressa do juiz, do alcaide e do mordomo, representante do poder político que, em certas causas, desempenhava a função de acusador, não se aplicando a este a exceção quando a função de advogar lhe viesse por inerência.

Com poucas exceções, as partes podiam sempre constituir Advogado, para o que lhes era conferido o prazo de três dias, acrescido de dilação, quando tivessem de o procurar fora do lugar, o mesmo não acontecendo no direito canónico, no qual em certos tipos de processo, nomeadamente

agricultura proveio o acréscimo de natalidade e a consequente existência de muitos homens que não achavam meio de se fixar no solo e de se manterem nos quadros da sociedade rústica. Os impulsos vitais desses "desenraizados" criaram duas formas de atividade novas: o Comércio e a Cavalaria, empenhados os dois em uma obra comum que consistiu na expansão da gente europeia e na ofensiva geral contra os Sarracenos. Desenvolvem-se as cidades, o grande comércio, o regime municipal, a empreendedora finança, e cria-se uma corrente de longo tráfico entre a Europa do Norte e o Levante, tráfico de que as Cruzadas são um aspeto".

DIREITO PROFISSIONAL DO ADVOGADO

os que se referiam ao crime de heresia, os réus não podiam beneficiar de defesa por Advogado, de acordo com o disposto na carta *si adversus* das Decretais de Gregório IX.

As declarações do Advogado constituíam confissão no processo quando o cliente, estando presente, não as impugnasse.

O mandato era revogável a todo o tempo, ao contrário do que acontecia no direito canónico, em que era irrevogável a partir da contestação, sem prejuízo de os tribunais eclesiásticos, onde apenas eram admitidos a pleitear Advogados católicos, varões, aprovados pelo próprio tribunal, poderem rejeitá-los em qualquer estado da causa.

Os forais do tipo de Salamanca consignavam o impedimento de o Advogado patrocinar causas de estranhos do seu concelho contra os vizinhos[39].

6.2.1 O direito romano-justinianeu divulgado pelos glosadores e o Direito romano-canónico – Afonso X de Castela

O direito romano – justinianeu foi então divulgado na Magna Glosa de Acúrcio, contraponto da compilação de direito canónico de 1140 denominada Decreto de Graciano que influenciou a compilação das Decretais ou epístolas papais, obra do catalão S. Raimundo de Peñafort promulgada em 1234 pelo Papa Gregório IX.

E, sem prejuízo de um sistema de direito romano-canónico na cristandade europeia a partir do século XIV, sobretudo com os post – glosadores e comentaristas, entre os quais avulta Bártolo, inicia-se então a decadência da primazia do poder da Igreja Católica sobre o poder temporal que conduzira a que se tivesse formulado nas Cortes de Coimbra de 1211 o princípio de que as leis régias são nulas quando contrariem "os direitos da Santa Igreja de Roma".

É o próprio poder real que, interessado em consolidar o seu poder face à nobreza feudal, fomenta o estudo do direito romano – justinianeu, nas Universidades, de Bolonha (1088) Paris (1170), Palência (1208), Salamanca (1215), Pádua (1222), Valladolid (1260), e Coimbra (1290)[40].

Em 1254, dois anos depois de Afonso X de Castela subir ao trono, logo manifestou interesse pela formação de juristas na Real Cédula pela qual

---

[39] VALÉRIO BEXIGA, ob. citada, pág. 26 e 28, onde cita ALEXANDRE HERCULANO, História de Portugal, ed. Bertrand, Tomo IV, para algumas das várias afirmações contidas no texto.

[40] As mais antigas Universidades são islâmicas: al-Karaouin (859), em Marrocos; al-Azhar (970-972), no Egito, al-Nizamlyya (1065), no Iraque, às quais se seguiram as de Bolonha e a de Oxford, esta de 1096.

I. A ADVOCACIA – DA ANTIGUIDADE ORIENTAL À ATUALIDADE

estabeleceu na Universidade de Salamanca cátedras de direito civil e de direito canónico.

É desse período a obra Flores de las Leyes, de Jácome Ruiz, com procedimentos aconselhados por um jurisconsulto para julgamentos a realizar perante o rei, que se admite ser o próprio Afonso X, escrita em castelhano, mas com versão portuguesa de inícios do último quartel do século XIII, com um exemplar incorporado no foral da Guarda[41].

Um pouco posterior às Flores de las Leyes é o Fuero Real, do próprio Afonso X, cuja versão portuguesa também faz parte do foral da Guarda.

A obra *Flor de las Leyes*, sob o título *dos vozeyros que son ditos em lati aduocatj*, e o *Fuero Real*, sob o título IX e sob o título X do Livro I, que tratam, respetivamente, dos *vozeyros* e dos *possõeyros* (procuradores), tratavam da nomeação oficiosa de Advogado pelo príncipe (*Flor de las Leyes*) ou pelo alcaide (*Fuero Real*); das incompatibilidades e impedimentos dos mudos, surdos, cegos, loucos, servos, hereges, menores de dezassete anos e clérigos, a que o *Fuero Real* acrescentava ainda os judeus, os mouros, os excomungados, os Advogados da contraparte, as mulheres, a não ser em causa própria, e homens de categoria inferior ou superior ao Advogado da parte contrária; dos honorários, que limitavam à vintena ou vigésima parte, parecendo que não proibiam a *quota litis*; impunham que as alegações fossem *em pee levantado e non seendo* (sentado), devendo o advogado usar de linguagem adequada e comedida.

A *Flor de las Leyes* proibia ao Advogado cobrar honorários de ambas as partes, o falseamento de processos ou a defesa de causas injustas e falar em segredo ou àparte, com o seu patrocinado, quando este prestava depoimento de parte[42].

Mas a obra de maior perfeição de Afonso X é a de *Las Partidas*, que "contiene el ata de nacimiento de la Abogacia como ofício público, como profesión liberal, "avant la lettre" de una función pública"[43]. Reconhecendo utilidade pública à profissão dos *vozeyros*, impõe que estes sejam escolhidos pelos julgadores e sabedores de direito da corte, ou das terras ou das cidades ou das vilas em que se quer ser Advogado, sendo a acreditação formal de saberes jurídicos requisito indispensável para, desde então, se exercer profissionalmente a advocacia, ao que acresceu a prestação de juramento de probidade profissional como requisito para se registar o seu nome " *en el*

---

[41] Valério Bexiga, ob. cit., pág. 30.
[42] Valério Bexiga, ob. cit., pág. s 30 a 32.
[43] Modesto Barcia Lago, ob. cit., pág. 69.

DIREITO PROFISSIONAL DO ADVOGADO

libro, do fueren escritos los nomes de los otros abogados a quien fue otorgado tal poder como este", de tal forma que *"la Abogacia se constituy, así, en un ministério público ejercido por profissionales independientes especificamente habilitados a tal fin"*[44].

Exige-se que o Advogado seja homem, proibindo-se a advocacia às mulheres, aos monges e clérigos seculares, a não ser em favor de mosteiros ou igrejas, aos que pratiquem a lide com animais mediante preço, e aos infames; que seja maior de 17 anos, com capacidade de gozo e de exercício de direitos e fisicamente apto.

Quanto a honorários, estabelecia-se o máximo de cem maravedis e proibia-se a *quota litis*.

As pessoas sem meios económicos podiam pedir ao juiz a nomeação de Advogado e só em caso de total carência ficavam dispensadas de pagar honorários – *"deuelo mandar el juez que lo faga por amor de Dios"*.

Assegura-se a obrigação de segredo profissional, mas se a consulta tiver por fim conseguir que a parte contrária não encontre Advogado por todos terem sido consultados, considera-se não haver deslealdade que qualquer dos consultados aceite a defesa da contraparte, embora por nomeação do juiz, a requerimento da parte, para prevenir deslealdades e ser lícita a intervenção do Advogado.

A prevaricação é punida com pena de morte por aleivosia e igual pena se prevê para o Advogado que induza o seu cliente a cometer falsidade no processo ou que seja autor de deslealdade para com o Juiz[45].

6.2.2 Evolução em Portugal até às Ordenações

As Sete Partidas de Afonso X tiveram, sem dúvida, aplicação, em Portugal, preterindo o direito canónico e as leis do Reino, a ponto de o clero se queixar nas Cortes de Elvas de 1361: *"Outros sy muitas vezes nom querem guardar o Direito Canonico... e era maais razom de o guardarem... que as Sete Partidas feitas por Elrey de Castella, ao qual o Regno de Portugal nom era sobgeito, mas brem livre e izento de todo"*[46].

Além das Sete Partidas inspiradas no direito justinianeu, também este direito foi aplicado em Portugal, havendo notícia de um exemplar, em dois volumes, do extrato, em latim vulgar, do Código de Justiniano, com as glosas de Acúrcio e os comentários de Bártolo, que D. João I enviou à Câmara de Lisboa *"per que os feitos de nossos Reignos fossem desenbargados por huu termo soo"*[47].

[44] Ibidem, pág. s 70 e 71.
[45] MODESTO BARCIA LAGO, ob. cit., pág. s 72 a 78.
[46] VALÉRIO BEXIGA, ob. citada, pág. 30
[47] Ibidem, pág. 29.

I. A ADVOCACIA – DA ANTIGUIDADE ORIENTAL À ATUALIDADE

Os reis de Portugal, a partir do reinado de D. Afonso III, começaram a promulgar leis gerais que iam substituindo o direito consuetudinário ou o Código Visigótico, embora este também fosse substituído pouco a pouco pelo Código de Justiniano, estabelecendo aquelas leis regras referentes à disciplina e exercício da advocacia, não só quanto a incompatibilidades, designadamente dos sobrejuízes e ouvidores, dos cavaleiros da Corte e do escrivão judicial, a não ser em causa própria, e quanto a impedimentos, honorários, juramento dos Advogados aos Santos Evangelhos, segredo profissional, que tinha de quebrar se, na pendência da causa, se convencesse da litigância de má fé do seu cliente, e quanto à proibição de diligências dilatórias, regras que não difeririam substancialmente das consagradas na Flor das Leis, no Foro Real e nas Sete Partidas.

Com a aplicação de regras processuais muito mais elaboradas, que se referiam à dedução de exceções, à arguição de nulidades, à impugnação de provas, à interposição de recursos, provocavam-se, naturalmente, atrasos processuais, que também decorriam da centralização do poder pelos reis, que nunca abdicaram de exercer também poderes judiciais, com o consequente aumento de pendência judicial, designadamente no Tribunal da Corte ou Casa do Cível, este sediado em Lisboa, sendo um tribunal de recurso dos tribunais dos concelhos, que eram tribunais de 1ª instância.

Considerando que os atrasos judiciais eram propositadamente causados pelos Advogados, que iam recebendo, além dos honorários, oferendas dos clientes, D. Dinis, por lei de 1 de junho de 1314, proibiu o recebimento de tais oferendas pelos Advogados, o que, oito anos depois, veio a revogar, permitindo que recebessem metade dos honorários e algumas dádivas.

Logo depois de ter subido ao trono, D. Afonso IV, que, pelo édito de 11 de abril de 1325, considerando a frequência de delongas e malícias dos Advogados e o costume de estes falarem e escreverem antes do tempo, determinou que, persistindo a situação, o juiz os mandasse prender, até que ele, rei, os mandasse soltar, quis reformar o processo na Corte, *per que os feitos...nom eram aginha desembargados aí*[48].

E, em carta de lei que talvez seja de 18 de fevereiro de 1332, D. Afonso IV proibiu mesmo a intervenção de Advogados na Corte, parecendo que se tratará apenas de Advogados residentes, uma vez que ficava autorizado que as partes levassem os seus Advogados aos tribunais da Corte, embora a mesma lei, em relação aos *feitos que forem trautados nos conçelhos*, proíba a intervenção do Advogado no processo antes de as partes produzirem as

---

[48] VALÉRIO BEXIGA, ob. cit., pág. 36.

DIREITO PROFISSIONAL DO ADVOGADO

suas *razoões* perante o Juiz, porque *o uogado com maliça toruaria o feito de guisa que os Juizes nom saberiam conpridamente a uerdade delle*[49].

Mais tarde, D. Afonso IV, além de outras medidas contra os Advogados, em 20 de maio de 1351, *mandou que no seu Regno non aJa uogados nem procuradores*, o que foi novamente decretado em 3 de novembro de 1352[50].

E em ordenação de 12 de fevereiro de 1361, D. Pedro I decretou a morte e a confiscação de bens a quem advogasse *na sua Corte como em todo o seu regno,* mas, pouco tempo depois, perante a queixa do povo de perder os seus bens em demandas mal conduzidas e de ser inútil aprender *scientia,* pelo que pediu permissão para cada um ser livre de constituir procurador e tomar ajuda e conselho de letrados, o rei revogou a sua anterior ordenação, embora por pouco tempo, pois em ordenação de 7 de abril de 1362, por delongas processuais, demandas maliciosas e cobrança de honorários excessivos, novamente proíbe os advogados e procuradores, como noticia Fernão Lopes na parte V da Crónica de D. Pedro[51].

Mas os doutores em leis voltam a ter grande prestígio já antes das Cortes de Coimbra de 1385, em que influenciam a eleição real do Mestre de Avis e em que D. João I dá provimento à pretensão dos procuradores do concelho de Lisboa no sentido de o Conselho do Rei ter quatro letrados, que foram os doutores Gil do Sem, João das Regras e Martim Afonso e o bacharel João Afonso de Azambuja, tantos como os saídos da nobreza e o dobro dos saídos do clero[52].

7. A Advocacia no Longo Período das Ordenações

7.1 Ordenações Afonsinas

A abundante legislação produzida pelos reis de Portugal, sobretudo a partir de D. Afonso III, enfermava de falta de sistematização e os vários diplomas legais apenas podiam agrupar-se por critérios cronológicos, não obstante a grande importância de alguns que derrogavam muitos institutos do direito romano ou canónico, o que determinou D. João I, perante as reclamações apresentadas em Cortes, a incumbir o corregedor da Corte João Mendes de compilar sistematicamente o direito português, tarefa continuada depois pelo Dr. Rui Fernandes, por incumbência de D. Duarte, e por ele comple-

[49] Ibidem, pág. 39.
[50] Ibidem, pág. 40.
[51] Ibidem, pág. 42.
[52] Ibidem, pág. 43.

I. A ADVOCACIA – DA ANTIGUIDADE ORIENTAL À ATUALIDADE

tada ainda na primeira metade do século XV sob a denominação Ordenações Afonsinas, derivada do nome do rei D. Afonso V, embora ultimada na regência do Infante D. Pedro.

Trata-se de uma compilação sistematizada não só do direito português mas também do direito subsidiário que, em matéria temporal, era o direito romano[53] e, nas restantes matérias, era o direito canónico[54].

No livro I, sob o título XIII, trata-se dos procuradores ou Advogados e, sob o Título XLV, dos honorários.

Podiam ser Advogados os Letrados, os candidatos aprovados em exame efetuado pelo Chanceler-Mor e, fora da Corte, os candidatos eleitos pelos oficiais do lugar, mas prevendo-se que só os Letrados pudessem vir a ser Advogados e devendo todos os Advogados prestar juramento.

Previam-se como incapacidades a menoridade de 17 anos, o sexo feminino e a condenação pelo crime de falsidade; e como incompatibilidades ou impedimentos, a atividade de funcionário ou pensionista do rei, a não ser nas causas de outro funcionário ou pensionista, a de fiel que desse testemunhas às duas partes, os mouros ou judeus, nos feitos dos cristãos, o notário que tivesse exarado a procuração ou, mesmo que não o tivesse feito, no

---

[53] António Sérgio, Obras Completas, Sobre a Revolução de 1383-1385, tomo VI, pág. 156, cita Tomás de Vila-Nova Portugal, sócio da Academia das Ciências de Lisboa, autor das Memórias de Literatura Portuguesa, editadas pela Academia em 1793, o qual, no tomo V, pág. 377, sobre a época fixa da introdução do direito romano em Portugal e sobre o grau de autoridade que ele teve ao longo dos tempos, é de parecer de ter sido no reinado de D. João I que se deu a aplicação efetiva do direito romano, caracterizando-se o período que vai de D. João I até D. Manuel I por um combate entre o direito romano e o direito "feudal". E Tomás de Vila-Nova Portugal escreve:
"Enquanto, pois, nós achamos nos nossos costumes e legislação os usos feudais, como sucede até D. João I, não podemos supor na nossa legislação e nos nossos costumes a influência do direito romano (...) Este poder feudal era muito grande; os senhores pouco se diferençavam dos soberanos. Quando nós vemos que a um oficial de justiça que entrava a fazer uma citação ou uma penhora no seu território lhe cortavam os pés e o enforcavam, não paramos de pasmar das barbáries de tal sistema".
[54] Codificar as leis, embora em coleções ou coletâneas por ordem cronológica ou de acordo com a natureza das matérias sem unidade intrínseca ou orgânica, de acordo com determinados critérios lógicos, e, portanto, diferentemente do movimento da codificação que se iniciou em meados do século XVIII e atingiu o seu apogeu no século seguinte, com a adoção de uma estruturação orgânica e a distribuição das matérias segundo um plano unitário, era acabar com a Idade Média e passar ao renascimento, como já prenunciara, em Castela, Afonso X, em meados do século XIII, pretendendo o Estado Moderno submeter a sociedade civil a um Código geral e abstrato que substituía as cartas e os forais e os regimes de classes, de privilégios, de exceções e casos particulares e concretos. Cfr. Oliveira Martins, Os Filhos de D. João I, Ulisseia, 1998, pág. 163.

DIREITO PROFISSIONAL DO ADVOGADO

local onde exercesse o cargo de notário, o Advogado que já tivesse recebido retribuição da parte contrária em razão da causa, a não ser que não houvesse mais de dois Advogados no lugar e se tratasse de Advogado primeiramente consultado mas preterido em favor do outro pelo consulente, caso em que podia patrocinar a parte contrária e um dos dois Advogados da Corte que fossem considerados superiores aos outros, pois nenhuma parte podia ser patrocinada por ambos.

A procuração a Advogado tinha de constar de documento exarado por notário, cavaleiro ou doutor ou constar de carta cerrada, mas também podia ser outorgada em ata exarada no processo.

A atuação técnica do Advogado estava sujeita à fiscalização do Juiz, podendo acarretar responsabilidade civil e criminal.

Quanto a honorários, proibia-se o pacto de *quota litis*, embora a lei previsse como limite máximo de honorários a quarentena ou a quadragésima parte do resultado da causa e, sem prejuízo desta percentagem, o limite máximo de vinte libras ou quatrocentos reais, no cível, e quinhentos ou trezentos reais brancos, conforme a pena aplicável fosse a pena de morte ou outra pena, no processo criminal.

Os honorários deviam ser recebidos pelo menos em três prestações, uma no início da causa, outra na produção da prova e outra no final da causa, conforme lei de 15 de março de 1351 de D. Afonso IV, que as Ordenações reproduzem, sendo proibido ao Advogado receber dádivas na pendência da causa, nos termos da mesma lei.

O abandono da causa sem motivo justificado fazia incorrer o Advogado no pagamento de custas e dos honorários do Advogado substituto e ainda na restituição em dobro do que tivesse recebido do cliente.

Não podiam ser patrocinados por Advogado, além do acusador e do citado que comparecesse em juízo desacompanhado de Advogado, os acusados de crime a que correspondesse pena superior à de degredo, se não se encontrassem presos.

7.2 Ordenações Manuelinas

Introduzida em Portugal a tipografia, no último quartel do século XV, sentiu-se a necessidade de se imprimirem as Ordenações Afonsinas, mas, estando as mesmas já alteradas por legislação posterior ou por alteração das circunstâncias como no caso da legislação aplicável aos judeus, expulsos de Portugal em 1496, D. Manuel I incumbiu Rui Boto, Rui da Grã e João Cotrim de rever aquelas Ordenações, vindo a ser publicadas em 1521 as Ordenações Manuelinas.

Além do direito romano e do direito canónico, passou a ser fonte de direito subsidiário também *a communis opinio doctorum* – a opinião comum dos doutores – que se sobrepunha mesmo às glosas de Acúrcio e aos comentários de Bártolo.

No título XXXVIII – *Dos Procuradores e dos que nom podem seer* – do livro I prevê-se para quem quisesse ser Advogado nos tribunais de recurso, que eram a Casa da Suplicação e a Casa do Cível, e, depois, com o centralismo de D. João II e D. Manuel I, que esteve na origem de novos tribunais – como a Mesa da Consciência e Ordens, cujos funcionários pertenciam fundamentalmente à ordem eclesiástica e que funcionava como corpo consultivo do rei em questões de ordem moral e religiosa, e o Santo Ofício da Inquisição – a Mesa ou Tribunal do Desembargo do Paço, especialmente destinado ao conhecimento de petições de perdão, privilégios, liberdades e legitimações[55], teria de se submeter a um exame perante um júri composto pelo Regedor do Rei, Desembargadores e Chanceler–Mor, passando este o respetivo alvará, em caso de aprovação, exame que era dispensado na Casa do Cível, se o Advogado fosse licenciado pela Universidade portuguesa, então sediada em Lisboa.

Para se advogar nos outros tribunais, não era necessário exame para quem tivesse o grau de bacharel ou grau superior, por qualquer Universidade, mesmo que não fosse a portuguesa, mas os não graduados tinham de ser examinados e autorizados a advogar pelo Chanceler-Mor.

O Regedor das Justiças, cujo perfil estava estabelecido pelas Ordenações e que primitivamente era designado por Presidente, era o mais alto magistrado da Casa da Suplicação, que D. João I criou e que foi o nosso mais alto Tribunal até ser substituído pelo Supremo Tribunal de Justiça em 1834, devendo buscar-se a sua origem na cúria régia, que, em Portugal, remonta a D. Afonso II, com raízes romanas no *"consistorium principis"* e no *"consilium principis"* e visigóticas nos *"comites"* e que era uma assembleia consultiva formada por familiares e funcionários do rei para a administração de justiça como instância superior, em último recurso, podendo o rei, nos casos mais importantes, convocar também os arcebispos e abades, os nobres mais notáveis e os mestres das ordens militares, em reunião extraordinária da cúria, génese do Conselho de Estado e das cortes e, mais tarde, dos Parlamentos[56].

---

[55] Fernando Sousa Magalhães, A Advocacia – Uma Síntese da sua Evolução Histórica, texto policopiado do Centro de Estágio do Conselho Distrital do Porto da Ordem dos Advogados, pág. s 40 e 41.

[56] José Pereira Da Graça, Témis, A Deusa da Justiça, pág. s 29 e 211.

Além da Casa da Suplicação, os outros tribunais superiores eram, como dissemos, a Casa do Cível e, depois, o Desembargo do Paço.

Mas, desde logo, ainda nos princípios do século XV, foram os reis pressionados para aumentarem o número dos tribunais de recurso, tendo o problema sido discutido nas Cortes de 1472-1473, onde se reivindicou a D. João II a criação de outro tribunal, perante a insuficiência, sobretudo territorial, das duas casas de justiça que havia e que ficavam tão remotas dos extremos do reino.

O rei não se convenceu e apenas determinou que a Casa da Suplicação se tornasse itinerante, concedendo "alçada" a quem entendia para julgar "*in loco*", sem recurso, o que também não era aceitável.

Por lei extravagante de 13 de janeiro de 1539, foi exigido o curso de Direito pela Universidade de Coimbra para o exercício dos cargos de Corregedor, Juiz de fora e Advogado da Corte, embora para este último apenas se impusesse a frequência académica de oito anos, que era de doze anos para os outros.

O Corregedor nada tinha a ver com a categoria de juizes de 1ª instância, nomeado em comissão de serviço para presidir aos tribunais coletivos, elaborar as sentenças nas ações ordinárias e relatar os acórdãos dos processos-crime, a cujos julgamentos presidia, categoria que foi extinta e substituída, em 1977, pela de juiz de círculo.

O Corregedor do antigo regime tinha como principal função a "tutela inspetiva destinada a permitir a informação do Governo sobre a atividade dos corpos administrativos e o funcionamento dos respetivos serviços de modo a permitir-lhe orientá-los e evitar atos de má gestão"[57]. Exercia, por isso, funções semelhantes às de Governador Civil com extensão aos vários serviços públicos, incluindo os tribunais, onde também era, em alguma medida, uma espécie de agente do Ministério Público, podendo, de algum modo, ser comparado aos sátrapas, que eram "os olhos e os ouvidos" dos reis persas nas divisões administrativas do império persa, mas não devendo confundir-se com o procurador da Coroa, que tinha funções de Advogado público.

A origem do Corregedor remonta ao século XIV, quando tinham as mesmas funções dos meirinhos-mores ambulantes, que eram funcionários de nomeação régia criados em meados do século XIII como coadjutores

---

[57] Marcello Caetano, Manual de Direito Administrativo, *apud* José Pereira da Graça, Témis, A Deusa da Justiça, pág. 199, nota 5, obra que seguimos de perto quanto ao que seguidamente diremos no texto não só sobre o Corregedor mas também sobre o Juiz de fora.

dos alcaides, representantes do rei, no estabelecimento e manutenção da ordem e administração da justiça.

Os Corregedores não eram, portanto, Juízes, embora tivessem excecionalmente funções de julgadores nas causas em que fossem interessados Juízes.

A partir de 1524, data da promulgação do Regimento dos Corregedores, passaram a ser a mais alta autoridade da comarca, deslocando-se dentro dela para receberem as reclamações que quisessem apresentar-lhe como uma espécie de Provedor de Justiça, para visitar as praças e castelos reais, velar pela sua manutenção, tomar decisões militares, visitar as prisões e executar as decisões do rei.

D. João I, ainda como defensor do reino antes de ser Rei, nomeou para Corregedor da cidade de Lisboa Lopo Martins.

Os Corregedores como representantes do rei foram extintos na época liberal, sendo substituídos, em 1839, pelos comissários régios nos distritos.

O Juiz de fora foi instituído por D. Afonso IV, em face dos inconvenientes dos Juízes ordinários ou alvazis, Juízes da terra, que, eleitos pelos homens bons dos concelhos e julgados de entre os vizinhos, por sufrágio direto, por períodos de um ano, julgavam em primeira instância, em colaboração com o conselho dos homens bons, que funcionava como júri, havendo recurso para o rei ou para o senhor da terra, inconvenientes que decorriam do facto de terem interesses e sofrerem influências de amigos ou inimigos na própria terra onde exerciam funções a prazo.

A instituição dos Juízes de fora, de nomeação régia, sofreu resistências por parte do povo, que logo nas Cortes de Lisboa de 1352 reivindicou a manutenção dos Juízes ordinários ou alvazis, a quem não tinha de pagar ordenados, ao contrário do que acontecia com os Juízes de fora ou extraordinários.

Mas cada vez mais se exigia ao Juiz preparação técnico-jurídica adequada e, por isso, por iniciativa real ou a pedido dos povos, os reis foram nomeando cada vez mais Juízes de fora, tendo-os D. João I nomeado para Pinhel, Lamego, Viseu, Guarda, Trancoso, Coimbra e Castelo Branco e D. Manuel I para o Porto e estando nomeados, em 1440, trinta e dois Juízes de fora, nomeados por períodos de um a três anos ou pelo tempo que aos reis aprouvesse, de entre cavaleiros e escudeiros, primeiro, e, a partir de 1516, de entre bacharéis, licenciados e doutores.

Nas Cortes de Évora de 1535, D. Manuel I aceitou que os magistrados e meirinhos passassem a ser pagos pela Coroa, ficando, assim, removida a principal causa da resistência popular à nomeação dos Juízes de fora.

DIREITO PROFISSIONAL DO ADVOGADO

Mas só em 16 de maio de 1832, por Decreto de Mousinho da Silveira, foram extintos os Juízes ordinários ou de vara vermelha, por oposição à vara branca usada pelos Juízes de fora, passando todos os Juízes a ser nomeados pelo Estado sob a designação de Juízes de Direito.

Nos termos das Ordenações Manuelinas, os procuradores ilegais eram punidos com a pena de multa e de degredo por um ano e não podiam concorrer ao exercício da profissão.

Quanto a incapacidades e impedimentos, a menoridade, para efeitos de incapacidade, passou a ser de 25 anos, excetuando-se os graduados com o grau de bacharel ou superior; estavam impedidos de advogar, salvo em casos excecionais, os fidalgos, cavaleiros, clérigos e religiosos; o escrivão passou a poder advogar nas causas de elementos do seu agregado familiar, além das causas próprias; outros crimes infamantes, além da falsidade, passaram a determinar incapacidade, que também passou a resultar da perda de qualquer outro ofício por culpa funcional; e constituíam impedimento só para o Advogado e não para o Juiz o grau de parentesco de pai ou irmão e o de afinidade de cunhado.

Também os incriminados por factos a que correspondesse a pena de flagelação e não só a de degredo temporário não podiam constituir Advogado.

O Advogado não podia invocar lei contrária às Ordenações sob pena de multa e suspensão.

7.3 Ordenações Filipinas

7.3.1 Desde o início do séc. XVII ao Iluminismo de meados do séc. XVIII

Após as Ordenações Manuelinas, como já antes delas e, por isso, nelas reunidas, continuaram a publicar-se leis avulsas que vieram a ser compiladas por Duarte Nunes de Leão e que, sob o nome de Coleção de Leis Extravagantes, foram aprovadas por alvará de 1569.

Também por esse facto, Filipe I incumbiu Duarte Nunes de Leão e os Desembargadores Jorge Cabedo e Afonso Vaz Tenreiro de reformar as Ordenações Manuelinas com a inclusão da Coleção das Leis Extravagantes e de algumas inovações inspiradas nas Leis de Toro de 1505 e assim nasceram as Ordenações Filipinas, cujo início de vigência data de 1603.

No Título XLVIII, relativo aos Advogados e Procuradores, do Livro I, dispunha-se que todos os Letrados que houvessem de advogar e procurar tivessem oito anos de estudo na Universidade de Coimbra, em Direito Canónico ou Civil ou em ambos, mas logo adiante se dispunha que os não graduados serão examinados pelos Desembargadores do Paço, que lhes

I. A ADVOCACIA – DA ANTIGUIDADE ORIENTAL À ATUALIDADE

passarão suas Cartas, desde que o número de Advogados, no lugar, comporte a atividade de mais profissionais, e, mais de um século depois, o alvará de 24 de julho de 1713 declarava que, fora da Corte, podia ser Advogado qualquer pessoa idónea, ainda que não fosse formada, o que não admira se tivermos em conta que só a partir de 1642 em vão se proibiu a eleição de Juízes ordinários analfabetos, sendo certo que, em 1887, Dias Ferreira, em anotação ao artigo 36º do Código de Processo Civil de 1876, afirma que *o juiz de paz é, em regra, analfabeto*[58].

De qualquer modo, as Ordenações Filipinas prescreviam que, na Casa da Suplicação, os Advogados tinham de ser Letrados e os da Relação do Porto graduados, uns e outros pela Universidade de Coimbra, dispensando-se aos graduados, o concurso e o encartamento, com exceção dos da Casa da Suplicação e das *correções* ou *alçadas* onde vigorasse o *numerus clausus*[59].

Filipe I criou a Casa da Relação do Porto ou Tribunal da Relação do Porto, a reclamação das Cortes de Tomar de 1581, por carta de lei de 27 de julho de 1582, transferindo-se então para o Porto a antiga Casa do Cível e determinando o regimento filipino a seguinte composição para o novo tribunal: um governador, um chanceler, um juiz dos feitos, oito desembargadores de agravos, dois corregedores (um para o crime e outro para o cível), dois ouvidores do crime, seis desembargadores extravagantes, além do pessoal menor.

Ao elenco das incapacidades e impedimentos que já vinham das Ordenações anteriores acrescentavam-se, segundo a *communis opinio*, dois impedimentos – a litigância em causa própria e o patrocínio de causa contra um seu inimigo – e três incapacidades – ser furioso, demente ou pródigo.

Além da procuração *apud acta*, previa-se a exarada em documento, quer lavrado por notário quer pela mão do próprio.

Estabelecia-se expressamente a obrigação de segredo profissional, dever apenas pressuposto pelas Ordenações anteriores.

Os honorários continuaram a ser tabelados pelo máximo da quarentena, com limites a setecentos e vinte réis, no processo cível e novecentos ou quinhentos e quarenta réis, conforme ao crime coubesse ou não a pena de morte, no processo criminal.

Estava proibida a *quota litis* e, parece, a avença.

Além dos deveres de não abandonar a causa, não patrocinar as duas partes, não aconselhar ou litigar contra as Ordenações ou contra lei expressa,

---

[58] Valério Bexiga, ob. citada, pág. 55
[59] Ibidem.

DIREITO PROFISSIONAL DO ADVOGADO

ou contra a verdade por si sabida, com a respetiva responsabilização pelo Juiz, como nas Ordenações anteriores, era proibida a petição de agravo frívola ou inadequada, sob pena de multa, disposição que foi extensivamente aplicável, depois do assento de 16/11/1700, aos agravos não providos[60].

Foi neste período que a advocacia atingiu grande dignidade. O Advogado era equiparado aos Juízes de fora, Ouvidores, Corregedores e Provisores, não só em matéria de tratamento honorífico mas também para efeitos de concurso, em total igualdade com aqueles, aos lugares de Desembargadores das Relações, como se dispunha no § 2º do Título XXXV do Livro I das Ordenações.

Os Advogados gozavam também dos privilégios de Doutor, superiores aos dos cavaleiros fidalgos, privilégios como a isenção de serviço militar e de alguns impostos, regime de prisão e foro especiais e não sujeição a pragmáticas[61].

O Advogado tinha a faculdade de alegar sentado nas audiências de julgamento[62] e, a partir do assento de 2 de maio de 1654, foi-lhe reconhecido o exclusivo de assinar articulados forenses[63].

Mas estes privilégios apenas eram conferidos aos Advogados com graduação académica e não aos Advogados chamados procuradores do número[64].

7.3.2 Da Lei da Boa Razão à criação da Ordem dos Advogados

Com a Lei da Boa Razão de 18 de agosto de 1769, assim conhecida pela alusão frequente à *boa razão*, designadamente por ter consagrado como fontes subsidiárias de direito, num sistema em que só a lei que dimanasse da vontade do soberano era, em princípio, exclusivamente, fonte de direito, as que se conformassem com os ditames da boa razão, nomeadamente as leis das nações cristãs, iluminadas e polidas, assim desaparecendo, como direitos subsidiários, o direito romano e o direito canónico, e passando a existir um direito natural que foi definido por Grotius como o direito que existiria, mesmo que Deus não existisse, e que, sendo universal, inspiraria a integração de lacunas de todos os casos omissos, os Advogados continuaram a desfrutar de grande consideração, a tal ponto que, divergindo os Advogados das partes sobre a interpretação das normas aplicáveis, o Juiz tinha a

---

[60] VALÉRIO BEXIGA, ob. citada, pág. 57.

[61] Ibidem.

[62] Lei de 7 de junho de 1605 – Regimento da Casa da Suplicação – nº 12.

[63] VALÉRIO BEXIGA, ob. citada, pág. 57.

[64] Ibidem.

I. A ADVOCACIA – DA ANTIGUIDADE ORIENTAL À ATUALIDADE

obrigação de fazer subir o processo à Relação para esta definir, com a força de assento, a interpretação correta.

Por alvará de 1 de agosto de 1774, são proibidos todos os pactos de *quota litis* sob pena de nulidade e da sanção de três anos de degredo para Angola e perpétua suspensão e inabilidade para o exercício da profissão.

Os Advogados passaram a poder servir de Procuradores dos feitos da Fazenda e, na falta do Juiz de fora, de Procuradores da Coroa, conforme dispuseram a Carta Régia de 29 de maio de 1809 e as portarias de 7 de setembro de 1819 e de 10 de Junho de 1822, e a poder servir de Auditores nos Conselhos de Guerra por crimes capitais, nos termos da portaria de 12 de junho de 1819, e ainda, conforme portaria de 7 de dezembro de 1821, a poder ser ouvidos como testemunhas em sua casa, a não ser quando tivessem de ser ouvidos pelo Juiz, hipótese em que tinham de deslocar-se a casa deste[65].

Por Decreto de 16 de maio de 1832, os Advogados autorizados a exercer passaram a poder intervir nos tribunais de 2ª instância sem qualquer outra licença e os bacharéis em Direito, excecionalmente autorizados a advogar, poderiam inscrever-se como aspirantes à magistratura, depois de dois anos de prática forense, e por Decreto de 5 de janeiro de 1833, os Advogados passaram a poder ser nomeados oficiosamente como curadores de réus ausentes, se estes não tivessem constituído defensor[66].

Na década de 1830 e início da década seguinte, foram publicados três importantes diplomas, a Reforma Judiciária, a Nova Reforma Judiciária e a Novíssima Reforma Judiciária, precursores dos códigos de processo e da organização judiciária.

No Decreto de 21 de maio de 1841, atribuía-se competência aos presidentes das Relações para a concessão de licenças e fiscalização da regularidade das inscrições dos Advogados após exame perante o Juiz de Direito, passando a ser obrigatório o uso da toga e gorra de lã preta no exercício das suas funções em público e sendo estabelecido que os Advogados deviam conservar, durante um ano, os duplicados dos articulados, o que se explica pelo regime das "informações" das partes previsto nas Ordenações, segundo o qual o Advogado que patrocinasse a causa contra as informações do cliente poderia ser responsabilizado e punido diretamente pelo tribu-

---

[65] VALÉRIO BEXIGA, ob. citada, pág. 59.
[66] FERNANDO SOUSA MAGALHÃES, ob. cit., pág. 47.

DIREITO PROFISSIONAL DO ADVOGADO

nal, independentemente do dever de indemnizar a parte pelos danos que lhe causasse[67].

No mesmo diploma se continham ainda normas sobre as intervenções forenses dos Advogados, sobre a sua nomeação oficiosa para a defesa do réu que não tenha constituído Advogado, sobre o dever de respeito à moral pública, ao tribunal e aos Juízes, às partes e aos restantes Advogados.

Posterior diploma de 19 de dezembro de 1843 destinou-se a atacar o exercício ilegal da profissão, conferindo ao Supremo Tribunal de Justiça o poder de controlar as inscrições dos Advogados autorizados a pleitear no Supremo, Relações e 1ª instância e de conceder licença aos demais não habilitados para advogarem no resto do País, quando necessário e após exame por Juiz de Direito, estabelecendo-se o dever de denúncia de casos de irregularidade, o agravamento de sanções e a parcial revogação das Ordenações quanto a incompatibilidades, pois ficaram autorizados a advogar, quando habilitados, os fidalgos, cavaleiros, clérigos e religiosos.

Com o Decreto de 17 de fevereiro de 1858, uniformizou-se a inscrição para o exercício da profissão em qualquer tribunal do território, iniciando-se o processo com um requerimento ao Presidente do Supremo Tribunal de Justiça, instruído com certidão de idade, naturalidade e residência, atestado da Câmara Municipal, do Administrador do Concelho e do Pároco sobre a probidade e boa fama do requerente e justificação testemunhal com prévia audiência do Juiz de Direito da comarca a que pertencesse o Julgado onde pretendia advogar, confirmando a necessidade da licença por falta absoluta de Advogados formados ou por insuficiência dos existentes, sendo o processo remetido ao Juiz de Direito da comarca respetiva para que o candidato fosse submetido a exame por dois Advogados na presença do Juiz, que avaliaria e daria informação sobre a idoneidade do requerente.

Fica bem patente, assim, a dependência do Advogado em relação ao poder judicial, característica do sistema de advocacia livre.

Data de 1876 o Código de Processo Civil, mas o estatuto do Advogado e até o patrocínio judiciário continuaram por definir[68], o que também não competia fazer ao Código Civil de 1867, que, entretanto, fora publicado e que revogou as Ordenações Filipinas e as leis extravagantes.

---

[67] Idem, pág. 48.
[68] O artigo 98º do Código de Processo Civil de 1876 cometia aos tribunais os poderes disciplinares sobre os Advogados.

I. A ADVOCACIA – DA ANTIGUIDADE ORIENTAL À ATUALIDADE

Seguiu-se um período de certa estagnação na evolução da profissão de Advogado até à criação da Ordem dos Advogados pelo Decreto nº 11715 de 12 de junho de 1926.

8. Da criação da Ordem dos Advogados até ao seu Atual Estatuto

8.1 Origens das Ordens de Advogados

Parece que as raízes das Ordens dos Advogados devem procurar-se no *Collegium togatorum* de Justiniano, no tempo do Baixo Império Romano.

E tendo o direito justinianeu vigorado no território do antigo Império Romano do ocidente, na Idade Média, por obra dos glosadores, parece ter sido este o veículo de transformação daqueles *Collegia togatorum* em associações de juristas medievais com características muito semelhantes às das atuais Ordens dos Advogados.

8.1.1 Na Catalunha

Daquelas associações medievais é exemplo a associação dos juristas de Barcelona que, criada já por Pedro IV de Aragão em 1330, foi aprovada por carta do Rei Martin de 22 de abril de 1399 e que se destinou a que os juristas da cidade de Barcelona "mais legitimamente usassem do seu ofício de julgar, aconselhar e advogar"[69].

O *veguer*, ou governador, e o *baile*, ou bailio, reuniam-se com juristas por eles designados para tal e escolhiam o *Prior de tots los juristas* e dois assessores de entre juristas antigos, sabedores e com boa reputação, que logo prestavam juramento de bem desempenharem as suas funções, competindo àquele *Prior* organizar a lista de todos os juristas de Barcelona (matrícula), não podendo ser exercida a profissão sem tal inscrição, que dependia de um exame e de um juramento, perante aquele prior, da observância das constituições, privilégios, usos e costumes da Catalunha, ordenações de Barcelona, e capítulos da associação e da obediência àquele prior, suas ordens e regulamentos.

O *Prior de tots los juristas* estava obrigado a convocar assembleias mensais para assuntos de interesse dos membros da associação e para o exercício do

---

[69] Carta transcrita no Manual de Historia del Derecho Español, de Alfonso Garcia-Gallo, II vol., 6ª edição, pág. s 541 e seg. s, *apud* VALÉRIO BEXIGA, ob. cit., pág. 63, MODESTO BARCIA LAGO, ob. cit., pág. 81, e ORLANDO GUEDES DA COSTA, Relações entre a Ordem dos Advogados de Portugal e os Colégios de Advogados de Espanha desde a última década do século XX, no Anuário 2003, Ano I, do Instituto de Estudios Ibéricos, pág.s 109 e seg.s.

DIREITO PROFISSIONAL DO ADVOGADO

poder disciplinar por parte daquele, sendo as sanções de natureza disciplinar (suspensão), civil ou penal e sendo as suas decisões irrecorríveis e exe-
cutórias, com recurso à força pública, competindo-lhe, todas as segundas-
-feiras, nomear, por turnos, os juristas que, nessa semana, iriam servir de
Juizes nos tribunais do governador e do bailio[70].

8.1.2 Em França

Mas já em 1327, Philipe de Valois, em França, estabeleceu a obrigatoriedade
de inscrição dos Advogados numa Ordem, que não era do tipo das corporações de mesteres, dotada de estatutos próprios, impondo aos Advogados
o cumprimento de deveres deontológicos e dividindo-se os Advogados,
segundo a sua antiguidade e funções, em *"consilarii"*, que, à semelhança dos
jurisconsultos romanos, chegavam a ser conselheiros dos próprios tribunais,
"advocati", que pleiteiam em juízo, e os *"audientes"* ou *"novi"*, que aprendem
com os *"advocati"*, Ordem à frente da qual está o Decano, o mais antigo em
inscrição, o qual, a partir do século XVII, daria lugar ao Bastonário.

Os Advogados tinham de prestar provas para serem inscritos e prestavam juramento de defender a Justiça e abandonar o patrocínio de causas
injustas, tendo direito ao título de *"Maître"*.

Em 1344, o Parlamento[71] regulamentou o exercício da advocacia em
termos de a prestação de juramento perante o Tribunal conferir direito ao
título de Advogado, enquanto o patrocínio judicial e o direito de pleitear
em juízo só podia ser exercido após inscrição na Ordem, até que o Decreto
de 2 de setembro de 1789 proibiu a associação dos Advogados numa
Ordem ou Corporação, situação alterada em 1804 com a competência da
administração pública para organizar o quadro de Advogados e disciplinar

---

[70] VALÉRIO BEXIGA, ob. cit., págs. 63 e 64, e MODESTO BARCIA LAGO, ob. cit., págs. 96 e 97.

[71] Tribunal de justiça que, a par de funções consultivas e de registo das ordenanças reais,
conhecia diretamente de certas causas e, em apelação, das decisões de jurisdições inferiores
e que, tendo origem na cúria régia, foi designado *parlement* desde o reinado de S. Luís,
encontrando-se tripartido em três câmaras, já no tempo de Filipe O Belo: a *Grande Câmara*,
para os julgamentos; a *Câmara des Enquêtes*, para a fixação da matéria de facto; e a *Câmara des
Requêtes*, para a rejeição ou seguimento dos recursos.
O Parlamento de Paris dirimiu conflitos religiosos e políticos, mas os da província, como os de
Toulouse, Grenoble e Bordéus, cingiram-se a questões jurídicas.
Todos foram extintos em 7 de setembro de 1791, por força do princípio da separação de
poderes do Estado – Nota do tradutor J. PINTO LOUREIRO de Pierre Bouchardon, O Magis-
trado, pág. s 7 a 9.
Sobre o lugar constitucional dos *Parlements* no Antigo Regime, *vide* PAULO CASTRO RANGEL,
Repensar o Poder Judicial, págs. 138, 170, 185 e 189 e segs.

a profissão e superada apenas em 1830, quando foi novamente reconhecida a Ordem com a Restauração[72].

A origem das Ordens de Advogados não deve procurar-se, pois, nas corporações de mesteres da Idade Média, corporações em que a Revolução Francesa desferiu o último golpe.

8.1.3 Em Portugal

Em Portugal, a corporação dos mareantes é talvez a mais antiga, remontando a D. Fernando e até a D. Dinis, e, a partir do século XIV, as corporações de mesteres, que tinham funções de natureza pública, como a de avaliarem profissionalmente e credenciarem, através de carteiras profissionais, os oficiais ou mestres examinados dos respetivos mesteres, participaram no exercício do poder administrativo, com intervenção efetiva da Casa dos Vinte e Quatro, espécie de federação das corporações de mesteres, no governo dos municípios.

D. João I organizou, em Lisboa, a Casa dos Vinte e Quatro, atendendo a pretensão de que não se fizessem posturas ou ordenações, alçassem sisas ou se fizessem eleições de Juízes, vereadores ou procuradores ou nomeações para qualquer ofício sem *"que dos homens boons de cada h~uu mester seiam chamados e que se façam segundo a mayor parte delles acordar"*. Dois homens de cada ofício foram então eleitos para a Casa dos Vinte e Quatro, pois eram doze os oficios ou mesteres principais, denominados cabeças, que aglutinavam outros chamados anexos, e o conjunto deles elegia o Presidente da Casa dos Vinte e Quatro, que era o Juiz do Povo, com assento nas audiências do rei, ao lado dos nobres, não tendo, porém, funções judiciais, mas exclusivamente políticas, embora o de Lisboa e o de Coimbra tivessem o privilégio de uso da vara vermelha, igual à dos Juízes da terra, com o escudo da cidade.

Além das Casas dos Vinte e Quatro de Lisboa e Coimbra (1459), foram criadas a de Santarém, Évora (1459), Porto (1518) e, com metade dos membros daquelas, foram criadas em Guimarães (1535) e em Tavira (1539), a Casa dos Doze.

Opuseram-se-lhes interesses da burguesia e da aristocracia e D. Manuel I dissolveu a de Lisboa em 1506 e a do Porto foi extinta em 1661 e, tendo renascido em 1668, foi definitivamente extinta, em 1757, pelo Marquês de Pombal.

A sua mais remota origem, em Portugal, parece ter sido a de um conselho de camponeses e artesãos formado no Condado Portucalense pelo

---

[72] FERNANDO SOUSA MAGALHÃES, ob. citada, págs. 26-32.

DIREITO PROFISSIONAL DO ADVOGADO

Conde D. Henrique com vinte e quatro membros e um alvazil, que presidia, e que veio a transformar-se no Juiz do Povo, tendo existido também, em Londres, desde os princípios do século XIV, os 24 *Aldermen* e, em Sevilha, a assembleia dos *Veintecuatro*, pelo que não foi por acaso que D. João I chamou dos "vinte e quatro" a Casa que organizou[73].

A Casa dos Vinte e Quatro não incluía qualquer representação de Advogados, mesmo que houvesse qualquer corporação destes, não se justificando, de resto, que a incluísse, em face da representatividade política que os jurisconsultos tinham diretamente como um quarto estado.

Mas existiu uma Confraria do Espírito Santo da Casa da Suplicação, aprovada por alvará régio de 25 de setembro de 1566, que, entre outras profissões ligadas ou não à justiça, integrava Advogados, embora ninguém veja nela a origem da Ordem dos Advogados.

As origens próximas da Ordem serão três associações do tempo do liberalismo, mais exatamente, de 1835, a Sociedade Jurídica de Lisboa, cujos estatutos foram aprovados em 12 de abril e visados por portaria de 25 de maio, a Sociedade Jurídica Portuense, com estatutos aprovados por portaria de 21 de julho, e a Associação Jurídica de Braga, com estatutos aprovados por portaria de 31 de novembro, apesar de não integrarem apenas Advogados.

De duração efémera a primeira, que foi extinta em 1837, e de limitada ação as outras duas, que pouco terão ultrapassado um século, a não ser a Associação Jurídica de Braga, que, mais tarde, renasceu das cinzas, em 1953, foi a Associação dos Advogados de Lisboa, cujos Estatutos foram aprovados por portaria de 23 de março de 1838, o embrião da Ordem dos Advogados criada pelo citado Decreto nº 11715, de 12 de junho de 1926[74], por iniciativa do então Ministro da Justiça e Professor da Universidade de Lisboa e Antigo Professor da Universidade de Coimbra Dr. Manuel Rodrigues, que

---

[73] José Pereira da Graça, ob. cit., págs. 226-227.

[74] Bastonário Augusto Lopes Cardoso, Da Associação dos Advogados de Lisboa à Ordem dos Advogados, separata da Revista da Ordem dos Advogados, doravante citada pela sigla ROA, ano 48º A sede da Ordem esteve instalada na Rua da Emenda, na sede que tinha sido a da Associação dos Advogados de Lisboa, que cedeu o seu património à Ordem por escritura de junho de 1929 – A S. Madeira Pinto. No XXV aniversário da Ordem dos Advogados, na ROA, 1951, pág. 36. A sede atual, no antigo Palácio da Regaleira, no Largo de S. Domingos, nº 14, em Lisboa, foi inaugurada em 24 de maio de 1939, em prédio arrendado pela Companhia de Tabacos de Portugal à Caixa de Previdência da Ordem, prédio que a Caixa adquiriu em 26 de janeiro de 1960, tendo arrendado parte à Ordem em 6 de abril de 1977 – Alberto de Sousa Lamy, A Ordem dos Advogados Portugueses, História, Órgãos, Funções, pág. 58, 90 e 102.

se terá inspirado nos Estatutos do Instituto dos Advogados Brasileiros a que serviram de modelo os da Associação dos Advogados de Lisboa[75].

8.2 Do Estatuto Judiciário ao Estatuto da Ordem dos Advogados

A regulamentação da profissão, dos direitos e deveres dos Advogados e da Ordem dos Advogados veio, depois, a ser integrada no Estatuto Judiciário contido no Decreto nº 13809, de 22 de junho de 1927, alterado e substituído por outros diplomas até ao Estatuto Judiciário aprovado pelo Decreto-lei nº 44278, de 14 de abril de 1962, o último vigente até dele sair a regulamentação do anterior Estatuto da Ordem dos Advogados, aprovado pelo Decreto-lei nº 84/84, de 16 de março, pela qual a Ordem passou de uma autonomia limitada, pois estava subordinada, para certos efeitos, à tutela do Ministério da Justiça, a uma autonomia total, integrando a administração estadual autónoma, como continua a integrar no EOA agora em vigor, aprovado pela Lei nº 15/2005, de 26 de janeiro.

8.2.1 Fins da Ordem

O decreto nº 11715, de 12 de junho, no seu artigo 1º, criava a Ordem dos Advogados, "que fica constituindo uma pessoa jurídica, com sede em Lisboa, formada por todos os Advogados do continente da República e ilhas adjacentes", e, no seu artigo 2º, enumerava os fins da Ordem: "determinar quais são as pessoas que estão habilitadas a exercer a advocacia no continente da República e ilhas adjacentes; defender os direitos, imunidades e interesses dos seus membros; exercer o poder disciplinar sobre os Advogados de forma a assegurar-se o prestígio da classe e a garantir-se a observância das boas normas de conduta profissional; contribuir para o progresso do direito e o aperfeiçoamento das instituições judiciárias; e auxiliar a administração da justiça".

A estes fins acrescentou o Decreto-lei nº 22779, de 29/6/1933, o de "estabelecer e manter serviço de reformas, pensões e de outros subsídios e auxílios em favor de Advogados inscritos ou antigos Advogados e de subsídios aos descendentes e ascendentes de Advogados falecidos e suas viúvas".

8.2.2 Órgãos da Ordem

Os fins da Ordem eram realizados por intermédio de assembleias, a geral, que funciona em Lisboa e é constituída por todos os Advogados inscritos,

---

[75] HAROLDO VALADÃO, na ROA, 1951, pág. 14, e ALBERTO DE SOUSA LAMY, A Ordem dos Advogados Portugueses, pág. 15.

DIREITO PROFISSIONAL DO ADVOGADO

e as distritais, que funcionam nas sedes das Relações; de conselhos, o geral, em Lisboa, e os distritais, nas sedes das Relações; e de delegações, em todas as comarcas que tenham 20 Advogados inscritos, pois que, "sendo inferior a vinte o número de Advogados, far-se-á o agrupamento de comarcas limítrofes a fim de se constituir uma delegação, a que fiquem sujeitos, pelo menos, vinte Advogados".

O Decreto nº 12334, de 18/9/1926, veio revogar e substituir o Decreto nº 11715.

Dispôs que a Assembleia Geral da Ordem era presidida pelo Presidente do Conselho Geral e elegia o presidente e os vogais deste Conselho e que as assembleias distritais elegiam os vogais dos respetivos conselhos distritais; que o Conselho Geral da Ordem, composto por 10 vogais, além do Presidente, era eleito por escrutínio secreto pela Assembleia Geral da Ordem e por maioria absoluta dos votos dos Advogados presentes, só podendo ser eleito presidente do Conselho Geral da Ordem o Advogado com exercício efetivo da advocacia durante 20 anos consecutivos, número de anos que o primeiro Estatuto Judiciário aprovado pelo Decreto-lei nº 13809, de 22/6/1927, elevou para 25 anos e que o citado Decreto-lei nº 22779, de 29/6/1933, repôs em 20 anos, só podendo ser eleitos para o Conselho Geral os Advogados com 10 anos de advocacia, número de anos que o citado Decreto-lei nº 22779 elevou para 15 anos, estabelecendo que um dos seus membros seria inscrito pelo Porto e outro por Coimbra; que os conselhos distritais, um em cada sede de Relação, eram compostos por sete membros, eleitos pela assembleia geral distrital, por escrutínio secreto e por maioria absoluta de votos dos Advogados presentes, sendo elegíveis apenas os Advogados com seis anos de advocacia, número de anos que o dito Decreto-lei nº 22779 elevou para 10 anos; e que as delegações seriam constituídas em todas as comarcas que, não sendo sede de conselho distrital, tenham 20 Advogados inscritos, delegações que eram compostas por três membros com mais de três anos de advocacia eleitos pelos Advogados da respetiva circunscrição, vindo o primeiro Estatuto Judiciário de 1927 a estabelecer delegações em comarcas com 12 Advogados inscritos, em vez dos 20 anteriormente exigidos, e vindo o citado Decreto-lei nº 22779 a determinar que haveria uma delegação constituída por um Advogado em cada comarca quando nela não haja mais de nove Advogados e constituída por 3 Advogados com mais de 5 anos de exercício, no caso contrário.

O Decreto 12334 dispunha ainda que "haverá um tribunal coletivo denominado Tribunal Supremo da Ordem dos Advogados, composto por sete membros eleitos de entre os Advogados de todo o País, com, pelo menos, vinte anos de antiguidade profissional, o qual funcionará sob a presidência do mais velho dos eleitos", mas o primeiro Estatuto Judiciário de 1927 veio a dar àquele órgão o nome de Conselho Superior Disciplinar, determinando que fosse eleito pela assembleia geral, e o citado Decreto-lei nº 22779 veio a alterar de sete para nove o número dos seus membros, dos quais três designados pelo Conselho Geral, dois por cada um dos Conselhos Distritais de Lisboa e Porto e um por cada um dos Conselhos de Coimbra e Ponta Delgada.

Na verdade, o Decreto nº 15751, de 2/12/1926 constituiu o Arquipélago dos Açores em distrito independente, com sede em Ponta Delgada.

8.2.3 Eleições

O Decreto nº 12334 estabelecia ainda que o presidente e os vogais do Conselho Geral da Ordem e os membros dos conselhos distritais e das delegações eram eleitos anualmente e reelegíveis por mais duas vezes, não podendo, porém, ser reeleitos, findo o triénio, antes de decorrido igual período, o que foi alterado, primeiramente, pelo 1º Estatuto Judiciário de 1927 no sentido de os membros dos conselhos serem eleitos por três anos e, findo o triénio, poderem ser reeleitos, mas não poderem ser novamente eleitos depois de dois triénios sucessivos sem mediar um intervalo de três anos, e alterado, depois, pelo dito Decreto-lei nº 22779 no sentido de os mandatos dos órgãos dos conselhos, incluindo o Conselho Superior Disciplinar, serem trienais, mas quem tivesse exercido por 4 anos ou mais, durante dois triénios seguidos, não poder exercer cargo igual no triénio imediato.

Pelo Decreto nº 12334 o ministro Prof. Dr. Manuel Rodrigues incumbiu a Associação dos Advogados de Lisboa de organizar os quadros provisórios dos Advogados a inscrever de pleno direito, ficando o presidente da Associação com o encargo de convocar e presidir à Assembleia Geral da Ordem que havia de eleger os primeiros órgãos da Ordem, tendo sido publicados no Diário do Governo, 2ª série, de 26 de janeiro de 1927, as listas dos quadros provisórios de 1720 Advogados que requereram a sua inscrição de pleno direito[76].

O segundo Estatuto Judiciário constante do Decreto-lei nº 15344, de 12/4/1928, nada inovou em relação ao primeiro, contido no Decreto nº 13809, de 22/6/1927.

---

[76] ALBERTO SOUSA LAMY, A Ordem dos Advogados Portugueses, págs. 25 e segs.

Por considerar inconveniente a atribuição a mais de um dos órgãos da Ordem a cobrança das quotas mensais com que os Advogados inscritos são obrigados a contribuir para a Ordem, o Decreto nº 16536, de 26/2/1929, determinou que fosse o Conselho Geral a fixar e a cobrar a importância das quotas, o que a Ordem desejava.

8.2.4 Boletim e Biblioteca da Ordem

Logo em 1930 foi deliberada a publicação do Boletim da Ordem, que se iniciou em julho de 1931, mas que teve vida efémera, só tendo sido retomada a sua publicação no mandato do Bastonário Almeida Ribeiro (1972-1974) e, depois, no do Bastonário Coelho Ribeiro, mantendo-se até agora.

Em 22 de fevereiro de 1932, foi deliberado abrir a Biblioteca a 1 de março de 1932 aos Advogados inscritos e aos Magistrados e desde então nunca mais parou de crescer, contando já cerca de 40000 livros e 1100 revistas, das quais cerca de 180 com assinatura ativa.

8.2.5 Tentativas do Estado Corporativo

Pelo já citado Decreto nº 22779, de 29/6/1933, operou-se a reforma do Estatuto Judiciário, dispondo-se que a Ordem dos Advogados é a "corporação dos doutores, licenciados e bacharéis formados em direito que, de conformidade com os preceitos deste Estatuto e mais disposições legais aplicáveis, se dedicam ao exercício da advocacia no continente da República e ilhas adjacentes" e procedendo-se a uma profunda revisão das incompatibilidades, justificada pela "necessidade de se evitar a formação de um verdadeiro proletariado forense, em consequência do número excessivo dos que nos tribunais advogavam".

O Decreto-lei nº 23050, de 23 de setembro de 1933, determinou que as profissões liberais se organizariam num único sindicato nacional, denominado Ordem para os Advogados, Médicos e Engenheiros, tendo-se anunciado, depois, que seria publicado um diploma pelo qual a Ordem se subordinaria à disciplina corporativa, o que, apesar de todos os esforços do Conselho Geral para o evitar, aconteceu com o Decreto-lei nº 24904, de 10 de janeiro de 1935. Mas foi tal a reação dos Advogados que o Decreto-lei nº 25037, de 12/2/1935, declarou "suspensa até à publicação das disposições reguladoras dos sindicatos nacionais com a natureza de Ordens" a aplicação daquele Decreto-lei nº 24904.

8.2.6 Do Instituto da Conferência ao Centro de Estudos

No mandato do Bastonário Dr. Carlos Pires (triénio de 1939 a 1941), teve início o Instituto da Conferência, que o quarto e último Estatuto Judiciário vigente antes do anterior EOA definiu assim:

"A conferência é um instituto que tem por fim o estudo e debate, na sede de cada conselho distrital ou delegação, dos problemas jurídicos e sociais conexos com a profissão de Advogado e bem assim da técnica e deontologia profissionais".

A conferência realiza os seus fins, promovendo sessões periódicas de estudo e discussão e apresentação de projetos de diplomas legais, dissertações, consultas e pareceres.

A conferência do estágio e a conferência podem funcionar conjuntamente quando a natureza dos trabalhos permita a satisfação das finalidades de uma e outra.

Na sede de cada distrito forense, haverá uma conferência preparatória destinada a tirocínio dos candidatos e dirigida pelo presidente do Conselho Distrital, que será auxiliado por dois ou mais Advogados por ele escolhidos e na conferência serão feitas preleções e práticas pelo presidente ou por Advogados que para esse efeito sejam convidados.

Assim, já na vigência do Estatuto Judiciário, em que o estágio dos Advogados estava confiado ao patrono ou "sob a direção superior de Advogado com dez anos, pelo menos, de antiguidade profissional" (artigo 551º), a Ordem dos Advogados intervinha no estágio, pela sua importância formativa, e a sua intervenção, através do Instituto da Conferência, constituía o verdadeiro alicerce de uma advocacia colegiada, por contraposição à advocacia livre, como a dos Estados Unidos da América, onde se entende que é uma missão específica da Universidade o ensino da deontologia profissional, entendimento que também existe na maior parte dos países do continente americano e que existia em Espanha, onde só recentemente foi estabelecida a obrigatoriedade de estágio a partir de 2011, apesar de os Advogados espanhóis pertencerem à família da advocacia colegiada.

Só em 20 de novembro de 1939 teve lugar a sessão inaugural do Instituto da Conferência de Lisboa com uma comunicação do Dr. Francisco M. Gentil intitulada "O novo Código de Processo Civil e a sua aplicação aos processos pendentes".

No Porto, o Instituto da Conferência foi organizado em 1941.

Com o Estatuto da Ordem dos Advogados aprovado pelo Decreto-lei nº 84/84, de 16 de março, cujo preâmbulo salienta que "o estágio é um

DIREITO PROFISSIONAL DO ADVOGADO

problema essencial na formação dos Advogados de hoje", e que "nas regras consignadas no Estatuto foi preocupação dar um papel mais ativo à Ordem dos Advogados, sem descurar a ação importantíssima do patrono", a Ordem dos Advogados chamou a si a orientação geral do estágio (artigo 159º – nº 2) e o Instituto da Conferência foi substituído pelo Centro de Estudos, definido como "um instituto que tem por fim o estudo e debate dos problemas jurídicos e sociais conexos com a profissão de Advogado e com a técnica e deontologia profissionais" (artigo 146º – nº 1), o qual "inclui obrigatoriamente, para os conselhos distritais, atividades dedicadas à preparação dos Advogados estagiários e, facultativamente, outras atividades (nº 2), atividades que, nos termos do artigo 147º, onde se prescreve que o Centro realiza os seus fins, promovendo sessões periódicas de estudo e discussão, apresentação de propostas de diplomas legais, dissertações, consultas e pareceres e cursos práticos de Direito, eram idênticas às que no Estatuto Judiciário estavam previstas para o Instituto da Conferência.

Com o Estatuto da Ordem dos Advogados publicado pela Lei nº 15/2005, de 26 de janeiro, não obstante se aludir nele aos centros de estudos (artigo 191º), no capítulo respeitante à formação contínua, cujo Regulamento é tanto mais necessário quanto mais está a tardar, apesar de anunciado pelo Regulamento Nacional de Estágio – Regulamento nº 52 – A/2005, de 1 de agosto, deixou de se regular, no próprio Estatuto, o Centro de Estudos, quando mais se impunha, com urgência, tal regulamentação, em face de acrescidas exigências quanto à formação contínua dos Advogados.

Caiu-se, assim, num vazio indesejável e incongruente.

Bem se justifica, pois, a iniciativa do Conselho Distrital do Porto da Ordem dos Advogados, Conselho que sempre foi pioneiro em matéria de formação dos Advogados, em patrocinar o renascimento do prestigiado Instituto da Conferência da Ordem dos Advogados[77], iniciativa legalmente legitimada pelo citado artigo 191º do Estatuto, enquanto não é regulamentada a formação contínua.

8.2.7 A Revista da Ordem
Em 1941, começou a publicar-se a Revista da Ordem dos Advogados que "tem por objeto predominante contribuir para o desenvolvimento da cultura jurídica e aperfeiçoamento da legislação e em especial da concernente

---

[77] *Vide*, no BOA, nº 41, pág. 51, as conferências que foram programadas e os respetivos conferencistas.

às instituições judiciais e forenses e aos direitos, imunidades e interesses dos membros da Ordem dos Advogados" (Estatuto Editorial, 1975)[78]

8.2.8 As alterações do terceiro Estatuto Judiciário

O terceiro Estatuto Judiciário foi aprovado pelo Decreto-lei nº 33547, de 23 de fevereiro de 1944, e veio alterar profundamente o funcionamento da Ordem.

O Conselho Superior Disciplinar passou a denominar-se Conselho Superior.

A composição de todos os Conselhos, que até então resultava de eleição da totalidade dos seus membros, passou a sê-lo só em parte, competindo ao Presidente da Ordem a nomeação da parte restante: dos 11 membros de cada um dos Conselhos Superior, cujos membros deviam ter exercido a advocacia durante 15 anos, pelo menos, e Geral, cujos vogais deviam ter exercido a profissão por 10 anos, seis eram eleitos pela Assembleia Geral e cinco designados pelo Presidente da Ordem, sendo destes um inscrito pelo Porto e outro por Coimbra; o Conselho Distrital de Lisboa era composto por um presidente e onze membros, dos quais cinco nomeados pelo Presidente da Ordem; cada um dos Conselhos Distritais do Porto, Coimbra e Açores eram compostos por um presidente e seis membros, dos quais três nomeados pelo Presidente da Ordem.

O voto era obrigatório e secreto, os cargos eram trienais e era permitida a reeleição e renomeação.

O Conselho Geral deixou de ter competência para julgamento de processos disciplinares, a qual ficou exclusivamente para o Conselho Superior e distritais, passando para a exclusiva competência do Conselho Geral a emissão de laudos de honorários, até então da competência dos conselhos distritais.

A idoneidade moral passou a ser requisito indispensável para a inscrição e manutenção desta na Ordem dos Advogados.

Passou a exigir-se exame de ingresso na profissão de Advogado, exame cujo júri era presidido pelo Presidente da Ordem e composto por um professor da Faculdade de Direito de Coimbra outro da Faculdade de Direito de Lisboa, designados pelo ministro da Justiça, e por três Advogados, um

---

[78] ROA, 35º, pág. 5 e segs.

indicado pelo Ministro e dois pelo Conselho Geral, tendo vindo o Decreto nº 35603, de 18/4/46 a suspender o exame[79].

Estabeleceram-se duas categorias de Advogados, quanto ao exercício da profissão junto do Supremo Tribunal de Justiça, onde só podiam exercê-la os Advogados com mais de dez anos de exercício, com o que, segundo o relatório do referido Decreto-lei nº 33547, se pretendia atingir esta finalidade: "que junto do Supremo Tribunal de Justiça venham a advogar apenas aqueles que, pela sua prática nas lides do foro, pela experiência adquirida, pelo saber e competência revelados, deem garantias firmes de contribuir para o acerto e valor intelectual das decisões daquele tribunal; uma boa jurisprudência depende, em vasta medida, como é evidente, de bons Advogados".

Deve, finalmente, referir-se que o Estatuto Judiciário determinou, quanto ao exercício da profissão, que os Advogados brasileiros diplomados por qualquer Faculdade de Direito do Brasil ou de Portugal poderão advogar em Portugal em regime de reciprocidade; que a mulher casada não pode ser inscrita como Advogada sem autorização do marido ou seu suprimento judicial[80], e que o Advogado que tenha exercido qualquer cargo nos organismos da Ordem conservará sempre, como honorário, a categoria correspondente ao cargo mais elevado que tenha ocupado.

8.2.9 A Caixa de Previdência dos Advogados e Solicitadores

O ministro da Justiça Dr. Cavaleiro de Ferreira criou, pelo Decreto-lei nº 36550, de 22/10/1947, a Caixa de Previdência da Ordem dos Advogados, que só ficou definitivamente constituída com a portaria nº 13872, de 8/3/1952, pela qual foi aprovado o Regulamento da Caixa de Previdência da Ordem dos Advogados, passando a integrar também os Solicitadores, pelo Decreto-lei nº 43274, de 28 de outubro de 1960, e passando a denominar--se Caixa de Previdência dos Advogados e Solicitadores, pelo Decreto-lei nº 402/78, de 15 de dezembro.

---

[79] Foi instituído um exame no final do estágio e para admissão ao exame os candidatos deveriam apresentar um trabalho jurídico original e mais cinco trabalhos forenses escritos, realizados no âmbito da conferência preparatória.

[80] O artigo 1354º – 2º do Código Civil de 1867 interditava o exercício da advocacia às mulheres, exceto em causa própria ou dos seus decendentes ou ascendentes ou do seu marido, achando-se estes impedidos, e só pelo Decreto nº 4676, de 11 de julho de 1918, foi revogada tal proibição relativamente às mulheres formadas em Direito, embora as casadas tivessem de ser autorizadas pelo marido para poderem exercer, *capitis deminutio* que veio a extinguir-se pelo Decreto-lei nº 5467, de 19 de março de 1919 – Cfr. ADALBERTO ALVES, História Breve da Advocacia em Portugal, p. 157.

O atual Regulamento da Caixa de Previdência dos Advogados e Solicitadores foi aprovado pelo Decreto-lei nº 119/2015, de 29 de junho, e o anterior pela portaria nº 487/83, de 27 de abril, alterada pelas portarias nºs 623/88, de 8 de setembro, e 884/94, de 1 de outubro e pelo Despacho nº 22665/2007, de 7 de setembro.

8.2.10 IBA e UIA
Em 1951, o Prof. Dr. Adelino da Palma Carlos conseguiu autorização para a Ordem dos Advogados poder aderir à *International Bar Association*, constituída por iniciativa da *American Bar Association*, e em 1952, para aderir à *Union International des Avocats*, adesões que estavam condicionadas à necessária autorização ministerial.

8.2.11 Alterações de 1960 e do último Estatuto Judiciário
O Decreto-lei nº 43460, de 31 de dezembro de 1960, repôs a eficácia e o prestígio que modificações posteriores à criação da Ordem lhe tinham retirado.

Estabeleceu que o Presidente da Ordem se designará Bastonário e as assembleias gerais passaram a ser constituídas "por delegados eleitos pelos Advogados das comarcas pertencentes aos diferentes círculos forenses, correspondentes aos círculos judiciais, e pelos Advogados das comarcas de Lisboa, Porto e Coimbra", sendo que os Advogados inscritos nas comarcas de cada círculo forense "elegerão dois delegados e os inscritos nas comarcas de Lisboa, Porto e Coimbra elegerão, respetivamente, doze, seis e quatro delegados".

Foi aumentado o número de membros dos Conselhos Distritais, só podendo ser eleitos ou nomeados Advogados com efetivo exercício da advocacia durante 10 anos, pelo menos.

O referido Decreto-lei foi incorporado, com ligeiras alterações, pelo quarto Estatuto Judiciário aprovado pelo Decreto-lei nº 44278, de 14 de abril de 1962.

8.2.12 Após a Revolução de Abril de 1974
O Decreto-lei nº 572/74, de 31 de outubro, reconhecendo que a constituição das assembleias gerais e distritais não assegurava uma eficaz representatividade de todos os Advogados e entendendo que todos os membros dos conselhos deviam ser eleitos tornou mais participativo e competitivo o ato eleitoral com a eleição direta e universal do Bastonário e dos membros dos Conselhos e sendo elegíveis todos os Advogados e independentemente do

DIREITO PROFISSIONAL DO ADVOGADO

período por que tenham exercido a advocacia, dando satisfação às reivindicações dos Advogados no seu 1º Congresso Nacional de 1972.

Este regime transitório vigorou até à publicação do Estatuto da Ordem dos Advogados aprovado pelo Decreto-lei nº 84/84, de 16 de março, cuja vigência se prolongou por vinte anos até ser publicado o anterior Estatuto aprovado pela Lei nº 15/2005, de 26 de janeiro.

O mandato judicial, que o Estatuto Judiciário ainda permitia que fosse conferido aos advogados de provisão, embora tivesse proibido que fossem inscritos na Ordem e que fossem conferidas mais provisões[81], passou a ser outorgado só a Advogados e, com as limitações resultantes da lei de processo, a Advogados estagiários e Solicitadores.

A consulta jurídica em regime de contrato de trabalho subordinado ou de função pública deixou de depender de inscrição na Ordem.

A principal alteração orgânica da Ordem foi a consagração legal do Congresso dos Advogados Portugueses, além de ter sido aumentada a composição de outros órgãos, através da previsão de maior número de membros de alguns deles.

E o estágio passou a ter um novo modelo, com um papel mais ativo da Ordem, sem descurar a ação do patrono.

Ainda na vigência do primeiro Estatuto da Ordem dos Advogados, a Lei nº 80 /2001, de 20 de julho, criou os Conselhos de Deontologia junto dos Conselhos Distritais, acabando com a competência disciplinar destes, competência que era, pelo menos, de duvidosa constitucionalidade; a Lei nº 49/2004, de 29 de julho, definiu os atos próprios dos Advogados e a Lei nº 229/2004, de 10 de dezembro, consagrou o novo regime das sociedades de Advogados, prevendo sociedades de responsabilidade limitada.

Entre as principais inovações do Estatuto da Ordem dos Advogados aprovado pela Lei nº 15/2005, de 26 de janeiro, conta-se a atribuição ao Conselho Superior da competência para emissão de laudos de honorários, que pertencia ao Conselho Geral; a criação da nova profissão dos Consultores Jurídicos, com inscrição na Ordem dos Advogados; uma maior liberalização da publicidade do Advogado; a figura do Advogado de responsabilidade limitada e a do Advogado funcionário ou representante orgânico de serviços públicos, desde que em exclusividade ou mesmo sem esta, desde que se trate de entidades ou estruturas de caráter temporário.

O atual EOA conformou as regras do anterior EOA com a Lei das Associações Públicas Profissionais (LAPP) – Lei nº 2/2013, de 10 de janeiro – e

---

[81] Artigo 535º do Estatuto Judiciário

I. A ADVOCACIA – DA ANTIGUIDADE ORIENTAL À ATUALIDADE

com a Lei da Organização do Sistema Judiciário (LOSJ) – Lei nº 62/2013, de 26 de agosto; atribuiu expressamente à Ordem dos Advogados a natureza de pessoa coletiva de direito público, prevista na LAPP; abandonou, quanto ao âmbito territorial da Ordem, o antigo paradigma assente em distritos judiciais, dando lugar à nova estrutura baseada em regiões, o que se refletiu no elenco dos seus órgãos; criou como órgão obrigatório um conselho fiscal e como órgão facultativo o provedor de clientes; introduziu a possibilidade de realização de referendos; determinou que os titulares de qualquer órgão só podem ser eleitos para o mesmo órgão decorrido o período de um mandato completo após a cessação de funções no órgão em causa e que a eleição para o cargo de bastonário é feita em simultâneo com a eleição para o conselho geral, sendo eleita a lista que obtiver mais de metade dos votos validamente expressos, e designado como bastonário o primeiro candidato da lista vencedora, procedendo-se a novo sufrágio, se não for obtido aquele número de votos, sufrágio ao qual concorrem as duas listas mais votadas; delimitou as especialidades e respetivos títulos de Advogado especialista; quanto à ação disciplinar, considerou aplicável subsidiariamente a Lei Geral do Trabalho em Funções Públicas, consagrou a punibilidade da tentativa e graduou as infrações em leves, graves e muito graves; estabeleceu a duração máxima do estágio em 18 meses; introduziu-se a obrigatoriedade do pagamento de quotas também pelas sociedades de Advogados, efetivando, de resto, a responsabilidade coletiva das sociedades de Advogados por condutas disciplinarmente desadequadas, sendo o não pagamento de quotas por prazo superior a 12 meses sancionado com a instauração de processo disciplinar, permitiu-se o exercício da atividade de Advogado através de comércio eletrónico; suprimiu o exame de aptidão para os Advogados de outros Estados-membros; pretendeu agilizar a prática da profissão através da criação do balcão único; e introdiu distorsões à autonomia da Ordem dos Advogados, impondo a tutela do Ministro da Justiça na obrigatoriedade de homologação de regulamentos sobre estágio e especialidades.

Ficam, assim, resumidamente expostos, neste último número do capítulo dedicado à evolução histórica da advocacia até à atualidade, os passos essenciais da história da Ordem dos Advogados desde a sua criação até ao seu Estatuto agora em vigor.

Capítulo II
A Função Atual do Advogado

9. A advocacia na atualidade – a função do Advogado

9.1 Os grandes princípios da independência e do interesse público da profissão de Advogado e seus afloramentos no ordenamento jurídico português

Já largamente nos referimos, na Introdução, sob o nº 1, a propósito de a autoridade profissional, a deontologia e o valor da confiança, à missão do Advogado e ao interesse público da profissão referidos nos pontos 1.1 e 2.3 do Código de Deontologia do CCBE, à independência do Advogado na formulação do ponto 2.1 do mesmo Código, às garantias constitucionais do exercício da profissão de Advogado consagradas no artigo 208º da Constituição da República e desenvolvidas nos artigos 12º e 13º da Lei da Organização do Sistema Judiciário, que considera o Advogado participante na administração da Justiça, com discricionaridade técnica e vinculação exclusiva a critérios de legalidade e às normas deontológicas da profissão e com direito à proteção do segredo profissional.

O interesse público da profissão e a independência do Advogado são a razão de ser das especificidades do mandato judicial em relação ao mandato como contrato típico ou nominado e das especificidades das regras sobre honorários dos Advogados, como a seu tempo pormenorizadamente veremos, e são também a razão de ser da limitação da publicidade[82] e da discussão

---

[82] Artigo 94º do EOA.

DIREITO PROFISSIONAL DO ADVOGADO

pública de questões pendentes perante órgãos do Estado[83], da proibição da angariação de clientela pelo Advogado[84] ou razão de ser do princípio da livre escolha do mandatário pelo mandante[85].

O interesse público da profissão explica a obrigatoriedade de inscrição numa associação pública, que é a Ordem dos Advogados, para que seja legalmente possível o seu exercício[86] e explica também muitas obrigações *ex lege* que impendem sobre os Advogados, como a de não recusar o patrocínio ou a defesa oficiosas sem motivo justificado[87] ou a de não recusar a orientação do estágio dos Advogados estagiários, como patrono destes[88] e em geral os deveres do Advogado para com a comunidade[89] e para com a Ordem dos Advogados[90].

A independência do Advogado, mesmo em relação ao seu cliente, explica, além da proibição da *quota litis*[91], que o Advogado deva evitar que ele exerça quaisquer represálias contra o adversário e seja menos correto com os Advogados da parte contrária, Juízes ou quaisquer outros intervenientes no processo[92] como explica algumas incapacidades[93], incompatibilidades e impedimentos[94].

Para se completar, em termos gerais, o quadro legal vigente sobre o exercício da advocacia, não pode deixar de se fazer referência às normas do Código de Processo Civil sobre o patrocínio judiciário[95] e do Código de Processo Penal sobre o defensor oficioso e o Advogado do assistente[96].

Perante este quadro geral de normas do exercício da profissão de Advogado, talvez se justifique dizer-se que a advocacia atual é o exercício de uma função de interesse público por uma entidade privada com independência perante qualquer entidade pública ou privada.

---

[83] Artigo 93º do EOA.
[84] Artigo 90º – nº 2 – h) do EOA.
[85] Artigo 67º- nº 2 do EOA.
[86] Artigo 66º – nº 1 do EOA.
[87] Artigo 90º- nº 2 – f) do EOA.
[88] Artigo 91º – f) e 192º do EOA.
[89] Artigo 90º do EOA.
[90] Artigo 91º do EOA.
[91] Artigo 106º e 100º – nº 1 – d) do EOA.
[92] Artigo 110º – nº 2 do EOA.
[93] Artigos 177º e 188º do EOA.
[94] Artigos 81º a 87º do EOA.
[95] Artigos 40º e seguintes.
[96] Artigos 61º – e), 62º a 67º e 68º a 76º

9.2 A advocacia colegiada, a advocacia livre e a advocacia de Estado

Com exceção da advocacia no Reino Unido, a organização da advocacia atual pode subsumir-se, nas suas linhas gerais, ou ao modelo de advocacia colegiada ou ao da advocacia livre ou ao da advocacia de Estado.

No sistema de advocacia colegiada, cujas raízes se podem encontrar, como vimos, no direito romano e que vigora em quase toda a Europa ocidental e em vários países da América do Sul, da Ásia e da África, os Advogados estão obrigatoriamente inscritos em associações públicas – Ordem, *Colegio, Ordre* ou *Barreau* ou *Ordine* – que disciplinam o exercício da profissão com autonomia, caracterizando-se este modelo pelo equilíbrio entre o princípio da independência e o do interesse público da profissão.

No modelo de advocacia livre, que existe nos Estados Unidos da América, na Suíça, Noruega e Finlândia e noutros países de formação mais recente, entre os quais alguns que foram antigas colónias portuguesas e nos quais a Ordem dos Advogados Portugueses tem procurado ajudar no sentido da adoção do modelo de advocacia colegiada, a colegialidade não é obrigatória e está confiado aos Juízes o controle do exercício da profissão, quer o acesso a esta, mediante inscrição, quer a observância das normas que a disciplinam, tendo, pois, sido sacrificado o princípio da independência.

No regime de advocacia de Estado, cujas origens devem procurar-se na Prússia de Frederico o Grande e que vigorou nas repúblicas socialistas da União Soviética, a colegialidade também era obrigatória mas estava na dependência do Governo, predominando o princípio do interesse público da profissão.

A coexistência do interesse público da profissão com a sua independência na caracterização da advocacia colegiada está referida no próprio preâmbulo do primeiro Estatuto da Ordem dos Advogados Portugueses, aprovado pelo Decreto-lei nº 84/84, de 16 de março, que começa por salientar a natureza jurídica de associação pública da Ordem, a qual, por devolução normativa de poderes públicos, integra a administração estadual autónoma, e que acentua, depois, "a clara opção pelo princípio da independência do Advogado no exercício da profissão", acrescentando: "encontra-se, nas disposições contidas no Estatuto, a consagração dos princípios de deontologia profissional da Convenção de Peruggia, de 1977, trabalho que serviu de base à preparação do código deontológico dos Advogados da CEE"[97].

---

[97] A Declaração de Peruggia, adotada pelo CCBE, estabelece os princípios deontológicos essenciais em vigor nas diferentes Ordens da Comunidade Europeia e constitui texto de

DIREITO PROFISSIONAL DO ADVOGADO

9.3 O advogado como participante na administração da justiça – *referência à organização judiciária, à independência dos tribunais e dos Juízes, à posição do Ministério Público, à independência do Advogado, mesmo em contrato de trabalho subordinado, à advocacia como profissão liberal, à figura do "Advogado Público", à posição dos Solicitadores e à função do Advogado no âmbito do direito à justiça e do acesso efetivo à mesma*

9.3.1 O Advogado como participante na administração da Justiça

O patrocínio forense por Advogado constitui um elemento essencial na administração da justiça[98] e a lei assegura aos Advogados as imunidades necessárias ao exercício dos atos próprios de forma isenta, independentre e responsável, regulando-os como forma indispensável à administração da justiça[99].

E a lei anteriormente vigente dispunha que os Advogados participam na administração da Justiça, competindo-lhes, de forma exclusiva e com as exceções previstas na lei, o patrocínio das partes[100].

E não se compreende que, ainda hoje, em França, os Advogados, em vez de participantes, sejam considerados "auxiliares de justiça"[101].

Os Advogados não são auxiliares ou colaboradores da Justiça, que são úteis, mas não indispensáveis para a administração da Justiça, como são os Advogados, que são verdadeiros órgãos de tal administração. É por isso que a Ordem dos Advogados é uma associação de direito público e um dos

referência para elaboração de uma harmonização exaustiva – O Que é a CCBE, no Boletim da Ordem dos Advogados, doravante citado pela sigla BOA, nº 4, maio de 1982, pág. 11.

[98] Artigo 12º – nº 1 da Lei da Organização do Sistema Judiciário – Lei nº 62/2013, de 26 de agosto (LOSJ).

[99] Artigo 13º – nº 2 da LOSJ.

[100] Artigo 7º – nº 1 da Lei da Organização e Funcionamento dos Tribunais Judiciais – LOFTJ – Lei nº 52/2008, de 24 de agosto, redação que é a mesma da Lei nº 3/99, de 13 de janeiro, disposição que é praticamente a reprodução do artigo 92º – nº 1 da anterior Lei Orgânica dos Tribunais Judiciais – Lei nº 38/87, de 23 de dezembro, na redação da Lei nº 24/92, de 20 de agosto, que deu nova redação àquele artigo 92º – nº 1 de forma a substituir apenas a palavra "colaboram" pela palavra "participam", nova redação dada através de um artigo único, o que demonstra bem que não foi por acaso, mas de forma intencional, que quis corrigir-se o que não era exato.

[101] Les avocats sont des auxiliaires de justice" – artigo 3º da lei nº 71 – 1130, de 31 de dezembro de 1971, na redação dada pelo artigo 1º da Lei nº 82 – 506, de 15 de junho de 1982.

Auxiliares das autoridades judiciárias são os órgãos de polícia criminal a que se referem os artigos 1º – nº 1 – c), 55º, 56º e 248º a 261º do Código de Processo Penal, órgãos que não são sujeitos processuais, que, no processo penal, são o tribunal, o Ministério Público, o arguido, o assistente e o defensor – Ver BELING, Derecho Procesual Penal, 1943, págs. 49 e seguintes, e Prof. Dr. FIGUEIREDO DIAS, Jornadas de Direito Processual Penal, págs. 7 e seguintes, e Direito Processual Penal, I, 1974, pág. 469.

II. A FUNÇÃO ATUAL DO ADVOGADO

fundamentos da Justiça, como é por isso que o Advogado é um servidor da Justiça e do Direito, nos termos do artigo 76º – nº 1 do primeiro EOA, e como é por isso que o Advogado é indispensável à administração da justiça[102].

Hoje, o artigo 208º da Constituição da Republica Portuguesa, depois da IV Revisão Constitucional, passou a dispor que "a lei assegura aos Advogados, as imunidades necessárias ao exercício do mandato e regula o patrocínio forense como elemento essencial à administração da Justiça", disposição que é desenvolvida pelo artigo 12º da Lei de Organização do Sistema Judiciários, intitulado "Advogados", e pelo artigo 13º da mesma Lei.

Também o Estatuto General de la Abogacia Española, aprovado pelo Real Decreto 658/2001, de 22 de junho, faz referência ao Advogado "como participante na função pública da Administração da Justiça"[103].

Outrossim, na Bélgica, as regras legais da Ordem dos Advogados constituem o Livro III da II Parte do Código Judiciário, Livro intitulado "Organização Judiciária", defendendo a Doutrina que a natureza de órgão de justiça do Advogado está, deste modo, explicitamente reconhecida pela lei e que o autor do Código Judiciário queria, assim, afirmar o papel necessário do Advogado para a administração da justiça e a garantia, assegurada pela própria lei, da instituição da Ordem[104].

Também na Alemanha o Advogado é "órgão da boa administração da justiça" (Organ der Rechtspflege)[105].

Na Itália, a reforma do artigo 111º da Constituição, operada pela lei constitucional de 23 de novembro de 1999, elevou a princípio constitucional o princípio do contraditório, dispondo o novo 2º ponto do artigo 111º: "todo o processo se desenvolve no contraditório entre as partes, em condições de igualdade, perante um juiz terceiro e imparcial"[106].

---

[102] Artigo 88º – nº 1 do EOA.

[103] Artigo 30º: "El deber fundamental del abogado, como participe de la función pública de la Administración de Justicia, es cooperar a ella asesorando, conciliando y defendiendo en derecho los intereses que le sean confiados. En ningún caso la tutela de tales intereses puede justificar la desviación del fin supremo de Justicia a que la abogacia se halla vinculada".

[104] CLÈO LECLERCQ, Devoirs et Prérrogatives de l'Avocat, pág.25.

[105] Bundesrechtsantwaaltsordnung, § 1 (Lei Orgânica da Advocacia), apud Wolf Paul, A Formação Complementar do Advogado na Alemanha, in Scientia Iuridica, Tomo XLVII, nºs 271/273 – janeiro/junho 1998, pág.s 7 e seg.s.

[106] O princípio do contraditório a que expressamente se refere o artigo 3º – nº 3 do Código de Processo Civil assim como o princípio da igualdade das partes estabelecido no artigo 4º do mesmo Código, se bem que não estejam autonomamente consagrados na Constituição da República Portuguesa, possuem dignidade constitucional por decorrerem do princípio do

Uma referência não literal, mas evidente, ao contraditório no processo existia já no artigo 24º, 2º ponto: "a defesa é direito inviolável em qualquer estado do processo". E, se é de considerar que o direito de defesa se exerce, em regra, por Advogado, compreende-se como o reconhecimento constitucional deste inviolável direito de defesa implica o reconhecimento da igualmente inviolável função do Advogado.

O poder judicial é autónomo e independente de qualquer outro, nos termos do artigo 104º da Constituição Italiana e a própria Constituição, no artigo 101º, no ponto 2º, proclama que os Juízes apenas estão sujeitos à lei.

E onde existe então a legitimação para o exercício do poder judicial?

Emerge aqui toda a importância que assume o novo 2º ponto do artigo 111º da Constituição. É o contraditório processual, a dialética do processo, o fundamento da Justiça: a sentença é a resultante do contraditório, do aberto confronto entre as partes.

Num sistema, como o europeu, que não assenta sobre o magistrado eletivo, sobre a investidura popular de quem detém o poder judicial, a base de legitimação de quem exerce tal poder não pode certamente encontrar-se no sistema de seleção dos magistrados, isto é, no concurso que lhes permitiu o acesso à magistratura. E então, se pode falar-se de democracia na administração da justiça, trata-se de democracia indireta através da composição do Conselho Superior da Magistratura que, em Portugal, compreende dois vogais designados pelo Presidente da República, eleito pelo povo, sendo um daqueles dois vogais magistrado judicial, sete eleitos pela Assembleia da República, órgão também eleito pelo povo, e sete eleitos de entre e por magistrados judiciais, e trata-se também de democracia no processo, que é o contraditório processual, como originalmente e bem proclama a Constituição italiana. E aqui o protagonista é o Advogado, que é o detentor do contraditório processual. O Advogado não é apenas o defensor dos interesses e direitos do seu cliente: é, pela achega dialética que dá ao contraditório, participante da função jurisdicional, coartífice da decisão judicial.

E, por isso, a Jurisprudência não é tanto uma criação do Juiz, por mais que este imprima na sentença o seu estilo, no sentido de que, segundo Buffon, o estilo é o homem, mas antes coprodução do Juiz e do Advogado, que mutuamente se completam na administração da Justiça[107].

Estado de Direito e constituírem emanações diretas do princípio da igualdade. – *Vide*, neste sentido, o Ac. do Tribunal Constitucional nº 516/93, de 26/10/93, no B.M.J. nº 430, pág. 179.

[107] Sobre esta matéria e quanto à Itália, ver FRANCESCO GALGANO – F. GRANDE STEVENS, Manualetto Forense, págs. 93 e seguintes.

II. A FUNÇÃO ATUAL DO ADVOGADO

Também a conceção do Código de Deontologia do CCBE sobre a função atual do Advogado é a de que este é participante na administração da justiça, dispondo, ao referir-se ao princípio geral sobre incompatibilidades, que, para permitir ao Advogado exercer as suas funções com a independência necessária e em conformidade ao seu dever de *participar na administração da justiça*, um Advogado é excluído de certas profissões[108].

A conceção atual do Advogado como participante na administração da justiça, consagrada expressamente, conforme vimos, na própria letra da lei, decorre do preceito constitucional do artigo 208º da Constituição da República Portuguesa, ao ordenar que "a lei assegura aos Advogados as imunidades necessárias ao exercício do mandato e regula o patrocínio forense como essencial à administração da justiça".

9.3.2 A organização judiciária

E, como prescreve o artigo 202º da Constituição, intitulado função jurisdicional, e o artigo 2º – nºs 1 e 3 da Lei da Organização do Sistema Judiciário – Lei nº 62/2013, de 26 de agosto, são os tribunais "os órgãos de soberania com competência para administrar a justiça em nome do povo", incumbindo-lhes "assegurar a defesa dos direitos e interesses legalmente protegidos dos cidadãos, reprimir a violação da legalidade democrática e dirimir os conflitos de interesses públicos e privados".

Os tribunais são independentes e apenas estão sujeitos à lei, nos termos do artigo 203º da Constituição, não podendo, nos feitos submetidos a julgamento, aplicar normas que infrinjam o disposto na Constituição ou os princípios nela consignados – artigo 204º.

A organização judiciária assenta na distinção entre duas categorias de tribunais, a saber, o Supremo Tribunal de Justiça e os tribunais judiciários de 1ª e 2ª instância, por um lado, e o Supremo Tribunal Administrativo e os tribunais administrativos e fiscais, por outro, além do Tribunal Constitucional e do Tribunal de Contas, competindo aos tribunais administrativos e fiscais o julgamento das ações e recursos contenciosos que tenham por objeto dirimir os litígios emergentes das relações jurídicas administrativas e fiscais (artigos 209º – nº 1 e 212º – nº 3 da Constituição).

---

[108] 2.5.1 do Código de Deontologia do CCBE.

DIREITO PROFISSIONAL DO ADVOGADO

9.3.3 A independência dos Tribunais e dos Juízes

Como os tribunais, também os Juízes são independentes e apenas estão sujeitos à Constituição e à lei[109], não podendo o tribunal abster-se de julgar, invocando a falta ou obscuridade da lei ou alegando dúvida insanável acerca dos factos em litígio e não podendo o dever de obediência à lei ser afastado sob pretexto de ser injusto ou imoral o conteúdo do preceito legislativo[110].

Quanto à independência dos Juízes, pode distinguir-se a independência externa da interna, salvo o dever de acatamento pelos tribunais inferiores das decisões proferidas, em via de recurso, pelos tribunais superiores; a independência no sentido de imparcialidade; e a independência ideológica.

Em relação ao Ministério Público, deve falar-se de autonomia mitigada em vez de independência.

9.3.4 A posição do Ministério Público

O artigo 219º, nº 2, da Constituição dispõe que o Ministério Público goza de autonomia, nos termos da lei, autonomia que se caracteriza pela sua vinculação a critérios de legalidade e objetividade e pela exclusiva sujeição dos magistrados e agentes do Ministério Público às diretivas, ordens e instruções previstas na lei[111].

Ao Ministério Público compete, por imposição do artigo 219º da Constituição da República Portuguesa, defender os interesses que a lei determinar, participar, nos termos do seu estatuto e com autonomia, na execução da política criminal definida pelos órgãos de soberania, exercer a ação penal e defender a legalidade democrática.

No exercício da ação penal, não pode abstrair-se da entidade do Ministério Público como interveniente autónomo no exercício do poder judicial, pois os seus poderes, seja quanto aos factos selecionados para sustentar a acusação, seja quanto à própria decisão de acusar ou não, distinguem-no da posição de "parte" do Advogado que tem de "aceitar" os factos da parte que representa, não tendo sobre ela o poder de censura de que dispõe o Ministério Público, que pode até decidir ou não pela assumpção da "causa" que investigou...

---

[109] Artigos 4º do Estatuto dos Magistrados Judiciais e 4º da Lei da Organização do Sistema Judiciário (LOSJ).

[110] Artigos 8º – nºs 1 e 2 do Código Civil e 3º – nº 2 do Estatuto dos Magistrados Judiciais.

[111] Artigos 3º, nº 3, da LOSJ e 2º do Estatuto do Ministério Público.

"O Ministério Público não aceita causas nem representa partes, edifica causas e sustenta-as <u>como parte</u> em julgamento, enquanto as julgar fundadas"[112].

9.3.5 A independência do Advogado, mesmo em contrato de trabalho subordinado – o Advogado assalariado

Sobre a independência do Advogado, também tem de reconhecer-se que este, como servidor do direito, à semelhança do que acontece com o Juiz, deve igualmente obediência à lei[113] e, como servidor da justiça, lhe são impostos deveres para com a comunidade, como o de recusar o patrocínio de causas que considere injustas[114] ou o de não entorpecer a descoberta da verdade[115].

E, apesar de não poder esperar-se do Advogado imparcialidade, pois tem por missão o patrocínio de uma das partes, sempre pode falar-se de uma independência de "imparcialidade" do Advogado, mesmo em relação ao cliente, como decorre de as relações com o cliente, que assentam no princípio da confiança, terem a norteá-las também as normas legais e deontológicas, não podendo o Advogado negligenciar as normas deontológicas no intuito de agradar ao cliente[116], e como resulta da proibição da *quota litis*[117] e do princípio de ter de exigir do cliente que seja correto com a parte contrária e com todos os intervenientes processuais[118] e como resulta ainda da sua autonomia técnica, mesmo em regime de contrato de trabalho subordinado[119] que porventura o ligue ao seu cliente ou a outro Advogado ou sociedade de Advogados.

Na verdade, dispõe o artigo 81º – nº 3 do EOA: "qualquer forma de provimento ou contrato, seja de natureza pública ou privada, designadamente o contrato individual de trabalho, ao abrigo do qual o Advogado venha a exercer a sua atividade, deve respeitar os princípios definidos no nº 1, e todas as demais regras deontológicas que constam deste Estatuto",

---

[112] António Cluny, Pensar o Ministério Público Hoje, pág. 53.
[113] Artigos 90º – nºs 1 e 2 – a) do EOA e 542º – nº 2 – a) e d) do Código de Processo Civil.
[114] Artigo 90º – nºs 1 e 2 – a) e b) do EOA.
[115] Artigos 90º – nº 1 – a), 108º – nº 2, 109º e 112º – nº 1 – d) do EOA e 542º – nº 2- b) e d) do Código de Processo Civil.
[116] Artigos 89º e 97º do EOA.
[117] Artigo 106º do EOA.
[118] Artigo 110º – nº 2 do EOA.
[119] Artigos 116º e 127º – nº 1 – e) do Código do Trabalho.

DIREITO PROFISSIONAL DO ADVOGADO

referindo-se aquele nº 1 à "plena autonomia técnica" com que o Advogado exercita a defesa dos direitos e interesses que lhe são confiados[120].

Mas a autonomia técnica do Advogado assalariado permitirá falar ainda de independência do Advogado?

Não resistimos a transcrever aqui a lição de ALBERTO LUÍS:

"A atividade do Advogado que se encontra vinculado por contrato de trabalho subordinado tem de se ajustar a uma dada estrutura durante um certo horário e à remuneração de acordo com os resultados, ou seja, em consonância com o que o empregador entende ser merecido. E todos os discursos que se façam a respeito das funções ideais do jurista na empresa e do justo enquadramento num organigrama que salvaguarde a sua isenção e independência não passam de afirmações do <u>dever ser</u>, de visões utópicas da liberdade do assalariado. Tenhamos a coragem de reconhecer que a única liberdade de quem trabalha em regime de emprego é deixá-lo. Quando muito, o Advogado pode demonstrar ao patrão que a ciência jurídica não consente o uso de determinados meios ou não tutela uma determinada pretensão; mas não vamos confundir essa recusa técnica com uma virtude de isenção ou independência. Porque são virtudes e atributos morais que o legislador do Estatuto pretende preservar num domínio em que só a inteligência prática é soberana"[121].

Daí que, em muitos ordenamentos jurídicos, não seja admitido o exercício assalariado da profissão de Advogado.

Segundo um inquérito do CCBE, não permitem o exercício assalariado da profissão para um outro Advogado ou uma sociedade de Advogados a Bélgica, a Irlanda (para os *barrister*) e o Reino Unido (para os *barrister* ingleses, galeses e irlandeses do Norte)[122]; não admitem o exercício assalariado

---

[120] Cfr. também o artigo 73º do EOA, disposição da qual resulta a necessidade de formalização do contrato de trabalho subordinado ou de prestação de serviços a entidade pública em regime de subordinação.

[121] ALBERTO LUÍS, A Profissão de Advogado e a Deontologia, lições policopiadas do Centro de Estágio do Conselho Distrital do Porto da Ordem dos Advogados, pág. 27.

GERMANO MARQUES DA SILVA, no BOA, nºs 69-70, pág. 50, escreve, quanto ao Advogado de empresa:

"A garantia legal da independência do Advogado protege-o de não ser obrigado a fazer o que não deve, mas não lhe garante o emprego, o ordenado ou os honorários de que precisa para viver".

[122] Note-se que o exercício em grupo da profissão, que tanto é o exercício em comum como a associação ou a sociedade de Advogados, não está aberto apenas aos *barristers* irlandeses, ingleses, galeses e irlandeses do Norte e aos *advocates* escoceses certamente para garantir, no mandato judicial, que exercem uma independência igual à do Juiz.

II. A FUNÇÃO ATUAL DO ADVOGADO

no seio de empresas públicas ou privadas a Bélgica, a Dinamarca (somente para as empresas públicas), a Finlândia, a França, a Itália, a Irlanda (para os *barrister*), o Luxemburgo e o Reino Unido (para os *barrister* e *advocates*). Só em Portugal e em Espanha é amplamente permitido o exercício assalariado da profissão e só em Portugal não há as regras que vigoram noutros países para o exercício assalariado da profissão, designadamente em Espanha, onde a Lei nº 22/2005, de 18 de novembro, impôs que a atividade profissional dos Advogados que prestam serviços retribuídos, por conta alheia e dentro do âmbito de organização e direção do titular de um escritório de Advogados, individual ou coletivo, será considerada relação laboral de caráter especial, sem prejuízo da liberdade e independência que para o exercício da dita atividade profissional reconhecem as leis ou normas éticas e deontológicas, e que os Advogados incluídos no âmbito da relação laboral de caráter especial serão inscritos no Regime Geral da Segurança Social[123].

---

[123] Sobre o assunto, *vide* RUI DINIS NASCIMENTO, Reformas de Fundo na Advocacia em Espanha: Rumo à "Proletarização" dos Advogados?, no BOA, nº 40, Jan.-Fev. de 2006, pág. 40, e Espanha Aprova Relação Laboral Especial: a Solução para o Problema ou o Problema da Solução?, no BOA, nº 45, Jan.-Fev. de 2007, pág. 90.
Urge aditar ao artigo 73º do EOA um número 2, onde se preveja que a atividade profissional dos advogados que prestam serviços retribuídos, por conta alheia e dentro do âmbito da organização e direção do titular de um escritório de advogados, individual ou coletivo, será considerada relação laboral de caráter especial, sem prejuízo da autonomia técnica e independência que, para o exercício da atividade profissional de Advogado, reconhecem as leis e normas éticas e deontológicas, e serão inscritos no regime geral da segurança social, além de obrigatoriamente inscritos na Caixa de Previdência dos Advogados e Solicitadores, passando os atuais nºs 2 a 6 do mesmo artigo a ser os nºs 3 a 7.
O nº 2 deste artigo pretenderia acabar com uma questão que está a eternizar-se em Portugal, sobretudo, se não exclusivamente, quanto aos chamados associados das grandes sociedades de Advogados, e que a nossa Ordem não tem sabido resolver e consagraria a solução que, em Espanha, foi encontrada pela Lei nº 22/2005, de 18 de novembro, que o nº 2 seguiria quase à letra, apenas se referindo também à obrigatória inscrição na Caixa de Previdência dos Advogados e Solicitadores, obrigatoriedade que a solução não põe em perigo como demagogicamente argumentam os que se opõem à solução.
Na verdade, o Acórdão nº 102/2013 do Tribunal Constitucional, proferido no Pº nº 857/11 da 2ª Secção, decidiu não julgar inconstitucional a norma extraída dos artigos 5º e 8º do Regulamento da Caixa de Previdência dos Advogados e Solicitadores (RCPAS), quando interpretada no sentido de determinar a "obrigatoriedade de inscrição na Caixa de Previdência dos Advogados e Solicitadores em caso de exercício exclusivo da profissão de solicitador em regime de contrato subordinado com vinculação simultânea a outro regime de inscrição obrigatória, concluindo pela cumulação obrigatória de inscrição na falta de exercício cumulativo de atividades".
Também em França se consagra idêntica solução que está prevista pelo artigo 14.1 do Regulamento Interior Nacional (RIN), onde a colaboração assalariada é definida como "um modo de exercício profissional pelo qual o Advogado consagra a sua atividade a um escritório de um

9.3.6 A advocacia como profissão liberal – a figura do "Advogado público"

A advocacia ainda será hoje a mais liberal das profissões liberais, apesar do crescente número de Advogados de empresa[124] ou de quaisquer serviços públicos, de que seja funcionário ou de que seja até orgânicamente representante, desde que em exclusividade ou mesmo sem esta, se se tratar de entidades ou estruturas de caráter temporário[125], e do crescente número de

ou vários Advogados e no qual não existe vínculo de subordinação a não ser para a determinação das condições de trabalho" e onde se estabelece que o contrato de trabalho do Advogado colaborador assalariado é regulado pelo direito do trabalho e pela convenção coletiva assinada em 17 de Fevereiro de 1995, por todas as disposições para além das da lei de 31 de Dezembro de 1971, com as alterações nela introduzidas, e do decreto de 27 de Novembro de 1991, assim como pelos princípios essenciais da profissão, prevendo o artigo 14.4.1, modificado pela Decisão de Caráter Normativo (DCN) nº 2013-002, adotada em Assembleia Geral do Conselho Nacional de Barreaux de 11 e 12 de Abril de 2014, que as disposições do contrato de trabalho, tanto formais como substanciais, se aplicam ao Advogado colaborador assalariado, sendo o aviso prévio de rutura do contrato regulamentado pela convenção coletiva.

[124] Estamos a referir-nos aos inscritos na Ordem dos Advogados, pois só pela inscrição se obtém o título de Advogado e não a pseudo – Advogados de empresa que são simples licenciados em Direito. Sobre estes, *vide* FERNANDO CASTRO SILVA, Advogado de Empresa: Uma Nova Carreira na Advocacia?, no BOA, nº 41, Março-Abril 2006, págs. 33 e segs. *Vide* também, mas com maior abrangência, referindo-se a verdadeiros Advogados de empresa e a juristas de empresa comparados com consultores jurídicos inscritos na Ordem, JOÃO LOURENÇO, Os Advogados de Empresa em Portugal, no BOA, nº38, agosto – outubro de 2005, pág. s 56 e segs.

[125] Artigo 82º, nºs 3 e 4, do EOA. Não deixa de ser questionável que, sem prejuízo dos direitos adquiridos, se tenha acabado com a figura do Advogado que era funcionário com funções de mera consulta jurídica e que não estava afetado de uma incompatibilidade para o exercício da advocacia, o qual, estando inscrito na Ordem como Advogado, exercia o mandato judicial para o serviço público a que pertencia, como o exercia para a sua clientela de Advogado, quando era desejável que ficasse afetado de um impedimento, no sentido de não poder exercer o mandato judicial para a entidade pública em que se inseria, e se tenha criado esta figura de Advogado Público em regime de exclusividade ou de tendencial exclusividade, desde que se trate de entidades ou estruturas de caráter temporário... Como na advocacia de Estado, também este Advogado Público está na dependência do Governo, através do respetivo Ministro da tutela, numa relação hierárquica típica do funcionalismo público...
E, se foi criada a figura deste Advogado público em regime de exclusividade, então também não vemos razão para se não ter criado a figura do Advogado de empresa, em regime de exclusividade, soluções que a independência do Advogado não permite aplaudir, sem um impedimento para o exercício do mandato judicial em benefício do empregador, impedimento que a Resolução do Conselho da Ordem de Paris de 21 de julho de 2009 impôs ao Advogado de empresa, que exerce as suas funções jurídicas no seio da empresa que o emprega ao serviço exclusivo desta e das suas filiais, com exclusão dos membros do seu pessoal ou dos seus clientes, que não pode ter clientela pessoal, que não pode intervir no interesse da empresa que o emprega na qualidade de mandatário judicial nem assistir ou representar o seu empregador perante a

II. A FUNÇÃO ATUAL DO ADVOGADO

Advogados que são trabalhadores de sociedades de Advogados ou trabalhadores de outros Advogados – a que o regime jurídico das sociedades de Advogados chama eufemísticamente, Advogados associados – fenómeno a que temos assistido desde meados do século XX, depois de tantos séculos de advocacia exercida quase exclusivamente como profissão liberal, desde as suas mais remotas origens históricas. Não há dúvida de que os Advogados trabalhadores de outros Advogados e de sociedades de Advogados não deixam de contribuir profissionalmente para o exercício da advocacia liberal, o que já não acontece com os Advogados de empresa ou de quaisquer serviços públicos, mas uns e outros exercem advocacia com subordinação jurídica e com dependência hierárquica e funcional, pretendendo a lei salvaguardar apenas a sua autonomia ou independência técnica, o que parece ser muito pouco ou, pelo menos, muito teórico... E o menos que se deve exigir é que declarem, em todos os atos em que intervêm, por conta de quem agem, que se responsabilize o comitente por todos os atos do comitido ou o devedor pelos atos dos seus auxiliares, que se imponha o mesmo seguro obrigatório de responsabilidade civil profissional que deve ser imposto a todos os Advogados que exercem a profissão em regime de profissão liberal remunerada e que se respeitem as regras aplicáveis ao contrato de trabalho subordinado, designadamente o direito à greve, à sindicalização, a sujeição a contratação coletiva, a contribuição para a segurança social, a retenção na fonte de rendimentos do trabalho subordinado, a subsídios de férias e de Natal e a proibição de despedimento sem justa causa... E, assim, voltaríamos, porventura, outra vez, à advocacia exercida exclusivamente como profissão liberal...

9.3.7 A posição dos Solicitadores

A lei considera os Solicitadores, que na revogada Lei da Organização e Funcionamento dos Tribunais Judiciais – Lei nº 52/2008, de 28 de agosto – eram considerados auxiliares da administração da justiça[126], são hoje participantes na da administração da justiça[127] e prescreve que, sem prejuízo das leis de processo, quanto ao mandato forense, podem praticar atos próprios

---

justiça, requerer ou pleitear por ele perante as jurisdições e os organismos jurisdicionais ou disciplinares de qualquer natureza e que está inscrito na lista especial dos Advogados de empresa do Barreau.

[126] Artigo 145º da LOFTJ.

[127] Artigo 15º – nº 1 da Lei da Organização do Sistema Judiciário – Lei nº 62/2013, de 26 de agosto.

DIREITO PROFISSIONAL DO ADVOGADO

dos Advogados e dos Solicitadores, salvo aqueles que resultem do exercício do direito dos cidadãos a fazer-se acompanhar por Advogado perante qualquer autoridade e aqueles em que o processo penal determina que o arguido seja assistido por defensor, pois esta função é obrigatoriamente exercida por Advogado, nos termos da lei[128].

Exercem também uma profissão liberal e o contrato de trabalho celebrado com o Solicitador não pode afetar os seus deveres deontológicos e a sua autonomia técnica perante o empregador, mas o Solicitador de execução exerce a profissão na dependência funcional do Juiz da causa, sendo auxiliar da justiça[129].

9.3.8 A função do Advogado no âmbito do direito à justiça e do acesso efetivo à mesma

Embora a participação do Advogado na administração da justiça não se esgote no patrocínio judiciário, pois a administração da justiça também se exerce na consulta jurídica, na constituição, alteração e extinção dos negócios jurídicos e na composição extrajudicial de litígios, é sobretudo no patrocínio judiciário que se exerce a função social do Advogado no âmbito do direito à justiça e no acesso efetivo à mesma, seja no sistema de acesso ao direito e aos tribunais, que se destina a assegurar que a ninguém seja dificultado ou impedido, em razão da sua condição social ou cultural ou por insuficiência de meios económicos, o conhecimento, o exercício ou a defesa dos seus direitos[130], seja no patrocínio oficioso do interessado que não encontra quem aceite voluntariamente o seu patrocínio[131]. Compete-lhes, de forma exclusiva e com as exceções previstas na lei, exercer o patrocínio das partes e para a defesa dos direitos e garantias individuais, os Advogados podem requerer a intervenção dos órgãos jurisdicionais competentes[132]. Só o Advogado pode, portanto, pôr em funcionamento a máquina judicial, sendo o medianeiro entre o cidadão e a Justiça e proporcionando-lhe o acesso efetivo a esta, que, sem o Advogado, seria uma entidade abstrata, certamente muito bela, mas sem utilidade prática...

---

[128] Artigo 1º – nºs 1, 5, 6, 7, 9, 10 e 11 da Lei nº 49/2004, de 24 de agosto.
[129] Artigos 136º – nº 1, 140º e 162º do Estatuto da Ordem dos Solicitadores e dos Agentes de Execução.
[130] Artigo 1º, nº 1, da Lei nº 34/2004, de 29 de julho.
[131] Artigo 54º, nº 1, alínea o), do EOA.
[132] Artigo 12º, nº 2 da LOSJ.

Capítulo III
A Ordem dos Advogados

10. A natureza jurídica da Ordem dos Advogados

A Ordem dos Advogados é a associação pública representativa dos licenciados em Direito que nela se encontram inscritos e exercem profissionalmente a advocacia[133].

E é uma pessoa coletiva de direito público, que, no exercício dos seus poderes públicos, desempenha as suas funções, incluindo a função regulamentar, de forma independente dos órgãos do Estado, sendo livre e autónoma na sua atividade[134].

Trata-se, pois, de uma pessoa coletiva, por contraposição a pessoa singular ou física ou natural, e, dentro das pessoas coletivas, trata-se de um agrupamento de homens associados para a prossecução de certas finalidades comuns (pessoa coletiva de tipo associativo) e não de uma organização

---

[133] É esta a definição dada pelo legislador, a quem, de resto, não competia enunciar definições, mas apenas emitir comandos legais, no artigo 1º – nº 1 do EOA, definição à qual só acrescentamos a referência à inscrição, que é obrigatória e a que faz alusão o artigo 66º – nº 1 do EOA com remissão para o artigo 1º – nº 1 da Lei nº 49/2004, de 24 de agosto. A Lei nº 2/2013, de 10 de janeiro – regime jurídico das associações públicas profissionais – aplicável às já criadas ou em processo legislativo de criação (artigo 53º – nº 1) dispõe (artigo 11º) que as associações públicas profissionais têm a denominação "ordem profissional", quando correspondam a profissões cujo exercício é condicionado à obtenção prévia de uma habilitação académica de licenciatura ou superior, e "câmara profissional", no caso contrário, e que só as associações públicas profissionais podem usar tais designações, como também só organismos seus podem usar a designação "colégio de especialidade profissional".

[134] Artigo 1º -n. º 2.

DIREITO PROFISSIONAL DO ADVOGADO

instituída por um ou vários homens e endereçadas à realização de certos interesses humanos, de que pode ser titular uma coletividade de homens, que são os beneficiários da atividade a desenvolver pela organização (pessoa coletiva de tipo institucional)[135].

Trata-se também de uma associação pública, embora de entidades privadas (Advogados e sociedades de Advogados) e não de entidades públicas ou de uma associação pública de caráter misto[136].

Pessoas coletivas públicas são, além do Estado, as pessoas coletivas criadas por iniciativa pública, para assegurar a prossecução necessária de interesses públicos, através do exercício, em nome próprio, de poderes e deveres públicos[137].

Como atrás vimos, a Ordem dos Advogados foi criada pelo Decreto nº 11715, de 12 de junho de 1926, e sempre por diploma legislativo, desde aquele Decreto, ora por Decreto-lei ora por Lei, foram efetuadas as necessárias alterações no seu regime jurídico, por iniciativa pública, ou mais precisamente por iniciativa do Estado, através do poder legislativo. O próprio preâmbulo do Decreto-lei nº 84/84, de 16 de março, que, no uso de autorização legislativa da Assembleia da República, por se tratar de matéria de reserva de Lei, aprovou o primeiro Estatuto da Ordem dos Advogados, salienta que a Ordem é uma das associações públicas e que estas, é importante desfazer equívocos, não nascem do exercício do direito de associação dos particulares.

A prossecução necessária de interesses públicos pela Ordem dos Advogados resulta das atribuições que lhe confere o artigo 3º do EOA, designadamente a de defender o Estado de direito, e os direitos, liberdades e garantias individuais e colaborar na administração da justiça (alínea a)), a de promover o acesso ao conhecimento e aplicação do direito (alínea h)) e a de contribuir para o desenvolvimento da cultura jurídica e aperfeiçoamento da elaboração do direito, devendo ser ouvida sobre os projetos de diplomas legislativos que interessem ao exercício da advocacia e ao patrocínio judiciário em geral e propor as alterações legislativas que se entendam convenientes (alíneas i) e j)).

---

[135] Sobre este ponto, MANUEL A. DOMINGUES DE ANDRADE, Teoria Geral da Relação Jurídica, Vol. I, págs. 41 a 43.
[136] Sobre estas espécies de associações públicas, ver DIOGO FREITAS DO AMARAL, Curso de Direito Administrativo, 2ª ed., vol. I, págs. 402 e segs.
[137] DIOGO FREITAS DO AMARAL, Curso de Direito Administrativo, 2ª ed., vol. I, pág. 584.

III. A ORDEM DOS ADVOGADOS

Hoje, como já atrás salientámos, é a Constituição da República Portuguesa, no artigo 208º, que estabelece que a lei assegura as imunidades necessárias ao exercício do mandato e regula o patrocínio forense como elemento essencial à administração da justiça, princípio desenvolvido não só no artigo 12º da Lei de Organização do Sistema Judiciário, que reconhece que os Advogados participam na administração da justiça, mas também no artigo 13º da mesma Lei, ambos sobre imunidades, direitos e prerrogativas dos Advogados.

E é também o próprio preâmbulo do Decreto-lei nº 84/84, de 16 de março, que aprovou o primeiro EOA, a realçar que as associações públicas representam uma forma de administração mediata, consubstanciando uma devolução de poderes do Estado a uma pessoa autónoma por este constituída para o exercício de atribuições e competências públicas e que se concretiza na Ordem dos Advogados o princípio da descentralização institucional que aproxima a administração dos cidadãos e se articulam harmoniosamente interesses profissionais dos Advogados com o interesse público da justiça.

Ser titular de poderes e deveres públicos e, designadamente, poderes de autoridade, traduz-se, na expressão de Freitas do Amaral, em exercer poderes que denotam supremacia das pessoas coletivas públicas sobre os particulares e, nomeadamente, consistem no direito que essas pessoas têm de definir a sua própria conduta ou a conduta alheia em termos obrigatórios para terceiros, independentemente da vontade destes, sendo exemplo de poderes públicos de autoridade o poder regulamentar, o poder tributário, o poder de expropriar, o privilégio de execução prévia, etc.[138].

Ora a Ordem dos Advogados, como associação pública que é, tem, antes de mais, um *estatuto constitucional*, pelo qual a legislação que lhe respeita é matéria de reserva relativa da Assembleia da República[139], deve contribuir para uma estruturação não burocrática da Administração Pública, com serviços aproximados das populações e assegurando a participação dos interessados na sua gestão efetiva[140] e foi constituída para a satisfação de necessidades específicas (princípio da especificidade e da limitação à faculdade

---

[138] Diogo Freitas do Amaral, ob. cit., pág. 588.
[139] Artigo 165º – nº 1 – s) da Constituição. O artigo 7º – nº 1 da Lei nº 2/2013, de 10 de janeiro – regime das associações públicas profissionais – dispõe que estas são criadas por lei e o artigo 8º que os estatutos são aprovados por lei, devendo os estatutos regular, entre outras, a matéria dos princípios e regras deontológicos, os estágios profissionais, o processo disciplinar e respetivas penas e os colégios de especialidades profissionais, se os houver.
[140] Artigo 267º – nº 1 da Constituição.

DIREITO PROFISSIONAL DO ADVOGADO

de criar associações públicas), não podendo exercer funções próprias das associações sindicais e baseando-se a sua organização interna no respeito do direito dos seus membros e na formação democrática dos seus órgãos[141].

E, entre os poderes e deveres conferidos por lei e integrantes do seu *estatuto legal*, a Ordem dos Advogados, além dos inerentes à sua natureza de pessoa coletiva pública, goza do privilégio da unicidade[142], beneficia do princípio da inscrição obrigatória[143], pode impor a quotização obrigatória a todos os seus membros[144], controla o acesso e o exercício da profissão, quer no aspeto legal[145] quer no aspeto deontológico, exercendo sobre os seus membros, de forma exclusiva, poderes disciplinares[146]; em contrapartida, tem de colaborar com o Estado, designadamente com o Governo, no quadro das suas atribuições específicas, sem prejuízo da sua independência e autonomia[147]; tem de respeitar os princípios gerais do Direito Administrativo, nomeadamente o princípio da legalidade e o princípio da audiência prévia do arguido em processo disciplinar, cabendo recurso para os tribunais administrativos, nos termos gerais de direito, dos atos definitivos e executórios dos seus órgãos, designadamente, das deliberações sobre recusa de inscrição e das que apliquem sanções disciplinares[148]; os seus órgãos, agentes e representantes respondem nos termos gerais do Direito Administrativo perante os tribunais administrativos e não perante os tribunais judiciais pelos prejuízos causados a outrem por atos de gestão pública e faz parte integrante da administração pública para todos os efeitos, nomeadamente,

---

[141] Artigo 267º – nº 4 da Constituição. Sobre este *estatuto constitucional*, ver DIOGO FREITAS DO AMARAL, ob. cit., págs. 410-41.

[142] Artigo 1º – nº 1 do EOA. Cfr. o artigo 3º – nº 1 da Lei nº 2/2013, de 10 de janeiro – Lei das associações públicas profissionais.

[143] Artigos 66º – nº 1, 3º – nº 1 – c), 46º – nº 1 – e), 54º – nº 1 – l), 186º, 188º, 199º e 200º do EOA.

[144] Artigos 46º – nº 1 – l), s) e t), 91º – e) e 180º – nº 1 do EOA.

[145] Artigos 46º – nº 1 – d) e g), 74º, 84º a 87º, inclusive, 187º, 200º e 203º a 208º do EOA e 6º e 7º da Lei nº 49/2004, de 24 de agosto.

[146] Artigos 3º – nº 1 – g), 44º – nºs 1 – a), b), e) e j), 2 – a) e 3, 58º – a) e b) e 114º-nº 1 do EOA. Sobre os aspetos acabados de referir, ver DIOGO FREITAS DO AMARAL, ob. cit., págs. 411-412.

[147] Artigos 3º – nº 1 – h), i) e j), 28º – b), c) e d), 46º – nº 1 – a) e b) e 1º – nº 2 do EOA.

[148] Artigo 6º – nº 3 do EOA. O artigo 46º – nº 2 da Lei das associações públicas profissionais – Lei nº 2/2013, de 10 de janeiro, estabelece que podem impugnar a legalidade dos atos e regulamentos os interessados, nos termos das leis do processo administrativo, o Ministério Público, o membro do governo que exerce os poderes de tutela e o Provedor de Justiça, mas não o provedor dos destinatários dos serviços, que, nos termos do artigo 20º, pode ou não ser membro da associação, mas devendo suspender a inscrição no caso de o ser, e não pode ser destituído, salvo por falta grave no exercício das suas funções, podendo ser remunerado.

III. A ORDEM DOS ADVOGADOS

para ser considerada como um dos poderes públicos, ficando, portanto, sujeita ao controle do Provedor de Justiça[149].

Como associação pública, a Ordem dos Advogados integra, não a administração indireta, mas a administração autónoma do Estado, pois a administração indireta está sujeita à superintendência e tutela do Governo, enquanto a administração autónoma apenas está submetida à tutela do Governo, residindo a principal diferença entre ambas em que a superintendência consiste num poder de orientação, que o Governo não tem sobre as associações, designadamente sobre a Ordem dos Advogados, que o próprio EOA considera independente e autónoma do Estado, enquanto a tutela se traduz num poder de fiscalização, podendo a tutela ser apenas uma tutela de legalidade, como a que se exerce sobre as associações públicas ou as autarquias locais, ou uma tutela também de mérito, como a que se exerce sobre institutos públicos e empresas públicas, que integram a administração estadual indireta[150].

A independência da Ordem dos Advogados em relação aos órgãos do Estado, sendo livre e autónoma nas suas regras, só foi reconhecida pelo EOA, pois o Estatuto Judiciário dispunha que "a Ordem dos Advogados, como colaboradora da função judicial, está sujeita ao Ministério da Justiça para os fins do Decreto-lei nº 23050, de 23 de setembro de 1933, e legislação correlativa"[151] e que "compete ao Conselho Geral da Ordem dos Advo-

---

[149] Artigo 23º da Constituição da República. Sobre estes deveres, ver DIOGO FREITAS DO AMARAL, ob. cit., págs. 412-413.

[150] Artigos 1º – nº 2 do EOA e 199º – d) da Constituição. Sobre estes aspetos, ver DIOGO FREITAS DO AMARAL, ob. cit., págs.413-416 e 716 e segs. Parece que a tutela de legalidade sobre a Ordem dos Advogados será apenas a exercida pela via judicial administrativa. Neste sentido, ver BASTONÁRIO AUGUSTO LOPES CARDOSO, Da Associação dos Advogados de Lisboa à Ordem dos Advogados, na ROA, 48º, pág. 357. Os artigos 45º – nº 5 e 53º – nº 8 da Lei nº 2/2013, de 10 de janeiro – Lei das associações públicas profissionais – consagram distorções ao princípio da autonomia das associações públicas, sujeitando-as, nos casos dessas distorções, a tutela que não é simples tutela de legalidade, pois sujeita a homologação ministerial os regulamentos sobre estágios profissionais, provas de acesso à profissão e especialidades profissionais. E o EOA, no seu artigo 1º – nº 2, não podia deixar de alterar o que os anteriores Estatutos da Ordem dispunham sobre a Ordem na parte em que a consideravam livre e autónoma nas suas regras e que passou a ser considerada livre e autónoma na sua atividade, o que não é a mesma coisa.

[151] Artigo 539º. O legislador não atentou em que a Ordem não era um organismo corporativo, de interesses não estaduais, e em que a Ordem tem como atribuição cimeira participar na administração da justiça, tendo precedido de vários anos a implantação do regime corporativo. Sobre estes aspetos, ver BASTONÁRIO AUGUSTO LOPES CARDOSO, ob. citada, pág. 345, e ROGÉRIO E. SOARES, A Ordem dos Advogados – Uma Corporação Pública, na Revista de Legislação e Jurisprudência, 124º, pág. 163 e segs.

DIREITO PROFISSIONAL DO ADVOGADO

gados estabelecer a incompatibilidade do exercício da advocacia com o de outras profissões e atividades consideradas suscetíveis de comprometer a dignidade ou o decoro do Advogado" e que "estas deliberações depois de homologadas pelo Ministro da Justiça serão publicadas no Diário da República" e ainda que havia recurso para o Ministro da Justiça da recusa de inscrição pelo Conselho Superior fundada em falta de idoneidade moral[152].

Podia o Estado, para disciplinar uma profissão de interesse público, criar um serviço público que fizesse parte da sua administração direta ou um instituto público, designadamente um serviço público personalizado, disciplinado e regido como se a sua atividade e funções fossem diretamente exercidas pelo Estado; reconhecer como associação pública a organização própria dos profissionais, com exercício de atribuições públicas com independência e autonomia em relação aos órgãos do Estado, como se fez em Portugal, Itália, Alemanha e Espanha, com as Ordens dos Advogados; ou respeitar a organização profissional dos interessados como entidade privada, embora com delegação de certos poderes públicos, conferindo-lhe o estatuto de pessoa coletiva de utilidade pública administrativa, como aconteceu nos países anglo-saxónicos, ainda que com outras designações, ou, segundo alguns autores, em França, onde, segundo outros, se tratará, antes, de verdadeiras associações públicas[153].

Para a independência da Ordem muito contribui o próprio facto de as quotizações dos Advogados garantirem a sua autonomia financeira, mesmo antes do regime atualmente vigente[154] pois nas suas receitas eram

[152] Artigos 594º e 545º – nº 4, respetivamente. O artigo 45º – nº 1 da Lei das associações públicas profissionais prescreve que não estão sujeitas a superintendência governamental nem a tutela de mérito, ressalvados, quanto a esta, os casos especialmente previstos na lei, e o nº 4 do artigo 45º que, "ressalvado o disposto no nºseguinte, a tutela administrativa sobre as associações públicas profissionais é de natureza inspetiva, estabelecendo o nº 5 que carecem de aprovação tutelar, que se considera dada se não houver decisão em contrário nos 90 dias seguintes, os regulamentos que versem sobre os estágios e nas provas profissionais de acesso à profissão e as especialidades profissionais.

[153] Sobre este ponto, ver DIOGO FREITAS DO AMARAL, ob. cit., pág. 408.

[154] O artigo 134º, nº 1, da Lei nº 53 – A/2006, de 29 de dezembro, que aprovou o Orçamento Geral do Estado para 2007, revogou o artigo 131º do Código das Custas Judiciais, quanto ao destino das receitas da taxa de justiça cível, não só para a Ordem dos Advogados mas também para a Caixa de Previdência dos Advogados e Solicitadores, o que para esta foi definitivamente estabelecido. Mas o artigo 39º do Regulamento das Custas Processuais aprovado pelo Decreto-lei nº 34/2008, de 26 de Fevereiro, veio a dispor que o destino das custas processuais é fixado por portaria dos membros do governo responsáveis pelas áreas das finanças e da justiça e o artigo 39º – nº 1 da Portaria nº 419-A/2009, de 17 de Abril, veio preceituar que constituem receita do Conselho Geral da Ordem dos Advogados vinte e um por mil das quantias cobradas

III. A ORDEM DOS ADVOGADOS

substancialmente predominantes aquelas quotizações, que se elevavam a quase cinco milhões de euros, enquanto a parte da procuradoria que era destinada à Ordem dos Advogados[155], porque para tal receita contribuem os Advogados como participantes na administração da justiça[156], pouco ultrapassava a quarta parte daquela cifra[157]como acontecia também com a parte da taxa de justiça cível que foi, depois, destinada à Ordem dos Advogados, em vez de uma parte da procuradoria, por se ter pretendido que esta revertesse integralmente para a parte vencedora, deixando de haver nela uma parte indisponível destinada à Caixa de Previdência dos Advogados e Solicitadores, à Ordem e à Câmara dos Solicitadores e ao Serviço Social do Ministério da Justiça[158].

a título de taxa de justiça em processos cíveis, permilagem que veio a ser reduzida a cinco por mil pela redação dada a tal disposição pela Portaria nº 82/2012, de 29 de Março, que também aditou ao artigo 39º daquela Portaria o seu nº 5, pelo qual se dispôs que as verbas recebidas pela Ordem dos Advogados nos termos do nº 1 apenas podem ser utilizadas para, no âmbito das respectivas competências, acorrer às despesas necessárias à regulamentação e organização da formação inicial e contínua de Advogados e Advogados estagiários bem como à promoção do aperfeiçoamento profissional daqueles. Assim está reduzido a bem pouco o dispendido pelo Estado com uma profissão que é participante na administração da Justiça, apesar de esta estar cada vez mais cara para os seus utentes.

[155] Artigo 42º – nº 1 – a) do Código das Custas Judiciais aprovado pelo Decreto-lei nº 224-A/96, de 26 de novembro, revogado pelo Decreto-lei nº 324/2003, de 27 de Dezembro, que passou a destinar à Ordem dos Advogados uma parte da taxa de justiça cível. Com o Regulamento das Custas Processuais aprovado pelo Decreto-lei nº 34/2008, de 26 de fevereiro, desapareceu a procuradoria, embora lhe corresponda, de certo modo, o disposto no seu artigo 26º – nº 3 – c): a parte vencida é condenada, nos termos previstos no Código de Processo Civil, no pagamento, além do mais, de 50% do somatório das taxas de justiça pagas pela parte vencida e pela parte vencedora, para compensação da parte vencedora face às despesas com honorários do mandatário (...)

[156] Cfr. o artigo 40º – nº 6 do Código das Custas Judiciais republicado pelo diploma citado na nota anterior e alterado pela Lei nº 60-A/2005, de 30 de dezembro, que dispõe reverter para o Cofre Geral dos Tribunais a procuradoria nas execuções por custas e nos processos em que a parte vencedora seja isenta ou dispensada do pagamento de custas ou não seja representada por Advogado ou Solicitador e nas ações que terminem sem contestação, o que confirma o que no texto se defende, apesar de a procuradoria ter passado a ser destinada à parte vencedora com o Decreto-lei nº 324/2003, de 27 de dezembro.

[157] Cfr. Orçamentos anuais do Conselho Geral.

[158] Artigo 131º – nº 3 do Código citado na penúltima nota. A receita da procuradoria (processos antigos agora findos) e da taxa de justiça em 2011 foi de cerca de 19% das receitas totais do Conselho Geral e ascenderam a 2.227.531,51 euros, representando um desvio favorável superior a 70% sobre o que fora orçamentado e que era de 1.300.00,00 euros, enquanto o Conselho Geral recebeu de quotizações dos Advogados 8.925.998,53 euros, menos 1.172.473,59 do que estava orçamentado. A Caixa de Previdência dos Advogados e Solicitadores ainda

DIREITO PROFISSIONAL DO ADVOGADO

11. Estrutura orgânica e territorial da Ordem

A Ordem dos Advogados exerce as suas atribuições e competências no território da República Portuguesa, tendo, por isso, âmbito nacional, embora esteja internamente estruturada, para efeitos de distribuição de competências, em razão do território, por órgãos de âmbito não nacional, em sete regiões: Lisboa, Porto, Coimbra, Évora, Faro[159], Açores e Madeira[160], correspondendo a estas duas os municípios das respetivas Regiões Autónomas e às outras os respetivos municípios constantes do anexo ao EOA[161].

Este princípio da territorialidade das atribuições e competência da Ordem deve completar-se com o da personalidade, pelo qual aquelas atribuições e competências são exercidas em relação a quem esteja em prestação ocasional de serviços ou registado ou inscrito na Ordem, dentro e fora do território português[162], sem prejuízo da aplicação de uma dupla deontologia prevista no artigo 4.º da Diretiva 77/249, de 22 de março de 1977, e das regras do Código de Deontologia do CCBE destinadas a atenuar as dificuldades resultantes dessa dupla deontologia[163].

recebeu, com referência a 2011, 108.083,49 euros de procuradoria e de taxa de justiça, de processos antigos agora findos, embora aquela verba só tivesse sido transferida em 2012 para o Conselho Geral a fim de o entregar à CPAS, que a partir do Orçamento do Estado para 2007 deixou de ter direito a qualquer percentagem de de taxa de justiça, como dissemos na nota anterior à ante-penúltima nota. *Vide* Relatório sobre as Contas de 2011 do Conselho Geral de 2011 em www.oa.pt.

[159] O antigo distrito de Faro para efeitos de organização territorial da Ordem tinha sido criado pelo Decreto-lei n.º 202/73, de 4 de maio. Até esta data, os distritos da Ordem coincidiam com os distritos judiciais de Lisboa, Porto e Coimbra, desde que fora extinto, pelo Decreto-lei n.º 37.684, de 27/12/49, o distrito judicial dos Açores, criado pelo Decreto n.º 15751, de 2 de dezembro de 1926, com sede em Ponta Delgada, onde se sediava também o respetivo Conselho Distrital da Ordem dos Advogados.

[160] Os antigos distritos dos Açores e da Madeira para efeitos de organização territorial da Ordem tinham sido criados pelo Decreto-lei n.º 237/80, de 18 de julho.

[161] Artigo 2.º – n.ºs 1 e 3 do EOA.

[162] Artigo 2.º – n.º 2, 205.º e 207.º do EOA.

[163] Artigo 207.º-n.º 1 do EOA e 1.3.1 do Código de Deontologia do CCBE. Assim, mesmo antes da vigência do artigo 94.º do atual EOA, que aproximou o nosso direito interno do disposto, quanto a publicidade do Advogado, em 2.6 do Código de Deontologia do CCBE, podia não ser aplicável a doutrina dos acórdãos do Conselho Superior de 28/6/75, na ROA, 36.º, pág. 297, e de 15/12/78, na ROA, 39.º, pág. 124, no sentido de o Advogado não poder, mesmo no estrangeiro, publicar anúncios com o fim de atrair clientela, em face do disposto em 2.6 daquele Código de Deontologia na sua versão de Dublin, de 2002, e já na sua anterior versão, cujo ponto 2.6.2 dispunha:" a publicidade pessoal, nomeadamente nos meios de comunicação, considera--se ter sido efetuada no local onde seja autorizada, quando o Advogado em causa demonstre que foi feita para ser levada ao conhecimento de clientes ou potenciais clientes estabelecidos

III. A ORDEM DOS ADVOGADOS

Esta organização unitária dos Advogados numa única Ordem tem assegurado grande eficácia na sua atuação, o que também se verifica no Brasil, sem prejuízo de uma estrutura orgânica e territorial correspondente a um Estado federal.

Não é, porém, assim, em Espanha, com mais de oito dezenas de Colégios, nem em França, com cerca de 190 *Barreaux*, nem em Itália, mas nesses países sente-se a necessidade de centralização, que tem sido conseguida, em parte, através de federações nacionais dos vários colégios mais ou menos independentes uns dos outros.

Mesmo em Portugal, há, porém, certa descentralização e autonomia de órgãos distritais em relação a órgãos nacionais.

São órgãos nacionais: o congresso, órgão de democracia indireta ou representativa dos Advogados, Advogados honorários e antigos Advogados cuja inscrição tenha sido cancelada por reforma, através de um número delegados eleitos por cada conselho regional proporcionalmente ao número de Advogados inscritos no respetivo conselho[164], congresso que foi criado pelo EOA em 1984 e que deveria reunir até ao final do ano de 1985[165], sem embargo de se ter reunido, nos dias 16 a 19 de novembro de 1972, o I Congresso dos Advogados Portugueses[166]; a assembleia-geral da Ordem, constituída por todos os Advogados com inscrição em vigor[167]; o Bastonário, que é um órgão da Ordem com competências próprias[168] e presidente do congresso, da assembleia geral e do Conselho Geral[169], e que era referido na lei como Presidente da Ordem, até ao Decreto nº 43460, de 30 de dezembro de 1960, quando foi legalmente institucionalizada, entre nós, a designação de Bastonário; o Presidente e o Conselho Superior, que

---

num território em que tal publicidade seja permitida e que a sua difusão noutro local seja acidental".

[164] Artigos 9º – nº 2 – a), 27º – nº 1 e 30º – nºs 1 e 2 do EOA. O artigo 15º – nº 2 – a) da Lei nº 2/2013, de 10 de janeiro – regime jurídico das associações públicas profissionais – prevê como órgão obrigatório uma assembleia representativa com poderes deliberativos gerais, nomeadamente em matéria de aprovação do orçamento, do plano de atividades e de projetos de alteração dos estatutos, de aprovação de regulamentos, de quotas e de taxas ou de criação de colégios de especialidade, mas o EOA não consagrou tal solução.

[165] Artigo 176º do primeiro EOA, disposição transitória depois eliminada.

[166] *Vide* Regulamento do Congresso, Discursos, Temas e Imprensa, na ROA, 32º, págs. 398 a 738.

[167] Artigos 9º – nº 2 – b) e 33º – nº 1 do EOA.

[168] Artigo 40º do EOA.

[169] Artigo 9º -n. º 2-c) e 39º do EOA.

DIREITO PROFISSIONAL DO ADVOGADO

constitui o supremo órgão jurisdicional da Ordem[170] e que primitivamente era designado por Tribunal Supremo da Ordem[171] e, depois, por Conselho Superior Disciplinar[172]; o Conselho Geral, que é um órgão da Ordem com competências muito diversificadas[173]; e o Conselho Fiscal[174].

São órgãos regionais e locais: a assembleia regional, constituída por todos os advogados inscritos pelao respetiva região e com a inscrição em vigor[175]; os conselhos regionais[176], chamados colégios, em 1932, no projeto de reforma do Estatuto Judiciário; os presidentes dos conselhos regionais, que são órgãos com competências próprias e presidentes do respetivo conselho regional e da assembleia regional[177]; os conselhos de deontologia e os presidentes dos conselhos de deontologia[178]; as assembleias de secção e as delegações e delegados de secção, conforme haja ou não, pelo menos, dez Advogados inscritos[179].

A Ordem dos Advogados é representada em juízo e fora dele pelo bastonário, pelo presidente do conselho superior, pelos presidentes dos conselhos regionais, pelos presidentes das delegações ou pelos delegados, conforme se trate, respetivamente, de atribuições do conselho geral, do conselho superior, dos conselhos distritais ou das delegações[180], devendo entender-se que, não se tratando de competências dos conselhos Superior ou regionais ou delegações, é sempre o Bastonário que assume a representação da Ordem, nos termos gerais do artigo 39º nº 1 – a) do EOA, sendo o Conselho Geral o competente para deliberar quanto à instauração ou defesa de processos em juízo[181].

E das competências do Conselho Geral, dos conselhos regionais e delegações resulta que há certa descentralização e autonomia, nomeadamente financeira, a nível regional e de delegaçoes.

---

[170] Artigos 9º – n.º 2 – d) e e) e 41º a 43º do EOA.
[171] Decreto nº 12334, de 18 de setembro de 1926.
[172] Desde o Estatuto Judiciário de 1927 até ao de 1944.
[173] Artigos 9º – nº 2 – f) e 45º a 47º do EOA.
[174] Artigo 9º – nº 2 – g) e 48º a 50ºdo EOA
[175] Artigos 9º – n.º 3 – a) e 51º e 52º do EOA.
[176] Artigos 9º – n.º 3 – b) e 53º e 54º do EOA.
[177] Artigos 9º – nº 3 – c) e 55º do EOA.
[178] Artigos 9º – nº 3 – d) e e) e 56º a 59º do EOA.
[179] Artigos 9º – nº 3 – f) e g) e 60º a 64º do EOA.
[180] Artigo 5º – nº 1, 40º – nº 1 – a), 41º – d) e 55º – nº 1 – a) do EOA.
[181] Artigo 45º nº 1 – w) do EOA.

III. A ORDEM DOS ADVOGADOS

Se é certo que compete aos agrupamentos de delegações ou, quando estes não existam, às delegações ou aos delegados apresentar anualmente ao conselho regional, para discussão e votação, o orçamento da delegação bem como as contas do ano anterior e o respetivo relatório de atividades[182], devendo fazê-lo, quanto ao orçamento, até 31 de agosto, e, quanto às contas, até 31 de janeiro[183], e se é a assembleia regional que aprova o orçamento para o ano civil seguinte e as contas do ano anterior, depois de lhe serem submetidos pelo conselho regional, ao qual compete também receber do conselho geral a parte que lhe caiba nas contribuições dos Advogados para a Ordem dos Advogados, cobrar diretamente as receitas próprias dos serviços e institutos a seu cargo e autorizar despesas, nos termos do orçamento e de créditos extraordinários, que também lhe compete abrir, quando seja necessário[184], sendo certo que o produto das contribuições dos Advogados para a Ordem dos Advogados é dividido em partes iguais entre o Conselho Geral e o conselho distrital ou delegação respetiva, repartindo-se os encargos da cobrança na proporção das receitas que a cada um pertencerem[185], a verdade é que às delegações compete receber e administrar receitas próprias[186] bem como aceitar doações e legados e administrá-los se forem destinados a serviços e instituições dirigidos por qualquer delegação[187].

Sendo assim, pode dizer-se que, mesmo entre delegações e conselhos regionais, haverá autonomia financeira, além de descentralização de atribuições e competências, sendo maior a autonomia financeira entre os conselhos regionais e o Conselho Geral.

Tem caráter eletivo o exercício de cargos nos órgãos da Ordem, tendo os mandatos uma duração de três anos civis e realizando-se as eleições entre 15 e 30 de novembro, em data designada pelo Bastonário[188].

Apenas têm voto os Advogados com inscrição em vigor, mas não os Advogados estagiários[189].

---

[182] Artigo 64º – nº 1 – c) do EOA.
[183] Artigo 182º – nº 7 do EOA.
[184] Artigo 54º nº 1 – i), j) e k) do EOA.
[185] Artigo 180º – nº 5 do EOA.
[186] Artigo 64º – nº 1 – d) do EOA.
[187] Artigo 46º – t), *a contrario*, do EOA.
[188] Artigos 10º e 13º do EOA.
[189] Artigo 14º – nº 1 do EOA. Sobre a obrigatoriedade de voto, que muitos criticam, a pretexto de ser antidemocrática, vale a pena citar Péricles, falando da Cidade – Estado de Atenas, no século V A. C.: "Distinguimo-nos de outros Estados ao considerarmos inútil o homem que se mantém afastado da vida pública".

DIREITO PROFISSIONAL DO ADVOGADO

O voto é secreto e obrigatório, sob pena de multa correspondente a duas vezes o valor da quotização mensal, que reverterá para a Ordem dos Advogados[190].

Note-se que constitui dever do Advogado para com a Ordem dos Advogados pagar pontualmente as quotas[191] e outros encargos[192].

Constitui dever do Advogado o exercício de funções nos órgãos da Ordem dos Advogados para que tenha sido eleito ou designado, constituindo falta disciplinar a recusa de tomada de posse, salvo no caso de escusa fundamentada, aceite pelo Conselho Superior ou, quanto aos delegados, pelo conselho regional respetivo[193].

Bem se compreende esta obrigatoriedade do exercício de funções não só porque as propostas de candidatura devem conter declaração de aceitação de todos os candidatos[194] mas também porque se trata de funções de interesse público, única justificação quanto aos delegados designados pelo conselho regional[195], relativamente aos quais não há candidatura nem, consequentemente, aceitação desta.

Note-se, porém, que, mesmo nas pessoas coletivas privadas, costuma impor-se, se não estatutariamente, ao menos na prática, a obrigatoriedade de exercício de funções nos órgãos sociais ou corpos gerentes.

A hierarquia dos titulares dos órgãos da Ordem é a seguinte: Bastonário, Presidente do Conselho Superior, Presidente do Conselho Fiscal, membros do Conselho Superior, do Conselho Geral e do Conselho Fiscal, presidentes dos conselhos regionais e dos conselhos de deontologia, membros dos conselhos regionais e dos conselhos de deontologia e presidentes das delegações e delegados[196].

Nas cerimónias oficiais, o Bastonário da Ordem dos Advogados tem honras e tratamentos idênticos aos devidos ao Procurador-Geral da República, sendo colocado imediatamente à sua esquerda; os membros do Conselho Superior e do Conselho Geral, o Presidente do Conselho Fiscal e os presidentes dos conselhos regionais e de deontologia são equiparados aos juízes conselheiros; os membros dos conselhos distritais e de deontologia

---

[190] Artigo 14º -nºs 2 e 4 do EOA.
[191] Compete ao Conselho Geral propor o valor das quotas e taxas a pagar pelos Advogados – artigo 46º – nº 1 – l) do EOA.
[192] Artigo 91º – e) do EOA.
[193] Artigo 15º, 44º – nº 1 – d) e 54º – nº 1 – q) do EOA.
[194] Artigo 12º – nº 6 do EOA.
[195] Artigo 54º – nº 1 – q) do EOA.
[196] Artigo 9º – nº 3 do EOA.

III. A ORDEM DOS ADVOGADOS

equiparam-se aos juízes desembargadores; e os membros das delegações e os delegados aos juízes de direito[197].

12. Deveres do Advogado para com a Ordem dos Advogados

Se o dever de solidariedade é um dos principais deveres entre Advogados, não existe propriamente um dever de solidariedade entre os Advogados e a sua Ordem, mas sim um dever de colegialidade, que não se esgota com a inscrição obrigatória na Ordem e antes é tanto maior quanto mais a Ordem dos Advogados exercer as suas atribuições e competências, designadamente a de zelar pela função social, dignidade e prestígio da profissão de Advogado e promover o respeito pelos respetivos princípios deontológicos; a de representar a profissão de Advogado e defender os interesses, direitos, prerrogativas e imunidades dos seus membros, denunciando perante as instâncias nacionais e internacionais os atos que atentem contra aqueles; e a de reforçar a solidariedade entre os Advogados[198].

E, assim, justifica-se plenamente que, no elenco dos deveres do Advogado para com a Ordem, comece por se enunciar o de não prejudicar os fins e o prestígio da Ordem dos Advogados e da advocacia e o de colaborar na prossecução das atribuições da Ordem dos Advogados, exercer os cargos para que tenha sido eleito ou nomeado e desempenhar os mandatos que lhe forem confiados[199], o que tudo bem se explica pela consideração de que se trata de funções de interesse público como a própria profissão de Advogado, que é participante da administração da Justiça.

O dever de o Advogado declarar, ao requerer a inscrição, para efeito de verificação de incompatibilidade, qualquer cargo ou atividade profissional que exerça destina-se a permitir ao conselho regional e ao conselho geral o exercício das suas competências[200] e o dever de suspender imediatamente o exercício da profissão e requerer, no prazo máximo de 30 dias, a suspensão da inscrição na Ordem dos Advogados quando ocorrer incompatibilidade

---

[197] Artigo 24º – nºs 1 e 2 do EOA.
[198] Artigo 3º – nº 1 – d), e) e f) do EOA.
[199] Artigo 91º – a) e b) do EOA. *Vide* também o artigo 15º
[200] Previstas no artigo 84º do EOA. Cfr. o artigo 177º – nº 1 – d), quanto à instauração de processo para averiguação de inidoneidade para o exercício profissional em caso de incumprimento do disposto no artigo 91º – d) do EOA.

DIREITO PROFISSIONAL DO ADVOGADO

superveniente[201], justifica-se, como também aquele outro dever pela independência e dignidade da profissão de Advogado[202].

Ao poder público da Ordem dos Advogados de impor quotização obrigatória a todos os seus membros, Advogados e sociedades de Advogados corresponde o dever de o Advogado pagar pontualmente as quotas e outros encargos[203], sob pena de impedimento ao acesso a serviços prestados pela Ordem dos Advogados[204], sem prejuízo de o atraso no pagamento envolver responsabilidade disciplinar[205].

Embora constitua também um dever entre Advogados, é um dever para com a Ordem dos Advogados o de dirigir com empenhamento o estágio dos Advogados estagiários e só um dever para com a Ordem, embora possa beneficiar aquele dito dever, o de o Advogado promover a sua própria formação[206], sendo também uma atribuição da Ordem promovê-la, o que se

---

[201] Artigo 91º -c) e d) do EOA. O Advogado com a inscrição suspensa não tem sequer direito ao título profissional de Advogado, como resulta das disposições do artigo 3º – c) e 70º – nº 1 do EOA, título que é dado pela Ordem dos Advogados com a inscrição, como veremos ao tratar dela, designadamente da inscrição preparatória e nos quadros da Ordem dos Advogados – artigo 189º do EOA.

[202] Artigo 81º e preâmbulo do Decreto-lei nº 84/84, de 16 de março, que aprovou o anterior EOA e 2.5 do CD do CCBE.

[203] Artigos 91º – e) e 180º – nº 1 do EOA.

[204] Nos termos do artigo 45º – nº 5 do Regulamento de Inscrição dos Advogados e Advogados estagiários nº 232/2007, de 4 de setembro. Os Advogados com quotas em atraso também não podem obter a emissão de laudos – artigo 7º – nº 6 do Regulamento de Laudos – Regulamento nº 40/2005, de 29 de Abril.

[205] O Acórdão do Conselho Superior de 25/2/81, na ROA, 41º, pág. 541 decidiu em sentido contrário na vigência do Estatuto Judiciário, a pretexto de a sanção nele prevista ser a da suspensão da inscrição. Hoje, porém, haverá responsabilidade disciplinar e assim o entendeu a Deliberação do Conselho Geral de 11/5/2012, em www.oa.pt, que estabelece também a suspensão seguida de revogação do certificado digital e a não revalidação de cédulas profissionais a Advogados com mais de três meses de quotas em atraso. O artigo 18º – nº 3 da Lei nº 2/2013, de 10 de janeiro – regime jurídico das associações públicas profissionais – prescreve que o incumprimento do dever de pagar quotas ou de outro dever de natureza pecuniária não é passível de pena de suspensão ou expulsão, mas o nº 4 excetua o caso de culposo não pagamento de quotas, por período superior a 12 meses, caso passível de pena de suspensão, que não será aplicada ou cessará pelo pagamento voluntário das quotas em dívida, soluções que vieram a ser consagradas no artigo 180º – nºs 2 e 3 do EOA, onde se prescreve que o pagamento voluntário das quotas em dívida extingue o procedimento disciplinar ou a sanção, consoante tenha lugar na pendência do processo disciplinar ou após a decisão final.

[206] Artigo 91º – f) e i) do EOA. Cfr. os artigos 197º e 198º do EOA e 59º e 60º do Regulamento Geral da Formação, aprovado em sessão do Conselho Geral de 25/7/2002 – Regulamento nº 42-A/2002, publicado no Diário da República, II série, de 29 de outubro de 2002, com as alterações introduzidas pela Deliberação nº 585/2004, de16/4/2004, publicada no Diário da

III. A ORDEM DOS ADVOGADOS

explica pela função social ou interesse público da profissão de Advogado[207], cujo estágio e formação contínua, como os de qualquer outra profissão, só podem ser ministrados por outros profissionais.

Ao contrário do que acontecia na vigência do Estatuto Judiciário, o estágio passou a ter uma intervenção mais ativa da Ordem dos Advogados, sem descurar a ação importantíssima do patrono do estágio[208].

O dever de comunicar à Ordem dos Advogados, no prazo de trinta dias, qualquer mudança de escritório ou domicílio profissional, que deve ser dotado de uma estrutura que assegure o cumprimento dos deveres profissionais do Advogado[209], não se destina apenas a permitir ao conselho regio-

República, II série, de 5/5/2004, onde se republicou aquele Regulamento e pela Deliberação nº 135/2005 publicada no de 17/1/2005, a alterar os artigos 6º – nº 1, 7º – nº 2, 48º, 49º, 50º e 57º – nº 4, vindo a ser abandonada aquela designação de Regulamento Geral da Formação pelo Regulamento Nacional de Estágio – Regulamento nº 52-A/2005, publicado no D. R., II série, de 1 de agosto, retificado no de 17 seguinte, alterado pelo Regulamento nº 232/2007, de 4 de setembro, e pelas Deliberações nºs 1898-A/2007, de 24 de setembro, e 2280/2008, de 19 de agosto. O artigo 125º do Código do Trabalho aprovado pela Lei nº 99/2003, de 27 de agosto, veio impor ao empregador a formação contínua dos trabalhadores no mínimo de 35 horas anuais de formação certificada, a partir de 2006, e o Regulamento do Código do Trabalho aprovado pela Lei nº 35/2004, de 29 de julho, desenvolveu, nos artigos 161º a 170º, o estabelecido no Código, continuando a impor aquele mínimo o artigo 131º – nº 2 do atual Código do Trabalho aprovado pela Lei nº 7/2009, de 12 de fevereiro, e referindo-se também à formação os artigos 13º a 15º da Lei nº 105/2009, de 25 de setembro (Regulamentação do Código do Trabalho).

Na Inglaterra e País de Gales foi introduzida a formação contínua – *Continuous Professional Development* (CPD) –, com efeitos a 1 de novembro de 1998, para todos os *Solicitors,* que prestem serviços ao público, a uma empresa (como empregados), a um Departamento do Governo Central ou Local ou a um Departamento Governamental, a uma sociedade ou a uma organização, sejam ou não pagos por darem conselhos, impondo-se-lhes 16 horas de CPD, por ano, o qual começa, para tal efeito, em 1 de novembro e termina em 31 de outubro, e, em regra, fazendo-se o cômputo de 48 horas em ciclos de três anos – DAVID WHITELEY (President of Devon & Exeter Law Society), *Continuing Legal Education in England and Wales,* Comunicação de 7/10/99 na reunião de Taormina da Federação dos *Barreaux* da Europa.

Em França, a partir de 1 de janeiro de 2005, todos os Advogados estão obrigados a 20 horas de formação por ano ou 40 horas de dois em dois anos pelas Decisões normativas nºs 2005 – 001, de 11 de fevereiro de 2005, e 2005 – 002, de 15 de abril de 2005, da Assembleia Geral do Conselho Nacional de Barreaux – Sobre esta matéria, *vide* M. GÉRARD NICOLAŸ, no *Bulletin du Barreau de Paris,* nº 10 (22 mars 2005), p. 75; *vide* o mesmo Autor, sobre o custo da obrigação legal em matéria de formação contínua, no mesmo *Bulletin,* nº 13 (12 avril 2005), p. 1-2.

[207] Artigo 3º – nº 1 – d) do EOA.

[208] Preâmbulo do Decreto-lei nº 84/84, de 16 de março, que aprovou o primeiro EOA.

[209] Artigo 91º – h) do EOA.

DIREITO PROFISSIONAL DO ADVOGADO

nal e ao Conselho Geral o exercício das suas competências[210], mas também a aplicar várias disposições legais para as quais tem relevância o domicílio profissional dos Advogados, como o número de delegados ao congresso por conselho regional ser proporcional ao número de Advogados inscritos no respetivo conselho[211], as atribuições dos conselhos de deontologia serem exercidas relativamente aos Advogados e Advogados estagiários com domicílio profissional na área da respetiva região[212], o funcionamento de assembleia de secção[213], a divisão do produto das quotas[214], a inscrição preparatória ser feita no conselho regional da área do domicílio escolhido pelo requerente como centro da sua vida profissional[215] e todas as notificações da Ordem[216], dos tribunais ou entre mandatários das partes deverem ser feitas para tal domicílio[217].

---

[210] Previstas no artigo 84º do EOA.

[211] Artigo 30º – nº 2 do EOA.

[212] Artigo 58º – a) do EOA.

[213] Artigos 60º nº 1 do EOA.

[214] Artigo 180º – nºs 5 e 6.

[215] Artigos 186º e 189º do EOA.

[216] Artigo 186º – nº 2 do EOA.

[217] Artigos 221º e 255º do Código de Processo Civil.

Capítulo IV
A Inscrição na Ordem dos Advogados

13. Inscrição preparatória e inscrição nos quadros da Ordem

Para o exercício da advocacia, isto é, para a prática de atos próprios dos Advogados, designadamente para o exercício do mandato forense e da consulta jurídica, é obrigatória a inscrição na Ordem dos Advogados[218].

Podem ainda exercer consulta jurídica juristas de reconhecido mérito e os mestres e os doutores em Direito cujo grau seja reconhecido em Portugal inscritos para o efeito na Ordem dos Advogados, mediante exame de aptidão[219].

É que o acesso a certas profissões e o seu exercício, entre as quais se conta a dos Advogados e a dos consultores jurídicos, pelo interesse público ou função social de que estas se revestem[220], impõem o seu controlo por uma entidade pública e daí as Ordens profissionais e, entre elas, a Ordem dos Advogados.

A lei confere-lhes "poderes de autoridade para o exercício de determinadas funções públicas, que, em princípio, pertenceriam ao Estado. Com efeito, as Ordens e as Câmaras profissionais beneficiam do monopólio legal da unicidade, da inscrição obrigatória, do controle do acesso à profissão e poderes disciplinares sobre os membros da respetiva profissão, que são

---

[218] Artigos 66º – nº 1 do EOA e 1º- nºs 1 e 5 da Lei nº 49/2004, de 24 de agosto.

[219] Artigos 200º – nºs 1, 2 e 5 e 46º – nº 1 – g) do EOA e 1º – nº 2 da Lei citada na nota anterior.

[220] Cfr. o artigo 3º – nº 1 – d) do EOA, que enuncia, entre as atribuições da Ordem dos Advogados, a de zelar pela função social, dignidade e prestígio da profissão de Advogado e promover o respeito pelos respetivos princípios deontológicos.

DIREITO PROFISSIONAL DO ADVOGADO

poderes de autoridade pública e que podem ir até à proibição do exercício da profissão. Podem, assim, aplicar verdadeiras sanções administrativas, desenvolvendo, portanto, funções de autoridade, que o Estado considera deverem estar nas mãos das próprias profissões coletivamente organizadas e não diretamente a cargo do Estado"[221].

A inscrição como Advogado ou Advogado estagiário deve ser feita tanto no Conselho Geral (inscrição no quadro da Ordem dos Advogados) como no conselho regional da área do domicílio escolhido pelo requerente como centro da sua vida profissional ou do seu patrono (inscrição preparatória)[222] e será pedida ao respetivo conselho regional, em requerimento instruído com certidão de registo de nascimento, carta de licenciatura, em original ou pública forma ou, na falta de carta, documento comprovativo de que ela já foi requerida, certificado de registo criminal e boletins preenchidos nos termos regulamentares, assinados pelos interessados e acompanhados de três fotografias[223], devendo ainda ser instruído com declaração de qualquer cargo ou profissão que o requerente exerça, para efeitos de verificação de incompatibilidades[224].

Podem requerer a sua inscrição como Advogados estagiários: a) os titulares do grau de licenciado em Direito; b) os titulares de um grau académico superior estrangeiro a que tenha sido confrida equivalência ao grau a que se refere a alínea anterior ou que tenha sido reconhecido com o nível deste[225].

---

[221] DIOGO FREITAS DO AMARAL, Direito Administrativo, vol. I, 2ª edição, 1994, pág. 404.

[222] Artigos 186º – nºs 1 e 3 e 189º do EOA. Cfr. os artigos 54º – nº 1 – l) e 46º – nº 1 – e) e ainda o artigo 3º – nº 1 – c) do EOA, que, nesta última disposição, enumera como uma das competências da Ordem dos Advogados, a de atribuir o título profissional de Advogado e Advogado estagiário, título que é atribuído precisamente através da inscrição.

[223] Artigo 189º (inscrição em geral).

[224] Artigo 91º – c) e 84º do EOA.

[225] Artigo 194º do EOA. Anteriormente, a inscrição dos que tivessem obtido a sua licenciatura após o processo de Bolonha seria antecedida de aprovação em exame constituído por uma única prova escrita de acesso ao estágio, exame de que estariam dispensados os que tivessem concluído o grau de mestre, nos termos do artigo 9º-A – nºs 1, 3 e 4 e 10º – nº 3 do Regulamento Nacional de Estágio nº 52-A/2005, de 1 de agosto, com a redação que lhe foi dada pela Deliberação nº 3333/2009, de 28 de outubro e 10 de dezembro, Regulamento republicado no D. R., II série, de 16 de dezembro de 2009, o que, contudo, era ilegal, pois estas disposições regulamentares eram *contra legem* e, por isso nulas, por ofenderem o artigo 187º do então vigente EOA e foi declarada a inconstitucionalidade, com força obrigatória geral, do artigo 9º-A – nºs 1 e 2 pelo Acórdão do Tribunal Constitucional nº 3/2011, publicado no D. R. de 25/1/2011, como o foram também, pelo Acórdão do Tribunal Constitucional nº 89 /2012, publicado no D. R. de 9/3/2012, as disposições dos nºs 3 e 4 do artigo 24º, 2ª parte do nº 2 do

IV. A INSCRIÇÃO NA ORDEM DOS ADVOGADOS

A inscrição como Advogado depende da conclusão do estágio com aprovação na prova de agregação nos termos do EOA[226], estando dispensados de estágio os Doutores em Direito com efetivo exercício da docência em Direito numa instituição de ensino superior, sendo relevante a docência exercida antes e depois do doutoramento[227] e os antigos magistrados com efetivo exercício profissional[228], em ambos os casos depois de um tirocínio com a duração máxima de seis meses, sob a orientação de um patrono escolhido pelo interessado, visando a apreensão dos pricípios deontológicos[229].

---

artigo 36º e 2ª parte do nº 5 do artigo 42º, referentes à suspensão do direito à reinscrição no curso de estágio pelo período de três anos, em caso de repetição, por uma vez, da fase inicial ou complementar do estágio.

[226] Artigo 199º do EOA. Estava em vigor o Regulamento Geral da Formação, aprovado em sessão do Conselho Geral de 25/7/2002 – Regulamento nº 42-A/2002, publicado no Diário da República, II série, de 29 de outubro de 2002, com as alterações introduzidas pela Deliberação nº 585/2004, de 16/4/2004, publicada no Diário da República, II série, de 5/5/2004, onde se republicou aquele Regulamento e pela Deliberação nº 135/2005 publicada no de 17/1/2005, a alterar os artigos 6º – nº 1, 7º – nº 2, 48º, 49º, 50º e 57º – nº 4, vindo a ser abandonada aquela designação de Regulamento Geral da Formação pelo Regulamento Nacional de Estágio – Regulamento nº 52-A/2005, publicado no D.R., II série de 1 de agosto, retificado no de 17 seguinte e alterado e republicado no D. R., II série, de 24 de setembro de 2007 (1º Suplemento) e pelas Deliberações nºs 2280/2008, de 19 de agosto, e 3333/2009, de 28 de outubro e 10 de dezembro, esta última publicada no D.R., II série, de16 de dezembro, que republicou aquele Regulamento Nacional de Estágio.

[227] Artigo 199º – nºs 2 – a) e 3 do EOA. Pelo artigo 171º do primeiro EOA estavam dispensados também os professores extraordinários, mas não os assistentes – Parecer do Conselho Geral de 29/10/42, na ROA, 2º, pág. 228. O Ac. de 10/5/2012 do Tribunal Central Administrativo Sul decidiu que o artigo 192º- nº 2 – a) do anterior EOA consagra o direito de inscrição imediata como Advogados aos doutores em Ciências Jurídicas em exercício efectivo de funções docentes, sem dependência de qualquer tempo mínimo de exercício da docência, não havendo qualquer lacuna, como pretendia a recorrente Ordem dos Advogados, que deva ser integrada pelo disposto na alínea b), ou seja, com exercício da docência por tempo igual ou superior ao do estágio como se exige para o exercício de funções dos antigos magistrados para serem inscritos imediatamente na Ordem. Em tal acórdão se decidiu também que não é compatível com o carácter de provisoriedade próprio da tutela cautelar o facto de a admissão a estágio a partir de certa fase ou a inscrição imediata como Advogado implicar a prática de actos próprios da profissão, a relevância pública e social desta profissão, o facto de o mandato forense estar dependente ou fortemente associado à relação de confiança que se estabelece entre o cliente e o Advogado, o que é dificilmente compaginável com uma inscrição provisória ou a prazo, e o patrocínio forense ser elemento essencial à administração da Justiça, nos termos do artigo 208º da Constituição, numa relação de proximidade com o exercício da função jurisdicional, enquanto função soberana do Estado.

[228] Artigo 199º – nº 2 – b) do EOA.

[229] Artigo 199º – nº 4 do EOA.

DIREITO PROFISSIONAL DO ADVOGADO

Esta dispensa não se aplica aos licenciados em Direito que tenham exercido funções próprias de magistrados, mas somente àqueles que as exerceram como magistrados e não deve, por isso, contar-se como estágio para a advocacia o tempo de exercício de funções de ministério público como não magistrado, ainda que por tempo igual ou superior ao do estágio. Não faria sentido que um licenciado em Direito não possa ser magistrado sem frequentar o curso de formação ministrado no Centro de Estudos Judiciários e pudesse ser Advogado sem frequentar o curso de estágio[230].

A prova da inscrição faz-se pela cédula profissional[231].

Compete ao Conselho Geral regulamentar a inscrição como consultor jurídico[232].

---

[230] Assim decidiu o Ac. do Conselho Superior de 16/12/88, na ROA, 50º, pág. 272.

[231] Artigo 187º – nºs 1 e 3 do EOA.

[232] Artigo 46º – nº 1 – g) do EOA. É o Regulamento nº 111/2006, de 23 de junho – Regulamento de Inscrição de Juristas de Reconhecido Mérito, Mestres e Doutores em Direito para a Prática de Atos de Consulta Jurídica. Cfr. o artigo 1º – nº 2 do Regulamento de Inscrição de Advogados e Advogados estagiários – Regulamento nº 232/2007, de 4 de setembro (Diário da República, II série, nº 170, de 4 de setembro, pág. s 25601-11).

Capítulo V
A Capacidade para o Exercício da Advocacia

14. Incapacidades

Não faremos de modo positivo a determinação da capacidade para o exercício da advocacia, dizendo até onde vai essa capacidade, mas antes de forma negativa, dizendo quem está ferido de incapacidade, à maneira do que se faz no estudo da capacidade em direito civil.

O elenco taxativo das incapacidades para o exercício da advocacia, que afetam o indivíduo e o impedem de exercer a profissão e até de se candidatar a tal exercício, consta das alíneas a), b), c) e e) do nº 1 e dos nºs 3, 4 e 5 do artigo 188º do EOA, disposições nos termos das quais não podem ser inscritos:

1º – Os que não possuam idoneidade moral para o exercício da profissão e, em especial, os que tenham sido condenados por qualquer crime gravemente desonroso, nos termos do artigo 177º – nº 2, exceto se, reabilitados judicialmente e decorridos dez anos sobre a data da condenação, for comprovada, em processo de inquérito prévio, a manifesta dignidade do seu comportamento nos últimos três anos, de forma a alcançar-se a convicção da sua completa recuperação moral, nos termos do artigo 179º;

2º – Os que não estejam no pleno gozo dos seus direitos civis;

3º – Os declarados incapazes de administrar as suas pessoas e bens por sentença transitada em julgado;

4º – Os magistrados e trabalhadores com vínculo de emprego público que, mediante processo disciplinar, hajam sido demitidos, aposentados ou colocados na inatividade por falta de idoneidade moral.

DIREITO PROFISSIONAL DO ADVOGADO

A falta de idoneidade moral é verificada em processo, que seguirá os termos do processo próprio dos artigos 177º a 179º, com as necessárias adaptações, e é decidida por maioria de dois terços dos votos de todos os membros do conselho competente[233].

As incapacidades, sendo supervenientes, conduzem ao cancelamento da inscrição[234], e é instaurado, para esse efeito, processo de averiguação de inidoneidade, prevendo-se certa tipicidade de situações de inidoneidade moral: condenação por qualquer crime gravemente desonroso; o exercício da atividade profissional, mesmo através da prática de atos isolados próprios da mesma, em situação de incompatibilidade ou inibição sem que se tenha requerido tempestivamente a suspensão ou o cancelamento da inscrição; a prestação de falsas declarações, no momento da inscrição, quanto a incompatibilidades para o exercício da advocacia; e a condenação, no foro disciplinar da Ordem, em um ou mais processos, por reiterado incumprimento dos deveres profissionais[235].

---

[233] Artigo 188º – nº 5 do EOA.

[234] Artigo 188º – nº 4 do EOA. A alínea d) do nº 1 do artigo 188º do EOA prevê ainda como privados do direito de inscrição "os que estejam em situação de incompatibilidade ou inibição do exercício da advocacia", mas aí já se preveem, não incapacidades, mas incompatibilidades ou impedimentos absolutos, previstos nos artigos 81º a 86º do EOA, de que trataremos mais adiante e que, sendo supervenientes, conduzem à suspensão da inscrição. E daí justificar-se que o nº 4 do artigo 188º se refira também à suspensão da inscrição, à qual respeita o artigo 91º – d) do EOA.

[235] Artigo 177º – nº 1 – a), d), e) e f) do EOA. As alíneas b) e c) do mesmo artigo referem-se à instauração de processo para averiguação de inidoneidade quando o Advogado não esteja no pleno gozo dos seus direitos civis ou seja declarado incapaz de administrar a sua pessoa ou os seus bens por sentença transitada em julgado. Poderia pensar-se que seria uma garantia para o Advogado a instauração de tal processo com a aplicação dos termos do artigo 177º do EOA, mas não é acertada tal solução da lei, uma vez que se trata de situações declaradas por sentença transitada em julgado que são levadas ao registo criminal ou ao registo de nascimento do Advogado, sendo inútil o processo de averiguações. Trata-se das incapacidades previstas no artigo 187º – nº 1 – b) e c) do EOA, pelas quais será recusada a inscrição sem necessidade de ser instaurado o processo próprio previsto no artigo 187º – nº 5 para averiguação da inidoneidade moral a que se referem as alíneas a) e e) do nº 1 e o nº 3 do artigo 187º. No mesmo sentido do aqui exposto, veja-se Fernando Sousa Magalhães, Estatuto da Ordem dos Advogados, Anotado e Comentado, em anotação ao artigo 171º do anterior EOA, pág. 183. Merece a nossa concordância o Parecer nº 9/PP/2013-P (Relatora Drª Catarina Pinto de Resende) no sentido de que a declaração de insolvência de um Advogado não determina, por si só, inibição para o exercício da advocacia, mas poderá a Ordem dos Advogados concluir pela sua inidoneidade para aquele exercício, na sequência de processo de averiguações instaurado, nos termos dos artigos 170º e 171º do anterior EOA, em caso de condenação por insolvência dolosa ou negligente.

V. A CAPACIDADE PARA O EXERCÍCIO DA ADVOCACIA

Já se julgou que não revelava inidoneidade moral o licenciado em direito que só por ter pertencido ao quadro da PIDE/DGS foi julgado e condenado na pena de 90 dias de prisão, uma vez que "nem aquela função só por si revela falta de idoneidade nem o delito por que foi punido constitui crime gravemente desonroso"[236].

Também já se entendeu que não revelava inidoneidade moral "um facto delituoso de pequena gravidade praticado por um jovem – o que o aproxima de uma leviandade"[237].

Já se decidiu, todavia, que "não tem idoneidade moral o candidato à advocacia que conscientemente falta à verdade sobre os elementos essenciais para a inscrição como Advogado"[238].

---

[236] Ac. do Conselho Superior de 18/6/1982, na ROA, 42º, pág. 563.
[237] Parecer do Conselho Geral de 23/4/80, na ROA, 41º, pág. 255.
[238] Parecer do Conselho Geral de 3/2/79, na ROA, 39º, pág. 691.

Capítulo VI
Atos Próprios da Profissão de Advogado

15. A definição e enumeração dos atos próprios da profissão e o interesse público da advocacia – *referência à consultadoria e à parecerística assegurados por docentes universitários e por "advogados de empresa" (licenciados em Direito não inscritos na Ordem)*

A noção de exercício da advocacia[239] não poderá deixar de exigir a prática habitual de atos próprios da profissão, nomeadamente o exercício do mandato forense, o exercício da consulta jurídica, a elaboração de contratos e a prática de atos preparatórios tendentes à constituição, alteração e extinção de negócios jurídicos, designadamente os praticados junto de conservatórias e cartórios notariais, a negociação tendente à cobrança de créditos, o exercício do mandato no âmbito da reclamação ou impugnação de atos administrativos ou tributários, e a representação e a assistência perante qualquer jurisdição, autoridade ou entidade pública ou privada, nomeadamente para a defesa de direitos, patrocínio de relações jurídicas controvertidas, composição de interesses ou em processo de mera averiguação, ainda que administrativa, oficiosa ou de qualquer outra natureza[240].

---

[239] A que faz alusão logo o artigo 1º do EOA.

[240] Artigos 66º – nºs 1 e 3, 67º, 68º e 69º do EOA e 1º, 2º, 3º e 4º da Lei nº 49/2004, de 24 de agosto. Para a tipificação do crime de usurpação de funções previsto e punido pelo artigo 358º – b) do Código Penal basta, porém, a prática de um só ato próprio da profissão, o mesmo acontecendo quanto ao crime de procuradoria ilícita previsto e punido pelo artigo 7º daquela Lei nº 49/2004.

DIREITO PROFISSIONAL DO ADVOGADO

A consulta jurídica, definida pela lei como a atividade de aconselhamento jurídico que consiste na interpretação e aplicação de normas jurídicas por solicitação de terceiro[241], apesar de ser um dos atos próprios da profissão de Advogado, como também de Solicitador, só podendo ser exercida por quem estiver inscrito como Advogado na Ordem dos Advogados ou como Solicitador na Câmara dos Solicitadores, não constitui exclusivo destes profissionais.

Na verdade, podem ainda exercer a consulta jurídica juristas de reconhecido mérito e os mestres e doutores em Direito cujo grau seja reconhecido em Portugal inscritos como consultores jurídicos na Ordem dos Advogados[242].

E nem sequer obriga a inscrição o exercício da consulta jurídica e a elaboração de pareceres escritos por docentes das Faculdades de Direito[243].

É proibida, porém, a consulta jurídica no interesse de terceiros e no âmbito de atividade profissional sem inscrição na Ordem dos Advogados ou na Câmara dos Solicitadores, mas não se considerando praticados no interesse de terceiros os atos praticados pelos representantes legais, empregados, funcionários ou agentes de quaisquer pessoas, nessas qualidades, salvo se, no caso de cobrança de dívidas, esta constituir o objeto ou a atividade principal dessas pessoas[244].

Ficam, assim, salvaguardadas a consultadoria e parecerística asseguradas por "advogados de empresa", licenciados em Direito não inscritos na

---

Quanto à assistência perante qualquer jurisdição, autoridade ou entidade pública ou privada, o artigo 20º – nº 2 da Constituição da República Portuguesa dispõe que todos têm direito, nos termos da lei, à informação e consulta jurídicas, ao patrocínio judiciário e a fazer-se acompanhar por Advogado perante qualquer autoridade, norma que, nesta última parte, é diretamente aplicável, na medida em que consagra um direito que pode ser exercido sem necessidade de intervenção legislativa prévia, apesar de o preceito constitucional referir "nos termos da lei". Assim, uma testemunha em processo coberto pelo segredo de justiça pode fazer-se acompanhar por Advogado desde que este não tenha sido constituído por outro interveniente processual – neste sentido os Pareceres do Conselho Geral nºs E-11/98 e E-45/98, de 7/8/2000, de que foi relator o Prof. Dr. Germano Marques da Silva, e os Pareceres do Conselho Geral nºs E-60/04, de 13/11/2004, e E-11/04, de 14/5/2004, todos em www.oa.pt, e em sentido contrário, o Ac. do Tribunal Central Administrativo Sul, de 23/2/2012, em http://www.dgsi.pt.

[241] Artigo 3º da citada Lei nº 49/2004

[242] Artigos 1º, nº 2, da mesma Lei nº 49/2004 e 200º do EOA.

[243] Artigo 1º, nº 3, da citada Lei nº 49/2004.

[244] Artigo 1º, nºs 7 e 8, da referida Lei nº 49/2004. Sobre eta matéria, vide BOA nº 96, págs. 22-25, e COSTA FERREIRA, idem, págs. 26-27.

VI. ATOS PRÓPRIOS DA PROFISSÃO DE ADVOGADO

Ordem dos Advogados, desde que não seja em benefício de terceiros, mas apenas das empresas às quais prestam serviços.

E são também salvaguardadas pela lei as competências próprias atribuídas às profissões ou atividades cujo acesso ou exercício são regulados por lei[245].

Para além dos consultores inscritos[246] e dos serviços de contencioso e consulta jurídica que estavam previstos pelo artigo 56º -nº 6 do primeiro EOA e que hoje estão previstos pelo artigo 6º – nºs 3 e 4 da Lei nº 49/2004, de 24 de agosto, como os dos sindicatos, só poderão dar consulta jurídica, sob pena de se verificar o crime de procuradoria ilícita[247], os notários, os solicitadores de execução, os administradores de insolvência e os organismos públicos, no quadro das atividades definidas pelos seus estatutos respetivos; as pessoas que exercem uma profissão regulamentada, nos limites autorizados pela regulamentação aplicável e no âmbito da sua atividade principal, como os revisores ou os técnicos oficiais de contas; e as pessoas que exercem uma atividade não regulamentada e para a qual é necessária uma qualificação reconhecida pelo Estado ou atestada por um organismo público ou profissional, nos limites daquela qualificação e no âmbito da sua atividade principal, como os trabalhadores com carteira profissional, por exemplo, os jornalistas, o que tudo está acautelado pela parte final do nº 7 do artigo 1º da Lei nº 49/2004, de 24 de agosto[248].

Apesar de a lei determinar o que deve entender-se por atos próprios da profissão de Advogado, continua a verificar-se a atribuição de competências idênticas a entidades diferentes e a inadmissível subtração de tarefas ou funções exclusivas dos Advogados, como acaba por acontecer com a prestação de determinados serviços nos chamados Centros de Formalidades de Empresas[249] e com o patrocínio judiciário do Conselho de Ministros, do Primeiro-Ministro e de qualquer dos membros do Governo, quando

---

[245] Última parte do nº 7 do artigo 1º da mesma Lei nº 49/2004.

[246] São os juristas de reconhecido mérito e os mestres e doutores em Direito cujo grau seja reconhecido em Portugal, a que se refere o artigo 200º do EOA e o nº 2 do artigo 1º da Lei nº 49/2004, de 24 de agosto, pois a elaboração de pareceres escritos por docentes das faculdades de Direito não obriga a inscrição, nos termos do nº 3 do mesmo artigo.

[247] Das consequências do exercício da advocacia, da solicitadoria ou da consultadoria por não inscritos trataremos no capítulo XI, nºs 44 e 45.

[248] Em França, os artigos 54º e seguintes da lei nº 71-1130, de 31/12/71, na redação da lei nº 90-1259, de 31/12/90, regulamentam a consulta jurídica e prevêem os casos expostos no texto.

[249] Decreto-lei nº 78 – A/98, de 31 de março.

DIREITO PROFISSIONAL DO ADVOGADO

demandados por causa do exercício das suas funções, patrocínio, organicamente integrado na Presidência do Conselho de Ministros, que pode ser assegurado pelos consultores do Centro Jurídico (CEJUR) da Presidência do Conselho de Ministros[250], ou, no mesmo caso, com o patrocínio judiciário do dos diretores – gerais, secretários – gerais, inspetores – gerais e equiparados para todos os efeitos legais bem como dos encarregados de missão, o qual pode ser assegurado pelos serviços jurídicos dos respetivos ministérios[251].

E, sendo obrigatória a constituição de Advogado nos processos da competência dos tribunais administrativos, podem, sem prejuízo da representação do Estado pelo Ministério Público nos processos que tenham por objeto relações contratuais e de responsabilidade, as pessoas coletivas de direito publico ou os ministérios ser representados em juízo por licenciados em Direito com funções de apoio jurídico, expressamente designados para o efeito, ficando a sua atuação no âmbito do processo vinculada à observância dos mesmos deveres deontológicos, designadamente de sigilo, que obrigam o mandatário da outra parte[252].

---

[250] Artigo 2º – nº 2 – a) do Decreto-lei nº 2/2012, de 16 de janeiro.

[251] Artigo 2º – nºs 1 e 2 do Decreto-lei nº 148/2000, de 19 de julho. O artigo 29º da Lei nº 64-A/ /2008, de 31 de dezembro, que aprovou o Orçamento, deu nova redação a vários artigos, designadamente, ao 33º da Lei nº 2/2004, de 15 de janeiro, alterada e republicada pela Lei nº 51/2005, de 30 de agosto, de forma a constar daquele artigo 33º – nº 1 que aos titulares dos cargos dirigentes são aplicáveis os regimes de patrocínio judiciário e isenção de custas previstos nos Decretos-lei nºs 148/2000 e 34/2008, de 26 de fevereiro, e de forma a resultar da sua conjugação com a nova redação do artigo 2º que estão abrangidos os cargos de direção superior de 1º grau referidos no texto e ainda o de presidente, os cargos de direção superior de 2º grau – subdiretor – geral, secretário – geral adjunto, subinspetor geral e vice- presidente, os cargos de direção intermédia de 1º grau (diretor de serviços), de 2º grau (chefe de divisão) e os demais graus que a organização interna exija.

[252] Artigo 11º – nºs 1 e 2 do Código de Processo nos Tribunais Administrativos aprovado pela Lei nº 15/2002, de 22 de fevereiro. A vinculação de licenciados em Direito, funcionários públicos, aos mesmos deveres deontológicos, designadamente de sigilo, que obriga o mandatário da outra parte explica-se talvez pelo remorso ou má consciência do legislador, que, tendo subtraído aos Advogados um ato próprio da sua profissão para o atribuir a quem não é Advogado, logo se apressou a tentar remediar aquele mal com outro mal maior: o de impor a quem não é Advogado uma deontologia que não só não conhece nem sente, nem pratica, mas também não pode praticar, desde logo porque não tem a maior independência e isenção ou tão só a independência técnica que a lei exige ao Advogado – artigos 89º e 81º do EOA – e depois porque não pode aplicar-se a quem não é Advogado o que o artigo 87º, por exemplo, dispõe quanto ao segredo profissional ou a pesada sanção para quem infringe o dever de sigilo. Bem teria feito, pois, o legislador em não tentar esconder o sol com uma peneira...
O artigo 82º – nº 2 – d) do EOA excetua das incompatibilidades a situação dos que estejam contratados em regime de prestação de serviços ou de comissão de serviço para o exercício de

VI. ATOS PRÓPRIOS DA PROFISSÃO DE ADVOGADO

Também a Fazenda Pública defende os seus interesses nos tribunais tributários através de representantes seus, que, na Secção de Contencioso Tributário do Supremo Tribunal Administrativo e dos tribunais centrais administrativos, é o Diretor-geral da Autoridade Tributária e Aduaneira, que pode ser representado pelos respetivos subdiretores-gerais ou por tabalhadores em funções públicas daquela Autoridade licenciados em Direito; nos tribunais tributários é o Diretor-geral da Autoridade Tributária e Aduaneira, que pode ser representado pelos diretores de finanças ou o da alfândega da respetiva área de jurisdição ou por funcionários daquela Autoridade licenciados em Direito[253].

Em contrapartida, atribui-se competência para certificação de fotocópias às juntas de freguesia e operadores de serviço público de correios, CTT – Correios de Portugal, S.A., e, facultativamente, também às câmaras de comércio e indústria, Advogados e Solicitadores, através de aposição de declaração de conformidade com o original, data, assinatura e carimbo, mediante receita própria, que será afixada e que não pode exceder o preço da tabela em vigor nos cartórios notariais[254] e também àquelas câmaras, aos Advogados e Solicitadores competência para reconhecimentos por semelhança com menções especiais e para traduções de documentos e certidões de traduções[255] e, ultimamente, ainda para autenticar documentos particulares, o que se tornou extensivo aos Conservadores e oficiais dos registos, passando a exigir-se registo em sistema informático, cujo funcionamento, respetivos termos e custos associados são definidos por portaria do Ministro

---

funções de representaçãoem juízo no âmbito do contencioso administrativo ou constitucional ou para o exercício de funções de consultor nos termos do disposto no artigo 10º do Decreto-lei nº 163/2012, de 31 de julho.

[253] Artigos 53º e 54º do Estatuto dos Tribunais Administrativos e Fiscais aprovado pela Lei nº 13/2002, de 19 de fevereiro, com a redação da Lei nº 20/2012, de14 de maio.

[254] Decreto-lei n. 28/2000, de 13 de março. Os Advogados só podem ou, pelo menos, só devem certificar fotocópias a clientes seus, integrando o respetivo preço, se pretenderem cobrar esse serviço, nos seus honorários – Parecer do Conselho Geral de 11/5/2001, na ROA, 61º, pág. 1485, onde é citado Prof. Galvão Teles, no BOA, nº 11/2000, págs. 19 e segs., e Bastonário Pires de Lima, no BOA, nº 10/2000, pág. 52.

[255] Decreto-lei nº 237/2001, de 30 de agosto. O Ac. do Tribunal da Relação de Évora, de 7/7/2005, em www.dgsi.pt, decidiu que o Advogado, subscritor da petição inicial, mandatário do autor e representante dos seus interesses, não pode traduzir ele próprio documentos e certificar a sua própria tradução, atos próprios dos Advogados a que são aplicáveis as limitações e incompatibilidades impostas aos notários, nos termos dos artigos 5º – nº 1 e 6º do Código do Notariado – no mesmo sentido, o Parecer do Conselho Geral nº E-10/07, de 26/10/2007, em www.oa.pt.

DIREITO PROFISSIONAL DO ADVOGADO

da Justiça, que atribuiu competência à Ordem dos Advogados, no caso de atos praticados por Advogados, para o desenvolvimento e gestão desse sistema[256].

Além dos atos próprios da profissão, de mandato judicial, representação e assistência a que a lei se refere, o Advogado pode praticar ainda atos de simples procuradoria, contanto que sejam conexos com os primeiros, ou seja, desde que o Advogado não se dedique habitualmente ao exercício da procuradoria, o que envolveria concorrência desleal em relação aos Solicitadores[257].

Daqueles atos de procuradoria podem os Advogados encarregar os seus empregados forenses[258].

Mais do que uma enumeração taxativa dos atos próprios da profissão de Advogado, que pode ser demasiado redutora da atividade que tradicionalmente constitui o âmbito das suas competências, interessava, porém, obrigar a inscrição na Ordem o consultor jurídico e revogar o nº 2 do citado artigo 53º do primeiro EOA, o que aconteceu com a Lei nº 49/2004, de 24 de agosto, que proibiu o exercício da consulta jurídica no interesse de terceiros e no âmbito de atividade profissional sem inscrição na Ordem dos Advogados ou na Câmara dos Solicitadores, mas não se considerando pra-

---

[256] Artigo 38º do Decreto-lei nº 76-A/2006, de 29 de março, e Portaria nº 657-B/2006, de 29 de junho. O Ac. da Rel. de Coimbra de 27.5.2014, in www.dgsi.pt, decidiu que a autenticação de documento de confissão de dívida feita por Advogado-estagiário viola o disposto no citado artigo 38º e o nº 3 do artigo 363º do Cód. Civil. Na verdade, estariam taxativamente indicadas naquele primeiro artigo as entidades que, para além dos Notários, têm idênticas competências, em sede de reconhecimentos e autenticação no respeito das leis notariais, sendo inaplicável o artigo 189º – nº 1 do EOA, na medida em que a prática de atos por Advogado estagiário que a lei comete aos Solicitadores é orientada pelo respetivo patrono. Vide também os Pareceres do Conselho Geral nºs E-8/2006 e E-13/2006, em www.oa.pt. O reconhecimento presencial das assinaturas em contrato-promessa, previsto no artigo 410º – nº 3 do Código Civil, embora possa ser feito por Advogado, exige a certificação pelo notário da exibição da licença de utilização ou de construção e tal competência não foi atribuída a Advogados, além de que, se houver tradição da coisa, este facto constitutivo de liquidação de IMT obriga a que o Advogado não possa efetuar o reconhecimento sem que lhe seja exibida a declaração prevista no artigo 19º do Còdigo do Imposto Municipal de Transmissão e o respetivo documento de cobrança, que deve ser arquivado, do que deve ser feita menção no documento de reconhecimento das assinaturas, sempre que a liquidação deva preceder a transmissão.

[257] Parecer do Conselho Geral de 10/7/52, na ROA, 19º, pág. 88.

[258] Parecer do Conselho Geral de 15/6/44, na ROA, 18º, pág. 341. O artigo 157º – nº 4 do Código de Processo Civil prescreve que os empregados forenses devem ser identificados por cartão de modelo emitido pela Ordem ou pela Câmara, com expressa identificação do Advogado ou Solicitador e número de cédula. V., sobre esta matéria, o Regulamento do Conselho Geral nº 2/1996, de 1/3/96, publicado no Diário da República, II série, de 1/3/96, pág. s 3736 e seg.

VI. ATOS PRÓPRIOS DA PROFISSÃO DE ADVOGADO

ticados no interesse de terceiros os atos praticados pelos representantes legais, empregados, funcionários ou agentes de quaisquer pessoas, nessas qualidades, salvo se, no caso de cobrança de dívidas, esta constituir o objeto ou a atividade principal dessas pessoas[259].

Na verdade, veremos, mais tarde[260], que a não obrigatoriedade de inscrição na Ordem dos consultores jurídicos em regime de contrato de trabalho subordinado era fonte de grandes problemas e porta aberta para a prática de atos de procuradoria ilícita até por multinacionais de auditores fiscais, mediante a cobertura de consultores jurídicos em regime de contrato de trabalho subordinado admitidos pela entidade patronal, de preferência sem inscrição na Ordem.

Apesar de até o mandato judicial, que, por excelência, é ato próprio da profissão de Advogado, ter sido atribuído pelo legislador, em total incoerência com outras disposições legais ou, pelo menos, com os princípios que as inspiram, a quem não é Advogado e é apenas licenciado em Direito, como vimos atrás acontecer nos Tribunais Administrativos e Fiscais, cuja jurisdição não se dignificará apenas pela qualidade dos seus Magistrados Judiciais mas também pela independência dos mandatários judiciais que neles exercerem profissão, a noção de exercício da advocacia deve referir-se, mais do que à enumeração das atividades do Advogado, ao interesse público ou função social da profissão exercida pelo Advogado.

É este interesse público ou função social que explicam não só a obrigatoriedade de inscrição na Ordem dos Advogados mas também as disposições segundo as quais "o patrocínio forense por Advogado constitui elemento essencial na administração da justiça", podendo "requerer a intervenção dos órgãos jurisdicionais competentes"[261] e as obrigações **ex lege**

---

[259] Artigo 1º – nºs 7 e 8 da Lei nº 49/2004, de 24 de agosto.

[260] Infra, Capítulo IX.

[261] Artigo 12º – nºs 1 e 2 da LOSJ – Lei da Organização do Sistema Judiciário. Esta disposição é praticamente a reprodução do artigo 92º – nº 1 da Lei Orgânica dos Tribunais Judiciais – Lei nº 38/87, de 23 de dezembro, na redação da Lei nº 24/92, de 20 de agosto, que deu nova redação, através de um artigo único – o que mostra bem que não foi por acaso, mas de modo inteiramente intencional!... – àquele artigo 92º – nº 1 por forma a substituir apenas a palavra "colaboram" pela palavra "participam". Ainda hoje, em França, os Advogados, em vez de "participantes" são considerados "auxiliares de justiça" ("Les avocats sont des auxiliaires de justice – artigo 3º da Lei nº 71-1130, de 31 de dezembro de 1971, na redação dada pelo artigo 1º da Lei nº 82-506, de 15 de junho de 1982). O nº 1 do artigo 7º da anteriormente vigente LOFTJ também considerava os Advogados como participantes na administração da justiça e o nº 2, como o vigente artigo 12º – nº 3 da LOSJ, prescrevia que "no exercício da sua atividade, os Advogados gozam de discricionaridade técnica e encontram-se apenas vinculados a critérios

DIREITO PROFISSIONAL DO ADVOGADO

que oneram os Advogados como a de colaborar na prossecução das atribuições da Ordem dos Advogados[262] ou a de não recusar, sem motivo justificado, o patrocínio oficioso ou a direção do estágio[263].

16. A base contratual do exercício da advocacia

Outro aspeto que a noção de exercício da advocacia deve abranger é a de que, se na sua origem está um ato jurídico unilateral, através da procuração, com que o Advogado fica investido em poderes representativos do seu constituinte[264] ou bilateral (contrato), que tanto pode ser um contrato de

de legalidade e às normas deontológicas da profissão". Estes preceitos e os artigos 144º a 146º da mesma LOFTJ desenvolvem o artigo 208º da Constituição da República Portuguesa, que, depois da IV revisão constitucional, a de 1997, passou a dispor que "a lei assegura aos Advogados as imunidades necessárias ao exercício do mandato e regula o patrocínio forense como elemento essencial à administração da justiça". Note-se que já o artigo 3º – nº 1 – d) do anterior EOA referia, entre as atribuições da Ordem dos Advogados, a de defender os interesses, prerrogativas e imunidades dos seus membros. O nº 1 do artigo 144º da LOFTJ dispunha que "a lei assegura aos Advogados as imunidades necessárias ao exercício do mandato e regula o patrocínio forense como elemento essencial à administração da Justiça", prescrevendo o nº 2 do mesmo artigo que, "para a defesa dos direitos e garantias individuais, os Advogados podem requerer a intervenção dos órgãos jurisdicionais competentes ", enquanto o nº 3 reconhecia e garantia o direito à proteção do segredo profissional, o direito ao livre exercício do patrocínio e ao não sancionamento pela prática de atos conformes ao estatuto da profissão e o direito à especial proteção das comunicações com o cliente e à preservação do sigilo da documentação relativa ao exercício da defesa, o que hoje está prescrito nos artigos 12º e 13º da LOSJ.
[262] Artigo 91º – b) do EOA.
[263] Artigos 90º – f) e 91º – f) do EOA.
[264] Sobre a procuração, é imprescindível o estudo dos artigos 262º a 269º do Código Civil e 40º a 58º do Código de Processo Civil, designadamente os artigos 43º a 45º, e 116º e 118º do Código de Notariado aprovado pelo Decreto-lei nº 207/95, de 14 de agosto, e dos Decreto-lei nº250/96, de 24 de dezembro, e Decreto-lei nº 267/92, de 28 de novembro, que aboliu a intervenção notarial nas procurações passadas a Advogado para a prática de atos que envolvam o exercício do patrocínio judiciário, ainda que com poderes especiais, como já tinha sido antes abolido o reconhecimento notarial da assinatura do Advogado no ato de substabelecimento – artigo único do Decreto-lei nº 342/91, de 14 de setembro – ambos tornados aplicáveis aos Solicitadores, respetivamente, pelo Decreto-lei nº 168/95, de 15 de julho, e pelo Decreto-lei nº 47/92, de 4 de abril, tendo sido abolido o reconhecimento simples da assinatura por semelhança em todos os documentos pelo citado Decreto-lei nº 250/96, de 24 de dezembro, que deu nova redação a várias disposições do Código de Notariado.
O Ac. da Relação de Coimbra de 7.3.2012, acessível em www.dgsi.pt, decidiu que é necessária, na procuração, a referência, pelo Advogado constituído mandatário, à forma como por si próprio foi verificada a identidade do mandante e a sua assinatura, na qualidade de certificante da referida forma de verificação, o que envolveria a aceitação do mandato, mas nada disto resulta do citado Decreto-lei nº 267/92, de 28 de Novembro, sendo inaplicável, como parece pressupor o dito acórdão, o Decreto-lei nº 76-A/2006, de 29 de Março, sobre reconhecimentos de

VI. ATOS PRÓPRIOS DA PROFISSÃO DE ADVOGADO

prestação de serviços[265] como um contrato de trabalho[266], conforme haja autonomia ou subordinação, sem prejuízo, mesmo neste último caso, da autonomia técnica[267], como um contrato de mandato[268], que é uma modalidade do contrato de prestação de serviços[269], o exercício da advocacia assenta sempre numa base contratual, mesmo quando emerge de uma procuração outorgada por quem obriga o mandante[270], base contratual que se inicia com a outorga da procuração e que finda com a sua revogação[271] ou com a renúncia a ela, e que nasce também de nomeação oficiosa de quem tem competência para esta[272] e não é a lei civil que regula juridicamente a atividade do Advogado.

assinaturas pelos Advogados e outras entidades, tanto mais que o Advogado constituído mandatário não poderia reconhecer a assinatura do mandante na procuração, um ato jurídico unilateral de que é beneficiário, embora tenha de se certificar da existência dos necessários poderes do mandante para esse ato. E, pela junção da procuração a qualquer processo, é manifesta a aceitação tácita do mandato, o que é suficiente, nos termos do artigo 36º – nº 4 do Código de Processo Civil. Sobre esta matéria, vide GONÇALO CARRILHO, no BOA, nº 97, pág.s 42-43.

[265] Artigo 1154º do Código Civil.

[266] Artigo 1152º do Código Civil.

[267] Artigo 81º – nº 1 do EOA e 112º do Código do Trabalho.

[268] Artigo 1157º do Código Civil

[269] Artigo 1155º do Código Civil.

[270] O Parecer do Conselho Geral de 9/6/2000, na ROA, 61º, pág. 411, é no sentido de não poder constituir mandatário quem não obriga a sociedade mandante, mas o acórdão da Relação do Porto de 9/11/78, na Col. Jur., 1978, tomo 5, pág. 1599, decidiu que qualquer gerente pode constituir mandatário judicial.

[271] Quanto à revogação da procuração, que não é operante sem a constituição de novo Advogado, quando se trata de processo em que ela é obrigatória, é unânime a Jurisprudência no sentido de não bastar para a revogação a mera constituição sucessiva de dois Advogados a quem foram conferidos poderes forenses gerais – Ac. do STJ de 9/12/59, no BMJ nº 59, pág. 315; Ac. da Rel. de Évora de 7/6/84, no BMJ nº 340,pág. 453; e Ac. da Rel. de Lisboa de 19/3/87, no BMJ nº 366, pág. 549.

Parece ser admissível a revogação da procuração pelo mandante para fazer cessar os poderes conferidos pelo mandatário que, com reserva, substabeleceu noutrem – Ac. da Rel. do Porto de 10/11/83, na Col. Jur., 1983, tomo 5, pág. 210.

[272] Também no patrocínio oficioso procurava salvaguardar-se o princípio da livre escolha do patrono ou defensor oficioso pelo patrocinado – artigos 15º – c) e 50º da Lei nº 30-E/2000, de 20 de dezembro, mas aquele princípio apenas deixou vestígios nos artigos 39º, 40º e 41º da Lei nº 34/2004, de 29 de julho, vestígios que desapareceram com a revogação do artigo 40º pela Lei nº 47/2007, de 28 de agosto, quanto à nomeação de defensor em processo penal, onde, de resto, o direito de escolha de defensor está constitucionalmente assegurado pelo artigo 32º – nº 3 da Constituição, pelo que esta Lei só não será inconstitucional se for defensável que a aquele artigo da Constituição não se estende à escolha do defensor oficioso, como parecem defender J. J. GOMES CANOTILHO – VITAL MOREIRA, Constituição da República Portuguesa, Anotada, Coimbra Editora, Vol. I, pág. s 519-520, mas sendo sempre de lamentar que assim

DIREITO PROFISSIONAL DO ADVOGADO

Esta tem "um estatuto ou regulamentação próprio"[273], pois "quando seja obrigatória a constituição de Advogado, há atos que só podem ser praticados pelo mandatário judicial, não o podendo ser pelo seu constituinte, ao contrário do que acontece no Direito Civil, onde os atos praticados pelo procurador também o podem ser pelo mandante"[274], o que é incompatível com um puro contrato de mandato e antes tem a ver com o contrato profissional, conferido por um sujeito privado ou público a um Advogado ou procurador legal, profissional livre, regularmente inscrito no respetivo colégio, para prestação continuada do seu trabalho intelectual, extensivo a todas as eventuais controvérsias que devam tratar-se durante a execução do mandato e sem nenhum vínculo impeditivo da livre orientação desse trabalho[275].

17. Limitações para o exercício da advocacia durante o estágio

O estágio tem a duração máxima de dezoito meses, e a sua primeira fase a duração mínima de seis meses, nos termos do artigo 195º – nºs 2 e 3 do EOA.

Durante o segundo período de estágio, pode o Advogado estagiário, mas sempre sob a orientação do patrono:

1º – Praticar todos os atos da competência dos Solicitadores[276];

2º – Exercer a consulta jurídica[277].

---

se postergasse, em parte, o princípio da livre escolha do mandatário judicial pelo mandante, consagrado no artigo 67º – nº 2 do EOA e característico das profissões liberais, que nem no patrocínio oficioso devem ser descaracterizadas.

[273] PIRES DE LIMA – ANTUNES VARELA, Código Civil Anotado, II, 1968, pág. 466, em anotação ao artigo 1156º.

[274] ANSELMO DE CASTRO, Direito Processual Civil, vol. II, 1982, pág. 139.

[275] ALFONSO PALLADINO – VICENZO PALLADINO, La Professione Forense, pág. 257.

[276] Artigo 196º – nº 1 – a) do EOA. Os Solicitadores, nos termos do artigo 136º – nº 1 do Estatuto da Ordem dos Solicitadores e dos Agentes de Execução aprovado pela Lei nº 154/2015, de 14 de setembro, podem praticar atos próprios da profissão, designadamente exercer o mandato judicial nos termos da lei, em regime de profissão liberal remunerada. Foi autorizado o Governo, pela Lei nº 2/2002, de 2 de janeiro, e, depois, pela Lei nº 23/2002, de 21 de agosto, a legislar sobre o regime jurídico da ação executiva, o que foi efetuado pelo Decreto-lei nº 38/2003, de 8 de março, e o Estatuto da Câmara dos Solicitadores, vindo a ser publicado este Estatuto pelo Decreto-lei nº 88/2003, de 26 de abril, Estatuto que veio a ser substituído pelo Estatuto da Ordem dos Solicitadores e dos Agentes de Execução aprovado pela referida Lei 154/2015, de 14 de setembro.

[277] Artigo 196º – nº 1 – b) do EOA.

VI. ATOS PRÓPRIOS DA PROFISSÃO DE ADVOGADO

3º – Exercer a advocacia por nomeação oficiosa, de acordo com a sua competência estatutária[278].

Quanto a este último ponto, o artigo 41º da Lei do Acesso ao Direito expressamente prevê a intervenção de Advogados estagiários, e não somente de Advogados, no apoio judiciário em processo penal, incluindo no primeiro interrogatório do arguido, na audiência de julgamento em processo sumário e noutras diligências urgentes.

Mas o infeliz Regulamento nº 330-A/2008, de 24 de junho, relativo à Organização e Funcionamento do Sistema de Acesso ao Direito e aos Tribunais na Ordem dos Advogados limitou a competência dos Advogados estagiários, por si sós, à consulta jurídica e excluiu-os da intervenção no apoio judiciário, intervenção que, apesar do artigo 189º do anterior EOA e do citado artigo 41º da Lei do Acesso ao Direito, não seria conforme à Constituição, pelo menos quando ocorra em processo penal, como sustenta VITAL MOREIRA, em Parecer solicitado pelo Bastonário da Ordem dos Advogados, invocando, além do artigo 18º da Constituição, os artigos 20º – nº 2, que reconhece o direito a Advogado perante qualquer autoridade, 32º – nº 3, que se refere à especificação pela lei dos casos e fases em que a assistência de Advogado é obrigatória, e 208º, relativo às imunidades dos Advogados e ao patrocínio forense, e invocando ainda os artigos 61º, 62º e 64º do Código de Processo Penal, o último referente à obrigatoriedade de assistência de defensor, como se o termo Advogado ou defensor não pudessem abranger o Advogado estagiário e como se a lei a que a Constituição se refere não pudesse ser tanto a que aprovou o dito Código como a que aprovou o EOA ou a Lei do Acesso ao Direito, que têm de ser interpretadas compativelmente umas com as outras.

E nem a Constituição nem a lei proíbem que os Advogados estagiários sejam constituídos Advogados nos processos para os quais têm competência estatutária, designadamente nos processos cíveis de valor inferior a 5000 Euros, em que, nos termos do artigo 40º – nº 2 do Código de Processo Civil, só eles e os Solicitadores podem representar as partes como não proíbem que sejam inscritos na Ordem dos Advogados (artigos 46º – e) e 54º – l) do EOA) e tenham o título profissional de Advogado estagiário (artigo 3º – c) do EOA), sendo certo que a Constituição e a lei impõem

---

[278] Artigo 30º e 45º – nº 1 – b) da Lei nº 34 /2004, de 29 de julho, na redação da lei nº 47/2007, de 28 de agosto – Lei do Acesso ao Direito. A competência estatutária do Advogado estagiário era a decorrente do artigo 189º – nº 1 – b) e c) do anterior EOA e decorrente ainda do disposto no artigo 40º – nºs 2 e 3 do Código de Processo Civil.

DIREITO PROFISSIONAL DO ADVOGADO

que os Advogados estagiários estejam sujeitos à jurisdição disciplinar exclusiva da Ordem dos Advogados, estando sujeitos ao EOA (3º – g), 58º – a) e 193º do EOA), designadamente ao seguro de responsabilidade civil profissional (artigo 104º do EOA) e gozem de liberdade de exercício da profissão (artigo 47º da Constituição) e da prática de atos próprios da profissão (artigo 69º do EOA e 4º da Lei nº 49/2004, de 24 de agosto), não podendo aceitar-se, ao contrário do que se sustenta no citado Parecer, que não fique em crise o princípio constitucional da liberdade de exercício da profissão.

Nem se diga, como se diz no citado parecer, que "a Constituição não dispensa a "igualdade de armas" no acesso ao direito e à justiça, muito menos perante os tribunais" e que "por isso, a "assistência judiciária" que o Estado garante através de recursos públicos não pode servir para uma defesa de segunda ordem para pobres.

É que, se estes têm direito a Advogado e se alguém não carenciado economicamente constituir um Advogado estagiário, ao menos quando todos aceitem que este tem competência estatutária, então o princípio da igualdade de armas também ficaria comprometido...

Numa perspetiva histórica, o que aconteceu com o infeliz Regulamento nº 330-A/2008 foi um grande retrocesso, no sentido de privilegiar a defesa por Advogado de quem não paga ou é beneficiado em taxa de justiça, privilégio em relação a quem tem de a pagar, quando possa constituir Advogado estagiário...

Desde a criação da Ordem dos Advogados e designadamente na vigência do terceiro Estatuto Judiciário aprovado pelo Decreto-lei nº 33547, de 23 de fevereiro de 1944, nunca se duvidou de que "o exercício da advocacia é permitido aos candidatos, decorrido que seja o primeiro terço do prazo do tirocínio (artigo 528º, § 1º)"; "o facto de esse exercício não ser total, de estar sujeito a limitações, nem por isso pode levar a que deixe de considerar-se e qualificar-se como exercício da advocacia"; "também o inscrito como Advogado que não tenha 10 anos de exercício da advocacia não pode advogar perante o Supremo Tribunal de Justiça, tendo, portanto, uma limitação no exercício da profissão, e nem por isso poderá dizer-se que ele não exerce a advocacia"; "limitado, embora, desde que se permite o exercício da advocacia ao candidato, logo que decorrido o primeiro terço do tirocínio, é evidente que, a partir desse momento, ele exerce a advocacia"; "assim, sou de parecer que, para a contagem do prazo de 10 anos exigido pelo artigo 532º do E.J. para se poder advogar perante o Supremo Tribunal de Justiça,

VI. ATOS PRÓPRIOS DA PROFISSÃO DE ADVOGADO

se tem de considerar, contando-o como tempo de exercício da advocacia, todo o período de tempo do tirocínio do candidato à advocacia, após o primeiro terço, i. e., como o tirocínio é de 18 meses, para a contagem do prazo de 10 anos tem de entrar-se em conta com um ano de tirocínio"[279].

E na vigência do Regulamento da Assistência Judiciária nos Tribunais Ordinários aprovado pelo Decreto nº 562/70, de 18 de novembro, "concedido o patrocínio oficioso, são nomeados, consoante as necessidades da causa e as possibilidades da comarca, um advogsdo e um solicitador, só um advogado, só um solicitador" e "o patrocínio também pode ser exercido por candidatos à advocacia, na falta ou impedimento de advogados e solicitadores" (artigo 15º nºs 1 e 2).

Também na vigência do Decreto-lei nº 387-B/87, de 29 de dezembro, concedido o patrocínio e quando não se verificar indicação pelo requerente com o acordo do indicado, "o juiz da causa solicita a nomeação de um advogado e de um solicitador ou só de um advogado ou só de um solicitador, consoante as necessidades do pleito"; "a nomeação é solicitada pelo juiz da causa ao conselho distrital da Ordem dos Advogados ou à secção da Câmara dos Solicitadores territorialmente competentes..."; e "na falta ou impedimento de advogados, o patrocínio também pode ser exercido por advogado estagiário, mesmo para além da sua competência própria" (artigo 32º – nºs 1, 2 e 3).

Finalmente, a Lei nº 30-E/2000, de 20 de dezembro, dispôs: "nos casos em que é pedida a designação de patrono, compete à Ordem dos Advogados ou à Câmara dos Solicitadores a escolha e nomeação do mandatário forense, de acordo com os respetivos regulamentos internos" e "a nomeação é feita de entre advogado, advogado estagiário ou solicitador, de acordo com a sua competência estatutária, e em razão da natureza da causa" (artigo 32º – nºs 1 e 2) e "a autoridade judiciária a quem incumbir a nomeação solicita ao conselho distrital da Ordem dos Advogados territorialmente competente a indicação de advogado ou advogado estagiário para a nomeação de defensor, consoante a sua competência estatutária em razão da natureza do processo (artigo 43º – nº 1).

Não deve interpretar-se diferentemente o regime legal dos artigos 30º, 41º e 44º da Lei do Acesso ao Direito.

---

[279] Parecer do Conselho Geral de 21/4/1956, de que foi relator JOSÉ DE MAGALHÃES GODINHO, na ROA, 19º (1959), tomo III-IV, pág. 364.

DIREITO PROFISSIONAL DO ADVOGADO

O ilegal Regulamento n⁰ 330-A/2008 privilegia a defesa por Advogado de quem não paga ou é beneficiado em taxa de justiça em relação a quem a paga quando possa constituir Advogado estagiário...

É mais uma via para desprestigiar os Advogados, uma vez que se retirou aos Advogados estagiários uma via essencial para a sua formação, num modelo de estágio que, por envolver a prática de alguns atos próprios dos Advogados, tem sido invejado além – fronteiras...

18. A prática de atos próprios da advocacia por não Advogados ou não Advogados estagiários – casos excecionais em que tal é consentido

É obrigatória a constituição de Advogado:

a) Nas causas da competência de tribunais com alçada, em que seja admissível recurso ordinário;

b) Nas causas em que seja admissível recurso independentemente do valor;

c) Nos recursos e nas causas propostas nos tribunais superiores[280].

Na anterior alínea a) estão atualmente previstas as ações de valor superior a 5000 Euros[281].

Na alínea b) supra, estão incluídas: as ações em que se aprecie a validade, subsistência ou cessação de contratos de arrendamento, com exceção dos arrendamentos para habitação não permanente ou para fins especiais transitórios, nas quais é sempre admissível recurso para a Relação[282]; as ações em que esteja em causa a determinação da categoria profissional, o despedimento do trabalhador, a sua reintegração na empresa e a validade ou subsistência do contrato de trabalho; os processos emergentes de acidente de trabalho ou doença profissional; os processos de contencioso das instituições de previdência, abono de família e associações sindicais[283]; e os recursos com fundamento em violação das regras de competência interna-

---

[280] Artigo 40⁰ – n⁰ 1 do Código de Processo Civil.

[281] Artigo 44⁰ – n⁰ 1 da LOSJ.

[282] Artigos 40⁰ – n⁰ 1 – b) e 629⁰ – n⁰ 3 – a) do Código de Processo Civil. O despacho do Juiz do 1⁰ Juízo do Tribunal Judicial do Marco de Canaveses proferido no P. ⁰ n⁰ 850/01 e publicado em Marco. Juris, ano III, edição 3, março de 2002, decidiu que, mesmo em ações de despejo de valor inferior à alçada do tribunal de comarca, poderá intervir Advogado estagiário, solução que é defensável *"de jure condendo"*, mas que violava os artigos 32⁰ – n⁰ 1 – b) e 678⁰ – n⁰ 3 – a) do Código de Processo Civil então vigente, que o artigo 189⁰ – n⁰ 1 – b) do EOA não quis revogar, só sendo admissível aquele despacho se tais artigos estivessem revogados.

[283] Artigo 79⁰ do Código de Processo de Trabalho.

VI. ATOS PRÓPRIOS DA PROFISSÃO DE ADVOGADO

cional, em razão da matéria ou da hierarquia ou a ofensa de caso julgado e ainda as decisões respeitantes ao valor da causa, dos incidentes ou procedimentos cautelares, com o fundamento de que o seu valor excede a alçada do tribunal de que se recorre bem como as decisões proferidas contra jurisprudência uniformizada pelo Supremo Tribunal de Justiça[284] e das decisões de indeferimento liminar da petição de ação e do requerimento inicial de procedimento cautelar[285].

A obrigatoriedade de constituição de Advogado nos recursos[286] refere-se apenas a ações cíveis.

A constituição de Advogado só é obrigatória nas execuções cujo valor exceda a alçada da Relação[287] e nas de valor inferior a esta quantia, mas excedente à alçada dos tribunais judiciais de 1ª instância, quando tenha lugar algum procedimento que siga os termos do processo declarativo, e no apenso de verificação de créditos quando seja reclamado algum crédito de valor superior à alçada do tribunal de comarca e apenas para apreciação dele, tendo as partes de se fazer representar por Advogado, Advogado estagiário ou Solicitador nas outras execuções de valor superior à alçada do tribunal de 1ª instância[288].

Mas "ainda que seja obrigatória a constituição de Advogado, os Advogados estagiários, os Solicitadores e as próprias partes podem fazer requerimentos em que não se levantem questões de direito"[289].

"Nas causas em que não seja obrigatória a constituição de Advogado, podem as próprias partes pleitear por si e ser representadas por Advogados estagiários e por solicitadores"[290].

---

[284] Artigo 629º – nºs 2 – a) e b), 3 – b) e 2 – c) do Código de Processo Civil.

[285] Artigo 629º – nº 3 – c) do Código de Processo Civil.

[286] A doutrina está dividida entre a tese da obrigatória constituição de Advogado logo desde a interposição de recurso (ANTUNES VARELA, Manual de Processo Civil, pág. 182, citando o artigo 678º – nºs 2 e 3) e a tese da não extensão daquela obrigatoriedade ao requerimento de interposição de recurso, prevalecendo-se esta última do argumento de que em tal peça processual não se levantam questões de direito (ALBERTO DOS REIS, Código de Processo Civil Anotado, I, pág.s 112 e 113; CASTRO MENDES, Recursos, 1980, pág.137; e ANSELMO DE CASTRO; Direito Processual Civil Declaratório, vol. II, 1982, pág.138). Seguiu esta última tese o acórdão da Relação de Évora de 12/10/89, Col. Jur.,1989, tomo 4º, pág. 262.

[287] Em matéria cível a alçada dos tribunais da Relação é de Euros 30.000,00 – artigo 44º – nº 1 da LOSJ – Lei nº 62/2013, de 26 de agosto.

[288] Artigo 58º – nºs 1, 2 e 3 do Código de Processo Civil.

[289] Artigo 40º – nº 2 do Código de Processo Civil.

[290] Artigo 42º do Código de Processo Civil.

DIREITO PROFISSIONAL DO ADVOGADO

Note-se que ALBERTO DOS REIS considera vedado às partes e aos Solicitadores produzir alegações orais em audiência de discussão e julgamento para expor ou discutir a causa[291], o que parece também aplicável aos Advogados estagiários[292].

Também é obrigatória a constituição de Advogado nos processos da competência dos Tribunais Administrativos[293], cuja alçada, quanto aos tribunais administrativos de círculo e Tribunais Centrais Administrativos Norte e Sul, respetivamente, corresponde àquela que se encontra estabelecida para os tribunais judiciais de 1ª instância e para os tribunais da Relação, mas nos processos em que exerçam competências de 1ª instância a alçada dos Tribunais Centrais Administrativos e do Supremo Tribunal Administrativo, corresponde, para cada uma das suas secções, respetivamente, à dos tribunais administrativos de círculo e à dos tribunais tributários[294].

É obrigatória a constituição de Advogado nas causas judiciais cujo valor exceda o dobro da alçada do tribunal tributário de 1ª instância bem como nos processos da competência dos Tribunais Centrais Administrativos e do Supremo Tribunal Administrativo, correspondendo a alçada dos tribunais tributários àquela que se encontra estabelecida para os tribunais judiciais de 1ª instância[295].

---

[291] ALBERTO DOS REIS, Código de Processo Civil Anotado, vol. I, pág. 114.

[292] É a solução que decorre do disposto no artigo 40º – nºs 2 e 3 do Código de Processo Civil e do corpo do artigo 196º – nº 1 – a) do EOA, solução sobre a qual já hesitámos durante muito tempo, mas que é inaceitável.

[293] Artigo 5º da Lei de Processo nos Tribunais Administrativos – LPTA – Decreto-lei nº 267/85, de 16 de julho, e artigo 11º – nº 1 do Código de Processo nos Tribunais Administrativos aprovado pela Lei nº 15/2002, de 22 de fevereiro, e alterado pela Lei nº 107-D/2003, de 31 de dezembro.

[294] Artigo 6º – nºs 3, 4 e 5 do Estatuto dos Tribunais Administrativos e Fiscais aprovado pela Lei nº 13/2002, de 19 de fevereiro.

[295] Artigo 105º da Lei Tributária aprovada pelo Decreto-lei nº 398/98, de 17 de dezembro, e artigo 6º – nº 1 do Código de Procedimento e de Processo Tributário aprovado pelo Decreto-lei nº 433/99, de 26 de outubro, na redação que lhes foi dada pela Lei 82-E/2014, de 31 de dezembro, pela qual foi aprovado o Orçamento Geral do Estado para 2015, assim tendo sido tacitamente revogado o disposto no nº 2 do artigo citado na nota anterior. É inaceitável que, nos termos do artigo 10º – nº 2 – b) do Estatuto dos Contabilistas Certificados aprovado pela Lei nº 139/2015, de 7 de setembro, seja da sua competência intervir, em representação dos sujeitos passivos por cujas contabilidades sejam responsáveis, na fase graciosa do procedimento tributário e no processo tributário, até ao limite a partir do qual, nos termos legais, é obrigatória a constituição de Advogado, no âmbito de questões relacionadas com as suas competências específicas, o que permite deduzir oposição à execução, requerer anulação de vendas, reclamar

VI. ATOS PRÓPRIOS DA PROFISSÃO DE ADVOGADO

Se a parte não constituir Advogado, sendo obrigatória a constituição, o tribunal, oficiosamente ou a requerimento da parte contrária, fá-la-á notificar para o constituir dentro de prazo certo, sob pena de o réu ser absolvido da instância, de não ter seguimento o recurso ou de ficar sem efeito a defesa[296].

A falta de procuração e a sua insuficiência ou irregularidade podem, em qualquer altura, ser arguidas pela parte contrária e suscitadas oficiosamente pelo tribunal, fixando o Juiz o prazo dentro do qual deve ser suprida a falta ou corrigido o vício e ratificado o processado e, findo o prazo sem que esteja regularizada a situação, ficando sem efeito tudo o que tiver sido praticado pelo mandatário, que deve ser condenado nas custas respetivas e, se tiver agido culposamente, na indemnização dos prejuízos a que tenha dado causa, além de o tribunal participar a ocorrência ao Conselho Regional da Ordem dos Advogados, sempre que o vício resulte de excesso de mandato.[297]

No caso de estarem constituídos Advogado e Advogado estagiário e só este subscrever a petição de ação em que é obrigatória a constituição de Advogado ou subscrever alegações de recurso, parece existir irregularidade de mandato, devendo o Juiz mandar notificar pessoalmente a parte cuja representação forense foi assumida pelo Advogado estagiário para ratificar o processado, no prazo que o Juiz fixar[298].

---

de atos de execução, etc., aplicando-se subsidiariamente ao processo judicial tributário o Código de Processo Civil.

[296] Artigo 41º do Código de Processo Civil.

[297] Artigo 48º – nºs 1, 2 e 3 do Código de Processo Civil. O acórdão do Supremo Tribunal Administrativo de 5/7/2012, em www.dgsi.pt, decidiu que, apresentada a petição inicial subscrita por Advogado, que diz juntar procuração, mas sem que tal se verifique, deve ser notificado apenas o Advogado para a apresentar no prazo que for fixado e, decorrido tal prazo, sem que seja junta aos autos a procuração outorgada com data anterior à apresentação da petição, deve ser notificada a parte para a juntar e ratificar o processado, só havendo lugar à cominação do nº 2 do artigo 48º no caso de se repetir a inércia da parte. Cfr. os artigos 291º – nº 3, qunto a excesso de mandato, e 577º – h) do mesmo Código, quanto às exceções dilatórias de falta de constituição de Advogado e falta, insuficiência ou irregularidade de mandato judicial por parte do mandatário que propôs a ação, e o artigo 121º – nº 1 do EOA, sobre participação à Ordem dos Advogados de todos os factos suscetíveis de constituir infração disciplinar praticados por Advogados.

[298] Assim decidiu o acórdão da Relação de Évora de 12/10/89, Col. Jur., 1989, tomo 4º, pág. 262. O acórdão da Relação do Porto de 2/11/93, no BMJ 431º, pág. 556, decidiu, porém, que, em processo de constituição obrigatória de Advogado, assinada a contestação por Advogado estagiário, com procuração da parte, desnecessário é que esta ratifique o ato, já que foi praticado em seu nome e representação, bastando para a regularização do ato e o prossegui-

DIREITO PROFISSIONAL DO ADVOGADO

Além dos casos excecionais da prática de atos próprios da advocacia por não Advogados ou não Advogados estagiários não só pelas partes mas também por Solicitadores e ainda, nos tribunais administrativos ou nos tribunais tributários, por consultores do CEJUR ou por funcionários dos ministérios, casos atrás indicados, permite-se aos Magistrados Judiciais ou do Ministério Público a prática de atos próprios da advocacia desde que "em causa própria, do seu cônjuge ou descendente"[299].

A constituição obrigatória de Advogado é conveniente não só para o interesse privado das partes, cuja igualdade assenta na igualdade profissional dos Advogados que as defendem, pois às partes falta a serenidade

---

mento do processo, que seja junta procuração a Advogado, nos termos do artigo 41º do Código de Processo Civil. No texto, falámos em irregularidade de mandato, como diz a epígrafe do artigo 48º do Código de Processo Civil e como dizia o corpo do mesmo artigo do Código anterior, que não se referia, como atualmente, a irregularidade de procuração.

[299] Artigo 19º do Estatuto dos Magistrados Judiciais aprovado pela Lei nº 21/85, de 30 de junho, e alterado pelo Decreto-lei nº 342/88, de 28 de setembro, e pela Lei nº 2/90, de 20 de janeiro, e artigo 93º do Estatuto do Ministério Público – Lei nº 47/86, de 15 de outubro – alterada pela Lei nº 23/92, de 20 de agosto, e pela Lei nº 60/98, de 27 de agosto.

Também o artigo 164º – nº 1 do primeiro EOA, aprovado pelo Decreto-lei nº 84/84, de 16 de março, permitia que o Advogado estagiário, mesmo no primeiro período de estágio, praticasse atos próprios da profissão de Advogado, em causa própria, do seu cônjuge, ascendentes ou descendentes. Nada se dizendo agora, no atual EOA, a tal respeito, não faltará quem venha a entender que o Advogado terá obrigatoriamente de constituir mandatário judicial em causa própria, por exemplo, em ação de honorários, quando o valor da causa for superior à alçada do tribunal de comarca, o que é inadmissível.

Ainda recentemente, o acórdão de 27.11.2013 do Tribunal de Justiça da EFTA, proferido no processo E-6/13, sobre pedido do Tribunal do Principado do Listenstaine, referente à interpretação da Diretiva 77/249/CEE do Conselho, de 22 de Março de 1977, tendente a facilitar a livre prestação ocasional de serviços transnacionais, decidiu que um Advogado que tenha intentado uma ação judicial em seu próprio nome num Estado do EEE diferente daquele em que está estabelecido pode acolher-se à liberdade de prestação de serviços e à referida Diretiva se agir no exercício de uma atividade profissional e se o ordenamento jurídico nacional do Estado de acolhimento prever que um Advogado pode agir em seu próprio nome como Advogado num processo judicial; uma disposição nacional como o artigo 59º da Lei sobre os Advogados do Listenstaine, que determina que um Advogado estabelecido noutro Estado do EEE deve, não apenas apresentar, em todas as circunstâncias e por sua iniciativa, documentação que comprove as suas qualificações com Advogado, mas também notificar previamente às autoridades competentes do Estado de acolhimento a sua prestação de serviços nesse Estado e renovar anualmente a referida notificação, é contrária ao artigo 7º – nº 1 da citada Diretiva e ao artigo 36º do Acordo EEE; e o incumprimento de uma disposição nacional como o citado artigo 59º não pode ser um argumento pertinente no que respeita à possibilidade de reclamar honorários profissionais relativos à prestação de serviços transnacionais por um Advogado – em www.eur-lex.europa.eu.

VI. ATOS PRÓPRIOS DA PROFISSÃO DE ADVOGADO

desinteressada (fundamento psicológico) e os conhecimentos e experiência (fundamento técnico) necessários à boa condução da causa, mas também para o interesse público da boa administração da justiça[300].

---

[300] MANUEL A. DOMINGUES DE ANDRADE, Noções Elementares de Processo Civil, 1963, pág. 168. MODESTO BARCIA LAGO, Los Abogados e Otras Gentes del Foro en la Consideracion Popular e Literaria Ibérica, pág. 39, atribui o princípio da constituição obrigatória de Advogado ao facto de a confrontação dos interesses das partes exceder o âmbito particular e pôr em jogo interesses cívicos, assegurando-se a intervenção de Advogados por aquelas pessoas que não podiam defender-se por si mesmas, e estabelecendo o pretor, segundo o texto de ULPIANO, que si non habebunt advocatum ego dabo, a ponto de, em 370 D.C., a Constituição dos Imperadores Valentiniano II, Valente e Graciano castigar com a expulsão perpétua do foro o Advogado que negue o seu patrocínio naquelas causas.

Capítulo VII
Exercício da Advocacia por Estrangeiros
– Casos Especiais dos Advogados Brasileiros
e da União Europeia

19. Exercício da advocacia por estrangeiros

A regra geral, quanto ao exercício da advocacia por estrangeiros, contém-se no artigo 201º – nº 1 do EOA:

> "Os estrangeiros oriundos de Estados não membros da União Europeia a que haja sido conferido por uma instituição de ensino superior portuguesa um dos graus académicos a que se referem as alíneas a) e b) do artigo 193º podem inscrever-se na Ordem dos Advogados, nos mesmos termos dos portugueses se a estes o seu país conceder reciprocidade"[301].

---

[301] *Vide* artigos 14º, 15º e 16º do Regulamento de Inscrição de Advogados e Advogados estagiários nº 232/2007, de 4 de setembro. Estas disposições regulamentares referem-se à Inscrição de *Advogados* estrangeiros em regime de reciprocidade e exigem que este regime resulte de tratado internacional ou acordo escrito entre a Ordem dos Advogados e a organização profissional equivalente do Estado de origem do Advogado estrangeiro, quando a reciprocidade bem pode resultar de outras normas de direito estrangeiro, competindo a quem o invocar fazer a prova da sua existência e conteúdo, sem prejuízo do seu conhecimento oficioso, se não for invocado, nos termos do artigo 348º do Código Civil.

Nos artigos 20º, 21º e 22º do Regulamento, cuja secção tem a epígrafe "inscrição de estrangeiros não abrangidos por regimes de reciprocidade" prevê-se a inscrição de *cidadãos* estrangeiros com habilitação académica necessária oficialmente reconhecida por Faculdade de Direito de Portugal, o que, excetuados os cidadãos estrangeiros que sejam nacionais de Estados da UE

DIREITO PROFISSIONAL DO ADVOGADO

Há que averiguar, pois, se existe o regime de reciprocidade e só então é permitida a estrangeiros com um dos referidos graus académicos inscrever--se na Ordem dos Advogados.

20. Caso especial dos Advogados brasileiros

Caso especial é o dos Advogados brasileiros, pois que, para a sua inscrição na Ordem dos Advogados não se exige que sejam diplomados por qualquer faculdade de Direito de Portugal.

Dispõe o nº 2 do citado artigo 201º do EOA:

"Os Advogados brasileiros cuja formação académica superior tenha sido realizada no Brasil ou em Portugal podem inscrever-se na Ordem dos Advogados em regime de reciprocidade"[302].

Ora o regime de reciprocidade, quanto a Advogados portugueses e brasileiros, está expressamente consagrado em ambas as legislações.

A disposição acabada de transcrever refere-se a Advogados brasileiros diplomados por qualquer faculdade de Direito do Brasil ou de Portugal.

Quanto à legislação brasileira, das disposições conjugadas do § único do artigo 48º da Lei nº 4215, de 27 de abril de 1963, que dispõe sobre o Estatuto da Ordem dos Advogados do Brasil e regulamenta o exercício da profissão de Advogado, e do Provimento nº 37, de 22 de junho de 1969, do Conselho Federal da Ordem dos Advogados do Brasil, resulta que os Advogados portugueses ou brasileiros, portadores de diplomas idóneos expedidos por Faculdades ou por Institutos Portugueses de ensino do Direito, podem inscrever-se no quadro da Ordem dos Advogados do Brasil, observados os requisitos comuns de inscrição das legislações do Brasil ou de Portugal, quanto aos seus nacionais, e que a prova da idoneidade será feita, no Brasil, por meio de atestado da Ordem dos Advogados de Portugal, com firma reconhecida por tabelião e autenticada no consulado brasileiro respetivo.

E o nº 2 do artigo 201º do EOA não pode deixar de abranger não só os diplomas emitidos por faculdades de Direito do Brasil mas também os diplomas que sejam emitidos por entidades legalmente competentes para efeitos de inscrição na Ordem dos Advogados brasileiros.

– cfr., *infra*, nº 21.4 –, é *contra legem*, isto é, contra o artigo 201º do EOA, que exige, quanto a estrangeiros em geral, o regime de reciprocidade quer para a inscrição como Advogados quer para a inscrição como Advogados estagiários, o que se aplica até a cidadãos de Estados de Língua Portuguesa com residência permanente em Portugal, a quem são reconhecidos "nos termos da lei e em condições de reciprocidade, direitos não conferidos a estrangeiros" (artigo 15º – nº 3 da Constituição da República Portuguesa).

[302] Artigos 17º, 18º e 19º do citado Regulamento.

VII. EXERCÍCIO DA ADVOCACIA POR ESTRANGEIROS ...

Assim, se o diploma for emitido por um estabelecimento de ensino legalmente habilitado para tal no Brasil e for considerado suficiente pela Ordem dos Advogados brasileiros para a inscrição do seu titular na referida Ordem, também é idóneo para permitir a inscrição ao seu titular na Ordem dos Advogados portugueses.

Na verdade, remetendo o artigo 201º – nº 2 do EOA para o regime de reciprocidade e reconhecendo a legislação brasileira idoneidade para inscrição na respetiva Ordem aos diplomas emitidos por faculdades ou institutos portugueses de ensino de Direito, por meio de atestado emitido pela Ordem dos Advogados portugueses, também haverá que reconhecer idoneidade aos diplomas emitidos pelas faculdades ou estabelecimentos de ensino brasileiros para inscrição na Ordem dos Advogados portugueses quando a Ordem dos Advogados brasileiros reconhecer idoneidade a tais diplomas para aí se proceder à inscrição.

As citadas disposições da lei brasileira exigem, para a inscrição de Advogados diplomados em faculdades ou institutos portugueses de ensino de Direito na Ordem dos Advogados brasileiros que sejam observados os requisitos comuns de inscrição das legislações do Brasil ou de Portugal quanto aos seus nacionais.

E requisito comum da inscrição de Advogados em ambas as Ordens é que o titular de diploma com idoneidade bastante para tal tenha efetuado estágio, como se dispõe, no Brasil, no artigo 48º, III, da citada Lei nº 4215 e, em Portugal, no artigo 192º do EOA.

Note-se, porém, que no Brasil poderá fazer-se a inscrição sem estágio profissional ou sem que o requerente comprove que o fez satisfatoriamente e com resultado, desde que, então, tenha feito *exame de Ordem* – artigo 53º da citada Lei nº 4215 – e que o estágio terá a duração de dois anos, nos termos do § único do artigo 50º daquela Lei nº 4215 e do artigo 6º do citado Provimento nº 37. Assim, ao menos no caso de o Advogado brasileiro se ter inscrito na respetiva Ordem depois de ter efetuado estágio, tem de considerar-se verificado o requisito comum à legislação portuguesa e brasileira para efeitos da sua inscrição na Ordem dos Advogados portugueses. A Jurisprudência mais recente do Conselho Geral da Ordem dos Advogados é no sentido da inscrição como Advogado em Portugal de cidadão brasileiro que prove estar inscrito ou em condições de poder ser inscrito como Advogado na Ordem dos Advogados brasileiros[303].

---

[303] Parecer do Conselho Geral de 20 /4/76, na ROA, 37º, pág. 554. E também é essa a orientação do Conselho Superior no acórdão de 12/10 /79, na ROA, 40º, pág. 242.

DIREITO PROFISSIONAL DO ADVOGADO

21. Caso especial dos Advogados da União Europeia

Os Advogados provenientes da União Europeia constituem outro caso especial em relação ao disposto no artigo 201º – nº 1 do EOA.

São reconhecidos em cada Estado-membro da União Europeia, na qualidade de Advogados e como tal autorizados a exercer a sua profissão, as pessoas que nos respetivos países – membros da União Europeia e do Espaço Económico Europeu estejam autorizadas a exercer as atividades profissionais correspondentes, incluídos os Advogados de outros países que gozam de liberdade de prestação de serviços segundo o direito da União Europeia – Diretiva 77/249/CEE, de 22 de março de 1977, publicada no JO L 78, de 26.3.77, p. 17, artigo 203º do EOA e artigo 23º do citado Regulamento de Inscrição nº 232/2007, de 4 de setembro[304].

21.1 Exercício da advocacia por Advogados da União Europeia com o título profissional de origem

Os Advogados da União Europeia podem exercer a sua atividade em Portugal com o seu título profissional de origem expresso na respetiva língua oficial e com indicação do organismo profissional a que pertencem ou da autoridade jurisdicional junto da qual estejam autorizados a exercer a respetiva atividade profissional, nos termos da lei do seu Estado de origem[305], não lhes sendo possível, portanto, usar, em Portugal, o título de "Advogado".

E podem exercer a sua atividade quer sob a forma de prestação ocasional de serviços, que é livre e apenas depende de prévio conhecimento

---

É certo que em sentido contrário se pronunciou o Conselho Geral no seu Parecer de 25/2/66, na ROA, 26º, pág. 194. No entanto, tal Parecer foi emitido anteriormente ao citado Provimento nº 37, numa altura em que, efetivamente, o § único do artigo 48º da citada Lei nº 4215 exigia a equiparação do diploma aos licenciados noutros países, incluindo Portugal, para poderem advogar no Brasil. Só que, como vimos, aquele Provimento reconheceu idoneidade, para efeitos de inscrição na Ordem dos Advogados brasileiros, aos diplomas emitidos em Portugal.

[304] Em Portugal, foi o Decreto-lei nº 119/86, de 28 de maio, que introduziu, a seguir ao artigo 173º do EOA, o título II – A bem como os artigos 173º-A, 173º-B, 173º-C, 173º-D, 173º-E e 173º-F, harmonizando o direito interno com "o preceituado na Diretiva nº 77/249/ CEE, de 22 de março de 1977, relativamente à livre prestação de serviços em Portugal por Advogados de outros Estados-membros das Comunidades Europeias". Mas aquele título e os respetivos artigos vieram a ser reformulados pela Lei nº 80/2001, de 20 de julho, através da qual foi transposta a Diretiva nº 98/5/CE, conhecida por "Diretiva estabelecimento", tendo-se introduzido também nesse título as disposições de direito interno pelas quais se transpusera a Diretiva nº 89/48/CEE, de 21 de dezembro de 1988, sobre o reconhecimento mútuo de diplomas de ensino superior.

[305] Artigo 204º – nº 1 do EOA.

114

VII. EXERCÍCIO DA ADVOCACIA POR ESTRANGEIROS ...

à Ordem dos Advogados, sem necessidade de inscrição ou tão só de registo[306], quer sob a forma de estabelecimento permanente, com o título profissional de origem, mediante prévio registo[307].

A ambas estas modalidades de prestação de serviços por Advogados provenientes da União Europeia não é aplicável o que dispuseram sobre prestação de serviços, os artigos 4º, 5º, 7º e 51º da Lei nº 9/2009, de 4 de março, com as alterações da Lei nº 41/2012, de 28 de agosto, e da Lei nº 25/2014, de 2 de Maio, a primeira das quais transpôs para a ordem jurídica interna a Diretiva nº 2005/36/CE, do Parlamento e do Conselho, de 7 de setembro, relativa ao reconhecimento das qualificações profissionais, publicada no JO L 255, de 30.9.2005, e a Diretiva nº 2006/100/CE, do Conselho, de 20 de novembro, publicada no JO L 363, de 20.12.2006, que adapta determinadas diretivas no domínio da livre circulação de pessoas, em virtude da adesão da Bulgária e da Roménia: o prestador de serviços não está sujeito a autorização para o exercício da profissão, nem a inscrição ou filiação numa organização ou organismo profissionais, sem prejuízo de se considerar inscrito na associação pública correspondente à profissão exercida, nomeadamente para efeitos disciplinares, a contar do início da prestação, associação à qual será enviada, aquando da primeira deslocação ao território nacional, informação prévia quanto à profissão em causa, mediante declaração escrita de acordo com o modelo que for aprovado[308],

---

[306] Artigo 205º – nº 1 do EOA e artigo 25º do citado Regulamento de Inscrição nº 232/2007, de 4 de setembro.

[307] Artigo 205º – nº 2 do EOA e 26º do Regulamento de Inscrição dos Advogados e Advogados estagiários nº 232/2007, de 4 de setembro. O artigo 205º – nºs 1 e 2 do EOA alude a que a prestação ocasional de serviços mediante prévio conhecimento à Ordem e o estabelecimento com o título profissional de origem mediante registo se fazem "ao abrigo da Lei nº 9/2009, de 4 de março, alterada pela Lei nº 41/2012, de 28 de agosto, e 25/2014, de 2 de maio, mas nada há de mais errado do que tal afirmação, pelo que seguidamente diremos no texto, pois aquele prévio conhecimento ou aquele registo foram previstos muito antes da Lei nº 9/2009 na ordem jurídica comunitária e no nosso direito interno. De resto, em nenhuma das disposições da citada Lei nº 9/2009 deparamos com o dever de comunicar à Ordem dos Advogados a livre prestação ocasional de serviços do Advogado proveniente de outro Estado-membro da União Europeia nem com a obrigatoriedade de prévio registo deste Advogado para o seu estabelecimento em Portugal a fim de exercer a sua atividade com o título profissional de origem.

[308] Os modelos de declaração prévia à deslocação do prestador de serviços a território nacional em livre prestação de serviços, os quais devem estar disponíveis no ponto de contacto e no balcão único eletrónico de serviços, em português, espanhol, francês e inglês, nos termos do nº 4 do artigo 5º da citada Lei nº 9/2009, na redação dada pela também citada Lei nº 41/2012, foram aprovados pela Portaria nº 325/2012, de 16 de outubro, podendo o prestador de serviços adotar o modelo aprovado ou outra forma que contenha os mesmos elementos e devendo

DIREITO PROFISSIONAL DO ADVOGADO

declaração acompanhada dos seguintes documentos: prova da nacionalidade do prestador de serviços; títulos de formação; no caso de a profissão não estar regulamentada no Estado membro de estabelecimento, qualquer meio de prova de que o prestador de serviços exerceu a profissão em questão, durante, pelo menos, dois anos no decurso dos dez anos precedentes.

A mera apresentação da declaração permite o acesso e o exercício da profissão em todo o território nacional, independentemente de ser apresentada perante a autoridade nacional, regional ou local, e tem validade indeterminada no tempo, mas, nos termos dos nºs 2 e 3 do artigo 51º da citada Lei nº 9/2009, a autoridade competente deve solicitar à autoridade competente do estado membro de origem, nomeadamente através do Sistema de Informação do Mercado Interno (IMI), certificado que ateste que o prestador de serviços se encontra legalmente estabelecido nesse Estado membro para efeitos de exercício da profissão em questão e que não está, no momento da emissão do certificado, impedido, ainda que temporariamente, de a exercer.

De acordo com o artigo 7º da mesma Lei, nos casos em que a prestação seja efetuada com o título profissional do Estado membro de estabelecimento ou com o título de formação do prestador de serviços, este deve fornecer ao destinatário do serviço as seguintes informações: caso o prestador de serviços esteja inscrito num registo comercial ou noutro registo público similar, o registo em que se encontra inscrito e o número de inscrição ou os meios de identificação equivalentes que figuram nesse registo; se a atividade estiver sujeita a autorização no Estado membro de estabelecimento, o nome e o endereço da autoridade de controlo competente; a associação profissional ou organismo similar em que o prestador de serviços esteja eventualmente inscrito; o título profissional ou, na falta deste, o título de formação do prestador de serviços e o Estado membro no qual ele foi concedido; se o prestador de serviços exercer uma atividade sujeita a imposto sobre o valor acrescentado, a informação pertinente quanto a este regime,

apresentar a declaração prévia junto dos serviços da autoridade competente ou enviar-lha através de correio registado, de telecópia, de correio eletrónico ou através de outro meio de transmissão eletrónica de dados, nos termos dos nºs 5 e 6 do artigo 5º da referida Lei, mas a autoridade nacional competente para proceder ao reconhecimento das qualificações profissionais pode adaptar o modelo de declaração prévia, tendo em conta as especificidades da profissão em causa, com respeito pelo disposto nos nºs 1 e 2 do artigo 7º da Diretiva nº 2005/36/CE do Parlamento e do Conselho, de 7 de setembro, relativa ao reconhecimento das qualificações profissionais, devendo enviar o modelo que tenha adotado ao ministro responsável pela área do emprego para efeitos de publicação no boletim do Trabalho e do Emprego.

VII. EXERCÍCIO DA ADVOCACIA POR ESTRANGEIROS ...

a não ser quanto a nacional de Estado não membro da União Europeia que seja signatário do Acordo sobre o EEE; e o seguro ou outro meio de garantia de responsabilidade civil por atos emergentes da atividade profissional.

O quadro de informações a prestar ao destinatário de serviços pelo seu prestador antes da celebração do contrato veio a ser alargado pelo artigo 20º do Decreto-lei nº 92/2010, de 26 de julho, que estabelece os princípios e as regras para simplificar o livre acesso e exercício das atividades dos serviços realizados em território nacional e que transpôs para a ordem jurídica interna a Diretiva nº 2006/123/CE do Parlamento e do Conselho, de 12 de Dezembro, relativa aos serviços no mercado interno, publicada no JO L 376, de 27.12.2006, pág.s 36-68, criou um balcão único eletrónico, disponibilizado em sítio na Internet através do Portal da Empresa, que permite a qualquer prestador ou destinatário de serviços de todos os Estados o acesso por via eletrónica às autoridades administrativas competentes, com informação, pelo menos, em português, inglês e castelhano, que disponibiliza aos prestadores e destinatários de serviços de todos os Estados a possibilidade de cumprimento direto e imediato de todos os atos e formalidades necessários para aceder e exercer uma atividade de serviços, incluindo meios de pagamento eletrónico bem como o acompanhamento e consulta dos respetivos procedimentos, devendo poder ser efetuados por meios eletrónicos, através de balcão único eletrónico, todos os pedidos, comunicações e notificações entre os prestadores de serviços e outros intervenientes nos procedimentos, incluindo as autoridades administrativas competentes[309].

Mas o artigo 12º – d) do citado Decreto-lei nº 92/2010 excetua as matérias referentes ao exercício efetivo da livre prestação de serviços pelos Advogados de outros Estados membros da União Europeia, constantes do Capítulo V do Título VI do EOA, da aplicação dos seus artigos 4º – nº 3 (liberdade de estabelecimento e de livre prestação de serviços, sem necessidade de qualquer permissão administrativa ou comunicação prévia) e 11º – nº 2 (condições para o acesso ou exercício de uma atividade de serviços

---

[309] O artigo 223º do EOA dispõe que todos os pedidos, comunicações e notificções previstos no Estatuto entre a Ordem dos Advogados e os Advogados, sociedades de Advogados ou outras organizações associativas de profissionais, com exceção dos relativos a procedimentos disciplinares e ao voto por correspondência, são realizados por meios eletrónicos, através do balcão único eletrónico dos serviços, referido nos artigos 5º e 6º do Decreto-lei nº 92/2010, de 26 de julho, acessível através do sítio na Internet da Ordem dos Advogados e o artigo 56º da Lei nº 53/2015, de 1 de junho – Lei das sociedades profissionais – igualmente dispõe que todos os pedidos, comunicações e notificações são realizados através do balcão único eletrónico.

DIREITO PROFISSIONAL DO ADVOGADO

que são proibidas, entre as quais se encontra obrigar o prestador de serviços a uma comunicação prévia para aceder a determinada atividade de serviços – alínea i)).

Os diplomas legais acabados de citar não são, pois, inteiramente aplicáveis – repetimos – à livre prestação ocasional de serviços por Advogado nem aos serviços prestados no âmbito de estabelecimento permanente de Advogados da União Europeia com o título profissional de origem mediante prévio registo: é o próprio considerando (42) da Diretiva 2005/36/CE que diz que a Diretiva não afeta a aplicação da Diretiva 77/249/CEE tendente a facilitar o exercício efetivo da livre prestação ocasional de serviços pelos Advogados nem da Diretiva 98/5/CE tendente a facilitar o exercício permanente da profissão de Advogado num Estado-membro diferente daquele em que foi adquirida a qualificação.

A prestação ocasional de serviços por Advogados da União Europeia foi regulada pela citada Diretiva nº 77/249/CEE, de 22 de março de 1977, no JO L 78, de 26.3.1977, pág. 17, Diretiva com a última redação que lhe foi dada pelo Ato de Adesão de 2003, e o estabelecimento permanente de Advogados da União Europeia com o título profissional de origem mediante prévio registo só posteriormente foi previsto pela Diretiva nº 98/5/CE do Parlamento Europeu e do Conselho, de 16 de fevereiro de 1998, simplesmente chamada "Diretiva estabelecimento", publicada no Jornal das Comunidades Europeias Jo L 77, de 14.3.98, p. 36, e transposta para o direito interno português pela Lei nº 80/2001, de 20 de julho, apesar de estar previsto na Diretiva (artigo 16º) que tinha de ser transposta no prazo de dois anos a contar da sua publicação.

Ambas as Diretivas são Diretivas específicas dos Advogados.

Em qualquer das referidas formas de exercício profissional, os Advogados da União Europeia só podem exercer a representação e o mandato judiciais sob a orientação de Advogado inscrito na Ordem dos Advogados[310].

O registo dos Advogados da União Europeia estabelecidos permanentemente com o título profissional de origem é efetuado nos termos dos artigos 27º e 28º do Regulamento de Inscrição de Advogados e Advogados estagiários nº 232/2007, de 4 de setembro[311], mediante exibição do título

---

[310] Artigo 204º – nº 2 do EOA e 29º do citado Regulamento de Inscrição. Além da comunicação à Ordem dos Advogados da identidade do Advogado inscrito, haverá procuração com menção expressa de que é emitida para os efeitos daquele artigo 204º – nº 2 e com identificação do Advogado responsável pela orientação e da qualidade em que este intervém.

[311] Anteriormente vigorou o Regulamento de Registo e Inscrição dos Advogados provenientes de outros Estados-membros da União Europeia publicado como Anexo I da Lei nº 80/2001,

VII. EXERCÍCIO DA ADVOCACIA POR ESTRANGEIROS ...

comprovativo do seu direito a exercer a profissão no Estado-membro de origem e mediante junção, ao requerimento de registo, de certidão, emitida pela Ordem ou organização profissional equivalente do Estado-membro de origem, comprovativa da inscrição do interessado como Advogado, donde conste que a mesma se encontra em vigor, com a declaração da sua idoneidade moral para o exercício da profissão, designadamente que não está suspenso ou inibido de exercer em consequência de processo penal ou disciplinar, em todo o caso acompanhada do seu registo disciplinar, se existir, documentos que também poderão ser exigidos aos Advogados da União Europeia, no caso de prestação ocasional de serviços[312].

Os Advogados da União Europeia que exerçam a sua atividade com o seu título profissional de origem, embora não possam exercer em Portugal com o título profissional de "Advogado" e em plena igualdade de direitos e deveres com os Advogados portugueses, estatuto profissional que depende de inscrição[313], estão sujeitos às regras profissionais e deontológicas aplicáveis aos Advogados portugueses, sem prejuízo das regras do Estado de origem a que devam continuar a sujeitar-se[314]. Naquelas incluem-se as regras

de 20 de julho, que, por ser da competência do Conselho Geral da Ordem dos Advogados, nos termos do artigo 45º – nº 1 – g) do EOA, tivemos por não revogado, até à entrada em vigor do citado Regulamento nº 232/2007, pelo artigo 206º do EOA aprovado pela Lei nº 15/2005, de 26 de janeiro, Lei que o artigo 7º nº 3 – d) do atrás citado Decreto-lei nº 92/2010, de 26 de julho, diz ter transposto para a ordem jurídica interna o nº 2 do artigo 3º da Diretiva nº 98/5/CE, quando, na verdade, foi transposto pela Lei nº 80/2001, de 20 de Julho, que alterou e republicou o EOA aprovado pelo Decreto-lei nº 84/84, de 16 de março, revogado pela Lei nº 15/2005.

[312] Artigo 205º – nº 2 do EOA e artigo 25º do citado Regulamento de Inscrição. O título comprovativo da qualidade de Advogado poderia ser o modelo europeu de carta de Advogado estabelecido pelo CCBE, carta utilizada em quase toda a União Europeia, embora algumas Ordens não a reconheçam, estando em estudo uma nova carta. Data de 1978 a primeira cédula profissional europeia para Advogados criada pelo CCBE, conforme noticiado no BOA nº 19, outubro de 1983, pág. 22, onde se anunciou a primeira assembleia plenária, em Portugal, do CCBE, de 2 a 5 de novembro de 1983, ainda antes da adesão de Portugal à então CEE, sessão de que se deu notícia no BOA nº 21, dezembro de 1983, pág. s 24 a 28. O artigo 7º – nº 3 – c) do Decreto-lei nº 92/2010, de 26 de julho, excetua da aplicação do seu nº 2 (proibição da exigência de documentos sob a forma original, autêntica, autenticada ou cópia ou tradução certificadas) os documentos referidos no nº 3 do artigo 198º do anterior EOA, relativos ao registo de Advogados da União Europeia na Ordem dos Advogados.

[313] Embora o registo também constitua uma inscrição, referindo-se até a Diretiva nº 98/5/CE a inscrição com o significado de registo no nosso direito interno, a inscrição tem outro alcance para a nossa Lei, como iremos ver adiante.

[314] Artigo 207º – nº 1 do EOA e artigo 24º do citado Regulamento de Inscrição. O artigo 3º – nºs 2, 3 e 4 da Lei nº 9/2009, de 4 de março, que citámos na nota anterior à antepenúltima nota, dispõem que o prestador de serviços fica sujeito a normas legais ou regulamentares

DIREITO PROFISSIONAL DO ADVOGADO

sobre representação e mandato, incompatibilidades, segredo profissional, relações entre colegas, proibição de patrocínio de partes com interesses opostos e publicidade[315].

sobre conduta profissional diretamente relacionadas com as qualificações profissionais, designadamente as respeitantes às definições das profissões, ao uso de títulos e aos erros profissionais graves direta e especificamente relacionados com a defesa e segurança do consumidor, incluindo as disposições disciplinares aplicáveis aos profissionais que exercem a mesma profissão no território do Estado – membro de acolhimento, dependendo a aplicação do disposto no seu capítulo II do caráter temporário e ocasional da prestação, avaliada caso a caso e tendo em conta, nomeadamente, a duração, frequência, periodicidade e continuidade da mesma prestação, tomando-se em consideração para tal avaliação as regras gerais formuladas pelas autoridades competentes à luz da experiência que tenham adquirido.

[315] Estas matérias encontram-se expressamente previstas no artigo 4º – nº 2 da Diretiva nº 77/249/CEE, de 22 de março de 1977, e também constavam expressamente no artigo 170º – E do primeiro EOA na sua formulação anterior à Lei n. º 80/2001, de 20 de julho. É a "dupla deontologia" prevista no artigo 4º daquela Diretiva, de cuja aplicação resultam dificuldades que o Código de Deontologia do CCBE tem especificamente por fim atenuar, como nele se diz em 1.3.1. Um dos princípios gerais contidos naquele Código, em 2.4, é o respeito das regras deontológicas das outras Ordens, sendo dever do Advogado informar-se delas.
A sigla CCBE decorre de Comité Consultivo dos *Barreaux* da Europa que foi instituído em 3 de dezembro de 1960, em Bruxelas, pelos representantes das Ordens de Advogados da então CEE, Bélgica, Holanda, Luxemburgo, França, Alemanha e Itália, por iniciativa de uma instituição criada em 1927, a União Internacional dos Advogados, iniciativa ocorrida já em setembro anterior, no seu Congresso de Basileia, a fim de cooperarem entre si. Para atenuar as dificuldades resultantes da "dupla deontologia" decorrente da referida Diretiva, o CCBE, depois da Declaração de Peruggia, de 1977, a que já fizemos referência, em 9.2 e na nota aí aposta, empreendeu, desde 1978, a redação de um Código de Deontologia, que foi adotado, em 28 de outubro de 1988, na sessão plenária de Estrasburgo, e foi depois objeto de importantes modificações adotadas, como princípio, na sessão plenária de Lyon, de 27 de novembro de 1998, onde também se sustentou a extensão do campo de aplicação do Código às relações internas entre Advogados de um mesmo Estado-membro, como meio de facilitar a aplicação da Diretiva – estabelecimento, proposta que, contudo, não vingou, como foi objeto de novas alterações, adotadas na sessão plenária de Dublin, de 6 de dezembro de 2002.
Em 10 de maio de 1986, em Oslo, o CCBE reviu os seus Estatutos – pode ver-se a publicação destes, na sua versão francesa, no BOA nº 3/88, pág. 8. É um órgão de ligação entre as Ordens dos Advogados dos Estados-membros da União Europeia e da representação do seu conjunto perante as instituições europeias. Por resolução da sessão plenária de Milão, de novembro de 1987, passou a designar-se Conselho das Ordens de Advogados da Comunidade Europeia – vide BOA nº 1/88, pág. 24. A origem do CCBE é idêntica à da criação dos comités consultivos, na altura das Diretivas-Médicos, quando foi criado, por decisão do Conselho, um comité consultivo para a formação dos médicos e comités idênticos para as outras profissões liberais, todos instituídos junto da Comissão e compostos por três peritos designados por cada Estado-membro, um da profissão e por proposta da respetiva organização profissional, outro por proposta dos estabelecimentos de formação respetivos e outro em representação das autoridades competentes do Estado-membro, comités que constituem sedes de informação recíproca e

120

Os Advogados da União Europeia estão sujeitos também às sanções disciplinares previstas para os Advogados portugueses, devendo o respetivo processo disciplinar ser instruído em colaboração com a Ordem ou organização profissional equivalente do Estado-membro de origem, a qual será informada da sanção aplicada.

A responsabilidade perante a Ordem dos Advogados é independente da responsabilidade perante a organização profissional do Estado de origem, mas a comunicação, por esta última, dos factos que determinaram a instauração de um processo disciplinar ou a aplicação de uma sanção a um Advogado que também exerça a sua atividade em Portugal vale como participação para efeitos disciplinares e a suspensão ou proibição do exercício da advocacia no Estado de origem impedem o exercício da advocacia em Portugal por Advogados da União Europeia que a exerçam com o título profissional de origem[316].

---

reflexão comum e cuja missão é contribuir para assegurar, na União Europeia, uma formação dos profissionais num nível comparavelmente elevado, através da troca de informação sobre os métodos e o conteúdo da formação e o nível e a estrutura de ensino ministrado e através da troca de pontos de vista e consultas, necessários para se chegar a uma conceção comum sobre as matérias, e dirigindo à Comissão e aos Estados-membros os seus conselhos, recomendações e sugestões sobre os critérios mínimos de formação e a sua adaptação, nomeadamente ao progresso da Ciência e dos métodos pedagógicos.

O CCBE adquiriu personalidade jurídica, recentemente, através da legalização da sua constituição como associação internacional de direito belga. Os membros efetivos agrupam-se em delegações nacionais, compostas por um máximo de 6 elementos, que escolhem entre eles um Chefe de Delegação, informando por escrito o Secretário-Geral do CCBE. São membros observadores, sem direito de voto, as organizações representativas da profissão de Advogado noutros países admitidas como tal em sessão plenária do CCBE. O CCBE, cuja assembleia-geral denominada sessão plenária reúne normalmente duas vezes por ano, tem uma presidência constituída por um Presidente e dois Vice – Presidentes e é administrado por uma Comissão Permanente constituída pelos Chefes das Delegações nacionais, a qual reúne praticamente em todos os meses em que não reúne a sessão plenária – *Vide* Relatório e Contas do Conselho Geral, 2001, pág. 32.

[316] Artigo 209º – nºs 1, 2 e 3 – *Vide* artigo 3º da Diretiva nº 98/5/CE.

DIREITO PROFISSIONAL DO ADVOGADO

21.2 Estatuto específico e inscrição dos Advogados da União Europeia estabelecidos permanentemente com o título profissional de origem, mediante prévio registo

21.2.1 Exercício da advocacia durante três anos ou menos por Advogados da União Europeia estabelecidos permanentemente com o título profissional de origem mediante prévio registo há mais de três anos e a sua inscrição como Advogados

A posição comum (CE) nº 35/97 adotada pelo Conselho da União Europeia, em 24 de julho de 1997, tendo em vista a adoção de uma Diretiva do Parlamento Europeu e do Conselho da União Europeia, tendente a facilitar o exercício permanente da profissão de Advogado num Estado-membro diferente daquele em que foi adquirida a qualificação profissional, posição comum publicada no Jornal Oficial das Comunidades Europeias JO C 297, de 29 de setembro de 1997, p. 6, previu e a Diretiva nº 98/5/CE do Parlamento Europeu e do Conselho, de 16 de fevereiro de 1998, publicada no JO L 77, de 14.3.98, p. 36, veio a consagrar grandes inovações em matéria de direito de estabelecimento, já regulado pela Diretiva nº 89/48/CEE, de 22 de dezembro de 1988, relativa ao reconhecimento mútuo de diplomas de ensino superior, publicada no JO L 19, de 24.1.89, p. 16, Diretiva a que nos referiremos adiante, mas sobre a qual desde já interessa reter que conduziu a que o estabelecimento permanente em Portugal dos Advogados da União Europeia que pretendam exercer a sua atividade com o título profissional de Advogado", em plena igualdade de direitos e deveres com os Advogados portugueses, se efetue mediante inscrição, que dependia de prévia realização de um exame de aptidão[317].

Na verdade, foi reconhecido pela Diretiva nº 98/5/CEE não só o direito de exercer, a título permanente e não já sob a forma de prestação ocasional de serviços, em qualquer outro Estado-membro, com o título profissional de origem, as mesmas atividades profissionais que podem ser exercidas com o título profissional adequado do Estado-membro de acolhimento, quer as atividades de consulta jurídica quer as de representação e defesa em juízo, sem prejuízo, neste caso da exigência de atuação em concerto com Advogado que exerça perante a jurisdição competente e sem prejuízo de regras específicas de acesso aos tribunais superiores[318], mas reconheceu-

---

[317] Artigo 200º – nºs 1, 2 e 3 do anterior EOA e artigo 30º do citado Regulamento de Inscrição. O artigo 208º do atual EOA não se refere ao exame de aptidão, que se pretendeu suprimir, como se diz na exposição de motivos da proposta de lei que conduziu ao EOA.
[318] Artigos 2º e 5º da Diretiva.

VII. EXERCÍCIO DA ADVOCACIA POR ESTRANGEIROS ...

-se também o direito a usar o título de Advogado do Estado-membro de acolhimento juntamente com o título profissional de origem, na ou numa das línguas do Estado-membro de origem, depois do exercício da profissão com o título profissional de origem durante um período de atividade efetiva e regular de, pelo menos, três anos no Estado- membro de acolhimento e em relação ao direito desse Estado, incluindo o direito comunitário[319], e com duração inferior em relação ao direito desse Estado, mediante avaliação, em entrevista, da efetividade e regularidade da atividade exercida nesse Estado e da capacidade para prosseguir a atividade aí exercida[320].

E, na sua transposição para o nosso direito interno, veio a dispor-se, efetivamente, que estavam dispensados de realizar o exame de aptidão, que o atual EOA aboliu, os Advogados da União Europeia que, estando registados na Ordem dos Advogados como estabelecidos permanentemente com o título profissional de origem, provem ter exercido em Portugal, com aquele título de origem e por um período mínimo de três anos, atividade efetiva e regular na área do direito interno português ou do direito comunitário[321].

E, do mesmo modo, veio a estatuir-se que podiam ainda ser dispensados do exame de aptidão os Advogados da União Europeia que, estando registados há mais de três anos na Ordem dos Advogados como estabelecidos permanentemente com o título profissional de origem e embora não dispondo de três anos de atividade efetiva e regular em Portugal no domínio do direito interno português ou do direito comunitário, demonstrem ter conhecimentos e experiência profissional suficientes naqueles domínios para exercer a profissão com a dignidade e a competência exigíveis aos Advogados portugueses[322].

21.2.2 Requisitos comuns do registo e da inscrição como Advogado

São requisitos comuns do seu registo ou inscrição: ter a nacionalidade de um dos Estados-membros da União Europeia; possuir diploma académico que permita o exercício da profissão de Advogado no Estado-membro de origem; estar inscrito como Advogado na Ordem ou organização profissional equivalente daquele Estado; manter em Portugal um estabelecimento estável e permanente.

---

[319] Artigo 10º – nº 1 da Diretiva.
[320] Artigo 10º – nº 3 da Diretiva.
[321] Artigos 200º – nº 4 do anterior EOA e 36º – nº 1 do citado Regulamento.
[322] Artigos 200º – nº 5 do anterior EOA e 37º – nº 1 do Regulamento.

DIREITO PROFISSIONAL DO ADVOGADO

O interessado requere ao presidente do conselho distrital da área onde pretenda fixar o seu domicílio profissional o registo ou inscrição como Advogado na Ordem dos Advogados, juntando, além de outros, os seguintes documentos acompanhados da respetiva tradução legalizada: diploma académico que permita o exercício da profissão de Advogado no Estado-membro de origem; documento emitido pela autoridade competente do mesmo Estado comprovativo da inscrição e de que esta se encontra em vigor, com a declaração da idoneidade moral do interessado para o exercício da profissão acompanhada do registo disciplinar, se existir; certidão de nascimento; fotocópia do bilhete de identidade ou passaporte; certificados do registo criminal do país de origem e português e declaração sobre incompatibilidades, sob compromisso de honra[323].

Considera-se que exerceu por um período mínimo de três anos uma atividade efetiva e regular no domínio do direito interno português ou do direito comunitário o Advogado que, estando devidamente registado na Ordem dos Advogados, tiver exercido realmente a advocacia, sem outras interrupções para além das que possam resultar dos acontecimentos da vida corrente[324].

A dispensa do exame de aptidão, que o atual EOA aboliu, devia ser solicitada no próprio requerimento de inscrição, que, nesse caso, para além dos documentos exigidos no artigo 4º, seria instruído com todos os documentos e outros meios de prova de que o interessado exerceu, por um período mínimo de três anos ou então por um menor período, embora estando registado há mais de três anos na Ordem dos Advogados, uma atividade efetiva e regular, designadamente os relativos a localização e condições de funcionamento do seu escritório, incluindo as respetivas licenças administrativas, ao cumprimento das suas obrigações fiscais e ao número e natureza dos processos que tratou[325].

No caso de exercício por um período mínimo de três anos, o relator do processo poderá convidar o interessado a prestar, oralmente ou por escrito, os esclarecimentos ou especificações adicionais que entenda necessários[326].

---

[323] Artigos 198º – nº 3 do anterior EOA e 27º e 31º do Regulamento. O artigo 7º – nº 3 – c) do Decreto-lei nº 92/2010, de 26 de julho, excetua da aplicação do seu nº 2 (exigência de documentos sob a forma original, autêntica, autenticada ou cópia ou tradução certificadas) os documentos referidos no nº 3 do artigo 198º do anterior EOA.

[324] Artigo 36º – nº 2 do Regulamento.

[325] Artigos 36º – nº 3 do Regulamento.

[326] Artigo 36º – nº 4 do Regulamento.

No caso de exercício por um período menor, embora estando registado há mais de três anos na Ordem dos Advogados, o relator do processo tomará em consideração a atividade efetiva e regular exercida bem como quaisquer conhecimentos e experiência profissional em matéria de direito interno português além de toda e qualquer participação em cursos ou seminários de direito interno português, incluindo o direito profissional e a deontologia, sendo feita tal verificação bem como a avaliação da capacidade para prosseguir uma atividade no domínio do direito interno português ou do direito comunitário em entrevista conduzida, em língua portuguesa, por um júri com um mínimo de três elementos, que para o efeito designará dia e hora[327].

Se, pela análise da documentação apresentada ou pelos esclarecimentos prestados oralmente, se verificasse que o interessado não estava nas condições estabelecidas para dispensa do exame de aptidão, abolido pelo atual EOA, seria, nessa parte, indeferido o requerimento, com deliberação obrigatoriamente fundamentada, quer em caso de três ou mais anos de atividade efetiva e regular no domínio do direito interno português, incluindo o direito comunitário, quer em caso de tal atividade ser inferior a três anos, deliberação da qual cabia recurso para o Conselho Geral[328] e seguia-se a organização de exame de aptidão a prestar pelo requerente[329].

21.2.3 Registo ou inscrição preparatória e registo ou inscrição definitiva e recursos da recusa destes

O conselho regional competente procede ao registo preparatório e à inscrição preparatória do Advogado, quando desta se trate[330], sendo da competência do Conselho Geral o registo definitivo e a inscrição definitiva do Advogado[331] e da recusa do registo definitivo cabe recurso para o Conselho Superior[332], para o qual se recorre também em caso de recusa da inscrição

---

[327] Artigo 37º – nºs 2, 3 e 4 do Regulamento.

[328] Artigo 64º – c) do Regulamento. Da deliberação do Conselho Geral tem de caber recurso contencioso, nos termos gerais de Direito, por força do artigo 6º – nº 3 do EOA, tanto mais que a Diretiva de 1998, na parte final dos nºs 1 e 3 do artigo 10º exige que a deliberação seja "suscetível de recurso jurisdicional de direito interno".

[329] Artigo 38º – nºs 1 e 2 do Regulamento.

[330] Artigos 28º – nº 1 e 32º do Regulamento.

[331] Artigos 28º – nº 2 e 35º do Regulamento.

[332] Artigo 65º – b) do Regulamento.

DIREITO PROFISSIONAL DO ADVOGADO

definitiva[333], cabendo, da deliberação do Conselho Superior, recurso contencioso, nos termos gerais de direito[334].

21.2.4 Prova do registo e da inscrição

Aos Advogados registados poderá ser emitida uma certidão probatória de que o respetivo registo foi efetuado e se encontra em vigor e aos Advogados inscritos será passada a respetiva cédula profissional de Advogado[335].

21.2.5 Representação dos Advogados provenientes da União Europeia

Aos Advogados da União Europeia estabelecidos permanentemente com o título profissional de origem deve ser assegurada uma representação apropriada nas instâncias profissionais do Estado de acolhimento, representação que incluirá, pelo menos, o direito de voto por ocasião das eleições dos órgãos dessas instâncias[336].

Sobre este aspeto o nosso direito interno dispõe que aqueles Advogados elegerão, de entre si, um representante ao Congresso dos Advogados portugueses[337], órgão cuja vontade conduz, não a deliberações, mas a recomendações[338], e cuja competência é apenas a de se pronunciar sobre matérias que ou são da competência regulamentar do Conselho Geral (alíneas a), b) e d) do artigo 45º – nº 1 do EOA), como é o caso da competência prevista no artigo 28º – a), ou são da competência legislativa dos órgãos de soberania, como é o caso das restantes competências do Congresso.

Uma representação apropriada nas instâncias profissionais do Estado de acolhimento quererá significar, para a maior parte dos países, o direito de votar e ser eleito para o conselho da Ordem por onde se está registado ou inscrito, o que não foi acolhido pelo nosso direito interno no artigo 207º – nº 2. E merece inteiro aplauso a posição do legislador nacional. Na verdade, ficam excluídas da aplicação das disposições do capítulo respeitante ao direito de estabelecimento as atividades ligadas num Estado-membro,

---

[333] Artigos 65º – a) do Regulamento e 182º – nº 5 do anterior EOA.
[334] Artigo 6º – nº 3 do EOA.
[335] Artigo 28º – nºs 2 e 3 e 39º do Regulamento.
[336] Artigo 6º – nº 2 da Diretiva.
[337] Artigo 207º – nº 2 do EOA.
[338] Nos termos do artigo 40º – nº 1 – e) do EOA, compete ao Bastonário executar as *deliberações* da assembleia geral, do conselho superior e do conselho geral e dar seguimento às *recomendações* do Congresso.

VII. EXERCÍCIO DA ADVOCACIA POR ESTRANGEIROS ...

mesmo a título ocasional, ao exercício da autoridade pública[339]. E tem-se entendido que, sendo o exercício eventual de poderes de autoridade destacável de uma atividade profissional a que é inerente, os Estados-membros não podem impedir o acesso a essa atividade de súbditos de outros Estados, mas apenas impedi-los do exercício daqueles poderes. E daí que, em inúmeras Diretivas, depois de se prever o direito de inscrição dos beneficiários no respetivo organismo profissional, se permite aos Estados-membros excluir dos respetivos órgãos diretivos os cidadãos de outros Estados, quando àqueles órgãos pertença o exercício de poderes de autoridade, como acontece com as Ordens profissionais com poderes disciplinares, o que é o caso da Ordem dos Advogados portugueses.

21.2.6 Inscrição no Estado-membro de origem e inscrição (ou registo) no Estado-membro de acolhimento

Impõe a Diretiva nº 98/5/CE que, para o exercício da profissão permanentemente com o título profissional de origem haverá inscrição junto da autoridade competente do Estado-membro de acolhimento, mediante apresentação do certificado de inscrição junto da autoridade competente do Estado-membro de origem, a quem aquela autoridade comunicará essa inscrição no Estado-membro de acolhimento, ficando a coexistir ambas as inscrições e sendo publicados os nomes dos Advogados inscritos ao abrigo desta Diretiva sempre que aquela autoridade competente do Estado-membro de acolhimento publique os nomes dos Advogados nela inscritos[340].

---

[339] Artigo 55º – nº 1 do Tratado das Comunidades Europeias, depois artigo 45º – nº 1 por força da numeração resultante do artigo 12º do Tratado de Amsterdão, de 2/10/97, publicado no Diário da República de 19/2/99 e hoje artigo 51º do Tratado de Lisboa sobre o Funcionamento da União Europeia que alterou o Tratado da União Europeia e o Tratado que instituiu a Comunidade Europeia assinado em Lisboa em 13/12/2007 e publicado no Diário da República de 19/5/2008 e no Jornal Oficial da União Europeia de 9/5/2008.

[340] Artigo 3º da Diretiva. O acórdão do Tribunal de Justiça da União Europeia (Grande Secção) de 17 de julho de 2014 proferido nos apensos C-58/13 e C-58/14 decidiu que o artigo 3º da Diretiva 98/5/CE do Parlamento Europeu e do Conselho, de 16 de Fevereiro de 1998, tendente a facilitar o exercício permanente da profissão de Advogado num Estado-membro diferente daquele em que foi adquirida a qualificação profissional, deve ser interpretado no sentido de que o facto de um nacional de um Estado-membro se deslocar para outro Estado--membro para aí adquirir a qualificação profissional de Advogado, após a sua aprovação nas provas universitárias, e voltar para o Estado-membro de que é nacional, para aí exercer a profissão de Advogado com o título profissional obtido no Estado-membro onde essa qualificação profissional foi adquirida, não pode constituir uma prática abusiva. Nos casos do acórdão tratava-se de dois italianos com cursos universitários obtidos em Itália e com títulos profissionais de Abogado obtidos em Espanha e o Consiglio Nazionali Forense, que procedeu ao reenvio

DIREITO PROFISSIONAL DO ADVOGADO

No nosso direito interno, porém, nada se dispõe quanto a uma formal comunicação do registo ou da inscrição ao Estado-membro de origem, mas não deve deixar de cumprir-se aquele comando da Diretiva até para que se torne possível o disposto no artigo 209º – nºs 2 e 3 do EOA, quanto à responsabilidade disciplinar perante a Ordem dos Advogados ser independente da responsabilidade disciplinar perante a organização disciplinar do Estado de origem.

21.2.7 Exercício assalariado da profissão de Advogado

Os Advogados da União Europeia estabelecidos permanentemente com o título profissional do Estado de origem podem exercer na qualidade de assalariados de outro Advogado, duma sociedade de Advogados ou de uma empresa pública ou privada no Estado de acolhimento, se a legislação deste o permitir[341].

---

prejudicial para o Tribunal de justiça, considerou que o artigo 3º da Diretiva tinha por efeito contornar o artigo 33º – nº 5 da Constituição Italiana que subordina o acesso à profissão à aprovação num exame de Estado, o que violaria o artigo 4º – nº 2 do Tratado da União Europeia, tendo o acórdão objetado a isto que o artigo 3º da Diretiva não regulamenta o acesso à profissão de Advogado nem o exercício da profissão com o título profissinal emitido no Estado-membro de acolhimento.

[341] Artigo 8º da Diretiva. Segundo um inquérito do CCBE, não permitem o exercício assalariado da profissão para um outro Advogado ou uma sociedade de Advogados a Bélgica, a Irlanda (para os *barrister*) e o Reino Unido (para os *barrister* ingleses, galeses e irlandeses do Norte); não admitem o exercício assalariado no seio de empresas públicas ou privadas a Bélgica, a Dinamarca (somente para as empresas públicas), a Finlândia, a França, a Itália, a Irlanda (para os *barrister*), o Luxemburgo e o Reino Unido (para os *barrister* e *advocates*). Só em Portugal e em Espanha é amplamente permitido o exercício assalariado da profissão e só em Portugal não há as regras que vigoram noutros países para o exercício assalariado da profissão, designadamente em Espanha, onde o Estatuto Geral da Advocacia Espanhola, aprovado pelo Real Decreto 658/2001, de 22 de junho, dispõe, no seu artigo 27º:

1. O exercício individual da advocacia poderá desenvolver-se por conta própria, como titular de um escritório, ou por conta alheia, como colaborador de um escritório individual ou coletivo. Não se perderá a condição de Advogado que exerce como titular do seu escritório individual, quando:

a) O Advogado tenha, no seu escritório, estagiários ou colaboradores, com ou sem relação laboral com os mesmos;

b) O Advogado partilhe o escritório com o seu cônjuge, ascendentes, descendentes ou parentes até ao segundo grau de consanguinidade ou afinidade;

c) O Advogado partilhe os locais, instalações, serviços ou outros meios com outros Advogados, mas mantendo a independência dos seus escritórios, sem identificação conjunta dos mesmos perante a clientela;

VII. EXERCÍCIO DA ADVOCACIA POR ESTRANGEIROS ...

21.2.8 Justificação do estabelecimento a título permanente com o título profissional de origem

A "Diretiva estabelecimento", que, no fundo, veio consagrar uma espécie de estágio de adaptação com o título profissional do Estado de origem para se poder vir a exercer advocacia com o título do Estado de acolhimento, introduziu, depois de dezoito anos de esforços do CCBE[342], da Comissão,

---

d) O Advogado concerte acordos de colaboração para determinados assuntos ou classes de assuntos com outros Advogados ou escritórios coletivos, nacionais ou estrangeiros, qualquer que seja a sua forma;

e) O Advogado constitua uma sociedade unipessoal para o dito exercício da advocacia, que terá de observar, em quanto possa aplicar-se-lhe, o disposto no artigo seguinte para o exercício coletivo.

2. O Advogado titular de um escritório profissional individual responderá profissionalmente perante o cliente pelas gestões ou atuações que efetuem os seus estagiários ou colaboradores, sem prejuízo do direito de regresso perante os mesmos. Não obstante, os estagiários e colaboradores ficam submetidos às obrigações deontológicas e assumirão a sua própria responsabilidade disciplinar. Os honorários a cargo do cliente reverterão a favor do titular do escritório, ainda no caso de as atuações serem realizadas por outros Advogados, por delegação ou em substituição do mesmo; e, por sua vez, o referido titular do escritório responderá pessoalmente pelos honorários devidos aos Advogados a quem incumbiu ou delegou atuações ainda no caso de o cliente deixar de lhos pagar, salvo acordo escrito em contrário.

3. O exercício da advocacia por conta alheia em regime de especial colaboração terá de acordar-se por escrito, fixando as condições, alcance e regime económico da colaboração.

4. A advocacia também poderá exercer-se por conta alheia sob o regime de direito laboral, mediante contrato de trabalho formalizado por escrito e no qual deverá respeitar-se a liberdade e independência básicas para o exercício da profissão e expressar-se se o dito exercício é em regime de exclusividade.

5. Os Colégios de Advogados poderão exigir a apresentação dos contratos de colaboração e de trabalho a fim de verificar se se ajustam ao estabelecido neste Estatuto Geral. Nas atuações que realize o colaborador em regime especial ou em regime de direito laboral, por substituição ou delegação do escritório com o qual colabore, deverá fazer constar em nome e por conta de quem atua.

[342] O CCBE, já em 1980, tinha consciência da necessidade de uma Diretiva sobre o direito de estabelecimento dos Advogados e, em 1982, adotou, em Atenas, um projeto de Diretiva, que veio, depois a ser confiado a quatro *experts* e eminentes membros e depois Presidentes do CCBE – John Toulmin, Niels Fisch – Thomser, Heinz Weil e Michel Gout – encarregados de redigir a última versão do Projeto antes de submetido ao comité permanente em 4 e 5 de setembro de 1992 e votado na sessão plenária de Lisboa, em 23 de outubro de 1992. Depois de Lisboa e de certa hesitação da Comissão, esta aprovou uma proposta de Diretiva em 21 de dezembro de 1994 e submeteu-a ao Parlamento Europeu, proposta sobre a qual se obteve um compromisso no seio do CCBE na sessão plenária de Dresde de 17 de novembro de 1995, tendo a Comissão dos Assuntos Jurídicos e dos Direitos Políticos do Parlamento Europeu adotado, em 26 de janeiro de 1996, o "Relatório Fontaine" (do nome da deputada Nicole Fontaine), que, em 19 de junho seguinte, aprovou, em primeira leitura, e que, submetido ao Conselho de

do Conselho e do Parlamento Europeu, um sistema que é justificado pela referida posição comum (CE) nº 35/97 e pela própria Diretiva não só por abrir aos Advogados, em relação ao sistema geral de reconhecimento mútuo de diplomas, uma via mais fácil de estabelecimento mas também por dar aos Advogados exatamente a possibilidade de exercerem, a título permanente, num Estado-membro de acolhimento, com o título profissional de origem, e, assim, corresponder às necessidades dos utentes do direito, que, "em consequência do fluxo crescente dos negócios, resultante nomeadamente do mercado interno, procuram conselhos a quando de realizações de transações trans-fronteiras que, em muitos casos, envolvem aspetos regulados pelo direito internacional, pelo direito comunitário e pelos direitos nacionais" (preâmbulos da posição comum e da Diretiva).

Outra justificação para a instituição deste sistema é, segundo a posição comum e a Diretiva, o facto de apenas alguns Estados-membros permitirem já antes o exercício da advocacia, sob outras formas que não a prestação ocasional de serviços, por Advogados provenientes de outros Estados--membros que exerciam com o título profissional de origem, revestindo-se, todavia tal possibilidade, nos Estados-membros em que ela existia, de modalidades muito diferentes no que se refere, por exemplo, ao campo de atividade e obrigação de inscrição junto das autoridades competentes, diversidade de situações que se traduzia em desigualdades e distorções da concorrência entre os Advogados dos Estados-membros e constituía um obstáculo à livre circulação, o que tudo revelava uma série de problemas que só aquela Diretiva podia resolver.

21.3 O direito de estabelecimento de Advogados da União Europeia, mediante o reconhecimento mútuo de diplomas, estágio de adaptação ou prova de aptidão e inscrição e adoção em Portugal da prova de aptidão

A Diretiva do Conselho nº 77/249/CEE é "tendente a facilitar o exercício efetivo da livre prestação de serviços pelos Advogados", como consta da sua epígrafe, explicando-se, num dos seus considerandos, que "serão necessárias medidas mais elaboradas para facilitar o exercício do direito de estabelecimento" dos Advogados da União Europeia.

Muito antes da entrada em vigor da Diretiva nº 98/5/CE sobre estabelecimento permanente dos Advogados da União Europeia com o título do

---

Ministros, onde foi encontrado um acordo político com a única oposição do Luxemburgo, em 21 de maio de 1997, conduziu à atrás referida posição comum (CE) 35/97.

VII. EXERCÍCIO DA ADVOCACIA POR ESTRANGEIROS ...

Estado de origem, mediante prévio registo, entrou em vigor, na ordem jurídica interna dos Estados-membros da União Europeia, o disposto na Diretiva do Conselho nº 89/48/CEE, de 21 de dezembro de 1988, relativa ao reconhecimento mútuo de diplomas do ensino superior.

A sua transposição para o direito interno de cada Estado-membro tinha de fazer-se no prazo de dois anos a contar da sua notificação aos Estados-membros[343].

E com tal transposição passou a poder ser invocado o direito de estabelecimento, nos termos do atual artigo 26º do Tratado sobre o Funcionamento da União Europeia[344].

A Diretiva nº 89/48/CEE foi, em Portugal, transposta para o direito interno pelo Decreto-lei nº 289/91, de 10 de agosto, diploma legal que previu que o regime de acesso às profissões por ele abrangidas será "para cada uma delas, objeto de regulamentação própria, emitida pelo Departamento Governamental dotado de poder hierárquico ou de tutela sobre a correspondente autoridade competente e obrigatoriamente inserta no instrumento legal regulador do Estatuto da profissão considerada, sempre que esta seja disciplinada por uma associação pública"[345].

---

[343] Artigo 12º da Diretiva.

[344] Tratado de Lisboa que alterou o Tratado da União Europeia e o Tratado que instituiu a Comunidade Europeia assinado em Lisboa em 13/12/2007 e publicado no Diário da República de 19/5/2008 e no Jornal Oficial da União Europeia de 9/5/2008. Era o artigo 14º do Tratado que instituiu a Comunidade Europeia em resultado da numeração estabelecida pelo artigo 12º do Tratado de Amsterdão de 2/10/97 e publicado no Diário da República de 19/2/99, e anterior artigo 7º – A por força da numeração resultante do artigo G-) do Tratado de Maastricht de 7/2/92, artigo que tinha sido aditado, como artigo 8-A, pelo artigo 13º do Ato Único Europeu. Há uma outra Diretiva, a Diretiva nº 92/51/CE do Conselho das Comunidades Europeias, de 18 de junho de 1992, alterada pela Diretiva nº 2001/19/CE do Parlamento Europeu e do Conselho, relativa a um segundo sistema geral de reconhecimento de formações profissionais: ciclo de estudos de duração não inferior a um ano nem igual ou superior a três anos ou considerado equivalente e que conste dos anexos C ou D daquela Diretiva, que foi transposta para a ordem jurídica interna portuguesa pelo Decreto-lei nº 242/96, de 18 de dezembro, alterado e aditado pelo Decreto-lei nº 179/2003, de 14 de agosto, não tendo, obviamente, para os Advogados, o mesmo interesse da Diretiva n. 89/48/CEE, que também é uma Diretiva horizontal, não específica dos Advogados, mas dos profissionais com uma formação correspondente a um ciclo de estudos igual ou superior a três anos de ensino superior. Mas ambas as Diretivas foram revogadas pela Diretiva 2005/36/CE, de 7 de Setembro, no JO L 255, de 30.9.2005, (artigo 62º), Diretiva transposta para o nosso direito interno pela Lei nº 9/2009, de 4 de março.

[345] Artigo 16º – nº 1, na redação do Decreto-lei nº 396/99, de 13 de outubro, tendo vindo o Decreto-lei nº 289/91 a ser revogado pelo artigo 55º – nº 1 – J) da Lei nº 9/2009, de 4 de março. E o artigo 2º da Lei nº 33/94, de 6 de setembro, aditou ao Estatuto da Ordem dos Advogados o artigo 172º-A, que depois veio a ser revogado pela Lei nº 80 /2001, de 21 de julho, onde

DIREITO PROFISSIONAL DO ADVOGADO

Para a efetivação do direito de estabelecimento de Advogados comunitários, através do reconhecimento mútuo de diplomas, previa a Diretiva 89/48/CEE e prevê a Diretiva 2005/36/CE do Parlamento Europeu e do Conselho, de 7 de Setembro, no JO L 255, de 30.9.2005, que ao requerente se imponha a frequência de um estágio de adaptação ou a prestação de uma prova de aptidão, dependendo, em princípio, do requerente a escolha entre uma e outra (artigo 14º – nº 2), mas admitia-se, todavia, que a natureza de

se dispunha, no seu nº 1, que é permitido o exercício da advocacia em Portugal aos nacionais dos demais Estados-membros da União Europeia, desde que validamente o possam fazer no seu país de origem e nos termos dos Regulamentos previstos na alínea e) do nº 1 do artigo 42º, cuja redação também foi alterada por aquela Lei de forma a referir-se também a que é da competência do Conselho Geral elaborar e aprovar os regulamentos de inscrição dos Advogados portugueses e dos Advogados nacionais dos demais Estados-membros da União; e, no seu nº 2, que o exercício da advocacia, nos casos a que se refere o número anterior, implica igualdade de direitos e deveres em relação aos Advogados inicialmente inscritos em Portugal, nomeadamente no que respeita ao uso do título de Advogado, sem prejuízo daquele a que tenham direito no seu país de origem.

O Regulamento de Inscrição dos Advogados Provenientes dos Outros Estados-membros da União Europeia foi publicado no Diário da República, II série, de 18 de janeiro de 1995, pois o artigo 172º-B do Estatuto da Ordem dos Advogados, introduzido pela citada Lei nº 33/94 e depois correspondente ao artigo 172º-A por força do artigo 3º da Lei nº 80/2001 (artigo 195º do anterior EOA) veio dispor que toda a regulamentação emergente dos competentes órgãos da Ordem dos Advogados bem como as decisões administrativas suscetíveis de recurso contencioso e atinentes ao exercício da profissão de Advogado devem ser obrigatoriamente publicadas na 2ª série do Diário da República.

Por força daquela Lei nº 80/2001, de 20 de julho, passaram a conter-se no Título II-A e nos artigos 173º-A a 173º-G e no Regulamento de Registo e Inscrição dos Advogados Provenientes de Outros Estados-membros da União Europeia também a regulamentação da sua inscrição em igualdade de direitos e deveres com os Advogados nacionais.

A lista das profissões regulamentadas bem como das autoridades que, para cada uma delas, são competentes para receber, apreciar e decidir dos pedidos formulados ao abrigo do Decreto-lei nº 289/91, de 10 de agosto, com as alterações do Decreto-lei nº 396/99, de 13 de outubro, e 71/2003, de 10 de abril, matérias que os seus artigos 2º – nº 2 e 14º – nº 1 tinham remetido para regulamentação ulterior, constam do mapa anexo à Portaria nº 325/2000, de 8 de junho, alterado pela Portaria nº 41/2008, de 11 de janeiro, Portarias que vieram a ser revogadas pelo artigo 55º – nº 1 – t) da Lei nº 9/2009, de 4 de março, sem prejuízo de continuarem em vigor na medida em que especificam as profissões regulamentadas e as autoridades competentes para o reconhecimento das qualificações profissionais, até à sua substituição por portarias emitidas ao abrigo do nº 1 do artigo 51º, como é o caso da atrás citada Portaria nº 89/2012, de 30 de março, que define as profissões regulamentadas na área da Justiça – Advogado, Agente Oficial da Propriedade Industrial, Notário e Solicitador – e as autoridades nacionais competentes para o reconhecimento das qualificações profissionais para o exercício dessas profissões por cidadãos de Estados-membro da União Europeia ou signatários do Acordo sobre o Espaço Económico Europeu, entre as quais a Ordem dos Advogados.

VII. EXERCÍCIO DA ADVOCACIA POR ESTRANGEIROS ...

algumas profissões é de molde a que deva ser permitido quer o estágio quer a prova e que, em especial, as diferenças existentes entre os sistemas jurídicos dos Estados-membros, mesmo sendo de importância variável de um Estado para outro, justificam a existência de disposições específicas, uma vez que a formação comprovada por diplomas, certificados ou outros títulos num domínio do direito do Estado-membro de origem não abrange, regra geral, os conhecimentos jurídicos exigidos no Estado-membro de acolhimento no que diz respeito ao domínio jurídico correspondente.

Estas considerações contidas no preâmbulo da Diretiva 89/48/CEE conduziram a que, no nº 1 do seu artigo 4º e a que, no artigo 14º – nº 3 da Diretiva 2005/36/CE, transposta para o nosso direito interno pela Lei nº 9/2009, de 4 de Março (*vide* o seu artigo 11º – nº 5), se tivesse disposto que, em derrogação do princípio da escolha do requerente entre o estágio ou a prova, para profissões cujo exercício requeira um conhecimento preciso do direito nacional e em que o aconselhamento e/ou a assistência em questões de direito nacional seja uma constante do exercício da atividade profissional, o Estado-membro de acolhimento pode exigir quer um estágio de adaptação quer uma prova de aptidão; e que, para outras profissões, às derrogações àquele direito de escolha será aplicável o artigo 10º, que prevê a comunicação à Comissão do respetivo projeto, sua justificação, observações da Comissão ou dos outros Estados-membros e até contestação da Comissão, mediante uma decisão.

Não obstante a Diretiva permitir, para o exercício do direito de estabelecimento de Advogados comunitários, quer a exigência de um estágio de adaptação quer uma prova de aptidão, parece não ter sido esta a orientação dos diversos Estados-membros, ao transporem a Diretiva para o seu direito interno, pois consagraram geralmente só uma prova de aptidão.

Em Portugal, podia impor-se ao requerente um estágio de adaptação ou uma prova de aptidão[346], mas a solução que veio a ser regulamentarmente consagrada foi a prestação com êxito de um exame de aptidão, apesar de o Conselho Geral da Ordem dos Advogados, em parecer do autor desta obra,

---

[346] Artigo 9º do Decreto-lei nº 289/91, de 10 de agosto, e, depois de este revogado pelo artigo 55º – nº 1 – t) da Lei nº 9/2009, de 4 de março, pelo artigo 11º – nºs 5 e 6 desta Lei, o que se aplica também aos casos em que o título de formação tenha sido obtido fora do âmbito da União Europeia, desde que o seu titular tenha, na profissão, uma experiência profissional devidamente certificada, de, pelo menos, três anos no território do Estado – membro que inicialmente reconheceu o título. Mas o atual EOA acabou com o exame de aptidão, como resulta do preâmbulo da proposta de Lei que conduziu à aprovação do EOA, pelo que a inscrição dependerá, ao que supomos, de prévio registo com o título profissional de origem.

DIREITO PROFISSIONAL DO ADVOGADO

parecer aprovado em 15/8/1988 e publicado no BOA nº 4/89, ter manifestado preferência por um estágio de adaptação de três ou quatro anos, estágio de adaptação a que afinal, veio a corresponder o regime de estabelecimento permanente de Advogados da União Europeia com o título do Estado de origem, mediante registo.

Para a prova de aptidão, as autoridades competentes elaboravam uma lista de matérias que não estivessem abrangidas pelo diploma ou título(s) apresentado(s) pelo requerente, podendo a prova igualmente incluir o conhecimento da deontologia aplicável às atividades em causa no Estado--membro de acolhimento, e as regras da prova de aptidão serão estabelecidas pelas autoridades competentes do Estado-membro de acolhimento, no respeito pelas normas de direito comunitário[347].

Em Portugal, dispunha-se que a inscrição com o título profissional de Advogado em plena igualdade de direitos e deveres com os Advogados portugueses dependia de prévia realização de uma prova de aptidão[348], abolida pelo atual EOA.

E o Regulamento de Inscrição dos Advogados e Advogados estagiários nº 232/2007, de 4 de setembro, prescrevia que o exame de aptidão seria escrito e oral, devendo as respetivas provas ser prestadas em língua portuguesa[349].

O interessado requeria ao presidente do conselho regional da área onde pretenda fixar o seu domicílio profissional a inscrição como Advogado na Ordem dos Advogados de Portugal, juntando os documentos previstos no artigo 31º do Regulamento.

Verificado, pela análise da documentação apresentada, que o interessado reunia as condições necessárias para se propor ao exame, era designado dia e hora para a prestação das provas escritas e orais; de contrário, o requerimento era, desde logo, indeferido, podendo o requerente recorrer para o Conselho Geral do despacho de indeferimento[350].

O júri do exame era constituído por três a cinco membros, dos quais três Advogados com mais de dez anos de inscrição, designados pelo Conselho Geral para o efeito, sendo um deles o Bastonário, ou quem este designasse, que presidia, mas podendo ser designados Juízes-Desembargadores, Juízes-

---

[347] Artigo 1º – g) da Diretiva 89/48/CEE.
[348] Artigo 200º – nº 3 do anterior EOA, inexistindo disposição correspondente no artigo 208º do atual EOA por se ter pretendido suprimir o exame de aptidão, conforme exposição de motivos da proposta de lei que conduziu ao atual EOA.
[349] Artigos 30º – nº 3 e 33º – nº 2 do Regulamento.
[350] Artigo 32º e 33º do Regulamento e 182º – nº 5 do anterior EOA.

-Conselheiros ou professores das Faculdades de direito de Portugal, desde que o número de Advogados fosse sempre superior[351].

O júri deliberava por maioria e não havia recurso das suas deliberações[352].

O interessado seria admitido à prova oral desde que conseguisse aproveitamento positivo na prova escrita, versando tanto uma como outra direito civil e direito processual civil, direito penal e direito processual penal, organização judiciária, direito comercial ou direito administrativo, estes dois últimos à escolha do candidato, e deontologia profissional e, se fosse positivo o resultado da prova oral, proceder-se-ia à inscrição como Advogado, nos termos do artigo 35º com referência ao artigo 11º do Regulamento de Inscrição dos Advogados e Advogados estagiários[353].

Depois da abolição pelo atual EOA da prova de aptidão, os Advogados provenientes de outros Estados – membros da União Europeia só poderão, ao que supomos, inscrever-se como Advogados, em igualdade de direitos e deveres com os Advogados portugueses, através do regime atrás estudado do registo com o título profissional de origem, pois seria impensável que, sem mais, pudessem ser inscritos como Advogados, uma vez que, pelas diferenças existentes entre os sistemas jurídicos dos Estados-membros, mesmo sendo de importância variável de um Estado para outro, a formação comprovada por diplomas, certificados ou outros títulos num domínio do direito do Estado-membro de origem não abrange, regra geral, os conhecimentos jurídicos exigidos no Estado-membro de acolhimento no que diz respeito ao domínio jurídico correspondente, como se reconhece nas considerações da Diretiva sobre reconhecimento mútuo de diplomas.

21.4 O direito de estabelecimento como Advogados no Estado-membro de acolhimento de cidadãos da União Europeia diplomados nesse Estado nos mesmos termos dos seus nacionais

E *quid juris* no caso de cidadãos comunitários diplomados por qualquer Faculdade de Direito do Estado-membro de acolhimento ou pelo seu país de origem, mas cujo diploma foi objeto de um reconhecimento de equivalência?

O tribunal das Comunidades Europeias, já no seu acórdão de 21/6/74 – Pº 2/74 – proferido no caso Reyners, a quem a lei belga negava o direito de se inscrever na Ordem dos Advogados da Bélgica, por a profissão de

---

[351] Artigo 34º do Regulamento.
[352] Artigo 34º – nº 3 do Regulamento.
[353] Artigo 33º- nº 2 e 4 do Regulamento.

DIREITO PROFISSIONAL DO ADVOGADO

Advogado não estar aberta a estrangeiros, nos termos do Decreto Real de 24 de agosto de 1970, e ele ser holandês, filho de pais holandeses, apesar de ter nascido na Bélgica, onde estudou e obteve o grau de Doutor, decidiu, em termos muito explícitos, que, depois de findo o período de transição, o atual artigo 49º do Tratado do Funcionamento da União Europeia[354] é uma disposição diretamente aplicável e isto não obstante a eventual ausência, num determinado domínio, das diretivas previstas nos atuais artigos 50º e 53º do mesmo Tratado[355] e que a exceção à liberdade de estabelecimento prevista pelo atual artigo 51º do mesmo Tratado[356] deve restringir-se às atividades previstas por esse artigo que, por elas mesmas, comportam uma participação direta e específica no exercício da autoridade pública, qualificação que não pode dar-se, no quadro de uma profissão liberal, como a de Advogado, a atividades de consulta e assistência jurídica ou de representação e defesa das partes em juízo, mesmo se, por lei, o desempenho destas atividades seja objeto de uma obrigação ou de uma exclusividade.

Acerca das diretivas previstas no capítulo relativo ao direito de estabelecimento, designadamente as previstas no atual artigo 53º do Tratado, o mesmo tribunal afirmou que se tornaram supérfluas pelo desencadeamento da regra do tratamento nacional, tanto mais que este está consagrado, com efeito direto, pelo próprio Tratado, mas que essas diretivas não perderam, contudo, todo o interesse, uma vez que detêm um campo de aplicação importante no domínio das medidas destinadas a favorecer o exercício efetivo do direito de livre estabelecimento.

Esta Jurisprudência foi confirmada, depois, no caso Van Binsberg – Pº 33/74 – em que as autoridades holandesas tinham notificado o Advogado L. Kortman de que, pelo facto de ter mudado de domicílio para a Bélgica, deixava de poder exercer o mandato judicial em determinado processo, e influenciou a política do Conselho que passou a dirigir-se à eliminação dos obstáculos resultantes das diferentes regulamentações internas aplicáveis às atividades abrangidas pelo Tratado, no que respeita à livre circulação

---

[354] Tratado de Lisboa que alterou o Tratado da União Europeia e o Tratado que instituiu a Comunidade Europeia assinado em Lisboa em 13/12/2007 e publicado no Diário da República de 19/5/2008 e no Jornal Oficial da União Europeia de 9/5/2008. Era o artigo 43º do Tratado da União Europeia por força da numeração resultante do Tratado de Amsterdão, de 2/10/97, publicado no Diário da República de 19/2/99 e anterior artigo 52º do Tratado da Comunidade Europeia.

[355] São os antigos artigos 44º e 47º por força da numeração referida na última nota e anteriores artigos 54º e 57º

[356] É o antigo artigo 45º por força da numeração referida nas últimas notas e anterior artigo 55º

VII. EXERCÍCIO DA ADVOCACIA POR ESTRANGEIROS ...

de trabalhadores independentes, através da equivalência de diplomas nos casos de igualdade de formação profissional a nível comunitário (médicos, enfermeiros, parteiras, dentistas e veterinários), de diretivas de medidas transitórias e de diretivas de coordenação, estabelecendo regras comuns para o exercício de certas atividades, sempre mediante diretivas de intervenção unitária, pois a diretiva é o instrumento previsto para a realização dos fins do Tratado, estando vedada a adoção de regulamentos em matéria de direito de estabelecimento e de livre prestação de serviços, nos termos dos atuais artigos 53º e 62º[357].

E no acórdão de 28/4/77 – Pº 71/76 – proferido no caso Thieffry, nacional belga, portador de um diploma de Doutor em Direito reconhecido, pela Universidade de Paris – I, como equivalente à licenciatura francesa em Direito e detentor de um certificado de aptidão para o exercício da profissão de Advogado emitido pelo Instituto de Estudos Judiciários da Universidade de Paris – II, que viu recusada a sua admissão a estágio pelo Conselho da Ordem dos Advogados de Paris por não ser portador de um diploma de licenciatura ou de doutoramento francês, decidiu aquele tribunal que o facto de se exigir de um emigrante de um Estado-membro que deseja exercer uma atividade profissional num outro Estado-membro, tal como a de Advogado, o diploma nacional previsto pela legislação do país de acolhimento, quando o diploma que o interessado obteve no seu país de origem foi objeto de um reconhecimento de equivalência pela autoridade competente em face da legislação do pais de acolhimento e lhe permitiu, assim, ser aprovado nas provas especiais de aptidão à profissão em causa constitui, mesmo na ausência das diretivas previstas pelo atual artigo 53º do Tratado, uma restrição incompatível com a liberdade de estabelecimento garantida pelo atual artigo 49º.

Quem vê na Comunidade Europeia mais do que um lugar para passar férias e está consciente de que a integram ex-emigrantes ou filhos de ex-emigrantes e atualmente cidadãos comunitários que se diplomaram nos respetivos Estados-membros de acolhimento não pode deixar de aplaudir esta Jurisprudência, tanto mais que serão cada vez mais numerosos os casos de diplomados fora do seu Estado-membro de proveniência[358].

---

[357] Anteriores artigos 47º e 55º por força da numeração referida nas últimas notas e antigos artigos 57º e 66º.

[358] Tendo em atenção aquela Jurisprudência e estes casos cada vez mais numerosos, o autor desta obra, que teve a honra e a responsabilidade de ter sido vogal do Conselho Geral presidido pelo Senhor Bastonário Dr. Augusto Lopes Cardoso e que foi o autor do Projeto

DIREITO PROFISSIONAL DO ADVOGADO

21.5 Livre prestação de serviços e direito de estabelecimento

A simples abertura de um escritório de advocacia em determinado Estado de acolhimento não significará necessariamente que se esteja perante uma situação de direito de estabelecimento previsto pelo atual artigo 43º do tratado.

Na verdade não fica excluído que tal abertura se destine apenas à prestação de atividades ocasionais, caso em que apenas terá aplicação a Diretiva nº 77/249/CEE[359].

de Regulamento de Inscrição dos Advogados e Advogados estagiários aprovado por aquele Conselho em 7 de julho de 1989, propôs que nele fosse inserida, como foi, como disposição transitória, pois esperava-se que a legislação sobre direito de estabelecimento previsse expressamente o caso, o seu artigo 15º sobre a inscrição na Ordem dos Advogados de Portugal de cidadãos de outros Estados-membros, impondo-se-lhes, além do mais ali previsto, que fizessem acompanhar o seu requerimento de carta de licenciatura com eficácia reconhecida em Portugal – alínea d) do nº 2 do artigo 15º.

A referida disposição veio, porém, a ser revogada por deliberação do Conselho Geral de 27 de julho de 1990, publicada no BOA nº 3/90 e obtida por unanimidade, sob proposta de quem fora insigne secretário do Conselho Geral que aprovou o referido Regulamento. Como estava bem de ver, pela citada alínea d) do nº 2 do artigo 15º, não se pretendia regulamentar a inscrição de Advogados de outros Estados-membros que não possuíssem carta de licenciatura com eficácia reconhecida em Portugal.

E não se diga, como se diz na proposta de revogação daquele artigo 15º, que não fazia sentido que se mantivesse em vigor tal preceito, já que o EOA contém normas relativas à inscrição de Advogados estrangeiros ou de licenciados em Direito de outros países que pretendam exercer a advocacia em Portugal...

Na verdade, aos cidadãos provenientes de outros Estados-membros da CE seria então aplicável o artigo 172º – nº 1 do primeiro EOA, correspondente ao artigo 194º – nº 1 do anterior EOA e ao artigo 201º – nº 1 do atual, e só poderiam ser inscritos na Ordem dos Advogados de Portugal, nos mesmos termos dos portugueses, os diplomados por qualquer Faculdade de Direito de Portugal, se o seu país conceder igual regalia a estes últimos, o que não se compreenderia, em face da Jurisprudência do Tribunal das Comunidades no sentido de considerar o atual artigo 43º do Tratado, uma vez findo o período de transição, uma disposição diretamente aplicável nos Estados-membros.

O ora revogado artigo 15º regulamentava precisamente o atual artigo 49º do Tratado do Funcionamento da EU (ex-41º do TCE), na medida em que tem de considerar-se de aplicação direta pelos Estados-membros, uma vez findo o período de transição. Hoje a regulamentação encontra-se nos artigos 20º, 21º e 22º do Regulamento de Inscrição dos Advogados e Advogados Estagiários nº 232/2007, de 4 de setembro, que só não será *contra legem*, isto é, contra o artigo 201º do EOA, desde que interpretados restritivamente de forma a aplicarem-se apenas a cidadãos estrangeiros que sejam nacionais de Estados da EU, como dissemos na primeira nota ao nº 19. – Exercício da advocacia por estrangeiros.

[359] O Decreto-lei nº 119/86, de 28 de maio, na redação então dada ao artigo 173º-E – nº 3 do EOA, redação que foi depois alterada pela Lei nº 80/2001, de 20 de julho, previa a aplicação daquele artigo, correspondente a parte do artigo 199º – nº 1 do anterior EOA e atual artigo

VII. EXERCÍCIO DA ADVOCACIA POR ESTRANGEIROS ...

Mas não deixaremos de estar perante um caso de direito de estabelecimento, mesmo que não se verifique a fixação propriamente dita no país de acolhimento, quando ocorra prestação de serviços mais ou menos regular no país de acolhimento.

O estabelecimento pressupõe uma instalação estável e permanente ou uma deslocação periódica a um Estado-membro, para em determinado local, mesmo o escritório de outro profissional, se prestarem serviços indeterminados, aos interessados que aparecerem, enquanto a prestação de serviços ocasionais pressupõe um ato ou atos determinados a praticar em certo lapso de tempo ou num lapso de tempo previsível[360].

21.6 Restrições ao direito de estabelecimento e à livre prestação de serviços

Além da possibilidade de haver atividades excluídas da aplicação das disposições do Tratado relativas ao direito de estabelecimento por decisão do Conselho, deliberando por maioria qualificada, sob proposta da Comissão, nos termos do disposto na última parte do atual artigo 51º, disposição aplicável também à livre prestação de serviços (atual artigo 62º), exclusão que deve ser genérica, abrangendo a mesma atividade em todos os Estados-membros e não apenas num ou alguns deles, o atual artigo 52º – nº 1 estabelece que as disposições do tratado e do direito derivado "não prejudicarão a aplicação das disposições legislativas, regulamentares e administrativas que prevejam um regime especial para os cidadãos estrangeiros e sejam justificadas por razões de ordem pública, segurança pública e de saúde pública", conceitos que não são os próprios das legislações dos Estados-membros, mas do direito comunitário.

207º – nº 1, "independentemente de o Advogado comunitário ter estabelecimento profissional em Portugal", assim admitindo que a prestação de atividades ocasionais não é incompatível com a existência de um estabelecimento profissional, em sentido físico.

[360] Sobre o atrás exposto, vejam-se os Pareceres do Conselho Geral de 24/7/87 e 24/9/87, no BOA nº 3/88, pág.s 12 e 15, e de 15/11/88, no BOA nº 4/89, pág. 23.

Os nºs 3 e 4 do artigo 3º da Lei nº 9/2009, de 4 de março, artigo sobre o princípio da livre prestação de serviços, estabelecem que "a aplicação do disposto no presente capítulo depende do caráter temporário e ocasional da prestação, avaliado caso a caso e tendo em conta, nomeadamente, a duração, frequência, periodicidade e continuidade da mesma prestação" e "as autoridades competentes formulam, na medida do possível, regras gerais a observar na avaliação referida no número anterior, tendo em conta a experiência de cada autoridade quanto às profissões regulamentadas que estejam sob a sua responsabilidade".

DIREITO PROFISSIONAL DO ADVOGADO

Também estão excluídas, nos termos do atual artigo nº 346º (ex – artigo 296º) – nº 1 – b), as atividades relacionadas com a produção e comércio de material de guerra.

E nos termos do atual artigo 51º, ficam excluídas também as atividades ligadas num Estado-membro, mesmo a título ocasional, ao exercício da autoridade pública, sem que daí resulte que ela possa ser excluída globalmente da disciplina comunitária quando o exercício da autoridade pública for destacável da atividade profissional em que se insere, como acontece quando um Advogado pode, ocasionalmente, substituir um Juiz, caso em que apenas esta substituição pode ser vedada a cidadãos de outros Estados--membros. Mas já não será o caso, por exemplo, do comandante de um navio da marinha mercante, que ocasionalmente exerce poderes de autoridade de polícia judiciária, no que respeita a infrações cometidas a bordo, e poderes de celebração de casamentos e de testamentos, que não são destacáveis da atividade de comandante do navio. É por isso que em várias diretivas, depois de se prever o direito de inscrição dos destinatários no respetivo organismo profissional, se permite aos Estados-membros excluir das respetivas direções os cidadãos de outros Estados, quando pertença a estes o exercício de poderes de autoridade, o que acontece com as Ordens profissionais quando exercem poderes disciplinares, como é o caso da Ordem dos Advogados, conforme já vimos a propósito da representação, nas instâncias profissionais do Estado de acolhimento, dos Advogados da União Europeia estabelecidos permanentemente com o título profissional de origem[361].

21.7 Comércio eletrónico

Os Advogados da União Europeia podem exercer a sua atividade através de comércio eletrónico, com destino ao território nacional, observados que sejam os requisitos aplicáveis no Estado-membro de origem, nomeadamente as normas deontológicas aí vigentes, assim como a disponibilização permanente de informação prevista no artigo 10º do Decreto-lei nº 7/2004, de 7 de janeiro, alterado pelo Decreto-lei nº 62/2009, de 10 de março, e pela Lei nº 46/2012,de 29 de agosto[362].

O Decreto-lei nº 7/2004 transpôs para o nosso direito interno a Diretiva nº 2000/31/CE do Parlamento e do Conselho, de 8 de junho de 2000, publicada no JO L 178, de 17.7.2000, p. 1-16.

---

[361] Cfr., *supra*, nº 21.2.
[362] Artigo 206º do EOA.

A Diretiva visa, sobretudo, assegurar a liberdade de estabelecimento e de exercício da prestação de serviços da sociedade de informação, em especial do comércio eletrónico, na União Europeia.

O esquema adotado consiste na subordinação dos prestadores de serviços à ordenação do Estado-membro em que se encontram estabelecidos, entendendo-se os serviços como prestados à distância por via eletrónica, no âmbito de uma atividade económica, a pedido individual do destinatário[363], o que exclui a radiodifusão sonora ou televisiva.

O considerando quinquagésimo sétimo (57) da Diretiva lembra que "o Tribunal de Justiça tem sustentado, de modo constante, que um Estado-membro mantém o direito de tomar medidas contra um prestador de serviços estabelecido noutro Estado-membro, mas que dirige toda ou a maior parte das suas atividades para o território do primeiro Estado-membro, se a escolha do estabelecimento foi feita no intuito de iludir a legislação que se aplicaria ao prestador caso este se tivesse estabelecido no território desse primeiro Estado-membro".

Está fora do âmbito da Lei nº 7/2004, entre outras matérias, o patrocínio judiciário[364] e a atividade notarial ou equiparadas, enquanto caraterizadas pela fé pública ou por outras manifestações de poderes públicos[365].

Os prestadores de serviços devem disponibilizar permanentemente em linha elementos completos de identificação, como o nome ou denominação social, endereço geográfico e eletrónico, inscrições do prestador em registos públicos[366], entre outros elementos, e, se o prestador exercer uma peofissão regulamentada, deve também indicar o título profissional e o Estado-membro em que foi concedido, a entidade profissional em que se encontra inscrito bem como referenciar as regras profissionais que disciplinam o acesso e o exercício dessa profissão[367].

---

[363] Artigo 3º – nº 1 da Lei nº 7/2004, de 7 de janeiro.
[364] Artigo 2º – nº 1 – d).
[365] Artigo 2º – nº 1 – f).
[366] Artigo 10º – nº 1.
[367] Artigo 10º – nº 3.

Capítulo VIII
Exercício da Advocacia por Sociedades de Advogados

22. Justificação das sociedades de Advogados e da sua institucionalização

O regime jurídico das sociedades de Advogados contém-se hoje no EOA, cujo artigo 213º dispõe que os Advogados podem exercer a profissão, constituindo ou ingressando como sócios ou associados em sociedades de Advogados, e na Lei nº 53/2015, de11 de junho, que contém o regime jurídico da constituiçõ e funcionamento das sociedades de profissionais que estejam sujeitas a associações públicas profissionais. O EOA revogou o Decreto-lei nº 229/2004, de 10 de dezembro, que, por sua vez, tinha revogado o Decreto-lei nº 513 – Q/79, de 26 de dezembro, cujo sucinto preâmbulo justificava tais sociedades pela necessidade de colaboração entre profissionais de diversa especialização, necessidade que é fruto da complexidade da advocacia como resultado do desenvolvimento de diversas disciplinas, e pelo ingresso de Portugal em comunidades jurídicas como a CEE, que mais impõe o exercício da advocacia em equipa.

A institucionalização das sociedades de Advogados era justificada, no mesmo preâmbulo, pela necessidade de dar cobertura jurídica, como na generalidade das legislações estrangeiras, a situações de facto impostas pelas necessidades da vida[368].

---

[368] Já na moção apresentada pelo Bastonário Dr. Ângelo Almeida Ribeiro à assembleia plenária de 11/5/74 se defendia a institucionalização de sociedades civis de Advogados" – *Vide* Boletim Informativo da Ordem dos Advogados de abril – maio de 1974.

DIREITO PROFISSIONAL DO ADVOGADO

23. O objeto, a composição, o capital e participações sociais; o regime de responsabilidade; o pacto social das sociedades de Advogados, o registo destas e a aquisição de personalidade jurídica e a inscrição na Ordem dos Advogados

A constituição e funcionamento das sociedades de Advogados consta do regime jurídico da constituição e funcionamento das sociedades de profissionais que estejam sujeitas ao regime das associações públicas profissionais[369].

23.1 Objeto social

O objeto principal das sociedades de Advogados é o exercício em comum da profissão de Advogado, por dois ou mais Advogados – com exceção das que se constituam como sociedades unipessoais por quotas, às quais são aplicáveis as disposições da lei das sociedades de profissionais compatíveis com a sua natureza[370] – com o fim de repartirem entre si os respetivos lucros, entendendo-se por exercício em comum a prestação de serviços profissionais através de pessoa coletiva constituída nos termos da lei das sociedades profissionais[371] e podendo ainda desenvolver, a título secundário, qualquer atividade, incluindo atividades profissionais organizadas em associação pública profissional, desde que seja observado o regime de incompatibilidades e impedimentos aplicável[372], o que não é aplicável às

---

[369] Artigo 213º – nº 8 do EOA. O referido regime jurídico está contido, como já dissemos, na Lei nº 53/2015, de 11 de junho.

[370] Artigos 8º nº 1 e 4º – nº 4 da Lei nº 53/2015, de 11 de junho.

[371] Artigo 2º – nº 2 da Lei 53/2015, de 11 de junho, que, nos termos do nº 4 do mesmo artigo, não se aplica, contudo, às pessoas coletivas que, não sendo sociedades de profissionais ou entidades equiparadas, prestem serviços profissionais através de profissionais seus sócios, administradores, gerentes ou seu colaboradores, o que, obriga, tratando-se de empresas que se estabeleçam em território nacional e não pretendam inscrever-se na Ordem dos Advogados, a registo na Ordem, nos termos do artigo 212º – nº 1 do EOA.

[372] Artigo 7º – nºs 1 e 2 da Lei nº 53/2015, de 11 de junho, à qual se referirão todos os artigos que citaremos sem outra indicação ao longo deste capítulo. O artigo 1º – nº 2 do revogado Decreto-lei nº 229/2004 referia-se àquele objeto social como objeto exclusivo. E os artigos 1º – nº 3 e 8º – nº 3 do revogado Decreto-lei nº 513-Q/79, de 26 de dezembro, dispunham que tais sociedades só poderão adquirir os bens necessários à atividade que constitui o seu objeto social, sendo limitadas ao estritamente necessário ao exercício da atividade social as participações em bens do ativo imobilizado corpóreo ou em dinheiro.

Em face destes preceitos era manifesta a natureza pessoal destas sociedades e tratava-se até, mais do que de sociedades de pessoas, de sociedades de trabalho. Hoje, em face do regime legal das sociedades de Advogados, em que não são obrigatórias as participações de indústria, havendo sócios só com participações de capital, os chamados sócios não profissionais, definidos

144

VIII. EXERCÍCIO DA ADVOCACIA POR SOCIEDADES DE ADVOGADOS

sociedades de Advogados, em face da proibição das sociedades multiprofissionais pelo artigo 213º – nº 7 do EOA, como oportunamente veremos.

23.2 Composição das sociedades de Advogados

Além das pessoas singulares legalmente estabelecidas em território nacional para o exercício da advocacia, independentemente da modalidade de estabelecimento em causa[373], que pode ser imediato, principal ou secundário[374], podem ser sócios profissionais de sociedades de Advogados: as sociedades de Advogados cujo objeto principal consista no exercício em comum da advocacia e que estejam inscritas na Ordem dos Advogados a que se encontra sujeita a sociedade participada[375]; e as organizações associativas de profissionais equiparados a Advogados inscritas na Ordem dos Advogados em que a sociedade participada se encontre inscrita, constituídas noutro Estado-membro da União Europeia ou do Espaço Económico Europeu para o exercício da atividade da advocacia, cujo capital e direitos de voto caiba maioritariamente aos profissionais em causa, requisito de capital que não é aplicável, caso ela não disponha de capital[376].

no artigo 3º – f) da citada Lei nº 53/2015 como os sócios de sociedade de profissionais que detenham participações sociais, mas não prestem, naquela sociedade, os serviços profissionais incluídos no respetivo objeto principal, ainda que para tanto se encontrem habilitados, sócios não profissionais de que as sociedades de Advogados podem dispor, caso o contrato de sociedade não o proíba, desde que a maioria do capital social com direito de voto de uma sociedade de Advogados ou a maioria dos direitos de voto, conforme aplicável, pertençam obrigatoriamente aos seus sócios profissionais e desde que pelo menos um dos gerentes ou administradores das sociedades de Advogados, que desempenhe funções executivas, esteja legalmente estabelecido em território nacional para o exercício da profissão, independentemente da modalidade de estabelecimento, tudo nos termos do artigo 8º – nº 1 com referência ao artigo 9º – nºs 2 e 3 da Lei nº 53/2015, e em face do regime legal das sociedades de responsabilidade limitada, nos termos do artigo 213º – nºs 10, 11 e 14 do EOA, já assume grande importância o capital e, sobretudo, o seguro obrigatório, como oportunamente diremos.

[373] Artigo 8º – nº 2 – a)

[374] Artigo 3º – nº 1 – b).

[375] Artigos 8º – nº 2 – b) da Lei nº 53/2015 e 213º – nº 2 – a) do EOA.

[376] Artigos 8º – nºs 2 – c) e 3 da Lei nº 53/2015 e 213º – nº 2 – b) e 3 do EOA. Trata-se das organizações associativas de profissionais equiparados a Advogados organizados em associação pública profissional constituídas noutro Estado-membro da União Europeia ou do Espaço Económico Europeu para o exercício da advocacia, cujo gerente ou administrador seja um profissional e cujo capital com direito de voto caiba maioritariamente aos profissionais em causa ou a outras organizações associativas cujo capital e direitos de voto caiba maioritariamente àqueles profissionais, organizações associativas cujas representações permanentes em Portugal estejam inscritas na Ordem dos Advogados e assim equiparadas a sociedades de Advogados, nos termos do artigo 27º da Lei nº 53/2015 e 211º do EOA, que expressamente

DIREITO PROFISSIONAL DO ADVOGADO

Adquirem obviamente a qualidade de sócios profissionais quer as sociedades de Advogados quer as referidas organizações associativas, respetivamente, através de um ou alguns dos seus sócios Advogados ou de um ou alguns dos seus sócios equiparados a Advogados.

Os sócios profissionais ficam obrigados, para além das respetivas entradas em dinheiro, bens ou indústria, nos termos previstos na lei civil ou na lei comercial, consoante se trate de uma sociedade de Advogados sob a forma civil ou de uma sociedade de Advogados sob a forma comercial, respetivamente, leis aplicáveis às sociedades de Advogados, no que a lei das sociedades de profissionais não dispuser[377], a exercer, em nome da sociedade de Advogados, a advocacia, atividade principal que constitui o seu objeto principal[378].

Mas uma pessoa singular, as sociedades de Advogados ou entidades equiparadas só podem ser sócios profissionais de uma única sociedade de Advogados cujo objeto principal seja o exercício da advocacia, apenas quando não participem noutra organização associativa de profissionais

---

impõe os limites resultantes do nº 7 do artigo 213º do EOA, o que significa que dessas representações permanentes não podem fazer parte profissionais ou não profissionais não equiparados a Advogados. Assim, pode parecer, à primeira vista, que a Lei e o EOA, ao permitirem que sejam sócios profissionais ou sócios não profissionais (artigo 8º – nº 9) de sociedades de Advogados estas organizações associativas cujo capital e direitos de voto pode caber minoritariamente a profissionais ou até não profissionais não equiparados a Advogados constituídas noutro Estado-membro da União Europeia ou do Espaço Económico Europeu, como em Espanha e em Itália, onde se admitem sociedades multiprofissionais, permitem às sociedades de Advogados exercer, direta ou indiretamente, a sua atividade em associação ou integração com outras profissões, atividades e entidades cujo objeto social não é o exercício exclusivo da advocacia, contra o que dispõe o artigo 213º – nº 7 do EOA. Mas a verdade é que o artigo 211º – nº 1 do EOA, ao impor os limites do artigo 213º – nº 7 do EOA, significa que das representações permanentes das referidas organizações associativas só podem fazer parte profissionais equiparados a Advogados e, obrigando o artigo 11º – nº 3 da Lei nº 53/2015 os sócios profissionais a exercer em nome da sociedade de Advogados a atividade da advocacia, como diremos de seguida no texto, e obrigando os artigos 8º – nº 1 e 9º nº 3, quanto a sócios não profissionais, a que pelo menos um dos gerentes ou administradores da sociedade de Advogados que desempenhe funções executivas deve estar legalmente estabelecido em Portugal para o exercício da profissão de Advogado, independentemente da modalidade de estabelecimento, pelo que nem todas as organizações associativas de profissionais equiparados a Advogados podem ser sócias profissionais ou tão só não profissionais de sociedades de Advogados, não pode dizer-se inteiramente que a sociedade de Advogados exerce a sua atividade em associação ou integração com uma entidade cujo objeto não é o exercício exclusivo da advocacia. Voltaremos a este tema ao tratarmos das sociedades multiprofissionais sob o nº 35.1.

[377] Artigo 4º – nºs 1 e 3.

[378] Artigo 11º – nº 3.

VIII. EXERCÍCIO DA ADVOCACIA POR SOCIEDADES DE ADVOGADOS

constituída noutro Estado-membro para o exercício da atividade profissional em causa enquanto profissionais equiparados aos que caraterizam a sociedade em que participam[379].

O referido juízo de equiparação é regido, nos termos dos artigos 8º – nº 6 da Lei nº 53/2015 e 213º – nº 4 do EOA, quanto a nacionais de Estado-membro da União Europeia ou do Espaço Económico Europeu pelo nº 4 do artigo 1º da Lei nº 9/2009, de 4 de março, alterada pelas Leis nºs 41/2012, de 28 de agosto, e 25/2014, de 2 de Maio, e, quanto a nacionais de países terceiros cujas qualificações tenham sido obtidas fora de Portugal, pelo regime de reciprocidade internacionalmente vigente.

Sempre que o contrato de sociedade não o proíba, a pessoa singular que seja sócia de uma sociedade de Advogados pode exercer a atividade de advocacia a título individual, mas este sócio e a sociedade não podem prestar serviços que se trduzam, entre eles, numa situação de conflito de interesses[380].

Um sócio profissional só pode participar em sociedade de Advogados se não estiver impedido de exercer a advocacia por decisão judicial ou disciplinar e se não estiver em situação de incompatibilidade e a incompatibilidade ou o impedimento que afete um dos sócios profissionais determina o impedimento da sociedade e dos demais sócios profissionais durante o mesmo período, exceto se aquele transmitir a sua participação, se exonerar ou for excluído da sociedade[381].

Quer uma pessoa singular quer as outras entidades atrás referidas podem ser sócias não profissionais de sociedades de Advogados, sócios não profissionais que são definidos, no artigo 3º – f) da Lei nº 53/2015, de 11 de junho, como os sócios de sociedade de profissionais que detenham participações sociais, mas não prestem, naquela sociedade, os serviços profissionais incluídos no respetivo objeto principal, ainda que para tanto se encontrem habilitados, e dos quais as sociedades de profissionais podem dispor, caso o contrato de sociedade não o proíba, desde que a maioria do capital social com direito de voto de uma sociedade de profissionais ou a maioria dos direitos de voto, conforme aplicável, pertençam obrigatoria-

---

[379] Artigo 8º – nº 4 da Lei nº 53/2015.

[380] Artigos 8º – nº 5 e 9º – nº 4.

[381] Artigo 8º – nºs 7 e 8. Esta última disposição estabelece que a incompatibilidade do sócio determina a incompatibilidade da sociedade, mas tal solução não é aceitável sob pena de ter de suspender-se a inscrição da sociedade e dos demais sócios, pelo que tem de fazer-se uma interpretação restritiva do preceito, no sentido do impedimento da sociedade no caso de incompatibilidade de um sócio.

DIREITO PROFISSIONAL DO ADVOGADO

mente aos seus sócios profissionais e desde que pelo menos um dos gerentes ou administradores de sociedades de profissionais, que desempenhe funções executivas, esteja legalmente estabelecido em território nacional para o exercício da profissão em causa, independentemente da modalidade de estabelecimento, tudo nos termos do artigo 8º – nº 1 com referência ao artigo 9º – nºs 2 e 3 da Lei nº 53/2015, ficando-lhes, no entanto vedado, o exercício da atividade profissional objeto principal da sociedade de profissionais em causa, enquanto sócios dessa mesma sociedade[382].

23.3 Capital e participações sociais

O capital social de uma sociedade de Advogados é estabelecido pelos sócios com observância da lei civil ou comercial, consoante se trate de uma sociedade de Advogados sob a forma civil ou de uma sociedade de Advogados sob a forma comercial, respetivamente, leis subsidiariamente aplicáveis às sociedades de Advogados, no que a lei das sociedades de profissionais não dispuser[383].

A maioria do capital social com direito de voto de uma sociedade de Advogados ou a maioria dos direitos de voto, conforme aplicável, pertencem obrigatoriamente aos seus sócios profissionais[384].

As participações em sociedades de Advogados são obrigatoriamente nominativas e as participações de sócio profissional não podem ser detidas em contitularidade[385].

São admitidas entradas em dinheiro, bens ou indústria, nos termos previstos na lei civil ou na lei comercial, consoante se trate de uma sociedade de Advogados sob a forma civil ou de uma sociedade de Advogados sob a forma comercial, respetivamente, leis aplicáveis às sociedades de Advogados, no que a lei das sociedades de profissionais não dispuser, e as entradas em indústria não são computadas na formação do capital social e presumem-se iguais, salvo estipulação em contrário do pacto social, ficando os sócios profissionais ainda obrigados, para além das respetivas entradas, a exercer, em nome da sociedade de Advogados, a atividade profissional que constitui o seu objeto profissional[386].

---

[382] Artigo 8º – nº 9.
[383] Artigo 9º – nº 1 com referência ao artigo 4º – nº 3.
[384] Artigo 9º – nº 2.
[385] Artigo 10º – nºs 1 e 2.
[386] Artigo 11º – nºs 1, 2 e 3.

VIII. EXERCÍCIO DA ADVOCACIA POR SOCIEDADES DE ADVOGADOS

Nos aumentos de capital para permitir a entrada de sócio profissional na sociedade ou para aumentar a participação social de sócio profissional, não há direito de preferência dos demais sócios[387].

A sociedade de Advogados pode adquirir participaçõs próprias, na medida em que o permita a lei civil ou a lei comercial, consoante se trate de uma sociedade de Advogados sob a forma civil ou de uma sociedade de Advogados sob a forma comercial, respetivamente, leis aplicáveis às sociedades de Advogados, no que a lei das sociedades de profissionais não dispuser, mas apenas até ao limite de 10%, sendo consideradas como participações sociais de sócio profissional, podendo a sociedade detê-las pelo prazo máximo de um ano e devendo neste prazo aliená-las só a sócio profissional ou amortizá-las[388].

23.4 Regime de responsabilidade

23.4.1 Responsabilidade civil

A responsabilidade civil das sociedades de Advogados e das organizações associativas de profissionais equiparados a Advogados organizados em associação pública profissional constituídas noutro Estado-membro da União Europeia ou do Espaço Económico Europeu para o exercício da advocacia, cujo gerente ou administrador seja um profissional e cujo capital com direito de voto caiba maioritariamente aos profissionais em causa ou a outras organizações associativas cujo capital e direitos de voto caiba maioritariamente àqueles profissionais cujas representações permanentes em Portugal estejam inscritas na Ordem dos Advogados rege-se pela lei civil ou pela lei comercial, consoante se trate de uma sociedade de Advogados ou organização associativa equiparada sob a forma civil ou sob a forma comercial, respetivamente, leis aplicáveis às sociedades de Advogados ou organizações associativas equiparadas no que a lei das sociedades de profissionais não dispuser[389], mas têm direito de regresso contra os sócios, administradores, gerentes ou colaboradores responsáveis pelos atos ou omissões culposos geradores de de responsabilidade civil da sociedade ou organização, presumindo-se iguais as culpas das pessoas responsáveis[390].

---

[387] Artigo 13º.
[388] Artigo 14º – nºs 1, 2 e 3.
[389] Artigo 15º com referência aos artigos 27º e 4º – nº 3.
[390] Artigo 16º.

DIREITO PROFISSIONAL DO ADVOGADO

As sociedades de Advogados e as referidas organizações associativas de profissionais equiparados aos Advogados podem ser obrigadas a cobrir os riscos inerentes ao exercício da atividade profissional dos seus sócios, administradores, gerentes ou colaboradores[391].

As sociedades devem optar, no momento da sua constituição, por um dos dois tipos seguintes, consoante o regime de responsabilidade por dívidas sociais a adotar, devendo a firma conter a menção ao regime adotado:

a) Sociedades de responsabilidade ilimitada, RI;
b) Sociedades de responsabilidade limitada, RL[392].

Nas sociedades de responsabilidade ilimitada, os sócios respondem pessoal, ilimitada e solidariamente pelas dívidas sociais, mas os credores da sociedade de responsabilidade ilimitada só podem exigir aos sócios o pagamento de dívidas sociais após a prévia excussão dos bens da sociedade[393].

Nas sociedades de responsabilidade limitada, apenas a sociedade responde pelas dívidas sociais até ao limite do seguro de responsabilidade civil obrigatório[394].

A responsabilidade por dívidas sociais inclui as geradas por ações ou omissões imputadas a sócios, associados e estagiários, no exercício da profissão[395].

23.4.2 Responsabilidade disciplinar

As sociedades de Advogados e as organizações associativas de profissionais equiparados a Advogados atrás referidas respondem disciplinarmente perante a Ordem dos Advogados, em que estão inscritas e enquanto seus membros[396], e gozam dos direitos e estão sujeitas aos deveres aplicáveis aos Advogados que sejam compatíveis com a sua natureza, estando nomeadamente sujeitas aos princípios e regras deontológicos constantes do EOA bem como ao poder disciplinar da Ordem dos Advogados[397].

As sociedades de Advogados e as referidas organizações associativas de profissionais equiparados a Advogados são responsáveis pelas infrações

---

[391] Artigo 17º
[392] Artigo 213º – nº 10 do EOA.
[393] Artigo 213º – nºs 12 e 13 do EOA.
[394] Artigo 213º – nº 14 do EOA. Adiante, sob o nº 31, voltaremos mais extensamente ao tema da responsabilidade civil das sociedades de Advogados e dos seus sócios.
[395] Artigo 213º – nº 11 do EOA.
[396] Artigo 18º – nº 1.
[397] Artigo 213º – nº 5 do EOA.

VIII. EXERCÍCIO DA ADVOCACIA POR SOCIEDADES DE ADVOGADOS

disciplinares quando cometidas em seu nome e no interesse coletivo, por pessoas que nelas ocupem uma posição de liderança, de facto ou de direito, entendendo-se que ocupam uma posição de liderança os seus órgãos e representantes e quem nelas tiver autoridade para exercer o controlo da sua atividade, ou por quem aja sob a autoridade das referidas pessoas, em virtude de uma violação dos deveres de vigilância ou controlo que lhes incumbem, mas a sua responsabilidade é excluída quando o infrator tiver atuado contra ordens ou instruções expressas de quem de direito e não exclui a responsabilidade disciplinar individual dos infratores nem depende da responsabilização destes[398].

A assunção pela sociedade de Advogados ou entidades equiparadas de negócios jurídicos concluídos antes do seu ato de constituição não determina a sua responsabilização disciplinar por atos praticados no âmbito daqueles negócios jurídicos antes do ato de criação, mas no período compreendido entre a celebração do contrato de sociedade e o seu registo definitivo são responsáveis disciplinarmente nos termos expostos[399].

A cisão e a fusão não determinam a extinção da responsabilidade disciplinar da sociedade de Advogados ou entidade equiparada, respondendo pela prática da infração, a sociedade que resute da fusão, a sociedade incorporante ou entidade equiparada e as sociedades ou entidades equiparadas que resultem da cisão[400].

Sem prejuízo do direito de regresso quanto às quantias pagas, as pessoas que ocupem uma posição de liderança são subsidiariamente responsáveis pelo pagamento das multas em que a entidade for condenada relativamente às infrações praticadas no período do exercício do seu cargo sem a sua oposição expressa ou praticadas anteriormente, quando tiver sido por culpa sua que o património da entidade se tornou insuficiente para o respetivo pagamento, ou praticadas anteriormente, quando a decisão definitiva de as aplicar tiver sido notificada durante o período de exercício do seu cargo e lhes seja imputável a falta de pagamento e, sendo várias as pessoas responsáveis, é solidária a sua responsabilidade[401].

---

[398] Artigo 18º – nºs 2, 3, 4 e 14.
[399] Artigo 18º – nºs 5 e 6.
[400] Artigo 18º – nº 7.
[401] Artigo 18º – nºs 8 e 9.

DIREITO PROFISSIONAL DO ADVOGADO

Se as multas forem aplicadas a uma entidade sem capacidade jurídica, responde por elas o património comum e, na sua falta ou insuficiência, solidariamente o património de cada um dos sócios ou associados[402].

A perda da condição de sócio ou a sua exclusão, qualquer que seja a causa, não exonera o sócio da responsabilidade disciplinar que pudesse ser-lhe exigível por atos praticados enquanto foi sócio[403].

As sociedades de Advogados e as referidas organizações associativas de profissionais equiparados a Advogados não podem ser responsabilizadas disciplinarmente por atos praticados a título individual por pessoa singular que seja sua sócia e, nos casos em que desenvolvam atividade a título secundário, os seus sócios, administradores, gerentes ou colaboradores que, de facto, prestem os serviços em causa assumem de forma exclusivamente individual a responsabilidade disciplinar pelos mesmos[404].

23.5 O pacto das sociedades de Advogados, o registo destas e a aquisição de personalidade jurídica e a inscrição na Ordem dos Advogados

O contrato de sociedade deve conter as menções obrigatórias nos termos da lei civil ou da lei comercial, consoante se trate de uma sociedade de profissionais sob a forma civil ou de uma sociedade de profissionais sob a forma comercial, respetivamente, leis aplicáveis às sociedades de profissionais, no que a leis das sociedades de profissionais não dispuser[405].

Mas deve conter menção obrigatória do nome e firma de todos os sócios profissionais e respetivos números de inscrição, na Ordem dos Advogados[406].

Como atrás dissemos, o capital social de uma sociedade de Advogados é estipulado pelos sócios no contrato social, com respeito pela lei civil ou comercial, conforme a que for aplicável, mas a maioria do capital social com direito de voto de uma sociedade de Advogados ou a maioria dos direitos de voto, conforme aplicável, pertencem obrigatoriamente aos seus sócios profissionais[407].

Repetindo aqui também o que atrás dissemos, as participações em sociedades de Advogados são sempre nominativas, não podendo ser deti-

---

[402] Artigo 18º – nº 10.
[403] Artigo 18º – nº 11.
[404] Artigo 18º – nºs 12 e 13.
[405] Artigo 19º – nº 1 com referência ao artigo 4º – nº 3.
[406] Citado artigo 19º – nº 1.
[407] Artigo 9º – nºs 1 e 2.

VIII. EXERCÍCIO DA ADVOCACIA POR SOCIEDADES DE ADVOGADOS

das em contitularidade; são admitidas entradas em dinheiro, bens ou indústria, nos termos previstos na lei civil ou na lei comercial, conforme a que for aplicável, não sendo as entradas em indústria computadas na formação do capital social e presumindo-se iguais, salvo estipulação em contrário do contrato social; os sócios profissionais ficam ainda obrigados, para além das respetivas entradas, a exercer a advocacia em nome da sociedadede Advogados[408].

Mas o ato constitutivo da sociedade só pode ocorrer depois de o projeto de pacto social ter sido aprovado pela Ordem dos Advogados, o mesmo não se devendo observar quanto às alterações do pacto social ou dos respetivos estatutos, que dependem de deliberação dos sócios aprovada por maioria de 75% dos votos expressos e que devem ser objeto de mera comunicação no prazo de 20 dias úteis, competindo aquela aprovação, sem prejuízo de recurso para o Conselho Superior, ao Conselho Geral da Ordem dos Advogados, que exerce um controlo de mera legalidade, verificando designadamente se o pacto estava de harmonia com os princípios deontológicos e com as regras fixadas na lei[409].

Sempre se entendeu e deve continuar a entender-se que o controlo a exercer pelo Conselho Geral se estende ao modo como nos projetos de pacto são ajustados e regulamentados os interesses dos sócios, sobretudo quanto à repartição dos lucros entre participações de capital e participações de indústria e quanto aos termos em que os sócios neles participam, e que não devem ser aprovados os projetos em que tal regulamentação esteja manifestamente desequilibrada, pois outra coisa não pode decorrer dos princípios deontológicos.

Se o Conselho Geral ou o Conselho Superior se não pronunciarem sobre a aprovação ou não aprovação do projeto de pacto social dentro do prazo de vinte dias, considerar-se-á para todos os efeitos como aprovado o projeto, mas o prazo de deferimento tácito é de 40 dias úteis, nos casos em que haja sócio profissional, gerente ou administrador executivo proveniente de outro Estado-membroda União Europeia ou do Espaço Econó-

---

[408] Artigos 10º e 11º.

[409] Artigos 21º – nº 1 e 23º da Lei nº 53/2015 e 216º e 217º do EOA. O projeto de pacto de sociedade deve ser acompanhado do certificado de admissibilidade de firma, pois é aplicável o Regime de Registo Nacional de Pessoas Coletivas aprovado pelo Decreto-lei nº 129/98, de 13 de maio, bem se compreendendo, por isso, que o Conselho Geral, no regime do revogado Decreto-lei nº 229/2004, tivesse deixado de se pronunciar sobre se a razão social a adotar não era igual ou por tal forma semelhante a outra que com ela possa confundir-se, o que se previa no artigo 2º – nº 1 do revogado Decreto-lei nº 513-Q/79, de 26 de dezembro.

DIREITO PROFISSIONAL DO ADVOGADO

mico Europeu e o mesmo não se encontre inscrito na Ordem dos Advogados em virtude do caráter facultativo da inscrição para o exercício da advocacia para os prestadores estabelecidos[410].

Após o registo definitivo do contrato de sociedade de Advogados, esta é inscrita, no seguimento de mera comunicação prévia pela sociedade, na Ordem dos Advogados, sendo emitida a respetiva cédula profissional[411].

Quando não seja designado no contrato de sociedade, a sociedade de Advogados deve, no prazo de 10 dias úteis após a nomeação, comunicar à Ordem dos Advogados, onde deve ser inscrito, o nome de, pelo menos, um gerente ou administrador executivo legalmente estabelecido em território nacional para o exercício da profissão de Advogado, independentemente da modalidade de estabelecimento e o respetivo número de inscrição Ordem dos Advogados[412].

Os Advogados associados são Advogados não sócios, cujos direitos e deveres devem constar do contrato de sociedade ou de planos de carreira, e as relações entre sócios, associados e Advogados estagiários são objeto de regulamento próprio[413].

As organizações associativas de profissionais equiparados a Advogados constituídas noutro Estado-membro da União Europeia ou do Espaço Económico Europeu para o exercício de atividade profissional, cujo gerente ou administrador seja um profissional e cujo capital com direito de voto caiba maioritariamente aos profissionais em causa ou a outras organizações associativas cujo capital e direitos de voto caiba maioritariamente àqueles profissionais ou, não dispondo de capital, em que a maioria de direitos de voto seja atribuída àqueles profissionais, podem inscrever as respetivas representações permanentes em Portugal, constituídas nos termos da lei comercial[414], como membros da Ordem dos Advogados, sendo passíveis de responsabilização disciplinar pela sua atividade profissional perante a Ordem.

---

[410] Artigo 21º – nºs 3 e 4.

[411] Artigo 22º

[412] Artigo 24º com referência ao artigo 9º – nº 3.

[413] Artigos 25º da Lei nº 53/2015 e 213º – nº 9 e 215º do EOA.
Urge revogar o artigo 215º, de acordo com o que preconizámos, em nota ao nº 9.3 desta obra, quanto ao aditamento ao artigo 73º do EOA de um nº 2, que preveja uma relação laboral de caráter especial para os chamados associados.

[414] O registo das representações permanentes de sociedades com sede principal e efetiva no estrangeiro é feito em face de documento comprovativo da deliberação social que a estabeleça, do texto completo e atualizado do contrato de sociedade e de documento que comprove a existência jurídica deste – artigo 40º – nº 2 do Código de Registo Comercial.

O pedido de inscrição é instruído com cópia do ato constitutivo da respetiva representação permanente em Portugal e demais comprovativos dos referidos requisitos, considerando-se o pedido tacitamente aprovado, caso a Ordem dos Advogados não se pronuncie no prazo de 20 dias úteis, sendo o prazo de 40 dias úteis, nos casos em que haja pedidos de esclarecimentos ou aperfeiçoamento à organização associativa ou pedido de informações a autoridade congénere de outro Estado-membro.

A organização associativa inscrita deve comunicar à Ordem dos Advogados o encerramento por qualquer motivo da atividade em território nacional[415].

É através do registo definitivo do contrato de sociedade no registo nacional de pessoas coletivas ou no registo comercial, consoante o que ao caso seja aplicável, que as sociedades de Advogados adquirem personalidade jurídica, tendo, pois, o legislador consagrado o sistema de registo constitutivo, e não declarativo, de direitos[416].

Com o registo definitivo do contrato, a sociedade de Advogados assume os direitos e obrigações dos atos praticados em seu nome no período compreendido entre a celebração do contrato de sociedade e o seu registo e assume ainda os direitos e obrigações emergentes de negócios jurídicos concluídos antes do ato de constutuição, desde que especificados e expressamente ratificados[417].

A capacidade da sociedade de Advogados compreende os direitos e obrigações necessários ou convenientes à prossecução do seu objeto social e que sejam compatíveis com a sua natureza e apenas pode iniciar o exercício da atividade profissional que constitua o seu objeto pricipal após a sua inscrição na Ordem dos Advogados[418].

24. A exclusividade tendencial da atividade profissional dos sócios de indústria

Os sócios profissionais de indústria só podem exercer a atividade profissional de Advogado numa única sociedade de Advogados, não podendo exercer tal atividade fora desta, mas este último princípio não é rígido, pois o contrato de sociedade pode dispor em contrário ou pode ser celebrado acordo escrito nesse sentido por todos os sócios, pelo que qualquer

---

[415] Artigo 27º
[416] Artigo 5º – nº 1.
[417] Artigo 5º – nºs 2 e 3.
[418] Artigo 6º – nºs 1 e 2.

DIREITO PROFISSIONAL DO ADVOGADO

dos sócios pode, com autorização de todos os outros sócios, exercer, fora da sociedade, atividade profissional de advocacia, não podendo a sociedade e os sócios profissionais autorizados a exercer a atividade profissional a título individual prestar serviços que revistam, entre eles, uma situação de conflito de interesses[419].

Como corolário desta atividade tendencial da atividade profissional dos sócios, no duplo sentido de que estes apenas podem fazer parte de uma única sociedade e, em princípio, devem consagrar a ela toda a sua atividade profissional de Advogado, decorre, antes de mais, o princípio de que, no âmbito da atividade social, é dever dos sócios prestarem mutuamente informações sobre atividade profissional de Advogado sócio, sem que tal envolva violação de segredo profissional, ao qual ficam obrigados todos os sócios.

O mandato conferido apenas a algum ou alguns dos sócios de uma sociedade de Advogados não se considera automaticamente extensivo aos restantes, mas a procuração deve indicar obrigatoriamente a sociedade profissional de que o Advogado ou Advogados constituídos façam parte, podendo o Advogado ou Advogados constituídos substabelecer genericamente nos outros sócios.

A este respeito, note-se que a lei apenas presume que o poder de substabelecer o mandato está incluído nos poderes conferidos ao mandatário[420].

Em consonância com os princípios atrás expostos, o EOA e o Código de Deontologia do CCBE, depois de disporem, quanto ao patrocínio de partes com interesses opostos, que:
- um Advogado não pode aconselhar, representar ou agir em representação de dois ou mais clientes num mesmo assunto, se existir um conflito ou um risco sério de conflito entre os interesses desses clientes[421],
- deve cessar de agir em representação de ambos os clientes quando surja um conflito de interesses entre esses clientes, bem como se ocorrer risco de violação do segredo profissional ou quando a sua independência esteja em risco de não ser total[422],
- e deve também abster-se de aceitar um novo cliente se existir risco de violação de segredo profissional em relação a um anterior cliente, bem como se o conhecimento que o Advogado tem relativamente aos assuntos do anterior cliente possa favorecer o novo cliente de forma

---

[419] Artigo 214º do EOA e artigos 8º – nº 5 e 9º – nº 3 da Lei nº 53/2015.
[420] Artigo 36º – nº 2 do Código de Processo Civil.
[421] 3.2.1 do Código de Deontologia do CCBE e artigo 99º – nº 3 do EOA.
[422] 3.2.2 do Código de Deontologia do CCBE e artigo 99º – nº 4 do EOA.

VIII. EXERCÍCIO DA ADVOCACIA POR SOCIEDADES DE ADVOGADOS

indevida[423], estabelecem que, sempre que os Advogados exerçam a sua atividade em associação, as mesmas regras acabadas de indicar são aplicáveis à associação e a todos os seus membros[424].

E, no anterior regime jurídico das sociedades de Advogados, incluia-se a regra de que a sociedade, ainda que assegure internamente a criação de grupos de trabalho independentes, não pode patrocinar causas ou clientes quando tal facto consubstanciar uma situação de conflito de interesses, nos termos legais[425].

25. A firma e seu uso obrigatório

A firma das sociedades de Advogados rege-se pela lei civil ou pela lei comercial, consoante se trate de uma sociedade de profissionais sob a forma civil ou de uma sociedade de profissionais sob a forma comercial, respetivamente, leis aplicáveis às sociedades de profissionais, no que a leis das sociedades de profissionais não dispuser, mas pode conter o nome, completo ou abreviado, de anteriores sócios, mediante autorização escrita destes ou dos seus herdeiros, dada a qualquer momento, e, quando o nome do anterior sócio tenha figurado na firma da sociedade por mais de vinte anos, deixa de ser necessária a autorização do sócio ou de seus herdeiros[426].

A firma das sociedades de Advogados inclui sempre a menção de Advogados, título profissional dos respetivos sócios profissionais, seguido da expressão "sociedade de profissionais" ou "SP", exclusiva das sociedades profissionais constituídas nos termos da lei das sociedades de profissionais, imediatamente antes da menção da forma jurídica societária que concretamente assuma nos termos da lei civil ou conercial, consoante se trate de uma sociedade de profissionais sob a forma civil ou de uma sociedade de profissionais sob a forma comercial, respetivamente, leis aplicáveis às sociedades de profissionais, no que a lei das sociedades de profissionais não dispuser[427].

A firma das sociedades de Advogados deve também conter a menção ao regime de responsabilidade ilimitada, RI, ou limitada RL, firma e menção que devem constar da correspondência e de todos os documentos da sociedade e de todos os escritos profissionais dos sócios, associados ou estagiários[428].

---

[423] 3.2.3 do Código de Deontologia do CCBE e artigo 99º – nº 5 do EOA.
[424] 3.2.4 do Código de Deontologia do CCBE e artigo 99º – nº 6 do EOA.
[425] Artigo 60º do revogado Decreto-lei nº 229/2004.
[426] Artigo 20º – nº 1 e 2.
[427] Artigo 20º – nºs 4 e 5.
[428] Artigos 213º – nº 10 e 218º – nº 1 do EOA.

DIREITO PROFISSIONAL DO ADVOGADO

É permitido o uso de denominações abreviadas, com recurso às iniciais dos nomes que compõem a firma, e logotipos sujeitos a aprovação nos termos da aprovação do projeto de pacto social[429].

26. A não obrigatoriedade de participações de indústria e a possibilidade de participações de capital – problemas suscitados por estas, sobretudo pelo valor de clientela

Nem todos os sócios participam na sociedade com indústria, podendo alguns participar apenas com participações de capital, que podem ser realizadas em dinheiro ou em espécie, não podendo incluir-se nestas o valor de clientela de cada sócio, sem prejuízo de esta poder ser considerada relevante, designadamente para efeitos de amortização de participações e distribuição de lucros, desde que prevista no contrato ou em acordo escrito de todos os sócios.

Como atrás dissemos, as participações de indústria não concorrem para a formação do capital social e presumiam-se iguais, salvo estipulação em contrário do pacto social[430], devendo definir-se, no pacto social, o regime das participações de indústria, designadamente os termos em que os sócios intervêm nas deliberações sociais, isto é, os votos de cada um, e em que participam nos lucros, nas reservas e no produto de liquidação, se não se aplicar aquela presunção.

Hoje já não decorre da lei que a qualidade de sócio das sociedades de Advogados dependa exclusivamente do facto de o mesmo contribuir para a sociedade com respetiva indústria, pois nem todos os sócios têm de ser obrigatoriamente sócios profissionais e já não está excluída a possibilidade de existirem sócios apenas titulares de participações de capital, sem prejuízo de todos ou alguns poderem ou não ser titulares de participações de capital e de participações de indústria.

Devendo as sociedades de Advogados, por natureza, ser sociedades de trabalho e só excecionalmente exigindo meios financeiros consideráveis,

---

[429] Artigo 218º – nº 2 do EOA. As siglas e os logotipos estavam sujeitos a aprovação do Conselho Geral, nos termos dos artigos 11º – nº 2º e 8º do Decreto-lei nº 229/2004, não podendo deixar de se aplicar aos Advogados, por analogia, estes preceitos legais, apesar de o contrário ter sido sustentado no parecer do Conselho Geral nº E-20/05, de 16/12/05, em www.ao.pt, com base no artigo 89º – nº 2 – d) do anterior EOA, que apenas permitia as siglas e os logotipos, nada dizendo sob as condições de tal permissão, e nada justificando regime legal diferente para Advogados e sociedades de Advogados, como resulta do artigo 89º – nº 5 do anterior EOA e 94º – nº 5 do atual.

[430] Artigo 11º – nº 2.

158

VIII. EXERCÍCIO DA ADVOCACIA POR SOCIEDADES DE ADVOGADOS

importava que as participações de capital não introduzissem nelas distorções inconvenientes, distorções que o pacto social deve evitar ao mencionar obrigatoriamente o modo de determinação de repartição dos resultados, distinguindo-se a quota-parte dos mesmos, correspondente às participações de capital e a correspondente às participações de indústria, o que, contudo, parece insuficiente para evitar os inconvenientes das participações de capital.

Também assim dispunha o primeiro diploma sobre sociedades de Advogados e talvez se impusesse rever, neste aspeto, os revogados Decreto-lei nº 229/2004 e Decreto-lei nº 513-Q/79, designadamente no sentido de se prescrever a progressiva amortização das participações de capital, através da constituição de um fundo de reserva obrigatoriamente alimentado por uma percentagem dos lucros de exercício, a não ser que, por unanimidade dos sócios, se deliberasse diferentemente, além de se fixar aos lucros a atribuir às participações de capital a dupla limitação de não poderem exceder uma determinada percentagem e de não poderem traduzir uma remuneração ao capital que exceda demasiado as taxas de juro correntes no mercado, mas nada disto veio a prever-se no EOA, que, pelo contrário, agravou tais problemas.

Também quanto à clientela, cujo valor o artigo 8º – nº 2 do primeiro diploma sobre sociedades de Advogados admitia, sem restrições, poder realizar as participações de capital, fazendo tábua rasa de todas as objeções quanto à possibilidade de cessão da clientela civil, ao contrário do que acontece com a transmissão da clientela comercial, à qual não têm sido opostas objeções de maior, importava rever o citado diploma.

Sem dúvida que à clientela levada por um Advogado para a sociedade deve corresponder uma adequada compensação, mas talvez se justifique mais o enquadramento da clientela na participação de indústria do que na participação de capital, embora também se possa conceber independentemente da participação do seu titular na sociedade com a respetiva indústria.

Com o decurso do tempo, todos os sócios contribuirão para a criação da clientela da sociedade e nem por isso tal contribuição se reflectirá diretamente nas participações de capital.

É de defender que a clientela levada por um Advogado para a sociedade deve ter um regime autónomo do das participações de capital e do das participações de indústria e que a participação nos lucros que deve ser-lhe atribuída não deve exceder uma determinada percentagem deles nem um certo prazo de duração, sendo tal direito intransmissível, devendo extinguir-se com a extinção da participação de indústria e não devendo conferir especiais direitos corporativos, nomeadamente quanto ao exercício do direito de voto, aspetos que só muito limitadamente foram acolhidos lei das sociedades de Advogados contida no revogado Decreto-lei nº 229/2004[431].

27. Intransmissibilidade das participações de indústria e sua liquidação

As participações de indústria são intransmissíveis e extinguem-se sempre que o respetivo titular deixe, por qualquer razão, de ser sócio da sociedade, recebendo o sócio ou os seus herdeiros, salvo convenção em contrário, relativamente à sua participação de indústria e na proporção desta:

a) Uma importância correspondente à quota-parte das reservas sociais constituídas com referência ao período de tempoem que o sócio efetivamente exerceu a sua atividade em sociedade;

b) Uma importância correspondente aos lucros do exercício em curso, em cujo cálculo se inclui o valor dos serviços já prestados e ainda não faturados, na proporção do tempo decorrido desse exercício[432].

A transmissão da participação de capital do sócio não implica a extinção da respetiva participação de indústria, salvo deliberação unânime em contrário[433].

Quer dizer: a transmissão da participação de capital não implica a extinção da participação de indústria do respetivo sócio, mas prevê a lei que assim não seja se todos os sócios estiverem de acordo em que se extinga a participação de indústria, bem se justificando este regime, uma vez que a lei admite a existência de sócios apenas titulares de participações de indústria[434].

Cessando a participação de indústria, o sócio ou os seus sucessores apenas têm direito a receber da sociedade, relativamente à sua participação de indústria e proporcionalmente a esta, uma importância correspondente à quota-parte das reservas constituídas com referência ao período de tempo em que o sócio efetivamente exerceu a sua atividade na sociedade e uma importância correspondente aos resultados do exercício em curso, na proporção do tempo já decorrido desse exercício.

---

[431] Sobre clientela, vide Alberto Luís, Anotação, na ROA, 62º, pág. s 666-667, e Comentário à Réplica do CDL, pág. s 1091-1092.

[432] Artigo 12º – nºs 1 e 2.

[433] Artigo 219º do EOA.

[434] Artigo 219º do EOA.

O valor das reservas de indústria é, não o valor do último balanço aprovado, mas o respetivo valor real.

E, quanto às reservas constituídas por força dos resultados de exercício, deve distinguir-se entre as correspondentes às participações de indústria e as correspondentes às participações de capital, pois só aquelas devem ser pagas em consequência da extinção das participações de indústria.

28. Transmissão limitada das participações de capital

28.1 Transmissão voluntária *inter vivos*

As participações de capital podem ser transmitidas *inter vivos*, mediante cessão onerosa ou gratuita.

As transmissões são livres entre os sócios, sem prejuízo do direito de preferência dos outros sócios[435].

Para o exercício deste direito de preferência dos demais sócios, o que pretenda ceder a respetiva participação de capital deve dar conhecimento aos restantes do seu propósito, mediante carta registada com aviso de receção, dirigida para as respetivas residências ou através de notificação pessoal, mediante assinatura de documento certificador, indicando o valor, os termos e condições da projetada cessão e a identificação do previsto ou previstos cessionários[436].

Os sócios não cessionários devem exercer o seu direito de preferência no prazo de quinze dias, por qualquer dos referidos meios[437].

Se algum ou alguns dos sócios não cessionários exercerem o seu direito de preferência, a participação de capital deve ser cedida ao primitivo ou primitivos previstos cessionários e àquele ou àqueles na proporção das respetivas posições sociais, salvo disposição em contrário do contrato de sociedade[438].

O anteprojeto do revogado Decreto-lei nº 513-Q/79, de 26 de dezembro, da autoria da comissão de reforma da Ordem dos Advogados consagrava a regra de que a cessão de participações de capital entre sócios era livre sem prever qualquer direito de preferência dos restantes[439].

---

[435] Artigos 29º – nº 1 e 32º – nº 1.
[436] Artigo 29º – nºs 2 e 4.
[437] Artigo 29º – nºs 3 e 4.
[438] Artigo 29º – nº 5.
[439] Artigo 9º do Anteprojeto Referente às Sociedades Civis Profissionais de Advogados, na ROA, 39º, pág. 393.

DIREITO PROFISSIONAL DO ADVOGADO

Na falta de comunicação ao sócio cedente, a participção pode ser cedida ao sócio profissional ou a não sócio, nos termos que que a seguir vamos dizer[440].

A cessão a terceiros só é admitida quando o cessionário for Advogado, sociedade de Advogados ou organizações associativas de profissionais equiparados aos Advogados atrás referidas, ficando dependente de autorização da sociedade, concedida por deliberação dos sócios[441].

Recebida do sócio que pretenda ceder a respetiva participação de capital a terceiros a comunicação, por carta registada, com aviso de receção, ou através de notificação pessoal, mediante assinatura de documento certificador, em que indique o valor, os termos e condições da projetada cessão e a identificação do previsto ou previstos cessionários, deve a sociedade comunicar ao sócio, por aqueles meios, no prazo de quarenta e cinco dias, se consente ou não a cessão, considerando-se, na falta de resposta, a cessão autorizada tacitamente[442].

No caso de recusa de autorização, a comunicção da recusa inclui uma proposta de amortização ou aquisição da participação de capital, proposta que fica sem efeito, mantendo-se a recusa do consentimento, se o sócio não a aceitar no prazo de 30 dias, através de carta registada, com aviso de receção, ou através de notificação pessoal, mediante assinatura de documento certificador[443].

O valor da amortização ou aquisição é feito pelo valor determinado no contrato de sociedade ou em acordo escrito de todos os sócios ou, nada estando previsto, na lei civil ou comercial, consoante se trate de uma sociedade de Advogados sob a forma civil ou sob a forma comercial, respetivamente, mas o valor oferecido não deve ser inferior ao valor correspondente ao preço da projetada e não autorizada cessão, a não ser que, no prazo de trinta dias, a sociedade comunique ao sócio que não aceita tal preço como valor de amortização ou aquisição, caso em que este valor será fixado por uma comissão arbitral constituída por três Advogados, um designado pela sociedade, outro pelo sócio e o terceiro que presidirá, com voto de desempate, pelo Presidente do conselho regional da Ordem dos Advogados da sede da sociedade, cabendo a este estabelecer os termos do respetivo processo, e tendo em atenção esta comissão, no cálculo do valor da amortização

---

[440] Artigo 29º – nº 6.
[441] Artigos 30º – nº 1 e 28º – nº 2 – a).
[442] Artigo 30º – nºs 2, 3, 4 e 5.
[443] Artigo 31º – nºs 1 e 2.

VIII. EXERCÍCIO DA ADVOCACIA POR SOCIEDADES DE ADVOGADOS

ou aquisição o facto de o sócio, com a sua saída, reduzir ou não a clientela da sociedade e, em caso afirmativo, em que medida[444].

Esta solução mitiga, em parte, o inconveniente geralmente apontado ao facto de a clientela ser relevante, designadamente para efeitos de amortização de participações de capital: o sócio, ao deixar a sociedade, pode receber, em duplicado, a parte da clientela que levou para a sociedade e que não foi absorvida por esta, por a levar consigo em espécie, salvo cláusula de não concorrência, e recebe ao mesmo tempo o seu valor na medida em que essa parte seja tomada em consideração na fixação do valor da participação de capital, que lhe será paga.

Note-se, porém, que, se a amortização da participação de capital não for acompanhada da extinção da participação de indústria, caso em que não tem lugar a saída do sócio nem uma possível redução da clientela em consequência de tal saída, não se justifica encarar a clientela como relevante para efeitos de amortização de participações de capital.

É claro que, sendo a amortização imposta pelo sócio à sociedade, é normal que também se extinga a respetiva participação de indústria, por os demais sócios não estarem de acordo em que subsista a participação de indústria daquele, mas pode acontecer que assim não seja.

O valor da amortização será acrescido da importância apurada nos termos do artigo 12º – nº 2[445].

Na verdade, a não ser que a amortização da participação de capital não implique a extinção da participação de indústria, o sócio, além de receber o valor daquela, como acaba de expor-se, também receberá o desta, nos termos do artigo 12º – nº 2.

A comissão é constituída a requerimento da sociedade ou do sócio, dirigido à Ordem dos Advogados e, na determinação do valor da amortização ou da aquisição, a comissão arbitral pode ser auxiliada por um perito[446]

É aplicável à cessão de participações de capital a título gratuito o disposto nos artigos 29º a 31º com as necessárias adaptações, tendo o cedente de atribuir-lhes um valor, não obstante o caráter gratuito da cessão, para os efeitos do direito de preferência dos sócios não cessionários e da autorização ou recusa da cessão e amortização da participação de capital[447].

---

[444] Artigo 31º – nºs 3, 4, 5 e 7.
[445] Artigo 31º – nº 8.
[446] Artigo 31º – nºs 6 e 9.
[447] Artigo 32º – nºs 1 e 2.

DIREITO PROFISSIONAL DO ADVOGADO

28.2 Transmissão não voluntária *inter vivos*

Quanto à transmissão não voluntária *inter vivos* de participações de capital, preceitua o artigo 33º que a sociedade pode amortizá-la ou adquiri-la é obrigada a fazê-lo, conforme o adquirente seja ou não Advogado ou uma sociedade de Advogados ou equivalente, sendo a amortização ou aquisição realizada pelo valor fixado pela comissão referida no artigo 31º – nº 5, exceto se o pacto ou acordo escrito de todos os sócios ou a lei civil ou comercial, conforme se trate de sociedade de Advogados sob a forma civil ou comercial, respetivamente, dispuser de outra maneira.

No primeiro dos referidos casos, a deliberação deve ser tomada no prazo de sessenta dias, devendo naturalmente ser imediata no segundo caso. Em ambos os casos, enquanto a sociedade não deliberar a amortização voluntária ou obrigatória, não pode o adquirente ser considerado sócio, transformando-se a participação de capital num direito de crédito ao respetivo valor sem dependência da deliberação de amortização. No caso de amortização obrigatória, não se trata até de uma verdadeira deliberação de amortização, uma vez que a deliberação terá apenas por finalidade desencadear formalmente a intervenção da comissão arbitral que fixa o valor da participação, se a sociedade não concordar com o valor da transmissão (na hipótese de concordar, não será necessária a intervenção daquela comissão, apesar de o artigo 33º não o dizer), aplicando-se, com as necessárias adaptações, as regras do artigo 31º – nºs 5, 6 e 8. No caso de amortização voluntária poderá parecer artificiosa aquela construção, mas é a consagrada pela lei para o caso de falecimento de sócio, que iremos ver.

28.3 Extinção da participação de capital ou sua transmissão *mortis causa* ou por cessação da atividade

As participações de capital podem extinguir-se por morte do seu titular, tendo os herdeiros direito a receber o respetivo valor de amortização, que é determinado de acordo com os critérios fixados no contrato de sociedade ou na lei civil ou comercial, conforme se trate de Sociedade de Advogados sob a forma civil ou comercial, respetivamente, ou por acordo entre a sociedade e os herdeiros ou, na falta de tal acordo por uma comissão arbitral constituída nos termos do artigo 31º – nº 5, com as necessárias adaptações, valor a que acrescerá a importância apurada nos termos do nº 2 do artigo 12º[448]. Mas pode a sociedade consentir que as participações de capital se transmitam para os herdeiros do sócio falecido que sejam Advogados,

---

[448] Artigo 34º – nºs 1, 2, 4, 5, 6 e 7.

VIII. EXERCÍCIO DA ADVOCACIA POR SOCIEDADES DE ADVOGADOS

sociedade de Adevogados ou organizações associativs equivalentes equivalentes[449]. É claro, porém, que, mesmo nesta hipótese, extinguindo-se a participação de indústria do sócio falecido, os herdeiros têm sempre direito às importâncias a que se refere o artigo 12º – nº 2. O disposto no artigo 34º – nºs 2 a 7 sobre a extinção de participações de capital do sócio falecido é igualmente aplicável – diz a lei – aos casos de interdição ou inabilitação de sócio ou de cancelamento da sua inscrição como Advogado[450]. A ser assim, não poderia falar-se de herdeiros, mas tão só de presumíveis herdeiros e sempre poderiam surgir dificuldades na sua transmissão para estes.

O valor das participações de capital, em caso de interdição, inabilitação ou cancelamento da inscrição, pertence ao sócio e não aos seus presumíveis herdeiros e só pode ser atribuído a estes com o consentimento do sócio ou com o suprimento do seu consentimento em caso de interdição ou inabilitação, não repugnando também que, com tal consentimento ou suprimento deste e por acordo de todos os sócios, aos presumíveis herdeiros que sejam Advogados se transmitam as participações de capital do sócio interdito ou inabilitado ou cuja inscrição foi cancelada, adquirindo aqueles originariamente uma participação de indústria que pode ser igual à do transmitente das participações de capital, mas também pode ser menor ou maior, através da alteração das participações de indústria de outros sócios.

Seja qual for o seu motivo, sempre que a amortização da participação de capital profissional não seja acompanhada da correspondente redução do capital, as participações dos outros sócios são proporcionalmente aumentadas, mas pode estipular-se no contrato de sociedade ou podem os sócios profissionais deliberar por unanimidade que, em vez da participação amortizada, sejam criadas uma ou mais participações de capital profissional, cujo valor nominal total seja igual ao da participação extinta, para imediata transmissão a sócio profissional ou a terceiro que seja Advogado, sociedade de Advogados ou organização associativa equivalente[451].

---

[449] Artigo 34º – nº 2. O artigo 15º do revogado Decreto-lei nº 513-Q/79, de 26 de dezembro, estabelecia que, em tal hipótese, as participações de capital seriam objeto, na partilha, de atribuição preferencial em benefício dos herdeiros que fossem Advogados, o que constituía um direito real de preferência, que deixou de existir por força do princípio do *numerus clausus* dos direitos reais, sem prejuízo de, para tal hipótese, o contrato de sociedade poder estabelecer um pacto de preferência.

[450] Artigo 34º – nºs 8 e 9.

[451] Artigo 34º – nºs 10 e 11.

De resto, em vez da amortização pode a sociedade adquirir ou fazer adquirir a participação de capital por sócio profissional ou não sócio que cumpra os requisitos correspondentemente aplicáveis[452].

29. O regime da exoneração de sócio

Os sócios profissionais têm o direito de se exonerar da sociedade, nos termos da lei civil ou comercial, consoante se trate, respetivamente, de sociedade de Advogados sob a forma civil ou comercial e designadamente por ter votado contra o projeto de fusão ou de cisão; pela entrada de novos sócios, se o sócio tiver votado contra a deliberação da assembleia geral; pela prorrogação da duração da sociedade, também na referida hipótese; pela ocorrência de justa causa de exclusão de outro sócio, nos termos da alínea a) do nº 2 do artigo 22º, se a sociedade não deliberasse excluí-lo ou não promovesse a sua exclusão judicial[453].

O sócio devia comunicar à sociedade a intenção e os motivos da exoneração, por carta registada com aviso de receção ou por notificação, com assinatura de documento certificador[454].

A exoneração só se torna efetiva no fim do ano social em que é feita a respetiva comunicação, mas nunca antes de decorridos três meses sobre tal comunicação[455].

Se a causa de exoneração invocada pelo sócio não for aceite pela assembleia geral, a exoneração só pode ser autorizada judicialmente[456].

Recebida a comunicação e não sendo recusada a exoneração, a sociedade, no prazo em que se torna efetiva a exoneração, amortiza a participoação, adquire-a ou fá~la adquirir por sócio ou terceiro, conferindo o direito à quantia que a sociedade e o sócio exonerado acordarem ou, na falta de acordo, à que for fixada pela comissão arbitral, nos termos do artigo 31º – nºs 5, sempre com o acréscimo previsto no artigo 12º – nº 2[457].

---

[452] Artigo 34º – nº 2.
[453] Artigo 35º – nºs 1 e 2.
[454] Artigo 35º – nº 3.
[455] Artigo 35º – nº 4.
[456] Artigo 35º – nº 5.
[457] Artigo 35º – nºs 6 e 7.

VIII. EXERCÍCIO DA ADVOCACIA POR SOCIEDADES DE ADVOGADOS

30. Os regimes da exclusão de sócio, da impossibilidade temporária do exercício da profissão e da suspensão da inscrição de sócio como advogado

A exclusão de um sócio pode verificar-se nos casos previstos pelo pacto ou pela lei civil ou comercial, conforme se trate de sociedade de Advogados sob a forma civil ou comercial, respetivamente, ou quando lhe for imputável violação grave das obrigações para com a sociedade ou dos deveres deontológicos ou quando o sócio estiver impossibilitado ou deixar, de modo continuado, de prestar à sociedade a sua participação de indústria e é automática, em caso de aplicação de pena disciplinar de expulsão[458].

Quando não é automática, a exclusão depende de decisão judicial no caso de a sociedade ter apenas um sócio e produz efeitos decorridos trinta dias úteis sobre a data do registo da respetiva deliberação na Ordem, prazo durante o qual o sócio excluído pode deduzir oposição judicial, direito que caduca findo tal prazo[459].

A exclusão confere direito à quantia apurada nos termos do contrato de sociedade, em acordo escrito de todos os sóciosou na lei civil ou comercial, conforme se trate de sociedade de Advogados sob a forma civil ou comercial, respetivamente, ou, na falta de tais critérios, à que for fixada pela comissão arbitral a que se refer o artigo 31º – nº 5, aplicando-se os nºs 6 e 7, sempre com o acréscimo previsto pelo artigo 12º – nº 2[460].

Não diz a lei o que devia entender-se por violação grave das obrigações para com a sociedade ou de deveres deontológicos e por impossibilidade ou abstenção continuada do sócio de prestar à sociedade a participação de indústria a que se obrigou, tratando-se de conceitos indeterminados. Mas o regime legal da impossibilidade temporária do exercício da profissão por motivo de saúde e o da suspensão da inscrição de sócio como Advogado contidos nos artigos 37º e 38º podem fazer luz a esse respeito.

No caso de impossibilidade temporária do exercício da profissão por motivo de saúde, o sócio, salvo estipulação do pacto mais favorável, mantém o direito aos resultados correspondentes à sua participação de capital e, quanto aos resultados correspondentes à sua participação de indústria, mantém o direito a eles durante seis meses e a metade deles nos dezoito meses subsequentes até dois anos, podendo a sociedade proceder à amortização da participação de capital, se a impossibilidade exceder trinta meses,

[458] Artigo 36º – nºs 1 e 5.
[459] Artigo 36º – nºs 2, 3 e 4.
[460] Artigo 36º – nºs 6, 7 e 8.

DIREITO PROFISSIONAL DO ADVOGADO

e fazendo-se a amortização pelo valor determinado nos termos do artigo 31º[461]. Este regime é aplicável ao caso de suspensão de inscrição de sócio como Advogado, salvo quanto ao direito aos lucros correspondentes às participações de indústria, pois só tem direito a estes e apenas durante seis meses de duração da suspensão[462].

Deve concluir-se que a impossibilidade temporária ou a suspensão da inscrição de sócio como Advogado superior a trinta meses ou a condenação em pena disciplinar de suspensão por tempo superior trinta meses por infração a deveres deontológicos podem conduzir à amortização de participações de capital com a normal extinção das participações de indústria. Ora, se podem conduzir à referida amortização, também podem conduzir à exclusão de sócio por infração disciplinar grave aos deveres deontológicos ou por impossibilidade continuada do exercício, exclusão que tem um resultado análogo ao daquela amortização.

31. Responsabilidade dos sócios por dívidas sociais e responsabilidade social por atos dos sócios

Nas sociedades de Advogados de responsabilidade limitada, apenas a sociedade responde pelas dívidas sociais até ao limite do seguro de responsabi-

---

[461] Artigo 37º – nºs 1, 2, 3 e 4.

[462] Artigo 38º. Este regime da suspensão da inscrição de Advogado por um sócio, em caso de incompatibilidade superveniente, merece sérios reparos, pois permite que, durante seis meses, ele mantenha o direito a metade dos lucros correspondentes às participações de indústria, apesar de estar inibido do exercício da advocacia por incompatibilidade superveniente; mas ainda mais grave é que, em caso de suspensão por incompatibilidade, se mantenha na razão social o nome do Advogado que está naquela situação, permitindo-se, por essa via, angariação de clientela, através do nome do Advogado com inscrição suspensa eventualmente por causa do exercício de uma função pública de grande notoriedade. Em sentido contrário ao aqui defendido, veja-se o BOA nº 18/2003, pág. 57, mas com um voto de vencido. Embora continue a poder sustentar-se o que aqui se defende, esta tese sai enfraquecida pela solução legal de a firma poder ser mantida com o nome de ex-sócios, nos termos do artigo 20º – nºs 2 e 3. A conclusão 194 da 1ª Secção do VII Congresso da Ordem dos Advogados de 2011, na Figueira da Foz, apoia a nossa posição nesta matéria: "A Ordem deve promover a consagração legal da proibição dos titulares de cargos políticos manterem, direta ou indiretamente, interesses nos escritórios de sociedades de advocacia de que fazem parte bem como promover a consagração legal da proibição dos nomes dos titulares de tais cargos continuarem a ser publicitados nos mencionados escritórios de sociedades, ainda que os ditos titulares tenham suspendido a sua actividade de Advogados".

VIII. EXERCÍCIO DA ADVOCACIA POR SOCIEDADES DE ADVOGADOS

lidade civil obrigatório[463] e era de 50.000 Euros, a subscrever e a realizar integralmente em dinheiro, o seu capital social mínimo[464].

Nas sociedades de responsabilidade ilimitada, é pessoal, ilimitada e solidária a responsabilidade dos sócios para com terceiros pelas dívidas sociais[465]. Para efeitos de regresso entre os sócios, dispunha o revogado Decreto-lei nº 229/2004 que cada um respondia pelas dívidas sociais na proporção em que participasse nos resultados, salvo estipulação diversa do pacto social[466].

A responsabilidade dos sócios é, porém, subsidiária, pois os credores da sociedade só podem exigir dos sócios o pagamento de dívidas sociais após a prévia excussão do património social[467].

A responsabilidade por dívidas sociais inclui as geradas por ações ou omissões imputadas a sócios, associados e estagiários, no exercício da profissão[468].

A sociedade responde solidariamente com o sócio pelos prejuízos decorrentes dos atos profissionais do sócio no âmbito da atividade da sociedade, tendo esta, porém, direito de regresso contra o sócio e devendo a sociedade ou o sócio transferir para uma seguradora a responsabilidade civil profissional, mas as sociedades de Advogados que optem pelo regime de responsabilidade limitada deviam obrigatoriamente contratar um seguro que não podia ser inferior a 50% do valor da faturação da sociedade no ano anterior, com um mínimo de 50.000 Euros e um máximo de 5.000.000 de Euros e que, no ano da constituição, correspondia ao mínimo, implicando a responsabilidade ilimitada dos sócios durante o período de incumprimento, a omissão do dever de celebração do seguro[469].

---

[463] Artigo 213º – nº 14 do EOA.

[464] Revogado artigo 35º do Decreto-lei nº 229/2004.

[465] Artigo 213º – nº 12 do EOA.

[466] Revogado artigo 36º – nº 2.

[467] Artigo 213º – nº 13 do EOA.

[468] Artigo 213º – nº 11 do EOA.

[469] Revogado artigo 37º do Decreto-lei nº 229/2004, não existindo hoje no EOA nem na lei das sociedades profissionais sujeitas a associações públicas profissionais disposição que substitua aquele revogado artigo 37º. Trata-se de um dever de manter um seguro de responsabilidade civil profissional não só quanto às sociedades de Advogados mas também quanto ao exercício individual da advocacia, dever imposto em 3.9 do Código de Deontologia do CCBE. O artigo 73º do Decreto-lei nº 487/99, de 16 de novembro, prescrevia, como condição de inscrição, para os Revisores Oficiais de Contas, e prevê atualmente o artigo 87º do Estatuto da Ordem dos Revisores Oficiais de Contas aprovado pela lei nº 140/2015, de 9 de setembro, um seguro obrigatório de responsabilidade civil profissional com o limite mínimo de 500.000 euros por cada

DIREITO PROFISSIONAL DO ADVOGADO

Não parece de aplaudir a inovação da lei quanto à constituição de sociedades de Advogados de responsabilidade limitada, com exclusão da responsabilidade dos sócios, ainda que tivesse sido imposta pelo revogado Decreto-lei nº 229/2004 a obrigatoriedade de um seguro pelo menos igual a 50% do valor da faturação da sociedade no ano anterior, com um mínimo de 50.000 Euros e um máximo de 5.000.000 de Euros.

Na verdade, em sede de responsabilidade contratual, a regra geral é a de o devedor ser responsável pelos prejuízos que causa ao credor quando falta culposamente ao cumprimento[470], ou quando torna impossível a prestação por causa que lhe é imputável, hipótese em que é responsável como se faltasse culposamente ao cumprimento da obrigação[471], sendo nulas em qualquer das hipóteses de atos do próprio devedor a cláusula pela qual o credor renuncia antecipadamente a qualquer dos direitos que a lei lhe confere nos

---

ato ilícito e, para sociedades de Revisores, aquele limite mínimo vezes o número de sócios ou de Revisores sob contrato de prestação de serviços, devendo, nos termos do nº 10 do artigo 87º, as condições de seguro constar de apólice única, a aprovar por norma da Autoridade de Supervisão de Seguros e Fundos de Pensões, ouvida a Associação Portuguesa de Seguradoras. O capital mínimo obrigatoriamente seguro das sociedades de profissionais de Contabilistas Certificados não pode ser inferior a 150.000 euros, nos termos do Estatuto da Ordem dos Contabilistas Certificados aprovado pela lei nº 139/2015, de 7 de setembro. A Lei nº 125/99, de 20 de agosto, concedeu autorização ao Governo para atualização dos valores mínimos do seguro obrigatório, com possibilidade de as suas condições poderem constar de apólice mínima, cobrindo os riscos de todas as atividades profissionais de interesse público. Sobre a obrigatoriedade de seguro da responsabilidade civil profissional dos Advogados noutros países, pode ver-se ARTUR PINTO DE FARIA, Relações Internacionais, 6.2 Congresso da "Federation des Barreaux D'Europe" – Toulouse – 29 abril a 1 maio/99, in Revista do Conselho Distrital do Porto da Ordem dos Advogados, ano 1999, nº 15, pág.s 25 e seg.s. O artigo 123º – l) do Estatuto dos Solicitadores aprovado pelo Decreto-lei nº 88/2003, de 26 de abril, no uso de autorização da Lei nº 23/2002, de 21 de agosto, estatui como dever do Solicitador de execução contratar e manter seguro de responsabilidade civil profissional de montante não inferior a 100.000 euros. E o artigo 12º do Estatuto da Ordem dos Solicitadores e dos Agentes de Execução aprovado pela Lei nº 154/2015, de 14 de setembro, estabelece o seguro mínimo de 100.000 euros no caso de solicitadores e o mesmo valor ou o correspondente a 50% da faturação no ano anterior, caso seja superior a 100.00 euros, no caso de agentes de execução; para sociedades RL, o valor mínimo é de 200.000 euros, não podendo ser inferior a 50% da faturação no ano anterior, com o limite máximo de 5.000.000 de euros. A Recomendação da Comissão de 5 de junho de 2008, no JO L 162/39, diz respeito à limitação da responsabilidade civil dos Revisores Oficiais de Contas e das sociedades de Revisores Oficiais de Contas, sendo os Estados – membros convidados a informar a Comissão das ações tomadas à luz daquela Recomendação até 5 de junho de 2010.

[470] Artigo 798º do Código Civil.
[471] Artigo 801º – nº 1 do Código Civil.

casos de não cumprimento ou mora do devedor, a não ser que se trate de culpa leve[472].

E deve notar-se que é nula, mesmo que seja objeto de negociação individual, qualquer convenção ou disposição contratual que exclua ou restrinja os direitos atribuídos pela lei de defesa do consumidor, sem prejuízo do regime das cláusulas contratuais gerais[473], regime que difere, consoante estejam em causa **ou** relações entre empresários ou profissionais liberais, singulares ou coletivos, ou entre uns e outros, quando intervenham apenas nessa qualidade ou no âmbito da sua atividade específica **ou então** quando estejam em causa relações com consumidores finais[474].

Ora tudo isto é posto em causa no caso de sociedades de Advogados de responsabilidade limitada, com exclusão da responsabilidade dos sócios, em que há limitação de responsabilidade por atos do próprio devedor em hipóteses de dolo ou culpa grave.

E esta solução não é de aplaudir, tanto mais que não podendo afirmar-se que é a sociedade de Advogados, apesar de ter personalidade jurídica, que exerce a atividade profissional dos Advogados seus sócios, embora também não possa afirmar-se que estes sejam seus auxiliares, sempre devia aplicar--se a regra de que o devedor é responsável perante o credor pelos atos das pessoas que utiliza para o cumprimento da obrigação como se tais atos fossem praticados pelo próprio devedor[475], só podendo ser convencionalmente excluída ou limitada a sua responsabilidade, mediante acordo prévio dos interessados, desde que a exclusão ou limitação não representasse a violação de deveres impostos por normas de ordem pública[476], âmbito em que é mais difícil a exclusão ou limitação quando se trate de auxiliares que são Advogados, sobre os quais impendem muitos deveres impostos por normas de ordem pública, do que tratando-se de outros auxiliares.

---

[472] Artigo 809º do Código Civil. As alíneas c) e d) do artigo 18º do Decreto-lei nº 446/85, de 25 de outubro, que estabelece o regime jurídico das cláusulas contratuais gerais, fornece, um novo apoio, de natureza sistemática, para interpretar o artigo 809º no sentido da sua aplicação apenas em casos de dolo ou culpa grave, pois aquela alínea c) justifica, *a fortiori*, a validade de princípio da cláusula de exclusão de responsabilidade por simples culpa leve em contratos negociados – ANTÓNIO PINTO MONTEIRO, ROA, 46º, pág. s 758/9.

[473] Artigo 16º – nº 1 da Lei nº 24/96, de 31 de julho.

[474] À primeiras relações aplicam-se os artigos 18º e 19º e às segundas os artigos 21º e 22º do Decreto-lei nº 446/85, de 25 de outubro.

[475] Artigo 800º – nº 1 do Código Civil.

[476] Artigo 800º – nº 2 do Código Civil.

DIREITO PROFISSIONAL DO ADVOGADO

Quer dizer: o cliente de um Advogado não poderá exigir-lhe, apesar de ele exercer uma profissão de interesse público, a mesma responsabilidade que o credor pode exigir ao seu devedor...

Ninguém duvide de que o cliente do Advogado não entenderá como isto é possível...

Em França, defende-se até que a exclusão ou limitação de responsabilidade do Advogado é irrealizável, em face das relações de natureza pessoal entre o Advogado e o seu cliente, porque, mesmo que aquela exclusão ou limitação fossem juridicamente possíveis, os Advogados não pretenderão que os seus clientes assinem sistematicamente, antes de qualquer intervenção ou de qualquer consulta, a declaração de que foram informados de que o Direito não é uma ciência exata e de que, em questões de justiça, o Advogado tem o direito de errar![477]...

Juridicamente mal se compreende uma cláusula limitativa de responsabilidade no âmbito do mandato judicial, não só porque os tribunais têm consciência da natureza mutável da jurisprudência e esta circunstância pode ser tomada em conta para afastar a responsabilidade do Advogado a quem um cliente reprovasse um resultado insuficiente mas também porque é inaceitável que o mandatário judicial de uma parte, ao entrar na lide, possa de antemão limitar o seu empenho e deixar pensar ao seu cliente que já vai partir vencido[478]...

E, por isso, é em matéria de consulta jurídica que aparecem cada vez mais as cláusulas limitativas de responsabilidade, sobretudo em operações importantes, complexas, designadamente em matéria de direito das empresas, onde a obrigação de aconselhamento está próxima do regime de uma obrigação de resultado, pelo menos quanto à redação de um contrato, cujo primeiro resultado é o da sua validade, e, depois, o da sua eficácia. Mas também aí não é concebível como o Advogado poderá querer limitar a sua responsabilidade, pois que, se não pode garantir todo o contexto do contrato, quanto à sua oportunidade e quanto às suas consequências, não poderá deixar de se responsabilizar totalmente se quiser transmitir segurança jurídica ao contrato tomado em si mesmo[479].

---

[477] M. DAVID LANDRY (Ancien Bâtonnier de l'Ordre des Avocats du Mans), em comunicação ao Congresso de Toulouse, em 30/4/1999, La Limitation de la Responsabilité: Est-elle Réalisable?, pág. 1.

[478] Autor e obra citados, pág.s 3 e 4.

[479] Autor e obra citados, pág. 4.

VIII. EXERCÍCIO DA ADVOCACIA POR SOCIEDADES DE ADVOGADOS

Nenhum Advogado digno deste título poderá pretender uma cláusula de exclusão de responsabilidade no sentido de uma exoneração absoluta de toda a responsabilidade, mas apenas o reconhecimento pelo cliente duma determinada advertência, dum determinado conselho, reconhecendo, por exemplo, ter sido informado da eventual consequência de um ato jurídico, tê-la aceite e ter renunciado a responsabilizar o Advogado.

Em França também não são aceites cláusulas de exclusão ou limitação em caso de "inexecução de uma obrigação essencial", consideradas abusivas, quando foi omitido o que constituía o próprio objeto da prestação de serviço ou, ao menos, o seu fim essencial[480].

Com o regime das sociedades de Advogados de responsabilidade limitada com exclusão da responsabilidade dos sócios pode estar em desacordo a proibição pela lei do negócio contrário à ordem pública e aos bons costumes[481] como a proibição pela lei do patrocínio de causas injustas[482].

Hoje, em França, a responsabilidade profissional de um Advogado, não pode ser limitada pela forma jurídica da estrutura na qual exerce, pois o artigo 16º da Lei nº 90-1258 de 31 de dezembro de 1990 sobre as sociedades de exercício liberal (SEL) dispõe: "cada associado repond sur l'ensemble de son patrimoine des actes professionnels qu'il accomplit. La societé est solidairement responsable avec lui".

O artigo 18º do Decreto nº 93-492 de 25 de março de 1993 para a aplicação à profissão de Advogado da Lei nº 90-1258 de 31 de dezembro de 1990 dispõe que, sob reserva da aplicação das disposições do presente Decreto, todas as disposições legislativas e regulamentares relativas ao exercício da profissão de Advogado são aplicáveis às sociedades de exercício liberalde Advogados e aos seus membros exercendo no seio da sociedade.

E o artigo 124º do Decreto nº 91-1197, de 27 de novembro de 1991, sobre a organização da profissão de Advogado, na redação do Decreto nº 2007-932, de 15 de maio de 2007, dispõe que cada um dos membros de uma associação de Advogados assume os atos praticados por um deles, em nome da associação, na proporção dos seus direitos na associação; cada um dos membros da associação responde, com o conjunto do seu património, pelos atos profissionais por ele praticados perante os seus clientes; a denominação da associação é imediatamente precedida ou seguida da menção "associação de Advogados"; e que o contrato de associação, por decisão unânime

---

[480] Autor e obra citados, pág.s 5 e 6.
[481] Artigo 280º – nº 2 do Código Civil.
[482] Artigo 90º – nº 2 – b) do EOA.

DIREITO PROFISSIONAL DO ADVOGADO

dos associados, pode prever que a responsabilidade profissional de um dos seus membros não comprometerá a dos outros associados, sendo esta cláusula oponível a terceiros, desde que cumpridas as formalidades previstas nos artigos 124º a 126º e sendo, neste caso, a denominação da associação imediatamente precedida ou seguida da menção "associação de Advogados de responsabilidade profissional individual" ou das iniciais AARPI.

Em Espanha o artigo 28º do Estatuto General da Advocacia Espanhola aprovado pelo Real Decreto 658/2001, de 22 de junho, dispõe, no seu nº 7, que a responsabilidade civil que possa ter o escritório coletivo será conforme ao regime jurídico geral que corresponda à forma de agrupamento autorizado, mas que, além disso, todos os Advogados que hajam intervindo num assunto responderão civilmente perante o cliente com caráter pessoal, solidário e ilimitado.

E a Lei nº 2/2007, de 15 de março, sobre Sociedades Profissionais, publicada no *Boletín Oficial*, de 16/3/2007, dispõe, no seu artigo 11º:

"1. Pelas dívidas sociais responderá a sociedade com todo o seu património. A responsabilidade dos sócios determinar-se-á em conformidade com as regras da forma social adotada.

2. Não obstante, pelas dívidas sociais que tenham a sua origem no desenvolvimento da atividade profissional responderão solidariamente a sociedade e os profissionais, sócios ou não, que hajam atuado, sendo-lhes aplicáveis as regras gerais sobre responsabilidade contratual ou extracontratuais correspondentes."

A referida Lei, na segunda disposição adicional, estabelece:

"1. O regime de responsabilidade estabelecido no artigo 11º será igualmente aplicável a todos os casos em que dois ou mais profissionais desenvolvam coletivamente uma atividade profissional sem se constituírem em sociedade profissional nos termos desta lei.

Presumir-se-á que concorre esta circunstância quando o exercício da atividade se desenvolva publicamente sob uma denominação comum ou coletiva ou se emitam documentos, faturas, minutas ou recibos sob tal denominação.

2. Se o exercício coletivo a que se refere esta disposição não adotar forma societária, todos os profissionais que o desenvolvam responderão solidariamente pelas dívidas e responsabilidades que tenham a sua origem no exercício da atividade profissional".

VIII. EXERCÍCIO DA ADVOCACIA POR SOCIEDADES DE ADVOGADOS

Nada obstaria a que também em Portugal a lei previsse sociedades de Advogados de responsabilidade limitada, mas em que os sócios intervenientes em determinado assunto respondessem ilimitada e solidariamente, se mais do que um tivessem intervindo, ficando excluídos da responsabilidade os sócios sem intervenção no assunto, sócios cujo interesse merece ser protegido pela lei.

Objetar-se-á que mais vale a limitação de responsabilidade com um seguro obrigatório por um montante razoável do que a responsabilidade ilimitada de um Advogado sem grande património e sem seguro...

Mas, sem prejuízo de o seguro dever ser sempre obrigatório, o cliente acreditará que o seu Advogado, mesmo sem grande património, será mais diligente para não perder o pouco que tem, se for ilimitada a sua responsabilidade, e confiará mais nele do que num Advogado com exclusão de responsabilidade, mesmo que beneficiário de um seguro de elevado montante, porque ele pouco ou nada arrisca...

Teremos de voltar a este tema, embora pouco ou nada mais lhe acrescentemos, no capítulo sobre responsabilidade civil profissional, uma vez que também o anterior EOA inovou e o atual EOA manteve o regime do anterior quanto ao Advogado em nome individual com responsabilidade limitada[483].

32. Órgãos sociais: assembleia geral e administração

Compete à assembleia geral de sócios deliberar sobre as matérias não compreendidas nas atribuições legais ou estatutárias da administração e ainda sobre as matérias que lhe sejam atribuídas nos termos da lei civil ou comercial, conforme se trate de uma sociedade de Advogados sob a forma civil ou comercial, respetivamente[484].

Na falta de estipulação em contrário do pacto social, todos os sócios tinham igual poder para administrar a sociedade[485].

Tratando-se de sociedades de Advogados sob a forma civil e aplicando-se-lhes, subsidiariamente, o direito civil, ao exercício da administração, aos direitos e obrigações dos administradores e às relações com terceiros são aplicáveis as disposições dos artigos 985º a 988º, 996º e 1000º do Código Civil.

Nas sociedades de Advogados sob a forma comercial, aplicar-se-á subsidiariamente o que se dispõe na lei comercial para cada um dos tipos de sociedades.

---

[483] Artigo 104º do EOA.
[484] Artigo 28º – nº 1.
[485] Revogado Decreto-lei nº 229/2004: artigo 28º – nº 1.

DIREITO PROFISSIONAL DO ADVOGADO

Mas deve o exercício dos poderes de administração nas sociedades de Advogados ter em atenção a independência do sócio, enquanto Advogado, relativamente à prática dos respetivos atos profissionais[486].

Só a assembleia geral pode autorizar que os administradores sejam demandados pela sociedade por factos praticados no exercício do cargo[487].

Na verdade, dependem, em qualquer caso, de deliberação dos sócios os seguintes atos e, entre eles a propositura de ações pela sociedadse contra sócios, membros do órgão da administração e membros do órgão de fiscalização (alínea j)):

a) Consentimento para transmissão de capital a não sócios, nos termos em que tal é permitido;

b) Amortização de participações sociais;

c) Aquisição, alienação e oneração de participações sociais próprias;

d) Extinção de participação de indústria de sócios rofissionais;

e) Admissão e exclusão de sócio profissional;

f) Designação e destituição de gerentes ou administradores e fixação das respetivas remunerações;

g) Alienação ou oneração de bens imóveis e alienação, oneração ou locação de estabelecimentos da sociedade;

h) Aprovação do relatório e contas do exercício, os quais devem ser depositados na Ordem dos Advogados no decurso dos 60 dias seguintes à sua aprovação;

i) Distribuição de lucros;

j) Propositura de ações pela sociedade contra sócios, membros do órgão da administração e membros do ógão de fiscalização;

k) Participação em consórcios, agrupamentos complementares de empresas e em agrupamentos europeus de interesse económico;

l) Prorrogação da duração da sociedade;

m) Dissolução da sociedade;

n) Fusão, cisão e fusão-cisão da sociedade;

o) Transformação da sociedade de Advogados em sociedade de regime geral;

p) Alteração do contrato de sociedade[488].

---

[486] Artigos 221º e 213º – nº 6 do EOA.
[487] Artigo 28º – nº 2 – j).
[488] Artigo 28º – nº 2.

VIII. EXERCÍCIO DA ADVOCACIA POR SOCIEDADES DE ADVOGADOS

Tratando-se de sociedades sob a forma civil, à convocação, constituição e funcionamento das assembleias gerais e ao conteúdo das respetivas deliberações são aplicáveis as disposições dos artigos 174º a 179º do Código Civil, mas as deliberações sobre dissolução ou prorrogação da sociedade exigem sempre, além do *quorum* pessoal referido nos nºs 2 e 3 do artigo 175º do Código Civil, a maioria absoluta dos votos expressos, como as demais deliberações, não podendo a assembleia deliberar, nunca, em primeira convocatória, sem a presença de, pelo menos, três quartos dos sócios[489].

E quer se trate de sociedades de Advogados sob a forma civil ou comercial a deliberação sobre a alteração do pacto social depende da sua aprovação por maioria de 75% dos votos expressos[490].

No regime do Decreto-lei nº 229/2004, cada sócio dispunha, pelo menos, de um voto, podendo o pacto social atribuir mais votos a algum ou alguns dos sócios ou categorias de sócios e correspondendo ao capital e à indústria, na falta de disposição do contrato de sociedade, um número igual de votos, a distribuir na proporção das participações de capital e indústria de cada um dos sócios[491].

Os sócios ausentes podem mandatar os presentes, por meio de mandato[492].

33. Divisão de resultados

Em face do artigo 2º – nºs 1 e 2 sobre o exercício em comum da atividade profissional e dispondo o artigo 11º – nº 3 da Lei nº 53/2015 que os sócios profissionais ficam obrigados, para além das respetivas entradas em dinheiro, bens ou indústria, nos termos previstos na lei civil ou na lei comercial, consoante se trate de uma sociedade de Advogados sob a forma civil ou de uma sociedade de Advogados sob a forma comercial, respetivamente, leis aplicáveis às sociedades de Advogados, no que a lei das sociedades de profissionais não dispuser[493], a exercer, em nome da sociedade de Advogados, a advocacia, atividade principal que constitui o seu objeto principal, todas as importâncias cobradas como contra – prestação da atividade profissional dos sócios e associados constituem receitas da sociedade, como dispunha o artigo 31º – nº 1 do Decreto-lei nº 229/2004.

---

[489] Artigo 28º – nº 3.
[490] Artigo 216º do EOA.
[491] Revogado artigo 26º – nºs 1, 2 e 3.
[492] Artigo 220º do EOA.
[493] Artigo 4º – nºs 1 e 3.

DIREITO PROFISSIONAL DO ADVOGADO

A sociedade podia atribuir mensalmente aos sócios uma importância fixa por conta dos resultados a distribuir[494].

Às sociedades de Advogados é aplicável o regime fiscal previsto para as sociedades constituídas sob a forma comercial[495].

34. Fusão, cisão, dissolução, liquidação e partilha de sociedades
34.1 Fusão ou cisão de sociedades e sua dissolução por tais processos

É permitida a fusão de duas ou mais sociedades de Advogados mediante a sua reunião numa única sociedade ou mediante a transferência global do património de uma ou mais sociedades para outra e atribuição aos sócios daquela ou daquelas de participações de de indústria ou de capital da sociedade incorporante ou mediante a constituição de uma nova sociedade para a qual se transferem globalmente os patrimónios das sociedades fundidas, sendo aos sócios destas atribuídas participações de indústria ou de capital da nova sociedade[496].

É permitida a cisão de sociedades de Advogados, podendo estas destacar parte do seu património para efeitos de constituição de outra sociedade de Advogados; dissolver-se e dividir o seu património, sendo cada uma das partes resultantes destinada a constituir uma nova sociedade de Advogados; e destacar partes do seu património ou dissolver-se, dividindo o seu património em duas ou mais partes para as fundir com sociedades de Advogados já existentes ou com partes de património de outras sociedades de Advogados, separadas por idênticos processos e com igual finalidade[497].

Enquanto na fusão há sempre dissolução, na cisão nem sempre isso ocorre, mas não valerá a pena autonomizar o estudo dos casos em que a dissolução não se verifica.

O projeto de cisão deve ser aprovado pela assembleia-geral da sociedade cindida e o de fusão ou cisão – fusão deve ser aprovado pela assembleia geral de cada uma das sociedades a fundir ou das sociedades participantes, por maioria de três quartos dos votos expressos pertencentes a sócios profissionais seja qual for a percentagem de capital profissional nela representada[498].

---

[494] Artigo 30º – nº 2 do revogado Decreto-lei nº 229/2004.
[495] Artigo 213º – nº 15 do EOA.
[496] Artigo 39º – nºs 1 e 2 – a) e b).
[497] Artigo 41º – nºs 1 e 2 – a), b) e c).
[498] Artigos 41º – nºs 1 e 2 e 40º – nº 2 e 42º – nº 2.

VIII. EXERCÍCIO DA ADVOCACIA POR SOCIEDADES DE ADVOGADOS

O projeto de fusão ou de cisão deve ser comunicado à Ordem dos Advogados e submetido à aprovação do Conselho Geral o contrato de sociedade incluído no projeto de fusão ou cisão[499].

Aprovada a fusão ou a cisão pelas assembleias gerais e decorrido o prazo de aprovação do respetivo projeto, compete às administrações das sociedades participantes não só outorgar o respetivo contrato, nos termos da lei civil ou comercial, conforme a aplicável, mas também promover o registo da fusão ou cisão, cujos efeitos apenas se verificavam com o registo, devendo o registo ser comunicado à Ordem dos Advogados para efeitos de alteração da inscrição ou inscrição da nova sociedade[500].

O sócio ou sócios que votarem contra o projeto de fusão ou de cisão têm o direito de se exonerar da sociedade[501].

34.2 Dissolução

A sociedade de Advogados dissolve-se nos casos previstos na lei e no contrato de sociedade e, extrajudicialmente, se se verificar a continuada violação dos requisitos para a sua constituição e quando lhe for aplicada pena disciplinar de expulsão da Ordem dos Advogados ou interdição definitiva do exercícioda atividade profissional, sendo a dissolução decretada nestes últimos casos pela Ordem dos Advogados, uma vez observado o princípio do contraditório, e promovendo a Ordem o respetivo registo[502].

Em caso de dissoluçã, a sociedade deve efetuar mera comunicação à Ordem dos Advogados[503]

34.3 Exercício da advocacia pelos sócios

Dissolvida a sociedade, é permitido aos sócios o exercício profissional da advocacia a título individual ou noutra sociedade de Advogados, ainda que não se encontre concluído o processo de liquidação e partilha, sempre que não tenham sido eles próprios suspensos, expulsos ou interditos definitivamente no decurso do processo disciplinar[504].

---

[499] Artigo 43º – nºs 1 e 2.
[500] Artigos 43º e 45º.
[501] Artigo 44º
[502] Artigo 50º – nºs 1, 2 e 4.
[503] Artigo 50º – nº 3.
[504] Artigo 52º.

34.5 Liquidação e partilha do património social

Dissolvida a sociedade, devia proceder-se à liquidação do seu património, nos termos da lei civil ou comercial, conforme a aplicável[505].

35. Referência às sociedades multiprofissionais e multinacionais

35.1 Sociedades multiprofissionais

35.1.1 Preceitos da lei contrários à consagração legal de sociedades multiprofissionais e de sociedades de profissionais e não profissionais, civis ou comerciais

Se as sociedades de Advogados se justificavam, nos termos do preâmbulo do revogado Decreto-lei nº 513-Q/79, de 26 de dezembro, pela necessidade de colaboração entre profissionais de diversa especialização jurídica, em face da complexidade da advocacia como resultado do desenvolvimento de diversas disciplinas jurídicas, as sociedades de Advogados com outros profissionais, designadamente economistas, peritos contabilistas, arquitetos, engenheiros e mediadores de imóveis não favoreceriam certamente aquela necessidade de colaboração entre profissionais de diversa especialização *jurídica*.

Não pode pôr-se em causa que haverá vantagens na organização material de profissões diferentes, cuja colaboração é, muitas vezes, necessária. São frequentes os casos em que o Advogado necessita do parecer do médico, do economista ou do engenheiro em determinado assunto de um mesmo cliente ao qual todos prestam os serviços da sua especialidade.

Mas o que está em causa é se uma estrutura de economistas ou de peritos contabilistas, por exemplo, pode incrustar-se numa estrutura de Advogados, traduzindo-se numa identidade de participações de capital ou de indústria, de administradores, de participações nos lucros, de denominação e até de dependência hierárquica.

O que está em causa é, não que duas profissões necessitem uma da outra e trabalhem em conjunto, mas que não se confundam ambas. E seria muito difícil um controlo que respeitasse as exigências impostas pelas especificidades das sociedades de Advogados, mesmo que o princípio das sociedades de Advogados com outros profissionais pudesse ser legalmente consagrado.

A eventual consagração por lei de sociedades multiprofissionais, liberais ou não, e sociedades de profissionais e de não profissionais, civis ou comer-

---

[505] Artigo 51º.

VIII. EXERCÍCIO DA ADVOCACIA POR SOCIEDADES DE ADVOGADOS

ciais, é contrária à função do Advogado como participante na administração da justiça (artigo 12º – nº 1 da Lei nº 62/2013, de 26 de agosto – Lei da Organização do Sistema Judiciário), à proclamação legal dos atos próprios da profissão dos Advogados (artigos 66º, 67º, 68º e 69º do atual Estatuto da Ordem dos Advogados) às incompatibilidades previstas no EOA (artigos 81º, 82º e 83º), à proibição de angariação de clientela pelo Advogado ou interposta pessoa (artigos 67º – nº 2 e 90º – nº 2 – h) do EOA), ao dever de recusar patrocínio em questão em que já tenha intervindo noutra qualidade (artigo 99º – nº 1 do EOA), à proibição de repartição de honorários com não Advogados (artigo 107º do EOA) e aos artigos 27º – nº 1, parte final, e 29º (ressalva de incompatibilidades), 27º – nº 2 (que se refere a sociedades civis em forma comercial, que não são comerciantes) e 27º – nº 4 (poderes de autoridade pública e razões de interesse público) da Lei nº 2/2013, de 10 de janeiro – Lei das Associações Públicas Profissionais.

Sobre sociedades multiprofissionais e de profissionais com não profissionais, dispõe o artigo 27º – nº 1 da citada Lei que "podem ser constituídas sociedades de profissionais que tenham por objeto principal o exercício de profissões organizadas numa única associação pública profissional, em conjunto ou em separado com o exercício de outras profissões ou atividades, desde que seja observado o regime de incompatibilidades e impedimentos aplicável".

E estabelece o nº 2 do mesmo artigo que "as sociedades de profissionais constituídas em Portugal podem ser sociedades civis ou assumir qualquer forma jurídica admissível por lei para o exercício de atividades comerciais"; e o nº 3 que "podem ser sócios, gerentes ou administradores das sociedades referidas no número anterior pessoas que não possuam as qualificações profissionais exigidas para o exercício das profissões organizadas na associação pública profissional respetiva, salvo, se, atentos os estatutos da sociedade, tal colocar em causa a reserva de atividade estabelecida nos termos do artigo 30º, devendo, no entanto, ser assegurado o cumprimento do disposto no nº 1, e, pelo menos: a) a maioria do capital social com direito de voto pertencer aos profissionais em causa estabelecidos em território nacional, a sociedades desses profissionais constituídas ao abrigo do direito nacional ou a outras formas de organização associativa de profissionais equiparados constituídas noutro Estado-membro da União Europeia ou do Espaço Económico, cujo capital e direitos de voto caiba maioritariamente aos profissionais em causa; e b) um dos gerentes ou administradores possuir a qualificação profissional exigida para o exercício da profissão em território nacional".

DIREITO PROFISSIONAL DO ADVOGADO

No nº 4 do mesmo artigo dispõe-se que "podem ser estabelecidas restrições ao disposto nos números anteriores, por via dos estatutos das associações públicas profissionais, apenas com fundamento no exercício de poderes de autoridade pública que a associação comporte ou em razões imperiosas de interesse público ligadas à missão de interesse público que a profissão, na sua globalidade, prossiga".

Com total indiferença pelo disposto nos nºs 1 e 2 e 4 acabados de transcrever, o gabinete do Bastonário da Ordem dos Advogados, em 11 de fevereiro de 2013, enviou para o gabinete da Ministra da Justiça o projeto de alteração do Estatuto da Ordem dos Advogados e o projeto do Estatuto Profissional do Advogado elaborados para os efeitos do disposto na nova Lei nº 2/2013, de 10 de janeiro, prevendo aquele, no artigo 203º – nº 3, que "os Advogados podem também constituir ou ingressar em sociedades com outros profissionais ou com terceiras pessoas" e no seu nº 4 que "o regime das sociedades de Advogados e das sociedades com outros profissionais ou com terceiras pessoas é estabelecido em diploma próprio" e prevendo o Estatuto Profissional do Advogado, no seu artigo 21º, as sociedades de advogados e outros profissionais, as sociedades de Advogados e não profissionais e as sociedades de Advogados, outros profissionais e não profissionais, podendo as sociedades de Advogados ou com participação de Advogados revestir a forma de sociedades civis ou comerciais; no seu artigo 84º, as sociedades de profissionais mistas e, no seu artigo 85º, as sociedades com não profissionais.

35.1.2 Legalização do exercício em sociedade das profissões liberais e proibição em França das sociedades multiprofissionais que incluam Advogados

Historicamente, argumentou-se, contra o exercício em sociedade das profissões liberais, que elas inviabilizariam uma absoluta independência, pois a atividade dos sócios deve ser conjugada de forma a ser prosseguido o seu fim comum, mas hoje todos os Advogados e a sua Ordem aceitam que a sua profissão possa ser exercida em regime de contrato de trabalho, pois basta a sua independência técnica, que não fica mais comprometida com o exercício da profissão em sociedade do que em regime de contrato de trabalho, pese embora que, num e noutro caso, deixa de ser exercida em inteiro regime liberal e sem outra independência para além da independência técnica.

Foi em França que primeiramente a lei criou as sociedades de profissionais liberais, as chamadas sociedades de exercício liberal (SEL), previstas

VIII. EXERCÍCIO DA ADVOCACIA POR SOCIEDADES DE ADVOGADOS

pela lei de 29 de novembro de 1966, completada pela lei de 23 de dezembro de 1972, consagrando, como uma figura aplicável a todas as profissões liberais, um novo tipo de sociedade a que a doutrina chamou "sociedade civil profissional" e assim se admitiu o exercício em sociedade de profissões liberais com a concessão à sociedade da personalidade jurídica e do reconhecimento do seu direito a honorários, embora se mantivesse a independência técnica do profissional, a sua responsabilidade civil, penal e disciplinar e a relação pessoal com o cliente, ficando a aplicabilidade da lei pendente da publicação dos *"reglements d'administration publique"* de cada profissão, e sendo dependente destes "RAP" a admissibilidade ou inadmissibilidade de sociedades multidisciplinares.

Ainda hoje são proibidas em França as sociedades multiprofissionais que incluam Advogados, pois o *Reglement Intérieur Nacional de la Profession d'Avocat* (RIN), consolidado pela última decisão de caráter normativo nº 2015-001, de 12 de junho de 2015, adotada pela Assembleia Geral do Conselho Nacional de Barreaux, determina, no seu artigo 16 – *Réseaux et autres conventions pluridisciplinaires* – e sob o nº 16.1., que "o Advogado pode ser membro ou correspondente duma rede pluridisciplinar nas condições enunciadas no presente artigo; não pode participar numa estrutura ou entidade que tenha por objeto ou por atividade efetiva o exercício em comum de várias profissões liberais, excluindo a lei francesa em vigor qualquer participação de um Advogado em tal estrutura ou entidade; para a aplicação do presente texto, constitui uma rede pluridisciplinar toda a organização, estruturada ou não, formal ou informal, constituída de maneira durável entre um ou vários Advogados e um ou vários membros duma outra profissão liberal, regulamentada ou não, ou empresa, com o fim de favorecer o fornecimento de prestações complementares a uma clientela desenvolvida em comum; (...)".

E, em 16.2, dispõe que "O Advogado ou estrutura de Advogados membros de uma rede pluridisciplinar deve assegurar-se de que o funcionamento da rede não acarrete violação dos princípios essenciais da profissão de Advogado e dos textos legais e regulamentares que lhe são aplicáveis, sob pena de dever retirar-se da rede; em nenhum caso, o funcionamento da rede pode acarretar violação da independência do Advogado e pertence a este assegurar-se da aplicação efetiva deste princípio; constitui nomeadamente uma violação da independência o facto, direto ou indireto, de aceitar ser parte de um mecanismo que conduza a uma repartição ou partilha de resultados ou a um reequilíbrio de remunerações em França ou no estrangeiro com profissionais não Advogados...".

DIREITO PROFISSIONAL DO ADVOGADO

35.1.3 Em Portugal: as sociedades civis de Advogados e de Revisores Oficiais de Contas e as sociedades civis sob a forma comercial destes Revisores e as sociedades multiprofissionais dos Revisores Oficiais de Contas

Em Portugal, mais limitadamente do que em França, pois não se legislou para todas as profissões liberais, os Decretos-lei nºs 513-Q/79, de 26 de dezembro, e 519-L2/79, de 29 de dezembro, admitiram as sociedades civis de Advogados e as sociedades civis de Revisores Oficiais de Contas, tendo-se mantido até ao vigente EOA apenas as sociedades civis de Advogados, apesar de o seu novo regime ter constado do revogado Decreto-lei nº 229/2004, de 10 de dezembro, mas tendo sido admitidas, além das sociedades civis de Revisores Oficiais de Contas, as sociedades civis em forma comercial, a que se refere o artigo 106º do Código Comercial, estabelecidas sob qualquer das formas das sociedades comerciais, *tertium genus*, entidade intermédia, por serem civis pelo objeto e comerciais pela forma, a que se aplicam as disposições da lei mercantil, embora não sejam comerciantes, o que ocorreu depois do Decreto-lei nº 487/99, de 16 de novembro, que revogou o Decreto-lei nº 422-A/93, de 30 de dezembro, pelo qual foi revogado o Decreto-lei nº 519-L2/79, apesar de o Decreto-lei de 1993 ter mantido apenas as sociedades civis de Revisores Oficiais de Contas, embora a autorização legislativa constante da Lei nº 13/93, de 3 de maio, já previsse a possibilidade da existência de sócios não revisores nas sociedades de revisores oficiais de contas.

Dispunha o artigo 97º – nº 1 do citado Decreto-lei nº 487/99 revogado pelo Estatuto da Ordem dos Revisores Oficiais de Contas aprovado pela Lei nº 140/2015, de 7 de setembro, que "nas sociedades de revisores poderá também haver sócios não revisores oficiais de contas, pessoas singulares, desde que nos respetivos estatutos sejam estabelecidos cumulativamente os seguintes requisitos essenciais:

a) A maioria de três quartos do número de sócios, do capital e do número de votos pertençam sempre a sócios revisores oficiais de contas;

b) A maioria de três quartos dos membros da administração, direção ou gerência da sociedade deverá ser composta por sócios revisores oficiais de contas;

c) Os únicos responsáveis pela orientação e execução direta das funções de interesse público contempladas neste diploma sejam revisores oficiais de contas, sócios ou contratados nos termos da alínea c) do nº 1 do artigo 49º;

VIII. EXERCÍCIO DA ADVOCACIA POR SOCIEDADES DE ADVOGADOS

d) Os sócios não revisores oficiais de contas preencham os requisitos estabelecidos no n.º 1 do artigo anterior".

E o n.º 1 do artigo 96.º previa que os sócios podiam ser não revisores oficiais de contas que possuíssem licenciatura numa das matérias que compõem o programa de exame de admissão à Ordem.

Note-se que, nos termos do artigo 48.º, constituíam também função dos revisores oficiais de contas, fora do âmbito das de interesse público, o exercício de consultadoria e de docência em matérias que integram o programa do exame de admissão à Ordem, o que bem explica a existência de sócios não revisores oficiais de contas, mas não há dúvida de que estávamos perante sociedades multidisciplinares de revisores oficiais de contas com licenciados numa das matérias que compõem o programa de admissão à Ordem, sociedades civis que podiam adotar forma comercial sob qualquer dos tipos de sociedades comerciais.

O atual Estatuto da Ordem dos Revisores Oficiais de Contas prevê, no artigo 48.º, que "constituem também funções dos Revisores Oficiais de Contas fora do âmbito das funções de interesse público, o exercício das seguintes atividades:

a) Docência;
b) Membros de comissões de auditoria e de órgãos de fiscalização ou de supervisão de empresas ou outras entidades;
c) Consultoria e outros serviços no âmbito de matérias inerentes à sua formação e qualificações profissionais, designadamente avaliações, peritagens e arbitragens, estudos de reorganização e reestruturação de empresas e outras entidades, análises financeiras, estudos de viabilidade económica e financeira, formação profissional, estudos e pareceres sobre matérias contabilísticas, revisão de declarações fiscais, elaboração de estudos, pareceres e demais apoio e consultoria em matérias fiscais e parafiscais e revisão de relatórios ambientais e de sustentabilidade, desde que realizadas com autonomia hierárquica e funcional,
d) Administrador de insolvência e liquidatário;
e) Administrador ou gerente de sociedades participadas por sociedades de Revisores Oficiais de Contas".

E o artigo 116.º prevê que as sociedades de Revisores podem revestir a natureza de sociedades civis dotadas de personalidade jurídica ou a natureza de sociedades comerciais com pluralidade de sócios, prevendo o artigo

DIREITO PROFISSIONAL DO ADVOGADO

117º que o objeto social é o desempenho das funções indicadas na subsecção I da secção I do capítulo IIido título I e, acessoriamente, as contempladas no artigo 48º.

Por sua vez, o artigo 118º estabelece que a maioria do capital e direitos de voto pertençam a Revisores ou sociedades de Revisores ou a auditores ou entidades de auditoria de Estados-membros, podendo o demais ser detido por qualquer pessoa singular ou coletiva.

E o nº 6 do mesmo artigo dispõe que aos sócios não Revisores se aplica o regime legal e regulamentar da Ordem (sic), exceto as disposições que impliquem o efetivo exercício das funções de interesse público, e isto com a maior das naturalidades, como se estivessem incritos na Ordem os sócios não Revisores...

Também o seu nº 10 prescreve que as sociedades podem ainda participar em sociedades de direito nacional que tenham por objeto exclusivo a prestação de serviços a que se refere a alínea c) do artigo 43º.

Assim, passa a consagrar-se na lei, além de sociedades de Revisores com natureza comercial, verdadeiros comerciantes, a existência de sociedades multiprofissionais e até sociedades de profissionais com não profissionais...

35.1.4 As regras aplicáveis às profissões organizadas em Ordens não se coadunam com as sociedades comerciais, com as multiprofissionais civis ou com as constituídas por profissionais e não profissionais

Mas, se não repugnaria muito admitir sociedades civis de Advogados em forma comercial, sob qualquer dos tipos das sociedades comerciais, mesmo anónimas, mas com participações nominativas, e sociedades por quotas, cujo capital, de umas e outras, não pode ser constituído por participações de indústria, sociedades civis em forma comercial às quais se aplica a lei mercantil, sem que as mesmas sejam comerciantes e que são as únicas sociedades que são admitidas pela Lei das Associações Públicas Profissionais (artigo 27º – nº 2), já uma sociedade comercial de Advogados, subjetivamente comerciante, ou uma sociedade de Advogados com outros profissionais ou com não profissionais, que podem praticar atos objetivamente comerciais, não pode sequer praticar os atos próprios da profissão de Advogado, designadamente o mandato judicial, que torna o Advogado participante na administração da Justiça[506], pelo menos enquanto praza a Deus que esta nunca seja privatizada e explorada por empresas comerciais.

[506] Artigo 12º – nº 1 da Lei do Funcionamento do Sistema Judiciário – Lei nº 62/2013, de 26 de agosto.

VIII. EXERCÍCIO DA ADVOCACIA POR SOCIEDADES DE ADVOGADOS

Disto lamentavelmente não se deram conta os citados projetos de Estatuto da Ordem dos Advogados e do Estatuto Profissional do Advogado nas disposições atrás referidas, que não se ficam por reconhecer apenas as chamadas sociedades multiprofissionais, liberais ou não, ou multidisciplinares, mas até as sociedades multiprofissionais com não profissionais...

Aquelas citadas disposições legais desses projetos, ao consagrarem sociedades multiprofissionais, liberais ou não, e sociedades de profissionais com não profissionais, civis ou comerciais, permite que Advogados que sejam sócios de uma sociedade comerciante e que eventualmente façam parte dos órgãos da Ordem dos Advogados exerçam os poderes de autoridade pública que aqueles órgãos da Ordem comportam como permite que tais sociedades pelo menos indiretamente, através dos seus sócios Advogados, sejam participantes na administração da Justiça, missão de interesse público que a profissão, na sua globalidade, prossegue, quando o nº 4 do artigo 27º da Lei 2/2013, de 10 de janeiro – Lei das Associações Públicas Profissionais – possibilita restrições ao disposto nos números anteriores, por via dos estatutos das associações públicas profissionais, com fundamento no exercício de poderes de autoridade pública que a associação comporte ou em razões imperiosas de interesse público ligadas à missão de interesse público que a profissão, na sua globalidade, prossiga.

As regras aplicáveis às profissões organizadas em Ordens profissionais não se coadunam quer com as sociedades comerciais exclusivamente constituídas por profissionais, de uma só ou de várias profissões, quer até com as sociedades civis de várias profissões, quer com as constituídas por profissionais e por não profissionais só detentores de participações de capital.

É que a transparência característica das sociedades civis não é favorecida pelas sociedades comerciais; ninguém pode exercer profissões para as quais não está habilitado; ninguém está de fora das limitações de angariação de clientela tão caras às Ordens profissionais; e estes problemas agravam-se quando há sócios apenas titulares de participações de capital que vão partilhar os rendimentos da atividade exercida em sociedade.

Da própria existência de Ordens profissionais resultam manifestações de que a lei quer assegurar que determinadas profissões sejam exercidas apenas por quem reúna os requisitos legalmente exigidos, protegendo o público pela concessão de um direito exclusivo ao exercício da profissão. E não é compatível com leis que prevejam atos próprios de uma profissão a consagração legal de sociedades comerciais e até civis constituídas por profissionais de diversas profissões, reguladas ou não, e de sociedades consti-

DIREITO PROFISSIONAL DO ADVOGADO

tuídas por profissionais e não profissionais apenas detentores de participações de capital.

O direito exclusivo ao exercício de uma profissão, além de assegurar que os atos próprios de uma profissão sejam praticados apenas por quem tem aquele exclusivo, garante também que os rendimentos da profissão se destinam apenas a quem é reconhecido tal exclusivo, como resulta, no caso dos Advogados, da proibição de repartir honorários, exceto com colega que haja prestado colaboração[507], e com as regras de fixação de honorários, que, além de outras regras, como a proibição da *quota litis* proibição imposta pela independência do Advogado, mas permitida para o mandatário em geral, mandam atender à qualidade do serviço prestado e não apenas ao resultado obtido que seria o mais próximo das regras de mercado.

Assim, a constituição de sociedade que tenha por objeto uma atividade de uma profissão titulada por uma Ordem e em que os sócios não sejam todos membros dessa Ordem conduz necessariamente à repartição de honorários entre os sócios, honorários provenientes do exercício da profissão organizada numa Ordem, ficando a constituição da sociedade afetada de nulidade por contrariedade à ordem pública ou tão só à própria lei.

E só é de lamentar que o atual EOA e a lei das socidades de profissionas – Lei nº 53/2015 – tenham postergado muitos destes princípios.

35.1.5 O regime das incompatibilidades e a consagração a nível do EOA da proposta de Vaz Serra para o Código Civil

É indiscutível, como já dissemos atrás, que há vantagens na organização material de profissões diferentes, cuja colaboração é, muitas vezes, necessária, organização como a das redes multidisciplinares reconhecidas em França, sendo frequentes os casos em que o Advogado necessita do parecer do médico, do economista, do perito contabilista, do arquiteto, do engenheiro ou do mediador imobiliário em determinado assunto de um mesmo cliente, ao qual todos prestam os serviços da sua especialidade.

Mas, como também já dissemos atrás, o que está em causa, quanto a sociedades profissionais multidisciplinares de Advogados com outros profissionais, é se uma estrutura de economistas ou de peritos contabilistas, por exemplo, podem incrustar-se numa estrutura de Advogados, traduzindo-se numa identidade de participações de capital ou de indústria, de administradores, de participações nos lucros, de denominação social e até de dependência hierárquica.

---

[507] Artigo 107º do EOA e 3.6 do Código de Deontologia do CCBE.

VIII. EXERCÍCIO DA ADVOCACIA POR SOCIEDADES DE ADVOGADOS

Por outras palavras, o que está em causa é, não que duas profissões necessitem uma da outra e trabalhem em conjunto, mas sim se podem *fundir-se* e *confundir-se* ambas numa mesma sociedade, tanto mais que será muito difícil, em relação a uma e outra de tais profissões, mesmo que ambas tenham, na sua génese, idêntico interesse público, um controlo que respeite as exigências deontológicas impostas aos Advogados, ainda que o princípio das sociedades de Advogados com outros profissionais devesse ser legalmente consagrado *de jure constituendo.*

VAZ SERRA, nos trabalhos preparatórios do Código Civil, chegou a defender a consagração legal da nulidade das "convenções pelas quais se estabelece o exercício em sociedade entre um profissional cuja profissão está regulada no intuito de defender terceiros contra a falta de idoneidade de quem a exerce, e outra pessoa não autorizada a exercê-la"[508]. Mas a sua proposta não foi acolhida, apesar de ter pernas para andar, como a História demonstrou, vindo a dar-lhe razão, pelo que, de seguida, iremos dizer.

De jure constituto, tem-se entendido que são disposições legais de caráter imperativo as que regulam o exercício de certas profissões com o fim de garantir os destinatários dos serviços que elas prestam e a comunidade contra a inidoneidade de quem as exerce e que a sua violação acarreta a nulidade prevista pelos artigos 280º – nº 2 e 294º do Código Civil[509].

Ora o artigo 213º – nº 7 do atual Estatuto da Ordem dos Advogados dispõe que não é permitida às sociedades de Advogados exercer direta ou indiretamente a sua atividade em qualquer tipo de associação ou integração com outras profissões, atividades ou entidades cujo objeto social não seja o exercício exclusivo da advocacia. Também o funcionamento de escritórios de procuradoria judicial ou similares, ainda que sob a direção de Advogados ou Solicitadores, se a estes não pertencer o estabelecimento em que

---

[508] Objeto da Obrigação, A Prestação – Suas Espécies, Conteúdo e Requisitos, no Boletim do Ministério da Justiça, nº 74.

[509] VAZ SERRA, no Boletim do Ministério da Justiça (B.M.J.) nº 74, p. 142; Acórdão do S.T.J. de 5/11/74, no B.M.J. nº 241, p. 265; e o Assento do mesmo Tribunal de 9/3/89, no Diário da República de 18/5/89. O S.T.J. decidiu que não é suscetível de beneficiar da redução do negócio jurídico revista no artigo 292º do Código Civil o pacto social de uma sociedade constituída entre Advogados e não Advogados cujo objeto inclua atividade própria de Advogado, solução a que se chegou através do acolhimento – trinta anos depois – da tese de VAZ SERRA, apelando ao conceito de ordem pública. Insurgindo-se contra sociedades comerciais com a consulta jurídica por objeto social, veja-se a notícia de uma carta do Bastonário COELHO RIBEIRO ao Ministro da Justiça, no BOA nº 3, abril de 1982, pág. 2, e sobre a ulterior evolução do assunto, o BOA, nº 8, novembro 1982, pág. 24. Veja-se também Dois Acórdãos Sobre Advocacia, no BOA nº 20, novembro 1983, pág. 23.

DIREITO PROFISSIONAL DO ADVOGADO

funcionam, é proibido pelo artigo 6º – nº 1 da Lei nº 49/2004, de 24 de agosto, sobre atos próprios das profissões de Advogado ou Solicitadores, Lei a que aludem os artigos 66º e 67º do atual EOA.

É proibida por lei uma sociedade entre duas pessoas que exercem profissões regulamentadas diferentemente, quando a prática de uma permite captar clientela na outra.

É mesmo incompatível com o exercício da advocacia qualquer outra atividade ou função que permita a angariação de clientela, nos termos dos artigos 81º, 82º e 83º do Estatuto da Ordem dos Advogados, e é mesmo dever do Advogado para com a comunidade, como dispõe o artigo 90º – nº 2 – h) do mesmo Estatuto, não solicitar ou angariar clientes por si ou interposta pessoa, como seria, numa sociedade multidisciplinar de Advogados com outros profissionais ou não profissionais, o sócio não Advogado, nos termos do artigo 579º – nº 2 do Código Civil, angariação de clientela que violaria o princípio de o mandato judicial não poder ser objeto, por qualquer forma, de medida ou acordo que impeça ou limite a escolha pessoal e livre do mandatário pelo mandante, como impõe o artigo 67º – nº 2 do referido Estatuto.

Assim, a constituição de sociedades de Advogados em conjunto com outras profissões ou atividades ou com sócios não profissionais não permite a observância do regime de incompatibilidades e impedimentos aplicável e, por isso, é a própria parte final do artigo 27º – nº 1 da citada Lei nº 2/2013, de 10 de janeiro, que proíbe sociedades multidisciplinares de Advogados com outros profissionais ou com sócios não profissionais para a prática de atos próprios de advocacia, tanto mais que o artigo 29º da mesma Lei permite que os estatutos das associações públicas profissionais possam prever regras relativas a incompatibilidades e impedimentos, desde que respeitem o disposto na presente lei e se mostrem proporcionais ao objetivo de garantir a independência, a imparcialidade e integridade da profissão e, caso se justifique, o segredo profissional.

Neste âmbito, para que dúvidas não houvesse, interessava dar nova redação ao artigo 81º – nº 2 do EOA de forma a explicitar que " o exercício da advocacia individualmente ou por sociedade de Advogados é incompatível com qualquer função ou atividade que possam afetar a isenção, a independência e a dignidade da profissão ou permita angariação de clientela", consagrando legalmente a posição de VAZ SERRA, agora não de forma genérica no Código Civil, proposta que não passou para este, mas só no EOA.

E, nos termos do artigo 99º – nº 1 do EOA, é dever do Advogado recusar mandato ou prestação de serviços em questão em que já tenha intervindo

VIII. EXERCÍCIO DA ADVOCACIA POR SOCIEDADES DE ADVOGADOS

em qualquer outra qualidade, não se compreendendo que, numa sociedade multidisciplinar de Advogados com outros profissionais ou não profissionais, o Advogado possa intervir em questão em que já interveio o sócio não Advogado ou este possa intervir em questão em que já interveio o Advogado.

Pode questionar-se se também o nº 3 do artigo 27º da citada Lei proíbe as sociedades multidisciplinares de Advogados com outros profissionais ou com sócios não profissionais tendo por objeto o exercício da advocacia, ao excecionar a constituição de tais sociedades "se, atentos os estatutos da sociedade, tal colocar em causa a reserva de atividade estabelecida nos termos do artigo 30º", que impõe que "as atividades profissionais associadas a cada profissão só lhe são reservadas quando tal resulte expressamente da lei, fundada em razões imperiosas de interesse público, de acordo com critérios de proporcionalidade", o que acontece com a citada Lei nº 49/2004, de 24 de agosto, sobre atos próprios das profissões de Advogado e Solicitador, como decorre do atrás exposto.

Parece que não, pois naquele nº 3 acrescenta-se que deve, no entanto, ser sempre assegurado o cumprimento do nº 1, se, pelo menos: a) a maioria do capital social com direito de voto pertencer aos profissionais em causa estabelecidos em território nacional, a sociedades desses profissionais constituída ao abrigo do direito nacional ou a outras formas de organização associativa de profissionais equiparados constituídas noutro Estado-membro da União Europeia ou do Espaço Económico Europeu, cujo capital e direitos de voto caiba maioritariamente aos profissionais em causa; e b) um dos gerentes ou administradores ser membro da associação pública profissional respetiva ou, caso a inscrição seja facultativa, cumprir os requisitos de acesso à profissão em território nacional.

Quer dizer: se a constituição de sociedades de profissionais para o exercício de profissão organizada em associação pública profissional em conjunto com o exercício de outras profissões ou atividades não puser em causa a reserva de atividade estabelecida nos termos do artigo 30º, deve ser assegurado o cumprimento do nº 1 do artigo 27º, sendo permitida tal constituição desde que verificadas as condições das alíneas a) e b) do nº 3 do artigo 27º.

Mas não é assim, quanto a sociedades multidisciplinares de Advogados com outros profissionais ou não profissionais, cujo objeto inclua a prática de atos de advocacia, pois a constituição de tais sociedades, mesmo nas condições das alíneas a) e b) do nº 3 do artigo 27º da citada Lei, não permite a observância do regime de incompatibilidades aplicável e, por isso, é a própria parte final do artigo 27º – nº 1 da Lei que as proíbe.

DIREITO PROFISSIONAL DO ADVOGADO

O projeto de alteração do Estatuto da Ordem dos Advogados e o projeto do Estatuto Profissional do Advogado elaborados para os efeitos do disposto na nova Lei nº 2/2013, de 10 de janeiro, e enviados pelo gabinete do Bastonário da Ordem dos Advogados para o gabinete da Ministra da Justiça em 13 de fevereiro de 2013 nem sequer são coerentes, nos seus artigos 203º e 204º, com o disposto no artigo 202º – nº 4 do anterior EOA, onde se estabelecia que "os Advogados da União Europeia não podem exercer a sua atividade em Portugal em nome de sociedades ou quaisquer outros grupos de profissionais que incluam pessoas que não detenham o título profissional de advogado ou por qualquer outra forma incorram em violação do disposto na lei", como é certamente o disposto no artigo 6º da Lei nº 49/2004, de 24 de agosto, sobre proibição de escritórios de procuradoria ilícita, isto é, não pertencentes exclusivamente a Advogados.

35.1.6 Soluções consagradas pelo EOA

O projeto de alteração do Estatuto da Ordem dos Advogados e o projeto do Estatuto Profissional do Advogado elaborados para os efeitos do disposto na nova Lei nº 2/2013, de 10 de janeiro, e enviados pelo gabinete do Bastonário da Ordem dos Advogados para o gabinete da Ministra da Justiça em 13 de fevereiro de 2013, o primeiro no seu artigos 203º nºs 3 e 4 e o segundo nos seus artigos 21º, 84º e 85º, ao consagrarem sociedades multiprofissionais, liberais ou não, e sociedades de profissionais e de não profissionais, civis ou comerciais, nem sequer são coerentes – repetimos – com o disposto em todos os artigos do EOA e da LOSJ a que atrás nos referimos e o melhor seria, em vez de revogar estes artigos e desfigurar a conceção atual do Advogado, deixar cair as sociedades multidisciplinares de profissionais e de profissionais com não profissionais, que a Lei das Associações Públicas Profissionais nem impõe à Ordem dos Advogados.

Mas o artigo 213º – nº 7 do EOA veio a dispor que não é permitido às sociedades de Advogados exercer direta ou indiretamente a sua atividade em qualquer tipo de associação ou integração com outras profissões, atividades ou entidades cujo objeto social não seja o exercício exclusivo da advocacia.

Para os limites deste artigo 213º – nº 7 remete o artigo 210º do EOA, onde se prescreve que os Advogados estabelecidos em território nacional podem exercer em grupo a profissão, constituindo ou ingressando como sócios ou associados em sociedades de Advogados com os limites resultantes do artigo 213º nº 7.

VIII. EXERCÍCIO DA ADVOCACIA POR SOCIEDADES DE ADVOGADOS

Também para os limites do artigo 213º nº 7 remete o artigo 211º – nº 1, onde se estabelece que as organizações associativas de profissionais equiparados a Advogados constituídas noutro Estado-membro da União Europeia para o exercício da atividade profissional cujo gerente ou administrador seja um profissional e cujo capital com direito de voto caiba maioritariamente aos profissionais em causa ou a outras organizações associativas cujo capital ou direitos de voto caiba maioritariamente àqueles profissionais – assim admitindo minorias de sócios não Advogados ou até não profissionais, ou seja, sócios detentores de meras participações de capital, o que, em princípio, não se compreenderia em face da proibição, no artigo 213º – nº 7, das sociedades multiprofissionais e de profissionais com não profissionais, – podem inscrever as respetivas representações permanentes em Portugal constituídas nos termos da lei comercial[510] como membros da Ordem dos Advogados, sendo equiparadas a sociedades de Advogados para efeitos do EOA, com os limites do artigo 213º – nº 7, constando do diploma que regula a constituição e funcionamento das sociedades de Advogados o regime jurídico da inscrição das organizações associativas de profissionais de outros Estados-membros (nº 4).

A remissão para os limites do artigo 213º – nº 7 significa que não podem incluir sócios não Advogados ou até sócios não profissionais, ou seja sócios detentores de meras participações de capital as representações permanentes em Portugal que podem ser inscritas como membros da Ordem dos Advogados pelas organizações associativas de profissionais equiparados a Advogados constituídas noutro Estado-membro da União Europeia cujo gerente ou administrador seja um profissional e cujo capital e direitos de voto caiba maioritariamente aos profissionais em causa ou a outras organizações associativas cujo capital e direitos de voto caiba maioritariamente àqueles profissionais.

Compreende-se que não haja remissão para os limites do artigo 213º – nº 7, no caso previsto pelo artigo 212º do EOA, de empresas que se estabeleçam em território nacional para a prestação de serviços de advocacia – designadamente serviços da sociedade de informação, em especial de comércio eletrónico (cfr.artigo 4º do Decreto-lei nº 7/2004, de 7 de janeiro) – através dos seus sócios, administradores, gerentes, emprega-

---

[510] O registo das representações permanentes de sociedades com sede principal e efetiva no estrangeiro é feito em face de documento comprovativo da deliberação social que a estabeleça, do texto completo e atualizado do contrato de sociedade e de documento que comprove a existência jurídica deste – artigo 40º – nº 2 do Código de Registo Comercial.

DIREITO PROFISSIONAL DO ADVOGADO

dos ou subcontratados que não se constituam sob a forma de sociedades de Advogados nem se pretendam inscrever na Ordem dos Advogados nos termos do artigo anterior, caso em que carecem de registo na Ordem dos Advogados, sob pena de contraordenação punível com coima de 2.500 a 25.000 euros.

Mas sem qualquer remissão para os limites do nº 7, o nº 2 – b) do artigo 213º dispõe que podem ser sócios das sociedades de Advogados organizações associativas de profissionais equiparados a Advogados constituídas noutro Estado-membro da União Europeia cujo capital e direito de voto caiba maioritariamente aos profissionais em causa, assim admitindo minorias de sócios não Advogados e até não profissionais, ou seja, sócios detentores de meras participações de capital, pelo que permitiria sociedades multiprofissionais que se proibiram no nº 7 do mesmo artigo, o que não se compreenderia muito bem, pelo menos à primeira vista.

Acontece, porém, que os sócios das sociedades de Advogados que o nº 2 – b) do artigo 213º admite são as próprias organizações associativas de profissionais equiparados a Advogados constituídas noutro Estado-membro da União Europeia cujo capital e direito de voto caiba maioritariamente aos profissionais em causa e não os sócios destas organizações associativas, sejam os sócios equiparados a Advogados sejam os não Advogados ou até os sócios não profissionais, ou seja, os sócios só detentores de participações de capital, associações profissionais cujas representações permanentes em Portugal podem ser inscritas na Ordem dos Advogados, nos termos do artig 27º da Lei nº 53/2015, com os limites do artigo 213º – nº 7 do EOA, como dispõe o seu artigo 211º – nº 1.

E, revogado o Decreto-lei nº 229/2004 onde se continha o regime das sociedades de Advogados, que passou a incluir-se, em parte, no EOA, e onde se exigia que todos os sócios das sociedades de Advogados detivessem participações de indústria, o EOA admite a existência de sócios apenas com participações de capital, não se vendo razão para que, assim, não sejam admitidas como sócios das sociedades de Advogados as organizações associativas de profissionais equiparados a Advogados constituídas noutro Estado-membro da União Europeia cujo capital e direito de voto caiba maioritariamente aos profissionais em causa, pois que, nos termos do artigo 213º – nº 2 – a), também podem ser sócios de sociedades de Advogados sociedades de Advogados previamente constituídas e inscritas na Ordem dos Advogados.

E quer as sociedades de Advogados quer as referidas organizações associativas de profissionais equiparados a Advogados tanto podem ser sócios

VIII. EXERCÍCIO DA ADVOCACIA POR SOCIEDADES DE ADVOGADOS

profissionais (artigo 8º – nº 2 da Lei nº 53/2015, de 11 de junho), caso em que ficam obrigados, para além das respetivas entradas a exercer em nome da sociedade de Advogados em que participam a atividade profissional da advocacia através de todos ou alguns dos seus sócios (artigo 11º – nº 3 da mesma Lei), como podem ser sócios não profissionais, nos termos do artigo 8º – nº 1 e 9º – nºs 2 e 3 da mesma Lei, nº 3 onde se exige que pelo menos um dos gerentes ou administradores da sociedade de profissionais, que desempenhe funções executivas, deve estar legalmente estabelecido em território nacional para o exercício da profissão em causa, independentemente da modalidade de estabelecimento, pelo que nem todas as organizações associativas de profissionais equiparados a Advogados podem ser sócias profissionais ou tão só não profissionais de sociedades de Advogados.

Foi o EOA demasiado longe nas soluções que consagrou nos artigos 211º – nº 1 e 213º – nº 2 – b)?

A Lei das Associações Públicas Profissionais não impõe tais soluções para Advogados.

E também não as impõe a Diretiva nº 98/5/CE do Parlamento Europeu e do Conselho de 16 de fevereiro de 1998 publicada no Jornal Oficial das Comunidades Europeias de 14 de março de 1998.

Já estudámos, sob o nº 21.1, que se refere ao exercício da advocacia por Advogados da União Europeia com o título profissional de origem, que a Lei nº 9/2009, de 4 de março, com as alterações da Lei nº 41/2012, de 28 de agosto, e da Lei nº 25/2014, de 2 de Maio, a primeira das quais transpôs para a ordem jurídica interna a Diretiva nº 2005/36/CE, do Parlamento e do Conselho, de 7 de setembro, relativa ao reconhecimento das qualificações profissionais, publicada no JO L 255, de 30.9.2005, e a Diretiva nº 2006/100/CE, do Conselho, de 20 de novembro, publicada no JO L 363, de 20.12.2006, esta última também transposta pelo Decreto-lei nº 92/2010, de 26 de julho, não são inteiramente aplicáveis à livre prestação ocasional de serviços por Advogado nem aos serviços prestados no âmbito de estabelecimento permanente de Advogados da União Europeia com o título profissional de origem mediante prévio registo: é o próprio considerando quadragésimo segundo (42) da Diretiva 2005/36/CE que diz que a Diretiva não afeta a aplicação da Diretiva 77/249/CEE tendente a facilitar o exercício efetivo da livre prestação ocasional de serviços pelos Advogados nem da Diretiva 98/5/CE tendente a facilitar o exercício permanente da profissão de Advogado num Estado-membro diferente daquele em que foi adquirida a qualificação.

DIREITO PROFISSIONAL DO ADVOGADO

Ora a Diretiva nº 98/5/CE do Parlamento Europeu e do Conselho de 16 de fevereiro de 1998 publicada no Jornal Oficial das Comunidades Europeias de 14 de março de 1998 já atrás citada quando tratámos, sob os números 21.1 a 21.3, do direito de estabelecimento de Advogados da União Europeia estabeleceu que um ou mais Advogados que exerçam com o título profissional de origem num Estado-membro de acolhimento e sejam membros do mesmo grupo no Estado-membro de origem podem desenvolver as suas atividades profissionais no âmbito de uma sucursal ou agência do seu grupo no Estado-membro de acolhimento, embora, sempre que as regras fundamentais que regem esse grupo no Estado-membro de origem sejam incompatíveis com as regras fundamentais do Estado-membro de acolhimento, sejam estas últimas regras as aplicáveis na medida em que a sua observância se justifique pelo interesse geral que consiste na proteção do cliente e de terceiros, podendo fazer-se menção da denominação do grupo de que são membros no Estado-membro de origem[511].

Mais estabelece aquela Diretiva nº 98/5/CE que os Estados-membros permitirão a dois ou mais Advogados provenientes do mesmo grupo ou do mesmo Estado-membro de origem ou de Estados-membros diferentes e que exerçam com o título profissional de origem no seu território ou a um ou mais Advogados que exerçam com o título profissional de origem e a um ou mais Advogados do Estado-membro de acolhimento acederem a uma forma de exercício em grupo permitida aos seus Advogados, aplicando-se ao exercício das suas atividades em comum a lei do Estado-membro de acolhimento[512].

Dispõe ainda aquela Diretiva nº 98/5/CE que o Estado-membro de acolhimento, na medida em que proíba um grupo que inclua pessoas alheias à profissão, pode recusar a um Advogado inscrito com o título profissional de origem o exercício no seu território na qualidade de membro do seu grupo, explicitando que o grupo é considerado como incluindo pessoas alheias à profissão se o seu capital for detido na sua totalidade ou em parte por pessoas que não tenham a qualidade de Advogado ou se a denominação sob a qual exerce for utilizada por tais pessoas ou se o poder de decisão no grupo for exercido de facto ou de direito por aquelas pessoas[513].

---

[511] Artigos 11º – nº 1 e 12º da Diretiva.
[512] Artigo 11º – nºs 2 e 3 da Diretiva.
[513] Artigo 11º – nº 5 da Diretiva. Assim, poderá ser recusado a um Advogado registado em Portugal com o título profissional de origem o exercício da advocacia em Portugal na qualidade de membro de uma sociedade multidisciplinar.

VIII. EXERCÍCIO DA ADVOCACIA POR SOCIEDADES DE ADVOGADOS

Quer dizer: se a Diretiva permite que um Estado-membro proíba sociedades multidisciplinares que incluam Advogados, como o artigo 213º – nº 7 do EOA quis proibir, não se compreende muito bem que o nº 2 – b) do mesmo preceito disponha que podem ser sócios das sociedades de Advogados organizações associativas de profissionais equiparados a Advogados constituídas noutro Estado-membro da União Europeia cujo capital e direito de voto caiba maioritariamente aos profissionais em causa, e que o artigo 211º – nº 1 permita representações permanentes em Portugal das referidas organizações associativas, assim admitindo minorias de sócios não Advogados e até não profissionais, ou seja, sócios apenas com participações de capital, a partilhar rendimentos proporcionados por sociedades de Advogados.

E o funcionamento de escritórios de procuradoria judicial ou similares, ainda que sob a direção de Advogados ou Solicitadores, é proibido pelo artigo 6º – nº 1 da Lei nº 49/2004, de 24 de agosto[514].

É óbvio que não se pretendeu proibir que os Advogados ou Solicitadores organizassem os seus escritórios, mas apenas escritórios de procuradoria que, mesmo se dirigidos por tais profissionais, a eles não pertencessem[515].

Daí que se exclua da proibição os gabinetes formados *exclusivamente* por Advogados ou Solicitadores e as sociedades de Advogados, disposição que, assim, proíbe sociedades multidisciplinares com Advogados.

Voltaremos a este assunto que desde já se aborda para melhor compreensão da proibição legal de sociedades multidisciplinares entre Advogados e não Advogados cujo objeto inclua atividades próprias de Advogados[516].

---

[514] O artigo 15º – nº 2 – a) do Decreto-lei nº 92/2010, de 26 de julho, veio dispor que podem ser impostas condições que imponham aos prestadores de serviços o exercício exclusivo de uma atividade de serviços específica ou que limitem o exercício conjunto ou em parceria de diferentes atividades de serviços, quanto aos prestadores de serviços que exerçam profissões regulamentadas, quando tal seja necessário para garantir a sua independência e imparcialidade e as condições sejam justificadas pelas regras deontológicas.

[515] Parecer do Conselho Geral de 12/5/1946, na ROA, 6º, pág. 451.

[516] Fá-lo-emos no capítulo XI sobre o ilícito criminal no exercício da advocacia. Sobre sociedades multiprofissionais na proposta de lei sobre o regime da criação, organização e funcionamento das associações públicas profissionais e inaplicabilidade à Ordem dos Advogados do que nela se dispõe sobre tais sociedades, *vide* ORLANDO GUEDES DA COSTA, Sociedades Multiprofissionais, no BOA nºs 93/94, agosto/setembro de 2012, pág.s 30-32. Urge, como já atrás dissemos em texto, dar nova redação ao artigo 81º – nº 2 do EOA, onde passe a estatuir-se: "2. – O exercício da advocacia quer individualmente quer em sociedade ou associação é incompatível com qualquer função ou atividade ou exercício em comum que possam afetar a isenção, a independência e a dignidade da profissão ou permitam a angariação de clientela".

DIREITO PROFISSIONAL DO ADVOGADO

E o Assento de 9/3/89 citado em nota não só julgou nulo, por contrário à ordem pública, o pacto de uma sociedade entre Advogados e não Advogados cujo objeto inclua atividades próprias de Advogados mas também fixou jurisprudência no sentido de que tal pacto não é suscetível de beneficiar da redução do negócio jurídico prevista no artigo 292º do Código Civil.

35.2 Sociedades multinacionais de Advogados

35.2.1 Sociedades propriamente ditas

Quanto às sociedades multinacionais de Advogados, designadamente sociedades de Advogados da União Europeia, poderia pensar-se que elas estariam na mente do legislador, ao justificar as sociedades de Advogados, no preâmbulo do revogado Decreto-lei nº 513 – Q/79, de 26 de dezembro, pelo ingresso de Portugal em comunidades jurídicas como a CEE, que mais impõe o exercício da advocacia em equipa.

Na verdade, não pode deixar de proibir-se uma sociedade entre duas pessoas que exercem profissões regulamentadas diferentemente quando a prática de uma permite captar clientela na outra, sendo mesmo dever do Advogado para com a comunidade, nos termos do artigo 90º – nº 2 – h) do Estatuto da Ordem dos Advogados não solicitar ou angariar clientes por si ou interposta pessoa, como seria, numa sociedade multidisciplinar de Advogados com outros profissionais ou não profissionais, o sócio não Advogado, nos termos do artigo 579º – nº 2 do Código Civil, angariação de clientela que violaria o princípio de o mandato judicial não poder ser objeto, por qualquer forma, de medida ou acordo que impeça ou limite a escolha pessoal e livre do mandatário pelo mandante, como impõem o artigo 67º – nº 2 e 98º – nº 1 do EOA.

Assim, a constituição de sociedades de Advogados em conjunto com outras profissões ou atividades ou com sócios não Advogados não permite a observância do regime de incompatibilidades aplicável e, por isso, é a parte final do artigo 27º – nº 1 da Lei nº 2/2013, de 10 de janeiro – Lei das Associações Públicas Profissionais, que proíbe sociedades multidisciplinares de Advogados com outros profissionais ou com sócios não Advogados para a prática de atos próprios de advocacia, tanto mais que o artigo 29º da mesma Lei permite que os estatutos das associações públicas profissionais possam prever regras relativas a incompatibilidades e impedimentos, desde que respeitem o disposto nessa Lei e se mostrem proporcionais ao objetivo de garantir a independência, a imparcialidade e integridade da profissão e, caso se justifique, o segredo profissional.

Neste âmbito, para que dúvidas não subsistam, interessa, pois, dar nova redação ao artigo 81º – nº 2, consagrando legalmente a posição de Vaz Serra, no BMJ nº 74, pág. 142, agora não de forma genérica no Código Civil, mas só no Estatuto da Ordem dos Advogados.

Fundamentando-se no artigo 76º do anterior EOA, e no artigo 84º, mas citando também, entre outros, o artigo 85º – nº 2 – h), por proporcionar evidentes situações de angariação de clientela, o Parecer nº 57/PP/2013 – P – Relator Dr. Carlos Vasconcelos – concluiu pela incompatibilidade com o exercício da advocacia da atividade de promotor comercial de uma instituição bancária.

198

VIII. EXERCÍCIO DA ADVOCACIA POR SOCIEDADES DE ADVOGADOS

Mas não parece que fosse esse o pensamento do legislador, que apenas terá significado que o ingresso de Portugal em comunidades jurídicas como a CEE tornava mais premente a necessidade de colaboração entre Advogados portugueses de diversa especialização, pela maior complexidade da Advocacia como resultado de diversas disciplinas jurídicas de direito comunitário e, por isso, mais se impunha o exercício da advocacia em equipa entre Advogados portugueses.

É de salientar, antes de mais, que o problema das sociedades multinacionais de Advogados, designadamente da UE, é o problema do exercício em grupo da advocacia nos diferentes países, nomeadamente da EU, onde existe extrema variedade de fórmulas jurídicas que servem de suporte àquele exercício em grupo, e o problema da necessidade de inscrição para o exercício da advocacia.

Não vale a pena fazer um estudo exaustivo de direito comparado para concluir que nenhuma *Law Society* aceitaria inscrever uma sociedade civil de Advogados francesa ou uma sociedade de Advogados portuguesa assim como uma *partnership* inglesa seria uma impossibilidade jurídica na Bélgica ou em Itália e uma sociedade comercial holandesa nunca poderia ser inscrita num *barreau* francês[517].

E, por isso, no seio do CCBE, cedo se chegou à conclusão de que a definição de exercício em grupo da advocacia deve ser especialmente ampla de maneira a cobrir todas as combinações possíveis, definição que, com ligeiras modificações, continuou a ser a de Atenas 5/82, ou seja, "toda a convenção pela qual dois ou mais Advogados põem em comum, no todo ou em parte, meios e/ou serviços e/ou despesas e/ou receitas e/ou lucros".

E também se chegou à conclusão de que a diversidade de estruturas jurídicas e as diferenças entre as legislações nacionais constituem, na maior parte dos casos, obstáculos jurídicos intransponíveis para o estabelecimento de estruturas de exercício em grupo fora do seu país de origem, não obstante o artigo 54º (antigo 58º do TCE) do Tratado do Funcionamento da União Europeia inserido no capítulo referente ao direito de estabelecimento e aplicável à livre prestação de serviços, nos termos do artigo 62º (antigo 55º), prescrever que "as sociedades constituídas em conformidade com a legislação de um Estado – membro e que tenham a sua sede social, administração central ou estabelecimento principal na Comunidade são,

---

[517] *Vide* documento de trabalho de 10/3/97 apresentado pelo Vice-Presidente do CCBE Denis de Ricci à sessão plenária de Londres.

para efeitos do disposto no presente capítulo, equiparadas às pessoas singulares, nacionais dos Estados-membros".

A versão do Projeto da "Diretiva estabelecimento", Projeto comum de quatro *experts* da Presidência do CCBE, Niels Fisch-Thomser, Michel Gout, John Tulmin e Heinz Weil, datado de julho de 1989[518], previa, no seu artigo 10º, quanto ao exercício em grupo, que o Advogado que exercesse em grupo no Estado-membro de origem nos termos das regras desse Estado, tem o direito de se estabelecer num Estado-membro de acolhimento quer a título individual quer na qualidade de membro do grupo, mesmo que o direito do Estado-membro de acolhimento não permita aos seus Advogados o exercício em grupo, mas somente podem fazê-lo sob uma daquelas formas, abstendo-se, em caso de estabelecimento na qualidade de membro de um grupo, de mandar efetuar um trabalho pelos membros do grupo que se encontram no Estado-membro de origem com o fim de se subtrair às regras ou princípios aplicáveis no Estado-membro de acolhimento, e devendo dar a conhecer a denominação, o endereço e a estrutura jurídica do grupo assim como as alterações destes elementos à autoridade competente do Estado-membro de acolhimento, que lhe poderá impor que indique, além da denominação do grupo no Estado-membro de origem, se ele a utilizar, o nome dos membros do grupo no Estado-membro de acolhimento.

Mais previa o referido artigo do citado Projeto que o Estado-membro de acolhimento pode recusar a aplicação do que nele se prevê a um Advogado que exerça em grupo, se o poder de decisão é controlado por pessoas físicas ou morais que não são Advogados e se for interdito no Estado-membro de acolhimento exercer a profissão de Advogado no quadro de um grupo controlado por pessoas estranhas à profissão.

Como daqui resulta, a inscrição é individual e respeitante ao membro ou membros do grupo que se estabelecem no Estado-membro de acolhimento; a autoridade competente do Estado-membro de acolhimento tem o direito de conhecer a estrutura jurídica e a composição do grupo e as suas alterações; os membros do grupo estabelecidos no Estado-membro de acolhimento comprometem-se a não intervir em atos ou operações pelos quais poderiam fazer impender as suas obrigações sobre os membros do grupo do Estado-membro de origem; e pode ser recusada a inscrição se o grupo for controlado por pessoas estranhas à profissão de Advogado.

Se, assim, pode chegar a contornar-se a impossibilidade de inscrição de um grupo decorrente de diversidade de estruturas jurídicas e das dife-

---

[518] Cfr., *supra*, a última nota do nº 21.2.

VIII. EXERCÍCIO DA ADVOCACIA POR SOCIEDADES DE ADVOGADOS

renças entre as várias regulamentações nacionais, sem necessidade de o Estado-membro de acolhimento intervir no estatuto jurídico do grupo estrangeiro, que ele aceita como um facto, desde que a entidade competente do Estado-membro de origem lhe ateste que o grupo se constituiu em conformidade com a lei desse Estado, continua a ser impossível o estabelecimento de grupos compostos de membros de uma profissão regulamentada, estabelecimento que não pode, no interesse dos consumidores do direito, realizar-se fora de um controlo deontológico eficaz.

Dir-se-á, porém, que há já e haverá cada vez mais uma grande variedade de acordos de cooperação e de convenções transnacionais entre gabinetes de Advogados comunitários que nada têm a ver com o direito de estabelecimento no sentido rigoroso do termo e que tais acordos e convenções escaparão, muitas vezes, de facto, se não de direito, a todo o controlo efetivo.

E também poderá dizer-se que, se já hoje se considera possível e conveniente que um grupo se estabeleça, em certa medida num Estado-membro de acolhimento, tem de considerar-se também possível e conveniente que dois ou mais grupos de nacionalidades diferentes queiram exercer em comum uma parte das suas atividades.

Juridicamente trata-se, na verdade de uma questão muito diferente, mas, de facto, os problemas estão ligados.

Não há estabelecimento do grupo noutro país, pois cada um mantém-se no seu país de origem.

A verdade, porém, é que, nas soluções apresentadas pelo citado Projeto de Diretiva, se trata de uma integração, mais ou menos forçada de duas ou mais estruturas submetidas por definição a duas ou mais regulamentações, a dois ou mais sistemas de normas deontológicas e à autoridade disciplinar de duas ou mais diferentes autoridades competentes.

A posição comum (CE) nº 35/97 adotada pelo Conselho da União Europeia em 24 de julho de 1997, tendo em vista a adoção de uma Diretiva do Parlamento Europeu e do Conselho da União Europeia, tendente a facilitar o exercício permanente da profissão de Advogado num Estado--membro diferente daquele em que foi adquirida a qualificação profissional, posição comum publicada no Jornal Oficial das Comunidades Europeias de 29 de setembro de 1997 e a Diretiva nº 98/5/CE do Parlamento Europeu e do Conselho de 16 de fevereiro de 1998 publicada no Jornal Oficial das Comunidades Europeias de 14 de março de 1998 já atrás citadas quando tratámos, sob os números 21.1 a 21.3, do direito de estabelecimento de Advogados da União Europeia, vieram, porém, a estabelecer que

DIREITO PROFISSIONAL DO ADVOGADO

um ou mais Advogados que exerçam com o título profissional de origem num Estado-membro de acolhimento e sejam membros do mesmo grupo no Estado-membro de origem podem desenvolver as suas atividades profissionais no âmbito de uma sucursal ou agência do seu grupo no Estado--membro de acolhimento, embora, sempre que as regras fundamentais que regem esse grupo no Estado-membro de origem sejam incompatíveis com as regras fundamentais do Estado-membro de acolhimento, sejam estas últimas regras as aplicáveis na medida em que a sua observância se justifique pelo interesse geral que consiste na proteção do cliente e de terceiros, podendo fazer-se menção da denominação do grupo de que são membros no Estado-membro de origem[519]. Em Portugal, na transposição desta parte da Diretiva para o nosso direito interno, dispôs-se, no anterior EOA, que os

---

[519] Artigo 11º – nº 1 e 12º da Diretiva. O artigo 11º é apenas aplicável aos Estados-membros onde é permitido o exercício em grupo, que, muitas vezes, é apenas o exercício em comum da profissão e, outras vezes, é a associação ou sociedade de Advogados. Como o exercício em grupo não está aberto apenas aos *barrister* irlandeses, ingleses, galeses e irlandeses do Norte e aos *advocates* escoceses, podemos concluir que esta disposição se aplica aos Advogados de todos os Estados-membros, incluindo os *solicitors*, com as únicas exceções acabadas de indicar. O artigo 28º do Estatuto Geral da Advocacia Espanhola aprovado pelo Real Decreto 658/2001, de 22 de junho, dispõe:

1. Os Advogados poderão exercer a advocacia coletivamente, mediante o seu agrupamento sob qualquer das formas permitidas em direito, incluídas as sociedade comerciais.

2. O agrupamento haverá de ter como objeto exclusivo o exercício profissional da advocacia e estar integrado exclusivamente por Advogados em exercício, sem limitação de número. Não poderá compartilhar locais ou serviços com profissionais incompatíveis, se isso afetar a salvaguarda do segredo profissional. Tanto o capital como os direitos sociais e económicos terão de estar atribuídos unicamente aos Advogados que integrem o escritório coletivo.

3. A forma de agrupamento deverá permitir, em cada momento, a identificação dos seus integrantes, terá de constituir-se por escrito e inscrever-se no Registo Especial correspondente ao Colégio onde tiver o seu domicílio. Inscrever-se-ão no dito Registo a sua composição e as altas e baixas que se verificarem. Os Advogados que façam parte de um escritório coletivo estarão obrigados pessoalmente a solicitar as inscrições correspondentes.

4. Os Advogados agrupados num escritório coletivo não poderão ter escritório individual independente do escritório coletivo e nas intervenções individuais que realizem e nas minutas que emitam deverão fazer constar a sua condição de membros do referido coletivo. Não obstante, as atuações correspondentes à assistência jurídica gratuita terão caráter pessoal, ainda que possa solicitar-se do Colégio a sua faturação em nome do escritório coletivo.

5. Os Advogados membros de um escritório coletivo terão plena liberdade para aceitar ou recusar qualquer cliente ou assunto do escritório assim como plena independência para dirigir a defesa dos interesses que tenham confiados. As substituições que se produzirem atenderão às normas de funcionamento do respetivo escritório, sem necessidade de autorização interna. Os honorários corresponderão à coletividade sem prejuízo do regime interno de distribuição que estabeleçam as referidas normas.

VIII. EXERCÍCIO DA ADVOCACIA POR SOCIEDADES DE ADVOGADOS

Advogados da União Europeia que, no respetivo Estado, sejam membros de uma sociedade de Advogados podem exercer a sua atividade em Portugal com o seu título profissional de origem no âmbito de uma sucursal ou agência dessa sociedade, desde que tenham dado prévio conhecimento desse facto à Ordem dos Advogados e a respetiva sociedade se encontre ali registada, no livro próprio referido no artigo 9º do Decreto-lei nº 229/2004, de 10 de dezembro, dependendo o registo da verificação da compatibilidade dos respetivos estatutos com o Estatuto da Ordem dos Advogados e com o regime das sociedades civis de Advogados aprovado por aquele Decreto-lei, designadamente com as normas de ambos aqueles diplomas que assegurem a proteção dos interesses de clientes ou de terceiros[520].

Mais estabelece aquela Diretiva nº 98/5/CE que os Estados-membros permitirão a dois ou mais Advogados provenientes do mesmo grupo ou do mesmo Estado-membro de origem ou de Estados-membros diferentes e que exerçam com o título profissional de origem no seu território ou a um ou mais Advogados que exerçam com o título profissional de origem e a um ou mais Advogados do Estado-membro de acolhimento acederem a uma forma de exercício em grupo permitida aos seus Advogados, aplicando-se ao exercício das suas atividades em comum a lei do Estado-membro de acolhimento[521].

Quanto a estes aspetos, dispunha o anterior EOA[522] que os Advogados da União Europeia que exerçam a sua atividade em Portugal com o seu título profissional de origem e aqui se tenham estabelecido a título per-

---

6. A atuação profissional dos integrantes do escritório coletivo estará submetida à disciplina colegial do *Colegio* em cujo âmbito se efetua, respondendo pessoalmente o Advogado que a haja efetuado. Não obstante, estender-se-ão a todos os membros do escritório coletivo o segredo profissional, as incompatibilidades que afetem a qualquer dos seus integrantes e as situações de proibição de atuar em defesa de interesses contrapostos com os patrocinados por qualquer deles.

7. A responsabilidade civil que possa ter o escritório coletivo será conforme ao regime jurídico geral que corresponda à forma de agrupamento utilizada. Além disso, todos os Advogados que hajam intervindo num assunto responderão civilmente perante o cliente com caráter pessoal, solidário e ilimitado.

8. Para melhor salvaguarda do segredo profissional e das relações de companheirismo, as normas reguladoras do escritório coletivo poderão submeter a arbitragem colegial as divergências que possam surgir entre os seus membros por causa do funcionamento, separação ou liquidação do dito escritório.

[520] Artigo 202º – nºs 1 e 2 do EOA.

[521] Artigo 11º – nºs 2 e 3 da Diretiva.

[522] Artigo 202º – nº 3 do anterior EOA e artigo 5º – nº 2 da Lei nº 229/2004, de 10 de dezembro.

DIREITO PROFISSIONAL DO ADVOGADO

manente podem, caso não sejam sócios de uma sociedade de Advogados constituída de acordo com o direito interno do respetivo Estado, constituir entre si, com Advogados portugueses ou com Advogados de diferentes Estados-membros da União Europeia, uma sociedade de Advogados de acordo com o direito interno português, bem se compreendendo a referida condição de não serem sócios de uma sociedade de Advogados constituída de acordo com o direito interno do respetivo Estado, em face do princípio de os Advogados apenas poderem fazer parte de uma única sociedade de Advogados consagrado no regime das sociedades civis de Advogados aprovado pelo Decreto-lei nº 229 /2004, de 10 de dezembro[523].

O atual EOA, no seu artigo 211º – nº 1, estabelece que as organizações associativas de profissionais equiparados a Advogados constituídas noutro Estado-membro da União Europeia para o exercício da atividade profissional cujo gerente ou administrador seja um profissional e cujo capital com direito de voto caiba maioritariamente aos profissionais em causa ou a outras organizações associativas cujo capital ou direitos de voto caiba maioritariamente àqueles profissionais – assim admitindo minorias de sócios não Advogados ou até não profissionais, ou seja, sócios apenas com participações de capital, o que, em princípio, não se compreenderia em face da proibição, no artigo 213º – nº 7, das sociedades multiprofissionais e de profissionais com não profissionais, – podem inscrever as respetivas representações permanentes em Portugal constituídas nos termos da lei comercial[524] como membros da Ordem dos Advogados, sendo equiparadas a sociedades de Advogados para efeitos do EOA, com os limites do artigo 213º – nº 7, constando do diploma que regula a constituição e funcionamento das sociedades de Advogados o regime jurídico da inscrição das organizações associativas de profissionais de outros Estados-membros (nº 4).

A remissão para os limites do artigo 213º – nº 7 significa que não podem incluir sócios não Advogados ou até sócios não profissionais, ou seja sócios detentores de meras participações de capital as representações permanentes em Portugal que podem ser inscritas como membros da Ordem dos

---

[523] Artigo 5º – nº 3. Cfr. *supra*: "24 – a exclusividade tendencial da atividade profissional dos associados". Temos dúvidas, porém, sobre se os mesmos sócios não poderão constituir uma sociedade em Portugal e outra noutro Estado-membro da União Europeia.

[524] O registo das representações permanentes de sociedades com sede principal e efetiva no estrangeiro é feito em face de documento comprovativo da deliberação social que a estabeleça, do texto completo e atualizado do contrato de sociedade e de documento que comprove a existência jurídica deste – artigo 40º – nº 2 do Código de Registo Comercial.

VIII. EXERCÍCIO DA ADVOCACIA POR SOCIEDADES DE ADVOGADOS

Advogados pelas organizações associativas de profissionais equiparados a Advogados constituídas noutro Estado-membro da União Europeia cujo gerente ou administrador seja um profissional e cujo capital e direitos de voto caiba maioritariamente aos profissionais em causa ou a outras organizações associativas cujo capital e direitos de voto caiba maioritariamente àqueles profissionais.

Dispõe ainda aquela Diretiva nº 98/5/CE que o Estado-membro de acolhimento, na medida em que proíba um grupo que inclua pessoas alheias à profissão, pode recusar a um Advogado inscrito com o título profissional de origem o exercício no seu território na qualidade de membro do seu grupo, explicitando que o grupo é considerado como incluindo pessoas alheias à profissão se o seu capital for detido na sua totalidade ou em parte por pessoas que não tenham a qualidade de Advogado ou se a denominação sob a qual exerce for utilizada por tais pessoas ou se o poder de decisão no grupo for exercido de facto ou de direito por aquelas pessoas[525].

Correspondentemente dispunha o anterior Estatuto da Ordem dos Advogados que os Advogados da União Europeia não podem exercer a sua atividade em Portugal em nome de sociedades ou de quaisquer outros grupos de profissionais que incluam pessoas que não detenham o título profissional de Advogado ou que por qualquer outra forma incorram em violação do artigo 6º da Lei nº 49/2004, de 24 de agosto[526].

O atual EOA, no seu artigo 213º – nº 2 – b), estabelece, sem qualquer remissão para os limites do nº 7, que podem ser sócios das sociedades de Advogados organizações associativas de profissionais equiparados a Advogados constituídas noutro Estado-membro da União Europeia cujo capital e direito de voto caiba maioritariamente aos profissionais em causa, assim admitindo minorias de sócios não Advogados e até não profissionais, ou seja, sócios meramente capitalistas, pelo que permitiria sociedades multiprofissionais que se proibiram no nº 7 do mesmo artigo, o que não se compreenderia muito bem, pelo menos à primeira vista.

Acontece, porém, que os sócios das sociedades de Advogados que o nº 2 – b) do artigo 213º admite são as próprias organizações associativas de profissionais equiparados a Advogados constituídas noutro Estado-membro

---

[525] Artigo 11º – nº 5 da Diretiva. Assim, poderá ser recusado a um Advogado registado em Portugal com o título profissional de origem o exercício da advocacia em Portugal na qualidade de membro de uma sociedade multidisciplinar.

[526] Artigo 202º – nº 4 do anterior EOA.

DIREITO PROFISSIONAL DO ADVOGADO

da União Europeia cujo capital e direito de voto caiba maioritariamente aos profissionais em causa e não os sócios destas organizações associativas sejam os sócios equiparados a Advogados sejam os não Advogados ou até os sócios não profissionais, ou seja, os sócios detentores de meras participações de capital, associações profissionais cujas representações permanentes em Portugal podem ser inscritas na Ordem dos Advogados, nos termos do artigo 27º da Lei nº 53/2015, com os limites do artigo 213º – nº 7 do EOA, como dispõe o seu artigo 211º – nº 1.

E, revogado o Decreto-lei nº 229/2004 onde se continha o regime das sociedades de Advogados, que passou a incluir-se, em parte, no EOA, e onde se exigia que todos os sócios das sociedades de Advogados detivessem participações de indústria, o EOA admite a existência de sócios apenas com participações de capital, não se vendo razão para que, assim, não sejam admitidas como sócios das sociedades de Advogados as organizações associativas de profissionais equiparados a Advogados constituídas noutro Estado-membro da União Europeia cujo capital e direito de voto caiba maioritariamente aos profissionais em causa.

E quer as sociedades de Advogados quer as referidas organizações associativas de profissionais equiparados a Advogados tanto podem ser sócios profissionais (artigo 8º – nº 2 da Lei nº 53/2015, de 11 de junho), caso em que ficam obrigados, para além das respetivas entradas a exercer em nome da sociedade de Advogados em que participam a atividade profissional da advocacia através de todos ou alguns dos seus sócios (artigo 11º – nº 3 da mesma Lei), como podem ser sócios não profissionais, nos termos do artigo 8º – nº 1 e 9º – nºs 2 e 3 da mesma Lei, nº 3 onde se exige que pelo menos um dos gerentes ou administradores da sociedade de profissionais, que desempenhe funções executivas, deve estar legalmente estabelecido em território nacional para o exercício da profissão em causa, independentemente da modalidade de estabelecimento, pelo que nem todas as organizações associativas de profissionais equiparados a Advogados podem ser sócias profissionais ou tão só não profissionais de sociedades de Advogados.

35.2.2 Os agrupamentos europeus de interesse económico
Mas já se opinou que o agrupamento europeu de interesse económico (AEIE) podia ser a boa escolha[527].

---

[527] Cfr. documento de trabalho de 10 /3/87 apresentado pelo Vice – Presidente Denis de Ricci à sessão plenária de Londres.

VIII. EXERCÍCIO DA ADVOCACIA POR SOCIEDADES DE ADVOGADOS

A figura jurídica do AEIE foi criada pelo Regulamento (CEE) n.º 2137/85, do Conselho, de 25 de julho de 1985, publicado no Jornal Oficial das Comunidades Europeias n.º L 199, de 31 de julho de 1985, e prevista na ordem jurídica portuguesa pelos Decretos-lei n.ºs 148/90, de 9 de maio, e 1/91, de 5 de janeiro[528].

Note-se que o artigo 1.º – n.º 2 do Código de Registo Comercial prevê a sujeição a registo do AEIE, especificando o artigo 7.º os factos relativos ao agrupamento que estão sujeitos ao registo, e que o artigo 9.º – i) prevê a insolvência do AEIE.

Note-se ainda que o preâmbulo do Regulamento que instituiu o AEIE, depois de considerar que o agrupamento não pode substituir a atividade económica dos membros e, nesta medida, por exemplo, o agrupamento não

---

[528] Numa caracterização muito sumária do AEIE dir-se-á que é instituído por contrato sujeito a registo – artigos 1.º – n.º 1 e 6.º do Regulamento, ao qual pertencem também as disposições seguidamente citadas – cabendo ao Estado – membro da sede determinar se, pelo registo, o agrupamento adquire ou não personalidade jurídica, mas sendo certo que, desde o registo, tem capacidade para, em nome próprio, ser titular de direitos e obrigações de qualquer natureza, de celebrar contratos e praticar atos jurídicos e de estar em juízo – artigo 1.º – n.ºs 2 e 3.

A lei do Estado – membro da sede fixada pelo contrato do agrupamento rege vastos domínios, não especificamente regulados, do contrato e do funcionamento do agrupamento – artigo 2.º – n.º 1.

O objetivo do agrupamento é facilitar ou desenvolver a atividade económica dos seus membros, melhorar ou aumentar os resultados desta atividade e não o de realizar lucros por si mesmo e a atividade do agrupamento não pode ter senão um caráter acessório da prosseguida pelos seus membros – artigo 3.º – n.º 1 –, não podendo, nomeadamente, dirigir as atividades dos seus membros ou de outra empresa ou ter quotas ou ações de uma empresa – membro – artigo 3.º – n.º 2.

Os membros do agrupamento podem ser sociedades ou outras entidades jurídicas, públicas ou privadas, ou pessoas físicas que, de qualquer forma, se relacionem com a Comunidade – artigo 4.º – n.º 1.

Terá de ser formado por membros provenientes de, ao menos, dois Estados – membros diferentes – artigo 4.º – n.º 2.

Os órgãos do agrupamento são o conjunto dos membros ou os gerentes, sem prejuízo de o contrato poder prever outros órgãos – artigo 16.º – n.º 1 – e cada membro tem, em princípio, um voto – artigo 17.º n.º 1.

Todo o estabelecimento do agrupamento situado num Estado – membro diferente do da sede constitui objeto de registo de estabelecimento nesse Estado – artigo 10.º – n.º 1.

Os membros do agrupamento respondem solidária e ilimitadamente pelas dívidas deste – artigo 24.º.

A insolvência e a cessação de pagamentos estão sujeitas às disposições de direito nacional e não implicam, por si, a insolvência ou cessação de pagamentos dos membros do agrupamento – artigo 36.º.

DIREITO PROFISSIONAL DO ADVOGADO

pode, ele próprio, exercer, perante terceiros, profissão liberal e que o agrupamento deve abrir-se tão largamente quanto possível a todas as pessoas e que isto não acarreta prejuízo para aplicação, a nível nacional, das regras legais e/ou deontológicas relativas às condições de exercício de uma atividade ou de uma profissão, considera que a faculdade de proibir ou limitar, por razões de interesse público, a participação em agrupamentos não prejudica a legislação dos Estados-membros a regulamentar o exercício de atividades, a qual pode prever outras interdições ou limitações ou então controlar ou supervisionar de maneira diferente a participação num agrupamento de qualquer pessoa.

Ora o AEIE não parecia ser a boa escolha para o exercício em grupo multinacional de Advogados porque as implicações da admissibilidade de os Advogados serem membros de um agrupamento europeu redundariam, pelo menos, na falta de controlo deontológico, pelo facto de os membros do agrupamento europeu não estarem sujeitos à autoridade disciplinar de uma só autoridade competente.

E também não se vê que seja fácil a institucionalização de uma entidade comunitária competente com autoridade disciplinar no caso de agrupamentos europeus de Advogados.

Em Parecer subscrito pelo autor e aprovado pelo Conselho Geral da Ordem dos Advogados em janeiro de 1990, foi proposto que o Estado Português, ao abrigo do artigo 41º – nº 2 do Regulamento, comunicasse, a título de informação, à Comissão, que, entre as categorias de pessoas físicas, sociedades e outras entidades jurídicas que excluiria da participação num AEIE, nos termos do artigo 4º – nº 4, isto é, por razões de interesse público, estariam os Advogados e sociedades de Advogados.

Parece, porém, que tal proposta não foi acolhida, pois dela não há rasto nos citados Decretos-lei nºs 148/90 e 1/91.

Mas nem por isso devia ter-se por permitido o AEIE entre Advogados ou sociedades de Advogados, que, na prática, tem sido visto, designadamente nos meios comunitários, como uma reprovável forma de angariação de clientela no mercado internacional.

Em França, porém, o artigo 7º da Lei nº 71-1130, de 31 de dezembro de 1971, na redação que lhe foi dada pelo artigo 5º da Lei nº 90-1259, de 31 de dezembro de 1990, permite que o Advogado seja membro de um agrupamento de interesse económico ou de um AEIE.

E, estando a generalizar-se na Europa a possibilidade de os Advogados serem membros de um AEIE, pareceu-nos que teríamos de rever este

VIII. EXERCÍCIO DA ADVOCACIA POR SOCIEDADES DE ADVOGADOS

ponto talvez no sentido de uma expressa previsão legislativa de direito interno português que consagre aquela possibilidade, sob pena de Portugal vir a ficar isolado a este respeito no contexto europeu[529].

Ora o Decreto-lei nº 229/2004, de 10 de dezembro, previu e regulou, entre outras formas de associação de sociedades de Advogados, como o consórcio e o agrupamento complementar de empresas, incluindo o consórcio e o agrupamento complementar de empresas entre sociedades de Advogados estrangeiras, nos casos em que estas exerçam, em exclusivo, a atividade de advocacia[530], o agrupamento europeu de interesse económico entre sociedades de Advogados, que são permitidos, a não ser com sociedades de Advogados estrangeiras que não exerçam em exclusivo a atividade de advocacia[531].

Havendo, assim, hoje expressa previsão legislativa de direito interno português que consagra a possibilidade de um AEIE entre sociedades de Advogados, não pode deixar de se admitir a possibilidade de um AEIE também entre Advogados.

[529] No sentido de ao AEIE não se opor qualquer regra aplicável ao exercício da advocacia, *vide* Dr. José ROBIN DE ANDRADE, Parecer no Pº E-27/97, com sumário publicado no Relatório e Contas do Conselho Geral, 1998, pág.18.
[530] Artigos 48º, 49º, 50º e 51º.
[531] Artigo 52º.

Capítulo IX
O Consultor Jurídico e os Problemas Suscitados pela não Obrigatoriedade da sua Inscrição na Ordem no Primeiro Estatuto da Ordem dos Advogados

36. A necessidade de se reatar a tradição rompida no EOA

O exercício da consulta jurídica por licenciados em Direito que sejam funcionários públicos ou que a exerçam em regime de trabalho subordinado não obrigava à inscrição na Ordem dos Advogados a partir da vigência do primeiro EOA[532].

Antes do EOA, pelo contrário, na vigência do Estatuto Judiciário aprovado pelo Decreto-lei nº 44.278, de abril de 1962[533], e desde a criação da Ordem dos Advogados pelo Decreto nº 11.715, de 12 de junho de 1926, obrigava a inscrição na Ordem o exercício de funções de consulta jurídica, incluída, numa primeira fase, na noção de exercício da advocacia[534], e, depois, como profissão eventualmente autonomizada[535].

Não consagrou o primeiro EOA a melhor solução.

---

[532] Artigo 53º – nº 2 do primeiro EOA aprovado pelo Decreto-lei nº 84/84, de 16 de março, disposição que foi revogada pela Lei nº 49/2004, de 24 de agosto.

[533] Artigo 542º – nº 4.

[534] Artigos 44º do Decreto nº 12344, de 18/9/26, 751º do Estatuto Judiciário aprovado pelo Decreto-lei nº 15.344, de 12/4/28, e 751º do aprovado pelo Decreto-lei nº 22.729, de 29/6/33.

[535] Artigos 520º do Estatuto Judiciário aprovado pelo Decreto-lei nº 33.547, de 23/2/44, 520º – § 7º do aprovado pelo Decreto-lei nº 43.460, de 30/9/60, e 542º- nº 4 citado na penúltima nota.

DIREITO PROFISSIONAL DO ADVOGADO

Basta notar que, não obstante os artigos 73º e 81º do atual EOA e o artigo 116º e 127º – nº 1 – e) do atual Código do Trabalho preceituarem que o contrato de trabalho celebrado pelo Advogado não pode afetar a sua plena isenção e independência técnica perante o empregador nem violar o Estatuto, a verdade é que, se os consultores jurídicos não estiverem inscritos, não estão submetidos à autoridade e à disciplina dos órgãos profissionais assim como a todos os deveres e obrigações dos Advogados nem poderão ver asseguradas as suas garantias ou prerrogativas.

Ora a estas duas profissões jurídicas correspondem os mesmos direitos e deveres fundamentais, mesmo que a profissão de Advogado possa ser exercida mais como profissão liberal e a de consultor jurídico mais em regime de contrato de trabalho e haja alguma autonomia entre ambas as profissões.

A independência é tão necessária em matéria judicial como extrajudicial e o conselho dado pelo Advogado ao seu cliente não tem qualquer valor se for dado por complacência, para servir interesses pessoais ou em resultado de pressões exteriores[536].

E outros deveres, como o de que só podem existir relações de confiança se a honorabilidade, a honestidade e a integridade do Advogado, a sua probidade, estiverem para além de qualquer dúvida, pelo que estas virtudes tradicionais são, para o Advogado, obrigações profissionais[537], são igualmente aplicáveis ao Advogado e ao consultor jurídico.

E nem se compreenderia que duas atividades jurídicas ou duas profissões tão íntimas uma da outra tivessem tratamento jurídico diferente em matéria de deontologia profissional.

A verdade, porém, é que o consultor jurídico, dispensado pelo EOA de se inscrever na Ordem dos Advogados, se exercesse a consulta jurídica como funcionário público ou em regime de contrato de trabalho subordinado, estava à margem da intervenção da Ordem quer para lhe serem assegurados os seus direitos e garantias quer para efeitos de tutela da deontologia profissional[538].

Interessava, pois, voltar ao passado e consagrar-se, de novo, o anterior regime, tornando o consultor novamente o Advogado – consultor (*avocat – conseil*), mesmo o consultor funcionário público, embora estabelecendo-se, quanto a este, impedimento para o exercício de outros atos próprios

---

[536] 2.1.2 do Código de Deontologia do CCBE.
[537] 2.2 do Código de Deontologia do CCBE.
[538] O artigo 200º – nº 5 do EOA estatui a aplicação aos consultores jurídicos das disposições do EOA e demais regulamentos, com as necessárias adaptações.

da profissão de Advogado, designadamente o mandato judicial, ainda que tão só por conta do empregador, e estabelecendo-se, quanto ao consultor jurídico em regime de contrato de trabalho, impedimento para o exercício do mandato judicial em representação do empregador, pelo que o Advogado – consultor não deixaria de exercer, em certa medida, uma profissão liberal e tecnicamente autónoma e, por conseguinte, fora de qualquer nexo de trabalho subordinado, a não ser que se optasse pela figura do Advogado público prevista pelo artigo 82º – nºs 3 e 4 do EOA ou do Advogado de empresa, em regime de exclusividade, soluções que a independência do Advogado no exercício do mandato judicial não permite aplaudir.

Não foi esta a solução legal quanto a todos os consultores jurídicos, mas a consulta jurídica como atividade profissional ficou dependente de inscrição pela Lei nº 49/2004, de 24 de agosto, que proibiu o exercício da consulta jurídica no interesse de terceiros e no âmbito de atividade profissional sem inscrição na Ordem dos Advogados ou na Câmara dos Solicitadores, mas não se considerando praticados no interesse de terceiros os atos praticados pelos representantes legais, empregados, funcionários ou agentes de quaisquer pessoas, nessas qualidades, salvo se, no caso de cobrança de dívidas, esta constituir o objeto ou a atividade principal dessas pessoas[539].

A extensão do conceito de consulta jurídica é ampla[540].

Soulez Larivière, num relatório ao Bastonário de Paris sobre a reforma das profissões jurídicas e judiciárias em França, relatório a todos os títulos muito notável e merecedor de reflexão também por parte dos Advogados portugueses, expõe como, em França, através do artigo 55º da Lei de 31/12/71, antes da redação dada pela Lei nº 90-1259, de 31/12/90, se abriram as portas aos Advogados estrangeiros em matéria de consulta sobre direito estrangeiro e internacional, mediante inscrição, dispensada aos Advogados comunitários, nos *“Conseils Juridiques”*, que não fazem parte dos *Barreaux*, e como, em associação com os consultores jurídicos, as multinacionais de auditores contabilistas passaram a concorrer com os Advogados.

De acordo com o referido relatório, foi a não integração nos *Barreaux* dos consultores jurídicos e dos Advogados estrangeiros em matéria de consulta sobre direito estrangeiro e internacional que conduziu à trágica situação das profissões jurídicas e judiciárias em França nos finais da década de 1980.

Em Portugal, os problemas ainda não eram tão grandes, mas urgia consagrar a obrigatoriedade de inscrição dos consultores jurídicos na Ordem

---

[539] Artigo 1º – nºs 7 e 8 da Lei nº 49/2004, de 24 de agosto.
[540] Cfr., desde já, o Acórdão do Conselho Superior de 3/11/89, na ROA, 50º, pág. 274.

DIREITO PROFISSIONAL DO ADVOGADO

dos Advogados, embora não se tivesse previsto a inscrição de todos os consultores com os atrás referidos impedimentos dos consultores funcionários públicos para a prática de outros atos próprios da profissão de Advogado, e tendo-se terminado até com a incompatibilidade para o exercício da advocacia, desde que em regime de subordinação e exclusividade (artigo 82º – n. 3 e 188º – nº 2 do EOA), como não se previu a dos consultores em regime de contrato de trabalho com impedimento para o exercício do mandato judicial em representação do empregador.

Para além dos consultores inscritos[541] e dos serviços de contencioso e consulta jurídica que estavam previstos pelo artigo 56º – nº 6 do EOA e que hoje estão previstos pelo artigo 6º – nºs 3 e 4 da Lei nº 49/2004, de 24 de agosto, como os dos sindicatos, só poderão dar consulta jurídica, sob pena de se verificar o crime de procuradoria ilícita, os notários, os solicitadores de execução, os administradores de insolvência e os organismos públicos no quadro das atividades definidas pelos seus estatutos respetivos; as pessoas que exercem uma profissão regulamentada, nos limites autorizados pela regulamentação aplicável e no âmbito da sua atividade principal, como os revisores e os técnicos oficiais de contas; e as pessoas que exercem uma atividade não regulamentada e para a qual é necessária uma qualificação reconhecida pelo Estado ou atestada por um organismo público ou profissional, nos limites daquela qualificação e no âmbito da sua atividade principal, como os trabalhadores com carteira profissional, por exemplo, os jornalistas, o que tudo está acautelado pela parte final do nº 7 do artigo 1º da lei nº 49/2004, de 24 de agosto[542].

---

[541] São os juristas de reconhecido mérito e os mestres e doutores em Direito cujo grau seja reconhecido em Portugal, a que se refere o artigo 200º do EOA e o nº 2 do artigo 1º da Lei nº 49/2004, de 24 de agosto, pois a elaboração de pareceres escritos por docentes das faculdades de Direito não obriga a inscrição, nos termos do nº 3 do mesmo artigo.

[542] Em França, os artigos 54º e seguintes da lei nº 71-1130, de 31/12/71, na redação da lei nº 90-1259, de 31/12/90, regulamentam a consulta jurídica e prevêem os casos expostos no texto.

Capítulo X
Incompatibilidades e Impedimentos para o Exercício da Advocacia

37. A defesa da independência e da dignidade da profissão e as incapacidades, as incompatibilidades e os impedimentos para o exercício da advocacia

Já tratámos, no capítulo I, das incapacidades para o exercício da advocacia que afetam o indivíduo e o inibem de exercer a profissão e até de se candidatar a tal exercício[543].

Também ali dissemos que o EOA prevê ainda na mesma disposição em que trata das incapacidades outras restrições ao direito de inscrição, mas que já se trata aqui de incompatibilidades ou impedimentos absolutos[544], cujo estudo então remetemos para momento ulterior.

É desse estudo que agora vamos ocupar-nos.

Das incompatibilidades ou impedimentos absolutos para o exercício da advocacia, que inibem da prática de todos os atos próprios da profissão em relação a todas as pessoas, há que distinguir os impedimentos relativos para

---

[543] Incapacidades de que tratam as alíneas a), b), c) e e) do nº 1 do artigo 188º do EOA.

[544] A alínea d) do nº 1 do artigo 188º do EOA refere "os que estejam em situação de incompatibilidade ou inibição do exercício da advocacia" como não podendo ser inscritos por incompatibilidades ou impedimentos absolutos previstos nos artigos 81º, 82º, 84º e 85º, mas sem prejuízo da inscrição de quem se encontre nas condições do artigo 82º – nº 3, como se dispõe no artigo 188º – nº 2, todos do EOA.

DIREITO PROFISSIONAL DO ADVOGADO

tal exercício, que apenas inibem da prática de todos os atos próprios da profissão em relação a certas pessoas.

Quer as incompatibilidades quer os impedimentos decorrem do exercício de outra atividade diferente da advocacia, nisso se distinguindo umas e outros das incapacidades, que nada têm a ver com outra atividade, mas que dizem respeito à pessoa ou às suas qualidades.

Os Advogados estão impedidos de praticar atos profissionais junto de entidades públicas ou privadas, onde desempenhem ou tenham desempenhado funções cujo exercício possa suscitar, em concreto, uma incompatibilidade, se aqueles atos entrarem em conflito com regras deontológicas[545].

Assim, estão impedidos os vereadores que não aufiram qualquer retribuição ou abono nos assuntos em que sejam partes os respetivos municípios bem como os funcionários ou agentes administrativos na situação de aposentados, de inatividade, de licença de longa duração e de reserva em quaisquer assuntos em que estejam em causa os serviços públicos ou administrativos a que estiveram ligados, como expressamente estava previsto no primeiro EOA.

Os Advogados que sejam membros das assembleias representativas das autarquias locais bem como os respetivos adjuntos, assessores, secretários, trabalbhadores com vínculo de emprego público ou outros contratados dos respetivos gabinetes ou serviços estão impedidos, em qualquer foro, de patrocinar, diretamente ou por intermédio de sociedade de que sejam sócios, ações contra as respetivas autarquias locais bem como de intervir em qualquer atividade da assembleia a que pertençam sobre assunto em que tenham interesse profissional diretamente ou por intermédio de sociedade de Advogados a que pertençam[546].

Estão impedidos de exercer o mandato judicial, em qualquer foro, os Advogados que sejam membros da Assembleia da República, seus adjuntos, assessores, secretários, funcionários, agentes ou outros contratados dos respetivos gabinetes ou serviços, como autores nas ações pecuniárias contra o Estado[547].

Voltaremos a ocupar-nos, embora brevemente, mais adiante, dos impedimentos relativos ou simplesmente impedimentos, na terminologia legal, que só impedem o exercício da advocacia, de todos os atos de advocacia (não obstante a letra da lei, quanto a deputados e pessoas a eles ligadas,

---

[545] Artigo 83º – nº 2 do EOA.
[546] Artigo 83º – nº 3 do EOA.
[547] Artigo 83º – nº 4 do EOA.

X. INCOMPATIBILIDADES E IMPEDIMENTOS PARA O EXERCÍCIO DA ADVOCACIA

se referir apenas ao patrocínio de ações pecuniárias e impor, por isso, uma interpretação extensiva), relativamente a certas pessoas por causa de certa função ou de certa dependência do Advogado relativamente a tais pessoas.

Note-se, porém, que são diferentes os impedimentos decorrentes de parentesco ou afinidade com outros intervenientes, efetivos ou eventuais, numa causa, como, por exemplo, a proibição de exercício do mandato judicial em certas situações concretas, como a de o Advogado viver em economia comum ou ser cônjuge ou parente ou afim na linha reta ou no 2º grau da linha colateral do Juiz da comarca ou, nas comarcas com mais de um Juiz ou perante os tribunais superiores, do juiz que, em virtude da distribuição, haja de intervir no julgamento da causa, o que se aplica, com as necessárias adaptações, a peritos e árbitros[548]. Saliente-se também que são impedimentos

---

[548] Artigos 115º – nºs 1 – d), 2 e 3 e 470º – nº 1 do Código de Processo Civil e 9º – nº 3, 10º – nº 6 e 13º da Lei da Arbitragem Voluntária – Lei nº 63/2011, de 14 de dezembro, embora menos remissiva do que o artigo 10º – nº 1 da anterior Lei nº 31/86, de 29 de agosto, para o regime dos impedimentos e escusas dos Juízes, código aplicável, subsidiariamente, em processo penal, designadamente quanto a Juízes e Magistrados do Ministério Público, por falta de previsão dos artigos 49º e 50º e 54º do Código de Processo Penal. *Vide* também o artigo 7º – c) do Estatuto dos Magistrados Judiciais que impede estes de exercerem funções em tribunais de 1ª instância quando na sede da respetiva comarca, exceto Lisboa e Porto, tenha escritório de advocacia qualquer das pessoas a que no texto nos referimos e *vide* ainda, para os Juízes e para os Magistrados do Ministério Público os previstos, respetivamente, nos artigos 7º do Estatuto dos Magistrados Judiciais e 83º do Estatuto do Ministério Público: não podem exercer funções em tribunal ou juízo em que exerçam funções Magistrados Judiciais ou do Ministério Público ou funcionários de justiça a que estejam ligados por casamento ou união de facto, parentesco ou afinidade em qualquer grau da linha reta ou até ao 2º grau da linha colateral. Também são diferentes, por se tratar de impedimentos resultantes do objeto do processo e não de parentesco ou afinidade ou situação equiparável, outros impedimentos constantes dos mesmos artigos, como os de os Magistrados Judiciais ou do Ministério Público ou os funcionários de justiça não poderem exercer funções em círculo judicial em que, nos últimos cinco anos tenham tido escritório de Advogados nem os Magistrados Judiciais em tribunal ou juízo em que exerceram funções de Ministério Público nos últimos cinco anos.
Entendemos que, pelo mesmo princípio que subjaz aos impedimentos previstos por aquele artigo do Código de Processo Civil, também constitui impedimento o dever de não aceitar mandato judicial do réu um Advogado que viva em união de facto ou seja cônjuge ou parente ou afim nas mesmas linhas e nos mesmos graus do Advogado que patrocine o autor, embora não se trate de um impedimento atípico ou inominado no sentido de não previsto no artigo 83º do EOA, cuja indicação temos por meramente exemplificativa e não por taxativa, havendo outros impedimentos ou incompatibilidades relativas abrangidos pelo artigo 81º para além dos que estão previstos naquele artigo 83º, o que também acontece quanto às incompatibilidades absolutas, como iremos ver.
No exercício em grupo da advocacia, qualquer que seja a forma de que se revista, o impedimento que iniba um dos membros do grupo da prática de atos próprios da profissão relativa-

DIREITO PROFISSIONAL DO ADVOGADO

diferentes os casos do artigo 99º do EOA, que não se refere a incompatibilidades ou a impedimentos relativos, mas ao dever do Advogado de se abster de praticar atos próprios da profissão em casos concretos de conflitos de interesses ou quando neles interveio noutra qualidade diferente da de Advogado constituído, como deve salientar-se que são diferentes os já referidos impedimentos que determinam inibições para a prática de determinados atos próprios da profissão de Advogado em casos concretos por causa de uma relação de parentesco ou afinidade em relação a outrem que também intervém nos mesmos atos.

Mas antes de nos referirmos agora às incompatibilidades, na terminologia legal, ou impedimentos absolutos, que impedem o exercício da advocacia em geral, também por causa de uma função exercida pelo impedido daquele exercício, ao contrário do que acontece com as incapacidades que dizem respeito à pessoa ou às suas qualidades, interessa salientar que é a defesa da independência e da dignidade da profissão que explica não só as incapacidades mas também os impedimentos relativos ou simplesmente impedimentos e os impedimentos absolutos ou incompatibilidades.

É para garantir a independência e a dignidade da profissão que o EOA não permite o exercício da advocacia, por exemplo, aos magistrados e funcionários que hajam sido demitidos, aposentados ou colocados na situação de inatividade por falta de idoneidade moral (incapacidade), ou aos magistrados judiciais ou do ministério público (incompatibilidade) ou aos deputados à Assembleia da República em assuntos contra o Estado (impedimento).

É o que resulta do artigo 81º do EOA, onde se dispõe que o exercício da advocacia é incompatível com qualquer atividade, cargo ou função que

mente a certas pessoas por causa do exercício de outras funções, o mesmo se verificando quanto a outros impedimentos diferentes destes e de que acabámos de falar nesta nota, estende-se aos demais membros do grupo. O mesmo deve acontecer, em caso de suspensão da inscrição na Ordem por incompatibilidade quanto a um dos membros do grupo, ficando então o grupo em situação de impedimento relativamente às pessoas que determinaram a incompatibilidade ao membro do grupo que suspendeu a inscrição. Embora o nosso direito não preveja expressamente estes casos, regulados pelo artigo 6º – nº 3 do Código Deontológico da Advocacia Espanhola, podem invocar-se no sentido exposto os artigos 81º- nº 2 e 83º – nº 1 do EOA, quanto aos impedimentos por causa do exercício de outras funções.

Como já resulta do exposto, a definição de impedimentos constante do artigo 83º – nºs 1 e 2 do EOA, definição que o legislador não tinha de dar, merece sérias reservas, não se compreendendo mesmo a referência ao impedimento de o Advogado mover qualquer influência, a qual sempre seria inadmissível à luz dos princípios subjacentes aos artigos 108º – nº 2, 109º e 112º – nº 1 – d), todos do EOA.

X. INCOMPATIBILIDADES E IMPEDIMENTOS PARA O EXERCÍCIO DA ADVOCACIA

possa afetar a independência ou dignidade da profissão, tendo a mesma justificação as incapacidades e os impedimentos ou incompatibilidades relativas, como até resulta, quanto aos impedimentos, da epígrafe "incompatibilidades ou impedimentos" do capítulo II do título II do EOA, em que se insere, logo na abertura de tal capítulo, aquele artigo 81º, que, assim, deve ser interpretado como se dissesse que o exercício da advocacia é absoluta ou relativamente incompatível com qualquer atividade, cargo ou função que diminua a independência e a dignidade da profissão[549].

A independência do Advogado traduz-se em plena liberdade perante o poder, a opinião pública, os tribunais e terceiros, não devendo o Advogado depender, em momento nenhum, de qualquer entidade.

A dignidade do advogado tem que ver com a sua conduta no exercício da profissão e no seu comportamento público, com a probidade e com a honra e a consideração pública que o Advogado deve merecer[550].

O Código de Deontologia do CCBE enuncia, entre os princípios gerais do Código, o da independência (2.1), o da confiança e integridade moral (2.2) e o das incompatibilidades (2.5), princípios cuja interligação é manifesta.

A multiplicidade dos deveres a que o Advogado está sujeito exigem a sua absoluta independência, isenta de qualquer pressão, especialmente a resultante dos seus próprios interesses ou de influências exteriores. Esta independência é tão necessária à confiança na justiça como a imparcialidade do Juiz. O Advogado deve, pois, evitar qualquer atentado à sua independência e estar atento para não negligenciar a ética profissional no intuito de agradar ao seu cliente, ao Juiz ou a terceiros[551].

E, marcando bem a generalidade do princípio da independência, precisou-se a sua importância, mesmo em matéria extrajudicial: esta independência é tão necessária em matéria não litigiosa como em litígio. O conselho dado pelo Advogado ao seu cliente não tem qualquer valor, se for dado apenas por complacência, para servir os seus interesses pessoais ou em resultado de pressões exteriores[552].

Quanto ao princípio da confiança e integridade moral, proclama-se que as relações de confiança só podem existir se não houver dúvida sobre

---

[549] Cfr., no mesmo sentido, o nº 4 do preâmbulo do Decreto-lei nº 84/84, de 16 de março, que aprovou o primeiro EOA.
[550] Cfr. o artigo 88º – nºs 1 e 2 do EOA.
[551] 2.1.1 do Código de Deontologia do CCBE.
[552] 2.1.2 do Código de Deontologia do CCBE.

DIREITO PROFISSIONAL DO ADVOGADO

a honra, honestidade e integridade do Advogado e que, para o Advogado, estas virtudes tradicionais são obrigações profissionais[553].

O princípio geral sobre incompatibilidades consagra-o o Código de Deontologia do CCBE nos seguintes termos: para permitir ao Advogado exercer as suas funções com a independência necessária e em conformidade ao seu dever de participar na administração da justiça, um Advogado é excluído de certas profissões[554]; um Advogado que atue em representação ou em defesa de um cliente num procedimento judicial ou perante qualquer autoridade pública num Estado – membro de acolhimento está sujeito às regras sobre incompatibilidades aplicáveis aos Advogados desse Estado-membro de acolhimento[555]; e um Advogado estabelecido num Estado-membro de acolhimento no qual pretenda participar diretamente numa atividade comercial ou outra que não seja relacionada com o exercício da sua profissão de Advogado deve respeitar as regras relativas a incompatibilidades aplicáveis aos Advogados desse Estado-membro[556].

Como resulta do exposto, o Código de Deontologia do CCBE coincide, no essencial, com os princípios que norteiam o EOA.

38. As incompatibilidades do artigo 82º do EOA como enumeração exemplificativa e não taxativa

Dos artigos 81º e 82º resulta que as incompatibilidades estão enumeradas no artigo 82º meramente a título exemplificativo.

Tem-se entendido que as incompatibilidades estão previstas na lei como exceções à regra constitucional da liberdade de trabalho e de exercício de uma profissão e sobre este assunto a jurisprudência da Ordem tem sido a de que "*exceptio est strictissimae interpretationis*"[557].

Mesmo, porém, que o artigo 82º seja uma norma excecional, o que é muito controvertido, o certo é que as normas excecionais, se não comportam aplicação analógica, admitem interpretação extensiva[558] e, por isso, as regras sobre incompatibilidades, embora não possam ser aplicadas analo-

---

[553] 2.2 do Código de Deontologia do CCBE.
[554] 2.5.1 do Código de Deontologia do CCBE.
[555] 2.5.2 do Código de Deontologia do CCBE.
[556] 2.5.3 do Código de Deontologia do CCBE.
[557] Cfr. Pareceres do Conselho Geral de 24/5/63, na ROA, 24º, pág. 159, e de 30/6/54, na ROA, 19º, pág. 222.
[558] Artigo 11º do Código Civil.

X. INCOMPATIBILIDADES E IMPEDIMENTOS PARA O EXERCÍCIO DA ADVOCACIA

gicamente[559], devem ser interpretadas extensivamente quando possa concluir-se, com segurança, que o legislador disse menos do que previu.

Numa notável comunicação ao III Congresso dos Advogados Portugueses intitulada "As incompatibilidades: fundamentos deontológicos e legais" de Dr. AMADEU J. MORAIS, sustenta-se que é manifesta a proximidade do artigo 68º com o artigo 76º do primeiro EOA, disposição que devia iluminar toda a matéria das incompatibilidades.

Na verdade, não obstante não se tratar de uma norma do estatuto profissional *stricto sensu* do Advogado, mas de uma norma do seu estatuto deontológico, o artigo 81º do EOA anterior correspondente ao artigo 76º do primeiro EOA como os artigos 88º e 89º do atual impõem que não sejam inscritos, ou sejam suspensos do exercício da advocacia, todos aqueles que, pela profissão que já exercem ou pelas funções que passaram a desempenhar, não possam objetivamente respeitar os valores daqueles artigos.

"Não se trata, como é evidente, de fazer qualquer juízo sobre a idoneidade, honestidade ou competência das pessoas que se encontrem nessa situação.

Trata-se sim de acautelar que o exercício da profissão de Advogado se fará sem a acumulação com outras funções que, objetivamente, são capazes de levantar, perante os outros Advogados, magistrados, clientes e público em geral, dúvidas quanto à simples possibilidade de ser mantida a fidelidade aos princípios éticos basilares da profissão.

Trata-se de impedir situações de "promiscuidade" e confusão suscetíveis de fazer surgir, aos olhos da opinião pública, dúvidas quanto à transparência que a figura do Advogado deve sempre refletir[560].

Ao artigo 68º do primeiro EOA correspondia, no anteprojeto elaborado pela Ordem[561], uma disposição mais completa: "o exercício da advocacia é incompatível com qualquer atividade ou função que diminua a independência e a dignidade da profissão, proporcione vantagem em relação à generalidade dos Advogados ou permita captação de clientela".

Mas nem pelo facto de não ter passado para o texto definitivo a última parte da disposição do projeto devia aquele artigo 68º ser objeto de interpretação restritiva.

O desempenho de função que "proporcione vantagem em relação à generalidade dos Advogados ou permita a captação de clientela" é incom-

---

[559] Cfr. Acórdão do Conselho Geral de 11/7/69, na ROA, 30º, pág. 259.
[560] Dr. AMADEU J. MORAIS, ob. e loc. citados.
[561] Na ROA, 40º, pág. 199.

DIREITO PROFISSIONAL DO ADVOGADO

patível com o exercício da advocacia, pois tal função diminui a independência e a dignidade da profissão.

Por isso se entendia que do artigo 68º do primeiro EOA resultava que as incompatibilidades estão enumeradas no artigo seguinte meramente a título exemplificativo.

A tal conclusão conduzia a letra das duas disposições.

De contrário, o artigo 68º seria inútil como comando normativo, limitado como ficaria à enunciação do princípio da independência e da dignidade da profissão como fundamento das incompatibilidades, constituindo apenas um preceito doutrinário.

É certo que o artigo 591º do Estatuto Judiciário anteriormente vigente continha indiscutivelmente uma enumeração taxativa das incompatibilidades.

Mas o artigo 594º expressamente prescrevia que a Ordem, através do seu Conselho Geral, poderia "estabelecer a incompatibilidade do exercício da advocacia com o de outras profissões e atividades consideradas suscetíveis de comprometer a dignidade ou o decoro do Advogado". E, se tais deliberações do Conselho Geral eram submetidas a homologação do Ministro da Justiça e publicadas no então Diário do Governo, a verdade é que, assim, se permitia o alargamento das incompatibilidades previstas no artigo 591º.

E não se compreenderia que o anterior Estatuto da Ordem dos Advogados pretendesse a redução de poderes que a Ordem anteriormente detinha na definição das incompatibilidades.

Poderá objetar-se que então seria inútil o artigo 69º do primjeiro EOA.

Mas não era assim.

Na verdade, se a regra deve ser a liberdade de exercício de qualquer profissão, era sempre útil que, ao menos, as principais limitações a tal exercício estejam expressamente previstas, de uma maneira tão exaustiva quanto possível, em homenagem aos valores da certeza e segurança, que, a par do valor da justiça, o Direito deve salvaguardar[562].

---

[562] Se fosse taxativa a enumeração do artigo 69º do primeiro EOA, não seria incompatível com o exercício da advocacia o desempenho de funções como membro da Alta Autoridade para a Comunicação Social – Lei nº 43/98, de 6 de agosto – que foi extinta pela Lei nº 53/2005, de 8 de novembro, pela qual foi criada a Entidade Reguladora para a Comunicação Social, o que seria inaceitável... Cfr., porém, o artigo 11º da citada Lei. PAULO CASTRO RANGEL, O Princípio da Taxatividade das Incompatibilidades, na ROA, 54º, pág. s 779 e seg. s, embora considerasse desejável a criação dessa incompatibilidade, além de outras, através da sua expressa previsão no elenco das incompatibilidades, chegava à conclusão de que o exercício daquelas funções não era incompatível com a advocacia por partir do princípio da taxatividade

X. INCOMPATIBILIDADES E IMPEDIMENTOS PARA O EXERCÍCIO DA ADVOCACIA

das incompatibilidades que seria constitucionalmente imposto. O Prof. Dr. José Joaquim Gomes Canotilho, em Parecer que supomos ainda inédito e solicitado pela Câmara dos Revisores Oficiais de Contas, porque a Ordem dos Advogados tem considerado a atividade dos revisores como incompatível com a advocacia precisamente por força do artigo 68º do EOA – Acórdão do Conselho Superior de 23/2/96, na ROA, 56º, pág. s 1171 e seg. s e Parecer do Conselho Geral no Proc. E/971, no BOA nº 2/94, pág. 10 (sumário do Parecer) – seguiu a tese de Paulo Castro Rangel e insurgiu-se contra a incompatibilidade absoluta da atividade de revisor oficial de contas com a de Advogado, reconhecendo, quando muito, "a impossibilidade, sob o ponto de vista deontológico e legal, da prestação a uma mesma entidade de serviços de revisor oficial de contas e advocacia, ou, pelo menos, de uma tal prestação simultânea relativamente a um determinado ato", para o que citava o artigo 83º – nº 1 – a) do primeiro EOA e o artigo 69º – nº 1 – c), d) e e) do Estatuto dos Revisores Oficiais de Contas – Decreto-lei nº 487/99, de 16 de novembro, que estabeleceria incompatibilidades relativas. O dever de recusar mandato, nomeação oficiosa ou prestação de serviços em questão em que o Advogado já tenha intervindo em qualquer outra qualidade constante do artigo 83º – nº 1 – a) do primeiro EOA não pode qualificar-se como um impedimento do mesmo género dos previstos no artigo 73º do primeiro EOA, até porque aquele primeiro artigo contém uma previsão muito mais restrita e, por isso, a tratar-se de mero impedimento, teríamos de o considerar como atípico ou inominado no sentido de não previsto pelo artigo 73º daquele EOA, mas abrangido pelo seu artigo 68º, que, a abranger outros impedimentos para além dos previstos no artigo 73º, não podia deixar de abranger outras incompatibilidades, para além das previstas no artigo 69º, disposições todas elas do primeiro EOA.

Note-se que revisores e técnicos oficiais de contas devem participar ao Ministério Público, através da Ordem ou da Câmara, respetivamente, os factos que constituam crimes públicos – artigos 158º do Decreto-lei nº 487/99, de 16 de novembro e 58º do Decreto-lei nº 452/99, de 5 de novembro, respetivamente. Também nos termos do artigo 8º – A do Decreto-lei nº 325/95, de 2 de dezembro, aditado pela Lei nº 10/2002, de 11 de fevereiro, deviam comunicar à entidade judiciária competente atividades de branqueamento de capitais, o que não era aplicável a Advogados, por terem tratamento específico em tal âmbito, tendo vindo, porém, o artigo 30º da Lei nº 11/2004, de 27 de março, que, no seu artigo 55º – nº 1 – c), revogou aquele Decreto-lei, a impor às entidades referidas no artigo 20º o dito dever de comunicação ao Procurador-Geral da República, excetuando os Advogados e Solicitadores, que devem fazer a comunicação, respetivamente, ao Bastonário da Ordem ou ao Presidente da Câmara dos Solicitadores, os quais enviarão, por sua vez, a comunicação ao Procurador-Geral da República, a não ser que se trate de caso de consulta jurídica a cliente do Advogado ou Solicitador ou na sua missão de defesa do cliente num processo judicial ou a respeito deste; este regime agora estabelecido para Advogados e Solicitadores, com as sanções dos artigos 50º e 51º daquela Lei, levanta problemas muito delicados em face dos seus deveres de informação e segredo para com os clientes, problemas que abordaremos sob o nº 107.3- Cessação do segredo profissional do Advogado por obrigação *ex lege* – onde sustentaremos que melhor fora tornar incompatíveis com a profissão de Advogado intervir em certas compras e vendas de imóveis, trespasses, cessões de participações sociais e administrações de fundos – cfr. Diretiva 2001/97/CE do Parlamento Europeu e do Conselho, de 4 de dezembro de 2001, publicada no Jornal Oficial das Comunidades Europeias de 28/12/2001, Diretiva que altera a Diretiva 91/308/CEE do Conselho relativa à prevenção da utilização do sistema financeiro para efeitos de branqueamento de capitais e que foi transposta pela citada Lei.

DIREITO PROFISSIONAL DO ADVOGADO

Hoje, porém, não pode haver qualquer dúvida, em face do advérbio *designadamente* constante do nº 1 do artigo 82º do EOA.

39. Os impedimentos absolutos ou incompatibilidades – artigo 82º do EOA

Dispõe o artigo 82º do EOA:

1. São, designadamente, incompatíveis com o exercício da advocacia os seguintes cargos, funções e atividades:

   a) Titular ou membro de órgão de soberania, representantes da República para as regiões autónomas, membros do Governo Regional das regiões autónomas, presidentes de câmara municipal e vereadores que aufiram qualquer tipo de remuneraçãi ou abono e bem assim os respetivos adjuntos, assessores, secretários, trabalhadores com vínculo de emprego público ou outros contratados dos respetivos gabinetes ou serviços, sem prejuízo do disposto na alínea a) do número seguinte;

   b) Membro do Tribunal Constitucional e respetivos trabalhadores com vínculo de emprego público ou contratados;

   c) Membro do Tribunal de Contas e respetivos trabalhadores com vínculo de emprego público ou contratados;

   d) Provedor de Justiça e respetivos trabalhadores com vínculo de emprego público ou contratados do respetivo serviço[563];

   e) Magistrado, ainda que não integrado em órgão ou função jurisdicional;

   f) Assessor, administrador, trabalhador com vínculo de emprego público ou contratado de qualquer tribunal:

   g) Notário ou conservador de registos respetivos trabalhadores com vínculo de emprego público ou contratados do respetivo serviço;

   h) Gestor público;

   i) Trabalhadores com vínculo de emprego público ou contratado de quaisquer serviços ou entidades que possuam natureza pública

---

[563] O Parecer do Conselho Geral nº E-36/03, em www.oa.pt, considerou incompatível com o exercício da advocacia o cargo de Provedor Municipal criado no organigrama do Município bem como o dos seus adjuntos e assessores, funcionários, agentes ou contratados do respetivo serviço, tendo em atenção o estatuto do Provedor Municipal, que o assemelha ao cargo de Provedor de Justiça – Artigo 23º da Constituição da República Portuguesa e Leis nºs 9/91, de 9 de abril, e 30/96, de14 de agosto (estatuto do Provedor de Justiça) e Decretos-lei nºs 279/93, de 1 de agosto, 15/98, de 29 de janeiro, e 195/2001, de 27 de junho.

X. INCOMPATIBILIDADES E IMPEDIMENTOS PARA O EXERCÍCIO DA ADVOCACIA

ou prossigam finalidades de interesse público, de natureza central, regional ou local;

j) Membro de órgão de administração, executivo ou diretor com poderes de representação orgânica das entidades indicadas na alínea anterior;

k) Membro das Forças Armadas ou militarizadas;

l) Revisor Oficial de Contas ou Contabilista Certificado e trabalhadores com vínculo de emprego público ou contratados do respetivo serviço;

m) Administrador judicial ou liquidatário judicial ou pessoa que exerça idênticas funções[564];

n) Mediador mobiliário ou imobiliário, leiloeiro e trabalhadores com vínculo de emprego público ou contratadosdo respetivo serviço;

2. As incompatibilidades verificam-se qualquer que seja o título, designação, natureza e espécie de provimento ou contratação, o modo de remuneração e, em termos gerais, qualquer que seja o regime jurídico do respetivo cargo, função ou atividade, com exceção das seguintes situações:

a) Dos membros da Assembleia da República bem como dos respetivos adjuntos, assessores, secretários, trabalhadores com vínculo de emprego público ou outros contratados dos respetivos gabinetes ou serviços;

b) Dos que estejam aposentados, reformados, inativos, com licença ilimitada ou na reserva:

c) Dos docentes;

d) Dos que estejam contratados em regime de prestação de serviços ou de comissão de serviço para o exercício de funções de representação em juízo, no âmbito do contencioso administrativo ou constitucional ou para o exercício de funções de consultor nos termos do disposto do artigo 10º do Decreto-lei nº 163/2012, de 31 de julho.

3. É permitido o exercício da advocacia às pessoas indicadas nas alíneas j) e l) do nº 1, quando esta seja prestada em regime de subordinação

---

[564] Hoje administrador de insolvência, cujo estatuto foi estabelecido pela Lei nº 32/2004, de 2 de julho, alterado pela Lei nº 34/2009, de 14 de julho. Cfr. o Decreto-lei nº 54/2004, de 18 de março, sobre sociedades de administradores de insolvência, e a Portaria nº 51/2005, de 20 de janeiro, sobre remuneração dos administradores de insolvência.

DIREITO PROFISSIONAL DO ADVOGADO

e em exclusividade, ao serviço de quaisquer das entidades previstas nas referidas alíneas, sem prejuízo do disposto no artigo 86º.

4. É ainda permitido o exercício da advocacia às pessoas indicadas nas alíneas j) e l) do nº 1 quando providas em cargos de estruturas com caráter temporário, sem prejuízo do disposto no estatuto do pessoal dirigente dos serviços e organismos da administração central, regional e local do Estado.

À frente, trataremos autonomamente da exceção dos docentes (alínea c) do nº 2) e das exceções dos nºs 3 e 4.

Nada diremos da exceção da alínea a) do nº 2 – deputados – e pouco vamos dizer quanto à da sua alínea b).

À licença ilimitada corresponde hoje a licença sem vencimento de longa duração com o mínimo de um ano[565], que determina a abertura de vaga no quadro e a suspensão do vínculo com a Administração a partir da data do despacho que a concede, passando o funcionário à situação de inatividade fora do quadro[566].

A passagem de um funcionário ou de um militar a qualquer das situações da referida alínea b) faz morrer a incompatibilidade, mas pode fazer nascer o impedimento do artigo 83º – nº 2 do EOA.

Finalmente, embora as incompatibilidades se verifiquem, em termos gerais, qualquer que seja o regime jurídico do respetivo cargo, função ou atividade, constitui exceção às incompatibilidades previstas no nº 1, nos termos da alínea d) do nº 2, a contratação em regime de prestação de serviços ou de comissão de serviço para o exercício de funções de representação em juízo no âmbito do contencioso administrativo e constitucional ou para o exercício de funções de consultor nos termos do disposto no artigo 10º do Decreto-lei nº 163/2012, de 31 de julho.

O artigo 85º do EOA trata autonomamente da incompatibilidade entre a inscrição na Ordem dos Advogados e na Ordem dos Solicitadores e dos Agentes de Execução, exceto durante a primeira fase do estágio a que alude o nº 3 do artigo 195º, não se aplicando a incompatibilidade no caso de registo de Advogado na Ordem dos Solicitadores e dos Agentes de

---

[565] Prevista nos artigos 78º a 83º do Decreto-lei nº 100/99, de 31 de março, alterado pela Lei nº 117/99, de 11 de agosto, e pelo artigo 42º do Decreto-lei nº 70-A/2000, de 5 de maio, e ainda pelo Decreto-lei nº 157/2001, de 11 de maio, e ainda pelo Decreto-lei nº 181/2007, de 9 de maio.

[566] Artigo 80º – nº 1 do primeiro diploma citado na nota anterior.

X. INCOMPATIBILIDADES E IMPEDIMENTOS PARA O EXERCÍCIO DA ADVOCACIA

Execução enquanto agente de execução[567], mas verificando-se então, em relação ao agente de execução, além das incompatibilidades gerais inerentes à profissão de Advogado ou de Solicitador e além do regime estabelecido no Código de Processo Civil acerca dos impedimentos e suspeições dos funcionários da secretaria, com as necessárias adaptações, o impedimento de exercer mandato judicial em representação do exequente ou do executado, durante dois anos contados a partir da extinção da execução na qual tenha assumido as funções de agente de execução, o impedimento de exercício do mandato em qualquer execução, o impedimento de exercício de funções próprias de agente de execução por conta de entidade empregadora, no âmbito de contrato de trabalho, o impedimento de exercício de funções de agente de execução quando haja participado na obtenção do título executivo e quando tenha havido representação judicial de alguma das partes ocorrida nos últimos dois anos, impedimentos que se estendem aos respetivos sócios e a agentes de execução com o mesmo domicílio profissional, e não podendo desenvolver-se, no escritório do agente de execução, outra atividade para além das de solicitadoria e de advocacia[568].

Os Advogados regularmente inscritos na Ordem dos Avogados podem inscrever-se no colégio dos agentes de execução desde que não exerçam o mandato judicial, nos termos do Estatuto da Ordem dos Solicitadores e dos Agentes de Execução[569], devendo os Advogados regularmente inscritos na Ordem dos Advogados e na Câmara dos Solicitadores como agentes de execução, relativamente aos quais se verifiquem incompatibilidades em resultado das alterações introduzidas no Estatuto da Ordem dos Solicitadores e dos Agentes de Execução pôr termo a essas situações de incompatibilidade até 31 de dezembro de 2017[570].

---

[567] Apesar de a lei dizer que não se aplica a incompatibilidade entre a inscrição na Ordem como Advogado e a inscrição na Ordem dos Solicitadores e dos Agentes de Execução como agente de execução, sustentamos que a incompatibilidade (inominada ou atípica) resulta do artigo 81º – nºs 1 e 2 do EOA. Nem se compreenderia que pudesse deixar de ser assim, em face da expressa previsão, no artigo 82º – nº 1 – m) do EOA, da incompatibilidade nominada do gestor judicial ou administrador de insolvência. No mesmo sentido, *vide* FERNANDO SOUSA MAGALHÃES, Estatuto da Ordem dos Advogados, Anotado e Comentado, 6ª edição, pág. 113, em anotação ao então artigo 80º.

[568] Artigos 165º e 166º do Estatuto da Ordem dos Solicitadores e dos Agentes de Execução aprovado pela Lei nº 154/2015, de 14 de setembro.

[569] Artigo 85º – nº 3 do EOA.

[570] Artigo 3º – nº 4 da Lei nº 145/2015, de 9 de setembro, que aprovou o novo EOA.

DIREITO PROFISSIONAL DO ADVOGADO

O elenco das incompatibilidades noutras legislações é maior do que na nossa e abrange assalariados, comerciantes, ministros do culto, jornalistas, deputados, diretores de bancos, etc.[571].

No Projeto de Estatuto dos Advogados Portugueses[572] estavam previstas como incompatíveis com o exercício da advocacia as seguintes funções ou atividades: deputados e respetivos assessores, membros do Conselho Superior da Magistratura (não magistrados), autoridades e funcionários das autarquias nos concelhos de 3ª ordem, docentes de cursos de Direito, membros dos órgãos de gestão ou direção de meios de comunicação social e jornalistas profissionais.

O caso dos membros do Conselho Superior da Magistratura (não magistrados) estava previsto no artigo 148º – nº 1 do Estatuto dos Magistrados Judiciais – Lei nº 21/85, de 30 de julho – ao dispor que "aos membros do Conselho Superior da Magistratura é aplicável, com as devidas adaptações, o regime de garantias e de incompatibilidades dos magistrados judiciais", do que, conjugado com o artigo 13º daquele Estatuto e com o artigo 69º – nº 1 – e) do primeiro EOA e 82º – nº 1 – e) do atual, resultava a incompatibilidade com o exercício da advocacia, mas a Lei nº 81/98, de 3 de dezembro, deu nova redação àquele nº 1 do artigo 148º, onde hoje se dispõe que "aos vogais do Conselho Superior da Magistratura, que não sejam Juízes, é aplicável o regime de garantias dos magistrados judiciais", o que não merece aplauso, ao menos *de jure condendo*, afigurando-se que a incompatibilidade não deixa de existir em face do artigo 68º do primeiro e do artigo 81º do atual EOA[573].

---

[571] *De jure constituendo*, preconizamos que, ressalvados os direitos adquiridos, se torne incompatível com o exercício da advocacia qualquer outra atividade profissional, salvo a de consultor jurídico em regime de contrato de trabalho, embora com impedimento para o exercício do mandato judicial em representação do empregador, e incompatível também o desempenho de cargos políticos ou funções públicas, à exceção de funções públicas não remuneradas ou, sendo remuneradas, esporadicamente exercidas, por força de deveres de cidadania, desde que umas e outras funções excecionadas não diminuam a independência e a dignidade da profissão, prevendo-se que não se consideram atividades profissionais incompatíveis algumas atividades taxativamente enumeradas, como a criação intelectual, o exercício da docência e a atividade agrícola individual.

[572] Publicado no Suplemento do BOA nº 10 – janeiro / 1983.

[573] Poderá contra – argumentar-se que, através da nova redação dada ao referido artigo 148º – nº 1 pela Lei nº 81/98, o legislador considerou taxativa a enumeração das incompatibilidades no artigo 69º do anterior EOA, pois quis acabar com a incompatibilidade dos membros do Conselho Superior da magistratura (não magistrados). Cremos, porém, que o legislador não quis ir além de deixar de manter expressa na lei uma incompatibilidade que lhe não agrada

228

X. INCOMPATIBILIDADES E IMPEDIMENTOS PARA O EXERCÍCIO DA ADVOCACIA

É apenas à Ordem dos Advogados que compete apreciar e decidir sobre a existência e alcance das incompatibilidades no que respeita à inscrição como Advogado ou Advogado estagiário[574].

Para efeitos da verificação da existência de incompatibilidades, os Advogados e Advogados estagiários têm de prestar aos conselhos regionais ou ao Conselho Geral as informações necessárias no prazo de trinta dias, sob pena de o Conselho Geral poder deliberar a suspensão da inscrição[575].

Ocorrendo incompatibilidade superveniente, deve o Advogado suspender imediatamente o exercício da profissão e requerer, no prazo máximo de trinta dias, a suspensão da inscrição[576].

Verificando-se uma incompatibilidade, a inscrição, mesmo definitiva, como Advogado estagiário não impede a recusa de inscrição como Advogado, ao ser reapreciada a respetiva situação, mesmo quando esta já existia e foi anteriormente apreciada[577].

40. Definição das incompatibilidades previstas no artigo 82º – nºs 1 – i) e j), 3 e 4 do EOA e a orientação da Ordem dos Advogados a este respeito

Deve notar-se, antes de mais, que o Estatuto da Ordem dos Advogados, quanto às incompatibilidades se refere sempre à atividade ou função abstratamente consideradas (artigos 81º – nº 2 e 82º – nº 1) e não às tarefas ou atividades efetivamente desenvolvidas, ao seu exercício efetivo e concreto, explicitando o artigo 81º – nº 2 que as incompatibilidades se verificam qualquer que seja o título, designação, natureza e espécie de provimento ou contratação, o modo de remuneração e, em geral, qualquer que seja o regime jurídico do respetivo cargo, função ou atividade.

---

por ser imprescindível que do Conselho Superior da Magistratura façam parte Advogados, eles que são participantes da administração da justiça sobre a qual superintende aquele Conselho e que não recebem remuneração pelo exercício de tais funções. Mas o facto de não serem remuneradas as funções de membro não magistrado do Conselho Superior da Magistratura não pode constituir justificação para a inexistência de incompatibilidade, pois o que se impõe é que seja estabelecida remuneração para o exercício daquelas funções que devem determinar a suspensão da inscrição por incompatibilidade superveniente. No sentido de dever existir a incompatibilidade, Prof Dr. Figueiredo Dias, na Revista do Conselho Distrital do Porto da Ordem dos Advogados, nº 21, junho de 2002, pág. 21.

[574] Como decorre dos artigos 3º – nº 1 – c), 46º – n. 1 – e), 54º – nº 1 – l) e 81º – nº 5 do EOA.

[575] Artigo 84º – nºs 1 e 2. Cfr. também os artigos 81º e 73º do EOA.

[576] Artigo 91º – d) do EOA. Cfr. o artigo 187º – nº 4.

[577] Acórdão do Conselho Superior de 16/3/79, na ROA, 39º, pág. 471.

DIREITO PROFISSIONAL DO ADVOGADO

Na verdade, o que releva é a atividade ou a função de funcionário ou agente que, em abstrato, diminuem a independência ou a dignidade da profissão de Advogado e daí que tenha de considerar-se a atividade em abstrato ou o estatuto de funcionário ou agente e não as atividades ou tarefas efetivamente exercidas ou que os respetivos serviços declarem que o interessado está a exercer.

É que a incompatibilidade é estabelecida em abstrato, não se referindo a lei ao exercício efetivo da atividade ou função de funcionário ou agente nem relevando a situação jurídica concreta, como decorre do nº 2 do artigo 82º do EOA.

E, por isso, o Conselho Geral da Ordem dos Advogados, em sessão de 8/5/87, muito bem entendeu, sobre o alcance da alínea i) do nº 1 do artigo 69º do primeiro EOA, correspondente ao artigo 82ºº – nº 1 – i) e j) do atual, que a incompatibilidade aí prevista resulta da existência do estatuto de funcionário ou agente e abrange todos os indivíduos que, por qualquer título, exerçam atividade ao serviço das pessoas coletivas públicas, sob a orientação dos respetivos órgãos; que o estatuto de funcionário ou agente bem como a atividade ou funções desempenhadas devem ser apreciados face às leis aplicáveis, sendo absolutamente irrelevantes quaisquer declarações dos respetivos serviços públicos; e que a incompatibilidade só existe após a tomada de posse, não relevando, para esse efeito, o ato da nomeação ou a sua publicação oficial[578].

---

[578] Tudo isto mostra como discordamos frontalmente do Pareceres do Conselho Geral de 29/4/94, subscrito pelo distinto vogal – relator Dr. José Robin de Andrade e publicado no BOA nº 3/94, pág. s 37 e seg.s, não obstante o brilho com que foi desenvolvido e as novas perspetivas que abriu ao problema, e de 25/7/99, no BOA nº 5/99, pág. s 42-43, que cita o anterior, pareceres segundo os quais as incompatibilidades do artigo 69º do anterior EOA seriam funcionais, com exceção das estabelecidas na alínea i), que seriam estatutárias, pelo que não só a prestação de serviços em regime de contrato de trabalho não estaria abrangida pela alínea i) por não conferir o estatuto de funcionário ou agente, em termos de estatuto da função pública, como também o esclarecimento contido no nº 2 daquele artigo 69º *"e, em geral, qualquer que seja o regime jurídico das respetivas funções"* só poderia fazer sentido no que respeita às incompatibilidades das várias alíneas do nº 1, com exceção da alínea i).

Trata-se de uma interpretação restritiva do nº 2 quanto à alínea i) do nº 1 que está em total desacordo com a letra do nº 2 e que nada legitima, pois o exercício das mesmas funções públicas seja em regime de funcionário público ou agente administrativo seja em regime de contrato de trabalho subordinado sem vínculo à função pública é sempre incompatível com a independência e a dignidade da profissão de Advogado, permite, em qualquer dos dois casos, a angariação de clientes e, em qualquer dos dois casos, traduzir-se-ia no exercício da profissão de Advogado em situação de privilégio em relação ao comum dos Advogados, não se compreendendo também que um técnico administrativo de um gabinete ministerial em regime de contrato de

X. INCOMPATIBILIDADES E IMPEDIMENTOS PARA O EXERCÍCIO DA ADVOCACIA

Vejamos agora a noção de serviços públicos a que se refere o artigo 82º – nº 1 – i) e j) do EOA e a que se referia o artigo 69º – nº 1 – i) do primeiro EOA, cuja formulação era melhor, pois na atual quase desaparece o conceito de serviços públicos e introduz-se também naquelas disposições a noção de entidades que possuam natureza pública ou prossigam finalidades de interesse público, para nelas se abrangerem institutos públicos e empresas públicas, regiões autónomas e autarquias locais e associações públicas de entidades públicas, correndo-se o risco de, interpretadas literalmente, também se abrangerem associações públicas de entidades privadas, como as Ordens, que não são constituídas por serviços públicos, pois nas Ordens nem todos os poderes exercidos revestem natureza pública e os seus funcionários e agentes não estão sujeitos ao estatuto da função pública ou equiparável.

Serviços públicos são organizações humanas criadas no seio de cada pessoa coletiva pública com o fim de desempenhar as atribuições desta, sob a orientação dos respetivos órgãos[579].

E, nos termos do artigo 199º – d) da Constituição da República Portuguesa, podemos distinguir entre administração direta do Estado, administração indireta do Estado e administração autónoma.

A administração estadual direta abrange, do ponto de vista orgânico, os ministérios e, dentro destes, gabinetes ministeriais; serviços de estudo e conceção; serviços de coordenação, apoio e controle; serviços executivos, com direções gerais, direções de serviços, divisões, repartições e secções; serviços regionais e locais; e organismos dependentes.

---

trabalho subordinado, sem vínculo à função pública, possa diferir, para efeito de incompatibilidades, de um técnico administrativo também naquele regime no Instituto de Emprego e Formação Profissional, por exemplo.

Como seguidamente diremos, no texto, há funcionários públicos que estavam abrangidos quer pela alínea i) quer por outras alíneas e que estavam em situação de incompatibilidade seja ela funcional seja estatutária como há funcionários de empresas públicas que estavam abrangidos pela alínea i) e não tinha sentido dizer-se que esta alínea se referia a incompatibilidades estatutárias.

Hoje, porém, em face da exceção do artigo 82º, nº 2 – d), do EOA, não há incompatibilidade para os contratados em regime de prestação de serviços ou comissão de serviço para o exercício de representação em juízo no âmbito do contencioso administrativo e constitucional ou para o exercício de funções de consultor, nos termos do artigo 10º do Decreto-lei nº 163/2012, de 31 de julho.

[579] DIOGO FREITAS DO AMARAL, Curso de Direito Administrativo, 2ª edição, vol. I, Coimbra 1994, pág. 619.

DIREITO PROFISSIONAL DO ADVOGADO

A administração estadual indireta abrange os institutos públicos e as empresas públicas, podendo aqueles ser serviços públicos personalizados, fundações públicas e estabelecimentos públicos.

As associações públicas, nas quais a Doutrina distingue, atendendo às entidades que as integram, entre associações de entidades públicas, associações públicas de entidades privadas e associações públicas de caráter misto, já as considerámos como integrando a administração indireta, mas, revendo o assunto, passámos a entender, com DIOGO FREITAS DO AMARAL[580], que integram a administração estadual autónoma juntamente com a administração autárquica e a das Regiões Autónomas.

Em rigor só as associações de entidades públicas são constituídas por serviços públicos, pois só neste caso a totalidade dos poderes exercidos reveste natureza pública e os seus funcionários e agentes estão, em regra, sujeitos ao estatuto da função pública ou equiparável.

Posto isto, poderemos agora compreender melhor que as alíneas i) e j) do nº 1 do artigo 82º do EOA se refere a "serviços públicos de natureza central, regional e local", como expressamente dizia o artigo 69º – nº 1 – i) do primeiro EOA, tendo em conta a área territorial onde os serviços públicos exercem a sua atividade: serviços públicos centrais, com competência em todo o território nacional, e serviços públicos regionais e locais, com competência limitada a certas áreas, abrangendo os serviços públicos das autarquias locais e os das Regiões autónomas.

Mas naquelas alíneas estão abrangidos, desde logo, os administradores e diretores e os funcionários e agentes dos serviços públicos que integram a administração estadual direta, designadamente os funcionários e agentes dos gabinetes ministeriais, não obstante estarem abrangidos também pela alínea a) do nº 1 do mesmo artigo.

Naquelas alíneas i) e j), estão abrangidos, portanto, além dos administradores e diretores e dos funcionários e agentes dos gabinetes ministeriais, todos os outros funcionários e agentes dos ministérios, seja dos serviços de estudo e conceção, seja dos serviços de coordenação, apoio e controle, seja dos serviços executivos, com direções gerais, direções de serviços, divisões, repartições e secções, seja dos serviços regionais e locais, seja de organismos dependentes.

Nas mesmas alíneas i) e j) estão abrangidos também os administradores e diretores e os funcionários e agentes de serviços públicos que integram a administração autónoma, designadamente os funcionários e agentes dos

---

[580] Obra citada na nota anterior, pág. 342.

X. INCOMPATIBILIDADES E IMPEDIMENTOS PARA O EXERCÍCIO DA ADVOCACIA

gabinetes dos governos regionais, apesar de abrangidos também pela alínea a), os das câmaras municipais e das outras autarquias locais, não obstante aqueles estarem também abrangidos pela alínea a), e os das associações públicas de entidades públicas, como as associações de municípios, uniões de freguesias e regiões de turismo.

E nas referidas alíneas i) e j) estão abrangidos também os administradores e diretores e os funcionários e agentes de serviços públicos que integram a administração estadual indireta quer se trate de institutos públicos, que abrangem serviços públicos personalizados, fundações públicas e estabelecimentos públicos, quer se trate de empresas públicas.

Mas, relativamente às empresas públicas, as referidas alíneas i) e j) só abrangem os funcionários e agentes das que explorem serviços públicos, que tanto poderão ser explorados pelas empresas públicas encarregadas da gestão de serviços de interesse económico geral como pelas entidades públicas empresariais, previstas, respetivamente, nos capítulos II e III do Decreto-lei nº 558/99, de 17 de dezembro, alterado e aditado pelo Decreto--lei nº 300/2007, de 23 de agosto, que o republicou[581].

Expressamente previa o revogado Estatuto das Empresas Públicas[582], no seu artigo 3º, que os respetivos estatutos bem como os estatutos das empresas que assegurem atividades que interessem fundamentalmente a defesa nacional ou exerçam a sua atividade em situação de monopólio "podem submeter determinados aspetos do seu funcionamento a um regime de direito público bem como conceder-lhes especiais privilégios ou prerrogativas de autoridade". E o artigo 30º do mesmo diploma prescrevia que o "estatuto do pessoal das empresas públicas deve basear-se no regime do contrato individual do trabalho, salvo quanto ao pessoal das empresas que explorem serviços públicos, para o qual, de acordo com o nº 2 do artigo 3º,

---

[581] A Lei nº 58/98, de 18 de agosto, – Lei das Empresas Municipais, Intermunicipais e Regionais – manda, no seu artigo 3º, aplicar-se-lhes, subsidiariamente, o regime das empresas públicas, e o artigo 15º do Decreto-lei nº 558/99, de 17 de dezembro, norma que se insere no capítulo das disposições gerais, previa, para os administradores designados ou propostos pelo Estado, antes da nova redação do Decreto-lei nº 300/2007, de 23 de agosto, um estatuto próprio, a definir por legislação especial, prescrevendo o artigo 39º que, até ser aprovada a legislação prevista pelo artigo 15º, se mantém em vigor o regime do estatuto dos gestores públicos constante do Decreto-lei nº 464/82, de 9 de dezembro, que veio a ser revogado pelo Decreto-lei nº 71/2007, de 27 de março, onde se contém hoje o estatuto do gestor público. Prevendo hoje o artigo 15º a sujeição dos administradores das empresas públicas ao estatuto do gestor público, não se compreende que ainda subsista o artigo 39º

[582] Aprovado pelo Decreto-lei nº 260/76, de 8 de abril, e revogado pelo Decreto-lei nº 558/99, de 17 de dezembro.

DIREITO PROFISSIONAL DO ADVOGADO

pode ser definido, em certos aspetos, um regime de direito administrativo baseado no Estatuto do Funcionalismo Público, com as modificações exigidas pela natureza específica de cada empresa[583].

Estarão, assim abrangidos pelas referidas alíneas i) e j) alguns funcionários de empresas públicas como a REFER e outras, devendo ter-se sempre em conta os respetivos estatutos para se concluir se se trata da efetiva exploração de um serviço público[584].

Entre os serviços públicos personalizados do Estado contam-se[585]: o Laboratório de Engenharia Civil[586]; e o Instituto dos Registos e do Notariado[587], que integravam a administração direta do Estado, e ainda os chamados organismos de coordenação económica, como o Instituto dos Vinhos do Douro e do Porto[588], o Instituto da Habitação e da Reabilitação

---

[583] No sentido atrás exposto, pode ver-se Dr. Amadeu J. M. Morais, no douto parecer aprovado pelo Conselho Distrital do Porto em 4/2/85, na ROA, 45º, pág. 599 e seg., e na citada comunicação ao III Congresso dos Advogados Portugueses,
E só um parecer do Conselho Geral de que foi relator Dr. Henrique Zenha não consagrou esta orientação na medida em que nele se sustentou que a incompatibilidade da alínea i) abrange, assim e apenas, os funcionários e agentes do Estado, das regiões autónomas e das autarquias locais, tal como os serviços personalizados *stricto sensu* do Estado e, quando existam, das autarquias e regiões, mas não os funcionários ou agentes das fundações públicas e das empresas públicas".

[584] A Resolução do Conselho de Ministros nº 41/2002, no DR, 1ª série B, de 7 de março, estabeleceu medidas para permitirem a transformação de estabelecimentos públicos hospitalares em entidades públicas empresariais (EPE), o que foi executado no regime jurídico da gestão hospitalar aprovado pela Lei nº 27/2002, de 8 de novembro, e em vários diplomas desde o Decreto-lei nº 272/2002, de 9 de dezembro, ao Decreto-lei nº 302/2002, que transformaram diversos estabelecimentos hospitalares em sociedades anónimas de capitais exclusivamente públicos, retransformados, mais tarde, em entidades públicas empresariais, ficando sujeitos ao regime estabelecido no capítulo III do Decreto-lei nº 558/99, de 17 de dezembro, com o poder de superintendência do Ministro da Saúde e os de tutela conjunta deste e do Ministro de Estado e das Finanças.

[585] O Instituto de Gestão da Tesouraria e do Crédito Público, criado pelo Decreto-lei nº 160/96, de 4 de setembro, com as alterações dos Decretos – leis nºs 8/98, de 11 de fevereiro, 2/99, de 4 de janeiro, 455/99, de 5 de novembro, 86/2007, de 29 de março, e 273/2007, de 30 de julho, foi transformado em entidade pública empresarial pelo Decreto-lei nº 200/2012, de 27 de agosto, passando a denominar-se Agência do Crédito Público e da Dívida do Estado – IGCP, EPE, mas mantendo-se a designação abreviada (sigla) "IGCP".

[586] Decreto-lei nº 304/2007, de 24 de agosto, e Portaria nº 99/2013, de 6 de março, aquele alterado pelo Decreto-lei nº 125/2010 de18 de novembro.

[587] Decretos-lei nº 206/2006, de 27 de outubro, e 129 /2007, de 27 de abril.

[588] Decreto-lei nº 278/2003, de 6 de novembro.

X. INCOMPATIBILIDADES E IMPEDIMENTOS PARA O EXERCÍCIO DA ADVOCACIA

Urbana[589], o Instituto do Comércio Externo de Portugal[590], o Instituto Português da Qualidade[591], o Instituto Português de Conservas e Pescado[592] e o Instituto Nacional da Propriedade Industrial[593].

Tem também a natureza de institutos públicos personalizados atribuída pela lei o Instituto de Socorros a Náufragos[594].

São fundações públicas o Instituto de Financiamento da Agricultura e Pescas[595], o Instituto de Gestão Financeira da Segurança Social[596], o Instituto de Gestão Financeira e e de Infraestruturas da Justiça[597] e as Caixas de Previdência e diversos serviços sociais existentes nos Ministérios.

São estabelecimentos públicos as Universidades públicas, os hospitais do Estado e a Santa Casa da Misericórdia de Lisboa.

Como resulta de tudo o exposto, é, pois, muito ampla a interpretação da expressão "quaisquer serviços públicos ou entidades que possuam natureza pública ou prossigam finalidades de interesse público de natureza central, regional e local" contida nas alíneas i) e j) do nº 1 do artigo 82º do EOA.

Como exceção às incompatibilidades das alíneas i) e j) do nº 1 do artigo 82º do EOA, prevê-se, no seu nº 3 e no artigo 188º – nº 2, que é permitido o exercício da advocacia às pessoas indicadas nas alíneas i) e j) do nº 1, quando esta seja prestada em regime de subordinação e em exclusividade, ao serviço de quaisquer das entidades previstas nas referidas alíneas, sem prejuízo do disposto no artigo 86º.

Assim, sem prejuízo dos direitos legalmente adquiridos, ao abrigo de legislação anterior, nos termos do artigo 86º, pelos funcionários e agentes administrativos providos em cargos com funções exclusivas de mera consulta jurídica, previstos expressamente nos quadros orgânicos do correspondente serviço e pelos contratados para o mesmo efeito, que podiam acumular a consulta jurídica para o serviço público a que pertenciam com a advocacia em geral, incluindo a advocacia para a entidade para a qual tra-

---

[589] Decreto-lei nº 223/2007, de 30 de maio.

[590] Decretos-lei nºs 115/82, de 14 de abril, e 388/86, de 14 de novembro.

[591] Decretos-lei nº 140/2004, de 8 de junho e 142/2007, de 27 de abril.

[592] Decretos-lei nºs 266/86, de 3 de setembro, 136/90, de 24 de abril, e 250/90, de 2 de agosto.

[593] Decreto-lei nº 400/98, de 17 de dezembro, revogado pelo Decreto-lei nº 132/2007, de 27 de abril, alterado pelo Decreto-lei nº 122/2009, de 21 de maio.

[594] Decreto-lei nº 349/85, de 26 de agosto e 68/2001, de 23 de fevereiro.

[595] Decreto-lei nºs 87/2007, de 29 de março.

[596] Decreto-lei nº 84/2012, de 30 de março.

[597] Decretos-lei nº 146/2000, de 18 de julho, e 156/2001, de 11 de maio, e Portaria nº 1430/2001, de 19 de dezembro e 206/2006, de 27 de outubro.

DIREITO PROFISSIONAL DO ADVOGADO

balham, ao abrigo do artigo 69º – nº 2 do primeiro EOA, os funcionários, agentes ou contratados de quaisquer serviços públicos bem como os membros de órgãos de administração, executivos e diretores com poderes de representação orgânica desses serviços públicos só podem exercer a advocacia quando esta seja prestada em regime de subordinação e em exclusividade, em benefício desses serviços.

Hipótese diferente é a do nº 4 do artigo 82º do EOA que permite aos funcionários, agentes ou contratados e a membros de órgãos de administração, executivos ou diretores com poderes de representação orgânica de quaisquer serviços públicos exercer a advocacia quando providos em cargos de entidades ou estruturas com caráter temporário, sem exclusividade para tais entidades ou estruturas, pois podem exercê-la para os serviços públicos a que pertencem.

Sempre preconizámos que o consultor funcionário público, mesmo que devesse inscrever-se na Ordem como consultor, fosse afetado de um impedimento para a prática de outros atos próprios da profissão de Advogado, designadamente a consulta em regime de profissão liberal remunerada e o mandato judicial ainda que só por conta do seu serviço público, como preconizámos que o consultor em regime de contrato de trabalho subordinado não pudesse exercer o mandato judicial para a sua entidade patronal, isto é, fosse afetado de um impedimento para o exercício do mandato judicial em representação da sua entidade patronal, como garantia da sua independência e da sua abstenção de patrocínio de causas injustas, pois podem ser insuficientes as medidas previstas nos números 4 e 5 do artigo 81º do EOA.

O atual EOA criou afinal um impedimento para o consultor funcionário público, inibindo-o da prática de todos os atos jurídicos em relação a todas as pessoas à exceção do seu serviço público, para o qual pode praticar todos os atos próprios do Advogado, em regime de subordinação e exclusividade, a não ser quando esteja provido em cargos de entidades ou estruturas com caráter temporário.

Esperemos que, assim, ao menos passem a estar representados por Advogados, que exercem a advocacia em subordinação e em exclusividade para os serviços públicos, o Estado, as pessoas coletivas de direito público, os ministérios e a Fazenda Pública, revogando-se os artigos 11º do Código de Processo nos Tribunais Administrativos e os artigos 53º e 54º do ETAF, que citámos no nº 15.

41. A docência pública e a declaração de inconstitucionalidade do artigo 69º – nº 1 – i) do primeiro EOA

O Acórdão nº 143/85, de 30 de julho, do Tribunal Constitucional, publicado no Diário da República de 3 de setembro de 1985, declarou "a inconstitucionalidade com força obrigatória geral da norma constante da alínea i) do nº 1 do artº 69º do Estatuto da Ordem dos Advogados, aprovado pelo Decreto-lei nº 84/84, de 16 de março, na parte em que considera incompatível com o exercício da advocacia a função docente de disciplinas que não sejam de Direito".

Para a declaração desta inconstitucionalidade fundamentou-se o Tribunal Constitucional, em primeiro lugar, na discriminação entre pessoal docente público, argumentando que, sob o ponto de vista dos fatores que relevam para efeitos de incompatibilidades com a advocacia, isto é, a independência e a dignidade da profissão, não existe qualquer razão para diferenciar, no âmbito do pessoal docente público, entre os que lecionam disciplinas de Direito e os demais.

Infelizmente não atentou, porém, o Tribunal em que não existe esta discriminação na medida em que o exercício da advocacia pode beneficiar da preparação dos docentes de Direito como pode beneficiar tal preparação, o que não acontece seguramente com os demais docentes.

E fundamentou-se também o Tribunal Constitucional na discriminação entre a função docente pública e a função docente privada, esquecendo que a alínea i) respeita, tão somente, à incompatibilidade do exercício da advocacia com o de funções públicas e que a independência do Advogado, cujas funções são eminentemente privadas, embora de interesse público, é mais afetada quando ele acumula funções públicas.

Tendo sido novamente solicitado a pronunciar-se sobre a inconstitucionalidade da alínea i) do nº 1 do artigo 69º e do nº 2, na medida em que existiria discriminação entre funcionários públicos que fossem docentes e os demais, o Tribunal Constitucional, no seu acórdão nº 169/90, de 30 de maio, decidiu não declarar a inconstitucionalidade daquela alínea i) na parte ainda subsistente após a declaração de inconstitucionalidade, com força obrigatória geral, constante do acórdão nº 143/85, nem da norma do nº 2.

Tudo leva a crer que não seria declarada a inconstitucionalidade da alínea c) do nº 2 do artigo 82º do EOA em vigor, se ela se referisse a docentes de disciplinas de direito como a parte final do artigo 69º – nº 1 – i) do primeiro EOA e foi pena que não se tivesse aproveitado a nova lei para repor a solução acertada.

DIREITO PROFISSIONAL DO ADVOGADO

42. O exercício da advocacia por notários e conservadores – artigo 82º – nº 1 – g) do EOA

Salvaguardando os casos de direitos legalmente adquiridos ao abrigo de legislação anterior[598], o exercício de funções de Conservador ou Notário é incompatível com a advocacia[599].

Quais são então os Notários ou Conservadores que atualmente podem advogar e quais as restrições que lhes são impostas?

Esta questão, no fundo, reconduz-se a saber quais são os direitos legalmente adquiridos ao abrigo de legislação anterior.

A mais remota legislação anterior que interessará considerar, embora sem grande interesse prático, em face do tempo já decorrido, é o Decreto nº 12334, de 18/9/1926, no qual se estabeleceu que os Conservadores e Notários poderiam advogar mediante autorização do Conselho Superior Judiciário e que os funcionários que já exerciam essa profissão poderiam continuar a exercê-la independentemente de autorização.

Pelo Estatuto Judiciário aprovado pelo Decreto nº 18809, de 22/6/1927, e aditado pelo Decreto-lei nº 15344, de 12/4/1928, na redação que lhe foi dada pelo Decreto-lei nº 22779, de 29/6/1933, o exercício da profissão de Advogado passou a ser incompatível com as funções de Notário ou Conservador providos posteriormente à publicação do diploma em lugares de sedes de comarca de 1ª e 2ª classes e estabeleceram-se restrições para Conservadores que fizessem parte, permanentemente, dos tribunais coletivos nos processos da competência destes ou que exercessem funções de Juiz Municipal.

O Decreto-lei nº 37666, de19/12/1949, depois de afirmar que o cargo de Conservador ou Notário é incompatível com o exercício da advocacia, permitiu-o aos Conservadores e Notários providos em lugares de 3ª classe, qualquer que fosse a classe da comarca, e aos Conservadores e Notários providos em lugares de 2ª classe situados em comarcas de 3ª classe e aos Conservadores e Notários que, à data da publicação do diploma, pudessem advogar, enquanto não fossem transferidos para lugar em que lhes fosse proibida a advocacia, e aos que estavam já providos em lugares de 1ª ou 2ª classes na data em que foi estabelecida a incompatibilidade, prescrevendo que, em qualquer destes casos, os Conservadores e Notários só poderiam advogar na comarca a que pertencesse a localidade sede dos respetivos lugares.

A Lei nº 2049, de 6/8/1951, veio estabelecer que a restrição de os Conservadores e Notários só poderem advogar na comarca a que pertença a locali-

[598] Artigo 86º do EOA.
[599] Artigo 82º – nº 1 – g) do EOA.

X. INCOMPATIBILIDADES E IMPEDIMENTOS PARA O EXERCÍCIO DA ADVOCACIA

dade da sede do respetivo lugar não abrangia a intervenção em cartas precatórias emanadas de processos que corressem seus termos na comarca em que lhes fosse permitida a advocacia, a intervenção em recursos para os tribunais superiores e a intervenção, fora da comarca, nos atos de processos praticados em 1ª instância que não exigissem a presença de Advogado, estabelecendo ainda a proibição de os Conservadores e Notários intervirem em pleitos em que se discutissem atos praticados nas próprias conservatórias ou cartórios.

Com a publicação dos Decretos-lei nºs 44063 e 44064, de 18/11/1961, apenas se inovou a proibição de os Conservadores e Notários intervirem em pleitos em que a parte contrária fosse o Estado.

Nada se tendo inovado com a publicação do Decreto nº 314/70, de 8 de julho, o Decreto-lei n. 519-F2/79, de 29 de dezembro, veio restringir o exercício da advocacia aos Conservadores e Notários de 3ª classe, enquanto providos em lugares da mesma classe situados na sede da comarca, mas dispôs, depois da redação do Decreto-lei nº 71/80, de 15 de abril, que aos Conservadores e Notários que, à data da publicação do diploma, pudessem advogar, independentemente da sua classe pessoal, não teria aplicação a incompatibilidade enquanto não fossem transferidos para lugar de que lhes resultasse incompatibilidade.

Finalmente, o Decreto-lei nº 445/80, de 7 de outubro, estabeleceu que o exercício do cargo de Conservador ou Notário é incompatível com o exercício da advocacia, exceto quanto aos Conservadores e Notários de 3ª classe providos em lugares da mesma classe, assim tendo suprimido a referência da lei anterior à situação do lugar na sede da comarca.

Podemos, pois, concluir que atualmente só podem advogar os Conservadores com direitos legalmente adquiridos ao abrigo da legislação que acaba de citar-se e da qual resulta que só o poderão fazer na comarca a que pertença a localidade da sede dos respetivos lugares, restrição que não abrange, contudo, a intervenção em cartas precatórias emanadas de processos que corram termos nas comarcas em que lhes é permitida a advocacia, a intervenção em recursos para os tribunais superiores e a intervenção, fora da comarca, nos atos de processo praticados na 1ª instância que não exijam a intervenção de Advogado, como sejam ações sumaríssimas, ações sumárias e especiais excluídas do âmbito do artigo 32º do Código do Processo Civil, transgressões e inventários enquanto não se levantem questões de direito[600].

---

[600] Sobre esta matéria, têm particular interesse o Parecer do Conselho Geral de 12/3/81, na ROA, 41º, pág. 886; o Parecer do Conselho Distrital do Porto de 4/2/85, na ROA, 45º, pág. 608; e o Parecer do mesmo Conselho de 22/3/85, na ROA, 45º, pág. 614.

43. Os impedimentos legais – artigo 83º do EOA

Para além do que já atrás dissemos sob o nº 37, quanto aos impedimentos relativos ou, na terminologia legal, impedimentos para o exercício da advocacia, que impedem o exercício da advocacia, de todos os atos de advocacia, não obstante o artigo 83º – nº 3 se referir apenas ao mandato judicial, relativamente a certas pessoas por causa de certa função ou de certa dependência do Advogado relativamente a tais pessoas ou por causa de relações de parentesco, afinidade ou união de facto com o Juiz da causa ou com o Advogado da parte contrária, deve salientar-se, como muito bem escreveu MAGALHÃES GODINHO, Deontologia Profissional – Incompatibilidades, na ROA, 32º, pág. 479: "A entender-se não estabelecer uma total incompatibilidade, deverá, ao menos, quanto aos deputados, não só impedi-los, durante o período do seu mandato, de aceitar mandato e advogar contra o Estado, por si próprio ou por intermédio de colega que com ele seja associado ou seja seu companheiro de escritório, mas ainda, e em idênticas circunstâncias, de dar consultas ou pareceres sobre quaisquer assuntos pendentes de qualquer resolução de Departamento Governamental, Ministérios, Secretarias ou Subsecretarias de Estado, ou ocupar-se de quaisquer pretensões, requerimentos ou exposições de quaisquer pessoas ou entidades perante esses mesmos departamentos".

Assim, quanto aos deputados, não está de fora do artigo 83º do EOA todo o contencioso administrativo, as ações administrativas, quer a comum quer a especial.

Quanto aos vereadores, que estavam impedidos de exercer o mandato judicial nas ações em que sejam partes os respetivos municípios[601], também eles deveriam estar abrangidos por incompatibilidade absoluta e não pela incompatibilidade relativa ou mero impedimento previsto no artigo 83º – nº 3.

Na verdade, os vereadores coadjuvam o presidente da câmara no exercício da sua competência e neles podem ser delegados ou subdelegados poderes da câmara municipal ou do seu presidente[602] e, em face da incompatibilidade estabelecida no artigo 82º – nº 1 – a) do EOA para o presidente da câmara, secretário, funcionário ou agente das câmaras municipais, não se compreendia que os vereadores não estivessem também abrangidos pela mesma incompatibilidade, como acontecia na vigência do Estatuto Judiciário, tendo o atual EOA estabelecido a incompatibilidade quanto aos vereadores que aufiram qualquer tipo de remuneração ou abono.

---

[601] Artigo 73º – c) do primeiro EOA.
[602] Artigo 65º da Lei nº 169/99, de 18 de setembro.

Capítulo XI
Ilícito Criminal e Disciplinar no Próprio Exercício da Advocacia e Infrações a Deveres Processuais

44. Ilícito criminal

Constitui ilícito criminal o exercício da advocacia ou só da consulta jurídica por quem não esteja habilitado por não estar inscrito ou por ter a sua inscrição suspensa ou cancelada. O exercício da advocacia ou só da consulta jurídica em qualquer destes casos é passível de responsabilidade criminal[603] e, no caso de inscrição suspensa, também de responsabilidade disciplinar[604].

O exercício da profissão de Advogado ou de consultor jurídico, pelo seu interesse público, depende de inscrição numa associação pública, a Ordem dos Advogados, que age por devolução normativa de poderes do Estado na regulamentação e disciplina da profissão. E a proteção do interesse público

---

[603] É o crime de procuradoria ilícita previsto e punido pelo artigo 7º da Lei nº 49/2004, de 24 de agosto, como crime semipúblico, e, eventualmente, o de usurpação de funções previsto e punido pelo artigo 358º – b) do Código Penal como crime público. A douta sentença, de 19/2/2000, proferida no processo comum singular nº 241/97 do 2º Juízo do Tribunal Judicial da Comarca de Fafe muito bem decidiu que não comete crime quem está inscrito como Advogado estagiário e pratica atos não compreendidos na sua competência específica, mas sim na competência de Advogado, o que constitui apenas ilícito disciplinar no próprio exercício da profissão.

[604] É o que resulta do artigo 114º – nº 3 do EOA. Quanto à responsabilidade criminal, mesmo no caso de inscrição suspensa, confronte-se o artigo 14º do Regulamento de Inscrição de Advogados e Advogados estagiários nº 232/2007, de 4 de setembro, onde se prescreve que "a suspensão da inscrição impede o exercício profissional".

DIREITO PROFISSIONAL DO ADVOGADO

do exercício da advocacia ou da consulta jurídica exclusivamente por quem esteja inscrito é tão forte que a lei prevê e pune, como crime de procuradoria ilícita, eventualmente em concurso real com o de usurpação de funções, o exercício da profissão e até a prática de um só ato próprio da profissão de Advogado por quem não tenha inscrição em vigor na Ordem dos Advogados e eventualmente se arrogue possuir o título de Advogado ou consultor jurídico e estar inscrito como tal.

Em face do interesse público que a lei protege e em relação ao primeiro dos referidos crimes, bem se justificava que não fosse necessária, como hoje é, a participação ou denúncia de certas pessoas para se desencadear o procedimento criminal, tanto mais que não é necessária a intervenção de tais pessoas para serem excluídos do exercício da profissão pelos tribunais ou pela Ordem dos Advogados os que nesta não estejam inscritos[605], mas atualmente o procedimento criminal depende de queixa, de que são titulares, além do lesado, a Ordem dos Advogados e a Ordem dos Solicitadores, que têm legitimidade para se constituírem assistentes no procedimento criminal[606].

O despacho do Juiz a inibir de continuar a intervir na lide quem não está inscrito na Ordem dos Advogados deve acautelar, com prudente arbítrio, danos irreparáveis dos interesses das partes, nomeando, desde logo, Advogado oficioso que represente os interessados até que estes provejam, dentro do prazo que lhes for marcado, sob pena de, findo o prazo, cessar, de pleno direito, a nomeação, exceto no caso de se tratar de arguido em processo-crime, suspendendo-se a instância, mas seguindo o pedido reconvencional, decorridos dez dias sobre a suspensão da ação, se a falta for do autor; seguindo o processo à revelia e ficando sem efeito a reconvenção, se a falta for do réu; e ficando sem efeito a admissão de assistente, se a falta for deste, com arquivamento do processo, no caso de se tratar de crime particular[607].

---

[605] É o que resulta do dever de o Juiz agir oficiosamente, não obstante a expressão "a requerimento dos interessados" do artigo 190º – nº 1 do EOA. Cfr. Parecer do Conselho Geral de 14/12/1955, na ROA, 17º, pág.112.

[606] Artigo 7º da Lei nº 49/2004, de 24 de agosto. A Ordem dos Advogados pode ser representada por Advogado diferente do constituído pelos restantes assistentes, havendo-os, como dispõe o artigo 5º – nº 3 do EOA.

[607] Artigos 190º – nºs 2 e 3 do EOA, 47º – nºs 3 e 6 do Código de Processo Civil e 50º – nº 1 e 70º – nº 1 do Código de Processo Penal, além dos artigos 64º a 67º deste último Código.

Embora não constitua ilícito criminal, mas tão só disciplinar, a prática por Advogado estagiário de atos não compreendidos na sua competência específica, deve o Juiz, além de comunicar o facto à Ordem dos Advogados nos termos do artigo 121º – nº 1 do EOA, mandar notificar a parte para constituir Advogado dentro de prazo certo, sob pena de o réu ser absolvido da instância, de não ter seguimento o recurso ou de ficar sem efeito a defesa, nos termos do artigo

Parece que não poderá haver aproveitamento dos atos anteriormente praticados, que se afigura serem nulos, pelo que também por este aspeto devem ser acautelados danos irreparáveis dos interesses das partes pelo prudente arbítrio do Juiz no seu referido despacho a excluir de intervir na lide quem não está inscrito na Ordem dos Advogados.

Os Magistrados, Conservadores, Notários e os responsáveis pelas repartições públicas devem comunicar à Ordem dos Advogados, e para tal fim os funcionários dos respetivos serviços devem comunicar àqueles, qualquer facto que indicie ilícito criminal no exercício da advocacia, designadamente do patrocínio judiciário[608], comunicação que tem especial interesse no caso de exercício da advocacia por quem tem a inscrição suspensa, por se acumular então a responsabilidade criminal e a responsabilidade disciplinar.

45. Escritório de procuradoria ilícita

A concessão de um direito exclusivo ao exercício da advocacia ou só da consulta jurídica àqueles que se encontram inscritos na Ordem dos Advogados visa não só assegurar que os atos próprios da profissão sejam praticados exclusivamente pelas pessoas inscritas mas também garantir que só estas possam obter rendimentos do exercício profissional da advocacia ou da consulta jurídica.

Daí que se proíba o funcionamento de escritório de procuradoria ou de consulta jurídica, considerando-se como tal qualquer escritório ou gabinete, constituído sob qualquer forma jurídica, que preste a terceiros serviços que compreendam, ainda que isolada ou marginalmente, a prática dos atos próprios dos Advogados ou Solicitadores, excetuando-se da proibição os escritórios ou gabinetes compostos exclusivamente por Advogados ou por Solicitadores ou por sociedades de Advogados ou de Solicitadores e os gabinetes de consulta jurídica organizados pela Ordem dos Advogados e pela Ordem dos Solicitadores[609].

41º do Código de Processo Civil, ou de lhe ser nomeado defensor Advogado ou de ficar sem efeito a constituição de assistente, nos termos das citadas disposições processuais penais.

[608] Artigo 87º do EOA, disposição que se refere ao ilícito criminal no próprio exercício da advocacia, pois ao ilícito disciplinar refere-se o artigo 121º – nº 1 do EOA.

[609] Artigo 6º – nº 1 da Lei nº 49/2004, de 24 de agosto. O revogado artigo 56º – nºs 1 e 2 do primeiro EOA já proibia o mesmo, ainda que "sob a direção efetiva de pessoa habilitada a exercer o mandato judicial". A redação do nº 1 era francamente infeliz como já o era a redação similar do artigo 537º do Estatuto Judiciário anteriormente vigente, pois estabelecia e a proibição de funcionamento de escritórios de procuradoria judicial em termos de, numa interpretação literal, abranger os escritórios dos Advogados e dos Solicitadores, mesmo

DIREITO PROFISSIONAL DO ADVOGADO

A lei procura controlar os escritórios de procuradoria pela exigência não só da sua direção mas também da sua propriedade por Advogado ou Solicitador. Não basta a direção, pois poderá haver direção por Advogado ou Solicitador de um escritório pertencente a um estranho à profissão, o que seria intolerável não só por não se compadecer com o prestígio e independência da procuradoria judicial mas também por comprometer a observância dos princípios informadores do exercício da advocacia e solicitadoria.

E, por isso, a lei quer excluir a possibilidade de escritórios pertencentes a outrem e dirigidos por Advogados e Solicitadores.

Assim, tem de se entender que os escritórios de procuradoria judicial ou similares proibidos na lei são "todos aqueles em que, sob qualquer denominação, se pratiquem quaisquer atos de advocacia ou solicitadoria ou se aceite a representação de clientes ou consulentes perante quaisquer tribunais ou repartições públicas, independentemente da forma de remuneração dos respetivos serviços, desde que esses escritórios não estejam efetivamente dirigidos por Advogados ou Solicitadores que, pessoalmente ou associados com outros Advogados ou Solicitadores, sejam seus proprietários e neles trabalhem, ao serviço da clientela própria, sem qualquer interesse ou dependência de pessoas que não exerçam legitimamente a advocacia ou a solicitadoria"[610].

É por isso que as sociedade cujo objeto seja praticar atos próprios da profissão de Advogado e cujos sócios não estejam todos inscritos na Ordem dos Advogados são nulas, por contrárias à ordem pública ou tão só à própria lei, pois a constituição de tais sociedades conduz à repartição por quem não é Advogado de rendimentos do exercício da profissão de Advo-

---

que sob a direção de Advogado ou Solicitador, o que a exceção estabelecida no nº 2 vinha, contudo, afastar. É que escritórios de procuradoria judicial são precisamente os escritórios de Advogados ou Solicitadores, que são os únicos escritórios de procuradoria judicial legalmente possíveis.

Mais feliz era o § único do artigo 703º do Estatuto Judiciário aprovado pelo Decreto-lei nº 18809, de 22/6/1927, parágrafo que foi introduzido pelo decreto-lei nº 15344. De 12/4/1928, e que estava assim redigido: "nenhum escritório de procuradoria judicial poderá funcionar sem que seja dirigido por Advogado ou Solicitador". Nesta disposição legal, a expressão "escritório de procuradoria judicial" era empregada no seu verdadeiro sentido de escritório onde habitualmente se exerce a profissão de Advogado ou Solicitador.

[610] AZEREDO PERDIGÃO, em Parecer aprovado pelo Conselho Geral em 27/5/1946, na ROA, 6º, pág. 456.

Na verdade, já assim se entendia na vigência do artigo 515º do Estatuto Judiciário de 1944, com redação similar à do artigo 537º do Estatuto Judiciário de 1962 e à do artigo 56º – nº 1 do primeiro EOA.

XI. ILÍCITO CRIMINAL E DISCIPLINAR NO PRÓPRIO EXERCÍCIO DA ADVOCACIA ...

gado, permitindo-se a terceiros explorar, ao menos indiretamente, uma profissão que não podem exercer[611].

Quando tratámos das sociedades multidisciplinares, citámos VAZ SERRA e sustentámos, com ele, que é proibida por lei uma sociedade entre duas pessoas que exercem profissões regulamentadas diferentemente, quando a prática de uma permite procurar clientela à outra.

E sustentámos, atrás, ao tratarmos das incompatibilidades e impedimentos, que é incompatível com o exercício da advocacia qualquer outra atividade ou função que permita a angariação de clientela, como, de resto, era disposição expressa do Projeto do Estatuto dos Advogados Portugueses, no artigo correspondente ao artigo 68º do primeiro EOA.

E é mesmo dever do Advogado para com a comunidade não solicitar ou angariar clientes por si nem por interposta pessoa[612].

De resto, a angariação de clientela violaria um outro princípio: o mandato judicial não pode ser objeto, por qualquer forma, de medida ou acordo que impeça ou limite, por qualquer forma, a escolha pessoal e livre do mandatário pelo mandante[613].

A violação da proibição estabelecida no nº 1 do artigo 6º da Lei nº 49/ /2004, de 24 de agosto, determina o encerramento do escritório pelas autoridades judiciais a requerimento da Ordem dos Advogados ou da Ordem dos Solicitadores[614].

---

[611] Artigo 213º – nº 7 do EOA. Cfr., supra, nº 35.1 – sociedades multidisciplinares. A cláusula de um pacto de uma sociedade cujos sócios não são Advogados ou Solicitadores, ou até não o são todos, que disponha ter ela por objeto a prestação de serviços de caráter jurídico, nomeadamente os de consultoria jurídica ou fiscal, invade flagrantemente uma esfera de atividade reservada exclusivamente aos Advogados ou Solicitadores e daí que seja manifesta a sua nulidade quer com base no artigo 280º – nº 2 quer com base no artigo 294º, ambos do Código Civil – Acórdão da Relação de Lisboa de 28/10/1982, no B.M.J. nº 326, pág. 517, e o acórdão da mesma Relação de 4/1/83, ambos referidos em Dois Acórdãos sobre Advocacia, no BOA nº 20, Nov. 1983, pág. 23.

[612] Artigo 90º – h) do EOA. Quanto à noção de interposta pessoa, *vide* o artigo 579º – nº 2 do Código Civil, do qual resulta que interposta pessoa será o cônjuge, o herdeiro presumido ou terceiro, de acordo com o Advogado.

[613] Artigo 67º – nº 2 do EOA.

[614] Artigo 6º – nº 2 da Lei nº 49/2004, de 24 de agosto. O artigo 56º – nº 3 do primeiro EOA bem revelava a natureza pública da Ordem e o *jus imperii* com que atua, ao conferir- -lhe competência para determinar o encerramento do escritório pelas autoridades policiais, requerendo-o ao Governo Civil. Note-se que aquela disposição também previa a sujeição dos Advogados e Solicitadores que trabalhem num escritório de procuradoria ilícita à previsão do artigo 358º – b) do Código Penal, que pressupõe que o agente se arrogue um título que não possui ou condições que não preenche, quando aqueles Advogados ou Solicitadores

DIREITO PROFISSIONAL DO ADVOGADO

Não ficam abrangidos pela proibição legal os serviços de contencioso e consulta jurídica mantidos pelos sindicatos, associações patronais ou outras entidades sem fins lucrativos que requeiram o estatuto de utilidade pública, serviços destinados a facilitar a defesa exclusiva, mesmo judicial, dos interesses comuns em causa, desde que os atos praticados sejam individualmente exercidos por Advogado, Advogado estagiário ou Solicitador[615].

Assim, os serviços de contencioso de um sindicato em que os interesses legitimamente associados são de natureza laboral não poderão dar consultas aos sócios sobre direito de arrendamento ou direitos reais, por exemplo.

Além do encerramento do escritório de procuradoria ilícita, poderá verificar-se procedimento criminal pelo crime de procuradoria ilícita, que é semipúblico, como dissemos, sendo titulares do direito de queixa, além do lesado, a Ordem dos Advogados e a Câmara dos Solicitadores, que têm legitimidade para se constituírem assistentes no procedimento criminal[616].

46. Ilícito disciplinar no próprio exercício da advocacia e infrações a deveres processuais

Diferente do exercício criminal da advocacia ou da consulta jurídica é o exercício destas por quem tenha a sua inscrição em vigor, mas está em situação de incompatibilidade e, por isso, devia ter requerido a suspensão daquela inscrição, hipótese em que se verifica ilícito disciplinar no próprio

---

têm título ou preenchem condições para a prática de atos próprios das suas profissões, o que permitia concluir que o tipo legal de crime das disposições combinadas do artigo 56º – nº 3 do EOA e 358º – b) do Código Penal não era inteiramente igual ao tipo legal de crime previsto neste último e o que permitia punir por usurpação de funções o charlatão que, sem se intitular Advogado, tem um escritório de procuradoria ilícita. No caso do proprietário do escritório que não é Advogado, embora o escritório seja dirigido por Advogado, poderia objetar-se que o tipo legal é sempre o do artigo 358º – b), sob cuja previsão cairia o Advogado só por comparticipação criminosa com o proprietário do estabelecimento. Mas a esta tese preferíamos aquele entendimento que defendíamos. Hoje, porém, o tipo legal de crime será sempre o do artigo 7º da Lei nº 49/2004, de 24 de agosto, sem prejuízo do concurso real de crimes com o do artigo 358º – b) do Código Penal, quando for caso disso.

[615] Artigo 6º – nºs 3, 4 e 5 da Lei nº 49/2004, de 24 de agosto, artigo a que correspondia o artigo 56º – nº 6 do primeiro EOA, disposição cuja fonte mais remota foi o Parecer da Procuradoria-Geral da República de 30/6/1947, no B.M.J. nº 4, pág. 66.
Sobre a matéria daquele artigo 56º do EOA, podem ver-se os Pareceres do Conselho Geral de 27/5/1946, na ROA, 6º, pág. s 304 e 451; de 1/6/1940, na ROA, 18º, pág. 124; de 29/6/1944, na ROA, 18º, pág. 342; de 5/5/1954, na ROA, 19º, pág. 199; e de 13/5/1988, na ROA, 48º, pág. 61; e ainda os Acórdãos do Conselho Superior de 23/10/1987, na ROA, 48º, pág. 310; e de 3/11/1989, na ROA, 50º, pág. 274.
[616] Artigo 7º da Lei nº 49/2004, de 24 de agosto.

XI. ILÍCITO CRIMINAL E DISCIPLINAR NO PRÓPRIO EXERCÍCIO DA ADVOCACIA ...

exercício da profissão sem que ocorra também ilícito criminal, como no caso de a inscrição ter sido suspensa.

Outro caso de ilícito disciplinar no próprio exercício da advocacia sem que se verifique ilícito criminal é o seu exercício por Advogado estagiário para além da sua competência específica por ser obrigatória a constituição de Advogado.

Diferentes das referidas hipóteses são as do exercício da advocacia ou da consulta jurídica em situação de impedimento ou com violação de outros deveres estatutários ou de algum dever processual.

Embora, em todos os referidos casos, se possa dizer que se trata sempre da violação de deveres estatutários ou processuais, no caso de exercício da advocacia em situação de incompatibilidade, o dever violado é o de suspender imediatamente o exercício da profissão e requerer, no prazo máximo de trinta dias, a suspensão da inscrição na Ordem dos Advogados, quando ocorrer incompatibilidade superveniente[617].

Seja qual for a infração disciplinar, os tribunais e quaisquer autoridades devem dar conhecimento à Ordem dos Advogados da prática por Advogados de factos suscetíveis de constituírem infração disciplinar[618].

Mas também o ministério público, a polícia judiciária e quaisquer autoridades com poderes de investigação criminal devem remeter à Ordem dos Advogados certidão das participações apresentadas contra Advogados[619], o que bem se justifica por poder ser vantajoso apreciar-se o enquadramento disciplinar de qualquer conduta que envolva responsabilidade criminal, apesar de a responsabilidade disciplinar ser independente da responsabilidade criminal ou civil[620], embora possa ser ordenada a suspensão do processo disciplinar até decisão a proferir em processo prejudicial[621].

---

[617] Artigo 91º – d) do EOA.

[618] Artigo 121º – nº 1 do EOA.

[619] Artigo 121º – nº 2 do EOA. Cfr. também o artigo 116º – nºs 3 e 5, que impõe ao Juiz que designe dia para julgamento em processo contra Advogado a remessa à Ordem de cópias da acusação e decisão instrutória e contestação , se as houver.

[620] Artigo 116º – nº 1 do EOA.

Trata-se de um princípio que a Ordem sempre tem seguido. *Vide* o Acórdão do Conselho Especial de 18/6/1970, na ROA, 30º, pág. 194; e os acórdãos do Conselho Superior de 25/2/1954, na ROA, 14º-15º-16º, pág. 312; de 28/3/1963, na ROA, 24º, pág. 105; de 5/3/1964, na ROA, 24º, pág. 425; de 28/6/1975, na ROA, 36º, pág. 212; e de 14/11/1980, na ROA, 41º, pág. 241.

[621] Artigo 116º – nº 3 do EOA.

DIREITO PROFISSIONAL DO ADVOGADO

Quanto ao exercício da advocacia com infração de deveres processuais, os Juízes têm legitimidade para comunicar à Ordem os desmandos dos Advogados ou Advogados estagiários[622].

Embora não se trate de ilícito disciplinar no próprio exercício da advocacia, a infração de deveres processuais por Advogados está tão intimamente ligada àquele exercício que não podemos deixar de inserir aqui os mais importantes deveres processuais.

No uso da sua competência de manutenção da ordem nos atos processuais, o magistrado que a eles presida pode, consoante a gravidade da infração, advertir com urbanidade quem perturbar a sua realização, retirar-lhe a palavra, quando ele se afaste do respeito devido ao tribunal ou instituições vigentes, condená-lo em multa ou fazê-lo sair do local, fazendo consignar em ata os atos que determinaram a providência, sem prejuízo do procedimento criminal ou disciplinar que no caso couber, e sendo dado conhecimento circunstanciado do facto à Ordem dos Advogados para efeitos disciplinares, sempre que seja retirada a palavra a Advogado ou Advogado estagiário, mas não é considerado ilícito o uso das expressões ou imputações indispensáveis à defesa da causa[623].

Da decisão que retire a palavra ou ordene a saída do local em que o ato se realize ao mandatário judicial cabe recurso com efeito suspensivo, suspendendo-se o ato até que o recurso, a processar como urgente, seja julgado[624].

Tratando-se de litigância de má fé, com responsabilidade pessoal do Advogado, tem-se entendido que, para se verificar a má fé do mandatário, é indispensável que ele tenha agido com intenção maliciosa, com verdadeiro dolo, não bastando a simples culpa, ainda que muito grave[625], o que bem se

---

[622] Acórdão do Conselho Superior de 11/3/1965, na ROA 25º, pág. 262.

[623] Artigo 150º – nºs 1, 2, 3 e 4 do Código de Processo Civil. O artigo 326º do Código de Processo Penal é a disposição correspondente àquela norma processual civil. Ao mesmo assunto, mas relativamente à audiência de discussão e julgamento, se referem várias alíneas do artigo 650º do Código de Processo Civil, disposições que são emanação do que se prescreve no seu artigo 154º

[624] Artigo 150º – nº 6 do Código de Processo Civil. Cfr. o artigo 647º – nºs 2 e 3 do Código de Processo Civil, quanto aos casos de efeito suspensivo do andamento do processo e de efeito suspensivo da eficácia do despacho recorrido, respetivamente, sendo o recurso previsto no artigo 150º – nº 6 não só suspensivo do andamento do processo, mas até do próprio ato judicial em curso quando foi interposto recurso.

[625] Acórdãos do Conselho Especial de 21/12/1950, na ROA, 10º, pág. 516, e de 15/10/1966, na ROA, 27º, pág. 297, e do Conselho Superior de 14/10/83, na ROA, 43º, pág. 860. Note-se que a redação atual do artigo 456º – nº 2 do Código de Processo Civil é expressa no sentido de

XI. ILÍCITO CRIMINAL E DISCIPLINAR NO PRÓPRIO EXERCÍCIO DA ADVOCACIA ...

justifica pela confiança do mandatário judicial no mandante, confiança que é indispensável para o exercício daquele mandato.

Quando se reconheça que o mandatário da parte teve responsabilidade pessoal e direta nos atos pelos quais se revelou a má fé na causa, dar-se-á conhecimento do facto à Ordem dos Advogados ou à Câmara dos Solicitadores para que estas possam aplicar as sanções respetivas e condenar o mandatário na quota-parte das custas, multa e indemnização que lhes parecer justa, mas, havendo condenação e em caso de recurso, só depois do trânsito em julgado do acórdão a proferir, se torna oportuna a referida comunicação à Ordem[626].

Tratando-se de não restituição, no prazo estabelecido, de processo confiado, ainda que legalmente suscetível de justificação perante os tribunais, não é passível de procedimento disciplinar, se o Advogado, judicialmente punido, demonstrou perante a Ordem que só por equívoco na contagem do prazo, fundado na falta de conhecimento exato da data do seu início, deixou de fazer a restituição em tempo[627].

Quanto a atos processuais e incidentes supérfluos, definidos na lei como os desnecessários para a declaração ou defesa do direito, as respetivas custas são suportadas por quem os requereu e, quanto a adiamento de ato judi-

---

bastar a negligência grave para efeitos de litigância de má fé, o que, contudo, não põe em causa a citada Jurisprudência da Ordem dos Advogados, por se tratar de efeitos diversos.

[626] Artigo 545º do Código de Processo Civil e acórdão do Conselho Superior de 27 /11/1974, na ROA, 35º, pág. 504. A condenação na quota-parte das custas, multa e indemnização tem a dupla natureza de indemnização e de pena acessória, como a perda de honorários, que também pode ser pena principal, e a restituição de quantias, documentos ou objetos, quando aplicadas conjuntamente com qualquer das penas disciplinares, tudo nos termos do artigo 130º – nºs 8 e 9 do EOA, e a todas estas penas acessórias, como à multa disciplinar, é aplicável a medida compulsória de suspensão do artigo 143º do EOA, depois de esgotado o prazo para o pagamento voluntário.

[627] Acórdão do Conselho Superior de 26/4/1982, na ROA, 23º, pág. 163. Sobre este dever processual, *vide* os artigos 165º e 166º do Código de Processo Civil. Os artigos 150º e 545º do Código de Processo Civil são afloração do princípio da jurisdição disciplinar exclusiva da Ordem dos Advogados quanto a Advogados e Advogados estagiários (artigos 3º – nº 1 – g), e 114º – nº 1 do EOA, mal se compreendendo, por isso, apesar de não se tratar de pena disciplinar, como resulta do nº 4, o disposto no artigo 166º – nº 2 daquele Código, quanto à condenação no máximo da multa (10 UC, nos termos do artigo 27º – nº 2 do Regulamento das Custas Judiciais aprovado pelo Decreto-lei nº 34/2008, de 26 de fevereiro) do Advogado que não apresente justificação ou esta não constitua facto do conhecimento do Juiz ou justo impedimento, nos termos do artigo 139º daquele Código. Justifica-se, porém, quanto a custas pelo Advogado o disposto no artigo 48º do mesmo Código, mas sendo ilegal a condenação em custas por falta do Advogado a um ato judicial, por ser expressamente proibido pelo artigo 1º do Decreto-lei nº 330/91, de 5 de setembro.

DIREITO PROFISSIONAL DO ADVOGADO

cial por falta não justificada de pessoa que devia comparecer, esta pagará as correspondentes custas[628].

Mas a falta de Advogado a um ato judicial não carece de ser justificada nem pode dar lugar à sua condenação em custas[629], solução que o próprio preâmbulo do diploma legal que o prescreve justifica com a consideração, entre outras, de que o Advogado é um elemento essencial à aplicação da justiça, cujo estatuto não deve nem pode ser confundido com o do interveniente acidental no processo.

Também a taxa sancionatória excecional a que se referem os artigos 531º do Código de Processo Civil e o artigo 10º do Regulamento das Custas Judiciais e as custas, ou melhor, a multa do artigo 148º – nº 3 do Código de Processo Civil, e eventuais multas por falta de notificação entre mandatários judiciais, nos termos dos artigos 221º e 255º daquele Código, não podem ser suportadas pelos Advogados das partes no processo, em representação e no interesse das quais eles requerem tais atos ou incidentes[630], sendo imunidades necessárias ao exercício do mandato e essenciais à administração da justiça, a que se refere o artigo 208º da Constituição, a discricionaridade técnica, o direito ao livre exercício do patrocínio e o direito de requerer, no decurso da audiência ou de qualquer outro ato ou diligência em que intervenha, oralmente ou por escrito, no momento em que considerar oportuno, o que julgar por conveniente ao dever de patrocínio[631], prerrogativas do Advogado que estudaremos no respetivo capítulo[632].

---

[628] Artigo 534º – nºs 1 e 2 do Código de Processo Civil.

[629] Artigo 1º do Decreto-lei nº 330/91, de 5 de setembro, citado na penúltima nota.

[630] Artigo 44º do Código de Processo Civil. Quanto à multa por falta de notificação entre mandatários judiciais, *vide* o Parecer do Conselho Geral nº E-23/04, de 21/12/2006, no BOA nº 45, pág. 64.

[631] Artigos 13º – nº 2 – b) da LOSJ – Lei nº 62/2013, de 26 de agosto – e 80º – nº 1 do EOA.

[632] Muito infeliz foi o Acórdão do Tribunal Constitucional nº 418/04, de 15 de junho, proferido no Pº nº 547/04, da 1ª Secção, de que foi relatora a Conselheira Maria Helena Brito e adjuntos os Conselheiros Carlos Pamplona de Oliveira e Rui Manuel Moura Ramos, noticiado em www.oa.pt, sobre o caso de um Advogado condenado em custas pela M.ma Juiz da Comarca de Guimarães, no decorrer de uma audiência de julgamento, em despacho de indeferimento de um pedido de esclarecimento, despacho de que foi interposto recurso de agravo que, não tendo sido admitido por motivo de alçada, deu origem a reclamação para o Presidente da Relação de Guimarães, onde o seu Vice-Presidente indeferiu a reclamação porque "a decisão proferida contra o recorrente/reclamante não atenta contra o princípio da independência dos tribunais consagrado no artigo 208º da C. R. P. " (sic) e porque era irrecorrível a decisão por razões de alçada, vindo o citado Acórdão do Tribunal Constitucional, com a concordância do Ministério Público, a não conhecer do recurso e a condenar também o Advogado nas custas, "fixando-se a taxa de justiça em 20 (vinte) unidades de conta", ou seja, numa violência contra

Capítulo XII
Trajo Profissional do Advogado

47. O uso da toga como direito e dever do advogado e o direito de usar os outros acessórios do trajo – regulamento do trajo e insígnia profissional

É obrigatório para os Advogados e Advogados estagiários, quando pleiteiem oralmente, o uso da toga, cujo modelo, bem como qualquer outro acessório do trajo profissional, é o fixado pelo Conselho Geral[633].

Ao modelo da toga, de cor preta, refere-se o artigo 2º do Regulamento do Trajo e Insígnia Profissional aprovado pelo Conselho Geral em 17/2/2006 – Regulamento nº 31/2006, de 26 de abril.

Constitui, pois, um dever e não apenas um direito o uso da toga pelos Advogados, ao contrário do que acontece noutras legislações, como a francesa.

Mas não se verifica o mesmo quanto ao uso de outros acessórios do trajo profissional, o barrete e a insígnia, cujo uso é facultativo[634].

O barrete é também preto, de formato octogonal e do modelo referido no artigo 3º do mesmo Regulamento

---

quem nem sequer podia ser condenado no mínimo...Assim, não! Advogados condenados em custas no patrocínio de partes no processo só por terem requerido o que julgaram conveniente ao seu dever de patrocínio!... E porque não também o Ministério Público e o próprio Juiz recorrido em tantos atos e incidentes supérfluos?...

[633] Artigo 74º do EOA.

[634] Artigos 4º e 7º do Regulamento do Trajo e Insígnia Profissional.

DIREITO PROFISSIONAL DO ADVOGADO

É dever do Advogado e do Advogado estagiário, sob pena de procedimento disciplinar, velar pela completa compostura e asseio do trajo profissional[635].

A insígnia é constituída pela medalha da Ordem dos Advogados, com representação gráfica das tábuas da lei, de esmalte branco com letras douradas, sobre a cruz de Cristo, de esmalte encarnado e branco, e com os dizeres "Ordem dos Advogados Portugueses" e "Bastonário", "Presidente do Conselho Superior", "Presidente do Conselho Distrital", "Conselho Superior", "Conselho Geral", Presidente do Conselho de Deontologia", "Conselho Distrital", "Conselho de Deontologia" ou "Delegação", conforme a categoria dos membros da Ordem com relação àqueles cargos, sendo a medalha de esmalte encarnado com dizeres dourados, em campo dourado, para o "Bastonário", o "Presidente do Conselho Superior", os membros do Conselho Superior ou Geral e os presidentes dos conselhos distritais; em campo prateado, para os presidentes dos conselhos de deontologia, membros dos conselhos distritais e membros dos conselhos de deontologia; e em campo de cobre polido para os restantes membros da Ordem[636].

A medalha é segurada por fita vermelha, exceto para o Bastonário que usa colar dourado.

Também podiam usar toga, quando licenciados em Direito, os secretários de tribunais superiores, os secretários judiciais e os secretários técnicos[637], mas quanto a estes últimos, a disposição legal que o permitia não tem correspondente no artigo 63º – d) do atual Estatuto dos Funcionários Judiciais – Decreto-lei nº 343/99, de 26 de agosto.

Os magistrados usam beca[638] e os funcionários de justiça, capa[639].

---

[635] Artigo 5º do citado Regulamento.

[636] Artigo 6º do dito Regulamento. Foi no mandato do Bastonário Dr. Domingos Pinto Coelho (1936-1937) que foi criada a Medalha da Ordem dos Advogados por proposta do vogal do Conselho Geral Dr. Fernando Caetano Pereira, mas o Regulamento apenas foi aprovado no mandato do Bastonário Dr. Carlos Pires (1939-1941), também por proposta do mesmo vogal – ALBERTO SOUSA LAMY, A Ordem dos Advogados Portugueses – História, Órgãos, Funções, pág.s 52, 56 e 61, e no BOA nº 39, pág. 96.

[637] Artigo 81º – nº 2 do Decreto-lei nº 376/87, de 11 de dezembro – Lei Orgânica das Secretarias Judiciais e Estatuto dos Funcionários de Justiça.

[638] A Portaria nº 38/97, de 10 de janeiro, aprovou o modelo de colar para uso dos Juízes Conselheiros do Supremo Tribunal de Justiça e Magistrados do Ministério Público legalmente equiparados e a Portaria nº 187/98, de 19 de março, o modelo de colar para uso dos Juízes Conselheiros do Supremo Tribunal Administrativo.

[639] Artigo 66º – nºs 2 – e) e 3 do Decreto-lei nº 343/99, de 26 de agosto, que aprovou o Estatuto dos Funcionários de Justiça, alterado pelo Decreto-lei nº 175/2000, de 9 de agosto, e

XII. TRAJO PROFISSIONAL DO ADVOGADO

48. O trajo profissional do advogado e o código de deontologia do CCBE

Um Advogado que se apresente ou participe num procedimento perante um tribunal ou jurisdição num Estado-membro deve observar as regras deontológicas aplicáveis perante esse tribunal ou jurisdição[640] e, por isso, também as regras sobre trajo profissional, como resulta também do artigo 207º – nº 1 do EOA.

Portaria nº 486/2003, de 17 de junho, que aprovou os modelos de capa masculinos e femininos dos funcionários de justiça. O artigo 114º – nºs 1 e 2 do Decreto-lei nº 8/99, de 8 de janeiro, que aprovou o Estatuto dos Solicitadores anterior ao vigente, previa que os Solicitadores usassem capa, mas o artigo 107º do atual Estatuto dos Solicitadores aprovado pelo Decreto-lei nº 88/2003, de 26 de abril, prevê apenas que os Solicitadores têm direito ao uso de trajo profissional.

[640] 4.1 do Código de Deontologia do CCBE.

Capítulo XIII
Informação e Publicidade do Advogado

49. Sua objetividade, verdade e dignidade

O Advogado e as sociedades de Advogados podem divulgar a sua atividade profissional de forma objetiva, verdadeira e digna, no rigoroso respeito dos deveres deontológicos, do segredo profissional e das normas legais sobre publicidade e concorrência[641].

Entende-se, nomeadamente, por informação objetiva:

a) A identificação pessoal, académica e curricular do Advogado e da sociedade de Advogados;

b) O número de cédula profissional ou do registo da sociedade;

c) A morada do escritório principal e as moradas de escritórios noutras localidades;

d) A denominação, o logotipo ou outro sinal distintivo do escritório[642];

e) A indicação das áreas ou matérias jurídicas de exercício preferencial;

f) Referência à especialização, nos termos do nº 3 do artigo 70º;

g) Os cargos exercidos na Ordem dos Advogados;

h) Os colaboradores profissionais integrados efetivamente no escritório do Advogado;

---

[641] Artigo 94º – nºs 1 e 5 do EOA:

[642] As siglas e logotipos das sociedades de Advogados estão sujeitos a aprovação do Conselho Geral, nos termos do artigo 218º – nº 2 do EOA, e aos logotipos dos Advogados não podiam deixar de se aplicar, por analogia aquelas disposições, não obstante o Parecer em contrário do Conselho Geral nº E-20/05, de 16/12/2005. Cfr. o nº 5 deste artigo 94º.

DIREITO PROFISSIONAL DO ADVOGADO

i) O telefone, o fax, o correio eletrónico e outros elementos de comunicação de que disponha;
j) O horário de atendimento ao público,
k) As línguas ou idiomas falados ou escritos;
l) A indicação do respetivo *site*;
m) A colocação, no exterior do escritório, de uma placa ou tabuleta identificativa da sua existência[643].

São, nomeadamente atos lícitos de publicidade:
a) A menção da área preferencial de atividade;
b) A utilização de cartões onde se possa colocar informação objetiva;
c) A colocação, em listas telefónicas, de fax ou análogas, da condição de Advogado;
d) A publicação de informações sobre alterações de morada, de telefone, de fax e de outros dados relativos ao escritório;
e) A menção da condição de Advogado, acompanhada de breve nota curricular, em anuários profissionais, nacionais ou estrangeiros;
f) A promoção ou intervenção em conferências ou colóquios;
g) A publicação de brochuras ou de escritos, circulares e artigos periódicos sobre temas jurídicos em imprensa especializada ou não, podendo assinar com a indicação da sua condição de Advogado e da organização profissional que integre;
h) A menção de assuntos profissionais que integrem o *curriculum* profissional do Advogado e em que tenha intervindo, não podendo ser feita referência ao nome do cliente, salvo, excecionalmente, quando autorizado por este, se tal divulgação for considerada essencial para o exercício da profissão, em determinada situação, mediante prévia deliberação do Conselho Geral[644];
i) A referência, direta ou indireta, a qualquer cargo público ou privado ou relação de emprego que tenha exercido;
j) A menção da composição ou estrutura do escritório;
k) A inclusão de fotografia, ilustrações e logotipos adotados[645].

---

[643] Artigo 94º – nº 2 do EOA.

[644] A divulgação do nome do cliente, que pode constituir violação de segredo profissional é, pois, proibida. O acórdão do Conselho Superior de 3/1/1980, na ROA, 40º, pág. 555, decidiu que, por se tratar de uma potencial fonte de angariação de clientela, os nomes dos consultores jurídicos das empresas não devem figurar em papel timbrado que estas usem nas suas relações comerciais e industriais. Entendemos que continuará a ser proibida tal publicidade porque associa a publicidade da empresa à do Advogado e tornará esta menos digna.

[645] Artigo 94º – nº 3 do EOA.

XIII. INFORMAÇÃO E PUBLICIDADE DO ADVOGADO

É também lícita a publicidade do Advogado na consulta jurídica ou consultório jurídico que se veem em muitos órgãos da comunicação social com a identificação dos Advogados participantes.

Trata-se de atividade destinada a assegurar o direito, constitucionalmente consagrado, à informação e consulta jurídicas[646] e é até conveniente que ela seja prestada por Advogado, não só porque este dará sólidas garantias de competência técnica com também está em contacto diário com a aplicação do direito nos tribunais, sendo a identificação do Advogado participante "a salvaguarda de uma autoria e o assumir de uma responsabilidade"[647].

São, nomeadamente, atos ilícitos de publicidade:

a) A colocação de conteúdos persuasivos, ideológicos, e de auto – engrandecimento e de comparação;
b) A menção da qualidade do escritório;
c) A prestação de informações erróneas ou enganosas;
d) A promessa ou indução da produção de resultados;
e) O uso de publicidade direta não solicitada[648].

O princípio da proibição da publicidade nos termos expostos tem por fim evitar que os Advogados recrutem clientes como os comerciantes ou industriais, anunciando, por exemplo, que não cobram honorários, se não ganharem as questões, o que também é proibido pelo artigo 106º – nº 2 do EOA e constitui *quota litis*, distribuindo cartões por acidentados em hospitais, oferecendo os seus serviços às portas dos tribunais, oferecendo consultas gratuitas ou anunciando talento e honradez com quem anuncia bom café[649].

Em Portugal, como nos países latinos, era escassa a publicidade permitida, ao contrário do que acontecia com os países do norte da Europa, ou seja, com o Reino Unido, a Dinamarca, a Holanda, onde a publicidade é considerada como uma forma de promoção da atividade e da imagem do

---

[646] Artigo 20º da Constituição da República Portuguesa.

[647] Parecer do Conselho Geral de 3/7/1987, na ROA, 48., pág. 620.

[648] Artigo 94º – nº 4 do EOA. O Advogado que se expusesse ao disposto pela Lei nº 6/99, de 27 de janeiro (publicidade domiciliária por telefone e por telecópia), e Decreto-lei nº 7/2004, de 7 de janeiro (comércio eletrónico) quando os destinatários tenham manifestado a intenção de não receber ou não tenham consentido nesse envio, comprometeria a dignidade da profissão e o seu dever de independência, que o obriga, em quaisquer circunstâncias, a agir livre de qualquer pressão, especialmente a que resulte dos seus próprios interesses (artigo 89º do EOA). Em sentido contrário, *vide* Pedro Cardigos Dos Reis e Guilherme Mata, A Propósito das Novas Regras da Publicidade, no BOA, nº 36, pág.s 28 a 31.

[649] Cfr. ANGEL OSSORIO Y GALLARDO, A Alma da Toga, tradução de ANTÓNIO DE SOUSA MADEIRA PINTO, pág. 66.

DIREITO PROFISSIONAL DO ADVOGADO

Advogado e até como forma de competir com outras profissões que oferecem serviços jurídicos, atitude liberal que se estendeu à Áustria, Alemanha, Bélgica, Irlanda, Noruega, Suécia e Finlândia, o que permite afirmar que hoje há na Europa uma tendência a favor da permissão da publicidade do Advogado, embora condicionada, de forma que até nos países mais restritivos da publicidade do Advogado, como a França, a Espanha e Chipre, está a procurar-se a institucionalização de regras sobre a publicidade[650].

Nos Estados Unidos da América, desde 1977, que os Advogados têm usado a publicidade como meio de angariar clientes, observando-se a tendência para a utilização da publicidade por um número cada vez maior de Advogados, pois subiu, por exemplo, desde 1984 até 1987, de 13% para 32%, a percentagem de Advogados que fazem publicidade e, durante os primeiros seis meses de 1989, foram gastos em publicidade, na TV, 40 milhões de dólares, o que se traduziu em mais 22% do que no mesmo período do ano anterior.

Considera-se que anunciar deve ser dignificar e não falsear ou enganar, apenas se gerando discussão acerca de como anunciar, *how-to*, e não acerca de se saber se se deve ou não anunciar.

A favor da publicidade do Advogado tem-se argumentado não só que a proibição viola o princípio da liberdade de expressão reconhecido no artigo 10º da Convenção Europeia dos Direitos do Homem e em várias Constituições e é uma prática restritiva, e ilegal, dentro das normas de concorrência existentes, impedindo que os novos Advogados arranjem clientela, mas também que o cliente tem direito a estar bem informado sobre os vários serviços que os Advogados podem oferecer e que os Advogados estão em desvantagem em relação a outras profissões que oferecem serviços jurídicos e que são livres de fazer publicidade.

Contra a publicidade diz-se que engana o público, prejudica o bom nome da profissão, tem efeitos negativos na qualidade dos serviços prestados, torna-se demasiado dispendiosa, é uma forma de concorrência desleal entre Advogados, pois só as grandes firmas podem suportar as despesas com publicidade, não existem meios de regular ou controlar a publicidade e é contrária à ética profissional[651].

---

[650] Vide Comunicação sobre Publicidade do Advogado do Bastonário COELHO RIBEIRO ao III Congresso dos Advogados Portugueses.
[651] Citada Comunicação do Bastonário COELHO RIBEIRO.

50. A publicidade do advogado e o exercício especializado da advocacia

A publicidade do Advogado está, porém, intimamente ligada à sua especialização.

Dispõe o EOA que pode divulgar-se *curriculum* profissional e fazer-se referência à especialização, se previamente reconhecida pela Ordem dos Advogados[652].

Foi uma Recomendação aprovada no II Congresso dos Advogados Portugueses a de que fosse criado o título de "Advogado especialista", decidindo os órgãos superiores da Ordem as áreas de especialização, em função do interesse público, do volume de processos nas diversas áreas e da realidade sociológica e sendo a atribuição do título de Advogado especialista da exclusiva competência da Ordem dos Advogados, mediante provas a prestar pelos candidatos perante um Colégio da Especialidade, formado por Advogados de reconhecida competência na área em causa, escolhidos pelo Conselho Superior, após parecer do Conselho Geral.

Em cumprimento da referida Recomendação, o Conselho Geral presidido pelo Bastonário AUGUSTO LOPES CARDOSO constituiu uma comissão encarregada de preparar um anteprojeto do Estatuto do Advogado especialista[653]. Mas foram tais as dificuldades com que deparou a comissão que no Parecer do Conselho Geral de 28/10/1988, no BOA nº 4/89, pág. 27, se considerou que o III Congresso deveria tratar, como tema específico, a análise da questão da especialização. E o III Congresso aprovou, a este respeito, as seguintes conclusões:

1ª A Ordem dos Advogados deverá incentivar o exercício especializado da advocacia como forma de contribuir para a crescente qualificação técnico – jurídica e a maior dignificação profissional dos Advogados;

---

[652] Artigo 94º – nºs 2 – f) e 3 – h) do EOA. Já na moção apresentada pelo Bastonário ÂNGELO ALMEIDA RIBEIRO à Assembleia Plenária de 11/5/1974, publicada no Boletim Informativo da Ordem dos Advogados de abril – maio de 1974, se preconizava "a especialização dos Advogados por ramos de Direito". Contudo, em voto de vencido na proposta de lei nº 2/XI acerca da criação de secções cíveis e criminais nas Relações, como procurador à Câmara Corporativa, voto publicado no mesmo Boletim de janeiro de 1974, o mesmo Bastonário não foi favorável à especialização dos tribunais.

[653] Publicado no BOA nº 1/88, pág. 30. Os artigos 67º a 69º do Estatuto dos Solicitadores aprovado pelo Decreto-lei nº 88/2003, de 20 de abril, regulam os colégios de especialidade, estruturando já em colégio a especialidade de solicitador de execução e o Estatuto atual, no seu artigo 89º, prevê os mesmos dois colégios, podendo a Ordem atribuir o título de especialista dentro de cada colégio profissional (artigo 90-º nº 3).

DIREITO PROFISSIONAL DO ADVOGADO

2ª A Ordem deverá, porém, suspender a criação do Estatuto do Advogado Especialista e a atribuição do respetivo título, até haver uma mais generalizada consciência na classe sobre a necessidade e conveniência da sua criação.

No IV Congresso recomendou-se, outra vez, a criação de especialidades e dos respetivos Colégios e no V Congresso concluiu-se pela necessidade de concretização legal do estatuto do Advogado especialista[654].

Em sessão do Conselho Geral de 9 de janeiro de 2004 foi aprovado o Regulamento Geral das Especialidades[655] com um regime transitório, até à criação dos Colégios de Especialidades.

As especialidades inicialmente instituídas foram as de Direito Administrativo, Direito Fiscal e Direito do Trabalho e, por deliberação do Conselho Geral de 14 de maio de 2004[656], foram criadas mais quatro especialidades: Direito Financeiro, Direito Europeu e da Concorrência, Direito da Propriedade Intelectual e Direito Constitucional.

Em disposição transitória subjetiva, o citado Regulamento previu a atribuição do título de Advogado especialista a juristas de reconhecido mérito, que, à data da sua entrada em vigor, exercessem pública atividade de consulta ou consulta e ensino, por período superior a cinco anos, e tivessem publicado trabalhos de relevante interesse na área de especialidade a que se candidatassem e bem assim não se encontrassem em situação de incompatibilidade com o exercício da advocacia, prevendo-se a caducidade de tal regime seis meses após a data da entrada em vigor do citado Regulamento e tendo sido estatuído que, no caso referido, a atribuição do título de Advogado especialista obrigava a inscrição direta no conselho regional respetivo[657], o que, sem estágio e prévia inscrição como Advogado estagiário e, depois, como Advogado, tudo era ilegal, por violação dos artigos 161º e 170º do primeiro EOA.

Eram, porém, inteiramente legais as restantes disposições do dito Regulamento do Advogado Especialista, apesar de ser lamentável a solução de não se cometer sempre a um júri, depois da prestação de provas públicas,

---

[654] RITA SANTOS, A Nova Sociedade de Informação: Um Apelo à Especialização do Advogado, na ROA, 62º, pág. 514.

[655] Regulamento nº 15/2004, publicado no Diário da República, II série, de 5/4/2004, pág. 5439.

[656] Deliberação nº 832/2004, de 14/5/2004, publicada no Diário da República, II série, de 12/6/2004, pág. 9023.

[657] Regulamento nº 32/2004, de 16 de julho, publicado no Diário da República, II série, de 5/8/2004, pág. 11863.

XIII. INFORMAÇÃO E PUBLICIDADE DO ADVOGADO

a proposta de atribuição do título de especialista, para a qual não tem legitimidade técnico-científica o Conselho Geral, o que tentou remediar-se, enquanto não fosse aprovado novo Regulamento, através de prévia análise das propostas por um júri, que obedeceria ao disposto no artigo 8º do Regulamento[658].

Aquela ilegalidade parece que se manteve por violação dos artigos 184º e 192º, mesmo em face dos artigos 45º – nº 1 – g), 50º – nº 1 – m) e 193º, todos do anterior EOA.

O novo Regulamento Geral das Especialidades foi aprovado em sessão do Conselho Geral de 14 de julho de 2006 – Regulamento nº 204/2006, de 30 de outubro.

O título de Advogado especialista constitui uma certificação de competência específica na área da respetiva especialidade, mas não limita a prática jurídica do titular nem impede qualquer Advogado de exercer a advocacia na área das especialidades reconhecidas pelo Regulamento e estabelecidas pelo Conselho Geral, que definirá os respetivos conteúdos, tendo sido mantidas as especialidades já reconhecidas sem prejuízo de reconhecimento de outras e eliminação das existentes[659].

Podem adquirir o título de Advogado especialista os Advogados com inscrição em vigor na Ordem dos Advogados sem interrupção há mais de dez anos e com igual período mínimo de exercício efetivo da advocacia na área da especialidade invocada e a quem seja reconhecida competência específica, teórica e prática, devendo o Advogado especialista, enquanto tal, manter a prática e adquirir formação contínua na área da respetiva especialidade, o que comprovará, no fim de cada período de cinco anos, a partir da atribuição do título, pela entrega, no Colégio das Especialidades, de um currículo profissional demonstrativo da prática exercida e da formação adquirida na área da especialidade respetiva, nos cinco anos anteriores[660].

O pedido de atribuição do título de Advogado especialista deverá ser formalizado através de requerimento apresentado na sede da Ordem dos Advogados e dirigido ao Conselho Geral, devendo o requerente demonstrar possuir capacidade para a aquisição do título, pela descrição circunstanciada da sua formação e prática jurídica e pela junção de documentos ou outros meios de reprodução confirmativos da descrição curricular, com

---

[658] Regimento nº 1/2005, de 7/10/2005, publicado no Diário da República, nº 202, II série, de 25/10/2005, pág. 15003.
[659] Artigos 2º e 5º do Regulamento.
[660] Artigos 3º e 4º do Regulamento.

DIREITO PROFISSIONAL DO ADVOGADO

especial relevância para os atos de prática jurídica, e podendo apresentar declarações de pessoas e entidades abonadoras das suas qualidades profissionais ou informadoras da sua formação e prática.

Na descrição curricular, o candidato evidenciará a formação académica adquirida e a participação em ações formativas na área da especialidade a que se candidata, juntando a certificação documental respetiva que possua, e a prática efetiva na área da especialidade deverá ser circunstanciadamente descrita com a identificação de casos e assuntos que o candidato tenha patrocinado como Advogado, indicando o tipo de assessoria prestada e o nome do cliente assistido e apresentando cópias de peças escritas que o candidato tenha produzido no exercício dessa assessoria específica, informações que estão sujeitas ao sigilo profissional.

O candidato indicará ainda os trabalhos que tenha publicado e as publicações em que comprovadamente tenha participado, juntando um exemplar de cada, quando a publicação não seja de grande divulgação ou de fácil acesso ou sempre que lhe seja solicitado pelo relator do processo de candidatura, que é nomeado pelo Conselho Geral de entre os seus membros[661].

O Conselho Geral pode solicitar ao candidato, aos conselhos regionais, delegações ou qualquer entidade informações adicionais sobre o currículo profissional daquele e pode rejeitar liminarmente a candidatura se constatar que não se verificam os requisitos relativos aos períodos mínimos de inscrição ou de prática efetiva da advocacia, se o título pretendido for para uma área não reconhecível ou se o candidato não reunir manifestamente as condições para lhe ser atribuído o título pretendido.

Se o Conselho Geral não rejeitar a candidatura, o relator nomeado envia o processo para o Colégio das Especialidades a fim de ser marcada prova oral pública para acesso à especialidade[662].

O Colégio das Especialidades é constituído por todos os Advogados especialistas com inscrição em vigor na Ordem dos Advogados e cabe-lhe definir o conteúdo de cada uma das especialidades reconhecíveis, nos termos do Regulamento, aprovar ou não os candidatos ao título de Advogado especialista em prova oral pública e promover a formação contínua na área das especialidades.

O Conselho Geral nomeia o Presidente do Colégio das Especialidades de entre os Advogados especialistas, considerando-se instalado o Colégio das Especialidades após o Conselho Geral ter nomeado e conferido posse

---

[661] Artigos 6º, 7º e 8º, nº 1, do Regulamento.
[662] Artigo 8º, nºs 2, 3 e 4, do Regulamento.

XIII. INFORMAÇÃO E PUBLICIDADE DO ADVOGADO

ao seu Presidente, e, enquanto não estiver instalado, a prova oral pública será prestada perante um júri constituído por três Advogados nomeados pelo Conselho Geral de entre Advogados de reconhecida competência e prática na área da especialidade em candidatura.

Ao Presidente cabe nomear e substituir o responsável por cada uma das especialidades e exercerá as suas funções enquanto não for substituído pelo Conselho Geral, implicando a sua substituição a cessação das funções dos responsáveis pelas especialidades, sem prejuízo da possibilidade de recondução destes pelo novo Presidente

Os responsáveis das especialidades têm a incumbência de constituir o júri da prova oral pública e de determinar as datas de realização da prova e o Advogado especialista está obrigado a integrar o júri, quando para tal for nomeado, mas não deverão ser nomeados para o júri os Advogados cujo relacionamento com o candidato seja suscetível de influenciar a avaliação.

O Conselho Geral poderá extinguir o Colégio das Especialidades e criar tantos colégios quantas as especialidades reconhecidas e atribuídas, desde que o número de Advogados especialistas, as condições e necessidades de funcionamento e estruturação organizativa do Colégio das Especialidades e a disponibilidade e racionalização de meios o justifiquem, vindo a ter os colégios de cada uma das especialidades, em relação à respetiva área de prática, a organização e as atribuições do Colégio das Especialidades[663].

A prova oral pública é prestada perante três Advogados especialistas da área da especialidade em candidatura, os quais constituirão o júri da prova, em cuja preparação pode o júri solicitar ao candidato, aos órgãos da Ordem dos Advogados ou a qualquer entidade informações adicionais sobre o currículo profissional daquele, podendo o Colégio das Especialidades, excecionalmente, dispensar a prestação de prova oral pública pelo candidato, nos casos em que o seu currículo profissional demonstre manifesta e notória competência específica na área de alguma das especialidades reconhecíveis e desde que reuna os requisitos mínimos de dez anos de inscrição ininterrupta e de igual período mínimo de exercício efetivo da advocacia na área da especialidade.

A prova oral pública consiste num debate sobre o currículo profissional apresentado pelo proponente e num debate sobre questões, à escolha do júri, relacionadas com a especialidade em candidatura, e o júri decide, por

---

[663] Artigos 9º e 15º do Regulamento.

DIREITO PROFISSIONAL DO ADVOGADO

maioria, considerar o candidato aprovado ou não aprovado, não havendo recurso da decisão do júri[664].

Depois de concluída a prova oral pública, o processo é remetido, com a informação da avaliação atribuída pelo júri, ao Conselho Geral, que delibera sobre a atribuição ou não atribuição do título de Advogado especialista, cuja não atribuição inibe o candidato de se recandidatar durante os dois anos seguintes, a não ser que a não atribuição se deva ao não preenchimento dos períodos mínimos de dez anos de inscrição ininterrupta e de igual período mínimo de exercício efetivo da advocacia na área invocada, caso em que a candidatura poderá ser reapreciada quando cumpridos esses períodos[665].

Por deliberação do Conselho Geral, o Advogado especialista perde este título com a suspensão da inscrição na Ordem dos Advogados por um período superior a cinco anos e se não remeter periodicamente ao Colégio das Especialidades o currículo profissional com a descrição e certificação da formação na área da sua especialidade e da identificação dos casos ou assuntos que tenha patrocinado como Advogado com cópia das peças escritas que tenha produzido ou se do currículo se constatar que o Advogado especialista não manteve uma prática nem adquiriu uma formação consistente com o título de especialidade que lhe foi atribuído, caso em que a deliberação do Conselho Geral terá de ser precedida de parecer do Colégio das Especialidades[666].

Das deliberações do Conselho Geral que rejeitem liminarmente a candidatura, que não atribuam o título de Advogado especialista ou que determinem a perda desse título cabe recurso para o conselho Superior, que pode solicitar ao candidato ou a qualquer entidade informações sobre o currículo profissional daquele ou sobre o objeto específico do recurso[667].

O artigo 70º – nº 3 do atual EOA veio dispor que os Advogados só podem identificar-se como especialistas quando a Ordem dos Advogados lhes haja atribuído tal qualidade, pelo menos, numa das seguintes áreas: Direito Administrativo, Direito Fiscal, Direito do Trabalho, Direito Financeiro, Direito Europeu e da Concorrência, Direito da Propriedade Intelectual e Direito Constitucional.

---

[664] Artigos 10º, nºs 1, 2 e 3, 12º e 13º, nº 3, do Regulamento.
[665] Artigos 10º, nº 4, e 11º, do Regulamento.
[666] Artigo 14º do Regulamento.
[667] Artigo 13º, nºs 1 e 2, do Regulamento.

XIII. INFORMAÇÃO E PUBLICIDADE DO ADVOGADO

Nos países que permitem a indicação de especialização encontramos dois tipos de sistemas:

a) Na Alemanha e no Reino Unido, a designação de um Advogado como especialista é tomada como garantia de competência e a respetiva associação profissional sente-se responsável e não permitirá a um Advogado intitular-se especialista, a não ser que demonstre competência para esse título;

b) Na Áustria e na Holanda, há maior liberalização e o Advogado que se considere especialista pode divulgá-lo na sua publicidade, sem prejuízo de o cliente ou consumidor, se considerarem que não se justifica aquela qualificação, poderem queixar-se a uma autoridade competente ou esta, a Ordem, poder retirá-la.

Nos Estados Unidos da América, o Advogado pode anunciar que exerce em certos ramos de Direito, mas não pode afirmar ou insinuar que é especialista, a não ser em circunstâncias muito especiais[668].

Na Alemanha, os requisitos para a atribuição do título de Advogado especialista são o da experiência comprovada da respetiva especialização por intervenção num número de causas entre sessenta e cem num período de três anos e o do conhecimento teórico comprovado pela frequência de cursos especializados de, pelo menos, cento e vinte horas de duração[669].

Em França, a especialização é adquirida por uma prática profissional contínua, de duração fixada por decreto do Conselho de Estado, a qual não pode ser inferior a dois anos, sancionada por controlo de conhecimentos e atestada por certificado emitido por um centro regional de formação profissional[670] e, num ciclo de cinco anos de exercício profissional, os titulares de uma ou várias menções de especialização devem ter consagrado um quarto da duração da sua

formação contínua aos domínios de especialização[671], formação contínua que, em França, é de 20 horas por ano ou 40 horas de dois em dois anos, como já dissemos sob o n.º 12, em nota.

---

[668] Citada comunicação do Bastonário COELHO RIBEIRO.

[669] WOLF PAUL, A Formação Complementar do Advogado na Alemanha, in Scientia Iuridica, tomo XLVII, 1998, n.ºs 271/273, pág. 19.

[670] Artigo 12.º-1 da Lei n.º 71-1130, de 31/12/71, na redação dada pelo artigo 11.º da lei n.º 90-1259, de 31/12/90.

[671] Artigo 85.º do Decreto n.º 91-1197, de 27/11/91, modificado.

DIREITO PROFISSIONAL DO ADVOGADO

51. A publicidade do advogado no código de deontologia do CCBE – alterações no sentido de ser mais permitida

O ponto 2.6 do Código de Deontologia do CCBE, que proibia qualquer publicidade pessoal sempre que esta fosse proibida e só a permitia dentro dos limites permitidos pela Ordem de que o Advogado dependesse, presumindo ainda que a publicidade pessoal, nomeadamente nos meios de comunicação, tinha sido efetuada no lugar onde é autorizada, se o Advogado demonstrasse que fora feita com o fim de atingir clientes ou potenciais clientes situados num território onde ela é permitida e que a sua difusão noutro lugar fora incidental, foi profundamente alterado por deliberação da Sessão Plenária de Dublin, de 6 e 7 de dezembro de 2002:

2.6.1 Um Advogado pode informar o público dos seus serviços desde que a informação seja exata e não enganosa e respeite a obrigação de confidencialidade e outros valores fundamentais;

2.6.2 A publicidade pessoal feita por um Advogado, em qualquer meio de comunicação tal como imprensa, televisão, através de comunicações eletrónicas ou outras, é permitida, desde que cumpra os requisitos mencionados no parágrafo 2.6.1.

52. O Advogado e a discussão pública de questões pendentes ou a instaurar perante quaisquer órgãos do Estado

O Advogado não deve pronunciar-se publicamente na imprensa ou noutros meios da comunicação social, sobre questões pendentes ou a instaurar perante os tribunais ou outros órgãos do Estado, salvo: ou em casos de urgência e circunstanciais, com a obrigação de o Advogado comunicar o facto e o teor das declarações ao Presidente do Conselho Distrital, em cinco dias; ou se este as autorizar, mesmo tacitamente, no prazo de três dias, havendo recurso para o Bastonário da decisão que a negue, devendo o Bastonário pronunciar-se em igual prazo sempre que o exercício do direito de resposta se justifique, de forma a prevenir ou remediar a ofensa à dignidade, direitos ou interesses legítimos do cliente ou do próprio Advogado[672].

Trata-se de uma parte do dever de reserva ou confidencialidade que impende sobre o Advogado, que também está sujeito ao dever de não se pronunciar publicamente sobre questão que saiba confiada a outro Advogado, salvo na presença deste ou com o seu prévio acordo, dever que tem de ser observado, mesmo em privado com o cliente daquele outro Advogado[673].

---

[672] Artigo 93º – nºs 1 a 6 do EOA.
[673] Artigo 112º – nº 1 – c) do EOA. Cfr., *infra*, nº 89.

XIII. INFORMAÇÃO E PUBLICIDADE DO ADVOGADO

Este dever de reserva também está consagrado, em termos semelhantes, no Estatuto dos Magistrados Judiciais e no Estatuto do Ministério Público[674] e, pela sua amplitude, poderia pensar-se, mas sem razão, que está em causa a própria liberdade de expressão consagrada no artigo 37º – nº 1 da Constituição.

A *ratio legis* já não é a razão da proibição da publicidade, mas sim a de o Advogado não dever influenciar a solução de questões pendentes em órgãos do Estado através da sua discussão pública, pois então o Advogado tentaria influir de forma maliciosa ou censurável na resolução de pleitos judiciais ou outras questões pendentes em órgãos do Estado.

---

[674] Artigos 12º e 84º, respetivamente: os Magistrados não podem fazer declarações ou comentários sobre processos, salvo quando superiormente autorizados, para defesa da honra ou realização de outro interesse legítimo, mas não são abrangidos pelo dever de reserva as informações que, em matérias não cobertas pelo segredo de justiça ou pelo segredo profissional, visem a realização de direitos ou interesses legítimos, nomeadamente o do acesso à informação.

Capítulo XIV
Prerrogativas do Advogado

53. Das garantias em geral

Aos Advogados, adstritos ao cumprimento de muitos deveres, também são reconhecidos alguns direitos, não em atenção a si mesmos, mas ao interesse público da sua profissão.

Trata-se, por isso, mais de garantias ou de prerrogativas dos Advogados no exercício da sua profissão do que de verdadeiros direitos.

Já dissemos, logo na Introdução[675], que, em Portugal, a profissão de Advogado tem, hoje, depois da IV Revisão Constitucional de 1997, garantias constitucionais previstas no artigo 208º da Constituição da República Portuguesa: "a lei assegura aos Advogados as imunidades necessárias ao exercício do mandato e regula o patrocínio forense como elemento essencial à administração da justiça"; e que aquela norma constitucional foi desenvolvida pela Lei de Organização do Sistema Judiciário – LOSJ – onde se dispõe que "o patrocínio forense por Advogado constitui um elemento essencial na administração da justiça" e que "para a defesa dos direitos, interesses ou garantias individuais que lhes sejam confiados, os Advogados podem requerer a intervenção dos órgãos jurisdicionais competentes, cabendo--lhes, sem prejuízo do disposto nas leis do processo, praticar os atos próprios previstos na lei, nomeadamente exercer o mandato forense e a consulta jurídica"[676] e que "no exercício da sua atividade, os Advogados devem

---

[675] *Supra*, nº 1.
[676] Artigo 12º – nºs 1 e 2 da Lei nº 62/2013, de 26 de agosto (LOSJ).

DIREITO PROFISSIONAL DO ADVOGADO

agir com total independência e autonomia técnica e de forma isenta e responsável, encontrando-se apenas vinculados a critérios de legalidade e às normas deontológicas da profissão"[677], estabelecendo o artigo 13º – nº 2 da mesma Lei que " para garantir o exercício livre e independente do mandato que lhes seja confiado, a lei assegura aos Advogados as imunidades necessárias a um desempenho eficaz, designadamente, o direito à proteção do segredo profissional"[678], o direito ao livre exercício do patrocínio e ao não sancionamento pela prática de atos conformes ao estatuto da profissão[679], o direito à especial proteção das comunicações com o cliente e à preservação do sigilo da documentação relativa ao exercício da defesa[680] e o direito a regimes específicos de imposição de selos, arrolamentos e buscas em escritórios de Advogados, bem como de apreensão de documentos[681].

Também ali dissemos que o Estatuto da Ordem dos Advogados, no seu artigo 3º, enumera, entre as atribuições da Ordem dos Advogados, a de zelar pela função social, dignidade e prestígio da profissão de Advogado e promover o respeito pelos respetivos princípios deontológicos (alínea d)), a de defender os interesses, direitos, prerrogativas e imunidades dos seus membros (alínea e)) e a de exercer jurisdição disciplinar exclusiva sobre os Advogados e Advogados estagiários (alínea g)) e dispõe no artigo 66º – nº 1 que só os Advogados, devendo incluir-se os Advogados estagiários, com inscrição em vigor na Ordem dos Advogados podem praticar atos próprios da profissão.

Além da prerrogativa da prática de atos próprios da profissão exclusivamente por Advogados e Advogados estagiários com inscrição em vigor e da jurisdição disciplinar exclusiva da Ordem sobre Advogados e Advogados estagiários, refere-se também o EOA à garantia da direta e livre escolha do mandatário judicial pelo mandante[682], à autonomia e discricionaridade técnica do Advogado[683], a garantia de o Advogado não poder partilhar honorários com alguém que não seja Advogado[684], o direito ao segredo profissional, além de outras garantias que veremos de seguida.

---

[677] Nº 3 do artigo citado na nota anterior.
[678] Artigo 13º – nº 2 – a).
[679] Artigo 13º – nº 2 – b).
[680] Artigo 13º – nº 2 – c).
[681] Artigo 13º – nº 2 – d)
[682] Artigos 67º – nº 2 do EOA.
[683] Artigos 81º – nº 1 e 80º – nº 1 do EOA.
[684] Artigo 107º e 213º – nº 7 do EOA e 3.6 do Código de Deontologia do CCBE.

XIV. PRERROGATIVAS DO ADVOGADO

E o quadro das garantias em geral do Advogado tem de procurar-se também nos Códigos de Processo Civil, especialmente na regulamentação do patrocínio judiciário (artigos 40º a 52º) e da manutenção da disciplina dos atos processuais, sem prejuízo da inviolabilidade do direito de livre expressão do Advogado no que for indispensável à defesa da causa e ainda no regime especial da responsabilidade direta e pessoal do mandatário judicial na litigância de má fé (artigos 9º – nº 2, 150º e 545º) e de Processo Penal, especialmente quanto ao defensor e ao assistente como sujeitos processuais[685] (artigos 63º a 67º e 70º) e à manutenção daquela disciplina quanto a Advogados (artigo 326º)[686] e ainda no diploma que consagra o direito dos Advogados ao adiamento de atos processuais em caso de maternidade, paternidade e luto[687].

Também o Código Penal, quanto aos crimes de homicídio, ofensa à integridade física, sequestro e crimes contra a honra considera circunstância agravante modificativa o facto de o ofendido ser Advogado no exercício das suas funções ou por causa delas, tendo natureza pública os crimes contra a honra[688].

Inclui-se também nas garantias em geral do Advogado, quando no exercício da sua profissão, ter de lhe ser assegurado tratamento compatível com a dignidade da profissão, designadamente por magistrados, agentes da autoridade e funcionários públicos[689], entre os quais os funcionários judiciais, que, nas relações com os mandatários judiciais, devem agir com especial correção e urbanidade[690], e não só por eles mas também por peritos, intérpretes, testemunhas e por outros intervenientes processuais, como contrapartida do direito que todos têm a exigir do Advogado o cumprimento de um dever geral de urbanidade[691].

---

[685] Cfr. supra, nº 9.3 – O Advogado como participante na administração da justiça – e notas.

[686] Parece-nos que, se anteriormente ao atual regime resultante da nova redação do artigo 326º do Código de Processo Penal pela Lei nº 48 /2007, de 29 de agosto, não podia ser aplicado subsidiariamente, em processo penal, o disposto no artigo 154º-nº 6 do Código de Processo Civil, pelo menos em relação ao defensor, pois estava expressamente previsto no processo penal que, no caso de ser retirada a palavra ao defensor, podia ser confiada a defesa a outro Advogado ou pessoa idónea, hoje é o próprio artigo 326º que manda aplicar o disposto no processo civil.

[687] Decreto-lei nº 131/2009, de 1 de junho.

[688] Artigos 132º – nºs 1 e 2 – l), 158º – nºs 2 – f) e 180º – nº 1, 181º – nº 1, 183º, 184º e 187º.

[689] Artigo 72º – nº 1, 1ª parte, do EOA.

[690] Artigo 157º – nº 3 do Código de Processo Civil.

[691] Artigo 95º do EOA.

DIREITO PROFISSIONAL DO ADVOGADO

Ainda nas garantias gerais está abrangida a de ter de lhe serem asseguradas, por parte das mesmas entidades, condições adequadas para o cabal desempenho do mandato[692].

Finalmente, uma outra garantia geral do Advogado é a de, nas audiências de julgamento, dispor de bancada própria e poder falar sentado[693].

A bancada própria ou barra é bem o símbolo de que o Advogado é participante na administração da justiça, que seria impossível sem o Advogado, como é símbolo da liberdade de expressão indispensável ou necessária para a defesa da causa, imunidade de que ele goza para ser possível a administração da justiça, ficando as salas de audiência de julgamento expostas à vozearia, à desordem e à confusão e os Juízes sujeitos a presidir-lhes e a ter de pôr-lhes cobro, sem poderem administrar justiça nas indispensáveis condições de ordem e de respeito dos direitos de todos e de cada um, condições que são asseguradas mais pelos Advogados, através do seu dever de exigir correção do cliente, nos termos do artigo 110º – nº 2 do EOA, sob pena de motivo justificado para abandono do patrocínio, do que pela força pública, que, muitas vezes, é requisitada para estar presente nas salas de audiência dos tribunais.

E, se as salas de audiência são impensáveis sem a bancada própria dos Advogados, é tempo de não declarar instalados quaisquer tribunais sem instalações destinadas ao uso exclusivo dos Advogados, em vista das suas funções, como tinham, e atualmente parecem não ter, direito de exigir[694].

Não obstante já datar de uma Lei de 7 de junho de 1605 – Regimento da Casa da Suplicação[695] a prerrogativa de poderem falar sentados, só raramente os Advogados se prevalecem dela, o que bem se justifica.

Na verdade, quando pleiteia oralmente e produz alegações orais, prerrogativa exclusiva dos Advogados[696], o Advogado tem de convencer o Juiz e, por isso, tem de se fazer ouvir por ele, não pode assumir uma postura passiva, tem de ser impressivo, e não há retórica, eloquência ou arte de persuadir que se imponha quando alguém fala sentado.

---

[692] Artigo 72º – nº 1, 2ª parte, do EOA.

[693] Artigo 72º – nº 2 do EOA.

[694] Artigo 146º – nº 2 da LOFTJ – Lei nº 52/2008 de 28 de agosto, nada se prevendo na LOSJ e no Regulamento da Organização e Funcionamento dos Tribunais Judiciais (ROFTJ) aprovado pelo Decreto-lei nº 49/2014, de 27 de Março.

[695] Supra, nº 7.3.1, penúltimo parágrafo.

[696] Cfr., *supra*, nº 18.

54. Direitos e garantias perante a Ordem dos Advogados

Os Advogados têm direito de requerer a intervenção da Ordem dos Advogados para defesa dos seus direitos ou dos legítimos interesses da classe[697].

Pode o Advogado, antes de mais, suscitar a intervenção da Ordem no sentido de esta exercer as suas atribuições de defender o Estado de direito e os direitos e garantias individuais, designadamente do próprio Advogado, e colaborar na administração da justiça[698]; de zelar pela função social, dignidade e prestígio da profissão de Advogado e promover o respeito pelos respetivos princípios deontológicos[699]; de defender os interesses, direitos, prerrogativas e imunidades dos seus membros e de reforçar a solidariedade entre estes[700]; de exercer jurisdição disciplinar exclusiva sobre os Advogados e Advogados estagiários[701]; de promover acesso ao conhecimento e aplicação do direito[702]; e de contribuir para o desenvolvimento da cultura jurídica e aperfeiçoamento da elaboração do direito, devendo ser ouvida sobre os projetos de diplomas legislativos que interessem ao exercício da advocacia e ao patrocínio judiciário em geral[703].

O Advogado tem mesmo o dever de exigir que a Ordem exerça as suas atribuições perante factos ou situações que lesem os seus direitos ou os legítimos interesses da classe ou o prestígio da função, ou que constituam violação dos direitos humanos ou arbitrariedades e de que à Ordem deve dar conhecimento para que esta exerça as suas atribuições, designadamente a de colaborar na administração da justiça[704].

Para defesa dos seus membros em todos os assuntos relativos ao exercício da profissão ou ao desempenho de cargos nos órgãos da Ordem dos Advogados, quer se trate de responsabilidades que lhes sejam exigidas quer de ofensas contra eles praticadas, pode a Ordem exercer os direitos de assistente ou conceder patrocínio em processos de qualquer natureza[705].

Além de conceder patrocínio, que é nomear patrono ou defensor oficioso, normalmente um Advogado de grande prestígio, ao Advogado demandante ou demandado por assuntos relativos ao exercício da profis-

---

[697] Artigo 71º do EOA.
[698] Artigo 3º – nº 1 – a) do EOA.
[699] Artigo 3º – nº 1 – d) do EOA.
[700] Artigo 3º – nº 1 – e) do EOA.
[701] Artigo 3º – nº 1 – g) do EOA.
[702] Artigo 3º – nº 1 – h) do EOA.
[703] Artigo 3º – nº 1 – i) e j) do EOA.
[704] Artigos 3º – nº 1 – a), d) e e) e 71º do EOA.
[705] Artigo 5º – nº 2 do EOA.

DIREITO PROFISSIONAL DO ADVOGADO

são, em processos de qualquer natureza, pode a Ordem intervir como assistente em ação cível ou como assistente do Advogado ofendido em processo penal[706].

Nesta última hipótese, a Ordem pode ser representada por Advogado diferente do constituído pelos restantes assistentes, havendo-os[707].

Para a referida concessão de patrocínio dos Advogados ou para a dita constituição de assistente da Ordem dos Advogados, compete ao Bastonário promover, por iniciativa própria ou a solicitação dos conselhos da Ordem dos Advogados, os atos necessários para tal[708], pertencendo ao Conselho Geral a competência para prestar patrocínio aos Advogados que hajam sido ofendidos no exercício da sua profissão ou por causa dele, quando para isso haja sido solicitado pelo respetivo conselho regional e delegação e, sem dependência de tal solicitação, em caso de urgência ou se os Advogados ofendidos pertencerem ou tiverem pertencido ao Conselho Superior ou ao Conselho Geral[709].

Correspondentemente, é da competência do conselho regional assegurar o respeito dos direitos dos Advogados[710].

Não obstante a lei se referir apenas à concessão de patrocínio e ser omissa quanto à constituição de assistente no elenco das competências do Conselho Geral e se referir à defesa dos Advogados nas competências do conselho regional, cremos que a deliberação de concessão de patrocínio ou a de constituição de assistente ou de ambas num mesmo assunto é apenas da competência do Conselho Geral, embora a solicitação do conselho regional e delegação, quando não se trate de membros ou ex – membros do Conselho Superior ou Conselho Geral, e sob promoção do Bastonário, sem prejuízo de sempre competir a este fazer executar as deliberações do Conselho Geral[711] e a representação em juízo da Ordem dos Advogados, quando não se trate de atribuições do conselho regional ou das delegações[712].

Na verdade, trata-se de assunto de extraordinária delicadeza, designadamente quanto à verificação do requisito de se tratar de assunto relativo ao

---

[706] A lei afastou, assim, o que fora decidido pelo acórdão do S. T. J. de 5/11/58, no B.M.J. nº 81, pág. 285.

[707] Artigo 5º – nº 3 do EOA, que afasta o disposto no artigo 70º – nº 1 do Código de Processo Penal.

[708] Artigo 40º nº 1 – h) do EOA.

[709] Artigo 46º – nº 1 – u) do EOA.

[710] Artigo 54º – nº 1 – c) do EOA.

[711] Artigo 40º – nº 1 – e) do EOA.

[712] Artigo 5º – nº 1 do EOA.

XIV. PRERROGATIVAS DO ADVOGADO

exercício da profissão ou ao desempenho de cargos nos órgãos da Ordem, e justifica-se que, por isso, seja da exclusiva competência do Conselho Geral, a solicitação dos conselhos regionais e delegações ou ouvidos estes órgãos por estarem mais próximos e, portanto, normalmente melhor informados dos factos para emitirem parecer sobre o assunto.

55. O direito à proteção do escritório e à preservação do sigilo da documentação relativa ao exercício da defesa

A imposição de selos[713], arrolamentos[714], buscas[715] e diligências equivalentes[716] no escritório de Advogado ou em qualquer outro local onde faça arquivo[717] assim como a interceção e a gravação de conversações e comunicações, através de telefone ou endereço eletrónico só podem ser decretados e presididos pelo Juiz competente[718].

Há nulidade, nos termos dos artigos 118º – nº 1, 177º – nº 5, 180º – nº 1 e 268º – nº 1 – c) do Código de Processo Penal e 201º – nº 1, esta a arguir nos termos do artigo 205º, ambos do Código de Processo Civil, se qualquer das referidas diligências não tiver sido decretada e não for presidida pelo Juiz.

Com a necessária antecedência, o Juiz deve convocar para assistir à diligência o Advogado a ela sujeito, bem como o Presidente do Conselho Regional, o Presidente da Delegação ou o Delegado da Ordem dos Advogados, conforme os casos, os quais podem delegar em outro membro do conselho distrital ou delegação[719], constituindo nulidade, nos termos das disposições atrás citadas, a falta de convocatória do representante da Ordem dos Advogados ou a convocatória do Presidente do conselho regional para uma diligência na área de uma comarca que não seja a da sede da região e pelo menos uma irregularidade, nos termos dos artigos 118º – nº 2 e 123º do

---

[713] Artigo 407º do Código de Processo Civil.

[714] Artigos 406º a 409º do Código de Processo Civil.

[715] Artigos 174º a 177º (revistas e buscas) do Código de Processo Penal.

[716] Incluem-se nas diligências equivalentes as apreensões reguladas pelos artigos 178º a 186º do Código de Processo Penal e o arresto previsto nos artigos 391º a 396º e a penhora de bens móveis regulada nos artigos 764º a 772º do Código de Processo Civil.

[717] Tanto pode ser na sua residência como noutro local, devendo abranger-se a sua própria pasta em que transporta os seus processos.

[718] Artigo 75º – nº 1 do EOA. E a LOSJ dispõe, no artigo 13º – nº 2 – d), que para garantir o exercício livre e independente do mandato que lhes seja confiado, a lei assegura aos Advogados as imunidades necessárias a um desempenho eficaz, designadamente, o direito a regimes específicos de imposição de selos, arrolamentos e buscas em escritórios de Advogados, bem como de apreensão de documentos.

[719] Artigo 75º – nº 2 do EOA.

DIREITO PROFISSIONAL DO ADVOGADO

Código de Processo Penal a falta de convocatória para a diligência de busca e apreensão do próprio Advogado interessado, que os artigos 177º – nº 5 e 180º – nº 1 do Código de Processo Penal não impõem que seja convocado como prescreve o artigo 75º – nº 2 do EOA.

E, na falta de comparência do Advogado representante da Ordem dos Advogados ou havendo urgência incompatível com os respetivos trâmites, o Juiz deve nomear qualquer Advogado que possa comparecer imediatamente, de preferência de entre os que hajam feito parte dos órgãos da Ordem dos Advogados ou, quando não seja possível, o que for indicado pelo Advogado a quem o escritório ou arquivo pertencer[720], constituindo nulidade, nos termos das sobreditas disposições legais, a realização da diligência sem a nomeação de um Advogado.

À diligência são admitidos também, quando se apresentem ou o Juiz os convoque, os familiares ou empregados do Advogado interessado e até à comparência do Advogado que represente a Ordem dos Advogados podem ser tomadas as providências indispensáveis para que se não inutilizem ou desencaminhem quaisquer papeis ou objetos, fazendo o auto de diligência expressa menção das pessoas presentes bem como de quaisquer ocorrências que tenham lugar no seu decurso[721].

Não pode ser aprendida a correspondência, seja qual for o suporte utilizado, que respeite ao exercício da profissão, quer a trocada entre o Advogado e aquele que lhe tenha cometido ou pretendido cometer mandato e lhe haja solicitado parecer, embora ainda não dado ou já recusado, quer as instruções e informações escritas sobre o assunto da nomeação ou mandato ou do parecer solicitado, excetuando-se o caso de a correspondência respeitar a facto criminoso relativamente ao qual o Advogado seja arguido[722].

Correspondentemente dispõe o artigo 179º – nº 2 do Código de Processo Penal que é proibida, sob pena de nulidade, a apreensão e qualquer outra forma de controlo da correspondência entre o arguido e o seu defensor, salvo se o Juiz tiver fundadas razões para crer que aquela constitui objeto ou elemento de um crime, tratando-se de uma nulidade do artigo 32º – nº 8 da Constituição da República Portuguesa por intromissão na correspondência e não podendo ser utilizadas as provas obtidas através dessa intromissão, nos termos do artigo 126º – nºs 1 e 3, pelo que é nulidade insanável cominada em outras disposições legais para além do artigo 119º.

---

[720] Artigo 75º – nº 3 do EOA.
[721] Artigo 75º – nºs 4, 5 e 6.
[722] Artigo 76º do EOA.

XIV. PRERROGATIVAS DO ADVOGADO

E note-se que o segredo profissional abrange documentos ou outras coisas que se relacionem, direta ou indiretamente, com os factos sujeitos a sigilo profissional[723].

No decurso das diligências a que nos temos referido, pode o Advogado interessado ou, na sua falta, qualquer dos familiares ou empregados presentes bem como o representante da Ordem dos Advogados apresentar qualquer reclamação e se esta for para preservação do segredo profissional, o Juiz deve logo sobrestar na diligência relativamente aos documentos ou objetos que forem postos em causa, fazendo-os acondicionar, sem os ler ou examinar, em volume selado[724] no mesmo momento[725].

A reclamação tem, portanto, efeito suspensivo não só da decisão mas também do andamento do processo e até do próprio ato ou diligência[726].

As reclamações serão fundamentadas no prazo de cinco dias e entregues no tribunal onde corre o processo, devendo o Juiz remetê-las em igual prazo, ao presidente da Relação com o seu parecer e, sendo caso disso, com o volume atrás referido, podendo o presidente da Relação, com reserva de segredo, proceder à desselagem do mesmo volume, devolvendo-o novamente selado com a sua decisão[727].

A manter-se hoje esta competência do Presidente do Tribunal da Relação para decidir sobre a matéria de segredo profissional, em caso de buscas e apreensões com reclamação para preservação de segredo profissional, teria de pôr-se a questão de se poder aplicar analogicamente o artigo 135º – nº 5 do Código de Processo Penal, impondo-se então que o Presidente da Relação ouvisse a Ordem dos Advogados nos termos e com os efeitos previstos no EOA antes de proferir a sua decisão[728].

---

[723] Artigo 92º – nº 3 do EOA.

[724] Cfr. o artigo 184º do Código de Processo Penal quanto à aposição de selos.

[725] Artigo 77º – nºs 1 e 2 do EOA.

[726] Cfr. os casos de recursos com efeito suspensivo do processo e recursos com efeito suspensivo da decisão recorrida no artigo 692º – nºs 2 e 3 do Código de Processo Civil e o caso do recurso da decisão que retire a palavra ou ordene a saída do local em que o ato se realize ao mandatário judicial, o qual suspende o ato, até que o recurso, a processar como urgente, seja julgado – artigo 150º – nº 6 do Código de Processo Civil.

[727] Artigo 77º – nºs 3 e 4 do EOA.

[728] Neste sentido, *vide* FERNANDO SOUSA MAGALHÃES, Estatuto da Ordem dos Advogados, Anotado e Comentado, 2005, pág. s 82-83, onde muito bem se salienta, porém, que a decisão prevista no artigo 72º – nº 4 do anterior EOA só deve ser antecedida da audição prévia da Ordem dos Advogados, imposta pelo artigo 135º – nº 5 do Código de Processo Penal, quando a reclamação não seja da iniciativa do representante da Ordem dos Advogados e que, como tal, a tenha já fundamentado.

DIREITO PROFISSIONAL DO ADVOGADO

Parece, porém, que a sua competência prevista no artigo 77º – nºs 3 e 4 do EOA passou hoje a ser do Tribunal da Relação em face do disposto no artigo 182º – nº 2 do Código de Processo Penal.

O regime agora em vigor no artigo 135º- nº 3 do Código de Processo Penal no sentido de dar competência ao tribunal superior àquele em que se suscite uma questão de quebra de segredo profissional quando tal se justifique inspirou-se no sistema estabelecido, para a decisão sobre revelação do segredo profissional médico, pelo Decreto-lei nº 47749, de 6 de junho de 1967, ou farmacêutico, pelo Decreto-lei nº 48547, de 27 de agosto de 1968, ou do segredo profissional dos Advogados, em caso de buscas e apreensões, com reclamação para preservação do segredo profissional, pelo artigo 61º – nºs 3 e 4 do primeiro EOA: decisão do Presidente do Tribunal da Relação, ouvido o organismo representativo da profissão relacionada com o segredo profissional em causa, audição que, contudo, o citado artigo 61º do primeiro EOA não previa como não a prevê o artigo 77º do atual.

Mas este assunto melhor será estudado quando tratarmos do segredo profissional do Advogado.

56. O direito à especial proteção das comunicações com o cliente

Os Advogados têm direito, nos termos da lei, de comunicar, pessoal e reservadamente, com os seus patrocinados, mesmo quando se achem presos ou detidos em estabelecimento civil ou militar[729].

Poderia pretender-se que a remissão para os "termos da lei" seria para a lei processual penal e para a lei da Reforma Prisional – Decretos-lei nº 265/79, de 1 de agosto, e 49/88, de 22 de Março[730] – a qual permite as visitas "que se destinam a tratar de assuntos jurídicos respeitantes à pessoa do recluso" (artigo 32º – nº 1), acrescentando o artigo 35º que "as visitas dos Advogados...terão lugar em local reservado e de forma que as conversas não sejam ouvidas pelo funcionário encarregado da vigilância"[731]. Mas, se o preceito do EOA que faz aquela remissão proclama o direito de comunicação pessoal e reservada dos Advogados com os seus patrocinados, não seria legítimo restringir-se ao defensor em processo penal aquele direito de comunicação, mesmo antes de a LOFTJ – Lei nº 3/99, de 3 de

---

[729] Artigo 78º do EOA.
[730] Neste sentido, ALFREDO GASPAR, Estatuto da Ordem dos Advogados, pág. 89.
[731] Hoje vigora o Regulamento Geral dos Estabelecimentos Prisionais aprovado pelo Decreto-lei nº 51/2011, de 11 de abril, artigos 102º a 105º, sobre o direito de comunicação, horário, entrada no estabelecimento prisional e equipamentos de que o Advogado pode ser portador.

XIV. PRERROGATIVAS DO ADVOGADO

janeiro – se referir, no seu artigo 114º – nº 3, ao direito à especial proteção das comunicações com o cliente e à preservação do sigilo da documentação relativa ao exercício da defesa, disposição a que corresponde o artigo 13º – nº 2 – c) da Lei da Organização do Sistema Judiciário (LOSJ) – Lei nº 62/2013, de 26 de agosto.

À defesa em processo penal referem-se os artigos 20º e 32º – nº 3 da Constituição da República Portuguesa e os artigos 60º a 67ºdo Código de Processo Penal, prevendo o artigo 61º – e) o direito de comunicação, em privado, do arguido com o seu defensor; àquela defesa referem-se também os artigos 140º e seguintes do mesmo Código, excluindo-se o Advogado da incomunicabilidade do detido no artigo 143º – nº4[732]. Mas não estão obviamente excluídos do direito de os Advogados comunicarem pessoal e reservadamente com os seus clientes quer o assistente em processo penal quer o demandante quer o demandado em processo penal ou em processo civil quer o cliente em qualquer assunto extrajudicial, como resulta do EOA e da LOSJ.

57. Exercício da profissão sem exibição de procuração, com prioridade de atendimento e com direito de ingresso nas secretarias judiciais

No exercício da sua profissão, o Advogado pode solicitar em qualquer tribunal ou repartição pública o exame de processos, livros ou documentos que não tenham caráter reservado ou secreto, bem como requerer verbalmente ou por escrito a passagem de certidões, sem necessidade de exibir procuração[733].

Mesmo em tribunal e em processo civil, trata-se de uma prerrogativa e não apenas de um corolário da publicidade do processo, que constitui regra geral no processo civil, publicidade que implica o direito de exame e consulta dos autos na secretaria e de obtenção de cópias ou certidões de quaisquer peças neles incorporadas pelas partes, ou por quem nisso revele interesse atendível e não apenas por qualquer pessoa capaz de exercer o

---

[732] O direito de comunicação entre o detido e o Advogado sem quaisquer restrições, que não oferece hoje quaisquer dúvidas, foi até à década de oitenta uma *vexata quaestio* e representa uma assinalável conquista dos Advogados e da sua Ordem pelas posições que sempre assumiram, mesmo perante uma Jurisprudência dominante que não era nada favorável a tal direito. Para uma mais detalhada referência ao assunto, vide PROF. JORGE DE FIGUEIREDO DIAS, Direito Processual Penal, 1974, págs. 499 a 503 e ORLANDO GUEDES DA COSTA, A Incomunicabilidade do Detido e o Advogado, in Para Uma Nova Justiça Penal, 1984, págs. 75 a 92.
[733] Artigo 79º – nº 1 do EOA.

DIREITO PROFISSIONAL DO ADVOGADO

mandato judicial como implica que às secretarias judiciais incumba prestar informação precisa às partes e seus representantes, acerca do estado dos processos pendentes em que sejam interessados e não apenas a mandatários judiciais ou aos funcionários destes devidamente credenciados, informação que os mandatários judiciais também poderão obter quanto aos processos em que intervenham, através de acesso aos ficheiros informáticos existentes nas secretarias, nos termos previstos no respetivo diploma regulamentar[734].

Têm caráter reservado os processos cíveis em que a divulgação do seu conteúdo possa causar dano à dignidade das pessoas, à intimidade da vida privada ou familiar ou à moral pública ou pôr em causa a eficácia da decisão a proferir, designadamente os processos de anulação de casamento, divórcio, separação de pessoas e bens, e os que respeitem ao estabelecimento ou impugnação de paternidade, a que apenas podem ter acesso as partes e os seus mandatários; os procedimentos cautelares pendentes, que só podem ser facultados aos requerentes e seus mandatários e aos requeridos e respetivos mandatários, quando devam ser ouvidos antes de ordenada a providência, o que só não se verifica quando a audiência puser em risco sério o fim ou a eficácia da providência; e ainda os processos de execução, antes da citação, ou, nos casos previstos no artigo 626º do Código de processo Civil, antes da notificação, sendo vedado aos executados e respetivos mandatários, independentemente da citação ou notificação, o acesso à informação relativa aos bens indicados pelo exequentepara penhora e aos atos instrutórios da mesma[735].

Também a confiança de processos *findos* para exame fora da secretaria do tribunal, que pode ser requerida por qualquer pessoa capaz de exercer o mandato judicial, a quem seja lícito examiná-los na secretaria, constitui prerrogativa do Advogado, a quem não se exige, portanto, que exiba procuração, pois só os mandatários judiciais constituídos pelas partes, além dos magistrados do Ministério Público e dos patronos oficiosos, podem requerer a confiança de processos *pendentes*[736].

Note-se que, em caso de falta de restituição do processo pelo mandatário judicial dentro do prazo que lhe tiver sido fixado e de falta de justificação ou esta não constitua facto do conhecimento pessoal do Juiz ou justo

[734] Artigo 163º – nºs 1, 2, 4 e 5 do Código de Processo Civil. As regras para a credenciação dos funcionários dos mandatários judiciais encontram-se no nº 4 do artigo 157º.
[735] Artigos 164º e 366º – nº 1 do Código de Processo Civil.
[736] Artigo 165º – nºs 1 e 2 do Código de Processo Civil.

XIV. PRERROGATIVAS DO ADVOGADO

impedimento, será condenado no máximo da multa de dez unidades de conta[737], que será elevada ao dobro, em caso de, notificado da sua aplicação, não entregar o processo no prazo de cinco dias, decorrido o qual o Ministério Público, ao qual é dado conhecimento do facto, promoverá contra ele procedimento pelo crime de desobediência e fará apreender o processo.

Embora possa pretender-se que esta multa não pode ser graduada pelo Juiz e que terá a natureza de uma coima e nunca de uma pena disciplinar, pois à Ordem dos Advogados cabe a jurisdição disciplinar exclusiva sobre os Advogados e Advogados estagiários[738], não se compreende este regime em face do disposto no artigo 545º do Código de Processo Civil, que exclui os Advogados da sujeição a multas aplicadas pelo Juiz.

Quanto à passagem de certidões de processos cíveis, a secretaria deve passá-las, sem precedência de despacho, quando lhe sejam requeridas, oralmente ou por escrito, não só pelas partes no processo ou por quem revele interesse atendível em as obter mas também por quem possa exercer o mandato judicial e, portanto, sem exibição de procuração, exceto se for caso de processo de natureza reservada, em que nenhuma certidão é passada sem prévio despacho sobre a justificação, em requerimento escrito, da sua necessidade, devendo o despacho fixar os limites da certidão[739].

Também para o registo predial ou comercial, que podem ser pedidos por mandatário com procuração que lhe confira poderes especiais para o ato, não carecem de procuração os Advogados e Solicitadores[740].

Nalgumas legislações, como a belga, o mandato judicial é um mandato tácito, cuja prova não tem de ser feita pelo Advogado perante os tribunais ou terceiros.

Assim, a provar-se que o mandato do Advogado não existe ou findou, poderia resultar daí a nulidade de um ato do processo e uma infração disciplinar grave.

---

[737] Artigos 166º – nºs 1 e 2 do Código de Processo Civil e 27º – nº 2 do Regulamento das Custas Judiciais aprovado pelo Decreto-lei nº 34/2008, de 26 de fevereiro.

[738] Artigos 3º – nº 1 – g) e 114º – nº 1 do EOA.

[739] Artigo 170º do Código de Processo Civil.

[740] Artigo 39º – nº 2 – b) do Código de Registo Predial republicado em anexo ao Decreto-lei nº 125/2013, de 30 de agosto e artigo 30º – nº 1 do Código de Registo Comercial aprovado pelo Decreto-lei nº 403/86, de 3 de dezembro.

O direito específico, consagrado no artigo 79º – nº 1 do EOA, de os Advogados poderem consultar livros nas Conservatórias do Registo Predial prevalece sobre a regra geral do nº 1 do artigo 105º do Código de Registo Predial, segundo o qual apenas os funcionários da repartição poderão consultar livros, fichas e documentos, e a expressão "qualquer pessoa" do artigo 104º do mesmo Código não abrange os Advogados.

DIREITO PROFISSIONAL DO ADVOGADO

Na Bélgica, no plano processual, a questão está resolvida pelo artigo 848º do Código Judiciário, que autoriza o mandante a pedir ao Juiz que declare nulo um ato praticado em seu nome, apesar de faltarem poderes de representação, sem que o ato tenha sido ordenado, permitido ou ratificado, mesmo tacitamente, competindo a prova da falta ou do fim do mandato àquele que os alegar.

Não é, porém, assim para outros mandatos judiciais que não resultem naturalmente da sua qualidade de Advogado, como o de administrador de judicial, se a lei não previr uma incompatibilidade, como prevê no nosso ordenamento jurídico[741] ou o de curador *ad hoc*[742], pois para o exercício destas funções judiciais, o Advogado está submetido às regras de direito comum, sem estar protegido pelas prerrogativas inerentes à sua qualidade de Advogado[743].

É à luz do que acaba de dizer-se e não apenas por problemas ligados ao branqueamento de capitais[744] que se compreende que o Código de Deontologia do CCBE preceitue, em 3.1.1, que o Advogado não deve atuar se para tal não tiver sido mandatado pelo seu cliente, a não ser que para tal tenha sido incumbido por outro Advogado em representação do cliente ou por uma instância competente[745] e que o Advogado deve esforçar-se, de forma razoável, em conhecer a identidade, a capacidade e os poderes da pessoa ou da autoridade que o tenha mandatado quando circunstâncias específicas revelem que essa identidade, tal capacidade e esses poderes são incertos.

Quanto ao processo penal, este é público, sob pena de nulidade, ressalvadas as exceções previstas na lei, implicando a publicidade do processo a assistência pelo público, em geral, à realização de atos processuais; a narração dos atos processuais ou reprodução dos seus termos, pelos meios da comunicação social; e a consulta de auto e a obtenção de cópias, extratos e certidões de quaisquer partes dele por qualquer pessoa que nisso revelar

---

[741] Artigo 82º – nº 1 – m) do EOA.

[742] Cfr. os artigos 17º e 18º do Código de Processo Civil, sobre o curador *ad hoc* ou especial.

[743] CLÉO LECLERCQ, Devoirs et Prérogatives de l'Avocat, Bruylant, Bruxelles, 1999, págs. 131-132.

[744] Cfr. a respetiva declaração de princípio do CCBE anexa ao Código, na versão de Lyon, declaração de princípio que foi revogada por deliberação da sessão plenária de 6 e 7 de dezembro de 2002 – *vide* Revisão do Código de Deontologia do CCBE, no BOA, nºs 24/25, pág. 105 – e a anterior versão de Estrasburgo do Código , em 3.1.1.

[745] O artigo 98º do EOA parece ter sido decalcado naquela disposição do Código de Deontologia, mas não se justifica no nosso direito interno, onde tem natureza formal o mandato e o substabelecimento.

XIV. PRERROGATIVAS DO ADVOGADO

interesse legítimo[746], designadamente Advogado sem necessidade de exibir procuração[747].

Mas, no mais, o processo penal ou é secreto ou é de natureza reservada e exigirá a exibição de procuração. Assim, o Juiz de instrução pode, mediante requerimento do arguido, do assistente ou do ofendido e ouvido o Ministério Público, determinar, por despacho irrecorrível, a sujeição do processo, durante a fase de inquérito, a segredo de justiça, podendo também o Ministério Público determiná-lo, sempre que entender que os interesses da investigação ou os direitos dos sujeitos processuais o justifiquem, ficando, porém, a sua decisão sujeita a validação pelo Juiz de instrução no prazo máximo de setenta e duas horas[748].

Mas a autoridade judiciária pode autorizar a passagem de certidão em que seja dado conhecimento do conteúdo de ato ou de documento em segredo de justiça desde que necessária a processo de natureza criminal ou a instrução de processo disciplinar de natureza pública bem como à dedução de pedido de indemnização civil[749].

Se o processo respeitar a acidente causado por veículo de circulação terrestre, a autoridade judiciária autorizará a passagem de certidão: em que seja dado conhecimento do ato ou do documento em segredo de justiça para dedução do pedido de indemnização civil e perante requerimento com o fundamento de tal pedido ser deduzido em separado perante o tribunal civil por o processo penal não ter conduzido à acusação dentro de oito meses a contar da notícia do crime ou estar sem andamento durante esse lapso de tempo[750]; do auto de notícia do acidente levantado por entidade policial para efeito de composição extrajudicial do litígio em que seja interessada entidade seguradora para a qual esteja transferida a responsabilidade civil[751]. Também o arguido, o assistente, o ofendido e as partes civis podem ter acesso a auto para consulta, na secretaria, por fotocópia e em avulso, bem como para obter cópias, extratos e certidões autorizados por despacho ou, independentemente dele, para prepararem a acusação e a defesa dentro dos prazos para tal estipulados pela lei, podendo requerer também à autoridade judiciária, quando o processo se tornar público,

---

[746] Artigo 86º – nºs 1 e 6 e 90º do Código de Processo Penal.

[747] Artigo 79º – nº 1 do EOA e 170º do Código de Processo Civil, por aplicação subsidiária, nos termos do artigo 4º do Código de Processo Penal.

[748] Artigo 86º – nºs 2 e 3 do Código de Processo Penal.

[749] Artigo 86º – nº 11 do Código de Processo Penal.

[750] Artigos 86º – nº 12 – a) e 72º – nº 1 – a) do Código de Processo Penal.

[751] Artigo 86º – nº 8 – b) do Código de Processo Penal.

DIREITO PROFISSIONAL DO ADVOGADO

o exame gratuito dos autos fora da secretaria por prazo que o despacho fixará, aplicando-se as regras do processo civil respeitantes à falta de restituição do processo dentro do prazo[752].

Ainda quanto a certidões, note-se que o denunciante pode a todo o tempo requerer ao Ministério Público certificado do registo da denúncia[753].

Os Advogados, quando no exercício da sua profissão, têm preferência para serem atendidos por quaisquer funcionários a quem devam dirigir-se e têm o direito de ingresso nas secretarias judiciais[754].

58. O direito ao livre exercício do patrocínio e o direito de protesto

Em correspondência com a discricionaridade técnica reconhecida aos Advogados pelo artigo 12º – nº 3 e com o direito ao livre exercício do patrocínio que lhes é reconhecido pelo artigo 13º – nº 2 – b) da LOSJ, dispõe o artigo 80º – nº 1 do EOA que, no decorrer da audiência ou de qualquer outro ato ou diligência em que intervenha, o Advogado deve ser admitido a requerer oralmente ou por escrito, no momento em que considerar oportuno, o que julgar conveniente ao dever de patrocínio.

Pode tratar-se até de diligência extrajudicial, como a demarcação de uma mina que foi descoberta e que o interessado pretende explorar, demarcação que tem de ser efetuada perante funcionário do respetivo ministério.

Quando, por qualquer razão, não lhe for concedida a palavra ou o requerimento não for exarado em ata, pode o Advogado exercer o direito de protesto, indicando a matéria do requerimento e o objeto que tinha em vista[755].

O direito de protesto é, pois, consequência de ao Advogado não ter sido concedida a palavra para requerer, oralmente ou por escrito, o que tivesse por conveniente ou consequência de o requerimento não ter sido exarado em ata, só então se justificando e impondo o protesto.

---

[752] Artigo 89º – nºs 1, 3, 4, 5 e 6 do Código de Processo Penal.

[753] Artigo 247º – nº 6 do Código de Processo Penal.

[754] Artigo 79º – nº 2, do EOA. O artigo 123º da LOFTJ – Lei nº 3/99, de 13 de janeiro, que dispunha, no seu nº 1, que a entrada nas secretarias é vedada a pessoas estranhas ao serviço, prescrevia, no seu nº 3, que o disposto no nº 1 não é aplicável aos mandatários judiciais, o que foi mantido pelo nº 2 do artigo 153º da LOFTJ aprovada pela Lei nº 52/2008, de 28 de Agosto, nada se prevendo na LOSJ e no Regulamento da Organização e Funcionamento dos Tribunais Judiciais (ROFTJ) aprovado pelo Decreto-lei nº 49/2014, de 27 de Março.

[755] Artigo 80º – nº 2 do EOA.

XIV. PRERROGATIVAS DO ADVOGADO

E o direito de protesto só ficará bem exercido e de forma a produzir efeitos, se indicar a matéria do requerimento que não foi autorizado ou que não foi exarado em ata e o objeto que tinha em vista.

Assim, por exemplo: "tendo o Advogado do autor requerido que à ré e depoente de parte fosse perguntado pelo Meritíssimo Juiz se a assinatura do documento com o nome do autor foi aposta por ela, o que tinha por objeto a contraprova do quesito em que se pergunta se tal assinatura é do punho do autor, protesta porque tal requerimento não foi exarado em ata".

O protesto não pode deixar de constar da ata e é havido para todos os efeitos como arguição de nulidade, nos termos da lei[756].

Esta remissão para os "termos da lei " é não só remissão para o artigo 205º do Código de Processo Civil, nos termos do qual, as nulidades, se a parte estiver presente, por si ou por mandatário, no momento em que forem cometidas, podem ser arguidas enquanto o ato não terminar, mas também para os artigos 120º – nº 3 – a) e 123º do Código de Processo Penal, os quais impõem a arguição da nulidade antes que o ato esteja terminado ou no próprio ato, e para o artigo 362º – nº 2 do mesmo Código, segundo o qual o presidente pode ordenar que a transcrição dos requerimentos e dos protestos verbais seja feita somente depois da sentença, se os considerar dilatórios, disposição que não dispensa, porém, que na parte da ata correspondente às ocorrências anteriores à sentença tenha de se fazer alusão a que ocorreu o protesto que será referido após a sentença.

Apesar de o protesto não poder deixar de constar da ata, até porque constitui infração disciplinar por grave desobediência à lei, nos termos dos artigos 3º – nº 1, 4º – nº 2 e 82º do Estatuto dos Magistrados Judiciais – Lei nº 21/85, de 30 de julho – se nem para o protesto for concedida a palavra, é aconselhável entregar imediatamente protesto escrito na secretaria judicial para prova de que se quis protestar e nem sequer foi concedida a palavra para tal efeito[757].

---

[756] Artigo 80º – nº 3 do EOA.
[757] Sobre este direito de protesto, vide PROF. DR. GERMANO MARQUES DA SILVA, Direito de Protesto e Protesto ao Abrigo da Lei, na ROA, 59º, págs. 849 e segs.

Capítulo XV
Honorários do Advogado

59. O ajuste prévio de honorários

É admissível o ajuste prévio de honorários, reduzido a escrito, sem prejuízo da proibição da *"quota litis"*[758].

Antes do anterior EOA, a Jurisprudência da Ordem dos Advogados entendia não só que a pré-fixação de honorários era contrária à deontologia profissional mas também que a matéria dos honorários do Advogado era regulada exclusivamente pelo Estatuto Judiciário[759].

---

[758] Artigo 105º-nº 2 do EOA. Com a entrada em vigor do anterior EOA passou a ser nulo o ajuste prévio que não conste de documento escrito, não tendo razão o Ac. da Rel. do Porto de 31/1/2012, disponível em www.dgsi.pt, para o qual a redução a escrito do ajuste prévio seria uma formalidade *ad probationem* e não *ad substantiam* e que o ajuste prévio verbal vincularia as partes à sua observância. Se assim fosse, se vinculasse, para quê apresentar ao cliente a conta de honorários, como prescreve o artigo 105º – nº 2 do EOA? Se não fosse nulo por falta de forma o ajuste prévio verbal e se este contrato vinculasse as partes, não faria sentido a conta de honorários a que esta disposição se refere e ninguém pode sustentar que tal conta apenas teria o efeito de fazer provocar a confissão de um ajuste prévio verbal que, pela confissão, seria então válido, porque o documento escrito seria apenas um formalidade *ad probationem*.

[759] Acórdão do Conselho Superior de 16/7/1964, na ROA, 25º, pág. 196. Também o Parecer do Conselho Geral de 11/4/1965, na ROA, 27º, pág. 221, entendeu que "é ilegal a fixação do montante de honorários antes do termo do respetivo mandato". Mas no Acórdão do Conselho Superior de 10/2/1966, na ROA, 27º, pág. 312, já se admitiu que o Advogado podia fixar antecipadamente o montante dos honorários, o que também se verificou no Parecer do Conselho Geral de 21/4/1967, na ROA, 28º, pág. 173, onde se argumentou que o artigo 1409º do Código Civil de 1867 não fora revogado pelos Estatutos Judiciários de 1928 e 1962 e que o artigo 1158º nº 2 do novo Código Civil consignava igualmente a validade do ajuste prévio.

DIREITO PROFISSIONAL DO ADVOGADO

A Jurisprudência dos Tribunais, pelo contrário, entendia que, havendo ajuste prévio de honorários, era esse ajuste que tinha de ser cumprido, por aplicação dos artigos 1359º e 1409º do Código Civil de 1867, e, não havendo aquele ajuste, as disposições dos artigos 1318º, 1331º, 1359º e 1409º do Código Civil não deixavam de se aplicar mas deviam ser conjugadas com os critérios do Estatuto Judiciário[760].

Na vigência do Código Civil atual, o Supremo Tribunal de Justiça continuou a entender, uniformemente, que são válidos os ajustes de honorários, quer os prévios quer os efetuados posteriormente à prestação de serviços forenses, tanto mais que, os artigos 1156º e 1158º do Código Civil consagraram indiscutivelmente a sua corrente jurisprudencial anterior, só se aplicando o artigo 584º do Estatuto Judiciário por inexistência das tarifas profissionais previstas naquele artigo 1158º[761].

Com a entrada em vigor do primeiro EOA, a questão tornou-se indiscutível, ficando definitivamente resolvida no sentido da admissibilidade do ajuste prévio com ressalva dos pactos de "*quota litis*", a que adiante nos referiremos.

O ajuste prévio pode ser uma forma de fixação de honorários mais segura para o cliente e para o Advogado, mas é muitas vezes impraticável por ser incerto o tempo gasto e o resultado. Mas justifica-se, por exemplo, nas ações em que o pedido é integrado pelos honorários do mandatário, por assim ter sido contratualmente estipulado, e nos casos cujos constituintes estão em vias de se ausentarem para o estrangeiro.

A chamada "avença" é um ajuste prévio de honorários para vários serviços e tem a vantagem de contribuir para evitar que o Advogado, sob pressão de carências económicas, seja, por vezes, tentado a forçar uma transação desvantajosa para o cliente só porque permite cobrar mais cedo os honorários.

O ajuste prévio de honorários predomina na França e no Brasil e a fixação de honorários "*a forfait*" é permitida também na Bélgica e na Holanda e em certa medida na Alemanha.

60. A proibição dos pactos de "quota litis"

É proibido ao Advogado celebrar pactos de quota litis, entendendo-se por pacto de quota litis o acordo celebrado entre o Advogado e o seu cliente,

---

[760] Cfr. Acórdãos do S.T.J. de 15/6/1962, no B.M.J. nº 118, pág. 147, e de 21/6/1973, no B.M.J. nº 135, pág. 428.

[761] Acórdão do S.T.J. de 20/2/1973, no B.M.J. nº 225, pág. 228.

XV. HONORÁRIOS DO ADVOGADO

antes da conclusão definitiva da questão em que este é parte, pelo qual o direito a honorários fique exclusivamente dependente do resultado obtido na questão e em virtude do qual o constituinte se obrigue a pagar ao Advogado parte do resultado que vier a obter, quer essa parte consista numa quantia em dinheiro quer em outro bem ou valor, não constituindo, porém, pacto de quota litis o acordo que consista na fixação prévia do montante dos honorários, ainda que em percentagem, em função do valor do assunto confiado ao Advogado ou pelo qual, além de honorários fixados em função de outros critérios, se acorde numa majoração em função do resultado obtido[762].

Note-se que não pode estabelecer-se que o direito a honorários fique dependente dos resultados da demanda ou negócio, de forma que não haverá direito a honorários se não houver resultado.

Esta matéria tem a sua sede no EOA não só entre as disposições sobre honorários mas também entre os deveres do Advogado para com os clientes: não celebrar, em proveito próprio, contratos sobre o objeto das questões confiadas ou, por qualquer forma solicitar ou aceitar participação nos resultados da causa[763].

Os pactos de *quota litis* são contratos sobre o objeto das questões confiadas, mas há contratos sobre o objeto das questões confiadas que não são pactos de *quota litis*, como, por exemplo, o contrato entre o cliente e o Advogado pelo qual o bem entregue ao cliente através da execução específica do contrato promessa de compra e venda será vendido pelo cliente ao Advogado por certo preço[764].

Também o Código de Deontologia do C.C.B.E. como o EOA, no artigo 106º, dispõe, sob o ponto 3.3.1, que não é lícito ao Advogado celebrar pactos de *"quota litis"*, acrescentando, no ponto 3.3.2, como o EOA, no nº 2 daquele artigo, que, por pacto de *"quota litis"* se entende o acordo celebrado entre o Advogado e o seu cliente, antes da conclusão definitiva

---

[762] Artigo 106º – nºs 1, 2 e 3 do EOA. A majoração a que se refere o nº 3 não pode ser, porém, uma percentagem do resultado sob pena de se tratar de uma *quota palmarium* proibida como *quota litis*. Cfr., *supra*, nº 5 – Antiguidade Clássica...

[763] Artigo 100º – nº 1 – d) e 106º do EOA.

[764] Cfr. o artigo 89º do EOA, que impõe ao Advogado o dever de agir livre de qualquer pressão, especialmente a que resulte dos seus próprios interesses, consagrando o que se dispunha em 2.1.1 do Código do Código de Deontologia do CCBE e cfr. ainda 2.7 deste Código, que impõe ao Advogado o dever de agir sempre em defesa dos interesses legítimos do seu cliente, em primazia sobre os seus próprios interesses ou dos colegas de profissão, interesses legítimos do cliente a que também se refere o artigo 97º – nº 2 do EOA.

DIREITO PROFISSIONAL DO ADVOGADO

de uma questão em que o cliente é parte, em virtude do qual o cliente se obriga a pagar ao Advogado uma parte do resultado que vier a obter, quer este consista numa quantia em dinheiro quer em qualquer outro bem ou valor, e o citado Código, no ponto 3.3.3, que não constitui um pacto deste tipo o acordo que preveja a fixação do montante dos honorários em função do valor do assunto confiado ao Advogado, se tal estiver de harmonia com tabela oficialmente aprovada ou for aceite pela Ordem de que depende o Advogado[765].

Note-se outra vez, repetindo-o por outras palavras, que a fixação, a título de honorários, de uma parte do resultado significa que, não havendo resultado, inexiste direito a honorários e, por isso, a proibição do acordo no sentido de os honorários consistirem numa parte do resultado envolve a proibição de se estabelecer que o direito a honorários fique dependente dos resultados da demanda ou do negócio[766].

Mas desta previsão expressa do nosso direito interno no artigo 66º – c) do primeiro EOA e do artigo 106º – nº 2 do anterior pode concluir-se que, depois da conclusão definitiva da questão em que o cliente é parte, pode o

---

[765] O Regulamento dos Laudos de Honorários aprovado em sessão do Conselho Geral de 14/7/89, que foi alterado pelo Regulamento nº 1/2001, aprovado em sessão de 21/12/2000, no D.R., II série, de 10 de janeiro, e pelo Regulamento nº 36/2003, aprovado em sessão de 18/7/2003, no D.R., II série, de 6/8/2003, e, depois, pelo Regulamento nº 40/2005 do Conselho Superior, aprovado em sessão de 29/4/2005, no D. R., II série, de 20/5/2005, referia-se, no artigo 2º – nº 2, ao ajuste prévio e dispunha, no nº 4, que os honorários podem ser fixados na base de taxas percentuais sobre o valor das ações, desde que, considerados todos os demais fatores atendíveis, o resultado não importasse imoderação, o que permitia que houvesse laudo, quando se tratasse dessa modalidade de ajuste prévio, que, em princípio, por se tratar de um contrato que só pode modificar-se por livre consentimento dos contraentes, nos termos do artigo 406º do Código Civil, não admite laudo. Mas admitia-se o laudo naquela hipótese por se tratar de contrato atípico ou inominado de mandato judicial ou forense ou de contrato de patrocínio judiciário, que não é regulado pela lei civil e tem um estatuto ou regulamentação próprios, no dizer de Pires de Lima – Antunes Varela, que citámos sob o nº 16, e, por isso, é de lamentar que tivesse desaparecido do atual Regulamento aquela disposição, talvez por se ter entendido que ela admitia a *"quota litis"*, quando é certo que nada tinha a ver com esta, ao contrário do que se entendeu no Parecer do Conselho Geral de 15/5/98, na ROA, 59º, p. 783. No caso de ajuste prévio na base de taxas percentuais sobre o valor das ações, continuamos a entender que pode haver laudo de honorários, único caso de ajuste prévio que o admite, pois que, em geral, estando em causa uma convenção prévia de honorários, não pode ser emitido laudo, ao contrário do que entendeu o Ac. da Rel. de Coimbra de 7/2/2012, disponível em www.dgsi.pt.

[766] "É nulo o acordo segundo o qual a remuneração fique dependente dos resultados da demanda" – Acórdão do S.T.J. de 3/12/1974, no B.M.J. nº 242, pág. 270.

XV. HONORÁRIOS DO ADVOGADO

Advogado acordar com o cliente que os honorários consistam numa parte do resultado, como se pode concluir do Código de Deontologia do C.C.B.E.

"A *"quota litis"* associa o Advogado aos resultados do pleito, uma vez que litiga, simultaneamente, por si e pelos clientes"[767], e é nisto que reside a *"ratio legis"* da sua proibição.

A independência do Advogado, mesmo em relação ao seu cliente, impõe tal proibição.

A *"quota litis"*, "interessando o Advogado demasiado diretamente no processo, fá-lo perder a sua independência, leva-o a empregar meios contestáveis para triunfar e expõe-no à tentação de enganar a justiça em vez de a esclarecer"[768].

A *"quota litis"* pratica-se, porém, na América (*contingent fee*).

A questão das chamadas tabelas de honorários, quase sempre elaboradas na base de taxas percentuais sobre os valores das ações, não é mais do que a questão da fixação dos honorários em função do valor do assunto confiado ao advogado, o que no Código de Deontologia do C.C.B.E. e no artigo 106º – nº 3 do EOA expressamente se permite.

Nada tendo a ver com o pacto de *"quota litis"*, não se compreende que a questão das tabelas nem sempre tenha sido tratada uniformemente pela jurisprudência da Ordem dos Advogados[769].

---

[767] Acórdão do Conselho Superior de 28/11/1968, na ROA, 29º, pág. 177.

[768] Jean Appleton, Traité de la Profession d'Avocat, Paris 1828.

[769] Assim, depois de as ter admitido nos Pareceres de 23/1/1947, na ROA, 7º, pág. 421, e de 17/11/1949, na ROA, 9º, pág. 496, mudou de orientação nos Pareceres de 22/11/1957, na ROA, 20º, pág. 124, e de 10/3/1961, na ROA, 22º, pág. 122, e parece ter voltado a admiti-las ultimamente, embora as tivesse considerado ilegais no Parecer do Conselho Geral de 15/5/98, na ROA, 59º, p. 783. Mas, hoje, as tabelas são proibidas pelo artigo 81º – nº 1 – a) do Tratado de Roma, pelo artigo 81º – nº 1 – e) da Constituição e pelos artigos 2º – nº 1 – a) e 37º do Decreto-lei nº 371/93, de 29 de outubro, que proíbem todas as práticas concertadas que sejam impeditivas da livre concorrência, tendo o *Barreau* de Nice sido condenado pelo Tribunal da Comunidade, em 1997, em pesada multa, por ter aprovado tabelas de honorários mínimos – VALÉRIO BEXIGA, Manual de Deontologia Forense, março de 2003, pág. 187, e Parecer do Conselho Superior de 24/2/2006, onde se consideram proibidas as tabelas sob pena de condenação disciplinar, não se dizendo, porém, a norma onde está prevista a infração disciplinar, mas considerando-as ilegais em face do artigo 4º, nº 1, al. a), da Lei nº 18/2003, de 11 de junho, que proíbe práticas concertadas entre empresas e restritivas da livre concorrência. Sobre tudo isto temos, porém, muitas dúvidas, pois que, como o CCBE, sob a Presidência do Advogado Português Manuel Cavaleiro Brandão, acentuou no seu Parecer de 6 de abril de 2006 à Comissão Europeia, sobre o Relatório de 2004 relativo à concorrência nas profissões liberais, é de lamentar que "aspetos não económicos sejam tantas vezes minimizados ou esquecidos nos debates atuais sobre a regulação da profissão da advocacia", acrescentando que "a profissão

Em consonância com a proibição da *"quota litis"*, a lei estabelece a nulidade da cessão de créditos ou de outros direitos litigiosos feita, diretamente ou por interposta pessoa, a mandatários judiciais, entre outras entidades judiciais, se o processo decorrer na área em que exercem habitualmente a sua atividade ou profissão[770].

61. Critérios legais de fixação de honorários

Na falta de ajuste de honorários entre o Advogado e o seu cliente, devem os mesmos ser fixados de acordo com diversos fatores, justificando-se os critérios de fixação de honorários pelo interesse público da profissão, o qual também está na base da exigência legal de convenção escrita para o ajuste prévio[771].

Na fixação de honorários deve o Advogado proceder com moderação por eles deverem corresponder a uma compensação económica adequada pelos serviços efetivamente prestados, atendendo ao tempo gasto, às responsabilidades assumidas, à dificuldade e urgência do assunto, ao grau de criatividade intelectual, à importância do serviço prestado, aos resultados obtidos e aos demais usos profissionais[772].

O critério geral é, pois, o da fixação dos honorários com moderação, o que não quer dizer com modéstia, mas apenas sem exagero[773].

E, em especial, os honorários devem atender a outros critérios.

O tempo gasto não é tanto o despendido no estudo do assunto, porque depende da ciência e da inteligência de quem presta o serviço, como

---

de Advogado serve a administração da justiça e o Estado de Direito. Os seus valores não são essencialmente de natureza económica". E as tabelas de honorários, se não devem aceitar-se como estabelecendo valores mínimos impostos a todos os Advogados, teriam grande importância como estabelecendo valores indicativos dos usos profissionais, para que não se aviltassem os honorários dos Advogados e não se perdesse a dignidade de uma profissão essencial à administração da justiça, dignidade a que se referem muitos preceitos deontológicos. Com as mesmas dúvidas, *vide* FERNANDO SOUSA MAGALHÃES, Estatuto da Ordem dos Advogados, Anotado e Comentado, 4ª edição, em notas 6 e 9, ao artigo 101º do EOA

[770] Artigo 579º nº 1 do Código Civil. *Vide* os nºs 2 e 3 deste artigo quanto à noção de interposta pessoa e à de direito litigioso. A nulidade tem os efeitos do artigo 289º, é invocável a todo o tempo e pode ser oficiosamente conhecida pelo Tribunal (artigo 286º), mas não pode ser invocada pelo cessionário (artigos 580º nº 2 e 876º nº 3), pelo que será uma nulidade mista – Antunes Varela, Obrigações 2º, pág. 267.

[771] Não é aplicável, por isso, aos honorários do Advogado o nº 2 do artigo 1158º do Código Civil.

[772] Artigo 105º – nºs 1 e 3 do EOA e artigo 15º – nº 5 do Regulamento de Laudos, que se refere a "imoderação ".

[773] Acórdãos do Conselho Superior de 10/5/1952, na ROA, 23º, pág. 156, e de 9/1/1964, na ROA, 24º, pág. 417.

XV. HONORÁRIOS DO ADVOGADO

o tempo em que o escritório do Advogado, com uma determinada capacidade de resposta e com custos fixos cada vez mais elevados, esteve na disponibilidade do cliente, de tal maneira que se tivesse sido necessário intervir, a intervenção ter-se-ia verificado em tempo oportuno, o que supõe, muitas vezes, limitação de número de processos pendentes afetos a um escritório e distribuição dos seus custos fixos por esse limitado número de processos pendentes.

Com a introdução expressa do critério das responsabilidades assumidas pelo Advogado parece que o legislador quis dar cobertura legal, na própria letra da lei, às responsabilidades do Advogado com os custos fixos da estrutura do seu escritório, que a jurisprudência e doutrina da Ordem dos Advogados já considerava no tempo gasto, mas também serão abrangidas especiais responsabilidades contraídas com o cliente para a concreta prestação do serviço de que o cliente incumbiu o Advogado.

A dificuldade do assunto, que se mede pelo maior ou menor esforço, em trabalho, mais intelectual do que material, que foi desenvolvido pelo Advogado para remover obstáculos que se foram opondo à resolução do problema jurídico no interesse do cliente, não pode deixar também de ser um critério de grande importância para a fixação dos honorários do Advogado[774].

A urgência do assunto é outro critério atendível, pois há assuntos que, se não forem tratados a tempo, porventura dentro de prazos perentórios previstos na lei, já não podem ser resolvidos, tendo os Advogados de dar andamento a tais assuntos e fazer esperar os demais.

Também é atendível o grau de criatividade intelectual da prestação do serviço.

A criatividade intelectual depende de duas faculdades do espírito humano: a inteligência, que, em grau superior, pode elevar-se a talento, e, no seu grau máximo, pode alcandorar-se ao grau de génio; e a imaginação.

Ora, se há assuntos que podem resolver-se com normais padrões de inteligência e imaginação, outros exigem mais elevado grau de inteligência e imaginação para a criação de elaboradas soluções jurídicas para a resolução de problemas, no interesse do cliente do Advogado.

Quanto à importância do serviço prestado, que depende da satisfatória resolução do problema jurídico conseguida pelo Advogado no interesse do cliente e do maior ou menor grau de tal resolução, importa ter presente

---

[774] V. Acórdão da Relação de Coimbra de 6/4/1955, na Jurisprudência das Relações, 1, pág. 479.

DIREITO PROFISSIONAL DO ADVOGADO

que "os serviços prestados abrangem não só matérias de jurisdicionalidade incontroversa como todas as matérias com aquelas conexas que, embora de diferente natureza, sejam complementares das primeiras ou indispensáveis para o respetivo bom êxito", pois "todas as atividades ou serviços prestados por advogado, em complemento de outros tipicamente jurídicos, devem, em princípio, ser remunerados e são, em princípio, cobráveis[775].

Outro critério muito importante é o dos resultados obtidos, que "são os que se verificaram enquanto o advogado exerceu o mandato, não sendo, por isso, necessário, quando este cesse no decurso da causa, aguardar o seu termo para se considerar se o resultado final foi ou não favorável ao seu constituinte"[776].

Nos resultados obtidos compreendem – se obviamente aqueles resultados que, em termos de causalidade adequada, era razoável esperar que se verificassem a final, se não tivesse findado o patrocínio, como no caso de este findar depois de ter sido proferida sentença favorável em 1ª instância, não sendo possível alterar a matéria de facto fixada em recurso para o qual foi constituído outro Advogado e em que foi confirmada a sentença proferida em 1ª instância.

Note-se, porém, que "é devida justa remuneração por todas as diligências feitas por mandatário judicial, ainda que improfícuas"[777] e que "são devidos honorários ao Advogado, mesmo quando a ação se perde na totalidade"[778].

Para a fixação de honorários deve atender-se também aos usos profissionais, designadamente à praxe do foro e estilo da comarca, como dizia o anterior EOA, ou seja, "àquela média de honorários que o colégio dos Advogados de uma comarca estabelece para alguns certos e determinados serviços prestados pelos advogados dessa comarca e dentro dela" e que não tem que ser observada nos "serviços que presta fora da comarca onde tem o seu escritório"[779].

---

[775] Acórdão do Conselho Superior de 14/4/1981, na ROA, 42º, pág.284.

[776] Acórdão do S.T.J. de 16/6/1956, no B.M.J. nº 58, pág. 484.

[777] Acórdão do Conselho Superior de 14/1/1983, na ROA, 43º, pág.227.

[778] Acórdão do Conselho Superior de 27/11/1974, na ROA, 35º, pág. 284.

[779] Acórdão da Relação do Porto de 6/3/1957, na Jurisprudência das Relações, 3º, pág. 370. Todavia, A.S. MADEIRA PINTO, Os honorários dos Advogados depois da vigência do Novo Código Civil, no Jornal do Foro, nº 34, pág. 86, (no mesmo sentido, CUNHA GONÇALVES, Tratado, III, pág. 504) diz que, não havendo tabela de honorários, tais requisitos não passam de "duas patentes vacuidades sem qualquer projeção orientadora".

XV. HONORÁRIOS DO ADVOGADO

Já se decidiu que os critérios legais acabados de analisar se ordenam e que os últimos constituem valores menores a ponderar[780], o que a Jurisprudência da Ordem dos Advogados nunca aceitou, ao menos explicitamente.

De resto, os critérios legais para a fixação de honorários constituem uma enumeração exemplificativa e não taxativa. Basta ponderar que o revogado Estatuto da Câmara dos Solicitadores se referia também ao valor da ação[781], que também está estabelecido no artigo 106º – nº 3 do EOA, onde se considera não haver *quota litis* proibida, no caso de uma percentagem sobre o valor da ação[782].

Também deve atender-se, como dispunha o anterior EOA, às posses dos interessados que são não só apenas as que resultaram dos serviços prestados, pois os resultados obtidos devem ser valorados com autonomia, mas "pura e simplesmente, às que definem a sua situação económica"[783].

Note-se que já se admitiu que releva também o facto de "o antagonista ser profissional de grande reputação"[784].

E parece dever atender-se também à eventual incomodidade da prestação do serviço, como, por exemplo, fora do domicílio profissional ou em fim-de-semana ou em férias, e ao facto de o cliente ser ou não cliente habitual, fatores a que, de resto, os Advogados costumam atender na fixação dos seus honorários.

É obrigatória a indicação dos preços de venda a retalho dos bens e serviços e os preços destes devem constar de listas ou cartazes afixados no lugar da proposta ou prestação dos mesmos ao consumidor e, nos casos em que o preço apenas seja determinável por recurso a certos critérios, é o valor-referência que deve ser afixado[785].

---

[780] Acórdão da Relação de Lisboa ultimamente citado em nota.

[781] Artigo 111º – nº 1 do Estatuto dos Solicitadores aprovado pelo Decreto-lei nº 88/2003, de 26 de abril.

[782] ANTÓNIO ARNAUT, O Novo Estatuto da Ordem dos Advogados, no BOA nº 37º, pág. 38, entende que se trata de um subgénero de *quota litis*, embora atípico ou imperfeito, que constitui perigoso desvio aos critérios que o próprio EOA consagra no artigo 100º e, de entre eles, os serviços efetivamente prestados, acrescentando que a fixação, a título de honorários, de uma percentagem do valor do assunto, e não do resultado obtido, é mais indecorosa do que a *quota litis* pura, porque, naquele caso, nem sequer há o risco de não haver honorários. Nós entendemos que basta exigir que sejam respeitados os outros critérios de fixação de honorários, como se exige em 3.3.3 do Código de Deontologia do CCBE e seja possível requerer-se laudo de honorários, como se previa no artigo 2º – nº 2 do Regulamento de Laudos de 1989 e como atrás dissemos, em nota ao nº 60.

[783] Acórdão da Relação de Lisboa de 10/7/1979, no B.M.J. nº 294, pág. 395.

[784] Parecer do Conselho Geral de 14/2/36, na ROA, 18º, pág. 110.

[785] Decreto-lei nº 138/90, de 26 de abril, alterado pelo Decreto-lei nº 162/99, de 13 de maio.

DIREITO PROFISSIONAL DO ADVOGADO

No que respeita aos serviços típicos da atividade de Advogado e à obrigação de publicitação dos respetivos preços, é suficiente que o Advogado dê indicação aos clientes ou potenciais clientes dos honorários previsíveis que se propõe cobrar-lhes em face dos serviços solicitados, identificando expressamente, além do valor máximo e mínimo da sua hora de trabalho, as regras previstas no Estatuto da Ordem dos Advogados, quanto à obrigação de proceder com moderação na fixação do valor final dos honorários, de atender ao tempo gasto, à dificuldade do assunto, à importância dos serviços prestados, à situação económica dos interessados, aos resultados obtidos, á praxe do foro e ao estilo da comarca[786].

O Código de Deontologia do C.C.B.E., no artigo 3.4.1, prescreve que os honorários apresentados pelo Advogado ao seu cliente devem ser devidamente descriminados e o respetivo montante deve ser equitativo e justificado e, no artigo 3.4.2, que, sem prejuízo de acordo em contrário, legalmente celebrado entre o Advogado e o seu cliente, o montante de honorários deve estar de harmonia com as normas estabelecidas pela Ordem de que depende o Advogado. Se este for membro de mais de uma Ordem, as normas aplicáveis serão as da Ordem com a qual as relações entre o Advogado e o seu cliente tiverem mais estreita ligação.

62. Formas de pagamento de honorários

Os honorários devem ser saldados em dinheiro[787].

Já muito antes do EOA se entendia que "o recebimento pelo advogado de objetos tais como um anel, para pagamento parcial ou total de honorários, é um ato contrário à lei"[788].

A decisão de que podiam ser saldados em qualquer espécie de pagamento os honorários de Advogado em regime de contrato de trabalho[789] já constituía doutrina inaceitável, mas hoje não tem qualquer validade, em face do EOA.

Os Tribunais já decidiram que "um advogado pode receber letras aceites pelo seu constituinte em pagamento de honorários por serviços da sua

---

[786] Portaria nº 240 /2000, de 3 de maio. Cfr. o artigo 100º – nº 1 – a) do EOA acerca do dever de informar o cliente sobre os critérios que o Advogado utiliza na fixação dos seus honorários, indicando, sempre que possível, o seu montante total aproximado.

[787] Artigo 105º – n. º 1 do EOA.

[788] Parecer do Conselho Geral de 14/2/36, na ROA, 18º, pág. 110.

[789] Acórdão do S.T.J. de 3/11/79, no B. M. J. nº 291, pág. 382.

profissão[790], tendo também a Ordem entendido que "não é infração o saque de letras para pagamento de honorários, embora não seja uma prática aconselhável[791].

63. Provisões para honorários e para despesas e consequências da falta de entrega de umas e outras

É lícito ao Advogado exigir, a título de provisão, quantias por conta dos honorários ou despesas, o que, a não ser satisfeito, dá ao Advogado direito a renunciar ao mandato[792].

Se a provisão satisfeita vier a esgotar-se e o Advogado ficar destituído de provisão para honorários, nada há que o force a exercer o mandato, podendo, por conseguinte renunciá-lo livremente[793].

O Advogado não pode ser responsabilizado pela falta de pagamento de custas ou de quaisquer despesas, se, tendo pedido ao cliente as importâncias para tal necessárias, as não tiver recebido, e não é obrigado a dispor, para aquele efeito, das provisões que tenha recebido para honorários[794].

Pelo diferente regime legal da falta de umas e outras das referidas provisões, é de todo conveniente que sejam pedidas por escrito as quantias pretendidas, a título de provisão, quer para pagamento de despesas quer por conta de honorários.

O regime tributário das provisões para despesas também impõe que estas se não confundam com as provisões para honorários. Na verdade, as importâncias recebidas a título de provisão, adiantamento ou a qualquer outro, destinadas a custear despesas da responsabilidade dos clientes devem ser registadas em conta corrente, sendo consideradas como receita no ano posterior ao da sua receção, sem contudo exceder a apresentação da conta final relativa ao trabalho prestado[795].

---

[790] Acórdão do S.T.J. de 29/3/32, na Rev. Leg. Jur., 65º, pág. 110.

[791] Acórdão do Conselho Superior de 2/5/1950, na ROA, 10º pág. 569. *Vide* também, no mesmo sentido, o Acórdão do mesmo Conselho de 16/5/1957, na ROA, 18º, pág. 101.

[792] Artigo 103º – nºs 1 e 2 do EOA.

[793] Acórdão do Conselho Distrital de Lisboa de 5/4/1943, na ROA, 9º, pág. 408 e artigo 100º – nº 1 – e).

[794] Artigo 103º – nº 3 do EOA.

[795] Artigo 3º – nº 7 e 116º – nº 4 – b) do Código do Imposto sobre o Rendimento das Pessoas Singulares (CIRS), na redação da Lei nº 82-E/2014, de 31 de dezembro, pela qual foi aprovado o Orçamento Geral do Estado para 2015.

DIREITO PROFISSIONAL DO ADVOGADO

A exigência de provisão é direito que o Advogado pode ou não exercer[796], mas deve conter-se dentro de limites razoáveis[797].

O Código de Deontologia do C.C.B.E. prescreve, sob o artigo 3.5 (provisões para honorários e despesas), que, sempre que o Advogado solicite a entrega de uma provisão para honorários e/ou despesas, tal provisão não deve exceder uma estimativa razoável dos honorários e das despesas prováveis e que, na falta de pagamento da provisão solicitada, o Advogado pode renunciar a ocupar-se do assunto ou recusar aceitá-lo, sem prejuízo do disposto no artigo 3.1.4, que dispõe que o Advogado que exercer o seu direito de recusar continuar a patrocinar um cliente deve fazê-lo de forma a este poder obter a assistência de outro Advogado, em tempo útil, de modo a não sofrer prejuízos.

64. Repartição de honorários

É proibido ao Advogado repartir honorários, exceto com colegas que tenham prestado colaboração[798].

Já nos referimos, ao tratar da procuradoria ilícita, a que a lei tem de garantir que só os Advogados possam obter rendimentos do exercício profissional da Advocacia e, ao tratar das sociedades multidisciplinares, a que a lei tem de obstar à repartição por quem não é Advogado de rendimentos do exercício da profissão de Advogado, não permitindo a terceiros explorar uma profissão que não podem exercer e que é de interesse público[799].

Mas a proibição de o Advogado repartir honorários, exceto com colegas que tenham prestado colaboração, tem a ver também com os deveres do Advogado de não solicitar nem angariar clientes, por si ou por interposta pessoa[800], de não aceitar mandato ou prestação de serviços profissionais que, em qualquer circunstância, não resulte de escolha direta e livre pelo

---

[796] Assim se decidiu no Acórdão do Conselho Superior de 28/11/1968, na ROA, 19º, pág. 177. E no Acórdão do mesmo Conselho de 15/4/1952, na ROA, 12º, pág. 416, decidiu-se que, "se o advogado entende que deve exigir provisão para os seus serviços, não pode ser obrigado a prestar estes antes de recebê-la".

[797] "A provisão não tem por fim extorquir a maior quantia que se possa ao constituinte de boa fé, que se entrega nas mãos do seu advogado"- Acórdão do Conselho Distrital de Lisboa de 28/1/1944, na ROA, 9º, pág. 407.

[798] Artigo 107º do EOA. Já o Acórdão do Conselho Superior de 16/5/1957, na ROA, 18º, pág. 101, decidiu que "é terminantemente proibido aos Advogados partilhar honorários com qualquer pessoa que não seja um colega que lhe haja prestado colaboração".

[799] Vide Capítulo XI.

[800] Artigo 90º- h) do EOA.

XV. HONORÁRIOS DO ADVOGADO

mandante ou interessado[801] e de não assinar pareceres, peças processuais ou outros escritos profissionais que não tenha feito ou em que não tenha colaborado[802], deveres cuja *"ratio legis"* é obstar a formas de exercício ilegal da profissão de Advogado.

Também o Código de Deontologia do C.C.B.E., ao referir-se, sob o artigo 3.6, à partilha de honorários com pessoa que não seja Advogado, prescreve, em 3.6.1, que um Advogado não pode partilhar os seus honorários com alguém que não seja Advogado, sem prejuízo do disposto em 3.6.2, quanto às quantias pagas, como honorários, comissão ou outra forma de compensação, aos herdeiros de um colega falecido ou a um colega retirado do exercício da profissão, a título de sucessão na clientela desse colega[803].

E, ao referir-se o mesmo Código, no artigo 5.4, aos honorários por apresentação de cliente, dispõe que um Advogado não pode pedir nem aceitar, de outro Advogado ou de terceiro, honorários, comissões ou qualquer outra compensação por ter enviado ou recomendado um cliente (5.4.1) como não pode pagar, a pessoa alguma, honorários, comissões ou qualquer outra forma de compensação como contrapartida pela apresentação de um cliente (5.4.2).

Sobre repartição de honorários com colega estrangeiro que prestou colaboração, aquele Código, no artigo 5.7, intitulado responsabilidade por honorários, estabelece que, nas relações entre Advogados pertencentes a Ordens de diferentes Estados Membros, o Advogado que, não se limitando a recomendar outro Advogado ou a apresentá-lo ao cliente, lhe confie um assunto ou o consulte, é pessoalmente responsável, mesmo em caso de insolvência do cliente, pelo pagamento de honorários, despesas e reembolsos devidos ao Advogado estrangeiro, podendo, contudo, os Advogados em causa estabelecer regras próprias a este respeito, no início da sua colaboração profissional e podendo, além disso, em qualquer momento, o Advogado que solicitou colaboração limitar a sua responsabilidade pessoal ao mon-

---

[801] Artigo 67º – nº 2 do EOA.

[802] Artigo 112º – nº 1 – f) do EOA.

[803] É a versão inicial ou de Estrasburgo a que está transcrita no texto. O ponto 3.6.1 na versão de Lyon do CD do CCBE prescreve que, "sem prejuízo do disposto no número seguinte, o Advogado não pode partilhar os seus honorários com pessoa que não seja Advogado, exceto quando uma associação entre o Advogado e a outra pessoa seja autorizada pela lei do Estado membro a que pertence o Advogado", exceção que foi introduzida para harmonizar a disposição anterior, que por si proibia as sociedades multidisciplinares, com a sua legalidade em Espanha e em Itália.

DIREITO PROFISSIONAL DO ADVOGADO

tante dos honorários, despesas e desembolsos realizados até à notificação ao Advogado estrangeiro da sua decisão de declinar a responsabilidade futura.

65. Mudança de advogado e honorários do substituído

O Advogado a quem se pretenda cometer assunto anteriormente confiado a outro Advogado fará tudo quanto de si dependa para que este seja pago dos honorários e demais quantias em dívida, devendo expor verbalmente ou por escrito ao colega as razões de aceitação do mandato e dar-lhe conta dos esforços que tenha empregado para aquele efeito[804].

Era semelhante a este o regime do Código de Deontologia do C.C.B.E., que dispunha, no artigo 5.6.1, que o Advogado a quem é confiada a representação de um cliente em substituição de outro Advogado, com relação a um assunto determinado, deve informar esse outro Advogado e, sem prejuízo do disposto no artigo 5.6.2., não deve iniciar a sua atuação antes de se ter assegurado de que foram tomadas providências para liquidação dos honorários e despesas do outro Advogado, dever que, contudo, não torna o novo Advogado pessoalmente responsável pelas despesas e honorários do anterior, prescrevendo o artigo 5.6.2. que, se for necessário tomar medidas urgentes, no interesse do cliente, antes de cumpridas as condições estabelecidas no artigo 5.6.1., o Advogado pode tomar tais medidas desde que delas dê imediato conhecimento ao outro Advogado, mas tais disposições foram revogadas por deliberação da sessão plenária de Dublin de 6 e 7 de dezembro de 2002[805].

66. Honorários e direito de retenção

Quando cesse a representação confiada ao Advogado, deve este restituir os documentos, valores ou objetos que lhe hajam sido entregues e que sejam necessários para prova do direito do cliente ou cuja retenção possa trazer a este prejuízos graves, mas, com relação aos demais valores e objetos em seu poder, goza o Advogado do direito de retenção para garantia do pagamento dos honorários e reembolso das despesas[806].

Em face destes princípios, o direito de retenção que o Advogado pode exercer para garantia do pagamento dos seus honorários limita-se, praticamente, a valores de natureza pecuniária.

---

[804] Artigo 112º – nº 2 do EOA.
[805] Revisão do Código de Deontologia do CCBE, no BOA, nºs 24/25, pág. 105.
[806] Artigo 101º – nºs 2 e 3 do EOA.

Mas deve o Advogado restituir os valores e objetos em seu poder, independentemente do pagamento a que tenha direito, se o cliente tiver prestado caução arbitrada pelo Conselho Distrital, que também pode, antes do pagamento e a requerimento do cliente, mandar entregar a este quaisquer objetos e valores quando os que fiquem em poder do Advogado sejam manifestamente suficientes para pagamento do crédito[807].

Assim e como dispõe o Código Civil, não há direito de retenção quando a outra parte preste caução suficiente[808]; por outro lado, os valores sobre os quais recai o direito de retenção podem ser reduzidos a limites razoáveis para que o cliente não suporte sacrifícios injustificáveis.

É óbvio que o direito de retenção não permite ao Advogado pagar-se por suas próprias mãos.

"Constitui infração disciplinar deixar o advogado de entregar dinheiro em seu poder, mesmo que se trate de dinheiro recebido da parte contrária em virtude de transação, para se pagar de honorários cuja conta não tenha sido aprovada pelo constituinte nem aprovada judicialmente"[809].

Não pode também o Advogado que tenha cobrado um crédito em dinheiro do seu constituinte remeter-lhe a conta de honorários e, sem o seu acordo, deduzir estes no montante do crédito cobrado para lhe remeter apenas o saldo apurado[810].

O Advogado que tenha em seu poder valores sobre os quais pretenda exercer o direito de retenção e que esteja em desacordo com o seu cliente por causa dos honorários deve instaurar imediatamente a ação de honorários[811], não nos parecendo que seja defensável a jurisprudência segundo a qual o Advogado só goza do direito de retenção quando a conta tenha sido aprovada pelo constituinte.

67. O laudo de honorários

Compete às secções do Conselho Superior da Ordem dos Advogados dar laudo sobre honorários[812].

É pressuposto do pedido de laudo a existência de conflito ou divergência, expressos ou tácitos, entre o Advogado e o constituinte ou consulente

---

[807] Artigo 101º – nºs 4 e 5 do EOA.
[808] Artigo 756º – d) do Código Civil.
[809] Acórdão do Conselho Superior de 4/10/1974, na ROA, 45º, pág. 876.
[810] Acórdão do Conselho Superior de 17/6/1983, na ROA, 43º, pág. 853.
[811] Cfr. o Parecer do Conselho Geral de 24/4/1959, na ROA, 20º, pág. 148.
[812] Artigo 44º – nºs 1 – i) e 3 – e) do EOA.

DIREITO PROFISSIONAL DO ADVOGADO

acerca do valor dos honorários estabelecidos em conta já apresentada, devendo esta ter sido remetida ao cliente há, pelo menos, três meses, sem resposta, para que se presuma divergência do mesmo quanto ao seu montante[813].

Não pode, pois, o Advogado pedir laudo de honorários antes de apresentar a conta ao cliente, embora possa ser sujeita a laudo prévio a repartição de honorários entre Advogados que tenham colaborado no mesmo processo ou trabalho, desde que fora do âmbito das sociedades de Advogado[814].

A Ordem não deve pronunciar-se sobre as despesas e encargos inerentes à prestação de serviços do Advogado[815].

Sempre se entendeu que, na emissão de laudo, haverá que partir do pressuposto de que os serviços profissionais referenciados pelo Advogado como tendo sido por si prestados o foram efetivamente, uma vez que não é da competência da Ordem dos Advogados decidir se, na verdade, tais serviços foram efetivamente prestados. Tal competência, sob pena de usurpação de poderes, cabe aos Tribunais enquanto órgãos de soberania a quem cabe a função jurisdicional e não à Ordem dos Advogados.

E, dentro do mesmo entendimento, haverá que considerar que não compete à Ordem dos Advogados mas igualmente aos Tribunais decidir questões como as de prescrição[816], compensação, falta de prestação de contas ou outras que tenham em vista infirmar o pedido formulado em ação de honorários com fundamento em razões que não se dirijam a atacar os critérios que levaram a fixar o seu montante pelo Advogado.

Têm legitimidade para solicitar laudos ao Conselho Superior os Tribunais, os outros Conselhos da Ordem e, em relação às respetivas contas, o

---

[813] Artigo 7º – nºs 1 e 2 do Regulamento dos Laudos de Honorários – Regulamento nº 40/2005 – aprovado pelo Conselho Superior em 29/4/2005 e publicado no D.R., II série, de 23/5/2005, que altera o aprovado pelo Conselho Geral em 14/7/89, com as alterações aprovadas em 21/12/2000 e publicado no D.R., II série, de 10/01/2001 e com as alterações aprovadas em 18/7/2003, publicado no D.R., II série, de 6/8/2003, doravante citado simplesmente como Regulamento. O Parecer do Conselho Geral nº E-23/03, em www.oa.pt, considerou que o facto de o cliente ter pago o montante de honorários, transmitido verbalmente e sem que lhe tenha sido apresentada previamente e por escrito nota descriminada dos serviços prestados, não impede, uma vez pedida e apresentada por escrito aquela nota e verificada divergência, que o cliente solicite laudo à Ordem, previamente à instauração de uma acção judicial.

[814] Artigo 7º – nº 5 do Regulamento.

[815] Artigo 4º – nº 1 do Regulamento.

[816] Os honorários devidos por serviços prestados por mandatários judiciais e os créditos pelo reembolso das despesas correspondentes estão sujeitos ao prazo de prescrição presuntiva de dois anos, nos termos do artigo 317º – c) do Código Civil.

XV. HONORÁRIOS DO ADVOGADO

Advogado e o constituinte ou consulente ou seus representantes ou sucessores e ainda quem, nos termos legais[817] ou contratuais, seja responsável pelo pagamento dos honorários ao Advogado, devendo todos os requerentes, com exceção dos Tribunais, fundamentar o pedido[818].

Compete ao relator superintender no processo de laudo e elaborar o parecer final a submeter a deliberação do Conselho Superior, devendo o

---

[817] Cfr. o artigo 543º – nº 1 – a) do Código de Processo Civil sobre honorários do Advogado da parte contrária ao litigante de má fé e o artigo 610º – nº 3 do mesmo Código sobre o pagamento dos honorários do Advogado do réu pelo autor cujo crédito se vença no decurso da causa ou em data posterior à sentença ou seja inexigível por falta de interpelação ou pelo facto de não ter sido pedido o pagamento no domicílio do devedor, hipóteses estas últimas em que a dívida se considera vencida desde a citação.

[818] Artigos 6º- nºs 1 e 2 e 8º – nº 3 do Regulamento. A legitimidade dos tribunais e a desnecessidade de estes fundamentarem o pedido baseiam-se na presunção de que o laudo se destinará a instruir ação de honorários de mandatários judiciais ou técnicos (a que se refere o artigo 50º, mas não os técnicos a que se referem os artigos 492º e 601º do Código de Processo Civil) e de cobrança de quantias adiantadas ao cliente, ação para a qual é competente o tribunal da causa na qual foi prestado o serviço, devendo aquela correr por apenso a esta, nos termos do artigo 73º – nº 1 daquele Código, se for competente em razão da matéria, ou o do domicílio do réu, nos termos do artigo 80º – nº 1 do mesmo Código, no caso contrário; decidiu, porém, que correria por apenso, mesmo que se trate de processo – crime, o Acórdão da Relação de Lisboa de 15/4/9800, na Col. Jur., 1998, II, pág. 158, contra o sentido do qual tinha decidido o acórdão da Relação de Lisboa de 11/11/97, na Col. Jur., 1997, tomo 5, pág. 136, citando Alberto dos Reis, na Rev. Leg. Jur., ano 72º, pág. s 337/341 e 353/355 no sentido de que "é manifesto que o artigo 76º nada tem que ver com o problema da competência em razão da matéria (...)" e, no Comentário, Vol. I, pág. 204, onde se diz que "por outras palavras: o artigo 76º pressupõe necessariamente que o tribunal da causa tem competência em razão da matéria para conhecer da ação de honorários e, partindo desse pressuposto, atribui-lhe também competência em razão do território para a mesma ação". No mesmo sentido deste acórdão citado em último lugar, que aqui adotamos, e citando ALBERTO DOS REIS, o Ac. do S.T.J. de 28/5/2002, na ROA, 62º, pág. s 1009 e seg.s. O Ac. da Rel. de Guimarães de 16/02/2005 – Pº80/05-2.dgsi.Net – decidiu que o artigo 76º – nº 1 do Código de Processo Civil não impede a propositura de uma única ação para a exigência dos honorários relativos ao exercício do mandato em diferentes causas, pois que, se os processos em que foram prestados os serviços estiverem distribuídos por secções ou juízos diferentes do mesmo tribunal, deverá designar-se, por sorteio, a secção ou juízo em que a ação de honorários há-de correr, devendo, em seguida, o Juiz ordenar que os processos existentes nas outras secções ou juízos se juntem àquele a que se fez a apensação. Cfr. ALBERTO DOS REIS, obra citada, pág.s 204 a 206, onde entende que, se as causas onde se exerceu o mandato judicial pertencerem a comarcas diferentes, pode o autor propor a ação em qualquer das comarcas à sua escolha, requisitando-se os processos das outras comarcas para se juntarem àquele a que a ação se apensou, e que, tratando-se de serviços prestados em causa julgada pelo tribunal comum, que é o competente para a ação de honorários, e em causa julgada pelo tribunal especial, em que o competente é o tribunal do domicílio do réu, se este for diferente do juízo da causa julgada pelo tribunal comum, é lícito ao autor escolher qualquer deles.

DIREITO PROFISSIONAL DO ADVOGADO

relator, no caso de entender que não deve ser concedido laudo, quantificar o valor dos honorários que, no seu entender, se tivessem sido praticados, mereceriam laudo favorável[819].

Os Acórdãos do Conselho Superior devem ser aprovados por maioria da secção e serão assinados por todos os votantes, assinando como vencidos os vogais que não aprovarem o acórdão e podendo, se quiserem, justificar, por escrito, apenas na ata da sessão, o seu voto[820].

Sempre que o relator ou o Conselho Superior verificarem indícios de que o Advogado cujos honorários são objeto de laudo cometeu qualquer falta disciplinar relacionada com o exercício do mandato conferido, deverão participar o facto ao órgão disciplinar competente, sem prejuízo de concluírem o processo de laudo, a não ser que o requerente seja o Advogado, pois então devem abster-se de dar laudo[821].

Se pudesse ser interpretado no sentido de não haver recurso hierárquico para o Conselho Superior reunido em sessão plenária, recurso expressamente admitido pelo EOA[822], o Regulamento de Laudos seria ilegal, ao dispor que não há recurso dos acórdãos proferidos nos processos de laudo[823], princípio cujo alcance é apenas o de que, para efeitos de impugnação contenciosa, os laudos são definitivos e executórios[824]. Mas, como o laudo reveste a natureza de um "parecer técnico"[825], a sua sindicabilidade contenciosa fica prejudicada ou seriamente afetada por ser pacífica a jurisprudência administrativa no sentido de que, no domínio da discricionaridade técnica, o Tribunal só pode sindicar o erro manifesto ou notório[826].

O facto de o laudo ser desfavorável não constitui menoscabo nem vexame para o advogado[827].

[819] Artigos 11º – nº 2 e 15º – nº 5 do Regulamento.

[820] Artigo 17º – nºs 1 e 3 do Regulamento.

[821] Artigo 16º – nºs 1 e 2 do Regulamento.

[822] Artigo 44º – nº 1 – a) com referência ao seu nº 3 – e) do EOA.

[823] Artigo 19º do Regulamento.

[824] O artigo 6º- nº 3 do EOA dispõe que dos atos definitivos e executórios dos órgãos da Ordem dos Advogados cabe recurso contencioso para os Tribunais Administrativos nos termos gerais de direito.

[825] LOBO FERREIRA, Dos Honorários do Advogado, no Boletim da Ordem dos Advogados, 13, pág. 26.

[826] Acórdão do S.T.A. de 15/2/1974, nos Ac.s Dout., 269, pág. 567.

[827] Parecer do Conselho Geral de 5/6/1959, na ROA, 2º, pág. 150. No mesmo sentido o de 11/4/1981, na ROA, 41º, pág. 598. Não será, porém, assim no caso de ser mandado instaurar processo disciplinar nos termos do disposto no artigo 14º do Regulamento.

68. Proteção jurídica e compensação do advogado por nomeação oficiosa

Seria desejável que inseríssemos aqui as especificidades sobre a compensação do Advogado por nomeação oficiosa no domínio da proteção jurídica, como fizemos em edições anteriores.

Mas o assunto está tão ligado às regras de participação dos profissionais forenses no sistema de acesso ao direito que devemos estudar tudo em conjunto, como faremos no capítulo seguinte.

Capítulo XVI
Deveres do Advogado para com a Comunidade
– O Interesse Público da Profissão

69. O dever de servir a justiça e o direito

"Numa sociedade baseada no respeito pela justiça, o Advogado desempenha um papel proeminente e, num Estado de direito, o Advogado é indispensável à justiça, ... sendo sua missão a defesa dos direitos e liberdades, missão que lhe impõe deveres múltiplos... relativamente ao público, em razão do qual a existência de uma profissão livre e independente ... é um meio essencial de salvaguarda dos direitos humanos"[828].

O Advogado é indispensável à administração da justiça e, como tal, deve ter um comportamento público e profissional adequado à dignidade e responsabilidades da função que exerce[829].

Não foi certamente por acaso que o primeiro EOA passou a referir-se ao Advogado como servidor da justiça e do direito, aludindo à justiça em primeiro lugar e, portanto, ao primado da justiça sobre o direito, quando anteriormente o Estatuto Judiciário apenas falava de servidor do direito[830] e o EOA anterior e o atualmente em vigor não preceitua diferentemente, embora tivesse abandonado aquela expressão referida a dois nobres serviços para seguir mais o Código de Deontologia do CCBE e se aproximar

---

[828] 1.1 do Código de Deontologia do CCBE.

[829] Artigo 88º – nº 1 do EOA.

[830] Artigo 570º do Estatuto Judiciário aprovado pelo Decreto-lei nº 44278, de 14 de abril de 1962.

DIREITO PROFISSIONAL DO ADVOGADO

mais do conceito constitucional do Advogado e da sua qualidade de participante na administração da justiça[831].

A justiça é um dos valores que o direito deve prosseguir, talvez o maior valor, embora tenham grande importância outros valores que o direito tem de salvaguardar, como o da certeza e o da segurança jurídicas.

A justiça "é a pauta axiológica do direito, é a exigência última do direito positivo. Todo o direito aspira a ser um direito justo, como seu sentido próprio"[832].

É a justiça legal, segundo a clássica tripartição da justiça em justiça comutativa, distributiva e legal, a justiça que o Advogado deve servir.

69.1. O dever de obediência à lei e de não advogar contra lei expressa e a litigância de má-fé

O artigo 203º da Constituição da República Portuguesa dispõe que os tribunais são independentes e apenas estão sujeitos à lei, estabelecendo o artigo 5º nº 1 da LOSJ – Lei nº 62/2013, de 26 de agosto – que os Juízes julgam apenas segundo a Constituição e a lei.

O dever de obediência à lei não pode ser afastado sob pretexto de ser injusto ou imoral o conteúdo do preceito legislativo[833].

É assim para o Juiz e não pode deixar de ser assim também para o Advogado.

São, por isso, deveres do Advogado para com a comunidade pugnar pela boa aplicação das leis[834], não advogar contra lei expressa, não usar de meios ou expedientes ilegais, nem promover diligências inúteis ou prejudiciais para a correta aplicação da lei[835].

Advogar contra lei expressa, deduzindo-se pretensão ou oposição cuja falta de fundamento não se deve ignorar, é uma das formas de litigância de má-fé[836] e, fazendo-se do processo ou dos meios processuais um uso mani-

---

[831] António Ramalho Eanes, A Justiça, a Advocacia e o Dever no séc. XXI, in Justiça, Advocacia, Ordem e República, ed. do CDL da OA, pág. 23, transcreve os artigos 1º e 13º do Código Deontológico da Ordem dos Advogados, que reproduzem os artigos 76º e 78º do EOA anteriormente vigente. Trata-se do Código Deontológico da Associação dos Advogados de Macau, homologado pelo Despacho nº 121/GM/92 do Governador de Macau Vasco Rocha Vieira.

[832] Alberto Luís, A profissão de Advogado e a Deontologia, lições policopiadas do Centro de Estágio do Conselho Distrital do Porto da Ordem dos Advogados, pág. 14.

[833] Artigo 8º – nº 2 do Código Civil.

[834] Artigo 90º – nº 1 do EOA.

[835] Artigo 90º – nº 2 – a) do EOA.

[836] Artigo 542º – nº 2 – a) do Código de Processo Civil.

XVI. DEVERES DO ADVOGADO PARA COM A COMUNIDADE ...

festamente reprovável, com o fim de conseguir um objetivo ilegal é outra forma de litigância de má-fé[837], devendo relembrar-se aqui a doutrina da Ordem dos Advogados no sentido de que, tratando-se de litigância de má-fé, com responsabilidade pessoal do Advogado, para se verificar má-fé do mandatário é indispensável que ele tenha agido com intenção maliciosa, com verdadeiro dolo, não bastando a simples culpa ainda que muito grave, apesar de a negligência grave do mandante – e só ela – relevar para efeitos de má-fé[838].

69.2. O dever de não promover diligências reconhecidamente dilatórias e a litigância de má-fé

Não sendo apenas servidor do direito, mas também servidor da justiça, deve o Advogado pugnar pela rápida administração da justiça e pelo aperfeiçoamento das instituições jurídicas[839], cumprindo, de resto, o dever para com a Ordem dos Advogados de colaborar na prossecução de uma das suas atribuições[840], a de contribuir para o desenvolvimento da cultura jurídica e aperfeiçoamento da elaboração do direito, devendo ser ouvida sobre os projetos de diplomas legislativos que interessem ao exercício da advocacia e ao patrocínio judiciário em geral[841].

Ainda no âmbito do seu dever de servir a justiça, pugnando pela celeridade da sua administração, é dever do Advogado para com a comunidade não promover diligências reconhecidamente dilatórias[842], não entorpecer a ação da justiça nem protelar, sem fundamento sério, o trânsito em julgado da decisão, estando expressamente previstos como litigância de má-fé estes dois últimos factos[843].

---

[837] Artigo 542º – nº 2 – d) do Código de Processo Civil.

[838] Cfr., supra, nº 46, parte final do capítulo sobre exercício da advocacia e ilícito criminal e disciplinar. O Ac. do S.T.J. de 13/10/77, no BMJ nº 270, pág. 177, decidiu que o recurso manifestamente contra lei constitui litigância de má fé e não mera lide ousada e temerária, má fé que também resultará de se protelar, sem fundamento sério, o trânsito em julgado da decisão, nos termos da última parte da citada disposição processual, como, de seguida, diremos no texto.

[839] Artigo 90º – nº 1 do EOA.

[840] Artigo 91º – b) do EOA.

[841] Artigo 3º – nº 1 – i) e j) do EOA.

[842] Artigo 90º – nº 2 – a) do EOA.

[843] Artigo 542º – nº 2 – d) do Código de Processo Civil.

DIREITO PROFISSIONAL DO ADVOGADO

69.3. O dever de não promover diligências prejudiciais para a descoberta da verdade e a litigância de má-fé

E dentro do mesmo âmbito do seu dever de servir a justiça, é dever do Advogado para com a comunidade não promover diligências prejudiciais para a descoberta da verdade[844].

Mas a verdade começa por ser a verdade das partes que os Advogados patrocinam, eles a quem não pode nem deve pedir-se a imparcialidade, virtude primeira do Juiz como a independência é a maior virtude do Advogado.

E a verdade como a justiça não podem deixar de ser relativas, em face do regime de prazos perentórios, das regras sobre o ónus de alegação e prova pelo autor dos factos constitutivos do seu direito e pelo réu dos factos modificativos, impeditivos ou extintivos do direito do autor, do caso julgado, da prescrição, da caducidade, tudo conducente à verdade formal em prejuízo da verdade material, mesmo num sistema em que se pretendeu introduzir mais inquisitório em prejuízo do contraditório. E mesmo em processo penal, princípios como o de *"in dubio, pro reo"* não podem deixar de nos conduzir à conclusão de que a verdade, como a justiça, são eminentemente relativas[845].

Mas se ao Advogado se tolera a *meia-verdade*, não pode perdoar-se-lhe a mentira ou que ele falseie a verdade. É o dever geral de probidade que lho proíbe.

A alteração da verdade dos factos ou a omissão de factos relevantes para a decisão da causa e o uso manifestamente reprovável do processo ou dos meios processuais com o fim de impedir a descoberta da verdade são formas de litigância de má fé expressamente previstas pela lei[846].

O contacto com testemunhas[847] e outros meios de falsear a prova, além de constituírem vantagens ilegítimas ou indevidas para o constituinte ou cliente de um Advogado e processos desleais de defesa dos interesses das partes[848], são diligências prejudiciais para a descoberta da verdade, sendo pacífica e constante a jurisprudência da Ordem dos Advogados no sentido de a estes não ser lícito contactarem com testemunhas, dando azo a

---

[844] Artigo 90º – nº 2 – a) do EOA.

[845] Sobre o tema, Bastonário AUGUSTO LOPES CARDOSO, Do Advogado e da Verdade, Em Jeito de Charla, na Revista do Conselho Distrital do Porto, nº 1, págs. 18 a 21, e Desembargador DIONÍSIO DE PINHO, O Advogado perante a Verdade, B.O.A., nº 15, pág. 30.

[846] Artigo 542º – nº 2 – b) e d) do Código de Processo Civil.

[847] Artigo 109º do EOA.

[848] Cfr. os artigos 112º – nº 1 – d) e 108º – nº 2 do EOA.

XVI. DEVERES DO ADVOGADO PARA COM A COMUNIDADE ...

que pareça que tentam influenciar o seu depoimento[849], tratando-se de um expediente "contrário aos usos e aos costumes da profissão"[850].

69.4. O dever de o Advogado recusar o patrocínio a questões que considere injustas

Mas se o Advogado deve obediência a uma lei mesmo injusta, deve recusar o patrocínio a questões que considere injustas[851], o que ainda resulta do seu dever de servir a justiça.

A lei refere-se a questões que o próprio Advogado considere injustas, permitindo concluir que é o juízo de valoração ética do próprio Advogado e é a própria consciência deste que devem relevar.

É manifesto que existe o dever de o Advogado não patrocinar questões injustas, independentemente de um certo Advogado reconhecer ou não a injustiça da questão ou mesmo que um certo Advogado não reconheça a injustiça da causa, sendo a Ordem dos Advogados a entidade competente para emitir o juízo de qualificação da conduta de um Advogado perante o valor da justiça. Mas há casos de fronteira em que não é nítida a justiça ou a injustiça da causa e pode o Advogado considerar injusta a causa. Perante estes casos, a Ordem dos Advogados não pode deixar de não intervir, de não censurar, porque não pode exigir aos Advogados outro comportamento quer eles considerem justa ou injusta a questão e terá que os deixar sós com a sua consciência.

Em geral, quando se questiona a justiça ou injustiça de uma causa, pretende saber-se se, num juízo de razoabilidade, o Advogado tem fundamentos que lhe permitam defender a pretensão do seu cliente, não importando saber se lhe assiste razão mas tão só se a sua causa é minimamente defensável e estando primeiramente em jogo os direitos e interesses do mandante, sem que o Advogado possa impor-lhe as suas convicções pessoais ou pretender recusar uma causa de difícil sucesso, mas devendo o juízo a formular

---

[849] Ac.s do Conselho Superior de 28 /5/82, na ROA, 42º, pág. 823, e de 8/2/68, na ROA, 29º, pág. 15. Mas o Parecer do Conselho Geral de 27/12/98, no Relatório e Contas do Conselho Geral de 1998, com referência ao Proc. E – 974-A, contrariou, em certa medida, aquela jurisprudência, que veio a ser reposta, ao menos por votação maioritária, pelo Parecer do Conselho Geral de 18/2/2000, na ROA, 60º, pág. 1381 e seg.s; o Ac. do Conselho Superior de 1/3/2002 (idem, pág. 1051) considerou, porém, este último Parecer inadequado e dever cair em desuso.

[850] Ac. do Conselho Superior de 14/4/53, na ROA, 13º, pág. 520, e Parecer do Conselho Geral citado em penúltimo lugar na nota anterior.

[851] Artigo 90º – nº 2 – b) do EOA.

DIREITO PROFISSIONAL DO ADVOGADO

pelo Advogado abranger quer os fins prosseguidos pelo cliente quer os meios a utilizar[852].

69.5. A conduta privada do Advogado como servidor da justiça e do direito

Mesmo fora da profissão, o Advogado deve, no seu comportamento público, considerar-se um servidor da justiça e do direito e, como tal mostrar-se digno da honra e das responsabilidades que lhe são inerentes[853].

Não se pretende disciplinar a vida privada do Advogado, pois é direito constitucionalmente assegurado o da reserva da intimidade da vida privada[854], dispondo a lei civil que todos devem guardar reserva quanto à intimidade da vida privada de outrem[855].

Trata-se de se disciplinar a sua vida pública não profissional e a sua vida privada na medida em que se repercuta na sua vida pública de forma a não poder ser incompatível com a dignidade da honra e da responsabilidade inerentes à profissão de Advogado.

Do que se trata é de impor ao Advogado o que também se impõe ao Juiz, pois entre ambos tem de haver total equiparação no plano da dignidade, por maior diversidade de funções que queira estabelecer-se entre um e outro, apesar de mutuamente se completarem e um ser impensável sem o outro: "constituem infração disciplinar os factos, ainda que meramente culposos, praticados pelos magistrados judiciais com violação dos deveres profissionais e os atos ou omissões da sua vida pública ou que nela se repercutam incompatíveis com a dignidade indispensável ao exercício das suas funções"[856].

Mas pode o Advogado, fora da profissão e mesmo publicamente, discordar e criticar o direito constituído e a justiça legal, sem deixar de ser – e precisamente por ser – um servidor da justiça e do direito.

A abolição da escravatura, a igualdade de todos os cidadãos perante a lei, que, nas Ordenações, distinguia entre nobres e plebeus para aplicação de certas penas, e a abolição da pena de morte nasceram da oposição

---

[852] Neste sentido Luis Vasconcelos Abreu, O Estatuto da Ordem dos Advogados e a Relação entre Mandante e Mandatário Judicial, na ROA, 62º, pág. 290, aderindo-se aqui à doutrina aí expendida no sentido de ser injusta uma ação executiva quando o direito de crédito não existe, apesar de haver título executivo, pois há meios de defesa pelo executado.

[853] Artigo 88º – nº 1 do EOA.

[854] Artigo 26º – nº 1 da Constituição da República Portuguesa.

[855] Artigo 80º – nº 1 do Código Civil

[856] Artigo 82º do Estatuto dos Magistrados Judiciais – Lei nº 21/85, de 30 de julho.

de muitos Advogados ao direito positivo e à justiça legal em determinado momento histórico.

69.6. O dever de defender os direitos, liberdades e garantias

É dever do Advogado para com a comunidade defender os direitos, liberdades e garantias[857], colaborando, de resto, com uma das atribuições da Ordem[858], como é também seu dever[859].

70. O dever de colaborar no acesso ao direito e aceitar nomeações oficiosas

O acesso ao direito e aos tribunais, assegurado de forma a ninguém ser dificultado ou impedido, em razão da sua condição social ou cultural, ou por insuficiência de meios económicos, o conhecimento, o exercício ou a defesa dos seus direitos, constitui uma responsabilidade do Estado, a promover designadamente através de dispositivos de cooperação com as instituições representativas das profissões forenses, garantindo o Estado uma adequada compensação aos profissionais forenses que intervierem no sistema de acesso ao direito e aos tribunais[860].

A proteção jurídica reveste as modalidades de consulta jurídica e apoio judiciário[861].

Sob o ponto 3.7, dispõe o Código Deontológico do C.C.B.E.: "sempre que o cliente puder beneficiar de proteção jurídica, quer na modalidade de consulta jurídica quer na de apoio judiciário, o advogado deve informá-lo desse facto". No direito interno português, também se trata de um dever para com o cliente, pelo que o Advogado não deixará de informar o seu cliente de que estará eventualmente nas condições previstas pela lei para poder beneficiar de proteção jurídica, informando-o sobre a possibilidade e a forma de obter apoio judiciário[862].

---

[857] Artigo 90º – nº 1 do EOA.

[858] Artigo 3º – nº 1 – a) do EOA.

[859] Artigo 91º – nº 1 – b) do EOA.

[860] Artigos 1º – nº 1, 2º e 3º – nº 2 da Lei nº 34/2004, de 29 de julho, na redação da Lei nº 47/2007, de 28 de agosto, e artigo 90º – nº 2 – f) do EOA. O acesso ao Direito e aos tribunais, nas modalidades de informação e consulta jurídica e de patrocínio judiciário, está constitucionalmente assegurado pelo artigo 20º – nºs 1 e 2 da Constituição da República Portuguesa.

[861] Artigo 6º da Lei citada na nota anterior, Lei a que pertencem todas as disposições seguidamente citadas sem indicação de outro diploma legal.

[862] Artigo 100º – nº 1 – a) do EOA.

DIREITO PROFISSIONAL DO ADVOGADO

70.1. Consulta jurídica

A consulta jurídica consiste no esclarecimento técnico sobre o direito aplicável a questões ou casos concretos nos quais avultem interesses pessoais legítimos ou direitos próprios lesados ou ameaçados de lesão e abrange ainda as diligências extrajudiciais que decorram diretamente do conselho jurídico prestado ou que se mostrem essenciais para o esclarecimento da questão colocada[863].

Pode ser prestada em gabinetes de consulta jurídica ou nos escritórios dos Advogados que adiram ao sistema de acesso ao direito, gratuitamente ou mediante o pagamento de uma taxa de 25 euros a favor do Instituto de Gestão Financeira e de Infra – Estruturas de Justiça, I.P., e deve tendencialmente cobrir todo o território nacional, sendo efetuada pela Ordem dos Advogados a nomeação, que pode ser totalmente automática, através de sistema eletrónico por ela gerido, dos profissionais forenses para a prestação da consulta jurídica, a pedido dos serviços de segurança social[864].

A consulta jurídica pode abranger ainda apoio pré-contencioso, no caso de litígio transfronteiriço[865].

70.2. Apoio judiciário

70.2.1. Em geral

O apoio judiciário compreende a dispensa de taxa de justiça e demais encargos com o processo, a nomeação e pagamento de compensação de patrono, a nomeação e pagamento de compensação de defensor oficioso, pagamento faseado de taxa de justiça e demais encargos com o processo, nomeação e pagamento faseado de compensação de patrono, pagamento faseado de compensação de defensor oficioso e atribuição de agente de execução[866] e ainda, no caso de litígio transfronteiriço, serviços presta-

---

[863] Artigo 14º.

[864] Artigos 15º – nºs 1, 2 e 3 da citada Lei e 1º da Portaria nº 10 /2008, de 3 de janeiro, com a redação da Portaria nº 654/2010, de 11 de agosto.

[865] Artigo 4º do Decreto-lei nº 71/2005, de 17 de março.

[866] Artigo 16º – nº 1. É de lamentar que, na Lei vigente, não se tivesse salvaguardado o princípio da livre escolha do patrono oficioso pelo patrocinado, princípio que apenas se manteve quanto à nomeação de defensor em processo penal (artigos 39º, 40º e 41º), na primitiva redação da Lei nº34/2004, antes da revogação do seu artigo 40º pela Lei nº 47/2007, assim ficando postergado o princípio da livre escolha do mandatário judicial pelo mandante, consagrado no artigo 62º – nº 2 do EOA e característico das profissões liberais, que nem no patrocínio oficioso devem deixar de o ser. Cfr., supra, nº 16 e nota anterior à sua antepenúltima nota, sobre possível inconstitucionalidade da Lei nº 47/2007.

314

XVI. DEVERES DO ADVOGADO PARA COM A COMUNIDADE ...

dos por intérprete, tradução de documentos e despesas de deslocação do requerente[867].

O apoio judiciário é independente da posição processual que o requerente ocupe na causa e do facto de ter sido já concedido à parte contrária, mantendo-se para efeitos de recurso qualquer que seja a decisão sobre o mérito da causa, sendo extensivo a todos os processos que sigam por apenso àquele em que essa concessão se verificar e sendo-o também ao processo principal, quando concedido em qualquer apenso[868].

Pode ser requerido pelo interessado na sua concessão; pelo Ministério Público em representação do interessado; por Advogado, Advogado estagiário ou Solicitador em representação do interessado, bastando para comprovar essa representação as assinaturas conjuntas do interessado e do patrono[869].

A prova e a apreciação da insuficiência económica devem ser feitas de acordo com os critérios estabelecidos na lei do acesso ao direito e em portarias dos Ministros responsáveis pela área da Justiça e da Segurança Social[870].

A decisão sobre a concessão de apoio judiciário compete ao dirigente máximo dos serviços de segurança social da área de residência ou sede do requerente ou da área onde tiver sido entregue o requerimento, se o requerente não residir ou não tiver sede em território nacional[871].

O requerimento de apoio judiciário é apresentado em qualquer serviço de atendimento ao público dos serviços de segurança social, sendo formulado em modelo a aprovar por portaria dos ministros com a tutela da justiça e da segurança social, facultado gratuitamente e apresentado pessoalmente, por telecópia, por via postal ou por transmissão eletrónica, neste caso através do preenchimento do respetivo formulário digital, acessível por ligação e comunicação informática[872].

---

[867] Artigo 3º do Decreto-lei nº 71/2005, de 17 de março.

[868] Artigo 18º. Face a este preceito, é ilegal diferenciar os conceitos de defensor e patrono oficioso, obrigando o arguido a requerer novamente junto da segurança social a nomeação de patrono para a ação executiva a correr por apenso ao processo-crime, questão abordada no Parecer nº 5/IAD-RSC, de 13 de Maio de 2014. Sobre a prevalência do defensor nomeado ao arguido no processo principal sobre os nomeados em processos apensos, *vide* o Parecer do Conselho Geral de 13 de março de 2014 – Pº nº 1/PP/2014-G- em www.oa.pt .

[869] Artigo 19º.

[870] Artigo 8º – nºs 1 e 2, 8º – A e 8º – B – nº 1 e Portarias nºs 1085-A/04, de 31 de agosto, alterada pela Portaria nº 288/2005, de 21 de março, e 11/2008, de 3 de janeiro.

[871] Artigo 20º.

[872] Artigo 22º – nºs 1 e 2 e Portaria nº 11/2008, de 3 de janeiro.

DIREITO PROFISSIONAL DO ADVOGADO

Quando o requerimento é apresentado por via postal, o serviço recetor remete ao requerente uma cópia com o carimbo de receção aposto, cuja exibição ou entrega de cópia serve de prova da entrega do requerimento apresentado pessoalmente ou por via postal, fazendo-se tal prova por qualquer meio idóneo de certificação mecânica ou eletrónica de receção no serviço competente quando enviado por telecópia ou transmissão eletrónica[873].

O procedimento de apoio judiciário é autónomo relativamente à causa a que respeite, não tendo qualquer repercussão sobre o andamento desta, exceto nos casos previstos no nº 5 do artigo 552º do Código de Processo Civil assim como, independentemente das circunstâncias referidas naquele normativo, estiver pendente recurso da decisão relativa à concessão de apoio judiciário e o autor pretende beneficiar deste para dispensa total ou parcial da taxa de justiça, casos em que deve juntar à petição inicial documento comprovativo da apresentação do respetivo pedido de apoio e efetuar o pagamento da taxa de justiça inicial no prazo de 10 dias a contar da data da notificação que indefira, em definitivo, o pedido de apoio judiciário, sob a cominação prevista no nº 6 do artigo 552º do Código de Processo Civil[874]; no caso em que o pedido de apoio judiciário é apresentado na pendência da ação judicial e o requerente pretende a nomeação de patrono, caso em que o prazo que estiver em curso se interrompe com a junção aos autos de documento comprovativo da apresentação do requerimento com que é promovido o procedimento administrativo, voltando a reiniciar-se a partir da notificação ao patrono nomeado da sua designação ou a partir da notificação ao requerente da decisão de indeferimento do pedido de nomeação do patrono[875].

Poderia parecer que, nos casos do artigo 552º – nº 5 do Código de Processo Civil, ou melhor, quando não é possível obter a nomeação de patrono antes do termo da caducidade do direito de ação, o autor apenas poderá beneficiar do apoio judiciário para dispensa total ou parcial da taxa de justiça. Mas não é assim, porque a ação se considera proposta na data em que for apresentado o pedido de nomeação de patrono[876].

---

[873] Artigo 22º – nºs 3 e 6.

[874] O prazo é de cinco dias no procedimento especial de despejo, nos termos do artigo 15º-S – nº 2 da Lei nº 6/2006, de 27 de fevereiro, na redação que lhe foi dada pela Lei nº 31/2012, de 14 de agosto

[875] Artigos 24º da Lei e 552º do Código de Processo Civil.

[876] Artigo 33º – nº 4.

XVI. DEVERES DO ADVOGADO PARA COM A COMUNIDADE ...

Dir-se-á, porém, que é assim, se o pedido de nomeação de patrono vier a ser deferido e que o autor só correrá risco, se o pedido vier a ser indeferido, pois então terá caducado o direito de ação.

Entendemos que, em qualquer dos casos, só caducará o direito de ação se esta não for proposta nos 30 dias seguintes ao indeferimento ou ao de deferimento do pedido de apoio judiciário, neste último caso pelo patrono nomeado, como a lei expressamente prevê[877].

O prazo para a conclusão do procedimento administrativo e decisão sobre o pedido de proteção jurídica de 30 dias, considerando-se tacitamente deferido, decorrido aquele prazo, mas quando esteja em causa um pedido de nomeação de patrono sem que se encontre pendente uma causa judicial, o interessado deve pedir a nomeação de patrono junto da segurança social para que esta, no prazo máximo de dois dias úteis, solicite nomeação à Ordem dos Advogados[878].

A decisão final sobre pedido de proteção jurídica é notificada ao requerente e, se o pedido envolver a designação de patrono, também à Ordem dos Advogados e, tratando-se de requerimento apresentado na pendência da ação, ao tribunal em que a ação se encontra pendente, bem como, através deste, à parte contrária[879].

A decisão sobre o pedido de proteção jurídica não admite reclamação nem recurso hierárquico ou tutelar, sendo suscetível de impugnação judicial, para a qual tem legitimidade a parte contrária na ação para a qual foi concedido o apoio judiciário[880].

É competente para conhecer e decidir o recurso em última instância o tribunal da comarca em que está sediado o serviço de segurança social que apreciou o pedido de apoio judiciário ou, caso o pedido tenha sido formulado na pendência da ação, o tribunal em que esta se encontra pendente[881].

---

[877] Artigo 33º – nºs 1 e 4. O prazo de 30 dias foi reduzido para 10 dias e não pode ser prorrogado pela Ordem dos Advogados, como prevê o nº 2 do artigo 33º, no procedimento especial de despejo, nos termos do artigo 15º – S – nº 1 – a) e b) da Lei nº 6/2006, de 27 de fevereiro, na redação dada pela Lei nº 31/2012, de 14 de agosto.

[878] Artigos 25º da dita Lei e 6º da citada Portaria nº 10/2008.

[879] Artigo 26º – nºs 1 e 4.

[880] Artigo 26º – nºs 2 e 5.

[881] Artigo 28º – nº 1. O acórdão do Tribunal Constituciomal nº 538/2014 de 9.7.2014, no processo nº 411/14, declarou a incoistitucionalidade com força obrigatória geral dos artigos 12º – nº 1 – a) e 6º – nº 1 – 1ª parte do Regulamento das Custas Processuais na interpretação de que a apreciação da impugnação judicial da decisão administrativa que negou a concessão de apoio judiciário está condicionada ao pagamento prévio de uma taxa de justiça.

DIREITO PROFISSIONAL DO ADVOGADO

Nos casos em que seja pedida e concedida a nomeação de patrono ou de defensor oficioso, compete à Ordem dos Advogados a nomeação do mandatário forense[882].

A nomeação de patrono é notificada ao requerente e ao patrono nomeado e, quando o requerimento de apoio judiciário tiver sido apresentado na pendência da causa, é comunicada ao tribunal e é feita a notificação com a expressa advertência do reinício de prazo judicial e, quanto ao requerente, com a menção expressa do nome e escritório do patrono bem como do dever de lhe dar colaboração[883].

O patrono nomeado para a propositura da ação deve intentá-la nos 30 dias seguintes à notificação da nomeação, comunicando tal facto à Ordem e apresentando justificação, no caso de não instauração da ação naquele prazo, designando-se novo patrono ao requerente, no caso de não ser apresentada justificação ou de esta não ser julgada satisfatória, sem prejuízo da eventual responsabilidade disciplinar e considerando-se proposta a ação na data em que foi apresentado o pedido de nomeação de patrono[884].

O patrono nomeado pode pedir escusa, mediante requerimento dirigido ao presidente do conselho regional da Ordem dos Advogados, requerimento no qual se contenha a alegação dos motivos da escusa, interrompendo-se o prazo que estiver em curso, se apresentado na pendência de ação judicial, e deliberando-se, no prazo de 15 dias, sobre o pedido de escusa, com nomeação de novo patrono, em caso de concessão de escusa[885].

No caso de haver pedido de escusa com o fundamento de inexistência de fundamento legal da pretensão, a Ordem dos Advogados pode recusar nova nomeação para o mesmo fim[886].

O beneficiário do apoio judiciário pode, em qualquer processo, requerer à Ordem dos Advogados a substituição do patrono nomeado, fundamentando o seu pedido, e, em caso de deferimento, aplicam-se, com as necessárias adaptações as normas sobre a escusa, devendo a Ordem dos Advogados comunicar ao tribunal a substituição do patrono concedida na pendência do processo[887].

---

[882] À Ordem compete emitir título de nomeação que substitua a procuração pela qual se constitui Advogado.
[883] Artigo 31º.
[884] Artigo 33º.
[885] Artigo 34º – nºs 1, 2, 3, 4 e 5.
[886] Artigo 34º – nº 5.
[887] Artigo 32º.

O patrono ou defensor nomeado pode substabelecer, com reserva, para diligência determinada, desde que indique substituto, sendo a remuneração do substabelecido da responsabilidade do patrono ou defensor nomeado[888].

70.2.2 Nomeação de defensor em processo penal

Dispunha o artigo 57º – nº 3 da Lei nº 30-E/2000, de 20 de dezembro, que o Governo regularia, por Decreto-lei, a apresentação, instrução, apreciação e decisão pelos serviços de segurança social dos pedidos de apoio judiciário formulados por arguidos em processo penal, que até à entrada em vigor desse diploma complementar continuariam a ser apresentados, instruídos, apreciados e decididos perante a autoridade judiciária[889], não tendo esta, portanto, competência para a concessão de apoio judiciário ao assistente em processo penal, concessão que pertencia à segurança social já na vigência daquela Lei, como acontece hoje por expressa previsão da atual Lei[890].

Hoje também a concessão de apoio judiciário ao arguido passou a ser da competência da segurança social.

A nomeação de defensor ao arguido e a sua dispensa e substituição são feitas nos termos do Código de Processo Penal, sendo a nomeação antecedida da advertência ao arguido de que tem direito a constituir defensor e, caso não seja constituído, o arguido deve emitir declaração relativa ao rendimento, património e despesa permanente do seu agregado familiar, devendo ser nomeado provisoriamente defensor, pois a nomeação depende da concessão de apoio judiciário pelos serviços da segurança social, se a secretaria concluir pela insuficiência económica do arguido, ou, no caso contrário, devendo a secretaria adverti-lo de que deve constituir Advogado[891].

Se o arguido não requerer a concessão de apoio, quando lhe for nomeado defensor provisório, ou, quando advertido para tal, não constituir Advogado e for obrigatória ou considerada necessária ou conveniente a assistência de defensor, caso em que deve este ser nomeado, fica o arguido

---

[888] Artigos 35º – nºs 1 e 2 da dita Lei e 17º – nºs 1 e 2 da citada Portaria.

[889] Apesar de a lei usar esta expressão, parece-nos que o Ministério Público não poderia conceder apoio judiciário, por dever admitir-se recurso jurisdicional quanto à respetiva decisão, mas o recurso estava previsto no Decreto-lei nº 387 – B/87, de 29 de dezembro, que foi revogado pela Lei nº 30 – E/2000, de 20 de dezembro, embora esta talvez o mantivesse vigente para este aspeto como também para o apoio judiciário requerido até 30 /12/2000 – artigo 57º – nº 2.

[890] Artigo 44º – nº 2.

[891] Artigo 39º – nºs 1 a 6 da citada Lei.

DIREITO PROFISSIONAL DO ADVOGADO

responsável pelo pagamento do triplo do valor estabelecido nos termos do artigo 36º – nº 2 da lei do acesso ao direito, que é de 150 euros[892], e, não lhe sendo concedido o apoio requerido, fica sujeito ao pagamento do valor fixado nos termos daquele artigo, a não ser que se demonstre a falsidade da sua declaração, caso em que fica sujeito ao pagamento do quíntuplo do mesmo valor[893].

A nomeação de defensor em processo penal pode, pois, verificar-se por força de concessão de apoio judiciário, mas, se não for caso disso, ocorrerá sempre por força da obrigatoriedade de assistência do defensor em processo penal, nos termos do artigo 64º do Código de Processo Penal, sendo obrigatória a sua nomeação, ao menos, no despacho de encerramento do inquérito[894].

Para a assistência ao primeiro interrogatório de arguido detido ou para audiência em processo sumário ou outras diligências urgentes previstas no Código de Processo Penal, a nomeação recai em defensor que, para efeitos de nomeação, conste de escalas de prevenção de Advogados ou Advogados estagiários e que se encontre presente[895].

A nomeação para as referidas diligências urgentes é efetuada pelo tribunal através da secretaria, com base na designação feita pela Ordem dos Advogados constante da lista de escala de prevenção de Advogados e Advogados estagiários, podendo a nomeação ser feita pelo Ministério Público, através da secretaria ou dos seus serviços e pelos órgãos de polícia criminal, nos casos previstos na alínea c) do nº 1 do artigo 64º do Código de Processo Penal, ou pelo Ministério Público, através da secretaria ou dos seus serviços, nos casos previstos no nº 3 do artigo 64º e no nº 2 do artigo 143º do mesmo Código, mas sendo a nomeação sempre comunicada à Ordem dos Advogados, pois a nomeação é mantida para as restantes diligências do processo quando não exista mandatário constituído ou defensor nomeado, salvo se o arguido afirmar pretender constituir mandatário para as restantes diligências do processo ou quando exista defensor nomeado e este tenha faltado a

---

[892] Artigo 8º da Portaria nº 10/2008, de 3 de janeiro.

[893] Artigo 39º – nºs 7, 8 e 9 da citada Lei.

[894] Artigo 64º – nº 3 do Código de Processo Penal. Mas cfr. artigo 287º – nº 4 do mesmo Código.

[895] Artigo 41º – nº 2. O Regulamento nº 330-A/2008, de 24 de junho, referente à Organização e Funcionamento do Sistema de Acesso ao Direito na Ordem dos Advogados excluiu os Advogados estagiários das escalas de prevenção, tendo sido considerado inconstitucional o artigo 41º – nº 2 da Lei do Acesso ao Direito no Parecer de VITAL MOREIRA, Parecer de que discordámos – Cfr. supra, nº 17.

diligências em que deva estar presente, caso em que a nomeação implica a substituição do defensor anteriormente nomeado, sendo a nomeação apenas para a diligência em causa quando haja mandatário constituído[896].

As listas de escalas de prevenção de Advogados e Advogados estagiários disponíveis para se deslocar, quando tal for solicitado, ao local em que ocorra determinada diligência urgente não importa a sua efetiva permanência no local da eventual realização da diligência, salvo nos casos em que a Direção – Geral da Administração da Justiça o solicite à Ordem dos Advogados, com, pelo menos, um mês de antecedência, relativamente à data da escala de prevenção, pois só no caso de haver lugar a diligências urgentes as entidades atrás referidas devem contactar, diretamente e por qualquer meio idóneo, os Advogados ou Advogados estagiários constantes da lista, em número estritamente necessário à assistência e defesa dos beneficiários envolvidos, devendo aqueles deslocar-se ao local da diligência no prazo máximo de uma hora após o contacto, mesmo que contactados para a participação em mais do que uma diligência e mesmo que estas se reportem a processos distintos[897].

Quando o Advogado ou Advogado estagiário nomeado defensor pedir dispensa de patrocínio invocando fundamento que considere justo em requerimento dirigido à Ordem dos Advogados, esta decidirá, no prazo de cinco dias, mantendo-se, porém, o defensor, enquanto não for substituído, mas pode o tribunal, em caso de urgência, nomear outro defensor, até que o presidente do conselho distrital se pronuncie[898].

Cessa a nomeação de defensor sempre que o arguido constitua mandatário[899].

O defensor nomeado não pode aceitar mandato do mesmo arguido[900].

É a solução que resulta do disposto no artigo 3º – nº 3, segundo o qual é vedado aos profissionais forenses que prestem serviço no âmbito do acesso ao direito, em qualquer das suas modalidades, auferir, com base neles, remuneração diversa da que tiverem direito nos termos da lei do acesso ao direito.

---

[896] Artigo 3º – nºs 1, 2, 3 e 5 a 7 da Portaria nº 10 /2008, com a redação da Portaria nº 210/2008, de 29 de fevereiro.
[897] Artigo 4º da citada Portaria.
[898] Artigo 42º.
[899] Artigo 43º – nº 1.
[900] Artigo 43º – nº 2.

DIREITO PROFISSIONAL DO ADVOGADO

70.3 Participação dos profissionais forenses no sistema de acesso ao direito

Desde 1 de setembro de 2008[901], é a Ordem dos Advogados que efetua a seleção dos profissionais forenses a participar no sistema de acesso ao direito, sendo voluntária a sua candidatura, sem prejuízo do disposto no EOA, seleção que deve procurar assegurar a qualidade dos serviços prestados[902], e a nomeação pode ser realizada de forma totalmente automática, através de sistema eletrónico por ela gerido, de entre Advogado ou Advogado estagiário, de acordo com a sua competência estatutária e em razão da natureza da causa[903], podendo os Advogados estagiários, a título individual e sem qualquer acompanhamento do patrono, participar no acesso ao direito em diligências e processos nos termos definidos pela Ordem dos Advogados e, mediante acompanhamento por parte do seu patrono, participar em todas as diligências e processos a este atribuídos[904].

Os profissionais forenses participantes no sistema de acesso ao direito devem utilizar todos os meios eletrónicos disponíveis no contacto com os tribunais, designadamente no que respeita ao envio de peças processuais e documentos por transmissão eletrónica de dados, nos termos definidos no artigo 150º do Código de Processo Civil e na Portaria prevista no artigo 138º-A do mesmo Código[905].

---

[901] Até 31 de agosto de 2008, mantiveram-se em vigor as regras relativas à seleção e participação dos profissionais forenses no sistema de acesso ao direito bem como as relativas ao pagamento de honorários e compensação de despesas, nos termos do artigo 35º da Portaria nº 10/2008, na redação da Portaria nº 210 /2008.

[902] Artigos 45º – nº 1 – a) da Lei e 10º da Portaria nº 10 /2008, de 3 de janeiro.

[903] A competência estatutária e em razão da natureza da causa dos Advogados estagiários está fixada para o processo civil no artigo 42º do Código de Processo Civil, mas o infeliz Regulamento nº 330-A/2008, de 24 de junho, excluiu os Advogados estagiários do apoio judiciário – cfr., *supra*, nº 17 – pois os artigos 2º – nº 4 e 4º – nº 2 do Regulamento apenas lhes permite, a título individual, a prestação de serviços previstos na alínea e) do artigo 18º da Portaria nº 18/2008, ou seja, a consulta jurídica prestada exclusivamente nos gabinetes de consulta jurídica.

[904] Artigos 30º e 45º – b) da citada Lei e 2º e 12º da citada Portaria, na redação da Portaria nº 210/2008, que o Regulamento citado na nota anterior não respeitou. O nº 3 do artigo 2º do citado Regulamento na redação da Deliberação nº 1551/2015, de 18 de junho, publicada no Diário da República, 2ª série nº 52, de 6 de Agosto, Deliberação que ordenou a republicação do Regulamento, dispõe que os Advogados estagiários com inscrição em vigor podem participar no sistema de acesso ao direito e aos tribunais em tdos os processos atribuídos ao seu patrono nos termos do artigo 189º do EOA (anterior ao atual, no qual lhe corresponde o artigo 195º – nº 2), intervindo em diligências determinadas, mediante substabelecinento com reserva.

[905] Artigo 13º da Portaria. A Portaria prevista no artigo 138º – A do Código de Processo Civil é a Portaria nº 114/2008, de 6 de fevereiro.

XVI. DEVERES DO ADVOGADO PARA COM A COMUNIDADE ...

Todas as notificações, pedidos de nomeações e comunicações entre a Ordem dos Advogados e os tribunais, as secretarias ou serviços do Ministério Público, os órgãos de polícia criminal, os profissionais forenses participantes no sistema de acesso ao direito, os serviços de segurança social e o IGFIJ, I. P., devem realizar-se por via eletrónica, através do sistema gerido pela Ordem dos Advogados[906].

A exclusão do sistema de acesso ao direito de profissionais forenses que não observem as regras de exercício do patrocínio e da defesa oficiosa é efetuada nos termos definidos pela Ordem dos Advogados, que deve ser informada da inobservância daquelas regras pelo Juiz e Ministério Público[907].

Os profissionais forenses participantes no sistema de acesso ao direito que saiam do sistema, independentemente do motivo, antes do trânsito em julgado num processo ou do termo definitivo de uma diligência para que estejam nomeados devem restituir, no prazo máximo de 30 dias, todas as quantias entregues por conta de cada processo ou diligência em curso, excetuando-se as situações em que haja lugar a integral substituição do profissional a quem foi atribuído um lote de processos por outro participante do sistema, nos termos que compete à Ordem dos Advogados determinar, bem como a forma de repartição entre os profissionais forenses das quantias entregues, o que se aplica aos casos de escusa e dispensa de patrocínio relativamente aos processos em que cesse o patrocínio e a defesa oficiosas[908].

Os profissionais forenses devem optar, no momento da sua candidatura, pela designação para as seguintes modalidades de prestação de serviços no sistema de acesso ao direito:

a) Lotes de processos, que podem ter as seguintes composições:
   1 – Lote para acompanhamento de 50 processos em simultâneo;
   2 – Lote para acompanhamento de 30 processos em simultâneo;
   3 – Lote para acompanhamento de 20 processos em simultâneo; e
   4 – Lote para acompanhamento de 10 processos em simultâneo;
b) Nomeação isolada para processos;
c) Lotes de escalas de prevenção, que podem ter as seguintes composições:
   1 – Lote de 36 escalas de prevenção por ano;
   2 – Lote de 24 escalas de prevenção por ano;

---

[906] Artigo 29º da Portaria.
[907] Artigo 14º da Portaria, na redação da Portaria nº 210/2008.
[908] Artigos 15º e 16º da Portaria, o primeiro na redação da Portaria nº 210/2008.

DIREITO PROFISSIONAL DO ADVOGADO

3 – Lote de 12 escalas de prevenção por ano;
4 – Lote de 6 escalas de prevenção por ano;
d) Designação isolada para escalas de prevenção;
e) Designação para consulta jurídica.

O profissional forense não pode inscrever-se:
a) Para mais do que um lote de processos;
b) Para um lote de processos e para nomeação isolada para processos;
c) Para mais do que um lote de escalas de prevenção; e
d) Para um lote de escalas de prevenção e para designação isolada para escalas de prevenção[909].

Os lotes, nomeações e designações acabados de referir têm de respeitar a processos, escalas de prevenção e consultas jurídicas da mesma circunscrição, para o que pode a Ordem dos Advogados agregar comarcas para formar circunscrições de maior dimensão, sendo consideradas como pertencendo à mesma circunscrição as comarcas da área metropolitana de Lisboa, o que também acontece quanto às comarcas da área metropolitana do Porto[910].

Compete à Ordem dos Advogados determinar o número de lotes de processos e de escalas de prevenção e a respetiva composição bem como definir as circunscrições em que se justifica a sua existência, disponibilizando no seu sítio da Internet informação relativa ao preenchimento dos lotes[911].

---

[909] Artigos 45º – c) da Lei e 18º da Portaria e artigo 4º do Regulamento nº 330-A/2008, de 24 de junho.

[910] Artigo 19º da Portaria.

[911] Artigo 20º e 21º – nº 9 da Portaria, com a redação da Portaria nº 654/2010, de 11 de agosto. Por deliberação do Conselho Geral de 15 de julho de 2011, a candidatura para participação no sistema de acesso ao direito apresentada em 2011 não contemplará as modalidades de prestação de serviços por lotes de processos e/ou lotes de escalas de prevenção por tais modalidades não se justificarem em qualquer comarca do Continente ou Regiões Autónomas, pelo que haverá apenas designações isoladas para processos e para escalas de prevenção. É de aplaudir esta deliberação porque até à vigência da Portaria nº 210/2008, de 28 de fevereiro, a primitiva redação da Portaria nº 10/2008, de 3 de janeiro, no artigo 20º, prescrevia que a Ordem dos Advogados determina o número de lotes de acompanhamento de 50 processos, em simultâneo, existentes em cada circunscrição, devendo ser criados, pelo menos, 200 daqueles lotes de 50 processos na área metropolitana de Lisboa e 100 na do Porto, e, embora estes números de 200 e 100 lotes de 50 processos, tenha desaparecido, decorridos menos de dois meses, com a Portaria nº 210/2008, mantiveram-se lotes de 50, 30, 20 e 10 processos, em simultâneo, o que, em conjugação com o disposto no artigo 21º – nºs 1, 2 e 3, que, de seguida, citaremos, conduziu à *profissionalização* dos patronos oficiosos nomeados pelo sistema de

XVI. DEVERES DO ADVOGADO PARA COM A COMUNIDADE ...

Os lotes de escalas de prevenção renovam-se automaticamente no dia 1 de janeiro de cada ano e o profissional forense que não pretenda a renovação do lote de escalas de prevenção em que se encontra inscrito deve comunicá-lo à Ordem dos Advogados em termos a definir por esta entidade[912].

Os lotes são de preenchimento sucessivo, pelo que, dentro de cada circunscrição só se inicia o preenchimento de um lote após o total preenchimento do lote anterior, competindo á Ordem dos Advogados hierarquizar os profissionais forenses pertencentes ao sistema de acesso ao direito, determinando, por essa via, a ordem de preenchimento dos lotes, e tendo prioridade no preenchimento dos lotes os que optarem por lotes de maior dimensão como terão prioridade os que optarem por lotes relativamente aos que optarem por nomeação isolada para processos ou por designação isolada para escalas de prevenção[913].

Nos lotes de processos, a remoção de um processo do lote, designadamente por trânsito em julgado ou constituição de mandatário pelo beneficiário, determina a substituição automática por outro processo, respeitando sempre as regras de prioridade no preenchimento dos lotes[914].

Apenas são contabilizadas para efeito de preenchimento dos lotes as escalas de prevenção em que tenha ocorrido efetiva deslocação ao local de realização da diligência, mas é contabilizada em duplicado, para todos os efeitos, a escala de prevenção que, em virtude do número de diligências ou da particular complexidade de uma ou de algumas delas, implique a permanência no local das diligências por período superior a seis horas[915].

O defensor nomeado para um ato mantém-se para os atos subsequentes do processo[916], não obstando à contabilização dessa diligência para efeitos de preenchimento do lote de escalas de prevenção[917].

---

acesso ao direito, o que porventura era querido pelo legislador e devia ter sido repudiado pela Ordem dos Advogados pelos perigos futuros dessa *profissionalização*, perigos que conduziram a que ultimamente se fale da funcionalização pública de patronos e defensores oficiosos, sistema que poupará fundos ao Estado, mas que é inaceitável para a Ordem dos Advogados, que não pode pactuar com o desvirtuamento causado por uma espécie de advocacia de Estado inserida num sistema de advocacia colegiada, com perda da sua independência.

[912] Artigo 23º da Portaria.

[913] Artigo 21º – nºs 1, 2 e 3 da Portaria.

[914] Artigo 21º – nº 4 da Portaria.

[915] Artigo 21º – nºs 6 e 7 da Portaria, este último na redação da Portaria nº 210/2008.

[916] Artigo 41º – nº 3.

[917] Artigo 3º – nº 5 e 21º – nº 8 da Portaria nº 10/2008, o último na redação da Portaria nº 210/2008.

DIREITO PROFISSIONAL DO ADVOGADO

Sem prejuízo do que acaba de dizer-se, a nomeação para diligência urgente, tratando-se de Advogado que esteja igualmente inscrito para lote de processos, determina a sua nomeação para todo o processo, mesmo que isso signifique o aumento temporário do número de processos correspondente ao seu lote e, verificando-se esta situação, não há lugar a substituição de um processo que tenha sido removido do

lote enquanto o número de processos não for inferior ao valor máximo previsto para esse lote e, não se verificando tal situação, a nomeação é considerada como nomeação isolada para processo[918].

As nomeações isoladas para processos consistem na nomeação ocasional dos profissionais forenses para um processo concreto como as designações isoladas para escalas de prevenção consistem na designação ocasional dos profissionais forenses para uma escala de prevenção em concreto, não estando limitado o número de processos ou escalas de prevenção para cada profissional forense que optou por estas nomeações isoladas, mas as nomeações devem respeitar sempre as regras de prioridade na atribuição de processos, e, salvo nos casos especialmente previstos, não se considerando nomeação isolada para um processo a nomeação para uma diligência durante uma escala de prevenção[919].

Quando o mesmo facto der causa a diversos processos, o sistema deve assegurar, preferencialmente, a nomeação do mesmo patrono ou defensor oficioso ao beneficiário, quando o profissional forense está inscrito para lotes de processos e nos casos em que o profissional forense intente apenso ou incidente em processo para que tenha sido nomeado deve informar o representado de tal facto bem como do objetivo a atingir com a criação do apenso ou incidente, por carta registada com aviso de receção[920].

Com o atual regime de concessão de apoio judiciário, pretendeu-se retirar ao Juiz a decisão sobre a sua concessão bem como a nomeação de patrono indicado pela Ordem dos Advogados, para a confiar aquela decisão ao dirigente máximo do serviço de segurança social da área de residência do requerente, passando a nomeação a caber à Ordem dos Advogados. Se o pedido de nomeação prévia de patrono para a instauração da ação, pedido em que não havia lugar a citação ou notificação e que determinava

---

[918] Artigo 22º da Portaria, na redação da Portaria nº 210/2008.

[919] Artigo 24º da Portaria, na redação da Portaria nº 210/2008.

[920] Artigos 45º – nº 1 – d) da Lei e 7º da Portaria, com a redação da Portaria nº 654/2010, de 11 de agosto.

a apensação do processo de nomeação ao processo principal[921], não causava qualquer perturbação no andamento da causa, o pedido de nomeação de patrono na pendência da causa, que fazia suspender o prazo para a contestação da ação, prazo que voltava a correr de novo a partir da notificação do despacho que conhecesse daquele pedido[922], não atrasava significativamente a causa nem sobrecarregava demasiadamente o Juiz, que era quem decidia o incidente após os articulados e que era em quem se centralizava todo o sistema, com a consequente economia de tempo e de meios e sobretudo com a grande vantagem dos seus conhecimentos sobre o tipo de ação a propor ou a contestar, sobre o tribunal competente, sobre o conselho distrital ou delegação da Ordem com competência para a indicação de Advogado ou Advogado estagiário.

Mas, com o regime atual, está instalada uma grande anarquia, que começa pela natural falta de sensibilidade dos serviços de segurança social para aquilatarem do tipo de ação a instaurar ou a contestar, do tribunal competente, do conselho distrital ou delegação com competência para a nomeação de Advogado ou Advogado estagiário, e que impõe à Ordem dos Advogados custos acrescidos com notificações ao requerente e ao patrono nomeado, com o controle do prazo de instauração da ação, com escusas apresentadas, com comunicações ao tribunal das escusas concedidas, o que tudo redunda em acréscimo de trabalho até para o tribunal e o Juiz, quando antigamente tudo era simples e funcionava bem, sem grandes sacrifícios para os próprios requerentes do apoio judiciário, convindo apenas impor--se talvez a prova da insuficiência económica também por documento emanado dos serviços da segurança social, que não podem presumi-la só porque o interessado nada desconta (até porque é rico) e um pré-juízo a emitir talvez por gabinetes de consulta jurídica da Ordem dos Advogados sobre a viabilidade da ação a instaurar e sobre o tribunal competente.

70.4. Compensação dos profissionais forenses
Os valores das compensações devidas aos profissionais forenses inscritos para lotes de processos ou para nomeação isolada para processos são os estabelecidos na Portaria nº 1386/2004, de 10 de novembro, sendo ainda devidas duas unidades de referência após a resolução do litígio, que ponha termo ao

---

[921] Artigos 25º e 26º – nº 6 do Decreto-lei nº 387-B/87, de 29 de dezembro.
[922] Artigo 24º – nº 2 do diploma citado na nota anterior.

DIREITO PROFISSIONAL DO ADVOGADO

processo, se esta ocorrer antes da audiência de discussão e julgamento e, tratando-se de processo penal, desde que tenha havido acusação[923].

Caso o profissional forense se encontre inscrito em lote de processos, o pagamento da compensação é efetuado nos seguintes termos:

a) No momento de atribuição de lote, pagamento de 30% do valor, tendo em conta apenas o procedimento em primeira instância, de cada processo inserido no lote, o que se aplica sempre que haja a entrada de um novo processo para o lote, exceto se o processo de apoio judiciário tiver por finalidade a propositura de uma ação ou a instauração de um processo e vier a concluir-se pela inexistência de fundamento para a pretensão do beneficiário, caso em que é devido ao patrono nomeado a compensação correspondente a uma unidade de referência, o que também será aplicável em caso de nomeação para assistência ao primeiro interrogatório de arguido detido, para audiência em processo sumário ou para outras diligências urgentes em processo penal quando o arguido afirmar pretender constituir mandatário para as restantes diligências do processo[924];

b) Pagamento do restante após o trânsito em julgado ou a constituição de mandatário[925].

Nos processos de nomeação isolada, o pagamento da compensação é efetuado quando ocorra o trânsito em julgado ou após a constituição de mandatário pelo beneficiário[926].

Nos casos em que a nomeação para assistência ao primeiro interrogatório de arguido detido, para audiência em processo sumário ou para diligências urgentes previstas no Código de Processo Penal, resulte da não comparência de mandatário constituído, o arguido suporta a quantia prevista para o caso de nomeação para diligência isolada em processo que entra em regra de custas[927].

Os valores das compensações devidas aos profissionais forenses inscritos para escalas de prevenção são os estabelecidos na Portaria nº 1386/2004, de 10 de novembro, e são devidos após a realização da escala de prevenção com efetiva deslocação ao local da diligência e se o profissional forense for

---

[923] Artigo 25º – nºs 1 e 4 da Portaria, na redação da Portaria nº 210/2008.
[924] Artigo 25º – nºs 3 – a) e c), 7 e 10 da Portaria, na redação da Portaria nº 210/2008.
[925] Artigo 25º – nº 3 – b) da Portaria, na redação da Portaria nº 210/2008.
[926] Artigo 25º – nº 6 da Portaria, na redação da Portaria nº 210/2008.
[927] Artigo 25º – nº 9 da Portaria, na redação da Portaria nº 210/2008.

XVI. DEVERES DO ADVOGADO PARA COM A COMUNIDADE ...

nomeado para as restantes diligências do processo apenas é devida compensação pelo processo[928].

Pela realização de uma consulta jurídica é devido o pagamento 25 euros após efetiva realização da consulta[929].

O pagamento da compensação devida aos profissionais forenses deve ser processado pelo IGFIJ, I. P., até ao termo do mês seguinte àquele em que é confirmada, pela secretaria do tribunal ou serviço competente junto do qual corre o processo, no sistema, através de página da Internet criada e disponibilizada pelo IGFIJ, I.P., e de acesso reservado àquela secretaria ou serviço, os quais devem verificá-la quinzenalmente, a prática dos factos determinantes da compensação, nos termos expostos, pagamento que é efetuado por via eletrónica, tendo em conta a informação remetida Pela Ordem dos Advogados ao IGFIJ, I. P., devendo os serviços do Ministério da Justiça realizar auditorias ao sistema de acesso ao direito e aos tribunais, podendo solicitar, a todo o tempo, informação aos tribunais, ao Ministério Público ou aos seus serviços e aos órgãos de polícia criminal ou a quaisquer entidades junto das quais corram processos em que tenha havido nomeação de patrono[930].

O facto determinante da compensação na consulta jurídica realizada em escritório de Advogado é a sua realização confirmada por remessa eletrónica, em formato PDF, pelo profissional forense ao IGFIJ, I.P., de declaração assinada pelo beneficiário da consulta jurídica, atestando que a mesma lhe foi prestada[931].

Quanto ao pagamento antecipado e ao reembolso de despesas, há, atualmente, detalhada regulamentação[932].

Também está prevista a compensação a profissional forense nomeado, em caso da sua substituição por Advogado constituído[933].

Sempre que haja um processo judicial, os encargos decorrentes do apoio judiciário são levados a regras de custas a final, o que também é aplicável ao processo penal[934].

---

[928] Artigo 26º nºs 1, 2 e 3 da Portaria, na redação da Portaria nº 210/2008.

[929] Artigo 27º da Portaria.

[930] Artigo 28º – nºs 1, 2, 3, 4, 5 e 6 da Portaria nº 10/2008 na redação da Portaria nº 319/2011 de 30 de dezembro.

[931] Artigo 28º – nº 2 – e) da Portaria nº 10/2008 na redação da Portaria nº 319/2011 de 30 de dezembro.

[932] Artigos 8º – A, 8º – B, 8º – C e 8º – D da Portaria, artigos introduzidos pela Portaria nº 654//2010, de 11 de agosto.

[933] Artigo 28º – A da Portaria, também introduzido pela Portaria citada na nota anterior.

[934] Artigos 36º – nº 1 e 44º da citada Lei.

DIREITO PROFISSIONAL DO ADVOGADO

Se bem se compreende que, em caso de litigância de má fé, os honorários do Advogado da parte contrária ao litigante de má fé devam ser suportados por este, nos termos do artigo 543º – nº 1-a) do Código de Processo Civil, é totalmente inaceitável que a compensação do patrono ou defensor oficioso seja suportada pela parte contrária à que beneficiou de apoio judiciário só porque aquela ficou vencida, o que, para além do que resulta da aplicação do artigo 26º – nº 3 – c) do Regulamento das Custas Processuais, representa uma injusta discriminação em relação a quem ficou vencido em questão em que a contraparte não beneficiava de apoio judiciário, sendo, por isso mesmo, inconstitucionais as respetivas disposições legais, designadamente o artigo 16º – nº 1 – ii) do Regulamento das Custas Processuais aprovado pelo Decreto-lei nº 34/2008, de 26 de fevereiro.

É certo que, nos termos do artigo 533º do Código de Processo Civil, se compreendem nas custas de parte os honorários do mandatário e as despesas por este efetuadas; mas este preceito tem de ser conjugado com o citado artigo 26º – nº 3 – c) do Regulamento das Custas Processuais que o regulamenta e que estabelece que, a título de custas de parte, a parte vencida é condenada em 50% do somatório das taxas de justiça pagas pela parte vencida e pela parte vencedora para compensação da parte vencedora face às despesas com honorários do mandatário (...) sempre que seja apresentada a nota referida nas alíneas c) e d) do nº 2 do artigo anterior, estando, assim, limitado ao valor estabelecido por este preceito o pagamento dos honorários do Advogado da parte vencedora pela parte vencida, salvo em caso de litigância de má-fé ou ou de convenção pelas partes quanto ao pagamento de honorários, pois a obrigação do seu pagamento só pode ter como fonte a lei ou o contrato[935].

Note-se que, se antes do Decreto-lei nº 387-B/87, de 29 de dezembro, que foi revogado pela agora revogada Lei nº 30-E/2000, quando aos Advogados não era pago o que seria justo pelas defesas oficiosas, acabava por recair apenas sobre eles um encargo que devia impender sobre todos os cidadãos ou, o que é o mesmo, sobre o Estado, pretendeu-se desonerar este desse encargo através da sua imposição, por via legislativa, sobre quem decair em qualquer questão...

Este princípio que assim foi introduzido na nossa lei é ainda mais injusto do que o sistema anterior ao citado Decreto-lei nº 387-B/87, quando os honorários pagos aos defensores oficiosos eram uma afronta à

---

[935] Cfr., supra, nºs 59 e 67 e nota deste referente a pagamento de honorários nos termos legais.

dignidade da profissão de Advogado, que tinha de custear em espécie um encargo social do Estado...

70.5. Nomeação oficiosa de Advogado por inexistência de aceitação voluntária de patrocínio

Compete ao conselho regional nomear Advogado ao interessado por não encontrar quem aceite voluntariamente o seu patrocínio, notificar essa nomeação, logo que realizada, ao requerente e ao Advogado nomeado e julgar escusa que o Advogado eventualmente alegue dentro das quarenta e oito horas contadas da notificação da sua nomeação ou do facto superveniente que a fundamente[936].

Também o Código de Processo Civil dispõe que, se a parte não encontrar na circunscrição judicial quem aceite voluntariamente o seu patrocínio, pode dirigir-se ao presidente do conselho regional da Ordem dos Advogados ou à respetiva delegação para que lhe nomeiem Advogado, sendo a nomeação feita sem demora e notificada ao nomeado, que pode alegar escusa dentro de cinco dias e que, na falta de escusa ou quando esta não seja julgada legítima por quem fez a nomeação, deve exercer o patrocínio, sob pena de procedimento disciplinar[937].

É óbvio que, para além da divergência de prazo explicável pelo facto de terem sido elevados para cinco dias os prazos de menor duração pelo artigo 6º – nº 1 – a) do Decreto-lei nº 329-A/95, de 12 de dezembro, não há outra diferença de regime, pois a competência é sempre do conselho regional e nunca do seu presidente ou da delegação.

Mas dispõe também o citado Código que ao juiz pertence também a nomeação no caso de urgência[938].

71. O dever de não solicitar nem angariar clientes

Constitui dever do Advogado para com a comunidade e é corolário do interesse público da profissão não solicitar nem angariar clientes por si nem por interposta pessoa[939].

É a dignidade e decoro da profissão que exigem que o Advogado não promova a captação de clientela por si ou o seu agenciamento por outrem e, muito menos por uma organização em que outrem e o Advogado estejam

---

[936] Artigo 54º – nº 1 – o) e p) do EOA.
[937] Artigo 51º do Código de Processo Civil.
[938] Artigo 51º – nº 3 do Código de Processo Civil.
[939] Artigo 90º – h) do EOA.

DIREITO PROFISSIONAL DO ADVOGADO

economicamente interessados e que constituiria um escritório de procuradoria ilícita, proibido pelo artigo 6º – nº 1 da Lei nº 49/2004, de 24 de agosto, porque a lei pretende não só que os atos próprios da profissão dos Advogados sejam um exclusivo destes mas também que sejam exclusivamente seus os rendimentos desta profissão de interesse público.

A noção de interposta pessoa deve ir buscar-se ao artigo 579º – nº 2 do Código Civil: o cônjuge do Advogado, a pessoa de quem este seja herdeiro presumido ou terceiro de acordo com o Advogado.

A angariação de clientela pelo Advogado ou por interposta pessoa violaria, de resto, outro dever do Advogado para com a comunidade, de que vamos tratar de seguida.

72. A escolha direta e livre do advogado pelo cliente e outros deveres

Constitui dever do Advogado para com a comunidade não aceitar mandato ou prestação de serviços profissionais que, em qualquer circunstância, não resulte de escolha direta e livre pelo mandante ou interessado.

Na verdade, o mandato judicial não pode ser objeto, por qualquer forma, de medida ou acordo que impeça ou limite a escolha direta e livre do mandatário pelo mandante[940].

É manifesto que estes princípios não ficam postergados se o Advogado tiver sido recomendado por outrem a pedido do cliente[941].

Mas é total a sua subversão se o cliente procura um Advogado e este substabelece noutro, mesmo com reserva de poderes, sem jamais usar os poderes reservados, ou se passou procuração ao Advogado sócio de uma sociedade de Advogados, ficando verbalmente estabelecida a não extensibilidade do mandato, e aquele sócio nunca mais viu o cliente, cujo assunto acabou por ser tratado, já não por um outro sócio mas até por um Advogado assalariado da sociedade.

Acresce que, enquanto em certos países, como a Bélgica, nem sequer são admitidos Advogados assalariados de outros Advogados, por não se acreditar que ao exercício da sua profissão resulte de escolha direta e livre pelo cliente, e noutros, como a Inglaterra, o País de Gales, a Escócia e a Irlanda do Norte, o mandato judicial não pode ser exercido por Advogados assalariados de outros Advogados, por não se confiar na independência e

---

[940] Artigo 67º – nº 2 do EOA. Também o artigo 98º – nº 1 do EOA proíbe a aceitação do patrocínio, se o Advogado não tiver sido livremente mandatado pelo cliente.

[941] No mesmo sentido, *vide* o Ac. do Conselho Superior de 22/5/69, na ROA, 30º, pág. 205.

XVI. DEVERES DO ADVOGADO PARA COM A COMUNIDADE ...

autonomia técnica daqueles e em que o seu mandato judicial resulte da escolha direta e livre pelo mandante, e ainda noutro países, como a França, o mandato judicial pode ser exercido por Advogados assalariados de outros Advogados, mas com a menção do Advogado por conta de quem atuam, Portugal e outros países estão, nestes aspetos, a anos-luz da aplicação dos ditos princípios, ao menos com a desejável transparência.

Sustenta-se que o mandato judicial é um contrato *intuitu personae*, inominado ou atípico, em que se presumem conferidos poderes para se substabelecer, embora tais poderes possam ser excluídos, e porque se trata de um contrato *intuitu personae* só pode ser substabelecido com muita parcimónia e na convicção de que o substabelecimento corresponderá à vontade hipotética ou conjetural do mandante, mas na prática tudo funciona ao contrário, em benefício do mandatário e em prejuízo do mandante.

Outros deveres do Advogado para com a comunidade são o de verificar a identidade do cliente e dos representantes do cliente assim como os poderes de representação conferidos a estes últimos e o de recusar a prestação de serviços quando suspeitar seriamente que a operação ou atuação jurídica em causa visa a obtenção de resultados ilícitos e que o interessado não pretende abster-se de tal operação e ainda o de se recusar a receber e a movimentar fundos que não correspondam estritamente a uma questão que lhe tenha sido confiada[942].

Finalmente também constitui dever do Advogado para com a comunidade não se servir do mandato para prosseguir objetivos que não sejam profissionais[943].

---

[942] Artigo 90º – nº 2 – c), d) e e) do EOA. Trata-se de deveres que decorrem dos artigos 4º – f), 6º e 7º da Lei 25/2008, de 5 de junho, transpondo a Diretiva nº 2005/60/CE, do Parlamento Europeu e do Conselho, de 24 de outubro, publicada no JO L 309, de 25 de novembro de 2005, págs. 15-36, que devia ser transposta para o direito interno até 15 de dezembro de 2007 e que mantém, no essencial, o que estava previsto quanto a Advogados, e ainda a Diretiva nº 2006/70/CE, da Comissão, de 1 de agosto, (branqueamento de capitais) e a eles nos referiremos sob o nº 107.3 – Cessação do Segredo Profissional por Obrigação *ex lege* (branqueamento).

[943] Artigo 90º – nº 2 – g) do EOA.

Capítulo XVII
Deveres do Advogado para com o Cliente

73. As especificidades do contrato de mandato judicial e deveres do advogado para com o cliente

Os deveres do Advogado para com o cliente devem tratar-se no âmbito do contrato de mandato judicial, atípico ou inominado, que pode ser conferido por instrumento público ou por documento particular, nos termos do Código do Notariado e da legislação especial, ou por declaração verbal da parte no auto de qualquer diligência que se pratique no processo, em que a parte declare que dá poderes forenses ou para ser representada em qualquer processo[944] e cuja eficácia depende de aceitação, que pode ser manifestada no próprio instrumento público ou em documento particular ou resultar de comportamento concludente do mandatário[945].

As suas especificidades em relação ao contrato típico de mandato explicam-se ou pela independência do Advogado ou pelo interesse público da sua profissão ou por ambos.

É pelo interesse público da profissão que se explica a própria obrigatoriedade de constituição de Advogado na maioria dos processos judiciais, em que só o mandatário judicial pode praticar atos que nem o mandante pode praticar, ao contrário do que acontece com o contrato típico de mandato.

Enquanto, no contrato típico de mandato, o mandatário é obrigado a praticar os atos compreendidos no mandato segundo as instruções do

---

[944] Artigos 43º e 45º do Código de Processo Civil.
[945] Artigo 44º – nº 4 do Código de Processo Civil.

DIREITO PROFISSIONAL DO ADVOGADO

mandante[946], o mandatário judicial vincula a parte nas afirmações e confissões expressas de factos feitas nos articulados, salvo se forem retificadas ou retiradas, enquanto a parte contrária as não tiver aceitado especificadamente[947], e o defensor exerce os direitos que a lei reconhece ao arguido, salvo os que ela reservar pessoalmente a este, mas o arguido pode retirar eficácia ao ato realizado em seu nome pelo defensor, desde que o faça por declaração expressa anterior a decisão relativa àquele ato[948].

As especificidades acabadas de indicar explicam-se não só pelo interesse público da profissão de Advogado que é participante na administração da justiça mas também pela independência do Advogado, mesmo em relação ao cliente, sobretudo em quanto esteja ligado à sua autonomia técnica, pois o mandato judicial, pelo qual se atribuem poderes ao mandatário para representar a parte em todos os atos e termos do processo principal e respetivos incidentes, mesmo perante os tribunais superiores, sem prejuízo das disposições que exijam a outorga de poderes especiais por parte do mandante[949], não pode deixar de ser exercido como prestação continuada de um trabalho intelectual que se estende a todas as eventuais questões que eventualmente se suscitem e sem nenhum vínculo impeditivo da livre orientação daquele trabalho, estando até reconhecida pela lei a garantia do livre exercício do patrocínio[950].

A mesma dupla explicação do interesse público da profissão e da independência do Advogado subjaz à regra de que, nos poderes que a lei presume conferidos ao mandatário judicial, está incluído o de substabelecer o mandato[951], enquanto, no contrato típico de mandato, o mandatário só pode fazer-se substituir por outrem se o mandante o permitir ou se a faculdade de substituição resultar do conteúdo da procuração ou da relação jurídica que a determina[952].

A renúncia ao recurso ou a aceitação expressa ou tácita da decisão e a desistência do recurso[953] não exigem procuração com poderes especiais, bastando procuração com poderes forenses.

---

[946] Artigo 1161º – a) do Código Civil.
[947] Artigo 46º do Código de Processo Civil.
[948] Artigo 63º do Código de Processo Penal.
[949] Artigo 44º – nº 1 do Código de Processo Civil.
[950] Artigo 13º – nº 2 – b) da LOSJ – Lei nº 62/2013, de 26 de agosto.
[951] Artigo 44º – nº 2 do Código de Processo Civil.
[952] Artigos 264º – nº 1 e 1165º do Código Civil.
[953] Artigo 632º do Código de Processo Civil.

A razão de ser de outras especificidades do contrato de mandato judicial será aludida a propósito de cada um dos deveres a que nos vamos referir.

74. O dever de recusar mandato, nomeação oficiosa ou prestação de serviços em questão em que já tenha intervindo em qualquer outra qualidade

Nas relações com o cliente constitui dever do Advogado recusar mandato, nomeação oficiosa ou prestação de serviços em questão em que já tenha intervindo em qualquer outra qualidade[954].

Onde hoje se lê *questão* lia-se *causa* na vigência do Estatuto Judiciário[955] e já então se entendia que "não se utiliza a palavra "causa" com um significado restrito de processo judicial, mas no sentido lato que abrange qualquer questão, problema ou assunto a respeito dos quais o Advogado tenha sido consultado ou em que tenha intervindo em juízo ou fora dele"[956].

É o interesse público da profissão e a independência do Advogado, mesmo em relação ao cliente, que explicam este dever para com o cliente, beneficiário principal da sua observância, pois correr-se-ia o risco de os seus interesses bem como o interesse público da profissão e a independência do Advogado não ficarem salvaguardados se alguém que foi testemunha, perito, intérprete ou exerceu funções de magistrado ou de funcionário numa causa ou em qualquer outro assunto não devesse recusar mandato, nomeação oficiosa ou prestação de serviços próprios da profissão de Advogado. Quem já interveio em qualquer outra qualidade não pode intervir como participante na administração da justiça. E vice-versa: quem interveio como Advogado ou patrono ou defensor oficioso não pode intervir como testemunha ou perito. Trata-se sempre de qualidades incompatíveis numa mesma questão. É óbvio que a disposição não trata de incompatibilidades, que são inibições para a prática de todos os atos próprios da profissão de Advogado relativamente a todas as pessoas por causa de outra atividade, como não trata de meros impedimentos, que são inibições para a prática de alguns atos próprios da profissão relativamente a certas pessoas também por causa de outra atividade ou de certa ligação a determinadas pessoas que intervêm na questão. Mas a intervenção numa mesma questão em duas ou

---

[954] Artigo 99º – nº 1 – 1ª parte do EOA.
[955] Artigo 580º – a).
[956] Acórdãos do Conselho Superior de 7/3/63, na ROA, 24º, pág. 101, e de 20/2/ 58, na ROA, 18º, pág. 426.

DIREITO PROFISSIONAL DO ADVOGADO

mais qualidades que são incompatíveis constituem violação a este dever para com o cliente.

Note-se que o preceito obriga o Advogado a recusar nomeação oficiosa em questão em que já tenha intervindo noutra qualidade como sendo um dever para com o cliente, que aqui é o patrocinado, o que poderá dar algum fundamento à tese de que na nomeação oficiosa também há uma base contratual no exercício da profissão, base contratual também alicerçada no princípio da livre escolha do patrono ou defensor pelo interessado hoje não acolhido no diploma do acesso ao direito[957].

Não são propriamente incompatíveis numa mesma questão a qualidade de mandatário constituído e a de patrono ou defensor nomeado, pois ambos têm a qualidade de participantes na administração da justiça, mas, impondo a lei – e bem! – que é vedado aos Advogados que prestem serviços de proteção jurídica em qualquer das suas modalidades auferir, com base neles, remuneração diversa da que tiverem direito nos termos do diploma do acesso ao direito[958], acabam por ser incompatíveis, por tal razão, as duas qualidades num mesmo assunto[959].

[957] Artigo 67º – nº 2 do EOA. O artigo 15º – c) da Lei nº 30-E/2000, de 20 de dezembro também acolhia o princípio no patrocínio oficioso, mas a Lei nº 34/2004, de 29 de julho, só acolheu aquele princípio, de resto, constitucional, para a defesa oficiosa, antes da revogação do seu artigo 40º pela Lei nº 47/2007, de 28 de agosto. Cfr., supra, nº 16 e nota anterior à sua antepenúltima nota sobre a possível inconstitucionalidade desta Lei.

[958] Artigo 3º – nº 3 da Lei citada na nota anterior, em segundo lugar.

[959] Não o entendeu assim – e mal! – o Parecer nº 11/PP/2012P do Conselho Distrital do Porto da Ordem dos Advogados, em www.oa.pt, segundo o qual o disposto no artigo 43º – nº 2 da Lei nº 34/2004, de 29 de julho com a alteração que lhe foi introduzida pela Lei nº 47/2007, de 28 de Agosto (o defensor nomeado não pode aceitar mandato do mesmo arguido), porque disposição especial relativa ao processo de natureza penal, não tem aplicação a processo de outra natureza e, por isso, o facto de o Advogado ter patrocinado beneficiário de apoio judiciário em ação judicial, não o impede de, no mesmo processo, aceitar mandato forense do mesmo beneficiário, no caso de a sua nomeação ficar sem efeito por cancelamento da protecção jurídica. Argumenta o Parecer que não se descortinam as razões que levaram o legislador de 2007 a truncar a segunda parte do artigo 43º – nº 2, que excepcionava o caso de, após a nomeação do defensor vir a ser recusada a concessão de apoio judiciário, implicando a aceitação do mandato a renúncia ou pagamento de qualquer quantia de honorários ou reembolso de despesas efectuadas enquanto defensor oficioso e conclui que o citado artigo 43º – nº 2 consubstancia um impedimento ao mandato forense em processo penal não aplicável em processo civil, ao qual seria aplicável o artigo 78º do EOA. Ora, para além de que não se trata de um impedimento ou incompatibilidade relativa a que seja aplicável o artigo 78º, pois não é uma inibição do exercício da advocacia por causa do exercício de outras funções diferentes da actividade de Advogado, a questão tinha de ser vista à luz do disposto no artigo 3º – nº 3 da Lei n. º 34/2004 e do artigo 94º – nº 1 do EOA. Na 5ª edição desta obra, a págs. 290, em face da originária redação

XVII. DEVERES DO ADVOGADO PARA COM O CLIENTE

75. O dever de recusar o patrocínio de partes com interesses opostos na mesma ou em conexa questão

É dever do Advogado para com o cliente recusar mandato, nomeação oficiosa ou prestação de serviços em questão que seja conexa com outra em que represente ou tenha representado a parte contrária[960].

Deve considerar-se que já teve intervenção numa questão o Advogado nomeado oficiosamente ao arguido em processo penal, apesar de aí não ter praticado qualquer ato e de nenhum contacto ter mantido com o assistido, estando, por isso inibido de, na mesma questão, aceitar mandato do ofendido, por quem foi procurado depois de extinto o mandato oficioso, apesar de previamente o ter avisado da anterior nomeação[961].

Há muitas questões conexas entre si, como acontece com o divórcio e o inventário para separação de meações, a ação declarativa e a executiva, os procedimentos cautelares e as ações principais de que eles são dependência, o processo disciplinar de despedimento com justa causa e o procedimento cautelar especificado de suspensão de despedimento individual ou a respetiva ação para impugnação de despedimento individual, a ação de constituição e a de extinção de servidão, etc.[962].

---

do artigo 43º – nº 2, escrevemos: "Já dissemos, ao tratar do apoio judiciário e da nomeação de defensor em processo penal, que temos muitas dúvidas sobre se é acertada a solução legal de o defensor nomeado poder aceitar mandato do arguido de quem foi nomeado defensor, se, após a nomeção, vier a ser recusada a concessão de apoio judiciário (...), solução que conflitua, em parte, com o disposto no artigo 3º – nº 3 da Lei do acesso ao direito, apesar de assegurar a vantagem de uma certa continuidade na defesa dos mesmos interesses.

E que há parcial desacordo resulta do facto de, por nomeação oficiosa e antes da recusa do apoio judiciário, ainda ter havido prestação de serviços com direito a honorários e eventuais despesas a reembolsar, pelos quais o defensor irá receber, contra o disposto no artigo 3º – nº 3, remuneração diversa da estabelecida na citada Lei, isto é, irá receber honorários correspondentes ao de um mandatário constituído e fixados nos termos do artigo 105º do EOA, como, de resto, se infere da parte final do artigo 43º – nº 2 da citada Lei – "implicando a aceitação do mandato a renúncia ao pagamento pelo tribunal de qualquer quantia a título de honoráriosou reembolso de despesas efetuadas". E sempre é certo que, nos termos do artigo 39º – nº 3 da mesma Lei, no caso de o benefício do apoio judiciário não ser concedido, cabe ao arguido realizar o pagamento dos honorários do defensor nomeado bem como das despesas em que este deva ser reembolsado, nos termos legais".

[960] Artigo 99º – nº 1, 2ª parte, do EOA.

[961] Parecer do Conselho Geral de 20 /3 /87, na ROA, 47º, pág. 634. O Acórdão do Conselho Superior de 12/10/79, na ROA, 40º, pág. 243 decidiu que "o Advogado que patrocinou uma ação não poderá, finda esta, intervir noutro pleito em íntima conexão com aquela outra e no qual defende interesses opostos ao do seu anterior constituinte".

[962] Nos termos do Parecer do Conselho Geral de 16/12/48, na ROA, 8º, pág. 389, o Advogado pode aceitar mandato contra um seu antigo constituinte, mas é-lhe proibido fazê-lo para

DIREITO PROFISSIONAL DO ADVOGADO

Muitas vezes os interesses de dois ou mais clientes não são opostos e até coincidem até certo ponto, como pode acontecer na negociação de um pacto de sociedade ou num divórcio por mútuo consentimento, podendo, neste último caso, por exemplo, o mesmo Advogado patrocinar os dois cônjuges, se e na medida em que os dois cônjuges pretenderem o divórcio por mútuo consentimento e não houver conflito de interesses[963].

O artigo 99º – nºs 3, 4 e 5 do EOA e o Código de Deontologia do CCBE regulam mais pormenorizadamente o patrocínio de partes com interesses opostos. Assim:

– O Advogado não deve ser nem o conselheiro nem o representante ou defensor de mais de um cliente num mesmo assunto se existir um conflito de interesses ou um risco sério da existência de tal conflito[964].

– O Advogado deve abster-se de se ocupar dos assuntos de todos os clientes envolvidos quando surja um conflito de interesses, quando o segredo profissional esteja em risco de ser violado ou quando a sua independência esteja em risco de não ser total[965].

---

pleitear na mesma causa em que o representara, ou em causa com ela conexa" e o Acórdão do Conselho Superior de 25/1/49, na ROA, 9º, pág. 419, decidiu que "constitui infração disciplinar o facto de um Advogado aceitar mandato contra um seu antigo constituinte, a quem já patrocinara, embora extrajudicialmente, no mesmo assunto ou em assunto conexo"; "não pode aceitar mandato para intervir numa partilha judicial em representação apenas de alguns dos interessados o Advogado que a todos orientou em negociações para partilha amigável "– Parecer do Conselho Geral de 5/4/51, na ROA, 11º, pág. 549; "não pode aceitar mandato para demandar duas menores que andam em litígio com o pai o Advogado que a este represente em tal litígio, visto que o seu constituinte tem de intervir na demanda a instaurar em representação das filhas" – Parecer do Conselho Geral de 26/7/51, na ROA, 11º, pág. 442.

[963] O Acórdão do Conselho Superior de 20 /7/84, na ROA, 44º, pág. 465, decidiu: 1- É legítimo que o mesmo Advogado subscreva, em nome de ambos os cônjuges, o pedido de divórcio por mútuo consentimento; 2- Se, porém, no decorrer do processo de divórcio por mútuo consentimento, surgir cisão de interesses entre os cônjuges, não pode o mesmo Advogado continuar a patrocinar ambos a partir do conhecimento de tal cisão, devendo renunciar ao mandato imediatamente. Já o Parecer do Conselho Geral de 18/4/91, na ROA, 18º, pág. 128, se referia ao assunto: "Enquanto não houver colisão de interesses, pode o mesmo Advogado representar mais de um interessado. Por isso, o Advogado pode representar ambos os cônjuges em divórcio ou separação por mútuo consentimento e igualmente pode representar mais de um interessado no inventário".

[964] Artigo 99º – nº 3 do EOA e 3.2.1 do Código de Deontologia do CCBE. O Parecer do Conselho Geral de 20/2/87, na ROA, 47º, pág. 291, é no sentido de o Advogado não poder exercer mandato simultâneo de comprador e vendedor na formação ou execução do contrato de compra e venda.

[965] Artigo 99º – nº 4 do EOA e 3.2.2 do Código de Deontologia do CCBE.

XVII. DEVERES DO ADVOGADO PARA COM O CLIENTE

– O Advogado não pode aceitar o assunto de um novo cliente se o segredo das informações prestadas por um antigo cliente correr o risco de ser violado ou quando o conhecimento do Advogado dos assuntos de anterior cliente possa favorecer o novo cliente de forma injustificada[966].

E o Código Penal prevê como uma das modalidades do crime de prevaricação de Advogado ou Solicitador o patrocínio de partes com interesses opostos com intenção de prejudicar ou beneficiar alguma delas: o Advogado ou Solicitador que, na mesma causa, advogar ou exercer solicitadoria relativamente a pessoas cujos interesses estejam em conflito, com intenção de atuar em benefício ou em prejuízo de alguma delas é punido com pena de prisão até 3 anos ou com pena de multa[967].

76. O dever de o advogado recusar questão contra quem noutra questão seja seu cliente

Nas relações com o cliente constitui dever do Advogado recusar mandato contra quem noutra causa seja seu mandante[968].

Embora a letra da lei sugira que a proibição se limita a casos de mandato judicial, impõe-se uma interpretação extensiva do preceito de forma a abranger qualquer questão, mesmo extrajudicial, em que não se justificaria um regime diferente.

Diferentemente do que se verificava nos casos anteriores, trata-se agora de questões sem qualquer conexão, em que o Advogado não pode simultaneamente patrocinar um cliente numa questão contra um terceiro e patrocinar noutra questão, sem qualquer conexão com aquela, um outro cliente contra o primeiro.

Não é diferente, porém, a razão de ser deste dever deontológico em relação ao dever anteriormente tratado: é a independência do Advogado, até em relação ao seu cliente, independência como fundamento da confiança recíproca[969], que impõe ambos os deveres, constituindo ambos especificidades do contrato de patrocínio ou mandato judicial em relação ao contrato típico de mandato.

---

[966] Artigo 99º – nº 5 do EOA e 3.2.3 do Código de Deontologia do CCBE.
[967] Artigo 370º – nº 2 do Código Penal.
[968] Artigo 99º – nº 2 do EOA.
[969] Artigo 97º – nº 1 do EOA.

DIREITO PROFISSIONAL DO ADVOGADO

Na vigência do Estatuto Judiciário chegou a decidir-se que, "em causas não conexas que corram simultaneamente, a aceitação do mandato numa a favor de determinado indivíduo e na outra contra ele pode traduzir deselegância ou deslize do ponto de vista moral, mas não constitui infração disciplinar"[970], mas estamos em crer que já então constituía um uso ou costume com relevância deontológica aquela norma que hoje tem forma escrita e que impõe ao Advogado o dever de recusar questão contra quem noutra questão seja seu cliente.

E parece-nos também que constitui hoje um uso ou costume a recusa de questão por um Advogado contra quem é seu cliente habitual, mesmo que, em determinado momento, não tenha pendente qualquer questão ação em que o Advogado o patrocine.

77. O dever de emitir parecer consciencioso sobre o mérito do direito invocado pelo cliente

Constitui dever do Advogado dar ao cliente a sua opinião consciencosa sobre o merecimento do direito ou pretensão que este invoca[971].

Correspondentemente o Código de Deontologia do CCBE dispõe que o Advogado deve aconselhar e defender o seu cliente, com prontidão, consciência e diligência[972].

É, mais uma vez, a independência do Advogado em relação ao cliente que fundamenta este dever como uma especificidade do contrato de patrocínio ou mandato judicial em relação ao contrato típico de mandato. Este dever é bem a expressão de que o Advogado deve considerar-se um servidor da justiça e do direito, devendo emitir a sua opinião consciencosa sobre a viabilidade da pretensão do cliente, em face daqueles valores, que o Advogado deve servir. O parecer que não foi norteado pela consciência do Advogado, que foi dado por complacência para com o cliente, para lhe agradar, sem a necessária independência mesmo em relação ao cliente, não tem qualquer valor, quer em matéria judicial quer extrajudicial. Se o direito ou a pretensão invocados pelo cliente não mereciam a tutela do direito, o parecer dado em sentido diferente não conduzirá a qualquer resultado[973].

---

[970] Acórdão do Conselho Superior de 30/1/58, na ROA, 18º, pág. 307.

[971] Artigo 100º – nº 1 – a) do EOA.

[972] Ponto 3.1.2 (parte).

[973] O Acórdão do Conselho Superior de 5/6/66, na ROA, 27º, pág. 339, decidiu que "a missão do Advogado é aconselhar ou orientar o cliente no sentido mais propício aos interesses deste, mas conduzindo-o e conduzindo-se, apenas e sempre, pelos caminhos da lei"

342

XVII. DEVERES DO ADVOGADO PARA COM O CLIENTE

É óbvio que o Advogado, mesmo quando consciensiosamente dá parecer sobre o merecimento do direito invocado pelo cliente, não pode garantir quaisquer resultados, mas o resultado anunciado no parecer será o que é de esperar que venha a verificar-se, ao contrário do que acontecerá quando o parecer não foi consciencioso.

78. O dever de informação

Nas relações com o cliente constitui dever do Advogado prestar, sempre que lhe for pedido, informação sobre o andamento das questões que lhe forem confiadas, sobre os critérios que utiliza na fixação de honorários, indicando, sempre que possível, o seu montante total aproximado, e ainda sobre a possibilidade e a forma de obter apoio judiciário[974].

À primeira vista e interpretada literalmente esta disposição, dir-se-ia que o Advogado, mandatário judicial, não está em posição diferente do mandatário em geral perante o mandante, em relação ao qual o mandatário está obrigado a prestar as informações que ele lhe peça, relativas ao estado da gestão[975]. Não é, porém, assim, pois o dever de informação sobre o andamento das questões confiadas ao Advogado não pode limitar-se às ocasiões em que a informação seja solicitada, antes tem de alargar-se a todos os momentos em que se justifique que a informação seja prestada por iniciativa do Advogado, designadamente sempre que possa soçobrar ou tão só correr perigo a questão confiada, como aconteceria em caso de ter sido proferida sentença desfavorável, que é recorrível, mas de que o Advogado não considere dever interpor recurso, decisão que tem de pertencer ao cliente, único que pode dispor do seu direito.

É que o Advogado é um profissional que, mais do que informar, deve esclarecer e aconselhar sobre opções a tomar ou caminhos a percorrer, pois tem conhecimentos e aptidões profissionais que o distinguem de um simples mandatário.

Em formulação mais feliz do que a do EOA, prescreve o Código de Deontologia do CCBE, depois de estabelecer que o Advogado deve aconselhar e defender o seu cliente, que o Advogado deve informar o seu cliente da evolução do assunto de que foi encarregue[976], sem qualquer alusão a "sempre que lhe for pedido".

---

[974] Artigo 100º – nº 1 – a), 2ª parte.
[975] Artigo 1161º – b) do Código Civil.
[976] Ponto 3.1.2 (parte).

DIREITO PROFISSIONAL DO ADVOGADO

O dever de o Advogado informar o cliente tem como contrapartida o dever de o cliente informar o Advogado, sobretudo quanto à matéria de facto, designadamente quanto à organização e produção da prova, tratando-se de um verdadeiro dever do cliente e não de um simples ónus, pois no mandato judicial estão em jogo interesses profissionais relevantes do mandatário e não apenas do mandante, embora este assuma primazia, de tal maneira que o Advogado também poderá responsabilizar o seu cliente por falta de informação necessária ou por informação inexata que lhe acarretou a perda da questão e diminuição de clientela[977].

Esta troca de informações entre Advogado e cliente não se destina a transferir decisões que caibam ao Advogado para o cliente, mas sim a proporcionar a este o exercício esclarecido do seu direito de dar instruções ao Advogado em questões não técnicas.

Note-se que, a este respeito, enquanto no contrato típico de mandato, o mandatário pode deixar de executar o mandato ou afastar-se das instruções recebidas, quando seja razoável supor que o mandante aprovaria a sua conduta, se conhecesse certas circunstâncias que não foi possível comunicar-lhe em tempo útil[978], o direito profissional do Advogado constitui um limite à faculdade de o cliente lhe dar instruções, na medida em que possam contrariar aquele direito, que lhe assegura autonomia e liberdade de decisão entre um dever deontológico e um dever de seguir instruções do mandante, podendo e devendo o Advogado sindicar o mérito das instruções recebidas do cliente, a quem tem de propor, contudo, uma conciliação entre as instruções e os seus deveres deontológicos, antes de eventualmente renunciar ao mandato[979].

É que "a orientação do patrocínio cabe inteira e exclusivamente ao Advogado, pelo que só a ele compete escolher os meios que entenda mais adequados à defesa dos interesses que lhe são confiados"[980], e pelo que não "pode colocar-se na posição de simples cumpridor das indicações ou ordens dos clientes"[981], sendo muito antiga a doutrina de que "o Advogado

---

[977] Luís Vasconcelos Abreu, O Estatuto da Ordem dos Advogados e A Relação entre Mandante e Mandatário Judicial, na ROA, 62º, pág. 293.

[978] Artigo 1162º do Código Civil.

[979] Luís Vasconcelos Abreu, ob. cit., pág. 294 e seguinte.

[980] Acórdão do Conselho Superior de 20/12/74, na ROA, 35º, pág. 522; no mesmo sentido, o acórdão do Conselho Superior de 3/6/65, na ROA, 25º, pág. 282.

[981] Acórdão do Conselho Superior de 9/2/67, na ROA, 28º, pág. 146; no mesmo sentido, o acórdão do Conselho Superior de 4/10/62, na ROA, 23º, pág. 180.

não deve aceitar procuração forense em que sejam estabelecidas regras de orientação para a sua atuação"[982].

79. O dever de zelo e diligência

Nas relações com o cliente constituem deveres do Advogado não aceitar o patrocínio de uma questão se souber ou dever saber que não tem competência ou disponibilidade para dela se ocupar pontualmente, a menos que atue conjuntamente com outro Advogado com competência e disponibilidade para o efeito, e estudar com cuidado e tratar com zelo a questão de que seja incumbido, utilizando para o efeito todos os recursos da sua experiência, saber e atividade[983].

Também estes deveres do Advogado para com o cliente têm, exatamente como o dever de informar o cliente, a mesma contrapartida de um dever, e não de um simples ónus, de o cliente prestar ao Advogado as informações necessárias para estudar com cuidado e tratar com zelo a questão de que seja incumbido.

Este dever impõe uma atualização profissional ou uma formação permanente, pois o direito está em mutação constante e o Advogado deve acompanhar a sua evolução.

O Código de Deontologia do CCBE estabelece, como vimos, a propósito do dever de emitir parecer consciencioso sobre o mérito do direito invocado pelo cliente, que o Advogado deve aconselhar e defender o cliente com prontidão, consciência e diligência[984] e que o Advogado não deve aceitar encarregar-se de um assunto se souber ou devesse saber que não tem a competência necessária para se ocupar do mesmo, a não ser que atue conjuntamente com um Advogado que tenha essa competência e ainda que o Advogado não pode aceitar um assunto se não tiver a capacidade de se ocupar do mesmo com prontidão, tendo em conta as suas outras obrigações[985], o que salienta aspetos de competência e capacidade quanto aos deveres de zelo e diligência, que nestes sempre deveriam considerar-se abrangidos.

Devem distinguir-se as violações a este dever de zelo e diligência dos erros técnicos, que podem verificar-se, apesar do zelo e diligência do Advogado, como acontecerá se ele não se apercebeu, por exemplo, de que era minoritária a jurisprudência que ele seguiu, embora tivesse estudado com

[982] Parecer do Conselho Geral de 24/1/52, na ROA, 12º, pág. 433.
[983] Artigo 98º – nº 2 e 100º – nº 1 – b) do EOA.
[984] 3.1.2 daquele Código.
[985] 3.1.3 do mesmo Código.

DIREITO PROFISSIONAL DO ADVOGADO

cuidado e tratado com zelo a questão de que foi incumbido, não se configurando então infração disciplinar, a não ser que se trate de um erro grosseiro, mas podendo existir responsabilidade civil.

Em concreto, deverá atender-se à eventual especialização, se invocada ou reconhecida pela Ordem dos Advogados, à qualidade de Advogado ou Advogado estagiário ou ao número de anos do exercício da profissão para se concluir se foi cumprido este dever de zelo e diligência, para efeitos de responsabilidade disciplinar ou responsabilidade civil profissional, de que trataremos adiante bem como do seguro de tal responsabilidade[986], sendo de aludir, exemplificativamente, ao incumprimento de prazos perentórios[987], à não utilização de meios de prova disponíveis ou à prática de atos com excesso de mandato[988] como factos que podem integrar omissão a este dever de zelo e diligência e que são relevantes para efeitos de responsabilidade civil.

80. O dever de segredo profissional

Constitui dever do Advogado para com o cliente guardar segredo profissional[989].

É mesmo o cliente o principal beneficiário do segredo profissional, embora também dele possam beneficiar o cointeressado do cliente[990] e a parte contrária[991] e os respetivos Advogados, sendo o dever de segredo também um dever entre Advogados[992]. Mas é, sobretudo, um instituto de direito autónomo ou um autónomo dever estatutário da profissão de Advogado e, por isso, dedicaremos ao segredo profissional do Advogado um capítulo em que o estudaremos nas suas várias facetas, aqui ficando a respetiva remissão para tal capítulo.

---

[986] Voltamos a salientar a obrigatoriedade de seguro no âmbito do Código de Deontologia do CCBE (3.9) e no anterior e atual EOA, que acabaram com o seu caráter geralmente facultativo, no nosso direito interno, o que era cada vez mais um anacronismo.

[987] Quanto à "falta de apresentação de um rol de testemunhas, em devido tempo entregue ao Advogado pelo constituinte, *vide* o Acórdão do Conselho Superior de 15/4/52, na ROA, 12º, pág. 416.

[988] Quanto a oferecer "em licitação, valores que excedam a vontade declarada do seu constituinte", *vide* o acórdão do Conselho Superior de 4/1/62, na ROA, 23º, pág. 134.

[989] Artigo 92º – nº 1 – a) do EOA.

[990] Artigo 92º – nº 1 – d) do EOA.

[991] Artigo 92º – nº 1 – e) do EOA.

[992] Artigo 92º – nº 1 – e) e f) do EOA.

XVII. DEVERES DO ADVOGADO PARA COM O CLIENTE

81. O dever de aconselhar toda a composição justa e equitativa

É dever do Advogado para com o cliente aconselhar toda a composição que ache justa e equitativa[993].

O Advogado deverá, a todo o tempo, tentar encontrar uma solução para o litígio do seu cliente que seja apropriada ao custo do assunto e deverá, nos momentos oportunos, dar-lhe o seu conselho sobre a oportunidade de se procurar um acordo ou de se recorrer a soluções alternativas para pôr fim ao litígio[994].

Acontece, muitas vezes, imediatamente antes da audiência de discussão e julgamento, que um dos Advogados questiona o outro ou ambos são perguntados pelo Juiz sobre a possibilidade de se pôr termo ao processo por transação, deparando-se então com certa resistência ao acordo, a pretexto de que o Advogado está ali para intervir em julgamento, de que a possibilidade de acordo incumbe s partes no processo ou de que uma das partes está intransigente, como se não impendesse sobre os Advogados o dever de aconselhar toda a composição justa e equitativa e o exercício da profissão não só com caráter preventivo da conflitualidade social mas também com caráter alternativo à solução judicial de litígios.

Quando o cliente procura o Advogado, estando indignado com o comportamento da contraparte e esperando que ainda o apoiem mais na sua indignação, será de todo inútil e até contraproducente suscitar a questão de resolver o litígio por acordo. Será necessário deixar esfriar os ânimos, deixar que o fosso cavado entre as partes vá desaparecendo pela erosão do tempo ou que as partes sintam a necessidade de estabelecer pontes entre si, medindo os riscos que correm se não forem elas a lançar as pontes à medida das suas necessidades e se for o Juiz a decidir que não haverá ponte ou que esta será uma ponte para peões e não para automóvel... É que a sentença geralmente só agradará a uma das partes, não estabelecerá a paz e a harmonia entre elas e normalmente não julga segundo a equidade, contendo, muitas vezes, alguma iniquidade, ao menos, para alguma das partes.

Ora é a altura do julgamento, quando as partes já deixaram de estar tão apaixonadas como no início da sua questão, quando já têm ou não têm, entre as cartas que lhes distribuíram, os trunfos para vencerem no jogo em que entraram ou quando já contaram as espingardas para ganharem o combate em que mutuamente se defrontam, a última oportunidade para uma solução amigável do litígio à medida de ambas as partes porventura

---

[993] Artigo 100º – nº 1 – c) do EOA.
[994] 3.7.1 do Código de Deontologia do CCBE.

já necessitadas de restabelecer entre elas, se não a antiga amizade, pelo menos um quadro idêntico ao que as aproximou numa relação jurídica que depois se deteriorou.

E antes de se disporem a intervir no julgamento, os Advogados têm então o dever de percorrer todas as vias que conduzam a uma composição justa e equitativa do conflito entre os seus clientes, na certeza de que, como ensina a sabedoria popular, mais vale um mau acordo do que uma boa demanda ou mais vale um pássaro na mão do que dois a voar.

82. O dever de prestação de contas

São deveres do Advogado para com o cliente dar aplicação devida a valores, objetos e documentos que lhe tenham sido confiados bem como prestar contas ao cliente de todos os dinheiros deste que tenha recebido, qualquer que seja a sua proveniência, e apresentar nota de honorários e despesas quando solicitada[995].

Estes deveres não diferem substancialmente dos deveres do mandatário no contrato típico de mandato[996], não impondo nem o interesse público da profissão nem a independência do Advogado especificidades nesta matéria. É, contudo, jurisprudência uniforme da Ordem dos Advogados a de que a falta de prestação de contas[997] e até a simples demora na sua prestação[998] constituem infrações disciplinares.

Quanto à nota de despesas e honorários quando solicitada e não logo que terminados os serviços, como chegou a entender-se na vigência do Estatuto Judiciário porque este, quanto a dinheiros recebidos, prescrevia que o Advogado devia "dar imediatamente conta" deles[999], resta remeter para o que dissemos no capítulo sobre honorários dos Advogados, designadamente quanto a laudos de honorários, como também ora se remete, relativamente ao dever de dar aplicação devida a valores, documentos ou objetos que ao Advogado tenham sido confiados, para o que então dissemos quanto a direito de retenção.

---

[995] Artigo 101º – nº 1 do EOA.
[996] Artigo 1161º – d) e e) do Código Civil.
[997] Acórdão do Conselho Superior de 23/2/79, na ROA, 39º, pág. 454.
[998] Acórdão do Conselho Superior de 17/1/50, na ROA, 10º, pág. 562. *Vide* também o Acórdão do Conselho Superior de 18/3/83, na ROA, 43º, pág. 578.
[999] Artigo 580º – f).

83. Os fundos – clientes

Sempre que o Advogado detiver fundos dos seus clientes ou de terceiros para efetuar pagamentos de despesas por conta daqueles, deve observar as regras seguintes:

a) Os fundos devem ser depositados em conta do Advogado ou sociedade de Advogados separada e com a designação conta-clientes aberta para o efeito num banco ou instituição similar autorizada e aí mantidos até ao pagamento de despesas;

b) Os fundos devem ser pagos à ordem, a pedido do cliente ou nas condições que este tiver aceitado;

c) O Advogado deve manter registos completos e precisos relativos a todas as operações efetuadas com estes fundos, distinguindo-os de outros montantes por ele detidos, e deve manter tais registos à disposição do cliente[1000].

O Conselho Geral pode estabelecer, através de regulamento, regras complementares aplicáveis aos fundos-clientes, incluindo a sua centralização num sistema de gestão que por aquele Conselho vier a ser aprovado[1001].

O que atrás se disse não se aplica às provisões para honorários pelas quais haja sido dada quitação ao cliente[1002].

Sem qualquer correspondência no nosso direito interno até à publicação do atual EOA, que nele introduziu as normas acabadas de citar e ainda não regulamentadas pelo Conselho Geral, estabelece o Código de Deontologia do CCBE diversas regras sobre fundos clientes que não podemos deixar de conhecer até porque já está previsto um regime idêntico para o solicitador de execução[1003].

[1000] Artigo 102º – nº 1 do EOA.

[1001] Artigo 102º – nº 2 do EOA.

[1002] Artigo 102º – nº 3 do EOA.

[1003] Foi a Lei nº 37/98 de 4 de agosto, que autorizou o Governo a alterar o Regime Jurídico da Câmara dos Solicitadores e o Estatuto dos Solicitadores. E, com a mudança de Governo, foi autorizado o Governo pela Lei nº 2/2002, de 2 de janeiro, e, depois, pela Lei nº 23/2002, de 21 de agosto, a legislar sobre o regime jurídico da ação executiva – o que foi efetuado pelo Decreto-lei nº 38/2003, de 8 de março – e o Estatuto da Câmara dos Solicitadores, prevendo-se o sentido e extensão das alterações, designadamente quanto à criação da conta – cliente, a que se referem os artigos 112º, 124º e 125º do Estatuto dos Solicitadores aprovado pelo Decreto--lei nº 88/2003, de 26 de abril. O atual Estatuto da Ordem dos Solicitadores e dos Agentes de Execução aprovado pela Lei nº 154/2015, de 14 de setembro, trata das contas – cliente dos Solicitadores, nos artigos 146º e 147º, e das contas – cliente dos Agentes de Execução, nos artigos 171º e 172º.

DIREITO PROFISSIONAL DO ADVOGADO

3.8.1 – Sempre que em qualquer momento o Advogado detenha fundos por conta dos seus clientes ou de terceiros (adiante denominados "fundos – clientes") deve observar as seguintes regras:

3.8.1.1 – Os fundos clientes deverão ser sempre mantidos numa conta aberta num banco ou instituição similar autorizada pela autoridade pública. Todos os fundos – clientes recebidos por um Advogado devem ser depositados nessa conta, salvo em caso de autorização expressa ou implícita do cliente para uma afetação diferente.

3.8.1.2 – Toda a conta aberta em nome do Advogado que contenha fundos – clientes deve mencionar na sua denominação que os fundos aí depositados são detidos por conta do(s) cliente(s) do Advogado.

3.8.1.3 – As contas do Advogado em que os fundos – clientes são depositados devem estar sempre provisionadas com quantia pelo menos igual ao total dos fundos – clientes detidos pelo Advogado.

3.8.1.4 – Os fundos – clientes devem ser imediatamente entregues aos clientes ou nas condições autorizadas pelo cliente.

3.8.1.5 – Salvo lei em contrário ou ordem do tribunal e acordo expresso ou implícito do cliente em nome de quem o pagamento foi feito, são proibidos todos os pagamentos efetuados por meio dos fundos – clientes por conta de um cliente a terceira pessoa, incluindo:

a) Os pagamentos efetuados a um cliente ou por um cliente com fundos pertencentes a outro cliente;

b) A retirada dos honorários do Advogado.

3.8.1.6 – O Advogado deve manter registos completos e precisos de todas as operações efetuadas com os fundos – clientes, distinguindo-os de outras quantias por si detidas e colocá-los à disposição do cliente que lhos peça.

3.8.1.7 – As autoridades competentes dos Estados-membros estão autorizadas a verificar e a examinar, respeitando o segredo profissional, os documentos relativos aos fundos – clientes, para assegurar que as regras por si estabelecidas são bem observadas bem como para sancionar os incumprimentos das mesmas regras.

3.8.2 – Sem prejuízo do disposto em seguida e das regras do nº 3.8.1 supra, o Advogado que detenha fundos – clientes no âmbito de uma atividade profissional exercida noutro Estado-membro deve observar as normas sobre depósito e contabilidade dos fundos – clientes aplicáveis pela Ordem de Advogados do Estado-membro de origem de que depende.

3.8.3 – O Advogado que exerça a sua profissão num Estado-membro de acolhimento pode, com o acordo das autoridades competentes do Estado-

XVII. DEVERES DO ADVOGADO PARA COM O CLIENTE

-membro de origem e do Estado-membro de acolhimento, ficar exclusivamente sujeito às normas do Estado-membro de acolhimento sem ter que observar as normas do Estado-membro de origem. Neste caso, o Advogado deve tomar as medidas necessárias para informar os seus clientes de que está sujeito às normas aplicáveis no Estado-membro de acolhimento.

Este instituto jurídico dos fundos – clientes vigora na França, Bélgica e Holanda, com algumas diferenças entre estes países.

Foi a Ordem Nacional dos Advogados que, em 10 de abril de 1954, veio regular, pela primeira vez, a movimentação de fundos – clientes por todos os Advogados franceses, que, até então, podiam confundi-los com os seus próprios valores depositados nas suas contas bancárias pessoais ou, quando muito, cumprir as regras vigentes no seu *Barreau*, incorrendo em crime de abuso de confiança e em infração disciplinar se ele se apropriasse de fundos alheios.

O regime jurídico dos fundos clientes passou a constar, depois, da Lei nº 71-1130 de 31 de dezembro de 1971, da Lei nº 85-772, de 25 de julho de 1985, do Decreto-lei nº 91-1197, de 27 de dezembro de 1991 e do Decreto nº 96-610, de 5 de julho de 1996, regulamentado por uma portaria ministerial da mesma data.

O artigo 53º – 9 da citada Lei de 31 de dezembro define como fundos – clientes todos os fundos, títulos ou valores entregues ao Advogado que não sejam honorários ou provisões, tratando-se de valores detidos temporariamente pelo Advogado e entregues pelo seu cliente a favor de terceiro ou por este a favor daquele, e prevê para o seu depósito a *Caisse de règlements pécuniaires des avocats* (CARPA), criada por deliberação do Conselho da Ordem de cada *Barreau* ou, quando a caixa é comum a vários *Barreaux*, por deliberação conjunta dos Conselhos da Ordem dos *Barreaux* interessados e cujas condições de aplicação são fixadas pelos artigos 236º a 244º do Decreto de 27 de novembro de 1991[1004].

Nos artigos 230º a 235º estabelecem-se as regras referentes à contabilidade, que tem de registar obrigatoriamente os depósitos de fundos, a entrega de títulos ou valores, as operações efetuadas e o destino dos fundos depositados e que tem de ser mantida nas condições previstas no artigo 235º, isto é, segundo o regulamento fixado pelo Conselho da Ordem.

O Advogado é obrigado, a solicitação do Bastonário, a apresentar a contabilidade, sob pena de sanção disciplinar, e, a requisição do presidente do

---

[1004] JACQUES HAMELIN – ANDRÉ DAMIEN, Les Règles de la Profession d'Avocat, 1995, pág. 211 e seg. s e 389 e seg. s, que seguimos, quanto ao que, no texto, irá dizer-se sobre esta matéria.

DIREITO PROFISSIONAL DO ADVOGADO

tribunal de grande instância ou do primeiro presidente da *Cour d'appel* em ações de honorários ou relativas a taxas, todos os extratos da contabilidade que sejam necessários.

A CARPA quer seja gerida diretamente pelo *Barreau* quer sob qualquer outra forma jurídica, fica sob a responsabilidade do ou dos *Barreaux* que a instituíram – artigo 237º.

O ou os Conselhos da Ordem, em execução da deliberação de criarem a CARPA, aprovam os estatutos desta e, se for caso disso, elaboram o ato constitutivo; estabelecem as regras de funcionamento, fixam os direitos e obrigações dos Advogados e designadamente as respeitantes à manutenção de contabilidade assim como as modalidades de controlo – artigo 238º.

O regulamento é notificado ao procurador-geral junto da *Cour d'appel* na área da qual se situa a sede da CARPA por carta registada com aviso de receção e o procurador pode submetê-lo à *Cour d'appel* – artigo 239º.

Os fundos, títulos ou valores recebidos pelo Advogado são depositados numa conta aberta em nome da CARPA num Banco ou na Caixa de Depósitos e Consignações, constituindo a conta referente à atividade de cada Advogado uma sub – conta individual – artigo 240º.

Os Advogados não podem proceder a pagamentos efetuados por meio dos fundos – clientes a não ser por intermédio da CARPA – artigo 241º.

O Advogado autorizado a abrir um ou vários escritórios secundários fora do *Barreau* a que pertence procede a pagamentos efetuados por meio dos fundos – clientes por intermédio da CARPA instituída pelo Conselho da Ordem do *Barreau* na área do qual o escritório está estabelecido – artigo 242º.

Só os fundos, títulos ou valores recebidos por ocasião das atividades exercidas no escritório secundário são depositados na respetiva CARPA, não podendo verificar-se transferência de fundos entre a sub-conta individual aberta nesta caixa e as sub-contas abertas noutras caixas da mesma natureza, e o encerramento de um escritório secundário acarreta o encerramento da respetiva sub-conta individual, mas os fundos, títulos ou valores que aí estiverem ainda em depósito na data de encerramento do escritório secundário serão transferidos para a CARPA instituída pelo *Barreau* ao qual pertence o Advogado – artigos 243º e 244º.

A conta CARPA em qualquer Banco ou instituição similar[1005], além de dividida em sub-contas individuais por Advogado, escritório ou por socie-

---

[1005] Chaque caisse de règlements pécuniaires des avocats ouvre une compte unique pour les dépôts et règlements de fonds dans un établissement de crédit de son choix – artigo 1º do Decreto nº 96 – 610, de 5 de julho de 1996.

XVII. DEVERES DO ADVOGADO PARA COM O CLIENTE

dades de Advogados[1006], está dividida cliente por cliente e por assunto, sendo movimentada por cheques CARPA.

O Decreto nº 96-610, de 5 de julho de 1996, veio alterar a distribuição de funções e poderes na CARPA, ao criar um comissário para controlar o cumprimento das obrigações e deveres das várias CARPAs, pois que, além do controlo diário, o Comissário apresenta no final de cada ano um relatório detalhado sobre as operações efetuadas em cada conta, relatório entregue ao Bastonário, ao Procurador-Geral e à Comissão Nacional, que tem funções semelhantes à do Comissário, mas a um nível superior, havendo um duplo controle, exercido pelo Comissário em relação às contas e pela Comissão em relação às Caixas.

A Comissão Nacional é constituída pelo presidente do Conselho Nacional dos *Barreaux*, pelo Bastonário de Paris, pelo presidente da Conferência dos Bastonários e pelo presidente da União Nacional das Caixas dos Advogados e dispõe de grandes poderes em relação às CARPA, podendo suspender o funcionamento de uma CARPA e designar um administrador provisório, mas as suas decisões são suscetíveis de recurso para o Tribunal da Cassação de Paris.

Ainda para maior segurança do sistema, tem de existir um seguro ou uma garantia bancária[1007], não podendo os fundos detidos ultrapassar o valor do seguro, sem que seja subscrita uma garantia complementar[1008].

Se um Advogado não pode responder pelos fundos – clientes, está em "*défaillance*", se um mês após a citação para cumprimento, este não se verificar, caso em que deve avisar o Bastonário e acionar o seguro ou a caução.

Se o incumprimento se dever à utilização de fundos para fins pessoais, trata-se de uma falta contra a honra e a probidade que põe em causa a idoneidade do Advogado para o exercício da advocacia e que acarreta respon-

---

[1006] Le compte mentionné à l'article 1.er est divisé en autant de comptes individuels qu'il y a d'avocats membres de la caisse.
En cas d'exercice en commun, un seul compte est ouvert au nom de la structure d'exercice – artigo 2º do mesmo diploma.

[1007] Il doit également être justifié d'une assurance au profit de qui il appartiendra, contractée par le barreau ou d'une garantie affectée au remboursement des fonds, effets ou valeurs reçus – artigo 27º da Lei nº 71-1130, de 31 de dezembro de 1971

[1008] Chaque avocat appelé à recevoir des fonds, effets ou valeurs d'un montant supérieur à la limite de garantie de la police d'assurance souscrite par le barreau doit avertir immédiatement le président de la caisse des règlements pécuniaires des avocats, afin qu'une garantie complémentaire soit souscrite avant la réception de fonds, effets ou valeurs – artigo 14º do Decreto nº 96 – 610, de 5 de julho de 1996.

DIREITO PROFISSIONAL DO ADVOGADO

sabilidade disciplinar, civil e criminal, aplicando a Ordem dos Advogados a sanção de irradiação ou, pelo menos, suspensão.

O Advogado impedido de exercer a sua atividade por doença, exercício de funções públicas ou funções docentes, pode ser provisoriamente substituído, por um ano, renovável por mais um, por um colega por ele escolhido e inscrito no mesmo *Barreau*, passando a aplicar-se o regime da administração provisória dos fundos, quando a suspensão provisória ultrapassa os limites temporais permitidos, regime que também se aplica por morte, interdição e irradiação do Advogado[1009].

Nos casos de administração provisória, o Bastonário designa um ou mais administradores, que adquirem para si os montantes que desse trabalho resultem, mas que, em contrapartida, terão que fazer face às despesas do escritório do administrado, sem prejuízo de a diferença para mais das despesas ter de ser paga pelo substituído ou pelos seus sucessores.

A administração provisória cessa pelo levantamento da suspensão provisória ou da interdição e, nos outros casos, por decisão do Bastonário.

A atribuição a cada Ordem de Advogados dos juros da conta CARPA de cada Ordem é atualmente contestada por alguns no aspeto doutrinal, embora a questão tivesse sido solucionada pelo Decreto 86-454, de 13 de março de 1986. Os juros nem seriam, nesta doutrina, atribuídos às Ordens nem aos clientes e os montantes de que os Advogados são depositários deveriam ser depositados na *Caisse de Dépôts et Consignations* e os juros atribuídos ao Estado. Mas tal sistema seria imaginável se unicamente se tratasse de fundos cativos, o que não é o caso; por outro lado, trata-se efetivamente de muitos pagamentos que transitam pelos Advogados durante o tempo necessário para fazer assinar um documento de quitação pelo cliente credor; e, finalmente, graças a estes juros, as Ordens de Advogados organizam a formação profissional dos seus membros, as consultas gratuitas, a defesa de clientes que não beneficiam de apoio judiciário ou de nomeações oficiosas, encargos que as Ordens assumem como serviço público cujo peso insuportável pelas Ordens necessitariam de concessão de subvenções pelo Estado em caso de supressão dos benefícios dos fundos CARPA, que, assim, proporcionam às Ordens os meios de as assumir gratuitamente para o público, utilizando os seus fundos próprios e sem recurso ao Estado.

[1009] Artigo 173º do Decreto nº 91-1197, de 27 de novembro de 1991.

84. A proibição dos pactos de *"quota litis"* e de contratos sobre o objeto de questões confiadas

Este dever para com o cliente já atrás foi estudado no capítulo sobre honorários e aqui apenas se impõe remeter para o que então expusemos, designadamente o disposto no artigo 100º – nº 1 – d) do EOA, preceito que não abrange apenas os pactos de *quota litis*[1010].

85. O dever de não abandonar a questão sem motivo justificado

Enquanto, no contrato típico de mandato, este é, em princípio, livremente revogável por qualquer das partes[1011], sem prejuízo de a parte que revogar o mandato dever indemnizar a outra do prejuízo que esta sofrer se a revogação proceder do mandatário e não tiver sido realizada com a antecedência conveniente e, além disso, se o mandato for oneroso e a revogação proceder do mandante[1012], o mandatário judicial só pode renunciar ao mandato com motivo justificado[1013].

A justa causa para a resolução de um contrato não pode reconduzir-se à falta de cumprimento dos deveres contratualmente estabelecidos, antes constituindo justa causa qualquer facto ou circunstância perante os quais não é exigível a uma das partes, segundo a boa fé, a continuação da relação.

Já atrás dissemos, a propósito do dever de informação, que o direito profissional do Advogado constitui um limite à faculdade de o cliente lhe dar instruções, na medida em que possam contrariar aquele direito, que lhe assegura autonomia e liberdade de decisão entre um dever deontológico e um dever de seguir instruções do mandante, podendo e devendo o Advogado sindicar o mérito das instruções recebidas do cliente, a quem tem de propor, contudo, uma conciliação entre as instruções e os seus deveres deontológicos, antes de eventualmente renunciar ao mandato[1014].

A observância de deveres deontológicos pode determinar a renúncia ao mandato judicial, designadamente sempre que o mandante pretenda limitar a autonomia técnica do mandatário ou determiná-lo a usar meios ou expedientes ilegais ou dilatórios ou prejudiciais para a descoberta da verdade ou levá-lo a patrocinar uma causa injusta[1015] ou sempre que o

---

[1010] *Vide* supra o nº 60.

[1011] Artigo 1170º do Código Civil.

[1012] Artigo 1172º – c) e d) do Código Civil.

[1013] Artigo 100º – nº 1 – e) do EOA.

[1014] Cfr. nº 78 – O dever de informação – e Luís Vasconcelos Abreu, ob. cit., pág. 294 e seguinte.

[1015] Artigo 90º – a) e b) do EOA.

DIREITO PROFISSIONAL DO ADVOGADO

mandante, apesar de todos os esforços do mandatário, exerça represálias contra a parte contrária ou seja menos correto com o Advogado desta ou com o Juiz ou quaisquer outros intervenientes processuais[1016]. A renúncia ao mandato deve ser notificada ao mandante e à parte contrária, só produzindo efeitos a partir da notificação e devendo o mandante ser advertido de que, sendo obrigatória a constituição de Advogado, se o mandante, depois da notificação, não constituir novo mandatário no prazo de vinte dias, suspende-se a instância, se ele for autor, seguindo só o eventual pedido reconvencional, decorridos que sejam dez dias sobre a suspensão da instância[1017], ou segue o processo os seus termos, ficando sem efeito o eventual pedido reconvencional, se ele for réu e ser-lhe-á nomeado defensor oficioso, se ele for arguido, ou ficará sem efeito a constituição de assistente, com arquivamento do processo, tratando-se de crime particular[1018].

Não obstante estas formalidades já acautelarem o interesse do mandante em encontrar outro Advogado que o patrocine em tempo útil, evitando que ele sofra prejuízos, o Advogado tem também de cumprir este dever[1019], que bem se explica pelo interesse público da profissão, como o de não renunciar ao mandato sem motivo justificado.

Aquele dever está expressamente previsto no Código de Deontologia do CCBE[1020].

A renúncia do Advogado por falta de provisão para honorários nunca pode ser exercida "num momento em que o cliente possa ser incapaz de encontrar assistência noutro lado suficientemente a tempo para evitar prejuízos irreparáveis"[1021].

[1016] Artigo 112º – nº 2 do EOA. Cfr. o acórdão do Conselho Superior de 4/10/74, na ROA, 35º, pág. 269.

[1017] Tendo sido deduzido pelo réu o pedido de condenação do autor como litigante de má fé, deve também prosseguir o processo para apreciação desse pedido ou para trânsito em julgado da condenação já decretada, por aplicação analógica do artigo 47º – nºs 3 e 6 do Código de Processo Civil.

[1018] Artigo 47º do Código de Processo Civil e 50º – nº 1, 64º e 67º e 70º – nº 1 do Código de Processo Penal.

[1019] Artigo 100º – nº 2 do EOA.

[1020] 3.1.4 do citado Código.

[1021] Código Internacional de Ética Profissional da International Bar Association, na ROA, 13º, pág. 32. No mesmo sentido, o princípio nº 42 do Código de Ética Profissional da Advocacia Iberoamericana aprovado pelo VI Congresso da UIBA, na ROA, 45º, pag.s 567 e seg.s. O Parecer do Conselho Geral de 14/5/51, na ROA, 11º, pág. 251, doutrinou que, "em caso algum os Advogados devem abandonar o tribunal e o patrocínio da causa e, em especial, tratando-se de processo – crime, a menos que o exercício do seu ministério lhe seja impedido pelo tribunal

XVII. DEVERES DO ADVOGADO PARA COM O CLIENTE

Como forma de se obstar a que o cliente fique desacompanhado, é aconselhável a via da substituição no patrocínio através de substabelecimento sem reserva, que implica a exclusão do anterior mandatário[1022].

Tratando-se de nomeação oficiosa, deve ser deduzida escusa.

Quer a renúncia quer a escusa não podem ser acompanhadas de fundamentação, se a revelação dos factos que lhes servem de fundamento envolver violação de segredo profissional, sem prejuízo de o Advogado o poder fazer perante o presidente do conselho regional da Ordem dos Advogados[1023].

86. O dever de exigir correção do cliente para com a contraparte e todos os intervenientes processuais

Expressão da independência do Advogado perante o próprio cliente, com o qual não se mistura nem se confunde, apesar de ter de tutelar os seus interesses e respeitar a sua personalidade, é o dever de o Advogado empregar todos os esforços a fim de evitar que o seu cliente exerça quaisquer represálias contra o adversário e seja menos correto com o Advogado da parte contrária – sendo, por isso, também expressão do dever de solidariedade entre Advogados –, com o Juiz – motivo pelo qual também é expressão do dever de respeito para com os magistrados – e com quaisquer outros intervenientes processuais – pelo que é ainda expressão de um dever geral de correção do Advogado[1024].

ou pelo próprio constituinte", tendo o acórdão do Conselho Superior de 9/7/48, na ROA, 8º, pág. 772, decidido que "não constitui abandono de patrocínio o facto de um Advogado, interrompido pelo Juiz, no final das suas alegações, se recusar a prosseguir com estas e sair da sala, pois só o Advogado decide da utilidade ou inutilidade de alegar".

[1022] Artigo 44º – nº 3 do Código de Processo Civil.

[1023] Artigos 34º e 42º – nº 4 da Lei nº 34/2004, de 29 de julho. *Vide* os Acórdãos do Conselho Superior de 6/12/76, na ROA, 37º, pág. 874, e de 5/4/75, na ROA, 36º, pág. 279.

[1024] Artigo 110º – nº 2 do EOA.

Capítulo XVIII
Deveres entre Advogados

87. O dever de solidariedade

É da própria essência da profissão que a advocacia não possa ser exercida por um Advogado como se não existissem outros Advogados.

Trata-se de uma profissão que exige um exercício em comunidade, tanto judicial como extrajudicialmente. Se o Juiz não pode prescindir do Advogado, mesmo num sistema processual em que predomine o princípio do inquisitório em prejuízo do contraditório, também o Advogado não pode exercer a sua profissão sem outros Advogados.

E daí que o dever de solidariedade entre Advogados seja das principais obrigações nas suas relações recíprocas[1025] e constitua uma das mais importantes atribuições da Ordem dos Advogados a de reforçar a solidariedade entre os seus membros[1026].

Nas suas relações com os clientes como nas suas relações em geral, com magistrados, funcionários judiciais, peritos, intérpretes, testemunhas e quaisquer autoridades ou pessoas, o Advogado deve à dignidade da sua profissão e da sua Ordem não só respeitar mas também fazer respeitar o título de Advogado ou Advogado estagiário conferido aos seus colegas pela Ordem dos Advogados[1027]. Mesmo nas suas relações com o cliente, deve o Advogado empregar todos os esforços no sentido de evitar não só

[1025] Artigo 111º do EOA.
[1026] Artigo 3º – nº 1 – f) do EOA.
[1027] Artigos 3º – nº 1 – c), 46º – nº 1 – e) e 54º – nº 1 – l) do EOA.

DIREITO PROFISSIONAL DO ADVOGADO

que ele exerça represálias contra o adversário mas também que seja menos correto com os Advogados da parte contrária[1028]. É que o Advogado não pode misturar-se ou confundir-se com o cliente, substituir-se a ele ou ser garante dele, pois que, apesar de ser o seu porta-voz, o Advogado não é o seu cliente.

E nas relações do Advogado com a generalidade das pessoas, designadamente com os magistrados, deve atuar com a observância da mais estrita igualdade relativamente aos outros Advogados.

Mesmo a mais desculpável falta de modéstia pode vir a ser desmentida e a tornar-se indesculpável pelo desfecho do processo.

O dever de solidariedade obriga o Advogado a reagir contra atitudes ilegais ou abusivas contra outro Advogado.

O Código de Deontologia do CCBE dispõe que a solidariedade profissional impõe uma relação de confiança e cooperação entre Advogados, no interesse do cliente e de forma a evitar litígios inúteis bem como qualquer outra forma de comportamento suscetível de denegrir a reputação da profissão, não devendo, em caso algum, a solidariedade profissional pôr em campos opostos os interesses do Advogado e os do seu cliente, e que o Advogado deve reconhecer como colegas de profissão todos os Advogados de outro Estado-membro[1029].

88. O dever de especial correção e urbanidade e de não pessoalizar as questões nos advogados intervenientes

Nas suas relações com outros Advogados, constitui dever do Advogado proceder com a maior correção e urbanidade, elevando-se ao mais alto grau o dever geral de urbanidade que sobre ele impende[1030], e abster-se de qualquer ataque e alusão deprimente[1031].

Técnica e deontologicamente é censurável pessoalizar as questões nos Advogados que nelas intervêm[1032].

[1028] Artigo 110º – nº 2 do EOA.

[1029] Artigo 111º do EOA e 5.1.1 e 5.1.2 do Código de Deontologia do CCBE.

[1030] Artigo 95º do EOA.

[1031] Artigo 112º – nº 1 – a), b) e g) do EOA.

[1032] João MENERES DE CAMPOS, As relações entre Advogados, na Revista da Ordem dos Advogados, 18º, pág. 399. O Estatuto General de la Abogacia Española, aprovado pelo Real Decreto 658/2001, de 22 de junho, estabelece, no artigo 34º – c), como dever dos Advogados "no intentar la implicación del Abogado contrario en el litigio o intereses debatidos, ni direta ni indiretamente, evitando incluso cualquier alusión personal al compañero y tratándole siempre con la mayor corrección".

As relações dos Advogados, entre si, no exercício da sua profissão, são independentes das suas relações pessoais[1033], sejam estas quais forem.

Mesmo quando litiga em causa própria, aparecendo na dupla qualidade de parte e de Advogado, a este é devida a maior correção e urbanidade, com abstenção de qualquer ataque ou alusão deprimente[1034].

Mesmo quando um Advogado se julga injuriado por expressões usadas por um colega, não deve responder à provocação[1035].

Não está o Advogado proibido de criticar o Advogado da parte contrária ou o Juiz no que for indispensável à defesa da causa, designadamente quanto a erros de direito, a erradas citações de Doutrina ou Jurisprudência, etc., sem infração deste dever de abstenção de ataque pessoal ou alusão deprimente. Mas infringem este dever, por exemplo, as seguintes expressões dirigidas contra colegas: "morosidade manifesta", "inação patente"[1036], "descaramento"[1037], "notável urdidor de mentiras" e "direitos que o autor torpemente procura lesar"[1038].

O dever de especial correção e urbanidade impõe ao Advogado que responda às comunicações de colegas e que os informe da sua intenção de faltar a qualquer diligência, a fim de evitar a sua deslocação desnecessária, dever de cortesia do Advogado também em relação aos Juízes[1039].

O Código de Deontologia do CCBE dispõe que o Advogado deve atuar com cortesia em relação aos Advogados de outros Estados-membros da União Europeia[1040].

89. O dever de reserva ou confidencialidade

É dever do Advogado não se pronunciar publicamente sobre questão que saiba confiada a outro Advogado, salvo na presença deste ou com o seu prévio

---

[1033] Acórdão do Conselho Distrital de Lisboa, na ROA, 9º, pág. 410.

[1034] Acórdão do Conselho Superior de 4/1/68, na ROA, 29º, pág. 148, no mesmo sentido dos acórdãos de 25/1/62, na ROA, 23º, pág. 137, e de 8/10/64, na ROA, 25º, pág. 222, mas em sentido contrário ao do acórdão de 2/8/59, na ROA, 20º, pág. 91.
Cléo Leclercq, Devoirs et Prérrogatives de l' Avocat, Bruylant, Bruxelles, 1999, considera que um dever de delicadeza impõe que o Advogado renuncie à faculdade de pleitear em causa própria para não ser suspeito de tirar proveito da sua qualidade junto do tribunal.

[1035] Assim decidiram, entre outros, os acórdãos do Conselho Superior de 24/1/59, na ROA, 19º, pág. 168, e de 27/11/74, na ROA, 35º, pág. 511.

[1036] Acórdão do Conselho Superior de 5/4/75, na ROA, 36º, pág. 276.

[1037] Acórdão do Conselho Superior de 27/11/74, na ROA, 35º, pág. 515.

[1038] Acórdão do Conselho Superior de 4/1/68, na ROA, 29º, pág. 148.

[1039] Parecer do Conselho Geral de 9/5/89, na ROA, 49º, pág. 667.

[1040] 5.1.2 do Código de Deontologia.

DIREITO PROFISSIONAL DO ADVOGADO

acordo[1041], dever que tem de ser observado mesmo em privado com o cliente daquele outro Advogado[1042], se o assunto lhe ficou desde logo confiado, hipótese em que o segundo Advogado deve expor ao colega, verbalmente ou por escrito, as razões pelas quais vai aceitar o mandato[1043], a não ser que o cliente se tenha limitado a pedir a opinião do primeiro, pois então o segundo Advogado consultado poderá emitir o seu parecer sobre o assunto[1044].

Também o Código de Deontologia do CCBE prescrevia, a este respeito, sensivelmente o mesmo que o nosso direito interno, independente de, em ambos os ordenamentos, se determinar, quanto a um dever de solidariedade neste caso concreto, que o novo Advogado fará tudo quanto de si dependa para serem pagos os honorários e despesas do Advogado substituído: um Advogado não pode suceder a outro Advogado, na defesa dos interesses de um cliente num determinado caso, senão depois de ter avisado o colega e, se for necessário tomar medidas urgentes no interesse do cliente, o Advogado pode tomar tais medidas, desde que delas dê conhecimento ao outro Advogado[1045].

Mas tais disposições foram revogadas por deliberação da sessão plenária de Dublin de 6 e 7 de dezembro de 2002[1046].

90. O dever de segredo

Diferente do dever de omissão de pronúncia pública ou em privado, mas abrangido igualmente pelo dever de reserva e confidencialidade, embora dele se deva autonomizar como dever de segredo, é o dever de confidencialidade de comunicações orais ou da correspondência escrita em que tenha intervindo Advogado.

Se não pode ser apreendida a correspondência entre Advogado e cliente[1047], consagrando a lei o direito à especial proteção das comunicações com o cliente e à proteção do sigilo da documentação relativa ao exercício

---

[1041] Artigo 112º – nº 1 – c) do EOA.

[1042] O princípio da reserva ou confidencialidade tal como o formula o artigo 112º – nº 1 – c) do EOA já é salvaguardado, em parte, pelo artigo 93º – nº 1, mas a razão de ser daquela alínea c) é a de acautelar a hipótese de o mandante pretender substituir o seu Advogado e o substituto dever observar então o nº 2 do artigo 112º

[1043] Artigo 112º – nº 2 do EOA.

[1044] Sobre esta matéria, *vide* CARLOS MATEUS, Segunda opinião jurídica, no BOA, nºs 91/92, pág.s 46/47, num bem elaborado estudo mais abrangente, incluindo o Código de Ética Profissional da Advocacia Ibero-Americana.

[1045] 5.6 do Código de Deontologia do CCBE nas versões de Estrasburgo e Lyon.

[1046] Revisão do Código de Deontologia do CCBE, no BOA, nº. 24/25, pág. 105. Cfr. supra, nº 65.

[1047] Artigo 76º do EOA.

XVIII. DEVERES ENTRE ADVOGADOS

da defesa[1048], não pode deixar de ser abrangida pela impossibilidade de apreensão e pela especial proteção do sigilo também a correspondência em que tenha intervindo Advogado, quer a dirigida à parte contrária não representada por Advogado quer a dirigida a este.

O Advogado é obrigado a segredo profissional no que respeita a factos referentes a assuntos conhecidos no exercício da profissão, abrangendo documentos que se relacionem, direta ou indiretamente, com os factos sujeitos a sigilo[1049].

Não podem, pois, deixar de estar abrangidos pelo dever de segredo as comunicações orais ou a correspondência escrita em que tenha intervindo Advogado[1050].

O Código de Deontologia do CCBE dispõe que o Advogado que dirija a um colega de um outro Estado – membro uma comunicação que pretenda ter caráter "confidencial" ou *"without prejudice"* deverá exprimir claramente a sua vontade quando do envio dessa comunicação e, no caso de o destinatário dessa comunicação não estar em condições de lhe dar um caráter "confidencial" ou *"without prejudice"*, deverá devolvê-la ao remetente sem desvendar o seu conteúdo[1051].

E não pode aceitar-se que esta correspondência só esteja a coberto de sigilo quando se refira a negociações transacionais malogradas[1052], sem embargo de então deverem exigir-se acrescidos requisitos de absoluta necessidade para poder ser revelada, mediante despacho de autorização do Presidente do Conselho Distrital com recurso para o Bastonário[1053].

[1048] Artigo 13º – nº 2 da Lei da Organização do Sistema Judiciário (LOSJ) – Lei nº 62/2013, de 26 de agosto.

[1049] Artigo 92º – nºs 1 – a) e 3 do EOA.

[1050] Mas a correspondência dirigida pelo Advogado, em representação do cliente, à contraparte ou ao Advogado desta, como seu representante, para a produção de determinado efeito jurídico, como a interpelação ou notificação para preferência ou para caducidade de contrato a termo, a remessa para a parte vencida da nota descriminativa e justificativa do direito a custas de parte, nos termos do artigo 25º do Regulamento das Custas Processuais, ou a prática de um ato jurídico, designadamente a emissão de uma declaração negocial perante eles ou durante a fase preliminar da formação de vontade negocial não estão, porém, abrangidas pelo segredo profissional e terão valor probatório, como melhor veremos ao tratar do segredo profissional como autónomo dever profissional. Cfr., *infra*, nº 106-3.

[1051] 5.3.1 e 5.3.2 do Código de Deontologia.

[1052] No mesmo sentido, BASTONÁRIO AUGUSTO LOPES CARDOSO, Do Segredo Profissional na Advocacia, pág. 54 e nota 98, criticando o acórdão da Relação de Lisboa de 9/3/95, na Coletânea de Jurisprudência, 1995, tomo 2º, pág. 67.

[1053] Artigo 92º – nº 4 do EOA.

O dever de não invocar publicamente, em especial perante tribunais, quaisquer negociações transacionais malogradas ou não, quer verbais quer escritas, em que tenha intervindo Advogado[1054] é um outro dever de segredo também abrangido pelo dever de reserva ou confidencialidade, embora nele concorra também o dever de lealdade, e melhor será percebido quando tratado em conjunto com o dever de segredo profissional, já não como dever entre Advogados ou como dever para com o cliente, que também é[1055], mas como autónomo dever estatutário da profissão de Advogado ou como instituto de direito autónomo.

91. O dever de lealdade

Outro dever entre Advogados nas suas relações recíprocas é o de atuar com a maior lealdade, não procurando obter vantagens ilegítimas ou indevidas para os seus constituintes ou clientes[1056], e não contactar a parte contrária representada por Advogado, salvo se previamente autorizado por este[1057].

Deve o Advogado abster-se de atuar unilateralmente e, portanto, de forma desleal, junto de terceiros de forma a influenciar o curso normal de um processo, no qual pode e deve reunir todos os meios legais de prova, mas também abster-se de influências, pressões ou intrigas.

Se o Advogado deve abster-se de intervir nas decisões do Juiz, quer diretamente, em conversa ou por escrito, quer por interposta pessoa, sendo como tal considerada a própria parte, e se é especialmente vedado aos Advogados enviar ou fazer enviar aos Juízes quaisquer memoriais ou recorrer a processos desleais de defesa dos interesses das partes[1058], o mesmo princípio é válido em relação a outros intervenientes em qualquer assunto, sejam peritos, notários, conservadores de registo, funcionários públicos, etc.

[1054] Artigo 92º – nº 1 – f) do EOA, a que deve acrescentar-se a palavra "Advogado" contida no artigo 86º – nº 1 – e) do primeiro EOA e que se refere apenas às negociações transacionais malogradas, tendo, por isso, uma extensão muito menor que o artigo 92º – nº 1 – e) do EOA, que se refere a negociações para acordo amigável, quer as que se malograram quer as que conduziram a um resultado, a uma transação, não podendo deixar de compreender também estas o artigo 92º – nº 1 – f). O Código de Deontologia do CCBE dispõe, sob o nº 4.2, in fine: na medida em que a lei não o proíba, o Advogado não pode divulgar ou submeter aos tribunais uma proposta de solução da questão elaborada pela parte contrária ou seu Advogado sem autorização expressa deste.

[1055] Artigo 92º – nº 1 – a) do EOA.

[1056] Artigo 112º – nº 1 – d) do EOA.

[1057] Artigo 112º – nº 1 – e) do EOA.

[1058] Artigo 108º – nº 2 do EOA.

XVIII. DEVERES ENTRE ADVOGADOS

Também infringe o dever de lealdade o Advogado que instrui uma testemunha, antes de esta ser ouvida, o que também será uma infração ao dever para com a comunidade de contribuir para a descoberta da verdade[1059].

O anterior EOA, proibindo a manutenção de relações com a parte contrária, mesmo por escrito, permitia concluir que contactar verbalmente a parte contrária representada por Advogado, salvo prévia autorização deste, era infração mais grave do que contactá-la por escrito, o que bem se compreende porque, neste último caso, além de ser mais fácil a prova, sempre haverá maior inibição ou contenção do Advogado infrator.

Deve, pois, o Advogado abster-se completamente, de qualquer contacto ou negociação verbal ou escrita, com a outra parte, na ausência ou contra a vontade do seu Advogado ou remeter correspondência à parte contrária, a não ser por intermédio do seu Advogado.

Se alguma correspondência não confidencial, designadamente uma interpelação, dever ser endereçada diretamente à parte contrária representada por Advogado, fará o Advogado redigir essa correspondência pelo seu cliente.

Sobre a comunicação do Advogado com a parte contrária dispõe o Código de Deontologia do CCBE que o Advogado não pode entrar diretamente em contacto sobre determinado assunto com uma pessoa que saiba encontrar-se representada ou assistida por um outro Advogado, sem que esse colega lhe preste consentimento para o efeito e com obrigação de manter este último informado[1060].

Assim como o dever de segredo entre Advogados deve ceder perante o cliente no que disser respeito à relação jurídica patrocinada pelo seu Advogado, pois dentro deste âmbito não pode haver segredo em relação ao cliente, também o dever de lealdade para com outro Advogado tem de ceder perante o dever de lealdade para com o cliente, em caso de conflito entre ambos os deveres[1061].

Não pode, porém, o Advogado procurar obter vantagens ilegítimas ou indevidas para com os seus constituintes ou clientes à custa do dever de lealdade para com o Advogado da parte contrária.

Assim, constituirá infração grave ao dever de lealdade para com o Advogado da parte contrária apressar o início das licitações em inventário em que apenas há dois interessados, apesar de ter conhecimento do atraso

---

[1059] Artigo 90º – nº 2 – a) do EOA.
[1060] 5.5 do Código Deontológico do CCBE.
[1061] Assim decidiu o Acórdão do Conselho Distrital de Lisboa de 19/6/42, na ROA, 7º, pág. 513.

DIREITO PROFISSIONAL DO ADVOGADO

justificado do colega, a prestação de informações falsas ao adversário, a junção de documentos aos autos no último momento para beneficiar do efeito da surpresa e a complacência num ato ilegal e inconsideradamente praticado, embora vantajoso para o cliente, na ausência do Advogado da parte contrária.

Questão delicada que se levanta a propósito do dever de lealdade entre Advogados é a de se saber se o Advogado deve aproveitar-se de erros do Advogado da parte contrária. CARLO LEGA sustenta que, tratando-se de erro de direito, o Advogado da parte beneficiária deve tirar proveito do erro e que, tratando-se de erro de facto, o Advogado só não deve aproveitar-se do erro, se este for banal e desculpável, mas não assim, tratando-se de erro grosseiro[1062].

Infringe o dever de lealdade o Advogado que estabelece um acordo com o Advogado da parte contrária para pôr fim a uma ação e, depois, não assina o necessário termo de transação[1063], ou o que, sabendo que o seu constituinte não tenciona cumprir uma transação, obtém do Advogado da parte contrária o cumprimento do que a este competia, assegurando-lhe que o mesmo faria o seu cliente[1064].

A notificação de articulados e requerimentos autónomos após a notificação ao autor da contestação do réu que passou a ser feita pelo mandatário judicial do apresentante ao mandatário judicial da contraparte, embora imposta pela lei com o fim de desonerar os tribunais da prática de atos de expediente que possam ser praticados pelas partes[1065], veio assegurar o princípio do contraditório e, no respeito das regras do processo, um dever de lealdade entre os mandatários judiciais que é incompatível com qualquer efeito da surpresa.

O Código de Deontologia do CCBE, além de se referir a um comportamento solidário e leal entre Advogados[1066], dispõe que o Advogado deve, em todas as circunstâncias, observar o caráter contraditório dos debates, não pode, por exemplo, contactar um Juiz sobre um caso sem informar previamente o Advogado da parte contrária, não pode enviar peças, notas ou outros documentos a um Juiz sem que os mesmos sejam comunicados em tempo útil ao Advogado da parte contrária, salvo se tais atuações forem

---

[1062] CARLO LEGA, Deontologia de la Profission de Abogado, Madrid, 1976, pág. s 174-175.
[1063] Assim decidiu o Acórdão do Conselho Superior de 26/7/53, na ROA, 13º, pág. 391.
[1064] Acórdão do Conselho Superior de 27/11/74, na ROA, 35º, pág. 700.
[1065] Decreto-lei nº 183/2000, de 10 de agosto, e artigo 221º do Código de Processo Civil.
[1066] 5.1.2 do Código de Deontologia do CCBE.

XVIII. DEVERES ENTRE ADVOGADOS

permitidas pela lei de processo aplicável, acrescentando que, na medida em que a lei não o proíba, o Advogado não pode divulgar ou submeter aos tribunais uma proposta de solução da questão elaborada pela parte contrária ou seu Advogado sem autorização expressa deste, como já atrás salientámos quanto ao dever de segredo[1067].

92. O dever de não assinar escritos profissionais que não tenha feito ou em que não tenha colaborado

Constitui dever dos Advogados nas suas relações recíprocas não assinar pareceres, peças processuais ou outros escritos profissionais que não tenha feito ou em que não tenha colaborado[1068].

A *"ratio legis"* deste dever é obstar a que o Advogado, assinando escritos profissionais elaborados por outrem, dê cobertura a formas de exercício clandestino da advocacia por quem está inibido de a exercer por não estar inscrito, designadamente por incapacidade superveniente, ou por não ter a sua inscrição em vigor ou tão só por não cumprir o dever de suspender a inscrição por superveniência de incompatibilidade ou ainda por se verificar um mero impedimento ou o dever de recusar mandato em determinado caso concreto.

Trata-se, pois, de obstar a formas de exercício da advocacia por quem só a podia exercer com ilicitude criminal ou disciplinar.

93. O dever de cooperação

No processo devem os mandatários judiciais e as próprias partes cooperarem entre si, concorrendo para se obter, com brevidade e eficácia, a justa composição do litígio, podendo o Juiz ouvir as partes, seus representantes ou mandatários judiciais e convidá-los a fornecer os esclarecimentos sobre a matéria de facto ou de direito que se afigurem pertinentes e dando-se conhecimento à outra parte dos resultados da diligência[1069].

As partes e os mandatários judiciais são obrigados a comparecer sempre que para isso forem notificados e a prestar os esclarecimentos que lhe forem pedidos, sem prejuízo de a recusa ser legítima, se a obediência importar violação da integridade física ou moral das pessoa, intromissão na sua vida privada ou familiar, no domicílio, na correspondência ou nas telecomunicações ou violação do sigilo profissional, sendo então aplicável, com

---

[1067] 4.2 do Código de Deontologia do CCBE.
[1068] Artigo 112º – nº 1 – f) do EOA.
[1069] Artigo 7º – nºs 1 e 2 do Código de Processo Civil.

DIREITO PROFISSIONAL DO ADVOGADO

as adaptações impostas pela natureza dos interesses em causa, o disposto no processo penal acerca da legitimidade da escusa e da dispensa do dever de sigilo invocado[1070].

O dever de cooperação entre colegas deve ser conjugado não só com o segredo profissional mas também com outros deveres para com o cliente[1071].

Sobre cooperação entre colegas de diferentes Estados – membros da União Europeia, é dever de todo o Advogado a quem um colega de outro Estado-membro se dirija abster-se de aceitar um assunto para o qual não é competente, caso em que deverá ajudar o seu colega a entrar em contacto com um Advogado que esteja em condições de prestar o serviço pretendido; e, sempre que os Advogados de dois Estados-membros diferentes trabalhem em conjunto, têm o dever de tomar em consideração as diferenças que possam existir entre os seus sistemas jurídicos, as suas Ordens de Advogados, as suas capacidades e as suas obrigações profissionais[1072].

94. Patrocínio contra Advogados ou Magistrados
O Advogado, antes de intervir em procedimento disciplinar, judicial ou de qualquer outra natureza contra outros Advogados ou Magistrados, comunicar-lhes-á a sua intenção, com as explicações que entenda necessárias, salvo tratando-se de diligências ou atos de natureza secreta ou urgente[1073].

A comunicação tem de revestir a forma escrita, ao contrário do que acontecia anteriormente[1074], quando podia ser verbal, desde que inequívoca[1075].

E também ao contrário do que acontece noutros ordenamentos jurídicos, como o belga e o italiano, o Advogado não está obrigado a comunicar à Ordem dos Advogados a promoção de quaisquer diligências contra outros Advogados.

Nos atos de natureza secreta ou urgente que a lei excetua, estão incluídos os processos que tenham caracter reservado, como os procedimentos cautelares em que a audiência do requerido poria em risco sério o fim ou

---

[1070] Artigos 7º – nº 3 e 417º – nºs 3 e 4 do Código de Processo Civil e 135º do Código de Processo Penal.

[1071] Acórdão do Conselho Superior de 23/11/95, na ROA, 57º, pág. 1427.

[1072] 5.2 do Código de Deontologia do CCBE.

[1073] Artigo 96º do EOA. Mesmo em caso de pedido reconvencional – *Vide* o acórdão do Conselho Distrital de Coimbra de 28/7/83, na ROA, 33º, pág. 642, e o acórdão do Conselho Superior de 15/10/70, na ROA, 31º, pág.243.

[1074] Artigo 579º do Estatuto Judiciário.

[1075] Acórdão do Conselho Superior de 2/4/76, na ROA, 37º, pág. 284; cfr. ainda, nesta matéria, o acórdão do Conselho Superior de 12/12/80, na ROA, 41º, pág. 515.

a eficácia da diligência, designadamente os instaurados como preliminares ou incidentes de ações de anulação de casamento, divórcio, separação de pessoas e bens e os que respeitem ao estabelecimento ou impugnação de paternidade[1076].

Mas, promovida a diligência, deve haver comunicação posterior com as necessárias explicações.

Sobre litígios entre Advogados de vários Estados – membros, sempre que um Advogado tome conhecimento de que um colega de outro Estado – membro violou uma regra deontológica, deve chamar a atenção do Colega para esse facto e, no caso de um qualquer diferendo surgir entre Advogados de diferentes Estados – membros, devem os mesmos, em primeiro lugar, tentar resolver a questão de forma amigável, devendo o Advogado, antes de iniciar um processo contra um colega de outro Estado – membro, relativo a um litígio, informar do facto as Ordens dos Advogados de que dependem os dois Advogados, de forma a permitir às Ordens em causa prestar o seu auxílio na obtenção de uma resolução amigável[1077].

95. O dever de formação dos advogados estagiários

É dever dos Advogados não recusar, sem motivo justificado, a direção do estágio dos Advogados estagiários[1078].

Trata-se de um dever para com a Ordem dos Advogados, mas trata-se também de um dever recíproco entre Advogados.

A advocacia europeia pertence quase toda ela ao tipo de advocacia colegiada, ancorada numa Ordem, *Barreau* (França), *Colegio* (Espanha), ou *Ordine* (Itália), associação pública de entidades privadas (Advogados ou sociedades de Advogados), que, por delegação normativa de poderes do Estado, disciplina o exercício da profissão de Advogado, a qual assenta nos dois grandes princípios deontológicos da independência e do interesse público da profissão, princípios que, sendo, em grande medida, antagónicos, se compatibilizam, sem grande predominância de um sobre o outro, ao contrário do que acontece com o tipo de advocacia livre (Estados Unidos, Suíça, Noruega e Finlândia), em que predomina o interesse público da profissão submetida ao controlo do Juiz, e com o tipo da advocacia de Estado, em que predomina o interesse público da profissão que funciona na dependência hierárquica do poder executivo.

[1076] Cfr. os artigos 79º – nº 1 do EOA e 164º – nº 2 e 366º – nº 1 do Código de Processo Civil.
[1077] 5.9 do Código de Deontologia do CCBE.
[1078] Artigos 91º – f) do EOA.

DIREITO PROFISSIONAL DO ADVOGADO

E, assentando o exercício da profissão naqueles dois grandes princípios deontológicos, a formação dos Advogados não pode alhear-se deles, quer do interesse público da atividade do Advogado quer da independência deste, e, por isso, não pode a formação dos Advogados deixar de ser um direito e um dever dos Advogados e da sua Ordem, um exclusivo ou reserva desta, como património próprio seu e de mais ninguém.

À Universidade devemos o tesouro dos conhecimentos jurídicos na sua faceta técnico-teórica, mas só à Ordem dos Advogados deve exigir-se a formação jurídica e deontológica na sua faceta técnico-prática, não sendo admissível exigir-se à Universidade, até por falta de vocação desta para tal, qualquer formação profissional dos Advogados como também dos Magistrados Judiciais ou do Ministério Público, dos Notários ou Conservadores dos registos, não obstante só em relação aos Advogados soer falar-se de tal possibilidade, talvez por se tratar da profissão mais residual a que dá acesso a licenciatura em Direito e sem o natural *"numerus clausus"* das outra citadas profissões, tudo sem prejuízo de a Ordem dos Advogados dever recorrer à Universidade e a outros estabelecimentos públicos, a fundações e a associações e a outras profissões jurídicas e judiciárias como fontes do conhecimento jurídico.

Do mesmo modo também não é admissível que a Ordem tenha poderes de acreditação dos cursos ministrados pela Universidade, sem prejuízo de dever ser ouvida quanto às disciplinas que devem integrar a licenciatura em Direito exigida para a inscrição na Ordem, sendo desejável que não entrem em rota de colisão o princípio da liberdade de ensino e da autonomia universitária com o princípio da independência e autonomia da Ordem dos Advogados[1079].

O estágio tem a duração máxima de dezoito meses, sob a orientação da Ordem dos Advogados, através dos serviços de estágio, embora os patronos desempenhem um papel fundamental ao longo de todo o período de estágio[1080], e o primeiro período, com a duração mínima de seis meses, destina-se a fornecer aos Advogados estagiários os conhecimentos técnico – profissionais e deontológicos fundamentais e a habilitá-los para a prática de atos próprios da profissão de competência limitada e tutelada, podendo ser exigida aos estagiários a fetura de trabalhos ou relatórios que

---

[1079] ORLANDO GUEDES DA COSTA, A Universidade e a Formação Profissional – Um Esboço, na Revista da Faculdade de Direito da Universidade do Porto, Ano III-2006, pág.s 613 e seg.s.
[1080] Artigos 195º – nº 2 e 192º – nº 1 do EOA.

comprovem aqueles conhecimentos[1081] e o segundo período de um ano de estágio já compreende a prática de atos próprios da profissão, designadamente a consulta jurídica e o mandato judicial pelos Advogados estagiários, por si próprios, embora com a orientação do patrono tradicional ou de um patrono-formador, quer como procuradores forenses, constituídos pelos seus clientes, quer como patronos ou defensores oficiosos nomeados pela Ordem quando o interessado não encontra quem voluntariamente aceite patrociná-lo, ou nomeados no âmbito do apoio jurídico do regime do Acesso ao Direito e aos Tribunais, de acordo com a sua competência estatutária e em razão da natureza da causa[1082].

É forjando que se faz o ferreiro e não há aprendizagem melhor do que aquela em que já existe exercício profissional, mesmo parcial, e que já responsabiliza o aprendiz...

E daí o interesse que o nosso modelo de estágio tem suscitado, além fronteiras, uma vez que o estagiário já é também um profissional, com responsabilidade civil, penal e disciplinar no âmbito da sua competência específica[1083].

Com vista a reforçar a cooperação e confiança entre Advogados de diferentes Estados – membros da União Europeia, em benefício dos clientes, é necessário encorajar um melhor conhecimento das leis e normas processuais aplicáveis nos diferentes Estados e, para esse efeito, o Advogado tomará em consideração a necessidade de formar jóvens colegas de outros Estados – membros no âmbito da sua obrigação profissional de assegurar a formação dos jóvens[1084].

[1081] Artigo 195º – nº 3 do EOA.
[1082] Artigos 195º, e 54º – nº 1 – o) do EOA e 30º da Lei nº 34/2004, de 29 de dezembro.
[1083] Cfr. J. M. COELHO RIBEIRO, Estágio Profissional para o Exercício da Advocacia, no BOA nº 13, abril de 1983, pág. s 6 a 11.
[1084] 5.8 do Código de Deontologia do CCBE.

Capítulo XIX
Deveres do Advogado na Condução do Processo e para com os Magistrados

96. O especial dever de urbanidade nas relações entre Advogados e Magistrados

As relações entre Advogados e Magistrados devem pautar-se por um especial dever de urbanidade[1085].

Se os tribunais são os órgãos de soberania com competência para administrar a justiça em nome do povo, incumbindo-lhes assegurar a defesa dos direitos e interesses legalmente protegidos dos cidadãos, reprimir a violação da legalidade democrática e dirimir os conflitos de interesses públicos e privados[1086], é função da magistratura judicial administrar a justiça de acordo com as fontes a que, segundo a lei, deva recorrer e fazer executar as suas decisões, não podendo os Juízes abster-se de julgar, com fundamento na falta, ambiguidade ou obscuridade da lei ou em dúvida insanável sobre o caso em litígio, desde que este deva ser juridicamente regulado[1087].

Tão elevada função de administrar justiça exige que aos Juízes seja dispensado tratamento que traduza o respeito devido àquela função por parte do Advogado, que, sendo participante na administração da justiça e podendo exigir do Juiz que lhe assegure, quando no exercício da sua

---

[1085] Artigo 9 – nº 1 do Código de Processo Civil.
[1086] Artigo 202º – nºs 1 e 2 da Constituição da República Portuguesa.
[1087] Artigo 3º – nºs 1 e 2 do Estatuto dos Magistrados Judiciais – Lei nº 21/85, de 30 de julho.

DIREITO PROFISSIONAL DO ADVOGADO

profissão, tratamento compatível com a dignidade da sua profissão e condições adequadas para o cabal desempenho do mandato[1088], se desrespeitaria a si mesmo e comprometeria a própria dignidade da sua profissão, se violasse aquele dever de respeito.

Mas não envolvem quebra do especial dever de urbanidade o direito – dever de protesto[1089], o uso das expressões e imputações indispensáveis[1090] ou o uso de expressões necessárias[1091] à defesa da causa bem como o abandono do local de qualquer diligência por parte do Advogado, se, ocorrendo justificado obstáculo ao início pontual da diligência, o Juiz não o comunicar ao Advogado dentro dos trinta minutos subsequentes à hora designada para o seu início[1092].

O exercício da profissão de Advogado e a defesa dos interesses que lhe são confiados impõem-lhe firmeza e combatividade e "uma conduta isenta de cobardia ou aquietante comodismo"[1093] e, por isso, é permitido ao Advogado o "emprego de expressões mais ou menos enérgicas, veementes, vibrantes, consoante a natureza do assunto e o temperamento emocional de quem as subscreve"[1094], mas não podem ultrapassar-se os limites da "seriedade e da compostura, que não são manifestações de subserviência ou de subalternização, mas de superioridade de espírito"[1095].

[1088] Artigo 72º – nº 1 do EOA.

[1089] Artigo 80º do EOA e 362º – nº 2 do Código de Processo Penal.

[1090] Artigo 150º – nº 2 do Código de Processo Civil.

[1091] Artigo 9º – nº 2 do Código de Processo Civil e 326º – c) do Código de Processo Penal.

[1092] Artigo 151º – nºs 6 e 7 do Código de Processo Civil.

[1093] Acórdão do Conselho Superior de 17/1/61, na ROA, 21º, pág. 121.

[1094] Acórdão do Conselho Superior de 11/3/65, na ROA, 25º, pág. 262.

[1095] Acórdão do Conselho Superior de 13/12/63, na ROA, 24º, pág. 140. A orientação da Ordem dos Advogados nesta matéria pode colher-se ainda dos acórdãos do Conselho Superior de 27/4/79, na ROA, 39º, pág. 676, de 24/11/77, na ROA, 38º, pág. 363, de 25/7/80, na ROA, 40º, pág. 774, de 22/5/81, na ROA, 41º, pág. 886, no qual se decidiu que envolvia responsabilidade para o Advogado o emprego das expressões "disparate" e "invencionice", referidas a uma decisão judicial; de 16/1/79, na ROA, 39º, pág. 468, sobre o emprego de "famigerado", "tremenda iniquidade", "descarada falsidade", e "a degradação a que chegaram os tribunais deste desventurado país"; e de 18/1/80, na ROA, 40º, pág. 531, sobre os seguintes termos dirigidos a um Juiz: "V. Ex. cia proclame formalmente que não aceita a ordem de serviço do Conselho de Ministros e que garante... a sua independência em relação ao poder executivo". Mas no acórdão do Conselho Especial de 18/6/70, na ROA, 30º, pág. 194, decidiu-se que não constituía infração disciplinar, em comentário a uma decisão judicial, a afirmação "violou também por forma escandalosa o disposto na lei" e no acórdão de 17/1/61, na ROA, 21º, pág. 129, "que, no ânimo do Juiz, se criou, sem que ele o sentisse, a tendência para a absolvição" e que "na sentença proferida, o Juiz parecia desconhecer a diferença entre dolo genérico e dolo específico". A Jurisprudência dos tribunais tem, porém, sido muito flutuante, pois escrevia

XIX. DEVERES DO ADVOGADO NA CONDUÇÃO DO PROCESSO E PARA COM OS MAGISTRADOS

Sem liberdade de palavra do Advogado, com os limites do respeito devido à função dos Juízes, fica comprometida a própria administração da justiça e daí a imunidade do Advogado quanto ao livre exercício do patrocínio legalmente reconhecida e constitucionalmente consagrada[1096].

Mas bem se justifica o agravamento da responsabilidade penal pelo crime de injúrias a magistrado previsto e punido pelo artigo 184º com referência ao artigo 132º – nº 2 – h) do Código Penal, que não depende de acusação particular, nos termos do artigo 188º – nº 1 – a) do mesmo Código.

O Código de Deontologia do CCBE dispõe também que, provando respeito e lealdade para com a função do Juiz, o Advogado defenderá o seu cliente com consciência e sem medo, sem tomar em conta os seus próprios interesses ou quaisquer consequências quer para si próprio quer para qualquer outra pessoa[1097].

97. O dever de não faltar à verdade em informação ao juiz

Em circunstância alguma pode o Advogado, conscientemente, dar ao Juiz uma informação falsa ou suscetível de o induzir em erro[1098].

Adolfo Bravo que "a Doutrina e Jurisprudência dos tribunais superiores são muito rasgadas no que respeita à liberdade de apreciação e de discussão de que devem gozar os Advogados" – Rev. dos Tribunais nº 1514, ano 64º, pág.21 – e decidiu o acórdão do Supremo Tribunal de Justiça de 18/12/17, na Gazeta da Relação de Lisboa, 31º, pág.286, que "o Advogado não poderia desempenhar com notoriedade e elevação a sua alta missão de defensor do Direito e da Justiça, se a sua linguagem deixasse forçosamente de ser enérgica e veemente para ser só de timidez e cheia de respostas humilhantes" ou o acórdão do mesmo tribunal de 25/3/26, ano de 1926, pág. 73, que "não queiramos nunca nesta terra uma advocacia subserviente e tímida ante o atropelo da lei ou a prepotência dos que têm o dever de a aplicar. É de altas consciências que o futuro dos povos depende e desgraçados deles se a reclamação da justiça não puder ser veemente e livre", mas, a partir de um parecer do Procurador-Geral Furtado dos Santos de 9/1/58, no BMJ nº 81, pág. 304, a Jurisprudência começou a reagir contra "a benevolência na punição dos desmandos forenses", no Jornal do Foro, 34º, pág.s 128 e 130 a 157. E, se o acórdão do S.T.J. de 24/7/64, no BMJ nº 139, pág. 256, decidiu que não constituía infração o uso de "violando os mais comezinhos princípios de Direito", o acórdão do mesmo tribunal de 4/12/51 considerou injuriosa a afirmação de que "o Juiz formou de antemão o juízo de julgar a ação improcedente", na ROA, 28º, pág. 261.

[1096] Artigo 13º – nº 2 da LOSJ – Lei nº 62/2013, de 26 de agosto, e artigo 208º da Constituição da República Portuguesa.

[1097] 4.3 do citado Código.

[1098] 4.4 do Código de Deontologia do CCBE. Cfr., no nosso direito interno, o artigo 90º – nº 2 – a) do EOA e o artigo 456º – nº 2 – b) e c) do Código de Processo Civil e o atrás exposto sob o nº 69.3.

DIREITO PROFISSIONAL DO ADVOGADO

98. Extensão dos deveres para com os juízes a outros beneficiários

As regras aplicáveis às relações do Advogado para com o Juiz aplicam-se igualmente às suas relações com um árbitro, um perito ou com qualquer outra pessoa ocasionalmente encarregada de assessorar o Juiz ou o árbitro[1099].

99. O dever de diligência e lealdade na condução do processo e de não ingerência nas decisões judiciais

O Advogado deve atuar com diligência e lealdade na condução do processo[1100], sendo mesmo um dever deontológico geral, que é específico da profissão de Advogado, o dever de lealdade processual, exclusivo da profissão forense.

O Advogado deve abster-se de intervir nas decisões dos Juízes, quer diretamente, em conversa ou por escrito, quer por interposta pessoa, sendo como tal considerada a própria parte, e é-lhe especialmente vedado enviar ou fazer enviar aos Juízes quaisquer memoriais ou recorrer a processos desleais de defesa dos interesses das partes[1101].

Este dever está ligado ao dever para com a comunidade de não usar de meios ou expedientes ilegais[1102] bem como ao dever de lealdade entre Advogados[1103], devendo estes abster-se de atuar unilateralmente e, por isso, de forma desleal, junto de terceiros, de forma a influenciar o curso normal do processo, no qual podem e devem alegar todos os factos e produzirem todas as provas admitidas, mas também absterem-se de pressões, influências ou intrigas.

Mesmo no âmbito das relações pessoais, há quem entenda que é desejável que Advogados e Juízes mantenham um certo afastamento[1104] e evitem intimidades excessivas, sendo certo que, "se é obrigatório para o Advogado e para os Juízes tratarem-se com cortesia nas suas relações profissionais, nada os obriga, e a dignidade impede, que algum deles mantenha relações pessoais com outro, seja Juiz ou Advogado, que o tiver ofendido, afrontado ou simplesmente magoado"[1105].

[1099] 4.5 do Código citado na nota anterior.
[1100] Artigo 108º – nº 1 do EOA.
[1101] Artigo 108º – nº 2 do EOA.
[1102] Artigo 90º – nº 2 – a) do EOA.
[1103] Artigo 112º – nº 1 – d) do EOA.
[1104] RUI POLÓNIO DE SAMPAIO, O Magistrado visto pelo Advogado, na ROA, 36º, pág. 221.
[1105] Parecer do Conselho Geral de 22/4/66, na ROA, 26º, pág. 212.

100. Patrocínio contra magistrados

Dos deveres entre Advogados na matéria em epígrafe, também aplicável no âmbito dos deveres dos Advogados para com os Magistrados, já atrás tratámos e agora apenas é necessário deixar aqui a respetiva nota remissiva[1106].

E também se justificará uma nota remissiva para o dever de o Advogado exigir correção do cliente para com todos os intervenientes processuais, designadamente os Magistrados[1107].

[1106] Cfr. *supra* nº 94.
[1107] Cfr. *supra* nº 86.

Capítulo XX
O Segredo Profissional do Advogado

101. O dever de segredo como autónomo dever estatutário da profissão de advogado

Como já estudámos atrás[1108], é um dos deveres do Advogado para com o cliente guardar segredo profissional[1109], que é também um dever recíproco entre Advogados, referindo-se a lei a esse dever recíproco de guardar segredo profissional quanto a factos de que a parte contrária ao cliente ou seus representantes lhe tenham dado conhecimento durante negociações para acordo ou no âmbito de negociações transacionais malogradas, quer verbais quer escritas, em que tenha intervindo Advogado[1110] e sendo certo que, além de ter de interpretar-se extensivamente esta disposição de forma a abranger as negociações transacionais que não se malograram e que conduziram a uma transação, como decorre do artigo 92º – nº 1 – a) do EOA, não estão em causa só as relações entre Advogados, mas a confiança que deve merecer a intervenção de um Advogado, mesmo que intervenha apenas um, por estar ainda desacompanhada de outro Advogado uma das partes, como tudo veremos, em breve, mais pormenorizadamente.

Mas, dentro do capítulo da deontologia profissional, o EOA consagra todo o artigo 92º, intitulado "do Segredo Profissional", a este dever do Advogado como autónomo dever estatutário da profissão de Advogado,

---

[1108] Cfr. supra nºs 80 e 90, respetivamente, quanto aos dois aspetos referidos no texto.

[1109] Artigo 92º – nº 1 – a) do EOA.

[1110] Artigo 92º – nº 1 – e) e f) do EOA.

DIREITO PROFISSIONAL DO ADVOGADO

estabelecendo regras que implicitamente contêm as do segredo como dever para com o cliente ou como dever recíproco entre Advogados.

Também no Código de Deontologia do CCBE se trata o segredo profissional do Advogado como um dever recíproco entre Advogados, na medida em que nele se prescreve que "o Advogado que dirija a um colega de um outro Estado-membro uma comunicação que pretenda ter caráter confidencial ou *without prejudice* deverá exprimir claramente a sua vontade quando do envio dessa comunicação"[1111] e que, "no caso de o destinatário da comunicação não estar em condições de lhe dar um caráter confidencial ou *without prejudice*, deverá devolvê-la ao remetente sem desvendar o seu conteúdo"[1112].

E o mesmo Código começa – e bem! – por se referir ao segredo profissional do Advogado como um dever para com o cliente, na medida em que nele se diz que "é da natureza da missão do Advogado que o mesmo seja

---

[1111] 5.3.1 do citado Código.

[1112] 5.3.2 do citado Código. As duas normas acabadas de referir representam uma solução de compromisso que foi possível obter a nível do CCBE, em matéria de correspondência abrangida pelo segredo profissional, pois não há unanimidade em todos os aspetos do conteúdo da obrigação de segredo nos vários Estados-membros da União Europeia, salientando-se, no ponto IV – nº 2 da Declaração de Peruggia, publicada no BOA, nº 19, pág. 24, que as divergências têm que ver, nomeadamente, com os direitos e deveres do Advogado em relação ao seu cliente, aos tribunais em matéria penal e às autoridades administrativas em matéria fiscal. O que não tem qualquer sentido é inscrever aquelas duas normas no artigo 113º – nºs 1 e 3 do EOA – Cfr. *supra*, nº 90. Nas relações entre Advogados portugueses, todos estes se encontram sujeitos ao mesmo dever de segredo, mesmo que não seja solicitada confidencialidade nas respetivas comunicações, como acontece também quanto às comunicações do cliente ao seu Advogado, que fica obrigado a segredo, ainda que o cliente não lhe refira que os factos são sigilosos. No mesmo sentido, *vide* FERNANDO SOUSA MAGALHÃES, Estatuto da Ordem dos Advogados, Anotado e Comentado, 2005, pág.s 109, nota 27 ao artigo 87º, e 140, nota 1 ao artigo 108º Este infeliz artigo, enquanto não for revogado, deve ser interpretado restritivamente, por forma a ser aplicável apenas em caso de negociações para acordo amigável, malogradas ou não, em que tenha intervindo Advogado e no que diga respeito à causa pendente, negociações a que se referem as alíneas e) e f) do nº 1 do artigo 92º, cujo nº 4 não será então aplicável "em qualquer caso", como dispõe o nº 2 do artigo 113º, isto é, quer o Advogado tenha expressado quer não a intenção de confidencialidade. Se, por exemplo, o Advogado do credor interpelar o devedor, através do Advogado deste, para o cumprimento de uma obrigação pura, em determinado prazo, e se o Advogado do devedor lhe comunicar que o seu cliente o informou de que a obrigação será cumprida no último dia do prazo, solicitando confidencialidade para a sua comunicação, não será por isto que aquela comunicação não pode ser junta à ação de condenação no cumprimento da obrigação, para nela se provar que houve interpelação, mesmo que a comunicação estivesse abrangida pelo segredo profissional e tivesse sido autorizada a cessação deste, nos termos do nº 4 do artigo 92º, como não seria por aquela intenção de confidencialidade que a comunicação ficaria subtraída à regra do referido artigo 92º – nº 4.

XX. O SEGREDO PROFISSIONAL DO ADVOGADO

depositário de segredos do seu cliente", mas logo se abrindo mais rasgados horizontes, quando na mesma disposição se diz não só que ele é "destinatário de outras comunicações confidenciais", que não são apenas as emitidas pelos clientes, mas também que "sem a garantia da confidencialidade não pode haver confiança" e "o segredo profissional é, pois, reconhecido como direito e dever fundamental e primordial do Advogado"[1113], além do mais que veremos e que, como sugere aquele Código ao tratar do segredo profissional como um dos seus princípios gerais como a independência ou a probidade, que são deveres deontológicos gerais, situa o segredo profissional no plano de um autónomo dever estatutário da profissão de Advogado ou até de um instituto de direito autónomo comum a várias profissões, designadamente as profissões liberais[1114].

102. O dever de segredo profissional e o valor da confiança da sociedade na advocacia

Quando nos referimos, na Introdução, sob o nº 1, à autoridade profissional, à deontologia e ao valor da confiança, dissemos que este valor da confiança na profissão resulta, antes de mais, da autoridade profissional ou do facto de a preparação teórico – científica fornecer ao profissional um tipo de conhecimento inacessível ao não profissional ou leigo e resulta, depois, do acesso condicionado e do exercício regulamentado em função do interesse público ou função social da profissão, designadamente da deontologia profissional.

Ora, se o valor da confiança da sociedade numa profissão também é resultante da deontologia profissional, talvez não seja muito ousada a afirmação de que é resultado, sobretudo, do dever de segredo profissional a confiança da sociedade na profissão de Advogado.

Acabámos de ver que o Código de Deontologia do CCBE prescreve que é da natureza da missão do Advogado que o mesmo seja depositário de segredos do seu cliente e destinatário de comunicações confidenciais, tendo nós acrescentado que estas não são apenas as emitidas pelo cliente, pois podem provir da contraparte, do Advogado desta, do cointeressado do cliente ou do seu Advogado, e que sem confidencialidade não pode haver confiança.

[1113] 2. 3. 1 do citado Código.

[1114] Cremos ser este também o pensamento do BASTONÁRIO AUGUSTO LOPES CARDOSO, Do Segredo Profissional na Advocacia, pág.s 15 e seguintes, obra fundamental e de imprescindível estudo, quanto ao tema do segredo profissional.

DIREITO PROFISSIONAL DO ADVOGADO

Esta confiança está na base do segredo profissional como dever do Advogado para com o cliente, dever ligado à natureza da missão ou da profissão do Advogado, que um conhecido anexim popular assimila à do padre, proclamando que "ao Advogado e ao padre deve dizer-se toda a verdade", mas é também o fundamento do segredo profissional como autónomo dever estatutário da profissão de Advogado para com a sociedade inteira, que na profissão de Advogado deposita a maior confiança, dever estatutário designadamente para com a contraparte do cliente ou os cointeressados do cliente e para com os respetivos Advogados, todos destinatários ou beneficiários do segredo profissional tanto como o cliente.

E daí que a natureza jurídica do segredo profissional do Advogado não seja do foro contratual[1115].

103. Segredo profissional, administração da justiça e proteção do Estado

Tratando o segredo profissional no referido plano de um autónomo dever estatutário da profissão de Advogado, o Código de Deontologia do CCBE dispõe que a obrigação do Advogado relativa ao segredo profissional serve tanto os interesses da administração da justiça como os do seu cliente e que, consequentemente, esta obrigação deve beneficiar de uma proteção do Estado[1116].

Não é demais realçar que é a própria administração da justiça que é posta em causa quando não é respeitado o segredo profissional, que, por isso, exige do Estado a necessária proteção.

No nosso direito interno, a proteção do segredo profissional do Advogado tem hoje base constitucional, na medida em que o artigo 208º da Constituição da República Portuguesa dispõe que a lei assegura aos Advogados as imunidades necessárias ao exercício do mandato e regula o patro-

---

[1115] "Supõe-se não ser temerário arriscar que não merece aceitação a doutrina que lhe atribui um fundamento contratual; e quando outras razões decisivas não pudessem invocar-se, e sabe-se que tal não sucede, bastaria considerar que a obrigação de sigilo não abrange unicamente os factos conhecidos por revelação de constituintes e clientes, pois tem um domínio mais amplo, visto compreender factos apercebidos por outras vias" – Parecer do Conselho Geral de 24/3/54, na ROA, 13º, pág. 327; "a obrigação de guardar segredo profissional tem um caráter social ou de ordem pública e não a natureza contratual" – Acórdão do Conselho Superior de 3/6/75, na ROA, 25º, pág. 274; e "as normas que proíbem a revelação de factos abrangidos pelo segredo profissional estatutariamente imposto ao Advogado são de interesse e ordem pública" – despacho do Bastonário Coelho Ribeiro de 13/1/83, na ROA, 43º, pág. 211.

[1116] 2.3.1 – última parte – do citado Código.

cínio forense como elemento essencial à administração da justiça, e, na verdade, a lei ordinária[1117] reconhece e garante o direito à proteção do segredo profissional e o direito à especial proteção das comunicações com o cliente e à preservação do sigilo da documentação relativa ao exercício da defesa e ainda odireito a regimes específic de imposição de selos, arrolamento e buscas em escritórios de Advogados bem como de apreensão de documentos.

As medidas de proteção do escritório do Advogado[1118], a proibição de apreensão de correspondência que respeite ao exercício da profissão[1119] ou de apreensão de documentos ou outras coisas relacionadas com o segredo profissional[1120], a proibição de apreensão bem como a de controlo da correspondência entre o arguido e o seu defensor[1121], o direito de comunicar, pessoal e reservadamente, com os seus patrocinados, mesmo quando se achem presos ou detidos em estabelecimento civil ou militar[1122], a previsão do direito de comunicação, em privado, do arguido com o seu defensor e a exclusão do Advogado da incomunicabilidade do detido[1123] são evidentes formas de proteção dispensada pelo Estado ao segredo profissional do Advogado.

O dever de segredo profissional é um bem jurídico tão valioso que o Estado o protege com a tutela penal, sendo certo que o direito penal constitui a *"ultima ratio"* da política social e a sua intervenção é de natureza *subsidiária*: a violação do segredo profissional por Advogado preenche o tipo legal de crime do artigo 195º do Código Penal, segundo o qual "quem, sem consentimento, revelar segredo alheio de que tenha tomado conhecimento em razão do seu estado, ofício, emprego, profissão ou arte, é punido com prisão até um ano ou com pena de multa até 240 dias".

E em punição idêntica incorre o autor do crime de aproveitamento indevido de segredo previsto e punido pelo artigo 196º do Código Penal: "quem, sem consentimento, se aproveitar de segredo relativo à... profissão ... e provocar deste modo prejuízo a outra pessoa ou ao Estado...".

O artigo 197º do mesmo Código prevê ainda circunstâncias agravantes modificativas para os crimes previstos nos artigos 190º a 195º e, portanto, para o primeiro dos dois referidos tipos legais de crime.

[1117] Artigo 13º – nº 2 – a), c) e d) da LOSJ – Lei nº 62/2013, de 26 de agosto.
[1118] Consagradas no artigo 75º do EOA.
[1119] Estabelecida nos artigos 76º e 77º do EOA.
[1120] Prescrita no artigo 92º – n.º 3.
[1121] Prevista no artigo 179º – nº 2 do Código de Processo Penal.
[1122] Reconhecido no artigo 78º do EOA.
[1123] Artigos 61º – e) e 143º – nº 4 do Código de Processo Penal.

DIREITO PROFISSIONAL DO ADVOGADO

No plano disciplinar, a violação do dever de segredo com culpa grave é uma infração severamente punida.

E, havendo dano, a violação do dever de segredo profissional não pode deixar de acarretar responsabilidade civil contratual, se o lesado for o cliente, ou extracontratual, se o lesado for outro beneficiário do segredo.

Mas a proteção do Estado ao segredo profissional verifica-se também no plano do direito probatório, quer no processo civil, onde se dispõe que "devem escusar-se a depor os que estejam adstritos ao segredo profissional... relativamente aos factos abrangidos pelo sigilo"[1124], quer no processo penal, no qual se prescreve que "...os Advogados ... podem escusar-se a depor sobre os factos abrangidos por aquele segredo"[1125], quer em geral, para qualquer tipo de processo, no próprio EOA, onde se dispõe que não podem fazer prova em juízo as atos praticados pelo Advogado com violação de segredo profissional[1126].

Ao termo atos deve dar-se a mais ampla interpretação, de forma a abranger o depoimento testemunhal, a exibição ou junção de um documento, a alegação de factos nos articulados ou em alegações de recurso, etc.

Trata-se, pois, de alegação ou prova de factos proibidas e ineficazes ou, antes, afetadas de nulidade, pois representam a prática de um ato que a lei não admite e que pode influir no exame ou na decisão da causa e como nulidades estão previstas no artigo 195º do Código de Processo Civil, devendo ser oportunamente arguidas (artigo 199º).

E até está expressamente previsto pelo artigo 179º – nº 2 do Código de Processo Penal que é proibida, sob pena de nulidade, a apreensão e qualquer outra forma de controle da correspondência entre o arguido e o seu defensor, salvo se o Juiz tiver fundadas razões para crer que aquela constitui objeto ou elemento de um crime, tratando-se de uma nulidade do artigo 32º – nº 8 da Constituição da República Portuguesa por intromissão na correspondência e não podendo ser utilizadas as provas obtidas através dessa intromissão, nos termos do artigo 126º – nºs 1 e 3, pelo que é nulidade insanável cominada em outras disposições legais para além do artigo 119º, precisamente por aquela disposição constitucional: "São nulas todas as provas obtidas mediante tortura, coação, ofensa da integridade física ou moral da pessoa, abusiva intromissão na vida privada, no domicílio, na correspondência ou nas telecomunicações".

[1124] Artigo 417º – nº 3 do Código de Processo Civil.
[1125] Artigo 135º – nº 1 do Código de Processo Penal.
[1126] Artigo 92º – nº 5 do EOA.

XX. O SEGREDO PROFISSIONAL DO ADVOGADO

Se a violação de segredo tiver ocorrido por junção aos autos de um documento, que, por isso, constitui prova proibida e, portanto, nulidade, deve reagir-se contra ela, requerendo o desentranhamento dos autos daquele documento.

104. Imprescritibilidade do dever de segredo

A obrigação de segredo não é limitada no tempo[1127].

O dever de segredo profissional mantém-se seja qual for o tempo decorrido sobre o conhecimento dos factos por ele abrangidos, mesmo que o Advogado venha a suspender ou até a cancelar a sua inscrição como Advogado, embora, neste último caso, não constitua infração disciplinar a violação de segredo[1128], e ainda que já tenham cessado há muito, as relações com o cliente, natural ou conflitualmente, por revogação ou renúncia ao mandato.

É evidente que, uma vez infringido o dever de segredo profissional, o procedimento disciplinar ou criminal pela infração cometida prescreve nos respetivos prazos legais, como também a responsabilidade civil contratual ou extracontratual pelo eventual dano causado pelo facto ilícito e culposo de violação ou aproveitamento de segredo prescreverá nos correspondentes prazos aplicáveis, pois só a obrigação de segredo não é limitada no tempo e perdurará para sempre.

105. Extensibilidade a outras pessoas do dever de segredo

O Advogado deve fazer respeitar o segredo profissional pelos membros do seu pessoal e por todos aqueles que consigo colaborem na sua atividade profissional[1129].

É óbvio que, se um ou mais Advogados colaboram numa causa confiada a outro Advogado, aqueles serão tanto como este último obrigados a segredo profissional.

Também o Advogado que sucedeu a outro no patrocínio de uma causa ou de outra que com ela seja conexa, quer a sucessão tenha origem em substabelecimento, com ou sem reserva, ou em revogação ou renúncia ao mandato quer em sucessão no mandato de Advogado falecido, está obrigado ao mesmo dever de segredo profissional do primitivo Advogado, mesmo que os factos não lhe tenham sido transmitidos por este último e apenas constem do *dossier* referente à causa.

[1127] 2.3.3 do Código de Deontologia do CCBE.
[1128] Artigo 114º – nº 3 do EOA.
[1129] 2.3.4 do Código de Deontologia do CCBE e artigo 92º – nºs 1 – c), 2, 7 e 8 do EOA.

DIREITO PROFISSIONAL DO ADVOGADO

Mas também estão obrigados ao segredo profissional os colegas de escritório e os Advogados estagiários que, por essa relação com o Advogado da causa tiveram acesso ao assunto.

Igualmente estão obrigados ao segredo profissional do Advogado a quem o assunto foi confiado os seus empregados, secretários ou outros colaboradores não Advogados assim como os de outros Colegas de escritório e ainda os docentes das Faculdades de Direito na elaboração de pareceres jurídicos[1130].

Mas esta extensão do segredo profissional a não Advogados não resulta de qualquer dever para com a Ordem dos Advogados, mas sim do contrato estabelecido entre o Advogado e o seu empregado ou colaborador, designadamente do regime jurídico do contrato individual de trabalho que impõe ao trabalhador que guarde lealdade à entidade patronal, nomeadamente não divulgando informações referentes à sua organização, produção ou negócios[1131].

E não pode haver dúvida de que a violação deste dever por um trabalhador pode constituir justa causa de despedimento.

Mas também não há dúvida de que um empregado forense não está abrangido por qualquer dever de segredo profissional imposto pelo Estatuto da Ordem dos Advogados, de que possa ser dispensado mediante despacho de autorização do Presidente do Conselho Distrital com recurso para o Bastonário, nos termos em que podem ser dispensados os Advogados, como havemos de ver, apesar de já ter sido requerida tal dispensa pelo Advogado que era a entidade patronal, como se fosse possível autorizar a cessação do segredo profissional ao empregado forense daquele Advogado[1132].

É indiscutível, porém, que o empregado forense poderá cometer os crimes de violação ou de aproveitamento de segredo profissional dos artigos 195º e 196º do Código Penal, quanto a "segredo de que tenha tomado

[1130] Parecer do Conselho Geral nº E- 27/05, de 16/12/05, em www.oa.pt.
[1131] Artigo 121º – nº 1 – e) do Código do Trabalho.
[1132] Cremos, pois, que bem decidiu o Acórdão do Supremo Tribunal de Justiça de4/11/74, no BMJ, nº 241, pág. 324, no sentido de que, "não há preceito legal que sujeite os empregados dos Advogados ao sigilo profissional, nem é legítimo ampliar-se à respetiva atividade o disposto nos artigos 580º – g) e 588º do Estatuto Judiciário, porque não existem quanto a eles as razões de ordem social determinantes dessas normas". Contra a doutrina do Acórdão pronunciaram-se Bastonário AUGUSTO LOPES CARDOSO, Do Segredo Profissional na Advocacia, pág.s 24 e 25, e ALFREDO GASPAR, Estatuto da Ordem dos Advogados, pág. s 140 e 141, onde cita MARIA CLARA LOPES, que sustentou a aplicação analógica das citadas normas do Estatuto Judiciário aos "empregados dos Advogados".

XX. O SEGREDO PROFISSIONAL DO ADVOGADO

conhecimento em razão do... seu emprego...", como é indiscutível que ele tem direito a escusar-se a depor, nos termos do artigo 618º – nº 3 do Código de Processo Civil e 135º – nº 1 do Código de Processo Penal, e que a prova produzida pelos empregados forenses com violação do segredo profissional é ineficaz, nos termos dos nºs 5 e 7 do artigo 92º do EOA[1133].

106. Factos abrangidos pela obrigação de segredo profissional

106.1. Factos referentes a assuntos profissionais revelados pelo cliente ou conhecidos no exercício da profissão

O Advogado deve guardar segredo de toda a informação confidencial de que tome conhecimento no âmbito da sua atividade profissional[1134].

Correspondentemente, mas acentuando a mais usual proveniência dos factos cobertos pela obrigação de segredo profissional e o mais usual beneficiário do segredo profissional, dispõe o nosso direito interno que o Advogado é obrigado a segredo profissional no que respeita a factos referentes a assuntos profissionais que lhe tenham sido revelados pelo cliente ou por sua ordem ou conhecidos no exercício da profissão[1135].

E o termo "cliente" tem de ser interpretado na sua mais ampla aceção, de forma a abranger não só o consulente ou então o cliente ocasional, que procurou o Advogado apenas para intervir como seu procurador ou man-

---

[1133] A não ser que seja para defesa do cliente do Advogado, quando o cliente é o exclusivo beneficiário do segredo profissional, ou de terceiro que o cliente queira beneficiar, caso em que deve ser exibida ou junta aos autos autorização do cliente, ou que seja para defesa do próprio Advogado, mesmo contra o cliente, mediante autorização do Advogado, através de simples inclusão do empregado no rol de testemunhas, quando o Advogado esteja autorizado a revelar factos contra o cliente, como veremos mais adiante. Não pode, porém, o Advogado autorizado a revelar factos contra o cliente autorizar a depor, através da sua inclusão no rol de testemunhas, colegas de escritório ou Advogados estagiários que também intervieram direta ou indiretamente no assunto e que, ao deporem, também se defenderão a si próprios, uma vez que se trata de Advogados e só o Presidente do Conselho Distrital poderá autorizá-los para defesa do próprio Advogado demandante ou demandado em processo em que é o ex-cliente a outra parte. Assim, bem decidiu o Ac. da Relação de Lisboa de 10/01/2011, acessível em www.dgsi.pt, que anulou o julgamento em 1ª instância, por não ter sido admitida a depor uma testemunha secretária do Advogado, em ação de honorários por este instaurada, testemunha que, de resto, tinha sido dispensada do sigilo profissional, pelo Presidente do Conselho Distrital de Lisboa, o que não devia ter acontecido por a secretária de um Advogado não ser membro da Ordem, bastando ser dispensada pelo Advogado, desde que este estivesse dispensado pela Ordem para revelar factos sigilosos.

[1134] 2.3.2 do Código de Deontologia do CCBE.

[1135] Artigo 92º – nº 1 – a) do EOA.

datário na outorga de um determinado contrato em que podia intervir até quem não fosse Advogado mas também o patrocinado através de mandato judicial em que foram conferidos poderes forenses ou o patrocinado em questão extrajudicial ou, como expressamente dispõe a lei, quer o serviço solicitado ou cometido ao Advogado envolva ou não representação judicial ou extrajudicial, quer deva ou não ser remunerado, quer o Advogado haja ou não chegado a aceitar ou desempenhar a representação ou serviço, o mesmo acontecendo para todos os Advogados que, direta ou indiretamente, tenham qualquer intervenção no serviço, designadamente quanto a factos comunicados por colega com o qual o Advogado esteja associado ou ao qual preste colaboração[1136].

Muitas vezes acontece que o Advogado não age em representação do "cliente", com ou sem um mandato formal, mas como seu conselheiro ou em função de acompanhamento, seja numa assembleia geral, seja numa negociação ou numa inspeção a um local e, em qualquer destas situações, sempre existirá obrigação de segredo, bastando o simples exercício profissional e não sendo necessária a existência de mandato.

Quanto à irrelevância da onerosidade ou gratuitidade do serviço, é óbvio que não poderia ser a remuneração do serviço a "comprar" o segredo profissional do Advogado...

Embora a lei o não diga expressamente, o segredo abrange todos os factos revelados pelo cliente e não apenas os que ele referiu como sendo confidenciais, todos os que foram revelados por ordem do cliente, por intermédio de um núncio e todos os que qualquer deles referiram de viva voz ou por escrito e ainda todos os factos ocorridos na relação com o cliente, desde a sua presença no escritório ou o modo como o Advogado foi procurado pelo cliente ou por outrem se o cliente estava impossibilitado de o fazer e o modo como, por exemplo, lhe foram entregues provisões ou honorários.

A norma fundamental do nosso direito interno sobre segredo profissional prevê factos referentes a assuntos profissionais revelados pelo cliente ou por sua ordem como um dos casos de factos conhecidos no exercício da profissão, tendo o legislador pretendido salientar o cliente como origem primeira do segredo profissional como até da profissão de Advogado, sem deixar de concentrar numa só disposição que o segredo profissional abrange todos os factos conhecidos no exercício da profissão, alguns dos quais não tiveram origem no cliente.

[1136] Artigo 92º – nº 2 e 92º – nº 1 – c) do EOA, estando praticamente prevista na parte final daquele nº 2 o que a alínea c) do nº 1 também diz, motivo pelo qual talvez fosse dispensável.

Mas não pode deixar de tratar-se de factos conhecidos no exercício da profissão e por causa dela, em termos de causalidade adequada.

Se dois clientes do Advogado, na sala de espera do seu escritório, se envolvem em desordem e se agridem, tendo o Advogado acorrido ao local e presenciado os factos, é óbvio que estes nada têm a ver com o exercício da profissão do Advogado, tendo ocorrido no seu escritório como podiam acontecer na via pública. Assim, tais factos não estão abrangidos pelo segredo profissional, porque não foram conhecidos no desenvolvimento em concreto de determinado patrocínio e por causa dele.

Mas, se no decurso de uma diligência de que o Advogado se incumbiu e por causa dela, o Advogado tomou conhecimento de factos a que não teria acesso, se não fosse o exercício da profissão, mesmo que tais factos nada tenham a ver com o patrocínio em causa, como acontecerá se o Advogado for a casa do cliente para investigar as circunstâncias de um assalto e surpreender alguém em adultério, fica obrigado a segredo profissional quanto a este, não lhe sendo lícito revelar os factos que presenciou, mesmo ao cliente, embora em relação a este os deveres de informação, lealdade e zelo se sobreponham ao dever de segredo profissional, que não existe *contra* mas só *a favor* do cliente, a não ser quando é estabelecido *a favor* do próprio Advogado, como oportunamente veremos.

Mas, se o cliente tem direito a conhecer todos os factos relativos ao exercício do patrocínio de que incumbiu o Advogado, na hipótese que acabámos de figurar os factos não dizem respeito à questão pendente para a qual o cliente mandatou o Advogado e, por isso, este, que não é uma testemunha qualquer e antes tem de agir com uma elevada consciência moral, não tem de revelar os factos que presenciou, mesmo ao seu cliente.

De igual modo, o dever de lealdade e de segredo entre Advogados ou o dever de segredo estabelecido a favor da contraparte ou do seu Advogado em negociações transacionais podem impor que não sejam revelados ao cliente aspetos que não digam respeito à questão de que o Advogado foi incumbido por este[1137].

Entre factos que nada têm a ver com o exercício da profissão de Advogado e factos cujo conhecimento ocorreu no exercício e por causa do exercício de determinado patrocínio, haverá *casos de fronteira* em que os factos não podem deixar de estar abrangidos pelo segredo profissional do Advogado.

[1137] O artigo 81º – nº 1 – d) do primeiro EOA, na parte em que se referia a factos "que sejam relativos à pendência" apoia de algum modo o que no texto se sustenta, sendo certo que o Advogado tem o dever de independência mesmo em relação ao cliente em muitos aspetos.

DIREITO PROFISSIONAL DO ADVOGADO

106.2. Factos comunicados por cointeressado

O segredo profissional também respeita a factos comunicados por coautor, corréu ou cointeressado do cliente ou pelo respetivo representante[1138].

Trata-se também de factos conhecidos no exercício da profissão como os referentes a assuntos profissionais revelados pelo cliente ou por sua ordem, mas têm como diferença específica provirem, não do cliente, mas de quem tem interesses paralelos ou até convergentes, interesses comuns ou afins, factos que, por isso, merecem proteção como os confiados pelo cliente, mercê da extensão da relação de confiança a quem não é cliente.

Tratando-se, porém, de factos revelados pelo cointeressado em antagonismo de interesses com o cliente, como será o corréu empreiteiro cuja intervenção principal foi provocada pelo primitivo réu dono da obra, contra quem o dono do prédio vizinho propôs ação com o pedido de reparação de danos verificados neste, não há obrigação de segredo profissional, pois inexiste a referida razão de ser deste, a extensão da relação de confiança.

Nem se diga que sempre é certo que tais factos foram conhecidos no exercício da profissão, pois o conhecimento no exercício da profissão só fundamenta o segredo profissional se lhe subjazer uma relação de confiança, como acontece quando exista convergência de interesses, por muito ténue que seja, e não quando haja divergência, e como acontece em caso de negociações para acordo amigável.

106.3. Factos comunicados, pela parte contrária, durante negociações para acordo ou ocorridos no âmbito de negociações malogradas com intervenção de Advogado

Na verdade, estão ainda abrangidos por segredo profissional os factos de que a parte contrária do cliente ou respetivos representantes lhe tenham dado conhecimento durante negociações para acordo e factos ocorridos no âmbito de negociações transacionais malogradas em que tenha intervindo Advogado[1139].

[1138] Artigo 92º – nº 1 – d) do EOA.

[1139] Artigo 92º – nº 1 – e) e f) do EOA. Cfr. nº 90 e sua penúltima nota. Mas note-se que aludir, na petição ou noutra peça processual, a que houve negociações para um acordo entre as partes, acompanhadas pelos seus mandatários, acordo que não foi formalizado, alegadamente por recusa da parte contrária, não é revelar factos cobertos pelo segredo profissional, nos termos do artigo acabado de citar nem é invocação proibida de negociações transacionais, quer estas devam qualificar-se como negociações para acordo amigável, que terá sido obtido, embora alegadamente não formalizado, por recusa da parte contrária em o formalizar, ficando a outra parte sem título executivo, quer devam qualificar-se como transações malogradas,

XX. O SEGREDO PROFISSIONAL DO ADVOGADO

Já vimos como um dos deveres entre Advogados o de guardar segredo sobre quaisquer negociações transacionais malogradas, quer verbais quer escritas, em que tenha intervindo Advogado[1140], o que é muito mais restrito, sem embargo de ter de ser interpretado extensivamente de forma a compreender também as negociações transacionais não malogradas, além de se destinar especialmente a estabelecer deveres recíprocos dos Advogados.

Mas as duas regras deontológicas estão relacionadas e têm por fundamento um dever de segredo baseado numa relação de confiança entre o cliente e a parte contrária ou os respetivos Advogados, relação de confiança que os determinou a abrir negociações, por maiores que fossem as hostilidades entre ambas as partes.

O conceito de negociações tem de ser entendido em termos amplos, não só como estipulações para um contrato de transação judicial mas também quaisquer tentativas de conciliação de interesses desavindos de forma a abranger qualquer iniciativa verbal ou escrita que diga respeito a uma contratação ou a um litígio, mesmo que venha a frustrar-se ou seja concluída com êxito[1141].

Para que estejam abrangidos pela obrigação de segredo profissional os factos conhecidos durante negociações para acordo amigável, malogradas ou não, é necessário, mas também é suficiente que nelas intervenha, pelo menos, um Advogado, estando a outra parte desacompanhada de Advo-

---

o que não interessa agora distinguir, não obstante serem diferentes os fundamentos da proibição da revelação dos factos num e noutro caso. É certo que se depara na doutrina e na Jurisprudência da Ordem dos Advogados com a afirmação de que é proibido ao Advogado invocar publicamente, em especial perante os tribunais, quaisquer negociações transacionais, quer verbais quer escritas, em que tenha intervindo Advogado. Mas esta afirmação explica-se porque era nestes precisos termos que estava redigido o artigo 86º – nº 1 – e) do primeiro EOA aprovado pelo Decreto-lei nº 84/84, de 16 de março, que serviu de fonte ao atual artigo 92º – nº 1 – f) do EOA vigente. Nenhum Autor nem nenhuma decisão dos órgãos da Ordem sustentaram, porém, alguma vez, que aquele normativo do primeiro EOA proibia a simples alusão a negociações e que o preceito não devesse ser interpretado à luz do que estava prescrito no então vigente artigo 81º – nº 1 – d) do mesmo EOA: "O Advogado é obrigado a segredo profissional no que respeita...a factos de que a parte contrária do cliente ou respetivos representantes lhe tenham dado conhecimento durante negociações para acordo amigável e que sejam relativos à pendência".

[1140] Artigo 92º – nº 1 – f) do EOA.

[1141] O acórdão do Conselho Superior de 9/2/67, na ROA, 28º, pág. 146, decidiu que "constituem "malogradas negociações transacionais" as simples conversas tidas nos escritórios dos Advogados sobre a maneira de resolver os problemas pendentes entre os seus constituintes".

DIREITO PROFISSIONAL DO ADVOGADO

gado[1142], pois não poderá haver segredo profissional quando ambas as partes estavam desacompanhadas de Advogado e estabeleceram negociações para acordo amigável[1143].

Mas a obrigação de segredo profissional passa a recair também sobre o Advogado que só foi constituído após as negociações ocorridas entre um colega e a parte que ele passa a representar[1144], pois assim o exige o princípio da igualdade das partes e dos seus Advogados quanto ao uso de meios probatórios[1145], além de o contrário desincentivar o cumprimento do dever

[1142] "As negociações, mesmo malogradas, designadamente a troca de correspondência ocorrida durante elas, só estão sujeitas a segredo profissional, quando nelas tenha intervindo Advogado. Basta, para tanto, que tenha havido intervenção apenas do Advogado de uma parte, estando a outra ainda ou no momento desacompanhada de patrono, pois de outra forma, criar-se-ia situação de desigualdade injustificável" – Parecer do Conselho Geral de 6/1/1988, na ROA, 49º, pág. 287.

[1143] "O Advogado pode, sem quebra de regras deontológicas, revelar em tribunal, no decurso de ação em que seja mandatário, negociações malogradas havidas entre os contendores, quando tais negociações e seu malogro acontecem em fase anterior à outorga do mandato a qualquer Advogado e sem intervenção deste" – Parecer do Conselho Geral de 30/12/82, na ROA, 43º, pág. 210.

[1144] O acórdão do Conselho Superior citado na nota 26 decidiu: "se, ocorrido um acidente de viação, o patrono do lesado, antes de recorrer a juízo, dirige uma carta à companhia seguradora do veículo causador do acidente, propondo-lhe uma transação extrajudicial e se, depois, proposta já a ação, por não se ter levado a cabo a transação, o Advogado da seguradora junta ao processo a carta dirigida à sua constituinte, infringe o preceito do artigo 574º – nº 2 – l) – 2ª parte do Estatuto Judiciário. Não iliba a sua responsabilidade a alegação de que assim procedeu por determinação do gerente da seguradora, sua constituinte, porque incumbe ao Advogado ajuizar do que, no exercício da profissão, lhe é lícito ou vedado fazer, e não colocar-se na posição de simples cumpridor das indicações ou ordens dos clientes"

[1145] "À face da boa interpretação dos artigos 581º – nº 1 – d) e 574º – nº 2 – m) do Estatuto Judiciário, está a coberto de segredo profissional a troca de correspondência havida entre certo Advogado e a própria parte contrária, antes de esta se fazer representar por Advogado, em negociações que vieram a malograr-se. Não pode, assim, o Advogado que posteriormente veio a ser constituído pela parte que antes esteve em negociação direta com Advogado do seu antagonista invocar essa correspondência e juntá-la ao processo em que se discuta o dissídio objeto do acordo malogrado. Se não fosse deste modo, um Advogado (o primeiro a contactar com a parte adversa) estaria em posição de desfavor relativamente ao Colega" – Despacho de 28/11/81 do Presidente do Conselho Distrital do Porto Dr. Augusto Lopes Cardoso, depois Bastonário, na ROA, 42º, pág. 573, e igual doutrina em seu Despacho de 21/11/84, na ROA, 45º, pág. 294.

"Está sujeita a segredo profissional a carta enviada por Advogado diretamente à parte contrária do seu cliente, ainda então não acompanhada por Advogado ou cujo patrono era pelo emitente desconhecido, carta essa relativa a dissídio surgido entre as partes e em fase de procura de negociação amigável. Também não pode revelar, sem autorização, a carta referida, através da sua cópia que ficou em dossier, o Advogado emitente, por respeito também pelo

XX. O SEGREDO PROFISSIONAL DO ADVOGADO

de o Advogado aconselhar toda a composição que ache justa e equitativa[1146] e estabelecer com a contraparte negociações para acordo amigável.

Quer nas negociações transacionais malogradas quer nas não malogradas e, portanto, concluídas com êxito, traduzido na transação a que conduziram, os destinatários ou beneficiários da obrigação de segredo profissional são a parte contrária ou o seu Advogado, embora ainda então para benefício do cliente do Advogado, bem se justificando aquela obrigação de segredo pela confiança da contraparte ou do seu Advogado, ao aceitarem abrir negociações.

As negociações que não se malograram não levantarão especiais problemas de obrigação de segredo profissional exatamente porque foram concluídas com êxito, terminando por uma transação que foi devidamente formalizada e não é sigilosa.

Na verdade, a obrigação de segredo profissional quanto a aspetos que não ficaram vertidos e publicitados na transação apenas constituirá problema se vier a pretender-se a declaração de nulidade ou a anulação da transação por vícios na formação ou na manifestação da vontade, designadamente por erro, dolo ou coação[1147].

Mas, nas negociações transacionais malogradas, a obrigação de segredo tem especial relevo porque as partes estiveram dispostas a fazer cedências, a abdicar do que julgam ser o seu direito, na convicção de que *mais vale um mau acordo do que uma boa demanda* ou, como também diz outro anexim popular, *mais vale um pássaro na mão do que dois a voar*, e seria muito perturbador para a justiça, influenciando psicologicamente a apreciação da prova, dar a conhecer o que ocorreu nas negociações que se malograram, de nada

---

princípio da igualdade de oportunidades entre Advogados, sabido que o patrono que a parte contrária viesse a constituir não poderia invocar o original da mesma carta" – Despacho de 11/4/88 do Bastonário Augusto Lopes Cardoso na ROA, 48º, pág. 653. Os artigos 13º e 20º – nº 4 da Constituição impõem as soluções apontadas no texto e nas notas, uma vez que, de contrário, ficaria violado o princípio da igualdade de armas inerente ao princípio do processo equitativo consagrado no artigo 20º, nº 4, da Constituição da República Portuguesa.

[1146] Artigo 100º – nº 1 – c) do EOA.

[1147] Mas todos os factos que não ficaram formalizados na transação são sigilosos quer em benefício do cliente quer da contraparte. Assim, se em transação para pagamento em prestações da quantia exequenda não ficou formalizado o acordo no sentido de as despesas bancárias relativas que titularam as prestações, tais factos não podem ser invocados na ação instaurada para a sua cobrança sem autorização para cessação do segredo profissional. Neste sentido, *vide* Bastonário Augusto Lopes Cardoso, Do Segredo Profissional na Advocacia, pág. 44 e nota 64, com citação jurisprudencial.

DIREITO PROFISSIONAL DO ADVOGADO

adiantado para o desfecho do processo saber o que alguém, em negociação transacional malograda, estava disposto a aceitar.

Neste domínio, o Advogado de empresa, vinculado por contrato de trabalho, que não pode afetar a sua plena isenção e independência técnica[1148], não está em situação diferente da do Advogado como profissional independente, estando sujeito à mesma obrigação de segredo quanto a negociações transacionais, malogradas ou não.

A correspondência dirigida pelo Advogado, em representação do cliente, à contraparte ou ao Advogado desta, como seu representante, para a produção de determinado efeito jurídico, como a interpelação ou notificação para preferência ou para caducidade de contrato a termo, a remessa para a parte vencida da nota descriminativa e justificativa do direito a custas de parte, nos termos do artigo 25º do Regulamento das Custas Processuais, ou a prática de um ato jurídico, designadamente a emissão de uma declaração negocial ou de outra declaração durante a fase preliminar da formação da vontade negocial não estão, porém, abrangidas pelo segredo profissional e terão valor probatório[1149].

O mesmo acontecerá quando o Advogado execute um mandato não judicial ou mesmo em caso de mandato judicial que não resulte da sua qualidade de Advogado, como o de administrador de insolvência, se a lei não previr uma incompatibilidade, como prevê o nosso ordenamento jurídico,

---

[1148] Artigo 81º – nº 1 do EOA.

[1149] *Vide* Despacho do Bastonário Augusto Lopes Cardoso de 18/11/89, na ROA, 49º, pág. 1080, sobre ocorrência de um caso análogo, na parte em que nele se decidiu que a correspondência trocada entre os Advogados em tal caso não consubstancia negociações transacionais malogradas mas a discussão dos direitos das partes na perspetiva do cumprimento ou incumprimento do contrato promessa celebrado, fazendo parte do percurso contratual e não de uma fase de negociação, embora tal despacho acabe por autorizar a junção aos autos da correspondência *com desvinculação do segredo profissional*, escrito em itálico, o que quer significar que não haveria verdadeiramente segredo profissional, como resulta dos considerandos do mesmo despacho; *vide* também os Acs. Rel. de Lisboa de 19/6/2012, sobre carta de Advogado à parte contrária ao seu cliente, interpelando-a para pagamento de um saldo credor, e de 16/1/2014, acessíveis em www.dgsi.pt, o último dos quais se refere a troca de propostas contratuais entre as partes, embora em correspondência subscrita pelos seus Advogados, muito bem tendo decidido inicialmente o Juiz da 1ª instância que "os documentos em causa não estarão cobertos pelo sigilo profissional", mas tendo, depois, mandado subir os autos ao tribunal da Relação, nos termos do artigo 135º, nº 3, do CPP, aplicável *ex vi* do artigo 519º, nº 4, do CPC, e tendo o Tribunal da Relação decidido levantar o sigilo profissional, nos termos das referidas disposições, quando nenhum interesse preponderante ao do interesse do segredo existiria, se também existisse segredo, que era de todo inexistente...; *vide* ainda Parecer nº 13/PP/2014P – Relator Domingos Ferreira.

XX. O SEGREDO PROFISSIONAL DO ADVOGADO

ou o de curador *ad hoc,* pois que, para o exercício destas funções judiciais, o Advogado está sujeito às regras de direito comum[1150].

106.4. Factos sigilosos que, em virtude de cargo desempenhado na Ordem dos Advogados, tenham sido comunicados ao Advogado por qualquer Colega

O Advogado é obrigado a segredo profissional no que respeita a factos que, por virtude de cargo desempenhado na Ordem dos Advogados, qualquer colega, obrigado quanto aos mesmos factos ao segredo profissional, lhe tenha comunicado[1151].

O caso mais frequente é o do Presidente do Conselho Distrital, que tem competência exclusiva, para autorizar a cessação do segredo profissional[1152], havendo recurso para o Bastonário do despacho de não autorização[1153].

A estes órgãos da Ordem dos Advogados terá o Advogado requerente de comunicar, só para aquele efeito, os factos abrangidos pelo segredo que pretende ver cessado por despacho de autorização, ficando tais órgãos obrigados ao mesmo segredo profissional do requerente e não lhes sendo lícito sequer revelar que determinado Advogado requereu autorização para cessação do segredo, certo como é que, mesmo depois de autorizada a cessação de segredo, o Advogado requerente, pode manter o segredo profissional.

Outro caso, embora menos frequente, é o da competência atribuída ao Presidente do Conselho Superior no sentido de diligenciar a resolução amigável de desinteligências entre Advogados inscritos em diferentes regiões[1154] e o da competência do Presidente do Conselho de Deontologia no sentido de diligenciar resolver as desinteligências entre Advogados da respetiva região[1155], ficando os membros daqueles órgãos obrigados ao mesmo dever de segredo dos Advogados que porventura lhes tenham comunicado os respetivos factos.

[1150] Cfr., *supra*, nº 57.
[1151] Artigo 92º – nº 1 – b) do EOA.
[1152] Artigos 55º – nº 1 – l) e 92º – nº 4 do EOA.
[1153] Artigos 40º – nº 1 – n) e 92º – nº 4 do EOA.
[1154] Artigo 41º – c) do EOA.
[1155] Artigo 59º – d) do EOA.

DIREITO PROFISSIONAL DO ADVOGADO

107. Cessação do segredo profissional

107.1. Mediante prévia autorização do cliente

Apesar de a natureza jurídica do segredo profissional não ser do foro contratual, como atrás dissemos, sob o nº 102, se o beneficiário do segredo é exclusivamente o ex-cliente e este autoriza previamente o Advogado a revelar os factos abrangidos pelo segredo, porventura ainda para seu benefício, v. g., para provar que não cometeu um crime porque, quando este ocorreu, estava em conferência com o seu Advogado, entendemos que é lícita a revelação, podendo invocar-se nesse sentido que a lei considera lícita a publicidade através da divulgação do nome de clientes, quando autorizada por estes[1156].

Já não será tão pacífica a mesma solução no caso de se tratar de revelação em benefício direto de terceiro de que não seja também beneficiário o ex-cliente. Mas, se for este o exclusivo beneficiário do segredo profissional, não se compreende que seja indisponível o direito deste ao segredo profissional do Advogado, desde que não possa impor-se a este que o revele, pois que, mesmo depois de autorizada a cessação de segredo profissional, poderá sempre o Advogado mantê-lo[1157]; devendo mesmo mantê-lo, se entender que não se verifica absoluta necessidade da sua revelação para defesa da dignidade, dos direitos e legítimos interesses do ex-cliente ou porventura de terceiro que o ex-cliente queira beneficiar com a revelação, sob pena de o Advogado se vulgarizar como testemunha, que normalmente não pode ser.

Deve, porém, o Advogado exibir ou juntar a autorização do cliente, sob pena de se tratar de prova proibida ou ineficaz[1158].

[1156] Artigo 94º – nº 3 – h) do EOA. No sentido de que o beneficiário do segredo pode dispensá--lo, *vide* o Ac. da Rel. de Évora de 17-6-2014 – Relator ANTÓNIO JOÃO LATAS – que cita, no mesmo sentido vários Ac.s do STJ, designadamente o de 15.04.2004 – Relator QUIRINO SOARES, pelo que constituirá entendimento antigo e persistentemente uniforme do Supremo Tribunal.

[1157] Artigo 92º – nº 6 do EOA.

[1158] Artigo 92º – nº 5 do EOA. É óbvio que tendo sido a própria autora que indicou o Advogado como sua testemunha, o que significa que o dispensou do segredo profissional, como se decidiu no Acórdão da Relação do Porto de 19/9/91, na Col. Jur., 1991, tomo IV, pág. 252, não era necessário exibir ou juntar autorização do ex-cliente.

107.2. Mediante prévia autorização do Presidente do Conselho Distrital com recurso para o Bastonário

107.2.1 Em geral

Não se verificando os pressupostos acabados de referir, a cessação do segredo profissional só pode ocorrer, mediante prévia autorização do Presidente do Conselho Distrital respetivo, com recurso para o Bastonário em tudo quanto for absolutamente necessário para defesa da dignidade, direitos e interesses legítimos do próprio Advogado ou do cliente ou seus representantes[1159].

Em geral, ou melhor, a não ser em direito processual, em caso de escusa a depor com invocação de segredo profissional por Advogado, a legitimidade para requerer a autorização de cessação de segredo profissional pertence exclusivamente ao Advogado detentor do segredo, que, mesmo depois de autorizada a cessação do segredo, pode sempre mantê-lo[1160].

Assim, não tem legitimidade o cliente nem outro interessado em processo judicial que porventura quisesse beneficiar do depoimento de quem foi Advogado de outrem, v.g., da parte contrária, até porque não é possível a autorização de cessação de segredo a favor de outrem que não o ex--cliente[1161].

A autorização de cessação do segredo profissional é da competência exclusiva do Presidente do Conselho regional[1162], sem prejuízo da possibilidade de delegação de tal competência, em algum ou alguns, mas individualmente considerados, dos seus membros[1163].

[1159] Artigo 92º – nº 4 do EOA e Regulamento nº 91/2006, de 25 de maio – Regulamento de Dispensa de Segredo Profissional.

[1160] Artigo 92º – nº 6 do EOA.

[1161] "É doutrina nunca desmentida pela Ordem dos Advogados que apenas o detentor do sigilo profissional tem legitimidade para requerer o seu levantamento, e não outrem por ele" – Despacho de 24/10/88 do Bastonário Augusto Lopes Cardoso, na ROA, 48º, pág.1062. "Não tem legitimidade para pedir a dispensa de segredo profissional o Advogado que não é o detentor dos factos sigilosos e pretende aquela dispensa para depoimento testemunhal a prestar por Colega" – Despacho de 18/9/89 daquele Bastonário, na ROA, 49º, pág. 1079.

[1162] Artigos 55º – nº 1 – l) e 92º – nº 4 do EOA.

[1163] Artigo 55º – nº 3 do EOA. Quanto à competência dos artigos 55º – nº 1 – l) e 92º – nº4 do EOA, temos de interpretar restritivamente o artigo 51º – nº 3 que permite a delegação das competências do Presidente em comissão formada por alguns dos membros do Conselho como permite a delegação das mesmas competências nas Delegações pois nem o conselho regional possui tal competência, não podendo sequer conhecer deles, como órgão colegial que é.

DIREITO PROFISSIONAL DO ADVOGADO

Esta competência nem o Bastonário a tem, em primeira instância[1164], e só pode intervir em recurso de despacho de não autorização, pois de despacho de autorização de cessação de segredo profissional não pode ser interposto recurso.

É que, a não ser em direito processual, em caso de escusa a depor com invocação de segredo profissional por Advogado, só o Advogado detentor do segredo profissional que pretende fazer cessar o segredo tem legitimidade para recorrer, e, portanto apenas do despacho de não autorização.

Não tem legitimidade para recorrer outro interessado no processo, interessado que se considere prejudicado com o despacho de autorização ou de não autorização de cessação do segredo profissional quando porventura venha a conhecê-lo a quando da sua exibição ou junção aos autos pelo Advogado detentor do segredo[1165].

[1164] Artigo 92º – nº 4 e 40º – nº 1 – n) do EOA.

[1165] Contra este entendimento que tem sido doutrina constante da Ordem dos Advogados foi proferido o infeliz acórdão do STA de 4/5/93, em Ac. s Dout. 380/381, pág. 879, com apoio em Despacho da Bastonária MARIA DE JESUS SERRA LOPES, que pela primeira vez defendeu doutrina contrária. Sobre os atropelos cometidos e com crítica a tal acórdão, *vide* Bastonário AUGUSTO LOPES CARDOSO, Do Segredo Profissional na Advocacia, pág. 73, nota 131.

É óbvio que o cliente, na hipótese improvável de ter sido autorizada uma revelação do segredo contra os interesses do cliente, não ficará jurisdicionalmente desprotegido, pois o juiz, na sua inalienável função de julgar, tem obrigação de decidir que a eventual revelação nessas circunstâncias é irrita para efeitos probatórios, obrigação do juiz que também existe na hipótese de indevida autorização se destinar à defesa dos interesses do próprio Advogado contra o ex-cliente, sendo passíveis de recurso tais decisões judiciais proferidas nos tribunais comuns, recurso com o qual nada terão a ver os tribunais administrativos. Quer dizer: mesmo que tenha sido indevidamente autorizado, por exemplo, o depoimento de um Advogado, é sempre ao tribunal que compete admiti-lo ou não ou validá-lo ou não para efeitos probatórios, é sempre o tribunal a decidir a questão, podendo concluir, também por exemplo, que, sendo o segredo também estabelecido em favor da parte contrária, em caso de negociações para acordo amigável, malogradas ou não, o depoimento não teria valor probatório, aspeto que poderá não ter sido considerado no despacho de autorização para revelação do segredo, que porventura também poderá não ter considerado outros aspetos eventualmente ocultados pelo Advogado requerente da autorização, cuja conduta poderá se disciplinarmente avaliada.

Note-se, porém, que, como veremos adiante, sob o nº 107.2.2, quanto à prévia autorização do Presidente do conselho regional com recurso para a Bastonário em sede de processo penal ou civil, com as devidas adaptações, a decisão, pela autoridade judiciária ou pelo Juiz cível ou pelo tribunal superior àquele em que a questão foi suscitada, de prestação de depoimento de Advogado para o qual foi invocada escusa por motivo de segredo profissional depende da "prévia autorização" do Presidente do conselho regional, com recurso para o Bastonário, não se tratando de um parecer, mas de uma autorização com natureza vinculativa, que só com fundamento em ponderosas razões e porventura em erro manifesto e notório deve deixar de ser seguida pela autoridade judiciária ou pelo Juiz cível ou pelo tribunal superior. Quer isto

E da decisão do Bastonário de não autorização da cessação de segredo profissional não há recurso para os tribunais administrativos, nos termos gerais de direito, apesar de, nos termos do artigo 6º – nº 3 do EOA e de acordo com o artigo 268º – nº 4 da Constituição da República Portuguesa, ser possível tal recurso quanto aos atos definitivos e executórios dos órgãos da Ordem dos Advogados, como associação pública que é.

E assim é, mesmo em direito processual, em caso de escusa a depor com invocação de segredo profissional por Advogado.

Apesar de se tratar de uma questão controvertida[1166], a decisão do Bastonário é contenciosamente insindicável porque seria através do próprio processo, antes de qualquer decisão judicial deste, que se verificaria a cessação do segredo profissional, porque é pública a natureza do processo administrativo contencioso.

De resto, mesmo que pudesse concluir-se pela sindicabilidade contenciosa do despacho do Bastonário de não autorização de cessação de segredo profissional, sempre seria certo que se trata de matéria de discricionaridade técnica e, como é jurisprudência uniforme dos tribunais administrativos, só o erro manifesto e notório seria contenciosamente sindicável.

O despacho de autorização deve ser exibido ou junto ao processo e, não sendo junto, constar da ata da diligência, sob pena de a prova poder vir a ser julgada nula.

O despacho não deve conter minuciosamente os factos abrangidos pelo segredo, mas tem de ser fundamentado e, por isso, será, em regra, inevitável uma referência à matéria sobre que versam tais factos.

Um parecer sobre segredo profissional aprovado pelo conselho distrital ou pelo Conselho Geral não equivale a despacho de autorização, que, em primeira instância, é da exclusiva competência do Presidente do conselho

---

dizer que só muito limitadamente e por razões muito ponderosas deverá deixar de ser seguido, pela autoridade judiciária ou pelo Juiz cível e pelo tribunal superior àquele em que a questão foi suscitada, o resultado da audição de quem é especialmente qualificado para se pronunciar sobre um assunto tão importante como o do segredo a que está vinculada a profissão representada pelo organismo que a lei manda ouvir.

E, neste caso, mesmo que não se trate de um parecer pericial, mas de um despacho de autorização do Presidente do Conselho Distrital da Ordem dos Advogados, sempre será de aplicar analogicamente o disposto no artigo 163º do Código de Processo Penal: "1. O juízo técnico, científico ou artístico inerente à prova pericial presume-se subtraído à livre apreciação do julgador. 2. Sempre que a convicção do julgador divergir do juízo contido no parecer dos peritos, deve aquele fundamentar a divergência".

[1166] Vide o Acórdão do STJ de 22/6/88, na Col. Jur. XIII, tomo 3, pág. 11, e a ROA, 49º, pág.s 839 e seg.s.

DIREITO PROFISSIONAL DO ADVOGADO

distrital, como atrás dissemos, mas poderá justificar a falta de ilicitude ou de culpa do agente, se o parecer for no sentido de não existir obrigação de segredo.

Sendo a regra a obrigação de segredo profissional, a sua cessação terá natureza muito excecional e o primeiro requisito para a autorização da sua cessação é a absoluta necessidade de invocação ou prova dos factos abrangidos pelo segredo, devendo atender-se designadamente à atualidade da necessidade, às regras sobre ónus da prova, à inexistência de outras provas e à essencialidade dos factos para o resultado do processo.

E não é possível a autorização para cessação de segredo profissional a um Advogado que pretende depor em processo em que foi constituído Advogado, mesmo que tenha substabelecido sem reserva ou tenha renunciado à procuração, ou em processo conexo com ele, solução imposta pelo artigo 94º – nº 1 do EOA, a contrario sensu, ou pelo facto de o Advogado ser participante na administração da Justiça e, por isso, não poder intervir também como auxiliar da Justiça[1167].

O segundo requisito para a autorização de cessação do segredo profissional é o da defesa da dignidade, direitos e interesses do cliente ou seus representantes, de tal maneira que não é possível a autorização, se os factos abrangidos pelo segredo e que se pretendem revelar forem objetivamente mais desfavoráveis, na sua globalidade, do que favoráveis ao cliente ou seus representantes.

Mas nunca poderá ser autorizada a cessação para defesa de um cliente contra outro cliente.

Também não poderá ser autorizada a cessação para defesa de interesses terceiros, que não sejam simultaneamente do cliente[1168].

[1167] " É sempre inadmissível que o Advogado deixe o patrocínio duma causa com o propósito de nela tomar a posição de testemunha" – Parecer do Conselho Geral de 30/10/52, na ROA, 12º, pág. 404; "deve o Advogado recusar-se a depor quando indicado como testemunha em processo ao qual esteja junta procuração a que haja renunciado" – Parecer do Conselho Geral de 5/5/54, na ROA, 14º a 16º, pág. 334; vide também o de 21/7/54, a pág. s 335; e o Ac. do Conselho Superior de 23/10 /51, na ROA, 11º, pág. 421; e ainda o Parecer do Conselho Geral de 26/10/62, na ROA, 23º, pág. 212. Cfr. os artigos 39º – nº 1 – d) e 54º do Código de Processo Penal quanto ao mesmo impedimento para Juízes e Magistrados do Ministério Público e o artigo 122º – nº 1 – h) do Código de Processo Civil para Juízes.

[1168] "O Advogado só pode ser autorizado a revelar os factos sigilosos para a defesa da dignidade, direitos e interesses legítimos dele próprio ou do cliente ou seus representantes e nunca em favor de outros direitos e interesses" – Despacho do Bastonário AUGUSTO LOPES CARDOSO, na ROA, 49º, pág. 241.

XX. O SEGREDO PROFISSIONAL DO ADVOGADO

Assim, não deve ser autorizada a cessação do segredo profissional a Advogado que patrocinou uma das partes numa ação para depor a favor de outro Advogado que foi constituído pela contraparte na mesma ação e que, findos os seus serviços e não lhe tendo sido paga a conta de honorários, se viu obrigado a instaurar contra o seu constituinte ação de honorários, onde arrolou como testemunha o colega para prova de factos de que este tomou conhecimento no exercício da profissão[1169].

Quanto a negociações para acordo amigável, malogradas ou não, é jurisprudência pacífica da Ordem dos Advogados que a autorização para cessação do segredo profissional só muito excecionalmente deverá ser admitida, devendo o Presidente do Conselho Distrital ou, em recurso, o Bastonário serem especialmente exigentes quanto ao requisito da absoluta necessidade[1170], tanto mais que não é o cliente o único beneficiário do segredo, mas também a parte contrária, como resulta dos artigos 92º – nº 1 – e) do EOA, e tanto mais que, na fase de negociações, as partes estão dispostas a cedências ou abdicação dos direitos que julgam assistir-lhes para encontrarem aquele equilíbrio que procura traduzir-se no brocardo *"mais vale um mau acordo do que uma boa demanda"* ou naquele outro *"mais vale um pássaro na mão do que dois a voar"*, e, por isso, não haverá normalmente *absoluta necessidade* de autorização de cessação do segredo profissional para defesa da dignidade e dos direitos e interesses legítimos do cliente, constituindo a revelação dos termos das negociações, além de uma inutilidade para o enquadramento da relação jurídica, uma perturbação ou confusão para o julgador e um mau serviço à administração da Justiça.

Assim, só raramente, como no caso de prova da interrupção da prescrição pelo reconhecimento do direito durante as negociações malogradas deve autorizar-se a cessação do segredo profissional quanto a essa parte das negociações malogradas ou como no caso de prova de vícios da vontade ou na simples declaração da vontade, deve autorizar-se a cessação do segredo profissional quanto à respetiva parte das negociações para acordo amigável[1171].

[1169] Parece ser este o entendimento do Bastonário Augusto Lopes Cardoso, ob. cit., págs. 63/64, embora a propósito da ilegitimidade de outro interessado no processo para requerer a desvinculação. Sobre a autorização a Advogados estagiários ou colegas de escritório para deporem a favor de Advogado contra o ex-cliente, *vide* última nota do nº 105.

[1170] Não será caso, portanto, de ser negada sempre a autorização, como se sustentou no Parecer do Conselho Geral de 17/11/39, na ROA, 18º, pág. 123.

[1171] No mesmo sentido, vide Bastonário Augusto Lopes Cardoso, Do Segredo Profissional na Advocacia, 1998, pág. s 44-46 e 86-87.

Em vez do requisito da defesa da dignidade, direitos e interesses legítimos do cliente ou seus representantes e até contra estes, é requisito da autorização para cessação do segredo profissional a defesa da dignidade, direitos e interesses legítimos do próprio Advogado.

E bem se justifica que assim seja, porque então terá deixado de existir a relação de confiança entre Advogado e cliente e já não há razão para preservação absoluta do segredo profissional, quando foi porventura o próprio cliente, como acontece na maioria dos casos, que pôs em causa tal relação, minimizando a dignidade profissional do Advogado que o serviu.

Sendo assim admissível a autorização para cessação do segredo profissional para que o Advogado possa alegar e provar factos que, na sua ótica, defendem os seus interesses e a sua dignidade, também é certo, por outro lado, que a cessação do segredo não deverá nunca causar danos ou prejuízos ao cliente fora do âmbito da relação jurídica controvertida entre Advogado e cliente.

Interessa, pois, analisar casuisticamente, os pedidos de autorização e avaliar da absoluta necessidade da cessação do segredo profissional e das consequências desta, em concreto, para o cliente, a fim de que este não possa correr qualquer risco de dano excessivo.

107.2.2. Em direito processual – a decisão sobre escusa a depor com invocação de segredo profissional por Advogado e a natureza vinculativa do despacho de autorização prévia

A regra da exclusiva legitimidade do Advogado detentor do segredo profissional para obter a cessação deste e, mesmo depois de autorizada a cessação, para poder manter o segredo[1172] deixou de ser absoluta e passou a ser reconhecida à autoridade judiciária e ao tribunal, embora, sobretudo, quando se trate de depoimento em juízo, com o Código de Processo Penal (CPP) de 1987 e, depois, com o Código de Processo Civil (CPC), que mais

---

"Se a petição inicial de uma ação for desabonatória quer do brio profissional do anterior mandatário do autor quer do caráter do réu, justifica-se que se defira – embora a título excecional – o pedido do Advogado do réu de dispensa do sigilo profissional, para o efeito de o autorizar a invocar em juízo negociações transacionais malogradas, se tal invocação satisfizer os seguintes requisitos: a) servir para esclarecer os comportamentos desacreditados pelo autor, atentatórias da dignidade do seu primeiro Advogado e da pessoa do réu; b) não comprometer os fins da Justiça e, designadamente, não for suscetível de influir no espírito do julgador" – Despacho de 24/11/88 do Presidente do Conselho Distrital de Lisboa Dr. ALFREDO GASPAR, na ROA, 48º, pág. 1057.

[1172] Artigo 92º – nº 6 do EOA.

não fez do que mandar aplicar, nesta matéria, o que já estava prescrito naquele primeiro Código[1173].

Nos termos do artigo 135º do Código de Processo Penal, o Advogado adstrito a segredo profissional pode "escusar-se a depor sobre os factos abrangidos por aquele segredo" (nº 1).

Mas "a autoridade judiciária perante a qual o incidente se tiver suscitado", tendo "dúvidas sobre a legitimidade da escusa", "procede às averiguações necessárias" e "se, após estas, concluir pela ilegitimidade da escusa, ordena ou requer ao tribunal que ordene a prestação do depoimento" (nº 2).

E, mediante "intervenção suscitada pelo Juiz, oficiosamente ou a requerimento", "o tribunal imediatamente superior àquele onde o incidente se tiver suscitado ou, no caso de o incidente se ter suscitado perante o Supremo Tribunal de Justiça, o plenário das secções criminais pode decidir da prestação de testemunho com quebra do segredo profissional sempre que esta se mostre justificada face às normas e princípios aplicáveis da lei penal, nomeadamente face ao princípio da prevalência do interesse preponderante" (nº 3).

Enquanto o nº 2 se refere à existência ou inexistência do direito à escusa, o nº 3 prevê a hipótese de existir direito à escusa e de, apesar desse direito, dever impor-se a quebra do segredo profissional, por se verificarem valores superiores ao do segredo.

Trata-se de questões inteiramente distintas, a decidir por entidades muito diferentes e com tramitação processual muito diversa. Vale a pena aprofundar um pouco o que acaba de dizer-se, tantas são as confusões em que nesta matéria tem caído a Doutrina e a Jurisprudência.

No nº 2 não se define o que deve entender-se por legitimidade ou ilegitimidade da escusa e já vimos interpretar esta disposição legal como se

---

[1173] Artigo 135º do CPP e artigo 417º – nº 3 do CPC, com referência àquele artigo 135º do CPP. Mas não é só quando se trata de prestar depoimento em juízo, porque, já antes do CPP, em caso de buscas e apreensões, com reclamação para preservação do segredo profissional, o artigo 61º – nºs 3 e 4 do primeiro EOA como o artigo 72º – nºs 3 e 4 do anterior e o artigo 77º – nºs 3 e 4 do atual atribuem competência ao Presidente do Tribunal da Relação para decidir sobre a matéria do segredo profissional, pondo-se hoje a questão de se saber se deverá aplicar-se, analogicamente, o disposto no artigo 135º – nº 4 do Código de Processo Penal, ouvindo-se a Ordem dos Advogados antes de tomada a decisão do Presidente da Relação, cuja competência nesta matéria parece, porém, ter passado para o Tribunal da Relação, em face do disposto no artigo 182º – nº 2 do CPP, ao qual também se refere a ampla remissão do artigo 417º – nº 4 do CPC...

DIREITO PROFISSIONAL DO ADVOGADO

ela se referisse a viabilidade ou inviabilidade da escusa[1174] ou a legalidade ou ilegalidade da escusa[1175]. Embora se justifique certa perplexidade perante a imprecisão jurídica da lei, pois é seguro que não se trata de matéria de legitimidade em sentido jurídico, a legitimidade da escusa não pode deixar de ser interpretada como direito à escusa ou existência de direito à escusa e a ilegitimidade da escusa como não direito à escusa ou inexistência de direito à escusa.

A hipótese do nº 2 é a de o Advogado ter invocado segredo profissional e, por causa dele, se ter escusado a depor e vir a verificar-se que não se estava perante caso de segredo profissional e, por isso, não havia o direito à escusa prevista pelo nº 1 do artigo. Só pode ser este o sentido da lei[1176].

Na hipótese do nº 2, a autoridade judiciária, que, nos termos do artigo 1º – nº 1 – b) do CPP, tanto é o Juiz como o Juiz de Instrução como o Ministério Público, cada um relativamente aos atos processuais que cabem na sua competência, procede às averiguações necessárias e, se delas resultar que não existe direito à escusa, porque não se trata de facto coberto pelo segredo profissional, por, v. g., não ter sido conhecido no exercício da profissão e por causa dele, "ordena ou requere ao tribunal que ordene a prestação do depoimento".

Perante a disjuntiva constante da lei, tem sido defendido que "ordena" o próprio Juiz ou "requere ao tribunal que ordene" outra autoridade judiciária, cabendo a ordem já ao Juiz[1177]; e "porque a violação do segredo bancário colide com direitos fundamentais, só o Juiz de instrução pode ordenar a prestação de depoimento com violação de segredo"[1178].

Entendemos, porém, que a disjuntiva "ou requere ao tribunal que ordene" do nº 2 do artigo 135º do CPP se aplicará ao Ministério Público, por exemplo, na audiência de discussão e julgamento e pode aplicar-se ao próprio Juiz que faça parte do tribunal coletivo, mas que não pode retirar--se ao Ministério Público, no inquérito, a não ser que se trate de ato a praticar pelo Juiz de instrução, nos termos do artigo 268º do CPP, o poder de ordenar o depoimento de quem se escusou a depor com invocação de

[1174] MANUEL LOPES MAIA GONÇALVES, Código de Processo Penal, Anotado e Comentado, 11ª edição – 1999, pág. 338.
[1175] Acórdão da Relação de Lisboa de 4/12/96, na Col. Jur. 1996, tomo 5, pág. 152.
[1176] Neste sentido Bastonário AUGUSTO LOPES CARDOSO, Do Segredo Profissional na Advocacia, 1998, págs. 97-98.
[1177] Bastonário AUGUSTO LOPES CARDOSO, ob. cit., págs. 68 e 69. No mesmo sentido decidiu o Acórdão da Relação de Lisboa citado na nota 4.
[1178] GERMANO MARQUES DA SILVA, Crimes de Emissão de Cheque sem Provisão, pág. 107.

XX. O SEGREDO PROFISSIONAL DO ADVOGADO

segredo profissional, quando resulte das diligências a que procedeu que não existe segredo profissional, pois não pode interpretar-se restritivamente o artigo 135º – nº 2 com referência ao artigo 1º – nº 1 – b) do CPP.

Também o nº 3 do artigo 135º do CPP tem sido objeto de interpretações inadmissíveis, sobretudo na Jurisprudência, a ponto de já ter sido decidido não só que a reserva de competência para um tribunal superior no que tange à matéria da quebra do segredo profissional não está explicitada em qualquer dispositivo legal e necessitaria de o ser de forma inequívoca mas também que se mantém a competência natural do Tribunal de 1ª instância para ordenar a prestação do depoimento ou a prática de um ato que quebre o segredo profissional[1179].

A hipótese do nº 3 é a de ter sido invocada legitimamente a escusa, haver direito à escusa a depor sobre factos que estão, sem dúvida, cobertos pelo segredo profissional, mas entender-se que há valores superiores ao do segredo profissional a imporem a quebra do segredo, hipótese em que é o tribunal superior àquele em que se suscitou a questão ou é o Plenário das secções criminais do Supremo Tribunal de Justiça, se a questão foi suscitada nas secções, o competente para a decisão "da prestação de testemunho com quebra do segredo profissional", por solicitação do Juiz do tribunal inferior, que nunca é competente para a decisão da questão, mas só para a solicitação do tribunal superior, solicitação feita oficiosamente ou a requerimento de parte[1180].

Prescreve o nº 4 do artigo 135º do CPP que, "nos casos previstos nos nºs 2 e 3, a decisão da autoridade judiciária ou do tribunal é tomada ouvido o organismo representativo da profissão relacionada com o segredo profissional em causa, nos termos e com os efeitos previstos na legislação que a esse organismo seja aplicável".

Em matéria cível, nos termos do artigo 497º – nº 3 do Código de Processo Civil, "devem escusar-se a depor os que estejam adstritos ao segredo profissional... relativamente aos factos abrangidos pelo sigilo, aplicando-se

---

[1179] Neste sentido pode ver-se o Acórdão da Relação de Lisboa, de 4/12/96, citado na nota anterior à antepenúltima e o Acórdão da mesma Relação de 5/11/97, na Col. Jur., 1997, tomo 5, pág. 133.

[1180] A Lei nº 5/2000, de 11 de janeiro, estabeleceu, porém, um regime especial de quebra de segredo profissional dos membros dos órgãos sociais das instituições de crédito e sociedades financeiras, dos seus empregados e de pessoas que a elas prestem serviço bem como dos funcionários da administração fiscal, no caso de crimes previstos no artigo 1º daquela Lei, dependendo a quebra de segredo unicamente de ordem da autoridade judiciária titular da direção do processo, em despacho fundamentado, nos termos do artigo 2º – nº 2 da mesma Lei.

DIREITO PROFISSIONAL DO ADVOGADO

neste caso o disposto no nº 4 do artigo 417º", preceito cujo nº 3 – c) estabelece que a recusa de colaboração para a descoberta da verdade é legítima se a obediência importar violação do sigilo profissional e cujo nº 4 dispõe: "deduzida escusa com fundamento na alínea c) do número anterior, é aplicável, com as adaptações impostas pela natureza dos interesses em causa, o disposto no processo penal acerca da verificação da legitimidade da escusa e da dispensa do dever de sigilo invocado".

Hoje, portanto, a legitimidade para suscitar a cessação do segredo profissional do Advogado não é exclusiva deste, mas é também da autoridade judiciária ou do Juiz ou do Tribunal quer em processo penal quer em processo civil quer noutro direito processual em que se remeta para algum daqueles dois tipos de processo.

O regime agora em vigor inspirou-se no sistema estabelecido, para a decisão sobre revelação do segredo profissional médico, pelo Decreto-lei nº 47749, de 6 de junho de 1967, ou farmacêutico, pelo Decreto-lei nº 48547, de 27 de agosto de 1968, ou do segredo profissional dos Advogados, em caso de buscas e apreensões, com reclamação para preservação do segredo profissional, pelo artigo 61º – nºs 3 e 4 do primeiro EOA, correspondente ao artigo 79º – nºs 3 e 4 do atual: decisão do Presidente do Tribunal da Relação, ouvido o organismo representativo da profissão relacionada com o segredo profissional em causa, audição que, contudo, o citado artigo 61º do EOA não previa.

A decisão da autoridade judiciária ou do tribunal, em matéria penal como em matéria cível como noutra matéria em que devam aplicar-se os mesmos princípios, é tomada ouvido o organismo representativo da profissão relacionada com o segredo profissional em causa, *nos termos e com os efeitos previstos na legislação que a esse organismo seja aplicável,* como se dispõe no artigo 135º – nº 4 do Código de Processo Penal.

O Projeto do Código, tal como foi formulado pela comissão revisora, não incluía a parte final do nº 4 do artigo 135º – *nos termos e com os efeitos previstos na legislação que a esse organismo seja aplicável*[1181] – e foi sugerida ao ilustre Ministro da Justiça de então, o antigo Bastonário da Ordem dos Advogados Dr. Mário Raposo, pelo então Bastonário da Ordem Dr. Augusto Lopes Cardoso, uma vez ouvido o seu Conselho Geral, a que o autor teve a honra de pertencer.

[1181] MANUEL LOPES MAIA GONÇALVES, Código de Processo Penal, Anotado e Comentado, 1999-11ª edição, pág. 336.

XX. O SEGREDO PROFISSIONAL DO ADVOGADO

A lei de autorização legislativa – Lei n.º 43/86, de 26 de Setembro- no artigo 2.º – 33), apenas mandava ouvir o organismo representativo da respetiva profissão. Mas era necessário que a lei previsse mais, designadamente o modo de audição daquele organismo, qual dos seus órgãos era competente para se pronunciar, as regras a que devia ater-se, o alcance ou os efeitos daquela audição.

Na verdade, seria muito pouco prever-se ouvir a Ordem dos Médicos, como era imposto ao Presidente da Relação, pelo artigo único do Decreto-lei n.º 47749, de 6 de junho de 1967, antes de decidir, sem recurso, as questões emergentes do segredo profissional médico, ou o Sindicato Nacional dos Farmacêuticos, como lhe era determinado pelo artigo 28.º do Decreto-lei n.º 48547, de 27 de agosto de 1968, quanto ao segredo profissional dos farmacêuticos, quando a estes era imposta prévia consulta ao presidente da direção daquele Sindicato pelo artigo 25.º – n.º 3 – c) do mesmo Decreto-lei ou ouvir a Ordem dos Advogados, em questões de sigilo profissional dos Advogados, para o qual estava estabelecido que só pode cessar em caso de absoluta necessidade para a defesa da dignidade, direitos e interesses do cliente ou do próprio Advogado, mediante autorização do Presidente do Conselho Regional, nos termos dos artigos 55.º – n.º 1 – l) e 92.º – n.º 4 do Estatuto da Ordem dos Advogados, com recurso para o Bastonário, nos termos da última disposição citada, sendo certo que, nos termos do n.º 6 deste mesmo artigo, o Advogado, mesmo autorizado a revelar factos sigilosos, pode manter o segredo profissional.

Como deve, porém, ser interpretado o n.º 4 do artigo 135.º do Código de Processo Penal, ao prescrever que a decisão da autoridade judiciária ou do tribunal deve ser tomada ouvido o organismo representativo da profissão relacionada com o segredo profissional em causa, *nos termos e com os efeitos previstos na legislação que a esse organismo seja aplicável?*

Manuel Lopes Maia Gonçalves sustenta – e bem! – que o dispositivo da parte final do n.º 5 "significa, em nosso entendimento, que se deve dar prevalência ao disposto na legislação especial relativa aos organismos representativos das profissões, a qual se aplicará, e não os dispositivos gerais do CPP"[1182].

Ora o EOA prevê, no artigo 92.º – n.º 1 – a), o segredo profissional como um dever do Advogado para com o cliente; no artigo 92.º – n.º 1 – e) e f), como um dever dos Advogados entre si, não revelando negociações tran-

---

[1182] Manuel Lopes Maia Gonçalves, Código de Processo Penal, Anotado e Comentado, 1999 – 11ª edição, pág. 338.

DIREITO PROFISSIONAL DO ADVOGADO

sacionais malogradas, quer verbais quer escritas, em que tenha intervindo Advogado; e no artigo 92º, em geral, como um instituto de direito autónomo, definindo os factos cobertos pelo sigilo profissional, estabelecendo os casos em que pode verificar-se a sua cessação e a pessoa com legitimidade para suscitar e os órgãos com competência para decidir tal cessação e fixando os efeitos do segredo ou da cessação deste.

Quanto à cessação do segredo profissional, dispõe o nº 4 do citado artigo que "cessa a obrigação de segredo profissional em tudo quanto seja absolutamente necessário para a defesa da dignidade, direitos e interesses do próprio Advogado ou do cliente ou seus representantes, mediante prévia autorização do Presidente do Conselho Distrital respetivo com recurso para o Presidente da Ordem dos Advogados, prevendo outrossim o artigo 55º – nº 1 – l) do EOA aquela competência do Presidente do conselho regional, que é também um órgão da Ordem dos Advogados, além de Presidente doutro órgão.

Assim, ouvir a Ordem dos Advogados, como organismo representativo da profissão relacionada com o segredo profissional em causa, *nos termos e com os efeitos previstos na legislação que lhe seja aplicável*, é, em primeiro lugar, ouvir o Presidente do Conselho Distrital, com recurso para o Bastonário.

E ouvir o Presidente do conselho regional, *nos termos e com os efeitos previstos na legislação que seja aplicável à Ordem dos Advogados,* depois de um Advogado se ter escusado a depor com invocação de segredo profissional e depois de averiguações da autoridade judiciária ou do Juiz cível levarem à conclusão de que não existe segredo profissional, pois os factos, por exemplo, não foram conhecidos no exercício da profissão e por causa dele em termos de causalidade adequada, é suscitar a prévia autorização a que se refere o artigo 92º – nº 4 do EOA para que a autoridade judiciária ou o Juiz cível possam decidir que não havia legitimidade para a escusa a depor com invocação de segredo profissional porque este afinal não existe no caso concreto.

Na hipótese do nº 2 do artigo 135º do CPP, o Presidente do Conselho Distrital e, em recurso, o Bastonário, devem analisar cuidadosamente, pois há casos de fronteira de causalidade adequada entre o exercício da profissão e o conhecimento dos factos sobre os quais se pretende o depoimento, se o caso é ou não de verdadeiro segredo profissional, negando a autorização se o for, isto é, se estiverem em desacordo com as conclusões das averiguações efetuadas pela autoridade judiciária ou pelo Juiz cível, ou concedendo a autorização no caso contrário.

XX. O SEGREDO PROFISSIONAL DO ADVOGADO

Se o Presidente do conselho regional concluir que não está perante um caso de verdadeiro segredo profissional, nem se tratará de verdadeira autorização, que está prevista como autorização de cessação de segredo, antes se tratando de simples declaração de que, não havendo segredo profissional, não há direito à escusa a depor com invocação de segredo que não existe.

Na hipótese do nº 3 do artigo 135º do CPP, a de ser legítima a escusa a depor por existir dever de segredo, mas haver valores superiores ao do segredo a imporem a quebra deste, ouvir o Presidente do conselho regional com recurso para o Bastonário, *nos termos e com os efeitos previstos na legislação que seja aplicável à Ordem dos Advogados,* é o tribunal superior, e nunca o Juiz de Instrução, que promoveu o incidente oficiosamente ou a requerimento do Ministério Publico ou do assistente ou do arguido, nem o Juiz da 1ª instância que o tenha promovido, suscitar a prévia autorização do referido Presidente para aquele tribunal superior poder decidir da prestação do testemunho com quebra do segredo profissional por se verificarem valores superiores ao do segredo.

Nesta hipótese, o Presidente do conselho regional ou, em recurso, o Bastonário devem ponderar criteriosamente a superioridade dos outros valores do Código Penal que sejam invocáveis no caso concreto sobre o valor do segredo profissional, valores sobre os quais não podemos deixar de tecer algumas considerações.

O nº 3 do artigo 135º impõe que a quebra do segredo "se mostre justificada face às normas e princípios aplicáveis da lei penal, nomeadamente face ao princípio do interesse preponderante, nomeadamente tendo em conta a imprescindibilidade do depoimento para a descoberta da verdade, a gravidade do crime e a necessidade de proteção de bens jurídicos".

A anterior e primitiva redação desta norma exigia a condição "de se verificarem os pressupostos referidos no artigo 185º do Código Penal na redação de 1982 então vigente, isto é, justificar-se a quebra do segredo profissional para "cumprimento de um dever sensivelmente superior" ou por "se visar um interesse público ou privado legítimo, quando, considerados os interesses em conflito e os deveres de informação que, segundo as circunstâncias, se impõem ao agente, se puder considerar meio adequado para alcançar aquele fim"[1183].

A supressão da norma do artigo 185º do Código Penal na redação de 1982 foi justificada pela Comissão Revisora do Código Penal por sofrer de

---

[1183] Artigo 185º do Código Penal na redação de 1982.

DIREITO PROFISSIONAL DO ADVOGADO

uma contradição ou ser desnecessária, considerando o Prof. Figueiredo Dias que "o artigo 182º sofre de uma contradição: na colisão de deveres é mais exigente que a Parte Geral, mas liberaliza o seu dispositivo através de uma prossecução de interesses" e que "ou se trata de mera repetição da doutrina da Parte Geral e é desnecessário, ou, ao invés, vai mais além, e não deve ser consagrado" e considerando o Prof. Costa Andrade que "a Parte Geral responde cabalmente à maioria das questões"[1184].

Suprimida a norma de exclusão da ilicitude do artigo 185º do Código Penal na redação de 1982, o nº 3 do artigo 135º remete hoje para as normas e princípios aplicáveis da lei penal, designadamente para o princípio da prevalência do interesse preponderante, salientando-se, entre as causas exclusivas da ilicitude, o direito de necessidade do artigo 34º do Código Penal com referência ao artigo 31º: "não é ilícito o facto praticado como meio adequado para afastar um perigo atual que ameace interesses juridicamente protegidos do agente ou de terceiro, quando se verifiquem os seguintes requisitos: a) não ter sido voluntariamente criada pelo agente a situação de perigo, salvo tratando-se de proteger o interesse de terceiro; b) haver sensível superioridade do interesse a salvaguardar relativamente ao interesse sacrificado; c) ser razoável impor ao lesado o sacrifício do seu interesse em atenção à natureza ou ao valor do interesse ameaçado".

Também poderá tratar-se de "estado de necessidade desculpante", a que se refere o artigo 35º do Código Penal, ou de "conflito de deveres" do artigo 36º do mesmo Código: "não é ilícito o facto de quem, em caso de conflito no cumprimento de deveres jurídicos ou de ordens legítimas da autoridade, satisfizer dever ou ordem de valor igual ou superior ao do dever ou ordem que sacrificar".

Já se entendeu que, "perante o conflito de deveres de guardar segredo e de colaborar com a justiça (artºs 131º, nº 1 e 132º, nº 2 do CPP), a lei confere à autoridade judiciária o poder de decidir qual é o dever predominante, impondo à testemunha o dever de colaborar com a Justiça, considerando ilegítima a escusa de depor com fundamento no dever de sigilo, quando a autoridade judiciária entender no caso concreto que o segredo bancário deve ceder perante o interesse manifestamente superior da investigação de crime de emissão de cheque sem provisão"[1185].

[1184] Cfr. Código Penal, Atas e Projeto da Comissão Revisora, Ministério da Justiça, 1993, pág. 314.
[1185] GERMANO MARQUES DA SILVA, ob. cit., pág. 107, citando o Acórdão da Relação de Lisboa de 23/11/94, na Col. Jur. 1994, tomo 5, pág. 156.

XX. O SEGREDO PROFISSIONAL DO ADVOGADO

Sem prejuízo de dever entender-se que a lei deve prever expressamente que o segredo profissional bancário deve ceder perante o referido interesse como perante o interesse do fisco ou do exequente ou do cônjuge em arrolamento ou em partilha dos bens comuns, parece-nos que o interesse da administração da justiça, por si mesmo, não é um valor superior ao do segredo profissional.

Já, em face do artigo 185º do Código Penal na redação de 1982, o Prof. COSTA ANDRADE entendia que o legislador não pretendeu, com ela, "introduzir limitações ao princípio de que o interesse (processual) da realização da justiça penal e da perseguição dos criminosos não representa, só por si, um interesse suscetível de ser sempre e necessariamente levado à balança da ponderação e de dirimir a ilicitude concretamente indiciada pela tipicidade de um meio de prova[1186].

E o Código de Deontologia dos Advogados da União Europeia, na versão de Lyon, de 1998, cuja versão em português foi aprovada por deliberação do Conselho Geral da Ordem dos Advogados em sessão de 26 de outubro de 2001 – Regulamento nº 25/2001, publicado no Diário da República, II série, de 22 de novembro de 2001 – prescreve, sob o nº 2.3.1, que "a obrigação do Advogado relativa ao segredo profissional serve tanto os interesses da administração da justiça como os do seu cliente" e que "consequentemente, esta obrigação deve beneficiar de uma proteção do Estado".

Hoje, de resto, quanto ao segredo profissional dos Advogados, podem invocar-se, no mesmo sentido acabado de indicar, várias disposições legais, que entroncam no artigo 208º da Constituição da República Portuguesa, designadamente: os artigos 12º – nº 1 e13º – nº 2 – a) da Lei da Organização do Sistema Judiciário (LOSJ) – Lei nº 62/2013, de 26 de agosto, que consideram o patrocínio forense por Advogado como elemento essencial à administração da justiça e o direito à proteção do segredo profissional como uma imunidade do Advogado, artigos correspondentes aos artigos 7º – nº 1 da revogada Lei da Organização e Funcionamento dos Tribunais Judiciais (LOFTJ) – Lei nº 52/2008, de 28 de agosto – que considerava o Advogado participante na administração da justiça, quando a primitiva redação da correspondente disposição do artigo 92º – nº 1 da Lei nº 38/87, de 23 de dezembro, alterada em 1992, pelo parágrafo único da Lei nº 24/92, de 30 de agosto, considerava o Advogado colaborador da administração da justiça, à maneira do que ainda hoje acontece em França, onde os Advogados

---

[1186] MANUEL DA COSTA ANDRADE, Sobre as Proibições de Prova em Processo Penal, 1992, pág. 55.

DIREITO PROFISSIONAL DO ADVOGADO

são considerados *"auxiliaires de justice"* e ao artigo 114º da mesma Lei, cujo nº 3 reconhecia e garantia o direito à proteção do segredo profissional.

Mas a prévia autorização ou não autorização do Presidente do conselho regional ou, em recurso, do Bastonário, não tem de considerar apenas o que especificamente está previsto no nº 2 ou no nº 3 do artigo 135º do CPP: têm de respeitar o quadro das normas do EOA sobre segredo profissional, como também resulta do nº 4 daquele artigo 135º, na parte em que dispõe *"nos termos e com os efeitos previstos na legislação que a esse organismo seja aplicável ".*

Assim, só pode haver autorização em caso de absoluta necessidade do depoimento sobre os factos sigilosos, como é requisito exigido pelo artigo 92º – nº 4 do EOA.

Também como é requisito imposto pelo mesmo artigo, só para defesa, da dignidade, direitos ou interesses do cliente pode, em princípio, ser concedida a autorização, a não ser que estejam em causa a dignidade, direitos ou interesses do próprio Advogado, única hipótese em que a autorização pode ser dada contra interesses do cliente, não podendo, em princípio, ser outorgada autorização para defesa de interesses terceiros que não sejam simultaneamente do cliente a quem os factos aproveitem.

É óbvio que o Advogado autorizado a depor para defesa do cliente não poderá revelar apenas os factos sigilosos que sejam favoráveis ao cliente e silenciar os que lhe sejam desfavoráveis, pelo que só pode ser autorizado desde que o seu depoimento seja globalmente mais favorável do que desfavorável ao seu cliente.

Quanto à defesa de interesses terceiros que não sejam simultaneamente do cliente a quem os factos aproveitem, não terá, em geral, relevância para fundamentar a autorização a que se refere o artigo 92º – nº 4 do EOA, mesmo que se trate de defesa, não do próprio Advogado, mas de outro Advogado, porventura o que patrocinou a parte contrária ao cliente.

Mas é precisamente quando, nos termos do artigo 135º – nºs 3 e 4 do CPP, é solicitada, pelo tribunal superior àquele em que é suscitada a questão, a autorização do Presidente do conselho regional, com recurso para o Bastonário, para decidir a prestação de depoimento com quebra do segredo profissional por esta se mostrar justificada face às normas e princípios aplicáveis da lei penal, nomeadamente face ao princípio da prevalência do interesse preponderante, que têm de ser ponderados interesses juridicamente protegidos de terceiros que estejam ameaçados por um perigo que a revelação do segredo visa afastar, desde que haja sensível superioridade daqueles interesses e verificados os demais requisitos do artigo 34º do Código Penal,

XX. O SEGREDO PROFISSIONAL DO ADVOGADO

designadamente o de ser razoável impor ao lesado o sacrifício do seu interesse em atenção à natureza ou ao valor do interesse ameaçado.

E então pode chegar-se à conclusão de que a revelação do segredo, embora não seja a favor do cliente ou do próprio Advogado, também não é contra ele, antes sendo indiferente, hipótese em que a autorização para defesa de interesses de terceiro deverá ser dada, ou é contra o cliente e então só deve ser dada em caso de sensível superioridade dos interesses de terceiro ameaçados e de ser razoável impor ao cliente o sacrifício do seu interesse no segredo profissional.

Cumpre salientar que nunca pode ser autorizado o depoimento de Advogado em processo principal ou em processo apenso, em que esteja ou tenha sido constituído mandatário judicial, mesmo depois de substabelecer sem reserva ou de renunciar ao mandato, pois quem é ou foi participante na administração da Justiça, como decorre do artigo 12º – nº 1 da LOSJ, em determinado processo, não pode nele ser testemunha, como igualmente não pode o advogado aceitar mandato em processo em que já tenha intervindo em outra qualidade, como impõe o artigo 99º – nº 1 do EOA.

Vejamos, finalmente, a natureza da audição do organismo representativo da profissão relacionada com o segredo invocado para a escusa a depor, em face da decisão que ordena a prestação do depoimento.

Porque se trata de uma formalidade que a lei impõe, a audição é vinculativa para a autoridade judiciária ou para o Juiz cível e para o tribunal superior àquele em que a questão é suscitada, de tal forma que a decisão que ordena a prestação do depoimento não pode ser tomada sem aquela audição, cuja omissão constituirá nulidade, nos termos do artigo 195º – nº 1 do CPC, uma vez que se trata de irregularidade que pode influir na decisão da causa, devendo ser arguida enquanto o ato não terminar, se a parte estiver presente, por si ou por mandatário, ou no prazo de dez dias a contar do dia em que a parte interveio em algum ato praticado no processo ou foi notificada para qualquer termo dele, nos termos dos artigos 149º e 199º do CPC ou no prazo de cinco dias, nos termos do artigo 123º do CPP, cujo prazo de três dias é, hoje, de cinco dias, por força do artigo 6º – nº 1 – a) do Decreto-lei nº 329-A/95, de 12 de dezembro, que reviu o CPC, e da revogação do nº 3 daquele artigo pelo artigo 8º da Lei nº 59/98, de 25 de agosto.

Da decisão sobre a arguição da referida nulidade cabe recurso, nos termos gerais, pois nenhum preceito exclui o recurso neste caso, sendo, por isso, inteiramente válido o princípio geral do artigo 399º do CPP e do artigo 627º – nº 1 do CPC. Tratando-se de despacho do Ministério Público, poderão o

DIREITO PROFISSIONAL DO ADVOGADO

assistente ou o arguido recorrer hierarquicamente para o superior hierárquico do magistrado que proferiu a decisão.

Não têm obviamente legitimidade para recorrer o Advogado que invocou o segredo profissional para se escusar a depor nem o Presidente do Conselho Regional ou o Bastonário.

Se, em termos processuais, a referida audição do organismo representativo da profissão relacionada com o segredo profissional em causa é, pelo exposto, vinculativa ou obrigatória para a autoridade judiciária ou o Juiz cível e o tribunal superior àquele em que a questão é suscitada, qual a natureza do resultado daquela audição? Tratar-se-á de um simples parecer? Terá um caráter meramente opinativo? Ou terá natureza vinculativa?

A obrigatoriedade da audição do organismo representativo da profissão relacionada com o segredo profissional em causa para poder ser tomada, pela autoridade judiciária ou pelo Juiz cível e pelo tribunal superior àquele em que a questão é suscitada, a decisão da prestação do depoimento para o qual foi invocada escusa quererá significar que o legislador pretendeu que a autoridade judiciária ou o Juiz cível e o tribunal superior àquele em que a questão foi suscitada disponha de um pré – juízo de quem está mais vocacionado e especialmente habilitado em matéria de segredo profissional, conferindo-lhe até a lei a competência para velar por valor tão transcendente.

Quer isto dizer que só muito limitadamente e por razões muito ponderosas deverá deixar de ser seguido, pela autoridade judiciária ou pelo Juiz cível e pelo tribunal superior àquele em que a questão foi suscitada, o resultado da audição de quem é especialmente qualificado para se pronunciar sobre um assunto tão importante como o do segredo a que está vinculada a profissão representada pelo organismo que a lei manda ouvir.

E, neste caso, mesmo que não se trate de um parecer pericial, mas de um despacho de autorização do Presidente do Conselho Regional da Ordem dos Advogados, sempre será de aplicar analogicamente o disposto no artigo 163º do Código de Processo Penal: "1. O juízo técnico, científico ou artístico inerente à prova pericial presume-se subtraído à livre apreciação do julgador. 2. Sempre que a convicção do julgador divergir do juízo contido no parecer dos peritos, deve aquele fundamentar a divergência"[1187].

[1187] E deve entender-se que esta disposição do Código de Processo Penal é aplicável em processo civil por remissão do artigo 417º – nº 4 do Código de Processo Civil, que, assim, não remeterá apenas para o artigo 135º mas também para o artigo 163º do Código de Processo Penal e ainda para o artigo 182º – nº 2 deste último Código.

Quanto a tratar-se ou não de um parecer e sobre se terá ou não caráter opinativo ou natureza vinculativa, a resposta terá de ir buscar--se à legislação aplicável ao organismo representativo da profissão relacionada com o segredo em causa, como resulta da parte final do nº 5 do artigo 135º do CPP: *"nos termos e com os efeitos previstos na legislação que a esse organismo seja aplicável"*.

O Sindicato Nacional dos Farmacêuticos, que o Presidente da Relação devia ouvir, como lhe era determinado pelo artigo 28º do Decreto-lei nº 48547, de 27 de agosto de 1968, quanto ao segredo profissional dos farmacêuticos, quando a estes era imposta prévia consulta ao presidente da direção daquele Sindicato pelo artigo 25º – nº 3 – c) do mesmo Decreto-lei, emitirá talvez um parecer não vinculativo, como sugere o termo "consulta", que era também o usado pelo artigo 581º – nº 3 do Estatuto Judiciário aprovado pelo Decreto-lei nº 44278, de 14 de abril de 1962, correspondente ao nº 4 do artigo 92º do EOA, que certamente não foi por acaso que deixou de falar de "prévia consulta" para passar a dizer "prévia autorização", "o que é, sem sombra de dúvidas sérias, substancial e juridicamente diferente"[1188].

Por isso, a decisão, pela autoridade judiciária ou pelo Juiz cível ou pelo tribunal superior àquele em que a questão foi suscitada, de prestação de depoimento de Advogado para o qual foi invocada escusa por motivo de segredo profissional vai depender da "prévia autorização" do Presidente do Conselho Distrital, com recurso para o Bastonário, não se tratando de um parecer, mas de uma autorização com natureza vinculativa, que só com fundamento em ponderosas razões e porventura em erro manifesto e notório deve deixar de ser seguida pela autoridade judiciária ou pelo Juiz cível ou pelo tribunal superior.

Assim, negada autorização pelo Presidente do conselho regional ou, em recurso, pelo Bastonário, quando ouvidos pela autoridade judiciária ou pelo tribunal, não podem estes impor ao Advogado o depoimento, solução legal do artigo 135º – nº 4 do CPP – *"nos termos e com os efeitos previstos na legislação que a esse organismo seja aplicável"* – que está correta por salvaguardar a dignidade do segredo profissional pela sua manutenção na esfera de competência de quem está incumbido de velar por tal segredo[1189].

[1188] Bastonário AUGUSTO LOPES CARDOSO, ob. cit., pág. 70.
[1189] Idem, ob. e loc. citados.

DIREITO PROFISSIONAL DO ADVOGADO

Nem se diga que, assim, não é a autoridade judiciária ou o tribunal que decide, mas sim o Presidente do Conselho Regional ou, em recurso, o Bastonário[1190].

Na verdade, enquanto a prévia autorização de cessação do segredo profissional não impede o Advogado de poder manter o segredo e de se recusar a depor, apesar de ter requerido aquela autorização, nos termos do nº 6 do artigo 92º do EOA, é a decisão da autoridade judiciária ou do tribunal no sentido da prestação de depoimento por Advogado que invocou o segredo profissional como escusa a depor que o impede de poder manter o segredo, sob pena de cometer crime de desobediência, como é a decisão da autoridade judiciária no sentido de julgar procedente a escusa, mesmo que, eventualmente houvesse prévia autorização da Ordem dos Advogados para depor, que não lhe permitirá retirar a invocação de escusa e prestar depoimento, sob pena de crime de violação de segredo profissional.

O que acaba de se dizer demonstra bem como é a decisão de prestação de depoimento por quem invocou segredo profissional para se escusar a depor que obriga o Advogado a depor do mesmo modo que é a decisão que julga procedente a escusa que o impede de depor e não a prévia autorização do Presidente do Conselho Regional ou, em recurso, do Bastonário, mesmo que esta seja vinculativa para tal decisão, como resulta da parte final do nº 4 do artigo 135º do CPP – *"nos termos e com os efeitos previstos na legislação que a esse organismo seja aplicável".*

Resta dizer que da decisão de prestação de depoimento por Advogado que invocou segredo profissional para se escusar a depor ou da decisão que julgou procedente a escusa cabe recurso, nos termos gerais, pois nenhum preceito exclui o recurso neste caso, sendo, por isso, inteiramente válido o princípio geral do artigo 399º do CPP e do artigo 627º – nº 1 do CPC.

É claro que, na hipótese de se tratar de despacho do Ministério Público, poderão o assistente ou o arguido recorrer hierarquicamente para o superior hierárquico do magistrado que proferiu qualquer das decisões a que acabámos de aludir.

[1190] O Acórdão da Relação de Lisboa de 7/7/2011, ao assumir a ousadia de temerariamente discordar de António Arnaut, decidindo que o "parecer" (trata-se de "despacho de autorização", nos termos do artigo 92º – nº 4 do EOA) não é vinculativo pela simples razão de tal vinculação originar uma decisão judicial sem qualquer sentido, dado que a decisão judicial, limitando-se a confirmar o parecer, seria meramente redundante e, como tal, um ato inútil, decidiu muito superficialmente a questão, ficando-se pelas aparências, pelos motivos que no texto seguidamente se expõem.

E é óbvio que não têm legitimidade para recorrer o Advogado que invocou o segredo profissional para se escusar a depor nem o Presidente do Conselho Regional ou o Bastonário, que concederam ou negaram a prévia autorização para qualquer das referidas decisões.

107. 3 Por obrigação *ex lege* (branqueamento)

Os Advogados que intervenham ou assistam, por conta de um cliente ou noutras circunstâncias, em operações

1) de compra e venda de bens imóveis, estabelecimentos comerciais e participações sociais;
2) de gestão de fundos, valores mobiliários ou outros ativos pertencentes a clientes;
3) de abertura e gestão de contas bancárias, de poupança e de valores mobiliários;
4) de criação, exploração ou gestão de empresas ou estruturas de natureza análoga bem como de centros de interesses coletivos sem personalidade jurídica;
5) financeiras ou imobiliárias, em representação do cliente;
6) de alienação ou aquisição de direitos sobre praticantes de atividades desportivas profissionais

devem exigir e verificar a identidade dos seus clientes e dos respetivos representantes, mediante apresentação de documento original, válido, com fotografia, do qual conste o nome completo, a data de nascimento e a nacionalidade e, no caso de pessoas coletivas, através do cartão de identificação de pessoa coletiva, de certidão de registo comercial ou, no caso de não residentes, documento equivalente, quando estabeleçam relações de negócio ou quando efetuem transações ocasionais de montante igual ou superior a 15.000 Euros, numa única ou várias operações ou, qualquer que seja o seu valor, quando as operações se revelem suscetíveis de estar relacionadas com a prática de branqueamento ou de financiamento do terrorismo, mais estando obrigados a deveres de diligência, de recusa, de conservação, de exame, de comunicação, de abstenção, de colaboração, de segredo, de controlo e de formação de dirigentes e empregados[1191].

[1191] Artigos 3º, 4º – f), 6º e 7º da Lei nº 25/2008, de 5 de junho, transpondo a Diretiva nº 2005/60/CE do Parlamento e do Conselho, de 26/10/2005, publicada no JO L 309, de 25/11/2005, pág. s 15-36, que devia ser transposta para o direito interno até 15/12/2007 e que mantém, no essencial, o que estava previsto quanto a Advogados, e ainda a Diretiva

DIREITO PROFISSIONAL DO ADVOGADO

E devem comunicar ao Bastonário as operações suspeitas, enviando o Bastonário, por sua vez, prontamente e sem filtragem, a comunicação ao Procurador-Geral da República e à Unidade de Formação Financeira, desde que não se trate de informações obtidas no contexto da avaliação da situação jurídica do cliente no âmbito da consulta jurídica, no âmbito da sua missão de defesa ou representação do cliente num ou a respeito de um processo judicial, incluindo o aconselhamento relativo à maneira de propor ou evitar um processo, quer as informações sejam obtidas antes, durante ou depois do processo[1192].

O mesmo se aplica aos deveres de abstenção e colaboração dos Advogados, competindo-lhes prestar a colaboração e assistência requeridas pela autoridade judiciária, comunicando ao Bastonário a solicitação da assistência requerida pela autoridade judiciária e facultando – lhe os elementos solicitados para serem remetidos pelo Bastonário ao Procurador-Geral da República ou à Unidade de Informação Financeira[1193].

E dispõe a Lei que as informações prestadas de boa fé no cumprimento dos deveres de comunicação, abstenção e colaboração impostos aos Advogados não constituem violação de qualquer dever de segredo nem implicam, para quem as preste, responsabilidade de qualquer tipo[1194] e ape-

---

nº 2006/70/CE, da Comissão, de 1 de agosto. Foi já adotada pelo Conselho em 20 de abril de 2015 e publicada no JO C187 de 5.6.2015 a posição (UE) nº 9/2015 do Conselho em primeira leitura tendo em vista a adoção de uma diretiva do Parlamento Europeu e do Conselho relativa à prevenção da utilização do sistema financeiro para efeitos de branqueamento de capitais ou de financiamento do terrorismo, que altera o Regulamento (UE) nº 644/2012 do Parlamento Europeu e do Conselho e que revoga a Diretiva2005/60/CE do Parlamento Europeu e do Conselho e a Diretiva 2006/70/CE da Comissão.

[1192] Artigo 35º – nºs 1 e 2 da Lei citada na nota anterior, Lei a que se referirão também as disposições que citaremos nas notas seguintes, se outra não for mencionada. Quanto ao dever do Bastonário de enviar, prontamente e sem filtragem, a comunicação ao Procurador--Geral da República e à Unidade de Informação Financeira, o Tribunal Europeu dos Direitos do Homem, no Pº nº 12323, *affaire Michaud c. France*, em http://hudoc.echr.coe.int, decidiu, por acórdão de 6/12/2012, no momento em que, em Bruxelas, se elabora uma quarta Diretiva anti-branqueamento e em que se pretende que o Bastonário não dispõe de apreciação de pertinência ou não de comunicação de uma operação suspeita, que tal comunicação não representa um atentado desproporcionado à necessidade imperiosa de segredo profissional precisamente porque a lei fez intermediar um filtro protetor deste segredo: o Bastonário. Este não transmite às autoridades comunicações de operações suspeitas senão depois de se assegurar que estão preenchidas as condições fixadas pela lei. Sobre o assunto, *vide* BOA, nº 97, pág. 44.

[1193] Artigo 35º – nº 3.

[1194] Artigo 20º – nº 1.

XX. O SEGREDO PROFISSIONAL DO ADVOGADO

nas podem ser utilizadas em processo penal, não podendo ser revelada a identidade de quem as forneceu[1195], sob pena de ser aplicada a quem, pelo menos por negligência, revelar ou favorecer a descoberta da identidade de quem forneceu as informações, a pena de prisão até três anos ou a pena de multa[1196].

Embora as operações a que se refere o artigo 4º-f), não constituam atos característicos da profissão de Advogado e este não deva esperar, ao descaracterizar-se como Advogado, tratamento diferente de outros profissionais que efetuam aquelas operações, cremos que a Diretiva do Parlamento e do Conselho transposta para o nosso direito interno pela citada Lei prestou um mau serviço à administração da justiça, mesmo quando desta se exige que não deixe impunes os crimes de branqueamento, pois a capacidade ou eficácia na luta contra o crime por parte das entidades a quem compete essa luta não pode ser obtida à custa da quebra do segredo profissional dos Advogados.

O segredo profissional do Advogado, que é participante na administração da justiça[1197] – nunca é demais recordá-lo! – serve tanto os interesses desta como os do cliente e, consequentemente, deve beneficiar de proteção do Estado[1198], mesmo quando o Advogado atua em representação ou assistência do cliente fora do âmbito da consulta jurídica ou da sua defesa num processo judicial, designadamente quando atua em representação ou assistência do cliente na compra e venda de bens imóveis, trepasses de estabelecimentos comerciais ou cessões de participações sociais.

Imaginemos que ao Advogado aparece um cliente prestes a ausentar-se para o estrangeiro e que solicita a sua assistência para a negociação das cláusulas de um contrato de compra e venda de um imóvel cujo vendedor está acompanhado de um Advogado e que, dias depois, concluída a negociação, outorga procuração ao Advogado para o representar na escritura, por esta não poder celebrar-se antes da sua partida para o estrangeiro, entregando-lhe, depois da procuração, em dinheiro, 200.000 Euros para pagamento da parte restante do preço.

Em face dos valores envolvidos e dos meios de pagamento utilizados, a operação revelar-se-ia suscetível de estar relacionada com a prática do crime de branqueamento e, em caso de suspeita de tal, o simples dever

---

[1195] Artigo 16º – nº 2.
[1196] Artigo 20º – nº 2.
[1197] Artigo 12º – nº 1 da LOSJ – Lei nº 62/2013, de 26 de agosto.
[1198] 2.3.1 (última parte) do Código de Deontologia do CCBE.

DIREITO PROFISSIONAL DO ADVOGADO

geral de probidade do Advogado deve impor-lhe que renuncie ao mandato, pois para tal há motivo justificado, mesmo que, neste caso, se não tratasse de um mandato típico ou nominado sujeito às regras do Código Civil e designadamente à regra da livre revogação do mandato[1199].

E quer o Estado quer o valor da confiança da sociedade nos Advogados impõem que estes assim procedam na hipótese atrás delineada, sob pena de merecerem que o Estado desconfie da probidade dos Advogados e da sua dignidade de participantes na administração da justiça.

Mas daí até lhes impor que denunciem os seus clientes e, ainda por cima, através do Bastonário, vai uma grande distância, há um abismo intransponível.

E é inadmissível que o legislador tivesse mesmo imposto aos Advogados a proibição de revelar ao cliente ou a terceiros, sob pena das sanções disciplinares previstas no EOA também aplicáveis por qualquer infração dos outros deveres impostos pela Lei nº 25/2008, de 5 de junho[1200], o facto de terem transmitido qualquer informação ou que se encontra em curso uma investigação criminal[1201], apesar de também lhes impor o dever de informação do cliente sobre o andamento da questão confiada[1202].

Melhor fora que o legislador comunitário e nacional criasse incompatibilidades, declarando incompatíveis com o exercício da advocacia os atos a que se referem o artigo 4º – f) da Lei nº 25/2008, de 5 de junho, e declarasse inaplicáveis ao Advogado as disposições da Diretiva e da Lei sobre crimes de branqueamento. As mudanças na profissão de Advogado nos últimos vinte anos reclamam providências urgentes antes que seja destruída a sua essência[1203].

[1199] Artigo 1170º do Código Civil.

[1200] Artigo 58º.

[1201] Artigo 19º.

[1202] Artigo 100º – nº 1 – a) do EOA.

[1203] Hans-Jürgen, Presidente do CCBE e sócio da sociedade de Advogados alemã Hengeler Mueller, no seu discurso proferido no seminário internacional da ERA (Europäische Rechtsakademie), de Trier, e da Ordem dos Advogados, em Lisboa, em 22/4/2004, começou por lembrar que, sendo um dos pontos da Ordem de Trabalhos do Encontro Internacional Anual de 1998 da Bar Association, em Vancouver, "Cooperação transfronteiriça e alianças de sociedades de Advogados", e estando de acordo todos os membros da mesa quanto à conclusão "Competimos com as grandes sociedades de revisores de contas e, por isso, as nossas atividades internacionais não deveriam ser restringidas de forma nenhuma, designadamente por regulamentação profissional", o primeiro orador da plateia foi um velho Advogado da Jamaica, magro e alto, de pele negra e escura, de cabelo branco prateado, uma impressiva figura, que disse para a mesa: "Que vergonha para vós! Traís a lei! Não sois Advogados! Sois comerciantes! Comer-

XX. O SEGREDO PROFISSIONAL DO ADVOGADO

Vale a pena deixar aqui um resumo do discurso do Presidente do CCBE em 22/4/2004, em Lisboa, sobre o panorama da advocacia de hoje através dos seguintes traços: liberalização transfronteiriça da profissão com a Diretiva de 1977 sobre a livre prestação de serviços dos Advogados, a Diretiva sobre reconhecimento mútuo de diplomas de 1988 e a "Diretiva estabelecimento" de Advogados de 1998 e ainda a próxima Diretiva de Regras de Conduta sobre Serviços no Mercado Interno, além do Acordo Geral de Comércio e Serviços de 1994, que abriu, ainda mais do que antes, as portas do mercado europeu a Advogados não da União Europeia, em particular dos Estados Unidos; o uso da língua inglesa em todos os documentos; o domínio da lei inglesa substantiva nas sociedades e nos mercados de capitais europeus, designadamente em contratos de *leasing*; o estabelecimento de sociedades inglesas noutros países europeus obrigando os Advogados destes países, como as sociedades de Advogados holandesas e escandinavas a praticar e a aplicar a lei inglesa das sociedades, sobretudo junto de instituições bancárias, para não perder clientela para sociedades de Advogados de Londres, que fácil e rapidamente prestam serviços a clientes por e-mail.

O efeito de tudo isto é o de a advocacia europeia se ter tornado cada vez mais anglo – saxónica, acrescendo ainda que todos os países europeus têm agora escritórios de grandes sociedades de Advogados sob liderança inglesa ou americana. A maior sociedade de Advogados do mundo, resultante da união de três sociedades de Advogados, na Inglaterra, na Alemanha e nos Estados Unidos, hoje tem mais de 3.000 Advogados a trabalhar em 26 países. E tudo isto foi possível pela mudança operada na Inglaterra, nos anos 1960, quando uma providência no *Companies Act* revogou a regra que limitava a 20 o número de sócios de uma sociedade de Advogados.

Porque tiveram tanto sucesso as sociedades de Advogados inglesas? É a velha mentalidade mercantilista inglesa que foi a mãe do Antigo Império Britânico? Ou é a cisão da advocacia em *Barristers*, com rigorosa regulamen-

---

ciantes que vendem o seu conhecimento da lei como uma mercadoria!" O silêncio foi a reação. Depois de um momento, o presidente da mesa, um *Solicitor* de Londres, replicou: "Obrigado por esta voz da selva". E continuou o Presidente do CCBE: quatro anos mais tarde, após o escândalo ENRON/ ANDERSEN e outros, onde nem só Revisores de Contas mas também Advogados estiveram envolvidos, o Congresso nomeou uma comissão para investigar se a regulamentação da profissão de Advogado ainda servia adequadamente o interesse público; e um membro do Congresso dirigiu-se, então, furioso, aos Advogados com as seguintes palavras: " Se vos comportais como negociantes, tratar-vos-emos como negociantes!" Isto continua verdadeiro não só para os Estados Unidos mas também para a Europa, como demonstrou a Segunda Diretiva sobre Branqueamento de 2001.

DIREITO PROFISSIONAL DO ADVOGADO

tação para o mandato judicial, e em *Solicitors*, com menos regulamentação para a consulta jurídica e para a intervenção em negócios?

Sem dúvida é muito importante a unidade da Advocacia, mas tal unidade não pode criar uma desvantagem competitiva.

Hans-Jürgen sustenta que não existe nem é de esperar que exista, mesmo a longo prazo, total harmonização da regulamentação da advocacia na Europa, designadamente em áreas que constituem o âmago dos valores da profissão, como o segredo profissional e a proibição de patrocínio de partes com interesses opostos. A dupla deontologia do Advogado europeu prevista pela Diretiva sobre prestação de serviços por Advogados de 1977 e pela Diretiva – estabelecimento de Advogados de 1998, dupla deontologia com as suas diferenças e até contradições – por exemplo, quanto a obrigações de segredo profissional e quanto a obrigações de comunicação de suspeita de branqueamento – conduzem, em última análise, ao resultado de a concorrência entre Advogados e sociedades de Advogados de diferentes estados europeus também significar concorrência entre diferentes sistemas nacionais de regulamentação e deontologia profissional. Mostra a experiência que uma regulamentação restritiva está em clara desvantagem concorrencial comparada com uma regulamentação mais liberal, simplesmente porque os Advogados são seres humanos: preferem cumprir o regime mais liberal e negligenciam o regime mais restritivo. E, neste contexto, a regulamentação significa não só regras e códigos deontológicos criados pela própria profissão mas também regras da lei geral nacional.

O CCBE tem dado orientação às Ordens de Advogados nacionais sobre o melhor uso das opções dos vários Estados – membros na transposição da segunda Diretiva sobre branqueamento – melhor uso no sentido de melhor proteção do segredo profissional – pensando-se que, na sua implementação, haverá consideráveis diferenças de país para país e que a uniformidade, desejada por sociedades de Advogados internacionais, é pouco importante. Um Advogado holandês, por exemplo, está sujeito a obrigações de identificação que não será abrangida por tais obrigações noutros países, onde isso apenas seria de esperar num Estado – polícia.

As mais extremas obrigações de comunicação encontram-se na Inglaterra, que exige comunicação não só de suspeitas operações futuras mas também de operações suspeitas já efetuadas.

Com a dupla deontologia este problema torna-se crucial quando a obrigação de segredo profissional segundo as regras de um país conflitua com a obrigação de comunicação segundo as regras de outro país. Um caso prático: como Advogado europeu continental, pode-se estar seguro de que

422

a informação dada a um colega de Londres num certo mandato, não acabará no Ministério Público inglês, simplesmente porque o *Solicitor* inglês tem de cumprir a sua obrigação de comunicação?

Na Europa é uma aposta ganha que a regulamentação profissional será liberalizada no futuro. Uma razão é a lei da concorrência. As autoridades nacionais da concorrência, designadamente na Dinamarca, Holanda, Irlanda e Noruega, têm criticado severamente certas regras profissionais, como a proibição da *quota litis*.

Monti, no seu "Relatório sobre Concorrência nos Serviços Profissionais", adotado pela Comissão europeia em 9/2/2004, considera como particularmente problemáticas tabelas recomendadas ou obrigatórias, restrições de publicidade, restrições de estruturas negociais, sobretudo quanto a formas legais, estruturas de propriedade e colaboração com outras profissões, e restrições quantitativas e qualitativas na entrada para a profissão e as chamadas tarefas reservadas, isto é, monopólios.

Outra razão para futura liberalização será a próxima Diretiva de Regras de Conduta sobre Serviços apresentada pelo Comissário Bolkenstein e adotada pela Comissão em 14/1/2004.

Entre os mais recentes desenvolvimentos no Reino Unido, está o anúncio do Governo de Sua Majestade, em julho de 2003, de uma completa reestruturação de todas as atividades de serviços jurídicos em Inglaterra e Gales. Seria permitida às sociedades de Advogados ter não Advogados como sócios e ser cotadas em bolsas de valores. Seria permitida a vulgares sociedades comerciais, como a cadeia de supermercados *Tesco*, dar consulta jurídica aos seus clientes. Estariam para ser permitidas sociedades multidisciplinares. *A Law Society and the Bar Council of England and Wales* perderiam os seus poderes de regulamentação e uma nova *Legal Services Authority* seria criada, sendo comparável à *Financial Services Authority* e tendo poder regulamentar sobre 22 diferentes profissões de serviços jurídicos que existem em Inglaterra e Gales. Os Advogados teriam apenas uma representação minoritária na *Legal Services Authority*, que teria uma maioria de representantes do interesse público. A razão disto será a de o Governo e o público estarem extremamente insatisfeitos com o trabalho da *Law Society and the Bar Council* e de alguns outros corpos auto – regulamentadores, por estarem "ultrapassados, inflexíveis, supercomplexados, insuficientemente responsáveis ou transparentes", no dizer do Governo.

Não há muitos aspetos positivos neste anúncio, mas um dos poucos é que não será retirado pelo menos algum privilégio às profissões de serviços jurídicos...

Mr. Clementi, Antigo Governador do Banco de Inglaterra e responsável pela introdução da *Financial Services Authority*, foi incumbido de um estudo sobre o assunto e publicou um inquérito com três propostas alternativas: o modelo A, que é a *Legal Services Authority*; o modelo B, que é a criação de um *Legal Services Board*, com poderes regulamentares, delegáveis nas organizações profissionais existentes, que ficariam à prova; e o modelo B+, ao qual acresceria uma clara separação, em cada organização profissional, da função regulamentar em relação à função de defesa dos interesses dos profissionais.

O jornal *Legal Week* publicou os resultados de um inquérito a Advogados em que só 15% dos Advogados entendem que nada deve ser mudado; 8% são pelo modelo B; 31%, pelo modelo B+; e 46%, pelo modelo A, ou seja pela *Legal Services Authority*.

As principais sociedades de Advogados de Londres apresentarão os seus comentários separadamente da *Law Society of England and Wales* e já divulgaram que prefeririam ser regulamentadas diretamente pela *Financial Services Authority*, ou seja, como os seus clientes!....

Não é de pensar que as grandes sociedades de Advogados de Londres desejarão afastar-se da profissão de *Solicitor* e quebrar a unidade da profissão. Mas as mudanças que se seguirão à sua posição vão agravar as dificuldades para o resto da Europa no que respeita à unidade da profissão...

Sobre o futuro da advocacia, devemos considerar um aviso o que aconteceu aos revisores de contas, que, envolvidos em grandes problemas de perda de independência e de proibição de representar interesses em conflito, após vários escândalos, desde Andersen à Parmalat, perderam poderes autorregulamentares e viram intervir o Estado e a Comissão Europeia com um Projeto de Diretiva sobre os Auditores, introduzindo significativas restrições às atividades de auditoria.

No caso dos Advogados, há um aspeto adicional que é a sua sujeição apenas à lei e a sua qualidade de participantes na administração da justiça...

Mas uma advocacia que, através dos seus membros mais ilustres, aparece como um comércio da lei tem pouca ou nenhuma credibilidade quando defende direitos fundamentais dos clientes! Se não pudermos convencer as internacionais firmas comerciais de Advogados de que elas têm também uma responsabilidade sistémica na proteção dos direitos fundamentais dentro da sociedade, temos de convencê-las de que, se elas não mudarem o método de trabalho, o resto da advocacia pode muito bem ser forçado a considerar, por causa da sua responsabilidade em face da sociedade, se a

unidade da profissão deve ser afastada porque a unidade é contraproducente para a proteção de direitos fundamentais.

Para a proteção de direitos fundamentais na sociedade e do papel do
Advogado como um instrumento de justiça, a advocacia pode ter de considerar ter diferentes regras e regulamentações para diferentes espécies de
Advogados ou expulsar da advocacia as grandes sociedades comerciais e
internacionais de Advogados todas juntas.

Para terminar, há a salientar algumas das últimas palavras do Presidente
do CCBE: "Sou pela unidade da profissão. Contudo, sou contra o passivismo dos órgãos dirigentes das Ordens dos Advogados".

A isto apenas devemos juntar que a Ordem dos Advogados Portugueses
tem entendido, por unanimidade, que é incompatível com o exercício da
profissão de Advogado toda a atividade que diminua a independência e a
dignidade da profissão, nos termos do artigo 81º do EOA, mesmo quanto
a atividades não enumeradas no seu artigo 82º, e, por isso, menos se com-
preenderá qualquer passivismo dos órgãos dirigentes da Ordem.

Capítulo XXI
A Responsabilidade Disciplinar do Advogado

108. A sujeição dos Advogados à jurisdição disciplinar exclusiva da Ordem dos Advogados

Os Advogados estão sujeitos à jurisdição disciplinar exclusiva dos órgãos da Ordem dos Advogados nos termos previstos no EOA e nos respetivos regulamentos[1204].

Como vimos, o controlo do exercício da profissão de Advogado, no sistema de advocacia colegiada, não está confiado aos Juízes, ao contrário do que acontece na advocacia livre[1205], mas sim à Ordem dos Advogados à qual deve ser dado conhecimento pelos tribunais e quaisquer autoridades da prática por Advogados de factos suscetíveis de constituírem infração disciplinar[1206].

[1204] Artigos 114º – nº 1 e 3º – nº 1 – g) do EOA.

[1205] Cfr. supra, nº 9.2. Antes da criação da Ordem dos Advogados, o poder disciplinar sobre os Advogados estava atribuído aos tribunais – artigo 98º do Código de Processo Penal de 1876.

[1206] Artigo 121º – nº 1 do EOA. O disposto no artigo 150º – nº 4 e no artigo 545º do Código de Processo Civil é expressão da jurisdição disciplinar exclusiva da Ordem dos Advogados sobre os seus membros, não obstante ser possível, nos termos do nº 1 daquela primeira disposição, a advertência do Juiz no âmbito da sua competência de manutenção da ordem nos atos processuais, não tendo também natureza disciplinar o máximo da multa de 10 UC e o dobro desta, nos termos dos artigos 166º – nº 2 daquele Código e 27º – nº 2 do Regulamento das Custas Judiciais, por falta de justificação de restituição, dentro do prazo, de processo confiado a Advogado, como decorre do nº 4 daquele artigo 166º. Também a condenação do Advogado nas custas a que tiver dado causa, nos termos do artigo 48º – nº 2 do Código de Processo Civil, por falta, insuficiência ou irregularidade do mandato e por não suprimento da falta ou

DIREITO PROFISSIONAL DO ADVOGADO

Também deve ser remetida à Ordem dos Advogados, pelo Ministério Público, Polícia Judiciária e demais entidades com poderes de investigação criminal ou policial, certidão das denúncias, participações ou queixas apresentadas contra Advogados[1207], mesmo que não se trate de factos praticados no exercício da profissão, pois só à Ordem compete avaliar da sua relevância para efeitos disciplinares, na medida em que possam repercutir-se naquele exercício, nos termos do artigo 88º – nº 1 do EOA.

Em caso de responsabilidade simultaneamente disciplinar e criminal, a responsabilidade disciplinar é independente da criminal ou civil, sem prejuízo de, estando pendente processo criminal relativo aos mesmos factos, poder ser ordenada a suspensão do processo disciplinar enquanto aquele estiver em segredo de justiça, devendo o tribunal enviar à Ordem dos Advogados cópia do despacho de acusação ou de pronúncia[1208].

E sempre que, em sede de processo criminal contra Advogado, seja designado dia para julgamento, o Juiz do processo deverá ordenar a remessa à Ordem dos Advogados de cópias da acusação, da decisão instrutória e da contestação, quando existam, bem como quaisquer outros elementos solicitados pelo presidente do conselho competente[1209].

Ainda quanto à jurisdição disciplinar da Ordem dos Advogados, o pedido de cancelamento ou de suspensão da inscrição não faz cessar a responsabilidade disciplinar por infrações anteriormente praticadas, além de que, durante o tempo de suspensão da inscrição, o Advogado continua sujeito à jurisdição disciplinar da Ordem dos Advogados, mas não assim após o cancelamento[1210].

---

não correção do vício e não ratificação do processado, não reveste natureza disciplinar, mas, se nesse caso se compreende a condenação do Advogado em custas, não tem qualquer apoio legal tal condenação no caso de falta de notificação do mandatário judicial da contraparte, nos termos dos artigos 221º e 255º do mesmo Código, como não tem a sua condenação em custas por falta a um ato judicial, que não carece de ser justificada, como dispõe o artigo 1º do Decreto-lei nº 330/91, de 5 de setembro, ou por atos processuais e incidentes supérfluos a que se refere o artigo 534º daquele Código. Cfr, quanto à falta de notificação entre mandatários judiciais, o Parecer do Conselho Geral nº E – 23/04, de 21/12/2006, no BOA nº 45, pág. 64: as custas, ou melhor, a multa do artigo 148º – nº 3 do Código de Processo Civil deve recair sobre a parte.

[1207] Artigo 121º – nº 2 do EOA.

[1208] Artigo 116º – nºs 2 e 3 do EOA.

[1209] Artigo 116º – nº 5 do EOA.

[1210] Artigo 114º – nºs 2 e 3 do EOA. Cfr. o artigo 173º – nº 3, quanto à execução da pena de suspensão aplicada durante a suspensão. A aplicada após o cancelamento da inscrição não pode ser executada, a não ser que venha a verificar-se reinscrição – cfr. artigo 187º – nº 6 do EOA.

XXI. A RESPONSABILIDADE DISCIPLINAR DO ADVOGADO

E a responsabilidade disciplinar de Advogado punido com a pena de expulsão não cessa relativamente a outras infrações cometidas antes da aplicação definitiva daquela pena[1211].

109. Noção de infração disciplinar

Comete infração disciplinar o Advogado ou Advogado estagiário que, por ação ou omissão, violar culposamente algum dos deveres consagrados no Estatuto da Ordem dos Advogados, nas demais disposições legais aplicáveis ou nos regulamentos internos[1212].

Também na noção de infração disciplinar temos a ação ou omissão, a tipicidade e ilicitude e a culpa, os três momentos do *iter criminis*, embora no ilícito disciplinar, que é eticamente fundado como o ilícito criminal, não haja a tipificação integral que não pode deixar de verificar-se no ilícito criminal, antes bastando uma norma geral que abranja não só os deveres profissionais dos Advogados, mas também as ações ou omissões da sua vida privada que sejam de natureza a repercutir-se na sua profissão.

Mas há uma tendência cada vez maior para a tipificação, como se revela no artigo 115º – nº 2, que cateriza a infração leve, a grave e a muito grave, no artigo 120º do EOA, que exclui da desistência relevante para extinção da responsabilidade disciplinar as faltas disciplinares que afetem a dignidade do Advogado ou o prestígio da Ordem dos Advogados ou da profissão, e no artigo 130º do EOA que aponta as diversas penas ligadas à prática de certos factos.

110. A prescrição do procedimento disciplinar e a sua suspensão e interrupção

O procedimento disciplinar extingue-se, por efeito da prescrição, logo que sobre a prática da infração tiver decorrido o prazo de cinco anos, mas, se a infração disciplinar constituir simultaneamente infração criminal para a qual a lei estabeleça prescrição sujeita a prazo mais longo, o procedimento disciplinar apenas prescreve após o decurso deste último prazo[1213].

[1211] Artigo 114º – nº 4 do EOA.

[1212] Artigo 115º do EOA.

[1213] Artigo 117º – nºs 1 e 2 do EOA. No regime anterior ao primeiro EOA, em que o prazo era de três anos, quando os factos constituíssem também ilícito criminal, o prazo de prescrição do procedimento disciplinar era o do procedimento criminal, se este fosse superior. E o Acórdão do Conselho Superior de 26/5/2000, na ROA, 60º, pág.s 1437 e seg.s, deliberou que a entidade titular da competência disciplinar pode, na prossecução normal dos poderes/deveres em que a mesma se concretiza, pronunciar-se pela relevância criminal dos factos integradores

DIREITO PROFISSIONAL DO ADVOGADO

A prescrição é de conhecimento oficioso, podendo, no entanto, o Advogado arguido requerer a continuação do processo[1214].

À contagem do prazo da prescrição e à suspensão e interrupção da prescrição aplicam-se regras análogas às vigentes em direito penal[1215].

O arguido que beneficiar da decisão da prescrição do procedimento disciplinar poderá, quando notificado, requerer que o processo continue os seus termos[1216].

111. Desistência do procedimento disciplinar

A desistência do procedimento disciplinar pelo interessado extingue a responsabilidade disciplinar, salvo se a falta imputada afetar a dignidade do Advogado visado, o prestígio da Ordem dos Advogados ou da profissão[1217].

À eficácia da desistência não poderá, pois, deduzir-se oposição, a não ser nestes casos legalmente previstos.

112. Tramitação processual

Tem legitimidade para participar factos suscetíveis de constituir infração disciplinar qualquer pessoa afetada por estes, extinguindo-se o direito de queixa no prazo de seis meses a contar da data do conhecimento dos factos[1218].

O procedimento disciplinar é instaurado mediante decisão dos presidentes do Conselho Superior ou do conselho de deontologia ou por deliberação dos respetivos órgãos, com base em participação dirigida aos órgãos da Ordem dos Advogados por qualquer pessoa, devidamente identificada, que tenha conhecimento de factos suscetíveis de integrarem infração disciplinar[1219].

A competência do conselho de deontologia determina-se, não pelo local da infração, mas pelo domicílio profissional do Advogado ou Advogado estagiário participado[1220], com exceção do Bastonário, dos antigos Bastoná-

---

da infração disciplinar para os restritos efeitos de aplicação de amnistia a essas infrações. Decisões anteriores ali citadas entenderam que se tratava de reserva exclusiva da jurisdição penal, o que não estava de acordo com o artigo 92º do primeiro EOA.

[1214] Artigo 117º – nº 6 do EOA.
[1215] Artigos 117º, 118º e 119º do EOA.
[1216] Artigo 45º do Regulamento Disciplinar aprovado pelo Conselho Geral em 15/7/88.
[1217] Artigo 120º do EOA.
[1218] Artigo 122º – nºs 1 e 3 do EOA.
[1219] Artigo 123º – nº 1 do EOA.
[1220] Artigo 58º – a) do EOA.

XXI. A RESPONSABILIDADE DISCIPLINAR DO ADVOGADO

rios, dos membros do Conselho Superior, do Conselho Geral, dos conselhos regionais e dos conselhos de deontologia e dos antigos membros desses conselhos, em relação aos quais a competência disciplinar pertence ao Conselho Superior[1221], o mesmo devendo entender-se quando se tratar de mais de um arguido e um deles for antigo ou atual membro de um dos conselhos, especificidade que tem a sua razão de ser em se obter, assim, uma garantia de imparcialidade.

O Bastonário e os Conselhos Superior, Geral, distrital e de deontologia da Ordem dos Advogados podem, independentemente de participação, ordenar a instauração de procedimento disciplinar.

O procedimento disciplinar é pressuposto essencial para a ocorrência de punição disciplinar.

Distribuído o processo, realizam-se as diligências de instrução, finda a qual o relator profere despacho de acusação ou emite parecer fundamentado em que conclua pelo arquivamento do processo[1222].

Após o despacho de acusação, pode ser ordenada a suspensão preventiva do arguido por seis meses, por deliberação de dois terços dos membros do conselho onde o processo correr os seus termos, podendo o Conselho Superior prorrogar a suspensão por mais seis meses, por proposta aprovada por igual maioria[1223].

O arguido é notificado da acusação, com a entrega da respetiva cópia e a informação de que o julgamento será público, caso o requeira, e, indepen-

---

[1221] Artigo 44º – nºs 1 – c) e 3 – c) e d) do EOA.

[1222] Artigo 149º, 151º e 152º do EOA.

[1223] Artigo 154º – nºs 2 e 3 do EOA. O Regulamento Disciplinar – Regulamento nº 42/2002, de 26 de setembro, publicado no D.R., II série, de 10 de outubro, e retificado no D.R., II série, de 21 de agosto de 2003 – cuja elaboração e aprovação deixou de ser da competência do Conselho Geral – artigo 42º – nº 1 do primeiro EOA, na redação anterior à Lei nº 80/2001, de 20 de julho – para passar a integrar a integrar a competência do Conselho Superior – artigo 40º – nº 1 – j) do primeiro EOA correspondente ao artigo 43º – nº 1 – j) do anterior – no seu artigo 34º – nº 1 – a) considerava incidente a processar por apenso, nos temos do seu nº 2, a suspensão preventiva do arguido, e, por isso, interposto recurso da decisão final do incidente, o recurso teria efeito suspensivo, nos termos do artigo 71º – nº 2 do Regulamento e 159º – nº 2 do EOA. Não foi isto tomado em consideração pelo Bastonário ANTÓNIO MARINHO E PINTO no editorial do BOA nº 71 nem pelo Conselho de Deontologia de Lisboa no caso citado nesse editorial. Posteriormente foi publicado o atual Regulamento Disciplinar nº 873/2010, publicado no D.R. de 10 de dezembro, que não se refere ao assunto, e o recurso tem apenas efeito devolutivo.

DIREITO PROFISSIONAL DO ADVOGADO

dentemente de requerimento, sempre que a falta seja passível de pena de suspensão ou expulsão[1224].

Tem de ser notificado o despacho de acusação ao arguido porque é essencial o direito de contraditar do arguido.

O prazo para a defesa é de 20 dias, devendo ser feita por escrito, e, realizadas todas as diligências de prova, o relator elabora relatório e o processo é entregue para julgamento.

O prazo para interposição de recurso, cujo requerimento é sempre motivado, é de 15 dias, tendo efeito suspensivo o recurso da decisão final[1225].

O prazo para alegações de recorrido é de 15 dias[1226].

Os titulares dos órgãos da Ordem dos Advogados com competência disciplinar são independentes no exercício da sua competência jurisdicional e não podem ser responsabilizados pelas decisões proferidas no exercício das suas funções, a não ser nos casos especialmente previstos na lei, mas, fora dos casos em que a falta constitua crime, a responsabilidade civil apenas pode ser efetivada em ação de regresso da Ordem contra o titular dos seus órgãos jurisdicionais, com fundamento em dolo ou culpa grave, e a responsabilidade disciplinar só pode ter lugar por deliberação de, pelo menos, dois terços dos membros do Conselho Superior[1227].

113. Penas disciplinares

As penas disciplinares vão da pena de advertência à pena de expulsão[1228], reintroduzida, depois de eliminada do Estatuto Judiciário em 1944, no anterior EOA, pela Lei nº 80/2001, de 20 de julho.

Entre as penas acessórias, há a de perda de honorários, que também pode aplicar-se como pena principal[1229], sendo também pena acessória a condenação do Advogado na quota-parte da multa, custas e indemnização por má fé, a que se refere o artigo 545º do Código de Processo Civil.

Na determinação da medida da pena deve atender-se aos antecedentes profissionais e disciplinares do arguido, ao grau de culpa, às consequências

---

[1224] Artigo 155º – nº 1 do EOA.

[1225] Artigos 164º e 165º do EOA.

[1226] Artigo 165º – nº 6 do EOA.

[1227] Artigos 127º e 128º do EOA, que consagram o mesmo regime previsto para os Magistrados Judiciais nos artigos 216º, nº 2, da Constituição e 5º do EMJ.

[1228] Artigo 130º – nº 1 do EOA

[1229] Artigo 130º – nº 8 do EOA.

XXI. A RESPONSABILIDADE DISCIPLINAR DO ADVOGADO

da infração e a todas as demais circunstâncias agravantes e atenuantes[1230], que o EOA enumera a título meramente exemplificativo[1231].

As causas de exclusão da culpa são as previstas no Código Penal[1232].

A Lei nº 80/2001, de 20 de julho, introduziu no direito disciplinar do Advogado o instituto da suspensão das penas por um período compreendido entre um e cinco anos[1233] e impôs a audiência pública sempre que seja proposta a aplicação de penas de suspensão ou expulsão[1234], exigência do artigo 6º – nº 1 da Convenção Europeia dos Direitos do Homem de 1950, podendo o arguido requerer sempre audiência pública[1235].

As penas de suspensão efetiva e expulsão têm sempre publicidade[1236].

Uma pena superior à de advertência determina perda de mandato[1237].

São canceladas automaticamente e de forma irrevogável, no respetivo registo, as decisões que tenham aplicado sanções disciplinares, salvo a de expulsão, decorridos dez anos sobre a sua extinção[1238].

Qualquer pena é passível de processo de revisão[1239].

A aplicação da pena de expulsão tem por consequência a proibição do exercício da advocacia, que pode voltar a exercer-se com a reabilitação do Advogado expulso, depois de decorridos quinze anos sobre o trânsito em julgado da decisão que aplicou a pena de expulsão e desde que o reabilitando tenha revelado boa conduta, podendo, para o demonstrar, utilizar os meios de prova admitidos em direito, mediante processo a que é aplicável o disposto para o processo de revisão[1240], regime que difere do previsto para a reabilitação do interessado a quem haja sido reconhecida ini-

---

[1230] Artigo 131º, nº 1, do EOA.

[1231] Artigos 132º e 133º.

[1232] Artigo 139º do EOA.

[1233] Artigo 138º do EOA. O Ac. de 25/2/2011 do Tribunal Central Administrativo do Norte, em www.dgsi.mj.pt, decidiu que "a pena de seis meses de suspensão do exercício da profissão de Advogado deve ser suspensa quando, face aos factos condenados, não haja necessidades de prevenção especial que a imponham.

[1234] Artigo 140º – nº 1 do EOA. As penas de suspensão de duração superior a dois anos e de expulsão, de acordo com o nº 2 deste artigo têm de ser ratificadas pelo Conselho Superior, pelo que haverá sempre uma espécie de recurso obrigatório da deliberação do Conselho de Deontologia para o Conselho Superior.

[1235] Artigo 155º – nº 1 do EOA.

[1236] Artigo 142º – nº 1 do EOA. Só é de lamentar que o nº 2 não se refira à publicação em Diário da República, nos termos do artigo 202º do EOA.

[1237] Artigo 18º – nº 1 do EOA.

[1238] Artigo 175º do EOA.

[1239] Artigos 167º e seg. s.

[1240] Artigo 176º, nºs 1 e 2, do EOA.

DIREITO PROFISSIONAL DO ADVOGADO

doneidade para o exercício da profissão mediante condenação criminal por crime gravemente desonroso, que só depois de obter a reabilitação judicial e de decorridos dez anos sobre a data da condenação pode solicitar a sua inscrição ou reinscrição, através de inquérito prévio com audiência do requerente, quando se se comprove a manifesta dignidade do seu comportamento nos últimos três anos e se alcance a convicção da sua completa recuperação para o exercício da profissão[1241].

[1241] Artigo 176º do EOA.

Capítulo XXII
A Responsabilidade Civil Profissional do Advogado

114. Sua natureza

Ninguém defende, hoje, que o Advogado não deve ser responsabilizado por atos praticados no exercício da sua profissão, como se ele gozasse de uma espécie de imunidade imprescindível por aquele exercício, a não ser quanto à liberdade de expressão indispensável ou necessária à defesa da causa[1242], garantia ou prerrogativa do Advogado já estudada oportunamente, sob a epígrafe das garantias em geral[1243], e a não ser também quanto às decisões proferidas no exercício das suas funções de titulares dos órgãos da Ordem dos Advogados com competência disciplinar[1244].

Mesmo no sistema anglo-saxónico, a *advocattes' immunity* não abrange atos dolosos.

A Doutrina esteve dividida, durante muito tempo, sobre a natureza, contratual ou extracontratual, da responsabilidade civil do Advogado, mas não vale a pena insistir na discussão, pois o Advogado está sujeito às regras gerais sobre responsabilidade civil, que tanto pode ser contratual como extracontratual.

[1242] Artigos 150º – nº 2 e 9º – nº 2 do Código de Processo Civil e 326º – c) do Código de Processo Penal.

[1243] *Vide* nº 53.

[1244] Artigo 128º do EOA, que consagra, quanto aos Advogados, um regime semelhante ao previsto pelo artigo 5º do Estatuto dos Magistrados Judiciais e pelo artigo 77º do Estatuto do Ministério Público.

DIREITO PROFISSIONAL DO ADVOGADO

É conhecida a tendência para a uniformização de ambas as formas de responsabilidade, pelo menos quanto a alguns aspetos dos seus regimes jurídicos, desde a obrigação de indemnizar, hoje com um regime comum[1245], passando pelos pressupostos da responsabilidade, que são comuns a ambas, ou seja, o facto, a ilicitude, embora esta, na contratual, se traduza no incumprimento de uma obrigação em sentido técnico e, na extracontratual, na omissão de um dever geral, o dano e o nexo de causalidade entre o facto e o dano, até ao critério do *bonus paterfamilias* na apreciação da culpa[1246], mas só na extracontratual é possível, embora nem sempre, a reconstituição natural.

Mas são muitas as diferenças entre as duas espécies de responsabilidade: quanto ao ónus da prova da culpa, que, na extracontratual, incumbe ao lesado[1247] e, na contratual, ao devedor[1248], ainda que nem sempre exista tal diferença[1249]; quanto à solidariedade, que é regra na extracontratual[1250] e exceção na contratual[1251]; quanto à responsabilidade por facto de outrem, que, na contratual, pode ser convencionalmente excluída ou limitada, mediante acordo prévio dos interessados, desde que a exclusão ou limitação não compreenda atos que representem a violação de deveres impostos por normas de ordem pública[1252]; quanto à extensão do dano a indemnizar, que, na extracontratual, pode ser inferior ao dano causado[1253]; quanto à prescrição, cujo prazo ordinário, na contratual, é de vinte anos[1254], e, na extracontratual, é de três[1255]; quanto à competência do tribunal, que, na contratual, é o do domicílio do réu, podendo o credor optar pelo do lugar onde, por lei ou convenção escrita, a obrigação devia ser cumprida[1256], e, na extracontratual, é o do lugar onde o facto ocorreu[1257].

[1245] Artigos 562º e seg. s do Código Civil
[1246] Artigos 487º e 799º – nº 2 do Código Civil.
[1247] Artigo 487º – nº 1 do Código Civil, ao qual pertencem também os artigos das notas seguintes, deste número, sempre que outro diploma não seja indicado.
[1248] Artigo 799º – nº 1.
[1249] Artigos 491º, 492º – nº 1 e 493º
[1250] Artigo 497º
[1251] Artigo 513º; cfr. 520º
[1252] Artigos 500º e 800º – nº 2.
[1253] Artigos 494º e 562º
[1254] Artigo 309º
[1255] Artigo 498º
[1256] Artigo 71º – nº 1 do Código de Processo Civil.
[1257] Artigo 71º – nº 2 do Código de Processo Civil.

XXII. A RESPONSABILIDADE CIVIL PROFISSIONAL DO ADVOGADO

A responsabilidade em que o Advogado incorre para com o cliente não pode ser senão contratual, uma vez que resultará do incumprimento de uma das obrigações decorrentes do contrato que o vincula ao seu cliente[1258].

Mas a responsabilidade do Advogado nomeado oficiosamente não pode deixar de ser também contratual, apesar de a prestação de serviços pelo nomeado não se basear propriamente num contrato entre ele e o patrocinado oficiosamente, pois não deixa de haver, na sua intervenção, uma base contratual, como se evidencia pela possibilidade de livre escolha ou, pelo menos, de livre indicação do nomeado pelo patrocinado, com aceitação daquele, ao menos quanto ao defensor oficioso em processo penal, não se operando com a nomeação uma substancial alteração do estatuto do patrono ou do defensor em relação ao Advogado constituído, de forma a poder afirmar-se que a responsabilidade daqueles deixaria de ser contratual para ser extracontratual.

O contrato inominado ou atípico de patrocínio ou de mandato judicial é regulado por um conjunto de obrigações para com o cliente impostas *ex lege* ao Advogado quer pelo interesse público da profissão quer pelo dever de independência do Advogado e na prestação de serviços por nomeação oficiosa não pode deixar de se exigir o mesmo conjunto de obrigações do patrono ou do defensor para com o patrocinado oficiosamente, pois a prestação de serviços pelo Advogado está enformada pelas mesmas regras num e no outro caso.

Não deve distinguir-se, para efeitos de responsabilidade civil profissional, entre a prestação de serviços por nomeação oficiosa no caso de o patrocinado não encontrar quem voluntariamente queira patrociná-lo e o mandato judicial e, por isso é também ilegítimo distinguir-se, para o mesmo efeito, a prestação de serviços no âmbito do acesso ao direito por carência económica e a prestação de serviços por mandato judicial.

Se é igualmente proibido ao Advogado aceitar mandato ou nomeação oficiosa em questão em que já tenha intervindo noutra qualidade, como a de perito ou testemunha, não há razão, em caso de violação desta obrigação, para que ele responda contratualmente perante quem lhe passou procuração forense e extracontratualmente perante o patrocinado oficiosamente[1259].

[1258] O Acórdão do S.T.J. de 24/11/87, no BMJ nº 371, pág. 444, decidiu que é contratual a responsabilidade civil do Advogado que, mandatado para instaurar uma ação, deixa prescrever o respetivo direito.

[1259] A representação e o patrocínio oficioso devem, em tudo, aproximar-se das regras do patrocínio forense, conferindo a indispensável mútua confiança à relação Advogado –

DIREITO PROFISSIONAL DO ADVOGADO

Daí que comece a não se distinguir, na Doutrina, entre o Advogado constituído e o nomeado oficiosamente para o efeito de, a partir dessa distinção, se concluir que será contratual ou extracontratual a responsabilidade em que, respetivamente, incorrem, defendendo alguns Autores a tese da responsabilidade extracontratual em qualquer dos casos, apenas com o fundamento "no caráter público da atividade forense e na violação dos deveres que, *legalmente*, lhe são exigíveis"[1260].

É óbvio que, se o Advogado conduz, no seu automóvel, a caminho do tribunal, o seu constituinte ou o seu patrocinado oficiosamente, e culposamente dá causa a um acidente de viação, incorre em responsabilidade civil extracontratual em relação a qualquer deles, pois a sua conduta não se traduz em violação de uma obrigação decorrente do vínculo que se estabeleceu entre o Advogado e qualquer deles na prestação de serviços profissionais.

Mas no âmbito deste vínculo, a responsabilidade civil profissional não pode ser senão contratual[1261].

E nesta responsabilidade incorre o Advogado que dá uma consulta quer verbal quer escrita e emite culposamente um parecer errado ou incompleto, não podendo deixar de se entender que o Advogado tem o dever jurídico de dar o conselho, recomendação ou informação[1262]. Mas a responsabilização pelo incumprimento, doloso ou negligente, daquele dever só aproveita à pessoa perante quem o Advogado esteja vinculado e não perante terceiro que, eventualmente, tenha sido lesado por uma informação, recomendação ou conselho errados[1263].

Como em qualquer contrato de prestação de serviços de uma pessoa para com outra, trata-se de uma obrigação de meios e não de resultado, estando o Advogado adstrito a uma prestação profissional diligente com vista a conseguir um resultado, o êxito do litígio, que pode ser mais ou menos provável, mas é sempre incerto por depender de fatores muito aleatórios[1264].

---

patrocinado – conclusão aprovada no VI Congresso dos Advogados Portugueses, FERNANDO SOUSA MAGALHÃES, Estatuto da Ordem dos Advogados, Anotado e Comentado, 2006 – 2ª edição, nota 34 ao artigo 85º, pág. 109.

[1260] ANTÓNIO ARNAUT, Iniciação à Advocacia, 5ª ed., pág. 115.

[1261] Quanto à natureza contratual da responsabilidade profissional dos médicos, vide Prof. JORGE FIGUEIREDO DIAS e JORGE SINDE MONTEIRO, A Responsabilidade Médica em Portugal, no BMJ nº 332, pág. s 48-51.

[1262] Artigo 485º – nº 2 do Código Civil.

[1263] Acórdão da Relação de Lisboa de 22/5/92, na Col. Jur. 1993, tomo 3º, pág. 188.

[1264] O Acórdão do S. T. J. de 30/5/95, na Col. Jur., 1995, tomo 2º, pág. 114, responsabilizou pelos danos, em consequência de um despejo, o Advogado que não tinha estudado devidamente a

XXII. A RESPONSABILIDADE CIVIL PROFISSIONAL DO ADVOGADO

Mas há que distinguir entre a obrigação de meios do Advogado quando ele aceita o mandato judicial para vencer um pleito ou quando dá a consulta que lhe é solicitada e a obrigação de resultado quando ele aceita instaurar a ação antes de decorrido o prazo de prescrição ou contestá-la ou interpor um recurso ou praticar determinado ato jurídico, dentro do prazo, de forma a não ficar precludido o direito de praticar tais atos, pois o não cumprimento ou o cumprimento defeituoso destas obrigações de resultado afetam diretamente o cliente e o Advogado, em termos de desencadear diretamente a responsabilidade deste para com o cliente.

É claro que se aplica sempre o artigo 799º – nº 1 do Código Civil quanto ao ónus da prova do Advogado de que o não cumprimento ou o cumprimento defeituoso não procedeu de culpa sua, quer seja de meios quer seja de resultado a sua obrigação[1265], como se aplicará, em ambos os casos, o critério do *bonus paterfamilias* do nº 2 do mesmo artigo, ou seja, do Advogado de diligência normal, em face das circunstâncias de cada caso, devendo entender-se que age com culpa o Advogado que aceita patrocinar uma causa sem ter preparação profissional para ela.

Assim, o Advogado não será responsabilizado por ter perdido uma ação, que tratou com zelo, mesmo que tivesse cometido erro de direito ou de facto, se em tal erro pudesse incorrer um Advogado normal, em face das circunstâncias do caso, mas poderá ser responsável se der um conselho sem se informar suficientemente dos factos em questão, ou se ignorar a legislação aplicável ou contra princípios de Doutrina ou Jurisprudência geralmente conhecidos pelos Advogados.

A obrigação de indemnização do dano depende da prova deste e do nexo de causalidade em termos de causalidade adequada entre o facto e o dano, nexo de causalidade que ao lesado ou credor incumbe provar e só existe obrigação de indemnizar em relação aos danos que o lesado provavelmente não teria sofrido se não fosse a lesão[1266].

Se, por exemplo, o Advogado do autor culposamente deu causa à absolvição da instância do réu, terá de indemnizar o autor, ao menos, quanto às

---

questão nem aconselhado e informado os seus clientes a proceder ao depósito das rendas não pagas.

[1265] José C. Moitinho de Almeida, A responsabilidade civil do médico e o seu seguro, sep. da Scientia Juridica, Braga, 1972, n.4, pág. 13, e F. Pessoa Jorge, Ensino sobre os Pressupostos da Responsabilidade Civil, Lisboa, 1968, n º 61, pág. s 133-134, defendem que, na obrigação de meios, o ónus da prova da culpa recai sobre o lesado. Contra: Prof. Jorge Figueiredo Dias e Jorge Sinde Monteiro, Responsabilidade Médica em Portugal, no BMJ nº 332, pág.46.

[1266] Artigo 563º do Código Civil.

custas judiciais; se deixou prescrever o direito do autor a ser indemnizado pelos danos que lhe resultaram de um acidente de viação, o Advogado terá de indemnizar os danos que o seu cliente sofreu, em consequência do acidente de viação, se o cliente provar, na ação de indemnização contra o seu Advogado, que era plenamente provável que conseguisse provar aqueles danos se a ação pelo acidente tivesse sido proposta dentro do prazo[1267].

Não há, pois, que prescindir da prova do nexo de causalidade entre o incumprimento da obrigação do Advogado e os danos que o credor sofreu, incumbindo a este provar que os não teria sofrido em caso de cumprimento, ou seja, provar, no segundo exemplo que demos, que os danos pelo acidente de viação seriam provados na respetiva ação que soçobrou por prescrição.

A este respeito, fala-se em França e em Itália, de *"perte d'une chance"* ou perda de uma oportunidade, que constituiria para o cliente do Advogado um dano patrimonial por si mesmo, apesar de a *Cour de Cassation* já ter decidido que se trata de um expediente para contornar dificuldades de prova do nexo causal; na Alemanha e na Itália, fala-se de um julgamento hipotético, discutindo-se se o juiz da ação de indemnização contra o Advogado deve colocar-se na posição do juiz que julgaria a ação pelo acidente de viação[1268].

Parece-nos que tudo tem de reconduzir-se à prova do nexo de causalidade adequada e do dano, segundo a teoria da diferença consagrada pelo artigo 562º do Código Civil, isto é, à prova de qual a situação que existiria e deve ser reconstituída, se a ação não tivesse soçobrado por prescrição.

Tem-se defendido que, em sede de responsabilidade civil contratual, a perda de oportunidade pode desencadear responsabilidade de acordo com a vontade das partes, para quem a *chance* é um bem protegido pelo contrato, de tal modo que o incumprimento ou o cumprimento defeituoso do mandato judicial origina para o mandante o dano da perda de oportunidade de vir a triunfar num processo judicial, perda de oportunidade que representaria um dano autónomo da obtenção da vantagem ou da supressão do prejuízo que eram prosseguidos no processo judicial em que se verificou o incumprimento ou o cumprimento defeituoso do contato pelo mandatário judicial.

[1267] Assim decidiu o Acórdão do S. T. J. de 3/2/99, na Col. Jur., 1999, tomo 2º, pág.73.

[1268] Sobre este ponto, *vide* Conselheiro AFONSO DE MELLO, Responsabilidade Civil de Mandatário Judicial, no BOA, nº 26, maio – junho de 2003, pág. s 26-28. A teoria de que a "perte d'une chance" constituiria um dano patrimonial por si mesmo seria contrária à teoria da diferença consagrada pelo artigo 562º do Código Civil. Neste sentido, *vide* os Acs. do S.T.J. de 29.04.2010 e 26.10.2010, em www.dgsi.pt.

Tratar-se-ia de um dano atual que se traduziria na perda de oportunidade de obter uma vantagem futura ou de evitar um prejuízo futuro e que se reportaria ao valor da oportunidade perdida e não ao benefício esperado, este impossível de provar porque o processo judicial é sempre de natureza incerta e de resultado aleatório e porque se perdeu a oportunidade de provar qual o resultado do processo em que se verificou o incumprimento ou o cumprimento defeituoso do contrato pelo mandatário judicial.

A perda de oportunidade deveria ser avaliada com referência ao caso concreto, pelo que o juiz da ação de responsabilidade deveria proceder a uma representação ideal do que teria acontecido no processo em que se verificou o incumprimento ou o cumprimento defeituoso do contrato de mandato judicial, avaliando o grau de probabilidade de êxito nesse processo, segundo a ótica de avaliação do juiz que decidiria o processo.

A indemnização do dano pela perda de oportunidade deveria ser fixada por equidade, nos termos do nº 3 do artigo 566º do Código Civil: "se não puder ser averiguado o valor exato dos danos, o tribunal julgará equitativamente, dentro dos limites que tiver por provados".

O dano de perda de oportunidade deveria ser avaliado e indemnizado atendendo à probabilidade de o lesado obter o benefício ou evitar o prejuízo que poderiam resultar da oportunidade perdida, devendo o grau de probabilidade ser tido em conta na fixação da indemnização, que deveria medir-se pela oportunidade perdida e não pela vantagem a obter ou pelo prejuízo a evitar, não podendo ser superior ou tão só igual ao da vantagem a obter ou do prejuízo a evitar, caso se verificasse o nexo causal entre os factos e a vantagem ou o prejuízo.

E deveria proceder-se, primeiro, à avaliação da vantagem ou do prejuízo no processo judicial em que se verificou o incumprimento ou o cumprimento defeituoso do mandato judicial para, em seguida, se fixar, em termos percentuais, o grau de probabilidade de êxito nesse processo, terminando-se por se aplicar o valor percentual ao valor da vantagem ou do prejuízo prosseguidos no mesmo processo.

Neste sentido, pode ver-se o Ac. do Supremo Tribunal de Justiça de 5/2/2013 – Relator Helder Roque – que muito pode iluminar – nos, sem, contudo, nos aquecer, conduzindo a que, mesmo que fosse mínima, a probabilidade de êxito na ação em que se verificou o incumprimento ou o cumprimento defeituoso do mandato judicial, sempre se justificaria indemnizar, mesmo por pouco dinheiro, o dano da perda de oportunidade de um improvável êxito.

DIREITO PROFISSIONAL DO ADVOGADO

Se esta jurisprudência fizesse carreira, o lesado seria sempre beneficiado, na medida em que seria sempre certa a indemnização pela *perte d'une chance*, ao passo que seria sempre incerta a vantagem porventura pouco provável que seria obtida ou o prejuízo que improvavelmente seria evitado pelo processo judicial em que se verificou o incumprimento ou o cumprimento defeituoso do mandato judicial.

Esta última crítica não se aplica ao Ac. do Supremo Tribunal de Justiça de 14/3/2013 – Relatora Maria dos Prazeres Pizarro Beleza – que decidiu que o dano da perda de oportunidade de ganhar uma ação não pode ser desligado de uma probabilidade *consistente* de a vencer e que para haver indemnização a probabilidade de ganhar há de ser elevada.

Este último acórdão teve o mérito de reconhecer as dificuldades sentidas na questão do dano da perda de oportunidade não só pela Jurisprudência, nos vários acórdãos do Supremo, que cita, mas também pela Doutrina nele citada, desde MANUEL CARNEIRO DA FRADA, que se inclina para a admissão do dano da perda de *chance* como um dano autónomo, a PAULO MOTA PINTO, contrário a tal admissão, a JÚLIO GOMES, que se refere a um lucro cessante suficientemente "certo" para que a fixação do seu montante possa ser feita pelo tribunal recorrendo à equidade, e a RUI CARDONA FERREIRA, que também não admite a perda de uma chance como um dano autónomo.

Quanto a nós, continua a Jurisprudência e a Doutrina a recorrer a expedientes para contornar dificuldades de prova do nexo causal, quando não é demais exigir, como o Código Civil exige, que o autor da ação de responsabilidade civil contra o mandatário judicial prove, além dos factos que integram o incumprimento ou o cumprimento defeituoso do mandatário judicial, também os factos e a vantagem a obter ou o prejuízo a evitar relativamente à parte contrária na ação em que o incumprimento ou o cumprimento defeituoso se verificaram, podendo arrolar testemunhas e requerer as mesmas provas indicadas ou a indicar nessa ação, o que nem será assim tão difícil e anormal...[1269].

[1269] Esta senda parece ter sido percorrida pelo Ac. da Relação de Coimbra de 15/10/2013 – Relatora Sílvia Pires – que anulou a sentença absolutória da 1ª instância na ação de responsabilidade contra o ex-mandatário judicial que não interpôs recurso para o STJ, a pretexto de que o mesmo estaria, *com toda a certeza* votado ao insucesso, atenta a jurisprudência anterior daquele tribunal superior em casos idênticos, determinando o citado acórdão a ampliação da matéria de facto sujeita a julgamento, designadamente este facto alegado pelos aí autores, que, então habilitados como herdeiros da entidade patronal, tinham sido condenados por acidente de trabalho: "de acordo com jurisprudência recente, ..., sendo provado o nexo de causalidade entre a taxa de alcoolemia do sinistrado e o tombar do trator e na falta de outras razões para

É evidente que, se não se tratar de um mandato judicial, mas de um mandato civil para determinado negócio jurídico, a responsabilidade do Advogado será definida em face das regras previstas pelo Código Civil para o contrato de mandato nominado ou típico.

Sem prejuízo da sua imunidade por afirmações ou expressões indispensáveis ou necessárias para a defesa da causa, a responsabilidade do Advogado perante terceiros será, em princípio, de natureza extracontratual, sendo-lhe aplicáveis as regras de direito comum, mas poderá tratar-se de terceiros, como peritos e assessores técnicos, cujos honorários serão suportados pelo Advogado, se ele não tiver ressalvado que deverão obter o seu pagamento do cliente do Advogado. Também já foi decidido, num tribunal do Reino Unido, que é de natureza contratual a responsabilidade de um Advogado para com o terceiro beneficiário de uma disposição testamentária que foi anulada porque o cônjuge do beneficiário interveio como testemunha no testamento, o que, entre nós, bem pode fundamentar-se nas disposições do Código Civil que regulam o contrato a favor de terceiro (artigos 443º e seg. s).

115. Responsabilidade conjunta ou solidária?

Apesar de ser solidária, além de pessoal e ilimitada, a responsabilidade dos sócios das sociedades de Advogados de responsabilidade ilimitada para com terceiros pelas dívidas sociais[1270], embora se trate de uma responsabilidade subsidiária[1271], é conjunta a responsabilidade dos Advogados que

---

esta e para o falecimento deste, impunha-se decisão distinta da proferida pelo Tribunal da Relação", que, revogando sentença de 1ª instância, tinha qualificado como acidente de trabalho o acidente sofrido pelo tratorista. Embora a Jurisprudência seja a orientação geralmente seguida pelos tribunais no julgamento dos diversos casos concretos da vida real, o dizer do direito para cada um destes casos, constituía matéria de facto e havia que fazer a prova desse facto para se poder concluir pela existência ou inexistência de causalidade adequada entre o incumprimento ou o cumprimento defeituoso do mandato judicial e o dano dos lesados que foram condenados por um acidente de trabalho. *Vide* também o Ac. da Rel. de Coimbra de 27.5.2014 – Relatora Maria Inês Moura – in www.dgsi.pt, que merece igualmente o nosso aplauso.

Na era da responsabilidade civil profissional, urge definir, por via legislativa, acrescentando ao artigo 104º do EOA um número que determine: "Na ação de responsabilidade civil profissional instaurada contra Advogado, apenas pode atender-se ao dano da vantagem que seria obtida ou do prejuízo que seria evitado no processo ou no assunto do conselho, recomendação ou informação em que se verificou o incumprimento ou o cumprimento defeituoso do mandato forense que lhe foi conferido".

[1270] Artigo 213º – nº 12 do EOA.

[1271] Como resulta do nº 13 da disposição legal citada na nota anterior.

DIREITO PROFISSIONAL DO ADVOGADO

colaborem num mesmo assunto para o qual tenham sido mandatados pelo cliente, a não ser que a solidariedade resulte da vontade das partes[1272].

Mas, se a prestação se tornar impossível por facto imputável a um dos Advogados, todos eles são solidariamente responsáveis pelo seu valor, embora só o Advogado a quem o facto é imputável responda pela reparação dos danos que excedam esse valor e sendo vários, seja solidária a sua responsabilidade[1273].

116. Responsabilidade por facto de outrem e exclusão ou limitação da responsabilidade

Se o mandato foi conferido apenas a um dos Advogados que colaboraram num determinado assunto, só aquele responderá profissionalmente perante o seu cliente, sem prejuízo do direito de regresso entre ele e os Advogados seus colaboradores, que não podem deixar de estar sujeitos aos deveres deontológicos e à sua própria responsabilidade disciplinar, devendo, correspondentemente, reverter a favor do Advogado mandatado pelo cliente os honorários a cargo deste, mesmo por serviços prestados por Advogados colaboradores mediante delegação ou substituição do mandatado, que é pessoalmente responsável pelos honorários devidos àqueles colaboradores, ainda que o cliente os não adiante, salvo acordo escrito em contrário[1274].

É que, mesmo tratando-se de Advogados colaboradores, não pode deixar de se aplicar a regra de que o devedor é responsável perante o credor pelos atos das pessoas que utilize para o cumprimento da obrigação, como se tais atos fossem praticados pelo próprio devedor[1275].

Mas quer se trate de Advogados quer se trate de outros auxiliares a responsabilidade pode ser convencionalmente excluída ou limitada, mediante

---

[1272] Artigo 513º do Código Civil. Em caso de substabelecimento, com ou sem reserva, o regime aplicável é o do artigo 264º – nº 3 do Código Civil.

[1273] Artigo 520º do Código Civil.

[1274] É este o regime estabelecido pelo artigo 27º – nº 2 do Estatuto Geral da Advocacia Espanhola aprovado pelo Real Decreto 658/2001, de 22 de junho, dispondo os nºs 3, 4 e 5 do mesmo artigo que o exercício da advocacia por conta alheia, quer em regime de especial colaboração, quer em regime de contrato de trabalho, têm de ser formalizados por escrito, podendo os Colégios de Advogados exigir os respetivos contratos para verificar o cumprimento daquele Estatuto e devendo o Advogado colaborador ou trabalhador fazer constar em todos os atos que pratique em nome e por conta de quem atua, o que também é imposto, em França, pela lei nº 71-1130, de 31/12/71, nos seus artigos 132º e 136º, lei cujo artigo 131º dispõe: *"L'avocat est civilement responsable des actes professionnelles accomplis par son compte par son ou ses collaborateurs".*

[1275] Artigo 800º – n.º 1 do Código Civil.

XXII. A RESPONSABILIDADE CIVIL PROFISSIONAL DO ADVOGADO

acordo prévio dos interessados, desde que a exclusão ou limitação não compreenda atos que representem a violação de deveres impostos por normas de ordem pública[1276] e neste âmbito é que será mais difícil a exclusão ou limitação quando se trate de auxiliares que são Advogados, sobre os quais impendem múltiplos deveres impostos por normas de ordem pública, do que se tratar de outros auxiliares, sem prejuízo de, quanto a Advogados e em caso de substabelecimento, ser aplicável o regime do artigo 264º – nº 3 do Código Civil.

Deve salientar-se que a exclusão ou limitação de responsabilidade que a lei prevê se refere a atos de terceiro, pois que, pelos próprios atos, à exceção do regime legal das sociedades de Advogados de responsabilidade limitada, que já estudámos sob o nº 31, e à exceção do regime a que está sujeito o Advogado de responsabilidade limitada, de que vamos tratar, o devedor continua responsável pelos prejuízos que causa ao credor quando falta culposamente ao cumprimento[1277] ou quando torna impossível a prestação por causa que lhe é imputável, hipótese em que é responsável como se faltasse culposamente ao cumprimento da obrigação[1278], sendo nula em qualquer das hipóteses de atos do próprio devedor a cláusula pela qual o credor renuncia antecipadamente a qualquer dos direitos que a lei lhe confere nos casos de não cumprimento ou mora do devedor, a não ser que se trate de culpa leve[1279].

E deve notar-se que hoje é nula, mesmo que seja objeto de negociação individual, qualquer convenção ou disposição contratual que exclua ou restrinja os direitos atribuídos pela lei de defesa do consumidor, sem prejuízo do regime das cláusulas contratuais gerais[1280], regime que difere conforme estejam em causa ou relações entre empresários ou profissionais liberais, singulares ou coletivos, ou entre uns e outros, quando intervenham apenas nessa qualidade ou no âmbito da sua atividade específica ou então quando

---

[1276] Artigo 800º – nº 2 do Código Civil.

[1277] Artigo 798º do Código Civil.

[1278] Artigo 801º – nº 1 do Código Civil.

[1279] Artigo 809º do Código Civil. As alíneas c) e d) do artigo 18º do Decreto-lei nº 446/85, de 25 de outubro, que estabelece o regime jurídico das cláusulas contratuais gerais, fornece um novo apoio, de natureza sistemática, para interpretar o artigo 809º no sentido da sua aplicação apenas em caso de dolo ou culpa grave, pois aquela alínea c) justifica, *"a fortiori"*, a validade de princípio da cláusula de exclusão de responsabilidade por simples culpa leve, em contratos negociados (ANTÓNIO PINTO MONTEIRO, ROA, 46º, págs. 758/9.

[1280] Artigo 16º – nº 1 da Lei nº 24/96, de 31 de julho.

DIREITO PROFISSIONAL DO ADVOGADO

estejam em causa relações com consumidores finais[1281]. Assim, se são absolutamente proibidas cláusulas que excluam ou limitem, de modo direto ou indireto, a responsabilidade por não cumprimento definitivo, mora ou cumprimento defeituoso ou a responsabilidade por atos de representantes ou auxiliares, em caso de dolo ou culpa grave[1282], tratando-se de relações entre empresários ou entidades equiparadas ou de relações com consumidores finais, já o mesmo não se poderá dizer para outras cláusulas que apenas serão relativamente proibidas nas relações entre empresários ou entidades equiparadas[1283], salvo se a sua proibição resultar da cláusula geral de boa fé[1284], mas essas outras cláusulas não podem, porém, utilizar-se nas relações com consumidores finais, em relação aos quais também existem outras cláusulas absolutamente proibidas[1285] ou só relativamente proibidas[1286].

O EOA dispõe que o Advogado com inscrição em vigor deve celebrar e manter um seguro de responsabilidade civil profissional, tendo em conta a natureza e âmbito dos riscos inerentes à sua atividade, por um capital de montante não inferior ao que seja fixado pelo Conselho Geral e que tem como limite mínimo 250.000 Euros, sem prejuízo do regime especialmente aplicável às sociedades, e que, se a responsabilidade civil profissional se fundar na mera culpa, o montante de indemnização tem como limite máximo o referido seguro, devendo o Advogado inscrever no seu papel timbrado a expressão "responsabilidade limitada", o que não é aplicável sempre que o Advogado não cumpra a obrigação do referido seguro ou declare não pretender qualquer limite para a responsabilidade civil profissional, caso em que beneficia do seguro de responsabilidade mínimo de grupo de 50.000 Euros, de que são titulares os Advogados portugueses não suspensos[1287].

Esta inovação merece, *mutatis mutandis*, as mesmas considerações que fizemos sobre o regime das sociedades de responsabilidade limitada (supra nº 31).

[1281] Às primeiras relações aplicam-se os artigos 18º e 19º e às segundas os artigos 21º e 22º do Decreto-lei nº 446/85, de 25 de outubro.

[1282] Artigo 18º – c) e d) do mesmo Decreto-lei.

[1283] Artigo 19º do mesmo Decreto-lei.

[1284] Artigos 15º e 16º do mesmo Decreto-lei.

[1285] Artigo 21º do mesmo Decreto-lei.

[1286] Artigo 22º do mesmo Decreto-lei.

[1287] Artigo 104º do EOA. Já dissemos, no nº 31, que revogada a lei das sociedades de Advogados, ainda nada está em vigor sobre seguro para as sociedades de responsabilidade limitada.

117. Prescrição

Sendo, em regra de natureza contratual a responsabilidade civil profissional do Advogado, é uma violência que seja de vinte anos o prazo de prescrição daquela responsabilidade e que, consequentemente, para sua salvaguarda, o Advogado tenha de conservar, durante todo esse tempo, o dossier em que teve intervenção.

Na Bélgica, o artigo 2276 *bis*, inserido no Código Civil pela Lei de 8/8/1985, facilitou a vida aos Advogados, prescrevendo: "Os Advogados ficam exonerados da sua responsabilidade profissional e da conservação de documentos, decorridos cinco anos sobre o termo da sua missão"[1288].

118. Seguro de responsabilidade profissional

O novo EOA e o novo regime das Sociedades de Advogados já introduzi-ram, no nosso direito interno, o dever de os Advogados possuírem um seguro de responsabilidade civil profissional, pois era inadmissível que, em Portugal, não fosse obrigatório para todos os Advogados e sociedades de Advogados o seguro de responsabilidade civil profissional, inexistindo qualquer norma como as do Código de Deontologia do CCBE sobre o assunto:

3.9 Seguro de Responsabilidade Civil Profissional

3.9.1 Os Advogados devem manter sempre um seguro contra queixas com base na negligência profissional, dentro de um limite razoável, tendo em conta a natureza e o âmbito dos riscos em que podem incorrer, no exercício da sua atividade.

3.9.2 Quando um Advogado presta serviços ou exerce a sua atividade num Estado Membro de Acolhimento, fica sujeito às seguintes disposições:

3.9.2.1 O Advogado deve observar as disposições relativas à obrigação de manter um seguro de responsabilidade profissional aplicáveis no Estado Membro de Origem.

3.9.2.2 Um Advogado que está obrigado a subscrever um tal seguro no seu Estado Membro de Origem e que preste serviço ou que exerça uma atividade pro-

---

[1288] CLÉO LECLERCQ, Devoirs et Prérrogatives de l'Avocat, Bruylant-Bruxelles, 1999, pág.233. A Lei nº 2008-561, de 17 de junho, deu nova redação ao artigo 2225º do Código Civil francês de forma a dele constar: a ação de responsabilidade dirigida contra as pessoas que representaram ou assistiram as partes em justiça, incluída a perda ou destruição das peças que lhe foram confiadas, prescreve em 5 anos a contar do fim da sua missão. Urge, pois, acrescentar ao artigo 104º do EOA um número que determine: "Os advogados que exerçam a profissão individualmente ou em sociedade ou associação com outros advogados ficam exonerados de responsabilidade civil profissional e da obrigação de conservação de documentos decorrido o prazo de cinco anos, a contar da cessação do serviço prestado".

DIREITO PROFISSIONAL DO ADVOGADO

fissional num Estado Membro de Acolhimento deve envidar todos os esforços para obter a extensão deste seguro aos serviços prestados ou à atividade que exerça no Estado Membro de Acolhimento.

3.9.2.3 Um Advogado que não obtenha a extensão da cobertura do seguro referida no parágrafo 3.9.2.2 ou que não seja obrigado a possuir um seguro no seu Estado Membro de Origem e que preste serviços ou exerça a sua atividade profissional num Estado membro de Acolhimento deve, na medida do possível, obter um seguro de responsabilidade profissional como Advogado, enquanto estiver a prestar serviços nesse Estado Membro de Acolhimento, em termos pelo menos equivalentes aos exigidos aos Advogados desse Estado Membro de Acolhimento.

3.9.2.4 No caso de não ser possível ao Advogado obter um seguro em conformidade com as regras precedentes, deve informar desse facto os seus clientes.

3.9.2.5 Um Advogado que exerça a sua atividade ou preste serviços num Estado Membro de Acolhimento pode, com o acordo das autoridades competentes do Estado Membro de Origem e do de Acolhimento, sujeitar-se exclusivamente às normas relativas ao seguro de responsabilidade profissional aplicáveis no Estado Membro de Acolhimento. Neste caso, o Advogado deve tomar as medidas necessárias para informar os seus clientes de que o seu seguro está em conformidade com as regras aplicáveis no Estado Membro de Acolhimento.

E sem seguro de responsabilidade profissional a livre circulação de Advogados no interior da União Europeia ou do Espaço Económico Europeu para a livre prestação ocasional de serviços acabava por ser praticamente impossível, porque as Ordens de Advogados dos Estados Membros de Acolhimento onde o seguro seja obrigatório – e é obrigatório na generalidade deles – têm de controlar também esse aspeto[1289].

[1289] Enquanto em Portugal a cobertura mínima exigida é de 150.000,00 euros, na Bélgica é de 1.250.000,00 euros e na França é de 3.850.000,00 euros – BOA, nº 100, março, 2013, pág. 44. A Diretiva 2006/123/CE do Parlamento Europeu e do Conselho, de 12.12.2006, publicada no JO L 376/36, de 27.12.2006, transposta para a nossa ordem jurídica interna pelo Decreto-lei nº 92/2010, de 26 de julho, dispuseram, aquela no seu artigo 23º – nº 2 e este no artigo 13º – nºs 2 e 3, que não pode ser imposta a um prestador de serviços estabelecido noutro Estado-membro a subscrição de um seguro de responsabilidade profissional pela atividade desenvolvida em território nacional, desde que o mesmo tenha essa atividade, total ou parcialmente, coberta por seguro, garantia ou instrumento equivalente subscrito ou prestado no Estado-membro onde se encontre estabelecido e, caso o seguro a garantia ou o instrumento equivalente subscrito noutro Estado-membro cubra apenas parcialmente os riscos, o prestador de serviços deve complementá-lo de forma a abranger os elementos não cobertos, o que a Lei das Associações Públicas Profissionais – Lei nº 2/2013, de 10 de janeiro – veio também a estabelecer no artigo 38º – nºs 1 e 2.

A Ordem dos Advogados Portugueses contratou com a Companhia de Seguros MAPFRE SEGUROS GERAIS, S. A., através da corretora de seguros AON PORTUGAL – CORRETORES DE SEGUROS, S. A., um seguro de grupo de responsabilidade civil profissional dos Advogados para os anos de 2014 e 2015, com as mesmas condições principais do contrato de seguro com a Companhia de Seguros Tranquilidade, através da Correctora de Seguros Marsh – Portugal, L.da, para a anuidade de 2012, mantido para 2013, com o capital de 150.000,00 euros, por Advogado segurado e por sinistro, sem limite agregado anual de apólice, com franquia de 5.000,00 euros, com retroatividade ilimitada, e com capital máximo por sinistro e anuidade, incluindo danos a documentos e perda de dados, de 150.000,00 euros, com âmbito territorial mundial, exceto Estados Unidos da América e Canadá e territórios sob sua jurisdição, sendo a data do sinistro a data da primeira reclamação (claims made).

E podem os Advogados efetuar seguros de reforço de cem mil, cento e cinquenta mil, duzentos e cinquenta mil, seicentos mil, oitocentos e cinquenta mil, e um milhão e cem mil euros, com eliminação de franquia, pelos prémios de respetivamente, 78,30 euros, 95,40 euros, 284,85 euros, 427,50 euros, 521,10 euros e 712,80 euros.

Anteriormente a Ordem dos Advogados tinha contratado um seguro coletivo de responsabilidade civil profissional – Apólice nº DP/01018/07/Y da Arch Insurance Company (Europe), L.da, que, além de incluir invalidez profissional com o limite de 1.000,00 euros durante 12 meses a partir de 1 de janeiro de 2007, abrangia todos os Advogados com inscrição em vigor e mesmo os Advogados que tivessem cessado a sua atividade, quanto a reclamações apresentadas no período de ocaso de 12 meses (período de ocaso é o período seguinte ao termo do período de seguro e durante o qual a apólice continuará a ser competente para dar cobertura a reclamações contra o segurado), seguro com efeitos a partir de 1 de janeiro de 2004, mesmo que os factos geradores de responsabilidade tivessem ocorrido antes, com o limite de 1 de janeiro de 2002, tendo como limite de indemnização o valor de 50.000,00 euros e, a partir de 1 de janeiro de 2005 ou de 1 de janeiro de 2007 ou 1 de janeiro de 2008, 100.000,00 ou 125.000,00 ou 150.000,00 euros por sinistro, respetivamente, e sem limite de anuidade, a partir de 1 de janeiro de 2007, com um prémio integralmente suportado pela Ordem de 55,00 euros, acrescido de imposto de selo, mas podendo os Advogados interessados aderir facultativamente a patamares de cobertura correspondentes ao dobro, triplo, quádruplo, sêxtuplo, óctuplo e décuplo, com

DIREITO PROFISSIONAL DO ADVOGADO

acréscimos de prémio por sua conta de 50,00, 100,00, 150,00, 250,00, 350,00 e 450,00 euros, respetivamente, e, a partir de 1 de janeiro de 2005, com acréscimos de 75,00, 100,00, 135,00, 250,00 e 350,00 euros, para coberturas totais de 200.000,00, 250.000,00, 350.000,00, 400.000,00 e 600.000,00 euros, respetivamente. O reforço para 250.000,00 euros por ano (artigo 99º do EOA) custaria a cada Advogado 103,50 euros por ano e com o reforço deixaria de existir a franquia de 5.000,00 euros.

A este anterior contrato de seguro de grupo se referia o que iremos expor e que vale, em grande parte, para o seguro atualmente vigente.

A data do sinistro é a data da primeira reclamação (base "claims made") e as reclamações têm de ser apresentadas num "prazo razoável", não podendo o Advogado negociar o montante da indemnização com o seu cliente.

A cobertura estende-se a prestações de serviços em qualquer parte do mundo, com exceção dos Estados Unidos e do Canadá e territórios sob a sua jurisdição.

Inclui, como extra ao valor do capital seguro, o custeio de despesas com a defesa eventualmente necessária perante uma reclamação, que não implica, contudo, instauração de ação judicial, permitindo livre escolha de Advogado para reclamações superiores a 60. 000,00 euros.

O seguro inclui o pagamento de fianças, quer civis quer criminais, e o custeio das despesas de reconstrução ou reforma de documentos, informações ou dados de terceiros que sejam danificados ou perdidos por facto imputável ao Advogado ou seus colaboradores até ao limite de 25.000,00 euros e, a partir de 1 de janeiro de 2005, de 50.000,00 euros e, a partir de 1 de janeiro de 2007, de 100.000,00 euros.

A franquia estabelecida é de 1000,00 euros por reclamação e, a partir de 1 de janeiro de 2007, de 1500,00 euros, e de 2500,00 euros por danos a documentos e dados, mas os Advogados que contratem uma apólice de excesso (independentemente do capital) não estão sujeitos à franquia existente na apólice de grupo.

Estão excluídas situações de fraude ou dolo, responsabilidades legais com definições próprias, como a da responsabilidade patronal, e responsabilidades que não sejam especificamente derivadas da profissão de Advogado, como atividades de gestores ou administradores de empresas, consultores ou peritos financeiros, danos pessoais, infrações a direitos de autor, calúnias, atentados à honra, terrorismo e atos afins, guerra, fenómenos da natureza e energia nuclear.

450

Deixarão de ser segurados os Advogados que tenham tido duas ou mais reclamações procedentes nos últimos cinco anos, salvo acordo em contrário da seguradora e da Ordem.

Se qualquer segurado for titular, individualmente ou através de sociedade de Advogados, de outro seguro de responsabilidade civil que providencie cobertura idêntica à deste seguro, este funcionará apenas na falta ou insuficiência daquele, salvo previsão de concorrência de seguros, hipótese em que cada um dos seguros responderá proporcionalmente aos limites garantidos[1290].

A seguradora de suporte era Arch Insurance Company (Europe), L.da, a operar em Portugal em regime de livre prestação de serviços[1291]

[1290] Sobre o assunto do seguro coletivo contratado pela Ordem dos Advogados, deve consultar-se o *site* www.oa.pt.

[1291] *Vide* BOA nº 45, pág. 36.

Capítulo XXIII
A Previdência dos Advogados

119. Autonomia da Caixa de Previdência em relação à Ordem dos Advogados e do regime de previdência em relação ao regime geral

Em 1982, foram integrados no regime geral da segurança social os trabalhadores independentes e previu-se, quanto aos Advogados, a possibilidade de opção, embora se mantivesse a Caixa de Previdência dos Advogados e Solicitadores (CPAS)[1292].

E, por decreto-lei do ano seguinte, foi mantida a CPAS, que passou a ser regulamentada por Portaria referida naquele diploma e publicada no mesmo dia[1293], Portaria que foi revogada pelo Decreto-lei nº 119/2015, de 29 de junho, que aprovou o Novo Regulamento da CPAS.

Dispunha o revogado Regulamento que a CPAS é uma instituição de previdência reconhecida pela Lei nº 2115, de 18 de junho de 1962, e pertence à 2ª categoria prevista no nº 3 da Base III da mesma Lei[1294].

[1292] Artigo 26º – nº 3 do Decreto-lei nº 8/82, de 26 de janeiro. E passou a ser facultativa a inscrição na Caixa de Previdência dos Engenheiros e na dos Médicos portugueses, nos termos do mesmo artigo, que previa para aquelas Caixas revisão de regulamentação no sentido de se transformarem em associações de socorros mútuos anexas às respetivas Ordens Profissionais.

[1293] Decreto-lei nº 163/83, de 27 de abril, e Portaria nº 487/83, de 27 de abril, alterada, depois pela Portaria nº 623/88, de 8 de setembro, e pela Portaria nº 884/94, de 1 de outubro.

[1294] Artigo 1º – nº 1. A Lei nº 2115 revogou a anterior Lei nº 1884, de 16 de março de 1935, mas continuaram a ser reconhecidas quatro categorias de instituições de segurança social, embora se tivesse definido, de forma mais clara, que "pertencem à 2ª categoria as Caixas de

DIREITO PROFISSIONAL DO ADVOGADO

Reforma e Previdência, considerando-se como tais as instituições de inscrição obrigatória que, sem dependência de entidades patronais, exercem determinadas profissões, serviços ou atividades". Pela primeira vez, a lei prevê os trabalhadores autónomos, profissões livres ou profissões liberais como sujeitos da relação jurídica de segurança social, ainda que sem generalização do sistema a todos os trabalhadores autónomos, o que só veio a acontecer em 1982, com o Decreto-lei nº 8/82, de 18 de janeiro, que estabeleceu o regime de segurança social dos trabalhadores independentes, depois da experiência colhida com a Portaria nº 115/77, de 9 de março, a qual integrara a generalidade dos trabalhadores independentes na segurança social num regime então ainda transitório. Mas pioneiros foram os Advogados que, desde o Decreto-lei nº 36.550, de 22/10/1947, já tinham Caixa própria, cujo embrião nascera no Fundo Permanente de Assistência Profissional, constituído por um terço do montante de cada quota para a Ordem dos Advogados e pelo saldo que porventura ficasse da despesa a cargo dos Conselhos Distritais, Delegações e Conselho Geral, nos termos dos §§ 1º e 2º do Decreto nº 12334, de 18 de outubro de 1926, que substituiu o Decreto nº 11.715, de 12 de junho de 1926, pelo qual foi criada a Ordem dos Advogados. Aquele Fundo foi mantido pelo Decreto nº 15334, de 12 de abril de 1928, que procedeu à revisão do primeiro Estatuto Judiciário e que dispunha no § 3º do artigo 775º: "Logo que se crie a Caixa de Previdência da Ordem dos Advogados poderá deixar de cobrar-se nas cotas a percentagem destinada ao fundo de assistência e passará para a dita Caixa a procuradoria e quaisquer outros fundos que por lei lhe eram destinados". E o Decreto-lei nº 36551, de 22 de outubro de 1947, isto é, da mesma data do Decreto-lei nº 36550, pelo qual foi criada a Caixa de Previdência da Ordem dos Advogados, deu nova redação aos artigos 67º, 68º e 70º do Código das Custas Judiciais de 1940, disposições referentes à procuradoria, e, embora o artigo 70º tivesse vindo a sofrer nova alteração pelo Decreto-lei nº 41487, de 30/12/57, não foi alterada substancialmente tal matéria que, salvo a suspensão, entre 1969 e 1987, do artigo 87º do Código das Custas Judiciais pelo artigo 46º do Decreto-lei nº 49213, de 29 de agosto de 1969, cujo artigo 10º (fixação anual dos montantes de procuradoria pelo Ministro da Justiça) foi revogado pelo Decreto-lei nº 214/87, de 28 de maio, que repôs em vigor e deu nova redação ao artigo 87º do Código das Custas Judiciais, se manteve ao longo de mais de cinquenta anos, embora com maior percentagem para o Conselho Geral, à custa da diminuição da percentagem para a Caixa, e que o Código das Custas Judiciais aprovado pelo Decreto-lei nº 44.329, de 8/5/62, estabelecera, nos artigos 87º e 131º, nos seguintes termos:

Artigo 87º
(Divisão da importância de procuradoria)

Da importância arbitrada a título de procuradoria, excetuada a que deva ser contada para o Cofre Geral dos Tribunais, e das remunerações a que faz referência o artigo anterior, quando arbitradas a Advogados ou Solicitadores, é feita a dedução de 62%, dos quais competem 4% ao Conselho Geral da Ordem dos Advogados, revertendo os restantes 58%:

a) Para a Caixa de Previdência da Ordem dos Advogados, nos processos em que a parte vencedora seja representada só por Advogado ou candidato à advocacia, ou seja Advogado ou candidato à advocacia o defensor nomeado oficiosamente;

b) Para a Caixa de Previdência da Câmara dos Solicitadores, quando seja Solicitador o representante da parte ou o defensor oficioso,

c) Para ambas as instituições, na proporção de cinco sextos para a primeira e um sexto para a Segunda, quando intervenha Advogado e Solicitador.

XXIII. A PREVIDÊNCIA DOS ADVOGADOS

E foi reconhecida também pelo artigo 106º da Lei nº 4/2007, de 16 de janeiro, alterada pela Lei nº 83-A/2013, de 30 de dezembro, dispondo aquele artigo que se mantêm autónomas as instituições de previdência criadas anteriormente à entrada em vigor do Decreto~lei nº 549/77, de 13 de dezembro, com os seus regimes jurídicos e formas de gestão privativas, ficando subsidiariamente sujeitas às disposições daquela lei e à legislação dela decorrente, com as necessárias adaptações.

E o artigo 1º do Novo Regulamento da CPAS dispõe que esta é uma instituição de previdência autónoma, com personalidade jurídica, regime próprio e gestão privativa e visa fins de previdência e proteção social dos Advogados e dos associados da Câmara dos Solicitadores, regendo-se pelo Regulamento e, subsidiariamente pelas bases gerais do sistema de segurança social e pela legislação dela decorrente, com as necessárias adaptações.

Doutrinariamente, a CPAS deve qualificar-se juridicamente como pessoa coletiva de direito público, com autonomia administrativa e financeira, sob a tutela dos Ministros da Justiça e do Trabalho e da Solidariedade Social.

Mais dispõe o Regulamento que, em matéria de organização e cadastro, a Caixa colaborará estreitamente com a Ordem dos Advogados e a Câmara

Artigo 131º
(Liquidação da percentagem da Ordem dos Advogados
e da Câmara dos Solicitadores nas custas e multas judiciais)

A percentagem nas custas e nas multas judiciais a que tenham direito o Conselho Geral da Ordem dos Advogados e da Câmara dos Solicitadores é discriminada na conta e de igual modo depositada juntamente com as receitas do Cofre dos Conservadores, Notários e Funcionários de Justiça, à ordem do respetivo conselho administrativo, ao qual será semestralmente requisitada pelas direções daquelas instituições.

Em face destas disposições, não se compreende que o artigo 134º-nº 1 da Lei nº 153-A/2006, de 29 de dezembro, que aprovou o Orçamento Geral do Estado para 2007, tenha revogado, ao arrepio da História e fazendo tábua rasa da génese de instituições como a CPAS, o artigo 131º do vigente Código das Custas Judiciais quanto ao destino das receitas de parte da taxa de justiça cível (pois já antes passou a pretender-se que toda a procuradoria passasse a reverter para a parte vencedora) não só para a Ordem (para cujo Conselho Geral o artigo 39º – nº 3 da Portaria nº 419-A/2009, de 7 de abril, veio a atribuir vinte e um por mil da taxa de justiça cível, tendo-se reduzido tal percentagempara cinco por mil pela redção da portaria nº 82/2012, de 29 de março, percentagem que apenas p+ode ser utilizada na formação profissional) mas também para a CPAS, como já dissemos na parte final do nº 10 e respetivas notas, onde afirmamos que a parte de procuradoria que era destinada à Ordem e à CPAS bem se justificava porque para tal receita contribuem os Advogados como participantes na administração da Justiça, cujas imunidades o artigo 208º da Constituição garante e tanto aos que intervêm pela parte vencedora como pela parte vencida, bem se justificando que a previdência de uns e outros beneficiasse de parte de tal receita.

DIREITO PROFISSIONAL DO ADVOGADO

dos Solicitadores, podendo estabelecer acordos com estas instituições para a realização de serviços de interesse comum[1295].

Embora criada em 27 de dezembro de 1947, a Caixa de Previdência da Ordem dos Advogados, como começou por chamar-se, só foi constituída pela Portaria nº 13.872, de 8 de março de 1952, que aprovou o seu Regulamento, passando então a Caixa a ser autónoma da Ordem dos Advogados, a ponto de, decorridos oito anos, se alargar o âmbito pessoal da Caixa aos Solicitadores, nos termos do Decreto-lei nº 43.274, de 28/10 /1970, vindo o Decreto-lei nº 402/78, de 15 de dezembro, a determinar que a Caixa passasse a denominar-se Caixa de Previdência dos Advogados e Solicitadores.

120. Estrutura orgânica da caixa de previdência dos advogados e solicitadores

A estrutura orgânica da CPAS assenta numa Direção, eleita por sufrágio direto e universal, por voto secreto, com cinco membros, sendo quatro Advogados e um associado da Ordem dos Solicitadores; e num Conselho Geral, constituído: pelo Bastonário da Ordem dos Advogados, que presidirá, com voto de qualidade no caso de empate; por três vogais eleitos pelo Conselho Geral da Ordem; por um vogal eleito por cada conselho regional da Ordem; pelo Presidente da Ordem dos Solicitadores; por um vogal eleito por cada um dos Conselhos regionais da Ordem dos Solicitadores; por três Advogados, dos quais dois em situação de reforma ou invalidez, designados pelo Conselho Geral da Ordem; e por dois associados da Ordem dos Solicitadores, um dos quais em situação de reforma ou invalidez, designados pelo Conselho Geral da Ordem dos Solicitadores[1296].

Além destes órgãos, a CPAS tem um conselho de fiscalização composto por três membros efetivos e três suplentes, sendo, em ambos os casos, um Advogado, um associado da Ordem dos Solicitadores e um revisor oficial de contas ou uma sociedade de revisores oficiais de contas; e a assembleia dos Advogados e dos associados da Ordem dos Solicitadores[1297].

121. Inscrição

A inscrição ordinária é obrigatória para todos os Advogados e Advogados estagiários inscritos na Ordem dos Advogados e para todos os associados e

---

[1295] Artigo 2º – nº 2.
[1296] Artigos 4º a 15º do Regulamento. Ao Regulamento pertencem também todas as disposições que citaremos em seguida, salvo outra indicação em contrário.
[1297] Artigos 16º a 27º.

associados estagiários inscritos na Ordem dos Solicitadores, inscrição que se mantém durante o cumprimento de pena disciplinar aplicada pela respetiva associação pública profissional[1298].

A obrigatoriedade de inscrição mantém-se nos casos de vinculação simultânea a outro regime de inscrição obrigatória ou facultativa, sendo as pensões da CPAS acumuláveis com as recebidas de outros regimes de segurança social em que os Advogados e associados da Ordem dos Solicitadores também estejam inscritos[1299].

Podem ainda inscrever-se, como beneficiários extraordinários: os Advogados e associados da Ordem dos Solicitadores que tenham a sua inscrição suspensa ou cancelada no respetivo organismo de representação profissional, desde que já tenham tido uma inscrição como beneficiários ordinários; os Advogados e Solicitadores de qualquer nacionalidade que não estejam inscritos na Ordem dos Advogados nem na Ordem dos Solicitadores; e os profissionais de outras profissões jurídicas, sejam nacionais ou estrangeiros[1300].

Mantêm a inscrição como beneficiários ordinários os reformados que continuem a exercer a profissão[1301], mas cessa a obrigação de contribuir após a reforma[1302], podendo transitoriamente os beneficiários reformados que em 1.7.2015 continuem a pagar contribuições continuar a fazê-lo até que decorram 12 meses após a atribuição da última melhoria à pensão de reforma[1303].

122. Contribuições

Os beneficiários pagam, até ao último dia de cada mês, contribuições calculadas pela aplicação da taxa de 24% (19%, no ano de 2017; 21%, no ano de 2018; e 23% no ano de 2019) a uma remuneração convencional, escolhida pelo beneficiário, de entre dezoito escalões, sendo cada um dos primeiros três correspondentes, respetivamente, a um quarto, metade e três quartos do salário mínimo nacional vigente, e o quarto até ao décimo oitavo escalões correspondentes, respetivamente, a uma até quinze vezes aquele salário[1304].

O escalão mínimo da remuneração convencional é o primeiro escalão, para os Advogados estagiártios e associados estagiários da Ordem dos Soli-

---

[1298] Artigo 29º – nº 1 e 30º.
[1299] Artigo 31º.
[1300] Artigo 36º – nº 1.
[1301] Artigo 29º – nº 1.
[1302] Artigo 79º – nº 4.
[1303] Artigo 105º
[1304] Artigo 79º – nºs 1 e 2 e 80º – nº 1.

DIREITO PROFISSIONAL DO ADVOGADO

citadores, a partir da segunda metade do período programático do estágio, exceto se não tiverem procedido à entrega de declaração de início de atividade para efeitos fiscais e sem prejuízo de facultativamente, poderem iniciar o pagamento de contribuições em qualquer altura da primeira metade do estágio[1305]; escalões mínimos são também o segundo, terceiro e quarto escalões, respetivamente, até ao fim do primeiro, do segundo e do terceiro ano civil após a inscrição como Advogado ou associado da Ordem dos Solicitadores, sendo também o quarto escalão o mínimo para os beneficiários extraordinários; o quinto escalão nos restantes casos, salvo se já tiver vigorado escalão superior no ano anterior, caso em que continua a ser este[1306], estando os beneficiários dispensados de o comunicar em cada ano[1307].

Extingue-se o direito ao pagamento das contribuições correspondentes ao tempo de estágio e ao tempo em que se tenha verificado a suspensão provisória da inscrição por início de atividade, direito que transitoriamente ainda poderia ser exercido até 30.8. 2015[1308].

A partir do mês seguinte ao do vencimento das contribuições, estas serão acrescidas de juros de mora, a uma taxa, por cada mês de calendário ou fração, igual à prevista para as dívidas de impostos ao Estado[1309].

A certidão de dívida emitida pela direção constitui título executivo, devendo obedecer aos requisitos previstos no Código de Procedimento e de Processo Tributário[1310].

123. Fins

A CPAS tem por fim principal conceder pensões de reforma por velhice e por invalidez aos seus beneficiários e subsídios por morte e pensões de sobrevivência às respetivas famílias.

Complementarmente, em função das disponibilidades anuais do Fundo de Assistência, a CPAS poderá ainda conceder outros benefícios de natureza assistencial e de ação social, se o equilíbrio financeiro-atuarial da instituição o permitir e, em complemento dos referidos benefícios, a CPAS promove a celebração com instituições de seguro, de contratos de grupo, com vista à cobertura de riscos dos seus beneficiários[1311].

[1305] Artigos 80º – nº 2 – a) e 79º – nº 3.
[1306] Artigo 80º – nº 2 – b), c), d) e e).
[1307] Artigo 80º – nº 7.
[1308] Artigo 106º.
[1309] Artigo 81º – nºs 2, 3, e 4.
[1310] Artigo 81º – nº 4.
[1311] Artigo 3º – nºs 1, 2 e 3.

124. Pressupostos da pensão de reforma e do subsídiopor invalidez

O direito à pensão de reforma depende da verificação do prazo mínimo de garantia de quinze anos de inscrição com efetivo pagamento de contribuições e de o beneficiário ter completado sessenta e cinco anos de idade e não ter dívida de contribuições[1312].

Os pressupostos da atribuição do subsídio de invalidez são o prazo mínimo de garantia de dez anos de inscrição, o beneficiário não ter dívida de contribuições, não ter atingido a idade de reforma e ser julgado definitivamente incapaz para o exercício da profissão por junta médica da Caixa por motivo de doença ou acidente[1313].

125. Montantes das pensões de reforma e de invalidez

A pensão de reforma e o subsídio por invalidez serão iguais a 2% da remuneração de referência que serve de base de cálculo à pensão e ao subsídio por cada ano de inscrição e apurados pela aplicação da fórmula PR (pensão de reforma mensal) = (2%xT (nº de anos completos de inscrição com pagamento de contribuições)

$$\text{x} \ \frac{R}{14xT} \ ,$$

em que R representa o total das remunerações convencionais anuais de toda a carreira contributiva atualizadas, mediante a aplicação do índice de preços ao consumidor sem habitação a partir do mês em que tenham sido pagas, sendo aplicável ao montante da pensão, no momento do cálculo da pensão de reforma ou na data da convolação do subsídio de invalidez em pensão de reforma, o fator de sustentabilidade correspondente, respetivamente, ao ano do início da pensão ou da data da convolação, e sendo o fator de sustentabilidade definido pela fórmula

$$\text{FS (fator de sustentabilidade)} = \frac{EMV,}{EMV(\text{índice ano i-1})}$$

sendo EMV a esperança média de vida aos 65 anos verificada no ano anterior ao da entrada em vigor do Regulamento e EMV (índice ano i-1) a esperança média de vida aos 65 anos verificada no ano anterior ao do início da pensão ou da data da convolação, cujo indicador relativo a cada ano corresponde ao publicado pelo INE[1314].

O fator de sustentabilidade aplicável no caso de reforma de beneficiário que, podendo reformar-se em determinado ano, opte por fazê-lo poste-

---

[1312] Artigo 40º – nº 1, alíneas a), b) e c).
[1313] Artigo 27º – nº 1.
[1314] Artigos 41º e 51º

DIREITO PROFISSIONAL DO ADVOGADO

riormente é o correspondente ao do ano em que se podia ter reformado[1315], assim resultando bonificada a sua pensão e se incentivando carreiras contributivas mais longas.

Para os beneficiários que, em 1 de julho de 2015, data da entrada em vigor do Novo Regulamento da CPAS, tenham pelo menos 15 anos completos de contribuições emitidas, é garantido o acesso à pensão de reforma ou subsídio de invalidez, de forma combinada entre o regime anteriormente em vigor, com os devidos ajustamentos, e o novo regime. É apurado um montante correspondente ao tempo de carreira contributiva anterior à entrada em vigor do Novo Regulamento equivalente a 2% da média, calculada com base em 14 meses por ano, das remunerações convencionais anuais dos melhores dez anos de toda a carreira contributiva anterior à entrada em vigor do Novo Regulamento, extrapolada para toda a carreira contributiva, sendo esse valor atualizado por aplicação de um índice de evolução da retribuição mínima mensal garantida desde a data da entrada em vigor do Novo Regulamento. O montante assim apurado é adicionado ao montante da pensão de reforma calculada de acordo com o Novo Regulamento, sendo este ponderado pelo número de anos completos de inscrição desde a data da entrada em vigor do Novo Regulamento até ao momento da concessão da pensão, aplicando-se a seguinte fórmula

$$PR = \left[2\% \times \frac{R1}{140} \times T1\right] \times \frac{RMMG(Atr)}{RMMG(Ent)} + \left[(2\% \times T) \times \frac{R}{14xT}\right] \times \frac{N}{T},$$

sendo

PR: Pensão de reforma mensal;

R1: Total das remunerações convencionais anuais dos 10 anos civis a que correspondam as remunerações convencionais mais elevadas de toda a carreira contributivaanterior à entrada em vigor do Novo Regulamento;

T1: Número de anos completos de inscrição com integral pagamento de contribuições à data da entrada em vigor do Novo Regulamento;

RMMG(Atr): Valor da retribuição mínima mensal garantida à data da atribuição da pensão de reforma;

RMMG(Ent): Valor da retribuição mínima mensal garantida à data da entrada em vigor do Novo Regulamento;

R: Total das remunerações convencionais anuais de toda a carreira contributiva atualizado, a partir do mês em que tenham sido pagas, por aplicação do índice de preços ao consumidor, sem habitação, com o limite

---

[1315] Artigos 42º e 103º – nº 5.

mínimo de zero e o limite máximo equivalente ao valor percentual do aumento da retribuição mínima mensal garantida no ano;
T: Número de anos completos de inscrição com integral pagamento de contribuições;
N: Número de anos completos de inscrição com integral pagamento de contribuições após a data da entrada em vigor do Novo Regulamento.

Ao valor da pensão de reforma assim apurado é aplicado o fator de sustentabilidade correspondente ao ano do início da pensão de reforma ou da data da convolação do subsídio de invalidez em pensão de reforma[1316].

O Novo Regulamento assegura, em razão da antiguidade dos direitos em formação em matéria de reforma, um período transitório de seis anos para acesso à reforma dos beneficiários que nesse período perfaçam 60 anos de idade e trinta e seis anos de carreira contributiva, sendo a pensão de reforma calculada nos termos acabados de expor[1317].

A pensão de reforma dos beneficiários que em 1.7.2015 tenham 65 anos e, pelo menos, 15 anos de carreira contributiva ou 60 anos de idade e, pelo menos 36 anos de carreira contributiva é calculada de acordo com o anterior Regulamento da CPAS relativamente ao tempo já decorrido e de acordo com o artigo 41º do Novo Regulamento relativamente ao período que decorrer até à data da reforma[1318].

A pensão de reforma dos beneficiários que em 1.7.2015 tenham 60 anos de idade ou 36 anos de carreira contributiva é calculada de acordo com as regras do anterior Regulamento relativamente ao tempo já decorrido e de acordo com o artigo 41º do Novo Regulamento relativamente ao período que decorrer até à data da reforma, a que só haverá direito quando o beneficiário atingir cumulativamente 60 anos de idade e 36 anos de pagamento de contribuições[1319].

A pensão de reforma e o subsídio de invalidez são pagos 14 vezes por ano, sendo duplicado o seu valor mensal em julho e novembro[1320].

[1316] Artigos 103º – nºs 1 e 4 e 41º – nºs 3 a 7.
[1317] Artigo 102º – nº 2.
[1318] Artigo 101º.
[1319] Artigo 102º – nº 1.
[1320] Artigo 44º.

DIREITO PROFISSIONAL DO ADVOGADO

126. Subsídio por morte

Por morte do beneficiário que tenha completado 5 anos de inscrição, o cônjuge sobrevivo ou, na sua falta, os filhos terão direito a receber da Caixa um subsídio por morte de seis vezes o valor do salário mínimo nacional, aplicando-se, com as necessárias adaptações, o disposto para o subsídio de sobrevivência[1321].

127. Pensão de sobrevivência

Por morte do beneficiário, reformado ou não, que tenha completado 70 anos de idade, o subsídio de sobrevivência depende de dez anos de inscrição com pagamento de contribuições pelo falecido beneficiário, sem dívida de contribuições, e têm direito a ele o cônjuge sobrevivo e os descendentes[1322].

O montante da pensão de sobrevivência será determinado pelas seguintes percentagens da pensão de reforma que o beneficiário efetivamente recebia ou daquela a que teria direito, se fosse reformado na data do falecimento:

a) 60% para o cônjuge sobrevivo, com rendimento anual para efeitos do imposto sobre o rendimento das pessoas singulares menor ou igual a 28 remunerações mínimas mensais garantidas; ou 50%, se tal número de remunerações for maior que 28 e menor ou igual a 42; ou 40%, se aquele número for maior que 42 e menor ou igual a 56; ou 30%, se for maior que 56 e menor ou igual a 70; ou 20%, se for maior que 70 e menor ou igual a 84; ou 10%, se for maior que 84 remunerações mínimas mensais garantidas;

b) 20% ou 30% para os filhos, consoante forem 1 ou mais filhos, se houver cônjuge sobrevivo, e o dobro daquelas percentagens, caso não haja, repartindo-se os montantes por igual entre os filhos[1323].

O cônjuge só terá direito ao subsídio se for casado com o beneficiário há, pelo menos, 1 ano à data do falecimento deste e só terá direito a ele durante cinco anos se tiver menos de 35 anos, salvo se for inválido[1324].

Os filhos terão direito ao subsídio até perfazerem 18 e 25 anos, enquanto frequentarem com aproveitamento, respetivamente, o ensino médio ou superior, e sem limite de idade os que sofrerem incapacidade permanente e total para o trabalho[1325].

[1321] Artigos 58º, 59º e 60º.
[1322] Artigo 61º.
[1323] Artigo 62º.
[1324] Artigo 63º – nºs 1 e 2.
[1325] Artigo 63º – nº 3.

128. Subsídio por doença

No revogado Regulamento anterior da CPAS, aos beneficiários ativos que tivessem completado 65 anos de idade e 5 anos de inscrição e que por motivo de doença estivessem incapacitados temporária e totalmente de exercer a profissão poderiam ser concedidos, a seu pedido, subsídios pecuniários de montante igual a 60% da pensão de reforma a que teriam direito à data da verificação da doença[1326].

129. Benefícios de maternidade e nascimento

No âmbito da ação social complementar, a CPAS concedia a todas as beneficiárias com mais de dois anos de inscrição, que viessem a encontrar-se em situação de maternidade, um benefício de valor igual a dez vezes o valor das contribuições mensais devidas pela beneficiária requerente, com o valor mínimo de três vezes o salário mínimo nacional e o valor máximo de seis salários mínimos nacionais e concedia benefício de nascimento igual a um salário mínimo nacional ou a dois, conforme se tratasse de um ou de ambos os pais a ser beneficiários ordinários que tivessem mais de um ano de inscrição com pagamento de contribuições, pelo nascimento de cada filho, desde que não tivessem contribuições em atraso há mais de 120 dias[1327].

130. Comparticipação nas despesas com internamento hospitalar e/ou intervenções cirúrgicas do beneficiário, do cônjuge e/ou filhos menores e com maternidade da beneficiária ou cônjuge do beneficiário

Ainda no âmbito da ação social, a CPAS comparticipava nas despesas com internamento hospitalar e/ou intervenções cirúrgicas, incluindo honorários médicos, desde que houvesse um ano de inscrição com pagamento de contribuições.

A comparticipação nas despesas de internamento hospitalar, quando não tivesse havido intervenção cirúrgica, dependia de o internamento hospitalar se ter prolongado pelo menos por uma noite e a intervenção cirúrgica para ser comparticipada, implicava internamento hospitalar, ainda que não incluísse uma noite em estabelecimento hospitalar.

Se as despesas fossem comparticipadas no âmbito do contrato de seguro de grupo protocolado entre a CPAS e uma seguradora, a comparticipação da CPAS seria do quantitativo que fosse necessário para, acrescido ao valor

---

[1326] Artigo 52º do revogado Regulamento.
[1327] Artigos 1º, 2º e 3º do Regulamento destes benefícios – Deliberação da Direção de 18/2/87.

DIREITO PROFISSIONAL DO ADVOGADO

pago pela seguradora, reembolsar o beneficiário da totalidade da despesa havida, com o limite máximo de comparticipação pela CPAS de 9.975,96 Euros por ano e, se não houvesse essa comparticipação pela seguradora, a comparticipação pela CPAS era de 15% da despesa havida com o limite máximo de 4.987,98 Euros por ano.

As comparticipações seriam sempre calculadas com base nas despesas efetivamente suportadas pelo beneficiário, deduzidas, portanto, de todas as comparticipações atribuídas por outras entidades ou subsistemas de saúde, designadamente serviços sociais, serviço nacional de saúde e ADSE[1328].

131. Benefício de apoio à recuperação em caso de internamento hospitalar

O benefício de apoio à recuperação era concedido, em caso de internamento hospitalar por doença de dois ou mais dias, isto é, prolongando-se o internamento pelo menos por uma noite, ao beneficiário com mais de um ano de inscrição com pagamento de contribuições, desde que não tivesse contribuições em atraso há mais de 120 dias, excluindo-se, portanto, os reformados, os inválidos e os beneficiários extraordinários.

O valor do benefício de apoio à recuperação era do montante de cinco, dez ou quinze vezes o valor da contribuição mensal paga pelo beneficiário, com o limite máximo, respetivamente, dois, quatro e oito salários mínimos nacionais em vigor à data da alta hospitalar, se o internamento durasse, respetivamente, de dois até cinco, de seis até dez e mais de dez dias[1329].

132. Subsídio de funeral

No âmbito da ação social, a CPAS comparticipava nas despesas de funeral com um terço do seu valor, no máximo de 448,92 Euros.

133. Subsídios de assistência

Também no âmbito da sua ação social, a CPAS concede subsídios de assistência normais anuais pagos em duodécimos mensais e subsídios de assistência eventuais[1330], pagos em caso de comprovada emergência social.

[1328] Regulamento deste benefício – Deliberação de 27/11/93.
[1329] Regulamento deste benefício – Deliberação de 20/1/88.
[1330] Artigos 71º a 78º.

BIBLIOGRAFIA

Além de outra que consta nas notas de pé de página:

Conselheiro AFONSO DE MELLO, Responsabilidade Civil de Mandatário Judicial, no BOA, nº 26, maio-junho de 2003, pág.s 26-28.

ALBERTO LUÍS, A Profissão de Advogado e a Deontologia, lições policopiadas do Centro de Estágio do Conselho Distrital do Porto da Ordem dos Advogados, págs. 9 e 10.

ALBERTO DOS REIS, Código de Processo Civil Anotado, I, pág.s 112 e 113.

ALBERTO DE SOUSA LAMY, A Ordem dos Advogados Portugueses, História, Órgãos, Funções, pág. 58, 90 e 102.

ALFONSO PALLADINO – VICENZO PALLADINO, La Professione Forense, pág. 257.

ALFREDO GASPAR, Estatuto da Ordem dos Advogados.

ANGEL OSSORIO Y GALLARDO, A Alma da Toga, trad. de A. S. Madeira Pinto, 1956.

ANSELMO DE CASTRO, Direito Processual Civil, vol. II, 1982, pág. s 138 e 139.

ANTÓNIO ARNAUT, Iniciação à Advocacia, 7ª ed.

ANTONIO FERNANDEZ SERRANO, La Abogacia en España y en el Mundo, Madrid, 1955, I vol., págs. 207 e segs.

ANTUNES VARELA,
  – Manual de Processo Civil, pág. 182; e
  – Obrigações, 2º, pág. 267.

Bastonário AUGUSTO LOPES CARDOSO,
  – Do Segredo Profissional na Advocacia;
  – Do Advogado e da Verdade, Em Jeito de Charla, na Revista do Conselho Distrital do Porto, nº 1, pág.s 18 a 21;

DIREITO PROFISSIONAL DO ADVOGADO

– Da Associação dos Advogados de Lisboa à Ordem dos Advogados, separata da Revista da Ordem dos Advogados, ano 48º.

BELING, Derecho Processual Penal, 1943, págs. 49 e seguintes.

CARLO LEGA, Deontologia de la Profession de Abogado, Madrid, 1976, pág. 68.

CARLOS GRIJÓ, Garantias do Advogado no Exercício da Profissão, lições policopiadas do Centro de Estágio do Conselho Distrital do Porto da Ordem dos Advogados.

CARLOS LIMA, Aspetos das Sociedades Civis de Advogados, na ROA, 42º, pág.s 5 e seg.s

CLÉO LECLERCQ, Devoirs et Prérogatives de l'Avocat, Bruylant, Bruxelles, 1999, págs. 131-132.

DANIEL BELL, O Advento da Sociedade Post – industrial, ed. esp. 1976, págs. 426-427.

DIOGO FREITAS DO AMARAL, Curso de Direito Administrativo, 2ª ed., vol. I, págs. 402 e seg.s

Desembargador DIONÍSIO DE PINHO, O Advogado perante a Verdade, B.O.A., nº 15, pág. 30.

ERNEST GREENWOOD, Attributes of a Profession.

F. PESSOA JORGE, Ensino sobre os Pressupostos da Responsabilidade Civil, Lisboa, 1968, n º 61, pág.s 133-134.

FERNANDO SOUSA MAGALHÃES,

– A Advocacia – Uma Síntese da Sua Evolução Histórica, lições policopiadas do Centro de Estágio do Conselho Distrital do Porto da Ordem dos Advogados.

– Estatuto da Ordem dos Advogados, Anotado e Comentado, Almedina.

FRANCESCO GALGANO – F. GRANDE STEVENS, Manualetto Forense, págs. 93 e seguintes.

PROF. DR. GERMANO MARQUES DA SILVA,

– Direito de Protesto e Protesto ao Abrigo da Lei, na ROA, 59º, págs. 849 e seg.s; e

– Crimes de Emissão de Cheque sem Provisão, pág. 107.

HAROLDO VALADÃO, na ROA, 1951, pág. 14.

JACQUES HAMELIN – ANDRÉ DAMIEN, Les Règles de la Profession d'Avocat, 1995, pág. 211 e seg.s e 389 e seg.s.

JEAN APPLETON, Traité de la Profession d'Avocat, Paris, 1828.

JOÃO DE CASTRO MENDES, Recursos, 1980, pág. 137.

JOÃO MENERES DE CAMPOS, As relações entre Advogados, na Revista da Ordem dos Advogados, 18º, pág. 399.

BIBLIOGRAFIA

J. J. Gomes Canotilho – Vital Moreira, Constituição da República Portuguesa, Anotada, Coimbra Editora, Vol. I, pág.s 519-520.

Jorge Andrade Silva, A Ordem dos Advogados, lições policopiadas do Centro de Estágio do Conselho Distrital do Porto da Ordem dos Advogados.

Prof. Dr. Jorge Figueiredo Dias,
  – Jornadas de Direito Processual Penal, págs. 7 e seguintes; e Direito Processual Penal, I, 1974, pág. 469.

Prof. Jorge Figueiredo Dias e Jorge Sinde Monteiro, A Responsabilidade Médica em Portugal, no BMJ nº 332, pág. s 48-51.

José C. Moitinho de Almeida, A responsabilidade civil do médico e o seu seguro, sep. da Scientia Juridica, Braga,1972, n.4, pág. 13.

José Pedro Morais de Carvalho, Relações dos Advogados com Magistrados, Porto, fevereiro de 2000, lições policopiadas do Centro de Estágio do Conselho Distrital do Porto da Ordem dos Advogados.

José Pereira de Graça, Témis, A Deusa da Justiça.

Lobo Ferreira, Dos Honorários do Advogado, no Boletim da Ordem dos Advogados, 13, pág. 26.

Luís Vasconcelos Abreu, O Estatuto da Ordem dos Advogados e a Relação entre Mandante e Mandatário Judicial, na ROA, 62º, pág. 290.

Manuel A. Domingues de Andrade, Teoria Geral da Relação Jurídica, Vol. I, págs. 41 a 43.

Manuel da Costa Andrade, Sobre as Proibições de Prova em Processo Penal, 1992, pág.55.

Manuel Lopes Maia Gonçalves, Código de Processo Penal, Anotado e Comentado, 11ª edição – 1999, pág. 338.

Modesto Barcia Lago, El Ilustre Colegio Provincial de Abogados de Pontevedra en el Marco del Desarrollo Histórico de la Abogacia Española, 1999.

Orlando Guedes da Costa,
  – A Incomunicabilidade do Detido e o Advogado, in Para Uma Nova Justiça Penal, 1984;
  – Dos Pressupostos do Exercício da Advocacia e daPublicidade do Advogado, 2000, págs. 80-82.
  – A Universidade e a Formação Profissional – Um Esboço, na Revista da Faculdade de Direito da Universidade do Porto, Ano III – 2006, pág.s 613 e seg.s.
  – As Relações entre a Ordem dos Advogados de Portugal e os Colégios de Advogados de Espanha desde a última década do século XX, no Anuário, 2003, Ano I, do Instituto de Estudios Ibéricos, pág.s 109 e seg.s.

– A Justiça, a Advocacia e a Implantação da República, in Justiça, Direito, Ordem e República, ed. do CDL da OA, 2010, pág.s 39 a 55.

– Sociedades Multiprofissionais, no BOA nºs 93/94, agosto/setembro de 2012, pág.s 30-32.

Paulo Castro Rangel,

– O Princípio da Taxatividade das Incompatibilidades, na ROA, 54º, pág.s 779 e seg.s.

– Repensar o Poder Judicial, pág. s 138, 170, 185 e 189 e seg.s

Paulo Leal, Sociedades de Profissionais Liberais, na Revista de Direito e de Estudos Sociais, Ano XXXII (V da 2ª Série), nºs 1-2-3-4, Jan.-Dez. 1990, pág.s 71-73.

Pio xii, Documentos Jurídicos, pág. 593.

Pires de Lima – Antunes Varela, Código Civil Anotado, II, 1968, pág. 464.

Rita Santos, A Nova Sociedade de Informação: Um Apelo à Especialização do Advogado, na ROA, 62º, pág. 514.

Rogério e. Soares, A Ordem dos Advogados – Uma Corporação Pública, na Revista de Legislação e Jurisprudência, 124º, pág. 163 e segs.

Rui Delgado, Relações entre Advogados e seus Clientes – A responsabilidade civil dos Advogados, lições policopiadas do Centro de Estágio do Conselho Distrital do Porto da Ordem dos Advogados.

Rui da Silva Leal, Relacionamento dos Advogados com os Magistrados, lições policopiadas do Centro de Estágio do Conselho Distrital do Porto da Ordem dos Advogados.

Rui Polónio de Sampaio, O Magistrado visto pelo Advogado, na ROA, 36º, pág. 221.

Valério Bexiga,

– Manual de Deontologia Forense, março de 2003, pág. 187; e

– O Advogado e a História, Faro 2000.

Wolf Paul, A Formação Complementar do Advogado na Alemanha, in Scientia Iuridica, Tomo XLVII, nºs 271/273 – janeiro/junho 1998, pág.s 7 e seg.s.

ÍNDICE REMISSIVO

A remissão infra refere-se aos números das rubricas e não às páginas e vai em negrito a sede principal de cada matéria

Acesso ao Direito – 70
- Consulta jurídica – 70.1
- Apoio judiciário – 70.2
- em geral – 70.2.1
- nomeação de defensor em processo penal – 70.2.2
- Participação dos Advogados – 70.3
- Compensação dos Advogados – 70.4
- Nomeação oficiosa por inexistência de aceitação voluntária de patrocínio – 70.5

Advocacia colegiada – **9.2,** 108

Advocacia de Estado – **9.2**

Advocacia livre – 7.3, **9.2,** 108

Advogado como participante na administração da Justiça – 1, 9.1 e 9.3
- e não auxiliar de justiça ou colaborador de justiça ou auxiliar das autoridades judiciárias, que são os órgãos de polícia criminal, enquanto o defensor em processo penal é sujeito processual como o Tribunal, o Ministério Público, o arguido e o assistente – 9.3.1

Advogado assalariado – 9.3.5, 9.3.6, 21.2.7

Advogado associado – 9.3.6, 23

Advogados de empresa – 9.3.5, 15

Advogado Público – 9.3.6, 40

American Bar Association (ABA) – 8.2.10

Apoio judiciário – 70.2
- em geral – 70.2.1
- nomeação de defensor em processo penal – 70.2.2

Atos de procuradoria – 15

Atos próprios da profissão de Advogado – 1, 9.3, **15**
- Base contratual do exercício da advocacia – 16, 74
- Limitações para o exercício da advocacia durante o estágio – 17
- Atos próprios de advocacia por não Advogados – 18

DIREITO PROFISSIONAL DO ADVOGADO

Atribuições da Ordem dos Advogados – 1, 8.2.1, 12, 13, 108

Autonomia do Ministério Público – 9.3.4

Autoridade profissional – 1

Bastonário – 8.1.2, 8.2.11

Biblioteca da Ordem dos Advogados – 8.2.4

Boletim da Ordem dos Advogados – 8.2.4

Branqueamento de capitais – 72, **107.3**

Casa do Cível – 6, 7.2, 7.3

Carta dos Princípios Fundamentais do Advogado Europeu – 1 (nota)

Casa da Suplicação – 7.2, 7.3

CCBE – 21.1 e 21.2 **(e respetivas notas)**

Centro de Estudos – 8.2.6

Cessão de créditos ou outros direitos litigiosos a Advogados – 60

Código de Deontologia do CCBE – 1, 2, 9.2, 21.1 (nota), 36, 37, 48, 51, 60, 69, 75, 77, 78, 79, 88, 89, 90, 91, 93, 94, 95, 96, 97, 98, 101, 103, 104, 105, 106.1, 107.3, 118.

Código Internacional de Ética Profissional da IBA – 85 (nota)

Código de Ética Profissional da Advocacia Iberoamericana da UIBA – 85 (nota), 90 (nota)

Confiança
– e autoridade profissional – 1
– e regulamentação da profissão – 1
– e deontologia – 1
– e segredo profissional – 1

Conflitos de interesses – 24, 37, **75**

Constituição de Advogado, sua obrigatoriedade ou não e sua falta – 18

Consulta jurídica – 8.2.12, **15**, 36, 40, 70.1

Contrato de mandato judicial – 1, 7.3, 9.1, 16, 72, 73, 114
– especificidades – 9, 16, 73, 74, 76, 78, 86

Contrato de trabalho subordinado e advocacia – 9.3, 40

Corregedor da Corte – 7.1, 7.2, 7.3

Crime de prevaricação – 2, 6, 75

Deontologia
– definição – 1
– e valor da confiança – 1, 2, 102
– profissional – 2, 9.2

Descentralização e autonomia financeira dos órgãos da Ordem dos Advogados – 11

Deveres deontológicos gerais
– independência – 1, 3, 9.1, 9.2, 9.3, 17, 73, 74, 76, 77, 78, 86
– probidade – 1, 3
– urbanidade – 3

Deveres entre Advogados
– solidariedade – 87
– especial correção e urbanidade e não pessoalização das questões nos Advogados intervenientes – 88
– reserva ou confidencialidade – 89
– segredo – 90, 101
– lealdade e lealdade processual – 3, **91**
– dever de não assinatura de escritos profissionais que não tenha feito ou em que não tenha colaborado – 92

470

– cooperação – 93
– no patrocínio contra Advogados ou magistrados – 94
– formação de Advogados estagiários – 95

Deveres na condução do processo e para com os magistrados
– especial dever de urbanidade – 96
– dever de não faltar à verdade em informação ao Juiz – 97
– diligência e lealdade, lealdade processual e não ingerência nas decisões judiciais – 3, **99**
– deveres no patrocínio contra magistrados – 94, 100

Deveres para com o cliente
– dever de recusar mandato, nomeação oficiosa ou prestação de serviços em questão em que já tenha intervindo em qualquer outra qualidade – 74
– dever de recusar o patrocínio de partes com interesses opostos na mesma ou em questão conexa – 75
– dever de recusar questão contra quem noutra questão seja seu cliente – 76
– dever de emitir parecer consciencioso sobre o mérito do direito invocado pelo cliente – 77
– dever de informação pelo Advogado e pelo cliente – 78
– dever de zelo e diligência – 79
– dever de segredo – **80,** 101
– dever de aconselhar toda a composição justa e equitativa – 81
– dever de prestação de contas – 82

– deveres quanto aos fundos-clientes – 83
– dever de não celebrar pactos de quota litis ou sobre o objecto de questões confiadas – 60, **84**
– proibição de abandono da questão sem motivo justificado – 7.1, 7.3, **85**
– Renúncia ao mandato e escusa – 85
– Dever de exigir correção do cliente para todos os intervenientes na questão – 9.1, 86

Deveres para com a comunidade
– sua razão de ser – 9.1
– dever de servir a Justiça e o Direito – 69, 69.5
– dever de não advogar contra lei expressa – 69.1
– dever de obediência à lei – 69.1
– dever de não promover diligências reconhecidamente dilatórias – 69.2
– dever de não promover diligências prejudiciais para a descoberta da verdade – 69.3
– dever de recusa do patrocínio de questões que considere injustas – 69.4
– dever de colaborar no acesso ao direito e aceitar nomeações oficiosas – 70
– dever de não solicitar nem angariar clientes e de assegurar o princípio da escolha directa e livre do Advogado pelo cliente – 9.1, 45, 71 e 72.
– deveres contra o branqueamento de capitais – 72

– dever de não se servir do mandato para prosseguir objetivos que não sejam profissionais – 72

Deveres do Advogado para com a Ordem dos Advogados – 12

Diligências dilatórias e sua proibição – 6, 69.2

Diligências prejudiciais para a descoberta da verdade – 69.3

Direito de estabelecimento como Advogados de cidadãos da União Europeia – 21.4

Direito Profissional do Advogado
– definição – 2

Discussão pública de questões pendentes ou a instaurar – 52
– sua limitação e suas razões de ser – 9.1

Domicílio profissional do Advogado – 12

Eleições para os órgãos da Ordem dos Advogados – 11

Escritório de procuradoria ilícita – 45

Estatuto deontológico – 2
– "estatuto positivo" e "estatuto negativo" – 2

Estatuto positivo e estatuto negativo do Advogado – 2

Estatuto profissional – 2

Estágio – 12, 13, 17
– Limitações para o exercício da advocacia durante o estágio – 17
– Dispensa de estágio – 13
– Estágio de adaptação ou prova de aptidão (direito de estabelecimento) – 21.3

Estrutura orgânica e territorial da Ordem dos Advogados – 11

Excesso de mandato – 18

Exames
– exame de Ordem (Brasil) – 20
– ingresso na Ordem – 8.2.8, 13
– exame de aptidão ou estágio de adaptação (direito de estabelecimento) – 21.3
– dispensa – 21.2

Exercício assalariado da profissão de Advogado – 9.3 e 21.2.7

Exercício da advocacia por estrangeiros
– **princípio geral** – 19
– cidadãos de Estados de Língua Oficial Portuguesa com residência permanente em Portugal – 19
– **Advogados brasileiros** – 8.2.8, **20**
– **Advogados da União Europeia** – 21

– Com o título profissional de origem – 21.1
– prestação ocasional de serviços – 21.1
– livre prestação de serviços edireito de estabelecimento – 21.5
– mediante prévio registo – 21.2.1
– representação apropriada no Estado de acolhimento – 21.2.5
– exercício da advocacia na qualidade de assalariados – 21.2.7

– Com o título de Advogado, mediante inscrição – 21.3
– Cidadãos de Estados da União Europeia diplomados em Estado-

membro de acolhimento nos mesmos termos dos seus nacionais – 21.4

- Caso Reyners – 21.4
- Caso Van Binsberg – 21.4
- Caso Thieffry – 21.4
- Restrições ao direito de estabelecimento – 21.6

Falta, insuficiência ou irregularidade de mandato – 18

Fins da Ordem dos Advogados – 1, 8.2.1, 12, 13, 108

Formação contínua – 8.2.6, 12

Fundos – clientes – 83

Garantias do Advogado – 1, 9.1, 9.3, **53**
- liberdade de expressão indispensável ou necessária à defesa da causa – 46, 53, 114
- perante a Ordem dos Advogados – 54
- direito à proteção do escritório e à preservação do sigilo da documentação relativa ao exercício da defesa – 55
- direito à especial proteção das comunicações com o cliente – 56
- exercício da profissão sem exibição de procuração, com prioridade de atendimento e com direito de ingresso nas secretarias judiciais – 57
- direito ao livre exercício do patrocínio e direito de protesto – 58

Hierarquia dos titulares dos órgãos da Ordem dos Advogados – 11

Honorários do Advogado – 6, 7.1, 7.2, 7.3, **59-68**
- com fonte na lei – 67 e 70.4

- com fonte em contrato – 59, 67 e 70.4
- suas especificidades e suas razões de ser – 9.1
- ajuste prévio – 59
- avença – 59
- quota litis e sua proibição- 6, 7.1, 7.3, 9.1, 49, **60**, 84
- tabelas de honorários – 60
- critérios legais de fixação de honorários – 61
- obrigação de publicitação dos preços dos serviços prestados – 61
- formas de pagamento de honorários – 62
- provisões para honorários e para despesas – 63
- repartição de honorários – 64
- mudança de Advogado e honorários do substituído – 65
- honorários e direito de retenção – 66
- laudo de honorários – 67
- ação de honorários – 67
    - tribunal competente
        - em razão da matéria – 67
        - em razão do território – 67

International Bar Association (IBA) – 8.2,10, 85 (nota)

Ilícito criminal no exercício da advocacia ou da consulta jurídica – 7.2, **44**
- e suspensão da inscrição – 44, 46
- e cancelamento da inscrição – 44

Ilícito disciplinar no exercício da advocacia – 44, 46

Impedimentos – 2, 6, 7.1, 7.2, 7.3, 9.1, **37, 43**, 45

DIREITO PROFISSIONAL DO ADVOGADO

– sua razão de ser – 37
Sua distinção dos:
– impedimentos decorrentes de parentesco ou afinidade com outros intervenientes, efectivos ou eventuais, numa causa – 37
– impedimentos decorrentes de conflitos de interesses – 37, **75**
– impedimentos decorrentes de intervenção noutra qualidade – 37, **75**

Imunidades do Advogado – 1, 46, 53, 96, 114
– liberdade de expressão indispensável ou necessária à defesa da causa – 46, 53, 114
– imunidade quanto às decisões como titulares dos órgãos com competência disciplinar – 144

Incapacidades – 7.1, 7.2, 7.3, 9.1, **14,** 37
– sua razão de ser – 37
– mulher casada – 8.2.8
– Inidoneidade moral – 8.2.8, 14
– supervenientes – 14
– e cancelamento – 14

Incompatibilidades- 2, 6, 7.2, 9.1, 9.3, **37, 38, 39, 40, 41, 42,** 45
– sua razão de ser – 37
– supervenientes – 39
– e suspensão – 39

Independência dos Advogados – 1, 3, 9.1, 9.2, 9.3, 17, 37, 73, 74, 76, 77, 78, 86
– Advogados assalariados, onde sejam permitidos – 9.3.5
– proibição da quota litis – 6, 7.1, 7.3, 9.1, 49, **60,** 84

– cessão de créditos ou outros direitos litigiosos a Advogados – 60
Independência dos Tribunais – 9.3.3
Independência dos Juízes – 9.3.3
Infrações a deveres processuais – 46
– ao dever de respeito ao tribunal ou a instituições vigentes – **46**, 96
– litigância de má fé com responsabilidade pessoal do Advogado – 46
– não restituição de processo confiado – 46
– atos processuais e incidentes supérfluos – 46
– falta de Advogado a ato processual – 46
– taxa sancionatória excecional do artigo 447º – B e multa do artigo 152º – nº 3 e eventuais multas por falta de notificação entre mandatários judiciais, nos termos dos artigos 229º-A e 260º-A do C. P. Civil – 46
Inscrição na Ordem dos Advogados – 13
– sua obrigatoriedade – interesse público da profissão – 9.3
– Consultores jurídicos – 13, 36
– Inscrição de Advogados estagiários – 13
– Inscrição de Advogados – 13
– Inscrição preparatória – 13
– Inscrição nos quadros da Ordem – 13
– suspensão da inscrição – 14, 39, 44, 46
  e responsabilidade disciplinar – 108
– cancelamento da inscrição – 14, 44

ÍNDICE REMISSIVO

– e responsabilidade disciplinar – 108

Instituto da Conferência – 8.2.6

Interesse público da profissão de Advogado – 1, 9.1, 9.2, 15, 16, 73, 74, 76

Juiz de Fora – 7.2

Juiz ordinário ou alvazil – 7.2, 7.3

Legitimação do poder judicial – 9.3

Lei das Associações Públicas Profissionais – 10 e 118.

Litigância de má-fé – 6, 7.1, 7.2, 7.3, **46, 69.1, 69.2, 69.3, 69.4**

Mandato judicial
– suas especificidades e suas razões de ser – 9.3, 73

Meirinho – 7.2

Natureza jurídica
– das normas do Direito Profissional – 2
– da Ordem dos Advogados – 9.2, 9.3, **10**
– associação pública de entidades privadas integrante da administração autónoma do Estado – 9.2, 9.3, **10**
– estatuto constitucional da Ordem – 9.3, **10**
– estatuto legal da Ordem – 9.3, **10**
– independência e autonomia da Ordem em relação aos órgãos do Estado desde o 1º Estatuto da Ordem dos Advogados – 9.3,**10.**

Nomeações oficiosas de Advogado – 6, 7.3, 9.1, 17, **70, 70.1, 70.2, 70.3, 70.4, 70.5**

Normas jurídicas
– noção – 2

Organização Judiciária – 9.3.2

Órgãos da Ordem dos Advogados – 8.2.2, 8.2.12, **11,**
– Competência – 8.2.2, 8.2.12, 11
– Composição – 8.2.2, 8.2.8
– descentralização e autonomia – 11
– Eleições – 8.2.2, 8.2.3, 8.2.8, 8.2.12, 11
– Hierarquia e equiparações a magistrados dos titulares dos órgãos – 11
– Membros de órgãos designados pelo Presidente da Ordem – 8.2.8
– obrigatoriedade de exercício de funções pelos Advogados – 11

Origem das Ordens dos Advogados – 8, 8.1.1, 8.1.2, 8.1.3

Prerrogativas do Advogado – *Vide* **Garantias do Advogado**

Presidente da Ordem – 8.2.8, 8.2.11

Previdência dos Advogados – 8.2.9, 119 a 133
– Autonomia da Caixa em relação à Ordem e do regime de previdência em relação ao regime geral – 119
– estrutura orgânica da CPAS – 120
– inscrição – 121
– contribuições – 122
– fins – 123
– pressupostos das pensões de reforma e de invalidez – 124
– montantes das pensões – 125
– subsídio por morte – 126
– pensão de sobrevivência – 127
– subsídio por doença – 128
– benefícios de maternidade e nascimento – 129

DIREITO PROFISSIONAL DO ADVOGADO

– comparticipações em despesas –
130
– apoio à recuperação em internamento hospitalar – 131
– subsídio de funeral – 132
– subsídios de assistência – 133
Princípio da livre escolha do Advogado – 9.1, 45, **71, 72**
Procuração – 7.1, **16**
Profissão
– conceito – 1,
– consciência profissional e
– consciência moral – 3
– regulamentada – 1, 21.3 (em nota),
– autoridade profissional – 1,
– liberal – 3
Proibição da constituição de Advogado – 6, 7.1, 7.2
Proibição dos pactos de quota litis – 60, 84
– sua razão de ser – 9.1 e 60
Proibição de angariação de clientela – 45, **71**
– suas razões de ser – 9.1,
Proteção jurídica – 70
Publicidade do Advogado
– limitação e suas razões de ser – 9.1, 49
– informação e publicidade objetiva – 49
– atos lícitos de publicidade – 49
– atos ilícitos de publicidade – 49
– argumentos a favor e contra a publicidade – 49
– publicidade e especialização – o Regulamento Geral das Especialidades – 50
– indicação de especialização no direito comparado – 50

– publicidade do Advogado no Código de Deontologia do CCBE – 51
Quota litis e sua proibição – 5, 6, 7.1, 7.3, 9.1, 49, **60**, 84
Quota palmarium – 5, 60.
Receitas da Ordem dos Advogados
– Procuradoria – 10
– Quotas – 10, 12
– Taxa de justiça cível – 10,
Regedor das Justiças – 7.2
Regulamento Geral das Especialidades – 50
Representação da Ordem dos Advogados e dos seus órgãos – 11
Responsabilidade disciplinar dos Advogados – 108-113
– infração disciplinar – 109
– prescrição, suspensão e interrupção do procedimento disciplinar – 110
– desistência – 111
– tramitação processual – 112
– penas disciplinares – 113
Responsabilidade civil profissional do Advogado – 114-118
– nomeado oficiosamente – 114
– distinção entre obrigação de meios e obrigação de resultado e aplicação, em ambos os casos, do ónus da prova do Advogado quanto à culpa e do critério do *bonus paterfamilias* e exigência da prova do dano e do nexo de causalidade pelo lesado; irrelevância da teoria da "perte d'une chance" – 114
– responsabilidade conjunta e solidária – 115

– responsabilidade por facto de outrem e cláusulas limitativas e exclusivas de responsabilidade – 116

– Advogado de responsabilidade limitada – 116

– prescrição – 117

– seguro de responsabilidade civil profissional – 118

Restrições ao direito de estabelecimento e à livre prestação de serviços por Advogados – 21.6

Revista da Ordem dos Advogados – 8.2.7

Segredo profissional – 1, 6, 80, 90, 101-107

dever de segredo – 1, 7.3, 80, 90, 101

– e o valor da confiança – 102

– segredo, administração da justiça e proteção do Estado – 103

– imprescritibilidade – 104

– extensibilidade a outras pessoas – 105

– factos abrangidos – 106

– referentes a assuntos profissionais revelados pelo cliente ou conhecidos no exercício da profissão – 106.1

– comunicados por co-interessado – 106.2

– comunicados pela parte contrária durante negociações para acordo ou ocorridos no âmbito de negociações malogradas com intervenção de Advogado – 106.3

– factos sigilosos que, por causa de cargo na Ordem, tenham sido comunicados ao Advogado por qualquer colega – 106.4

– cessação – 107

– mediante prévia autorização do cliente – 107.1

– mediante prévia autorização do Presidente do Conselho Distrital com recurso para o Bastonário – 107.2

– em geral – 107.2.1

– em direito processual – 107.2.2

– por obrigação *ex lege* (branqueamento) – 107.3

– proteção – 1, 9.1, **55-56**, **101**, **103**

Sociedades de Advogados

– sua justificação – 22

– objecto social – 23

– Pacto social – 23

– sua aprovação prévia – 23

– Registo – 23

– do pacto – 23

– das alterações do pacto – 23

– dos Advogados associados – 23

– dos Advogados estagiários – 23

– Planos de carreira – 23

– Regime de responsabilidade dos sócios por dívidas sociais e da sociedade por atos dos sócios, associados e Advogados estagiários – 23, 31

– Exclusividade tendencial da atividade dos sócios e seu corolário – 24

– Conflitos de interesses – 24

– Firma social – 25

– Denominações abreviadas e logotipos – 25

– Participações de indústria e participações de capital – 26

– clientela – 26

– sua eventual relevância para amortização de participações de capital – 28.1

– Intransmissibilidade das participações de indústria e sua liquidação – 27

– Transmissibilidade limitada das participações de capital –

– Transmissão voluntária *inter vivos* – 28.1

– a título oneroso:

– entre sócios – 28.1

– a terceiros – 28.1

– a título gratuito – 28.1

– Transmissão não voluntária *inter vivos* – 28.2

– Extinção da participação de capital ou sua transmissão mortis causa ou por cessação da atividade – 28.3

– Exoneração de sócio – 29

– Exclusão de sócio, impossibilidade temporária do exercício da profissão e suspensão da inscrição de sócio – 30

– Órgãos sociais: assembleia geral e administração – 32

– Divisão de resultados – 33

– Fusão e cisão e dissolução por tais processos – 34.1

– Dissolução imediata – 34.2

– Dissolução por sentença judicial – 34.3

– Exercício da advocacia pelos sócios – 34.4

– Liquidação e partilha do património social – 34.5

– Sociedades multiporofissionais de Advogados – 35.1

– Sociedades multinacionais de Advogados – 35.2.1

– Agrupamentos europeus de interesse económico – 35.2.2

Solicitador como participante na administração da Justiça – 9.3.7

Trajo profissional do Advogado – 47

Tribunal da Corte – 6

Tribunal do Desembargo do Paço – 7.2

Tribunal da Mesa da Consciência e Ordens – 7.2

Tribunal da Relação do Porto – 7.3

Tribunal do Santo Ofício da Inquisição – 7.2

Union Internationale des Avocats (UIA) – 8.2.10

Usos e costumes – 2, 76

ÍNDICE GERAL

INTRODUÇÃO. O ESTATUTO PROFISSIONAL
E O DEONTOLÓGICO, O VALOR DA CONFIANÇA
E O DIREITO PROFISSIONAL COMO RAMO DE DIREITO
AUTÓNOMO 5
1. A autoridade profissional, a deontologia e o valor da confiança 5
2. Estatuto deontológico e estatuto profissional do Advogado – o
Direito Profissional como ramo de Direito autónomo 9
3. Os deveres deontológicos gerais 15

CAPÍTULO I. A ADVOCACIA – DA ANTIGUIDADE ORIENTAL
À ATUALIDADE 15
4. Antiguidade Oriental 15
5. Antiguidade Clássica – As Civilizações Grega e Romana 16
6. Idade Média 19
 6.1 Do séc.V a fins do séc. XII- declínio da advocacia a partir
 do séc. IX, salvo a dos *advocati eclesiae* 19
 6.2 De fins do séc. XII às Ordenações 20
  6.2.1 O direito romano-justinianeu divulgado pelos glosadores
  e o direito romano-canónico – Afonso X de Castela 22
  6.2.2 Evolução em Portugal até às Ordenações 24
7. A advocacia no longo período das Ordenações 26
 7.1 Ordenações Afonsinas 26
 7.2 Ordenações Manuelinas 28
 7.3 Ordenações Filipinas 32
  7.3.1 Desde o início do séc. XVII ao Iluminismo de mados
  do séc. XVIII 32

DIREITO PROFISSIONAL DO ADVOGADO

7.3.2 Da Lei da Boa Razão à criação da Ordem dos Advogados   34
8. Da criação da Ordem dos Advogados até ao seu atual Estatuto
aprovado pela Lei nº 25/2005, de 26 de janeiro   37
  8.1. Origem das Ordens dos Advogados   37
    8.1.1 Na Catalunha   37
    8.1.2 Em França   38
    8.1.3 Em Portugal   39
  8.2 Do Estatuto Judiciário ao atual Estatuto da Ordem
  dos Advogados   41
    8.2.1 Os fins da Ordem   41
    8.2.2 Os órgãos da Ordem   41
    8.2.3 Eleições   43
    8.2.4 Boletim da Ordem e Biblioteca   44
    8.2.5 Tentativas do Estado Corporativo   44
    8.2.6 Do Instituto da Conferência ao Centro de Estudos   45
    8.2.7 A Revista da Ordem   46
    8.2.8 As alterações do terceiro Estatuto Judiciário   47
    8.2.9 A Caixa de Previdência dos Advogados e Solicitadores   48
    8.2.10 IBA e UIA   49
    8.2.11 As alterações de 1960 e do último Estatuto Judiciário   49
    8.2.12 Após a Revolução de Abril de 1974   49

CAPÍTULO II. A FUNÇÃO ATUAL DO ADVOGADO   53
9. A advocacia na atualidade – a função do Advogado   53
  9.1 Os grandes princípios da independência e do interesse público
  da profissão de Advogado e seus afloramentos no ordenamento
  jurídico português   53
  9.2 A advocacia colegiada, a advocacia livre e a advocacia
  de Estado   55
  9.3 O advogado como participante na administração da justiça –
  referência à organização judiciária, à independência dos
  tribunais e dos Juízes, à posição do Ministério Público,
  à independência do Advogado, mesmo em contrato de trabalho
  subordinado, à advocacia como profissão liberal, à figura do
  "Advogado Público", à posição dos Solicitadores e à função
  do Advogado no âmbito do direito à justiça e do acesso efetivo
  à mesma   56
    9.3.1 O Advogado como participante na administração
    da justiça   56

ÍNDICE GERAL

9.3.2 A organização judiciária 59
9.3.3 A independência dos tribunais e dos Juízes 60
9.3.4 A posição do Ministério Público 60
9.3.5 A independência do Advogado, mesmo em contrato
de trabalho subordinado – o Advogado assalariado 61
9.3.6 A advocacia como profissão liberal – a figura
do "Advogado público" 64
9.3.7 A posição dos Solicitadores 65
9.3.8 A função do Advogado no âmbito do direito à justiça
e do acesso efetivo à mesma 66

CAPÍTULO III. A ORDEM DOS ADVOGADOS 67
10. A natureza jurídica da Ordem dos Advogados 67
11. Estrutura orgânica e territorial da Ordem 74
12. Deveres do Advogado para com a Ordem dos Advogados 79

CAPÍTULO IV. A INSCRIÇÃO NA ORDEM DOS ADVOGADOS 83
13. Inscrição preparatória e inscrição nos quadros da Ordem 83

CAPÍTULO V. A CAPACIDADE PARA O EXERCÍCIO
DA ADVOCACIA 87
14. Incapacidades 87

CAPÍTULO VI. ATOS PRÓPRIOS DA PROFISSÃO DE ADVOGADO 91
15. A definição e enumeração dos atos próprios da profissão
e o interesse público da advocacia – referência à consultadoria
e à parecerística asseguradas por docentes universitários e por
"advogados de empresa" (licenciados em Direito não inscritos
na Ordem) 91
16. A base contratual do exercício da advocacia 98
17. Limitações para o exercício da advocacia durante o estágio 100
18. A prática de atos próprios da advocacia por não Advogados
ou não Advogados estagiários – casos excecionais em que tal
é consentido 104

CAPÍTULO VII. EXERCÍCIO DA ADVOCACIA POR ESTRANGEIROS
– CASOS ESPECIAIS DOS ADVOGADOS BRASILEIROS
E DA UNIÃO EUROPEIA 111
19. Exercício da advocacia por estrangeiros 111

DIREITO PROFISSIONAL DO ADVOGADO

20. Caso especial dos Advogados brasileiros 112
21. Caso especial dos Advogados da União Europeia 114
    21.1 Exercício da advocacia por Advogados da União Europeia
com o título profissional de origem 114
    21.2 Estatuto específico e inscrição dos Advogados da União
Europeia estabelecidos permanentemente com o título
profissional de origem, mediante prévio registo 122
        21.2.1 Exercício da advocacia durante três anos ou menos
por Advogados da União Europeia estabelecidos
permanentemente com o título profissional de origem
mediante prévio registo há mais de três anos e a sua
inscrição como Advogados 122
        21.2.2 Requisitos comuns do registo e da inscrição como
Advogado 123
        21.2.3 Registo ou inscrição preparatória e registo ou inscrição
definitiva e recursos da recusa destes 125
        21.2.4 Prova do registo e da inscrição 126
        21.2.5 Representação dos Advogados provenientes da União
Europeia 126
        21.2.6 Inscrição no Estado-membro de origem e inscrição
(ou registo) no Estado-membro de acolhimento 127
        21.2.7 Exercício assalariado da profissão de Advogado 128
        21.2.8 Justificação do estabelecimento a título permanente
com o título profissional de origem 129
    21.3 O direito de estabelecimento de Advogados da União Europeia,
mediante o reconhecimento mútuo de diplomas, estágio
de adaptação ou prova de aptidão e inscrição 130
    21.4 O direito de estabelecimento como Advogados no
Estado-membro de acolhimento de cidadãos da União
Europeia diplomados nesse Estado nos mesmos termos
dos seus nacionais 135
    21.5 Livre prestação de serviços e direito de estabelecimento 138
    21.6 Restrições ao direito de estabelecimento e à livre prestação
de serviços 139

CAPÍTULO VIII. EXERCÍCIO DA ADVOCACIA POR SOCIEDADES
DE ADVOGADOS 143
22. Justificação legal das sociedades de Advogados e da sua
institucionalização 143

ÍNDICE GERAL

23. O objeto, a composição, o capital e participações sociais;
o regime de responsabilidade; o pacto social das sociedades
de advogados, o registo destas e a aquisição de personalidade
jurídica e a inscrição na Ordem dos Advogados — 144
23.1 Objeto social — 144
23.2 Composição das sociedades de Advogados — 145
23.3 Capital e participações sociais — 148
23.4 Regime de responsabilidade — 149
    23.4.1 Responsabilidade civil — 149
    23.4.2 Responsabilidade disciplinar — 150
23.5 O pacto das sociedades de Advogados, o registo destas
e a aquisição de personalidade jurídica e a inscrição
na Ordem dos Advogados — 152
24. A exclusividade tendencial da atividade profissional dos sócios — 155
25. A firma e seu uso obrigatório — 157
26. A não obrigatoriedade de participações de indústria e a
possibilidade de participações de capital – problemas suscitados
por estas, sobretudo pelo valor de clientela — 158
27. Intransmissibilidade das participações de indústria e sua liquidação — 160
28. Transmissão limitada das participações de capital — 161
28.1 Transmissão voluntária **inter vivos** — 161
28.2 Transmissão não voluntária **inter vivos** — 164
28.3 Extinção da participação de capital ou sua transmissão
mortis causa ou por cessação da atividade — 164
29. O regime da exoneração de sócio — 166
30. Os regimes da exclusão de sócio, da impossibilidade temporária
do exercício da profissão e da suspensão da inscrição de sócio
como Advogado — 167
31. Responsabilidade dos sócios por dívidas sociais e responsabilidade
social por atos dos sócios — 168
32. Órgãos sociais: assembleia geral e administração — 175
33. Divisão de resultados — 177
34. Fusão, cisão, dissolução, liquidação e partilha da sociedade — 178
34.1 Fusão ou cisão de sociedades e sua dissolução por tais
processos — 178
34.2 Dissolução imediata — 179
34.3 Dissolução por sentença judicial — 179
34.4 Exercício da advocacia pelos sócios — 180
34.5 Liquidação e partilha do património social — 180

DIREITO PROFISSIONAL DO ADVOGADO

35. Referência às sociedades multidisciplinares e multinacionais — 180
  35.1 Sociedades multidisciplinares — 180
    35.1.1 Preceitos da lei contrários à consagração legal
    de sociedades multiprofissionais e de sociedades
    de profissionais e não profissionais, civis ou comerciais — 180
    35.1.2 Legalização do exercício em sociedade das profissões
    liberais e proibição em França das sociedades
    multiprofissionais que incluam Advogados — 182
    35.1.3 Em Portugal: as sociedades civis de Advogados
    e de Revisores Oficiais de Contas e as sociedades civis
    sob a forma comercial destes Revisores e as sociedades
    multiprofissionais dos Revisores Oficiais de Contas — 184
    35.1.4 As regras aplicáveis às profissões organizadas em Ordens
    não se coadunam com as sociedades comerciais, com
    as multiprofissionais civis ou com as constituídas
    por profissionais e não profissionais — 186
    35.1.5 O regime das incompatibilidades e a consagração
    a nível do EOA da proposta de VAZ SERRA para o Código
    Civil — 188
    35.1.6 Soluções consagradas pelo EOA — 192
  35.2 Sociedades multinacionais de Advogados — 198
    35.2.1 Sociedades propriamente ditas — 198
    35.2.2 Os agrupamentos europeus de interesse económico — 206

CAPÍTULO IX. O CONSULTOR JURÍDICO E OS PROBLEMAS
SUSCITADOS PELA NÃO OBRIGATORIEDADE
DA SUA INSCRIÇÃO NA ORDEM NO REGIME ANTERIOR — 211
36. A necessidade de se reatar a tradição rompida no EOA — 211

CAPÍTULO X. INCOMPATIBILIDADES E IMPEDIMENTOS
PARA O EXERCÍCIO DA ADVOCACIA — 215
37. A defesa da independência e da dignidade da profissão
e as incapacidades, as incompatibilidades e os impedimentos
para o exercício da advocacia — 215
38. As incompatibilidades do artigo 77º do EOA como enumeração
exemplificativa e não taxativa — 220
39. Os impedimentos absolutos ou incompatibilidades – artigo 77º
do EOA — 224

ÍNDICE GERAL

40. Definição da incompatibilidade prevista no artigo 77º – nºs 1 – j)
e l) e 3 e 4 do EOA e a orientação da Ordem dos Advogados
a este respeito 229
41. A docência pública e declaração de inconstitucionalidade
do artigo 69º – nº 1 -i) do anterior EOA 237
42. O exercício da advocacia por notários e conservadores – artigo 77º
– nº 1 – h) do EOA 238
43. Os impedimentos legais – artigo 78º do EOA 240

CAPÍTULO XI. ILÍCITO CRIMINAL E DISCIPLINAR NO PRÓPRIO
EXERCÍCIO DA ADVOCACIA E INFRAÇÕES A DEVERES
PROCESSUAIS 241
44. Ilícito criminal 241
45. Escritório de procuradoria ilícita 243
46. Ilícito disciplinar e infrações a deveres processuais 246

CAPÍTULO XII. TRAJO PROFISSIONAL DO ADVOGADO 251
47. O uso da toga como direito e dever do Advogado e o direito de usar
os outros acessórios do trajo – Regulamento do Trajo e Insígnia
Profissional 251
48. O trajo profissional do Advogado e o Código de Deontologia
do CCBE 253

CAPÍTULO XIII. INFORMAÇÃO E PUBLICIDADE DO ADVOGADO 255
49. Sua objetividade, verdade e dignidade 255
50. A publicidade do Advogado e o exercício especializado
da advocacia 259
51. A publicidade do Advogado no Código de Deontologia do CCBE
– alterações no sentido de ser mais permitida 266
52. O Advogado e a discussão pública de questões pendentes perante
quaisquer órgãos do Estado 266

CAPÍTULO XIV. PRERROGATIVAS DO ADVOGADO 269
53. Das garantias em geral 269
54. Direitos e garantias perante a Ordem dos Advogados 273
55. O direito à proteção do escritório e à preservação do sigilo
da documentação relativa ao exercício da defesa 275
56. O direito à especial proteção das comunicações com o cliente 278

DIREITO PROFISSIONAL DO ADVOGADO

57. Exercício da profissão sem exibição de procuração, com prioridade de atendimento e com direito de ingresso nas secretarias judiciais ... 279
58. O direito ao livre exercício do patrocínio e o direito de protesto ... 284

CAPÍTULO XV. HONORÁRIOS DO ADVOGADO ... 287
59. O ajuste prévio de honorários ... 287
60. A proibição dos pactos de "quota litis" ... 288
61. Critérios legais de fixação de honorários ... 292
62. Formas de pagamento de honorários ... 296
63. Provisões para honorários e para despesas e consequências da falta de entrega de umas e outras ... 297
64. Repartição de honorários ... 298
65. Mudança de Advogado e honorários do substituído ... 300
66. Honorários e direito de retenção ... 300
67. O laudo de honorários ... 301
68. Proteção jurídica e compensação do Advogado por nomeação oficiosa ... 305

CAPÍTULO XVI. DEVERES DO ADVOGADO PARA COM A COMUNIDADE – O INTERESSE PÚBLICO DA PROFISSÃO ... 307
69. O dever de servir a Justiça e o Direito ... 307
   69.1 O dever de obediência à lei e de não advogar contra lei expressa e a litigância de má fé ... 308
   69.2 O dever de não promover diligências reconhecidamente dilatórias e a litigância de má fé ... 309
   69.3 O dever de não promover diligências prejudiciais para a descoberta da verdade e a litigância de má fé ... 310
   69.4 O dever de o Advogado recusar o patrocínio a questões que considere injustas ... 311
   69.5 A conduta privada do Advogado como servidor da justiça e do direito ... 312
   69.6 O dever de defender os direitos, liberdades e garantias ... 313
70. O dever de colaborar no acesso ao direito e aceitar nomeações oficiosas ... 313
   70.1 Consulta jurídica ... 314
   70.2 Apoio judiciário ... 314
      70.2.1 Em geral ... 314
      70.2.2 Nomeação de defensor em processo penal ... 319

ÍNDICE GERAL

70.3 Participação dos profissionais forenses no sistema de acesso
ao direito 322
70.4 Compensação dos profissionais forenses
70.5 Nomeação oficiosa de Advogado por inexistência de aceitação
voluntária de patrocínio 327
71. O dever de não solicitar nem angariar clientes 331
72. A escolha direta e livre do Advogado pelo cliente e outros deveres 332

CAPÍTULO XVII. DEVERES DO ADVOGADO PARA COM
O CLIENTE 335
73. As especificidades do contrato de mandato judicial e deveres
do Advogado para com o cliente 335
74. O dever de recusar mandato, nomeação oficiosa ou prestação
de serviços em questão em que já tenha intervindo em qualquer
outra qualidade 337
75. O dever de recusar o patrocínio de partes com interesses opostos
na mesma ou em conexa questão 339
76. O dever de o Advogado recusar questão contra quem noutra
questão seja seu cliente 341
77. O dever de emitir parecer consciencioso sobre o mérito do direito
invocado pelo cliente 342
78. O dever de informação 343
79. O dever de zelo e diligência 345
80. O dever de segredo profissional 346
81. O dever de aconselhar toda a composição justa e equitativa ... 347
82. O dever de prestação de contas 348
83. Os fundos – clientes 349
84. A proibição dos pactos de "quota litis" e de contratos sobre
o objeto de questões confiadas 355
85. O dever de não abandonar a questão sem motivo justificado ... 355
86. O dever de exigir correção do cliente para com a contraparte
e todos os intervenientes processuais 357

CAPÍTULO XVIII. DEVERES ENTRE ADVOGADOS 359
87. O dever de solidariedade 359
88. O dever de especial correção e urbanidade e de não pessoalizar
as questões nos Advogados intervenientes 360
89. O dever de reserva ou confidencialidade 361
90. O dever de segredo 362

DIREITO PROFISSIONAL DO ADVOGADO

91. O dever de lealdade   364
92. O dever de não assinar escritos profissionais que não tenha feito
ou em que não tenha colaborado   367
93. O dever de cooperação   367
94. Patrocínio contra Advogados ou Magistrados   368
95. O dever de formação dos Advogados estagiários   369

CAPÍTULO XIX. DEVERES DO ADVOGADO NA CONDUÇÃO
DO PROCESSO E PARA COM OS MAGISTRADOS   373
96. O especial dever de urbanidade nas relações entre Advogados
e Magistrados   373
97. O dever de não faltar à verdade em informação ao Juiz   375
98. Extensão dos deveres para com os Juízes a outros beneficiários   376
99. O dever de diligência e lealdade na condução do processo e de não
ingerência nas decisões judiciais   376
100. Patrocínio contra Magistrados   377

CAPÍTULO XX. O SEGREDO PROFISSIONAL DO ADVOGADO   379
101. O dever de segredo como autónomo dever estatutário da profissão
de Advogado   379
102. O dever de segredo profissional e o valor da confiança da sociedade
na Advocacia   381
103. Segredo profissional, administração da justiça e proteção
do Estado   382
104. Imprescritibilidade do dever de segredo   385
105. Extensibilidade a outras pessoas do dever de segredo   385
106. Factos abrangidos pela obrigação de segredo profissional   387
106.1 Factos referentes a assuntos profissionais revelados
pelo cliente ou conhecidos no exercício da profissão   387
106.2 Factos comunicados por cointeressado   390
106.3 Factos comunicados pela parte contrária durante
negociações para acordo ou ocorridos no âmbito
de negociações transacionais com intervenção
de Advogado   390
106.4 Factos sigilosos que, em virtude de cargo desempenhado
na Ordem dos Advogados, tenham sido comunicados
ao Advogado por qualquer Colega   395
107. Cessação do segredo profissional   396
107.1 Mediante prévia autorização do cliente   396

488

ÍNDICE GERAL

107.2 Mediante prévia autorização do Presidente do Conselho
Distrital com recurso para o Bastonário 397
107.2.1 Em geral 397
107.2.2 Em direito processual – a decisão sobre escusa
a depor com invocação de segredo profissional
por Advogado e a natureza vinculativa do despacho
de autorização prévia 402
107.3 Por obrigação *ex lege* (branqueamento) 417

CAPÍTULO XXI. A RESPONSABILIDADE DISCIPLINAR
DO ADVOGADO 427
108. A sujeição dos Advogados à jurisdição disciplinar exclusiva
da Ordem dos Advogados 427
109. Noção de infração disciplinar 429
110. A prescrição do procedimento disciplinar e a sua suspensão
e interrupção 429
111. Desistência do procedimento disciplinar 430
112. Tramitação processual 430
113. Penas disciplinares 432

CAPÍTULO XXII. A RESPONSABILIDADE CIVIL PROFISSIONAL
DO ADVOGADO 435
114. Sua natureza 435
115. Responsabilidade conjunta ou solidária? 443
116. Responsabilidade por facto de outrem e exclusão ou limitação
da responsabilidade 444
117. Prescrição 447
118. Seguro de responsabilidade profissional 447

CAPÍTULO XXIII. A PREVIDÊNCIA DOS ADVOGADOS 453
119. Autonomia da Caixa de Previdência em relação à Ordem
dos Advogados e do regime de previdência em relação
ao regime geral 453
120. Estrutura orgânica da Caixa de Previdência dos Advogados
e Solicitadores 456
121. Inscrição 456
122. Contribuições 457
123. Fins 458
124. Pressupostos da pensão de reforma e do subsídio por invalidez 459

DIREITO PROFISSIONAL DO ADVOGADO

125. Montantes das pensões de reforma e por invalidez 462
126. Subsídio por morte 462
127. Pensão de sobrevivência 463
128. Subsídio por doença 463
129. Benefícios de maternidade e nascimento 463
130. Comparticipação nas despesas com internamento hospitalar e /ou intervenções cirúrgicas do beneficiário, do cônjuge e/ou filhos menores e com maternidade da beneficiária ou cônjuge do beneficiário 463
131. Benefício de apoio à recuperação em caso de internamento Hospitalar 464
132. Subsídio de funeral 464
133. Subsídios de assistência 464

BIBLIOGRAFIA 465

INDICE REMISSIVO 469

ÍNDICE GERAL 479